Georg Samuel Albert Mellin

Encyclopädisches Wörterbuch der kritischen Philosophie

Georg Samuel Albert Mellin

Encyclopädisches Wörterbuch der kritischen Philosophie

ISBN/EAN: 9783743492615

Hergestellt in Europa, USA, Kanada, Australien, Japan

Cover: Foto ©Andreas Hilbeck / pixelio.de

Weitere Bücher finden Sie auf **www.hansebooks.com**

ENCYCLOPÄDISCHES WÖRTERBUCH

DER

KRITISCHEN PHILOSOPHIE

ODER

VERSUCH EINER FASSLICHEN UND VOLLSTÄNDIGEN ERKLÄRUNG DER IN KANTS KRITISCHEN UND DOGMATISCHEN SCHRIFTEN ENTHALTENEN BEGRIFFE UND SÄTZE;

MIT

NACHRICHTEN, ERLÄUTERUNGEN UND VERGLEICHUNGEN AUS DER GESCHICHTE DER PHILOSOPHIE BEGLEITET, UND ALPHABETISCH GEORDNET

VON

G. S. A. MELLIN,

ZWEITEM PREDIGER DER DEUTSCH-REFORMIRTEN GEMEINE ZU MAGDEBURG.

ERSTER BAND.

ZÜLLICHAU UND LEIPZIG,

BEI FRIEDRICH FROMMANN,

1797.

ENCYCLOPÄDISCHES WÖRTERBUCH

DER

KRITISCHEN PHILOSOPHIE

VON

G. S. A. MELLIN,

ZWEITEM PREDIGER DER DEUTSCH-REFORMIRTEN GEMEINE
ZU MAGDEBURG.

I. BAND. I. ABTHEIL.

ZÜLLICHAU UND LEIPZIG,
BEI FRIEDRICH FROMMANN.
1797.

VORREDE.

Der Zweck dieses Wörterbuchs ist, die Lehren der kritischen Philosophie, in ihrem ganzen Umfange, deutlich, fasslich und überzeugend vorzutragen. Allein, da der Verf. dabei verschiedene Absichten hatte, so muste er auch auf verschiedene Mittel denken, jenen Zweck zu erreichen. Zunächst wollte er das Studium derjenigen Philosophie, die der Stolz und der Segen unsers ablaufenden Jahrhunderts ist, befördern und allgemeiner machen. Da es nun stets des V. Ueberzeugung gewesen ist, man müsse die kritische Philosophie in Kants Schriften studiren, ehe man irgend eine der zahlreichen Schriften seiner Schüler lese; so schrieb er die Marginalien, um durch Darlegung des Hauptinhalts jedes Absatzes in Kants kritischen Schriften die Auffassung des richtigen Sinnes derselben zu erleichtern, und zu einer systematischen Uebersicht des Ganzen zu verhelfen. Ein fortlaufender Commentar würde zwar den Sinn einzelner Stellen jener unsterblichen Werke erörtert haben, aber es würde dadurch dem Leser derselben der Ueberblick noch mehr erschwert, und die Auffassung des Ganzen fast unmöglich geworden seyn. Demohngeachtet würde sich Mancher, der mit Hülfe der Marginalien z. B. die Critik der reinen Vernunft zum erstenmal durchgelesen hat, öfters bei dieser und jener Stelle eine Erläuterung gewünscht haben. *) Und diesem so natürlichen Wunsche wollte ich durch gegenwärtige ausführliche Auseinandersetzung einzelner Begriffe und Sätze in alphabetischer Ordnung ein Gnüge thun.

Wer die kritische Philosophie mit Erfolg, d. h. so, dass er nicht nur die Lehren derselben verstehe, sondern sich auch von den Wahrheiten derselben überzeuge, studiren will, der muss Kants sämmtliche critische Schriften, so wie sie in den Marginalien geordnet sind, wenigstens zweimal lesen. Das erstemal mit Hülfe der Marginalien kursorisch. Er lese nehmlich erst den Satz in den Marginalien, den Kant vortragen will, so weiss er, worauf es ankömmt; dann lese er Kants Vortrag selbst, und sodann den Satz in den Marginalien noch einmal, so wird er meistentheils den

---

*) So verlangte ein Recensent in der Oberdeutschen Literaturzeitung, die Marginalien sollten ihm die Dienste eines Commentars leisten, was sie doch nicht sind, und nicht seyn können.

Sinn des Kantifchen Vortrags fchon gefafst haben. Nach Endigung einer ganzen Abtheilung, z. B. gleich der Abtheilung I. in der Einleitung der Critik d. r. V., überlefe man, um der Ueberficht des Ganzen willen, alle Marginalien diefer Abtheilung, alfo zu Abtheilung I. der Einl. die 5 erften, noch einmal. Und fo gehe man von einer Abtheilung zur andern fort. Findet man dennoch Stellen, die unverftändlich bleiben, oder Lehren, für die der Beweis die Ueberzeugung nicht erzwingt, fo ftreiche man fich diefe Stellen und Beweife vor der Hand an. Nach Endigung diefer kurforifchen Lektüre fämmtlicher kritifchen Schriften fange man fie von neuem an zu lefen, und recht eigentlich zu durchdenken. Und bei diefem zweiten Curfus foll nun das Wörterbuch hoffentlich feine Dienfte thun. In demfelben wird man nicht nur über die angeftrichenen Stellen und Beweife, unter dem Worte ihres Hauptbegriffs, nähere Auskunft finden, fondern das ganze Wörterbuch kann auch vermittelft des angehängten Regifters zu einem fortlaufenden Commentar dienen. Denn es foll keine Seite der critifchen Schriften Kants in demfelben unerläutert bleiben.

Es kömmt bei diefem Wörterbuche nun hauptfächlich darauf an, ob ich den möglichften Grad der Fafslichkeit erreicht habe, so dafs es auch wirklich erläutert und nicht noch mehr verdunkelt. Diese Fafslichkeit habe ich theils durch den Vortrag selbst, theils durch die gegebenen Beispiele zu bewirken gesucht. Da aber Beispiele nicht immer möglich sind, oder doch nicht immer ausschliefsend den Fall enthalten, den sie erläutern sollen; da es ferner unmöglich ist, überall einem Jeden, der ohne alle Vorkenntnisse ist, fafslich genug zu seyn, weil dieses zu einer Weitläuftigkeit ohne Ende führen würde, so kömmt uns hier die alphabetische Ordnung sehr zu Hülfe. Bei einem systematischen Vortrage gewinnt die Ueberzeugung, das ist unläugbar, jede Wahrheit steht bei demselben an ihrer Stelle, aber jede Wahrheit wird auch nur einmal vorgetragen, und von Einer Seite betrachtet, nehmlich der, die an der Stelle des Systems, wo sie steht, die wichtigste ist. Bei einer alphabetischen Ordnung hingegen ist das System zerrissen, und folglich müssen hier alle die Wahrheiten, die auf den zu erläuternden Begriff Einflufs haben, von der Seite vorgetragen werden, von welcher sie für diesen Begriff wichtig sind; und dies giebt nun Veranlassung, die Hauptsätze eines Systems auf allen Seiten zu betrachten, und dadurch der Deutlichkeit der Einsicht zu Hülfe zu kommen, für die vielleicht hier und dort der erwähnte unvermeidliche Mangel an Faſslichkeit beim Vortrage des Hauptſatzes ein Hinderniſs war.

Ein anderes Mittel meinen Zweck, die Lehrſätze der kritiſchen Philoſophie faſslich und verſtändlich darzulegen, beſteht darin, daſs ich ſie nicht ſelten mit den Lehrſätzen andrer Philoſophen über denſelben Gegenſtand, z. B. eines Leibnitz, Hume, Wolf, Lambert u. ſ. w. verglichen und das Unterſcheidende gezeigt habe. Ich habe zuweilen Kants Lehre in der Sprache dieſer Männer ausgedrückt, oder ſie an den Vortrag derſelben angeknüpft. Hierdurch hoffe ich, die Sache, auf die es ankömmt, vornehmlich denen verſtändlich zu machen, die in dem Geiſt eines dieſer Männer zu denken gewohnt, und mit dem Syſtem derſelben vertraut ſind. Durch ſolche Zuſammenſtellungen habe ich bloſs Licht über meinen Gegenſtand zu verbreiten geſucht, und es mir weder im Herzen, noch in meinem Ausdruck erlaubt, die verdienten Denker der Vorzeit darum zu verachten oder zu miſshandeln, weil ſie das Ziel nicht erreichten, zu welchem unſer groſser Zeitgenoſſe uns hinführte. Auch ſie haben redlich das Ihrige gethan, und ohne Sie würden wir noch heute am Anfange des Weges ſtehen, der nun hinter uns iſt. Sie haben das Verdienſt, daſs ſie alle auf Erkenntniſs und Wahrheit hingearbeitet haben, und wir würden wahrlich sehr unrecht thun, wenn wir sie blofs nach dem Erfolg, und nicht zugleich nach ihrem redlichen Willen und der Aufwendung ihrer Talente schätzen wollten. Sie haben uns alle die Irrwege aufgedeckt, vor denen sich der philosophische Denker jetzt hüten kann. Diese liegen nun, wie auf einer Charte vorgezeichnet vor uns. Sollte jemals die nordwestliche Durchfahrt über Amerika gefunden werden, werden dann wohl die verdienten und grofsen Seefahrer nicht mehr die Achtung der Nachwelt verdienen, die jene Durchfahrt in unsern Tagen vergeblich suchten, und dabei manchen Weg fanden, und manche Entdeckung machten, die sie zwar nicht zum Ziel führten, aber darum doch warlich nicht unnütz und ganz umsonst sind. Und so beurtheile ich auch alle die mifslingenden Versuche der achtungswürdigen und verdienten Philosophen, die noch kürzere, noch sicherere Wege aufsuchen wollen, als der ist, den die Critik so richtig vorgezeichnet hat. Wenn ich es bedauern mufs, dafs der Aufwand von Kräften und Talenten nicht darauf gerichtet wird, das aufzubauen und in allen seinen kleinsten Theilen zu vollenden, wozu bereits der Grund gelegt ist; so verkenne ich doch nicht den negativen Nutzen, den gewiſs jene Bemühungen ſo vieler wahren Denker haben müſſen. Es geziemet übrigens der Würde einer ächten Philoſophie, kalt, unpartheiiſch und nach Gründen die Lehren ihrer Liebhaber zu würdigen; aber ſo wie ſie keine andre Neigung kennt, als Liebe zur Erkenntniſs und Wahrheit, ſo ſind ehrſüchtige Rechthaberei und verächtliche Behandlung ihrer Verehrer ihr durchaus fremd, und ſie zieht nie den Menſchen, ſondern nur Behauptungen vor ihren Richterſtuhl, liebt und ſchätzt aber auch ſelbſt die Bemühungen der Irrenden.

Auf dieſe Weiſe habe ich nun geſucht, vollſtändig in meinen Erklärungen der in Kants Schriften enthaltenen Lehrſätze und Begriffe zu werden. Und um hierin noch etwas mehr zu leiſten, habe ich auch zuweilen Nachrichten und Erläuterungen aus der ältern Geſchichte der Philoſophie gegeben, und die Lehrſätze der alten Philoſophen mit denen des groſsen Denkers, deſſen Schriften ich erläutere, verglichen. Allein hierin verſpreche ich keine Vollſtändigkeit. Ein jeder Leſer hat nun in ſeinem Exemplare die Fächer, auf die er bei ſeiner Lectüre andrer philoſophiſchen Schriften alter und neuer Zeit Rückſicht nehmen kann, und es wird gewiſs eine belohnende Arbeit ſeyn, wenn er für ſich ſelbſt nach und nach die Geſchichte jedes Artikels dadurch entſtehen ſieht; daſs er die Meinungen früherer Denker, ſo wie ſie ihm bekannt werden, nach dieſem Artikel ordnet.

Nicht alle Artikel können von gleicher Wichtigkeit ſeyn, nicht alle können auch mit gleichem Erfolg und Intereſſe bearbeitet ſeyn. Aber alle werden hoffentlich ſo viel enthalten, als hinreicht, den Begriff, von dem die Rede iſt, ins Licht zu ſetzen. In mehreren Artikeln habe ich verſucht, die Wiſſenſchaft zu erweitern; ich wollte dadurch das Werk auch dem Kenner intereſſant machen, ſo wie es dem Lehrer zum Repertorium dienen kann. Dieſe Nebenzwecke haben indeſſen nicht nur in dem Maaſse erreicht werden können, als jener Hauptzweck, das Studium der kritiſchen Philoſophie für den Nichtkenner zu erleichtern. Ich nehme dabei an, daſs ein ſolcher Nichtkenner in der Mathematik nicht bewandert ſei, daher bin ich vornehmlich bemühet geweſen, die ſo unentbehrlichen mathematiſchen Vorkenntniſſe da, wo es nöthig war, zu ergänzen.

Dieſes Wörterbuch umfaſst übrigens nur die kritiſchen und diejenigen dogmatiſchen Schriften Kants, die nach ſeinen kritiſchen Schriften erſchienen ſind. Von den ältern kann höchſtens nur dann die Rede ſeyn, wenn sie etwas in seinen neuern Schriften erläutern und aufklären.

Die erste Abtheilung des ersten Bandes dieses Werks enthält blofs den Buchstaben A, und man möchte also fürchten, dafs aus vier Bänden zwölf, und aus 8 Abtheilungen 24 werden könnten. Allein, da ich wünschte, dafs die Leser die ersten Abtheilungen sogleich brauchbar finden möchten, ohne erst auf die folgenden Abtheilungen warten zu dürfen, so habe ich manche Artikel in den ersten Abtheilungen weitläuftiger ausarbeiten, und manches hineinbringen müssen, was sonst wohl in andere Artikel zu verweisen gewesen wäre. Dieses kömmt mir also in den folgenden Abtheilungen wieder zu Gute, und ich hoffe daher, schon in der zweiten Abtheilung die Buchstaben B und C, wo nicht auch D, liefern zu können. In dieser Abtheilung werden vielleicht die Artikel Begriff, Bewegung, Bewegungsvermögen der Seele und Beweis einige Aufmerksamkeit verdienen. Der Artikel Bewegung wird eine erläuternde Uebersicht der Hauptsachen aus dem, für so viele noch verschlossenen, aber äufserst interessanten und wichtigen Kantischen Werk über die metaphysische Naturlehre enthalten.

Die historischen Artikel über einzelne Philosophen und ihre Lehrsätze reichen nur so weit, als es zu unserm Zweck dient, und ich hoffe daher, daſs sie den Lesern des Wörterbuchs nicht unnütz seyn werden. In der folgenden Abtheilung werde ich auf diese Weise unter dem Worte Berkley eine Nachricht von diesem Philosophen und seinem Idealismus aus einer seiner Schriften geben. Die Schriften, die ich benutzt habe, sind gewissenhaft angegeben worden, und ich habe nicht leicht eine Schrift citirt, ohne die citirte Stelle im Buche selbst, woraus sie genommen ist, im Zusammenhange nachgelesen zu haben.

Uebrigens werde ich mich freuen, wenn dieses Wörterbuch, seinem Zwecke nach, wirklich etwas dazu beitragen wird, philosophische Wahrheiten allgemeiner zu machen, und das Licht immer mehr zu verbreiten, das uns jetzt so wohlthätig vorleuchtet.

A posteriori.

Von hinten her, aus der Erfahrung, empirisch, find Ausdrücke, welche anzeigen, dafs der Menfch diejenige Vorftellung, von der fie gebraucht werden, nicht anders, als durch feine Sinne erlangt haben könne. Eine gewiffe Erkenntnifs ift *a posteriori*, heifst alfo, fie kann ihre Erkenntnifsquelle nur allein in der Erfahrung haben (C. 2.); oder, man kann diefe Erkenntnifs nur durch Eindrücke auf die Sinne erlangen; fie kann nur durch eine Empfindung entftehen, deren man fich bewufst ift. Dafs ein Haus brennt, kann ich nur wiffen, wenn man mirs fagt, oder wenn ich es mit Augen fehe. Dann macht nehmlich etwas einen Eindruck auf mein Gehör oder mein Geficht, den ich vorher nicht hatte, diefes Eindrucks bin ich mir bewufst, und er verhilft mir nun zu der Erkenntnifs, dafs ein Haus brennt.

1. Der Ausdruck *a posteriori* (von hinten her) ift, nach diefer Bedeutung, von der Ordnung hergenommen, in der die Erkenntnifs, von der man ihn braucht, mit dem erhaltenen Eindruck auf die Sinne, oder mit der Erfahrung, ftehet. Erft mufs nehmlich der Eindruck gefchehen, und dann erft kömmt die Erkenntnifs, die daraus entfpringt, hinter her, *cognitio experientia posterior eft*, die Erkenntnifs kömmt hinter der Erfahrung her. Erft mufs man wahrnehmen, oder fich erzählen laffen, dafs ein Haus in Flammen ftehet, ehe man das wiffen kann.

2. Die Eindrücke auf die Sinne, die wir erhalten, können entweder blofs die Veranlaffung zu einer Erkenntnifs feyn, bewirken, dafs ich bey Gelegenheit derfelben eine gewiffe Erkenntnifs erlange, oder fie find

wirklich das, woraus allein die Erkenntnifs entſtehen kann. Ich ſehe z. B. Aepfel, und will ihre Anzahl wiſſen, ich zähle ſie zu dem Ende ſo, daſs ich immer zwei zuſammen nehme, und finde, daſs wenn ich dieſes zweimal thue, ich vier Aepfel habe. Dieſe Aepfel ſind alſo dadurch, daſs ich ſie wahrnahm und zählte, die Quelle der Erkenntniſs, daſs dieſe Aepfel, die ich vor mir habe, ein jeder von ihnen in der Ordnung genommen, in der ich ſie faſste, vier ausmachen. Nun kann ich aber die Ordnung, in welcher ich dieſe vier Aepfel, je zwei und zwei, zuſammen faſſe, 24 mal verändern. Um nun gewiſs zu ſeyn, daſs es nicht in der zufälligen Ordnung liege, in der ich ſie nach zweien zuſammen genommen habe, daſs ich vier Aepfel zähle, müſste ich ſie nach allen 24 Ordnungen durchzählen. Dann wüſste ich erſt wirklich aus der Erfahrung, daſs zwei von den gezählten Aepfeln zweimal genommen, deren vier ſind, aber ich wüſste es auch nur von den vieren, die ich wirklich 24 mal nach immer veränderter Ordnung gezählt hätte. Noch wüſte ich es aber nicht von andern Aepfeln, wären ſie auch derſelben Art, nur nicht die nehmlichen, ich wüſte es auch noch nicht von andern Dingen. Geſetzt nun, es läge in uns ſelbſt ein Grund, der jeden Menſchen, auch ſelbſt denjenigen, der dieſen Grund nicht kennt, nöthigte, ſobald er vier Aepfel nach zweien durchgezählt hat, zu behaupten, zwei mal zwei ſei immer vier, es möchten dieſe oder andre Aepfel, Aepfel oder Birnen ſeyn, man möge die Ordnung ändern, wie man wolle; ſo hätte der Eindruck der Aepfel auf die Sinne zwar dieſe Behauptung veranlaſst, aber er wäre doch nicht der Grund derſelben. Giebt nun ein Eindruck auf die Sinne, ſo wie hier, die Veranlaſſung zu einer Erkenntniſs, ſo ſagt man, die Erkenntniſs entſtehe mit der Erfahrung, ſie fange der Zeit nach mit der Erfahrung an (M. I. 1. C. 1.); iſt aber der Eindruck auf die Sinne von der Art, daſs nur durch ihn allein die Erkenntniſs entſtehen kann (1), ſo ſagt man, die Erkenntniſs entſpringe aus der Erfahrung (M. I. 2.). Im letzten Fall heiſst ſie *a poſteriori*, und die Erfahrung iſt dann eine Erkenntniſsquelle *a poſteriori*.

3. Alle Erkenntniſs fängt, der Zeit nach, mit der Erfahrung an (M. I. 1,). Euler drückt dieſes (Briefe an eine deutſche Prinzeſſin, Leipzig, 1773. 8. Br. 81.) ſo aus: „Der erſte Stoff (zur Erkenntniſs, der Zeit nach,) wird ihr (der Seele) von den Sinnen zugeführt, vermittelſt der (Sinnen-) Werkzeuge ihres Körpers, daher es (der Zeit nach) das erſte Vermögen der Seele iſt, gewahr zu werden, oder zu empfinden." Denn erhielten wir keine Eindrücke durch die Sinne, ſo würde das Erkenntniſsvermögen nicht zur Ausübung geweckt und in Thätigkeit geſetzt, und erhielte weder Stoff zur Erkenntniſs, noch Veranlaſſung, etwa einen Stoff zur Erkenntniſs aus ſich ſelbſt zu nehmen. Heydenreich ſagt daher (deutſche Monatsſchr. Oct. 1794. S. 135.): „Die philoſophiſchen Empiriker (welche alle Erkenntniſs von der Erfahrung ableiten) haben in ſo fern recht, als ohne Erfahrung kein Begriff zu unſerm Bewuſstſeyn gelangt, und man die veranlaſſende Urſach (der Entwickelung) aller unſerer Begriffe in Empfindungen des äuſsern und des innern Sinnes ſuchen muſs."

4. Eine Erkenntniſs kann nun **unmittelbar** oder **mittelbar** aus der Erfahrung entſpringen. Wenn ich ein Haus brennen ſehe, ſo entſpringt meine Erkenntniſs davon unmittelbar aus der Erfahrung, denn es iſt zwiſchen dem Sehen und dem Erkennen nicht noch ein Vernunftſchluſs nöthig, ſondern wenn ich nur weiſs, was das heiſst, ein Haus brennt, ſo kann ich gleich beim Anblick des in Flammen ſtehenden Hauſes ſagen, das Haus brennt. Daſs aber dieſes Haus werde in einen Aſchenhaufen verwandelt werden, das kann ich durch Schlüſſe folgern, zu denen einer der Vorderſätze iſt, wenn das Feuer nicht werde gelöſcht werden. Dieſe Folgerung iſt alſo, weil ſie ebenfalls Erfahrung vorausſetzt, **mittelbar**, durch Schlüſſe von Erfahrungen abgeleitet. Aber nur von der Erkenntniſs der erſten Art ſagte man gemeiniglich vor Kant, ſie ſei *a poſteriori*, und nannte die Erkenntniſs der letzten Art eine Erkenntniſs *a priori*, weil die unmittelbare Erfahrung erſt darauf folgen muſste.

5. Kant hingegen nennt alles Erkenntniſſe *a poſteriori*, was irgend, ſei es auch durch Schlüſſe, wenn ſie auch von der unmittelbaren Erfahrung, durch noch ſo

viele Zwifchenfätze und Schlüffe, noch fo entfernt find, aus der Erfahrung folgt. Ift alfo ein noch fo entfernter Vorderfatz einer ganzen Reihe von aneinander hängenden Schlüffen eine Erfahrung, fo ift die ganze Reihe der daraus gefolgerten Wahrheiten, bis auf die allerletzte Schlufsfolge (Confequenz), ins Unendliche (*in infinitum*), wenn auch keine Erfahrung fich weiter einmifcht, *a pofteriori.* S. *a priori.*

6. Der Ausdruck *a pofteriori* wird alfo von Kant *abfolute* (nicht vergleichungsweife) und im ftrengften Verftande genommen. Er bedeutet weder auf Veranlaffung der Erfahrung, noch blofs unmittelbar aus derfelben entfprungen, fondern überhaupt, urfprünglich aus der Erfahrung her; und die Erkenntnifsquelle aller Erkenntnifs *a pofteriori* ift (unmittelbare oder mittelbare) Empfindung, welche eben, mit Bewufstfeyn verknüpft, Erfahrung heifst.

Kant Cr. der r. Vern. S. 1—3. 60.
Lambert Org. 1 Th. S. 348. 412—416.

A priori.

Von vorne her, unabhängig von aller Erfahrung (Pr. 112.), find Ausdrücke, welche in der kritifchen Philofophie anzeigen, dafs der Menfch diejenige Vorftellung, von der fie gebraucht werden, nicht durch feine Sinne erlangt habe, fondern dafs fie von aller Erfahrung und von allen Eindrücken auf die Sinne ganz unabhängig fei. Dafs zweimal zwei vier ift, können wir nicht aus der Erfahrung wiffen, denn wir behaupten damit, dafs jedesmal, wenn wir zu zwei Dingen noch zwei derfelben hinzufügen, wir vier haben müffen, und dafs uns folglich nie eine Erfahrung vorkommen könne, in der einmal zweimal zwei weniger, oder mehr, als vier machen werde. Diefe Behauptung fchreibt alfo der Erfahrung ein Gefetz vor, und kann folglich unmöglich aus derfelben entfprungen feyn, weil wir nehmlich zwar oft erfahren haben können, dafs zwei Dinge zweimal genommen vier dergleichen find, aber über alle wirklichen Dinge in der ganzen Welt können wir doch diefe Erfahrung nicht angeftellt haben. Aus der Erfahrung würde daher nur folgen, es sei wahrscheinlich, daſs jedesmal zwei mal zwei vier machen werde, weil das Gegentheil noch Niemanden vorgekommen sei. Unsere Behauptung aber gehet weiter; wir sagen nehmlich, es muſs durchaus so seyn, das Gegentheil ist schlechthin unmöglich, und es kann zwei mal zwei nimmermehr weniger oder mehr als vier seyn.

1. Der Ausdruck *a priori* (von vorne her) ist, nach dieser Bedeutung, von der Ordnung hergenommen, in der die Erkenntniſs, von der ich ihn brauche, mit der Erfahrung stehet. Ehe ich noch eine Erfahrung darüber anstelle, kann ich vorher bestimmen, wenn ich zu zwei Aepfeln noch zwei hinzu thue, so habe ich zwei Aepfel zweimal genommen, und das müssen jetzt und allemal vier Aepfel ausmachen, kein Mensch wird jemals mehr oder weniger heraus zählen, *cognitio experientia prior est*, die Erkenntniſs gehet der Erfahrung (dem Ursprunge, obwohl nicht immer der Zeit nach) vorher. Man weiſs gewiſs, daſs zwei mal zwei Aepfel vier seyn müssen, ohne sie je durchgezählt zu haben.

2. Nach Baumgarten (Metaphys. §. 22.) wird etwas *a priori* erkannt, wenn die Erkenntniſs desselben aus seinem Grunde, und *a posteriori*, wenn sie aus seiner Folge hergeleitet wird. Allein dieser Grund, oder ein andrer, von welchem derselbe abgeleitet wird, kann eine Erfahrung seyn. Wenn jemand das Fundament eines Hauses untergräbt, so weiſs ich vorher, ehe ich die Erfahrung mache, also, nach Baumgartens Sprachgebrauch, *a priori*, daſs das Haus einfallen werde, weil es dann keine Unterstützung mehr haben wird. Denn die Körper sind schwer, und müssen also ohne Unterstützung fallen. Aber daſs sie schwer sind, weiſs ich aus der Erfahrung, folglich ist die Behauptung, daſs das Haus einfallen werde, nur in Baumgartens, aber nicht in Kants Bedeutung des Worts, *a priori*; und was in Rücksicht darauf, daſs es durch eine Reihe von Schlüssen aus Gründen hergeleitet wird, *a priori* heiſst, ist in Rücksicht darauf, daſs die erste Erkenntniſsquelle doch eine Erfahrung ist, *a posteriori* (M. I. 4. C. 2.).

3. Eigentlich nimmt Baumgarten die beiden Kunftwörter, *a pofteriori* und *a priori*, in einer logifchen, Kant aber in einer metaphyfifchen Bedeutung. Baumgarten, und mit ihm die Leibnitzwolfifche Schule, gebrauchten fie, um den verfchiedenen Gang des menfchlichen Verftandes, bei Unterfuchung der Wahrheit, dadurch anzugeben, ob er nehmlich von der Folge zu den Gründen hinauf, oder von den Gründen zu den Folgen hinab gehe. Den Schlufs von den Folgen auf die Gründe nannten fie Erkenntnifs *a pofteriori*, und den Schlufs von den Gründen auf die Folgen Erkenntnifs *a priori*. Kant hingegen gebraucht diefe Kunftwörter, um dadurch die Erkenntnifs, nicht etwa nach ihrer willkührlichen Behandlung durch den Verftand (logifch), fondern nach der Quelle, woraus fie urfprünglich entfpringt (transfcendental) zu claffificiren, und nennt Erkenntnifs *a pofteriori* folche, die allein aus einer Empfindung vermittelft der Sinne, und Erkenntnifs *a priori* folche, die allein aus der Befchaffenheit der Empfindungsfähigkeit und Denkkraft überhaupt entfpringen kann.

4. Da alle Erfahrung Erkenntnifs von Dingen ift, die als Wirkungen gewiffer Urfachen betrachtet werden müffen, fo nannte man „alle Erfahrung, und was man aus derfelben bewies, Erkenntnifs von hinten her (*cognitio a pofteriori*), die übrige vernünftige Erkenntnifs (Erkenntnifs aus Vernunftgründen) aber die Erkenntnifs von vorne her (*cognitio a priori*)" (Meier Auszug aus der Vernunftlehre §. 205). Diefe Unterfcheidung betrifft aber wiederum nur die Art der Ueberzeugung von der Wahrheit einer Erkenntnifs (die Erkenntnifsart), nicht aber die Art ihres eigenthümlichen Urfprungs (die Erkenntnifsquellen), oder wie eine gewiffe Erkenntnifs nur allein in uns erzeugt werden kann; welches auch daraus erhellet, dafs man behauptete, man könne zwar (noch) nicht alle Dinge auf beiden Wegen erkennen, allein es fei doch an fich nicht unmöglich, dafs eine jede mögliche Sache auch auf beiderlei Art erkannt werden könne. Man nannte fie auch Erkenntniffe aus der Erfahrung und Erkenntniffe aus der Vernunft, und deutete damit blofs an,

daſs im erſten Falle die Sinne, im letztern das bloſse Nachdenken zur Erforſchung der Wahrheit wären gebraucht worden. Dieſes betrifft alſo bloſs das Inſtrument, womit der Baum der Erkenntniſs gezogen wird, aber nicht den natürlichen Boden, aus welchem er allein hervorſchieſst.

5. Die metaphyſiſche Bedeutung der Worte *a posteriori* und *a priori* finden wir indeſſen ſchon vor Kant bei einigen Philoſophen. Cudworth (*de aeternis iusti et honesti notionibus* C. III. §. V.) ſagt *): „Der Sinn nimmt die einzelnen äuſsern Körper durch etwas von ihnen ausflieſsendes wahr, und alſo *a posteriori*. Die Empfindungen, weil ſie hinterher kommen, ſind Abdrücke (Abbildungen). Die Notionen, welche von den Empfindungen erzeugt werden, ſind nur unbedeutende und ſehr veränderliche Bilder der in die Sinne fallenden Dinge, und gleichen den Schatten, aber die Erkenntniſs *a priori* iſt ein anticipirtes Begreifen der Dinge. Doch wir wollen die Vorſchriften und Kunſtwörter der Metaphyſiker bei Seite ſetzen."

6. Lambert giebt (Organon B. I. Dianoiol. §. 634.) auch verſchiedene Bedeutungen der Wörter *a posteriori* und *a priori* an. „So fern, ſagt er, ſich aus dem, was man ſchon weiſs, Sätze u. ſ. w. finden laſſen, ohne daſs man erſt nöthig habe, dieſe unmittelbar aus der Erfahrung zu nehmen; ſo fern ſagen wir, daſs wir ſolche Sätze u. ſ. w. *a priori* finden. Müſſen wir aber die unmittelbare Erfahrung gebrauchen, um einen Satz u. ſ. w. zu wiſſen, ſo finden wir es *a posteriori*." Ferner (§. 636.): „Da wir die Vorderſätze haben müſſen, ehe wir den Schluſsſatz ziehen können, ſo gehen die Vorderſätze dem Schluſsſatz vor, und dieſes heiſst demnach allerdings *a priori* gehen. Hingegen, wenn wir die Vorderſätze nicht haben, oder

---

*) *Sensus corpora singularia externa ope rei alicuius ab illis fluentis, et propterea a posteriori percipit.* ὑςέραι οὖσαι αἰσθήσεις εἰκόνες τισι, *sensus, quia posteriores sunt, rerum sunt imagines. Notiones, quas sensus pariunt, inania tantum sunt et parum constantia rerum in sensus incurrentium simulacra, umbrarumque non dissimilia, at cognitio anticipata est rerum comprehensio, quae a priori fit. Sed mittamus tandem Metaphysicorum praecepta et vocabula.*

uns derselben nicht zugleich bewufst find, um
den Schlufssatz ziehen zu können, so haben wir kein
ander Mittel, als die Erfahrung, und wir müssen es,
um den Satz zu wissen, auf die Erfahrung ankommen lassen. Da nun dieses nicht *a priori* ist, so hat man es *a posteriori* genennt. Dieses stimmt mit Baumgartens Erklärung
(2. 3.) überein, und ist, wie gezeigt worden, eine logische Bedeutung.

7. Lambert stöfst aber nun auf die metaphysische Bedeutung (§. 637). „Man sieht aber leicht ein,
fährt er fort, dafs diese beiden Begriffe müssen verhältnisweise genommen werden (d. h. dem Grade nach,
aber nicht wesentlich, specifisch, verschieden sind).
Denn wollte man schliefsen, dafs nicht nur die unmittelbaren Erfahrungen, sondern auch alles, was wir
daraus finden können, *a posteriori* sei, so würde sich
der Begriff *a priori* bei wenigen von den Fällen gebrauchen lassen, wo wir etwas durch Schlüsse vorausbestimmen
können, weil wir in solchem Falle keine von den Vordersätzen der Erfahrung müssten zu danken
haben." Gerade in dieser Bedeutung allein nimmt Kant
den Ausdruck *a priori*, obgleich Lambert fortfährt:
Und so wäre in unserer ganzen Erkenntnis so
viel als gar nichts *a priori*. Und (§. 639.) sagt
er: Wir wollen es demnach gelten lassen, dafs man *absolute* und im strengsten Verstande nur das *a priori*
heifsen könne, wobei wir der Erfahrung nichts zu
danken haben. Ob sodann in unsrer Erkenntnis etwas dergleichen sich finde, das ist eine
ganz andere, und zum Theil wirklich unnöthige Frage." Die Gründe für diese seine Behauptung giebt er
nicht an. Das ist aber die eigentlich metaphysische Frage.

8. Kant nimmt also das Wort *a priori*, nach Lamberts Ausdruck, *absolute* und in der strengsten
Bedeutung, und versteht darunter, dafs die Erkenntnis schlechterdings gar nicht aus der Erfahrung sei und
seyn könne, so dafs der Mensch zwar bei Gelegenheit einer
Erfahrung sich derselben bewufst werden kann, aber ohne
dafs unter ihren auch noch so entfernten Erkenntnisquellen irgend eine Erfahrung sei. Hingegen nennt er nicht,

wie Lambert (§. 639.), „alles im weitläuftigsten Verstande *a priori*, was wir voraus wissen können, ohne es erst auf die Erfahrung ankommen zu lassen;" denn dabei ist noch immer die Frage, ob die Regel, nach der wir es voraus wissen können, nicht doch aus der Erfahrung entsprungen sei, in welchem Falle es dennoch nach Kants Sprachgebrauch, und Lamberts strengster Bedeutung, *a posteriori* seyn würde.

9. In der kritischen Philosophie ist nehmlich die metaphysische Frage (in 7.), von der Lambert so wegwerfend spricht, von der gröfsten Wichtigkeit, und ihre Beantwortung das Fundament aller philosophischen Speculation und aller Gewifsheit, welche das Schliefsen aus Begriffen gewähren kann. Hume in seinen Versuchen über den menschlichen Verstand (5. Vers. 1. Anm.) beantwortet diese Frage verneinend, leugnet alle Erkenntnifs *a priori*, in metaphysischer Bedeutung, und dieses war der Grund seines ganzen Skepticismus. Lambert, der nicht überdacht hatte, wohin diese Behauptung führt, scheint nach der (in 7.) angeführten Stelle derselben Meinung gewesen zu seyn. Kant hingegen bejahet diese Frage, zeigt, dafs es Erkenntnifs *a priori*, in der strengsten Bedeutung, giebt, welches die Kennzeichen derselben sind, woraus sie entspringt, und wie dadurch allein alle unsere Erkenntnifs gewifs, aber auch nur darauf eingeschränkt ist, das Feld der Erfahrung kennen zu lernen. Dies zu zeigen, ist die Absicht der ganzen Critik der reinen Vernunft; wodurch also nicht der Skepticismus begünstigt, sondern vielmehr gänzlich vernichtet wird. Wir wollen, um dieses ins Licht zu setzen, Humes Behauptungen und Gründe und Kants Gegenbehauptungen und Gründe einander gegenüberstellen.

10. Hume behauptet nehmlich (Vers. 2.): „Alle unsere Perceptionen (Vorstellungen, deren wir uns bewufst sind) sind von zweierlei Art. Die weniger starken und lebhaften nennt man gemeiniglich Ideen oder Gedanken (Begriffe des Verstandes); die der zweiten Art, welche einen gewissen Grad der Stärke haben, will ich Impressionen (sinnliche Eindrücke) nennen. Die Ideen sind die Copeien, Abrisse (nach Cudworth (5.)

Notionen, Abdrücke, unbedeutende Schattenbilder) der Impréffionen, und jede fchwächere Perception ift eine nur gefchwächte lebhafte Perception." Er hat dafür zwei Gründe:

a) Wenn wir unfere Gedanken oder Ideen analyfiren, fo laffen fie fich immer in einfachere auflöfen, wovon jede die Copei einer der Idee correfpondirenden Empfindung ift.

Da Hume die Allgemeinheit diefes Satzes nicht beweifen kann, fo fordert er diejenigen, welche ihn leugnen wollten, auf, einen Begriff, der nicht aus diefer Quelle, fondern *a priori*, fei, anzugeben, dann wolle er den finnlichen Eindruck (die Erkenntnifsquelle *a pofteriori*) angeben, der ihm correfpondire.

b) Wenn ein Menfch, wegen eines Fehlers feiner Organe, gewiffer finnlichen Eindrücke (Empfindungen) nicht empfänglich ift, fo fehlen ihm auch die Begriffe, die aus diefen Empfindungen entfpringen.

11. Kant giebt nun Humen feines Beweifes (10. b.) wegen zu: dafs alle Erkenntnifs, der Zeit nach, mit der Erfahrung anfange (f. M. I. 1. und den Artikel: *a pofteriori*, 2. C. 1.). Hat alfo Jemand einen Fehler in feinen Organen, fo dafs er gewiffer finnlichen Eindrücke nicht empfänglich ift, fo müffen ihm nicht nur die Begriffe fehlen, die aus diefen Empfindungen entfpringen, fondern auch diejenigen, zu denen die finnlichen Eindrücke blofs die Veranlaffung geben. Wäre z. B. ein Menfch blind und fühllos, fo könnte er nicht Aepfel zählen, und wenigftens nicht dadurch Veranlaffung zu der Erkenntnifs bekommen, dafs zwei mal zwei vier ift (f. *a pofteriori* 2). Denn wie könnte das Erkenntnifsvermögen zu wirken anfangen, wenn nicht finnliche Eindrücke „Vorftellungen bewirkten, und unfere Verftandesthätigkeit in Bewegung brächten, diefe Vorftellungen zu vergleichen, zu verknüpfen oder zu trennen, und fo den rohen Stoff finnlicher Eindrücke zu einer Erkenntnifs der Gegenftände zu verarbeiten, die Erfahrung heifst." (C. Einl. I. S. 1.)

12. Gegen Humes Beweis (10. b) behauptet aber Kant, dafs aus dem, was er jetzt (in 11.) zugegeben habe, nicht folge, dafs alle unfere Erkenntnifs urfprüng-

lich aus der Erfahrung herrühre, oder, wie Hume sich ausdrückt, alle Gedanken bloße Copeien der Impreſſionen wären, ſo daſs es, in ſtrengſter Bedeutung, gar keine Erkenntniſs *a priori* gebe. Denn es laſſe ſich wenigſtens denken, daſs unter unſerer Erfahrungserkenntniſs etwas ſeyn könne, was nicht die Copei einer Impreſſion ſei, ſondern was unſer Erkenntniſsvermögen, durch eine Impreſſion veranlaſst, aus ſich ſelbſt hergebe; ſo wie etwa von dem Gefäſs, in welches ich eine Flüſſigkeit gieſse, die Geſtalt, welche dieſe Flüſſigkeit bekömmt, und die Verbindung der Tropfen unter einander abhängt (ſ. Form). Wäre das nun, ſo lieſse ſich in jeder Erkenntniſs *a poſteriori* immer etwas finden, was *a priori* wäre, oder urſprünglich aus dem Erkenntniſsvermögen herrührte, und eben ſo wenig durch Impreſſionen in uns kommen, als das, was in dieſer Erkenntniſs urſprünglich *a poſteriori* iſt, aus dem Erkenntniſsvermögen entſpringen kann.

13. Es kömmt alſo nur darauf an, Humes Forderung (10, a) eine Genüge zu thun, und durch ein Beiſpiel zu zeigen, daſs es wirklich Erkenntniſſe *a priori* gebe, von denen Hume keine ihnen correſpondirenden Impreſſionen angeben kann, und das wollen wir leiſten. Daſs zwei mal zwei beſtimmte Aepfel vier ſind, dieſem Gedanken correſpondiren Impreſſionen, wenn ich nehmlich die Aepfel ſehe oder fühle, und 24 mal, nach immer veränderter Ordnung, durchzähle (*a poſteriori.* 2). Allein, daſs das ſo ſeyn müſſe, und daſs es mit allen möglichen Aepfeln, ja mit allen möglichen Dingen in der Welt ſo ſei, daſs man ganz allgemein behaupten könne, zwei mal zwei iſt vier, dieſem Gedanken kann keine Impreſſion correſpondiren. Ferner, wenn etwas nicht iſt, ſo kann es auch keine Impreſſion machen, noch viel weniger alſo, daſs es nicht ſeyn kann. Wie könnten wir alſo durch Impreſſionen wiſſen, daſs zwei mal zwei nicht eine Million ſeyn kann? Daſs aber etwas allemal ſo ſei, dem kann nicht anders eine Impreſſion correſpondiren, als ſo, daſs wir alle Impreſſionen, für alle mögliche Fälle, erhielten, welches unmöglich iſt. Geſetzt aber, es wäre auch möglich, ſo könnten wir doch nicht einmal wiſſen, ob wir auch alle mögliche Fälle hätten; dazu wäre

eine neue Impreſſion nöthig, welche es aber nicht geben kann, weil ſonſt das Nichtſeyn mehrerer Fälle eine Impreſſion machen müſste, welches unmöglich iſt.

14. Von dem nun, was ſo ſeyn muſs, deſſen Gegentheil gar nicht möglich iſt, ſagen wir, es iſt **nothwendig** ſo, und wenn es davon keine Ausnahme giebt, ſagen wir, es iſt **allgemein** ſo. Da nun beides nicht durch Impreſſionen in uns kommen und erkannt werden kann, ſo folgt, daſs Nothwendigkeit und (ſtrenge) Allgemeinheit die beiden Kennzeichen ſind, woran man erkennen kann, daſs eine Erkenntniſs *a priori* ſei. Ohne allwiſſend zu ſeyn, könnte es nehmlich das erkennende Subject unmöglich vorherbeſtimmen, daſs eine beſtimmte Erfahrung eine gewiſſe Beſchaffenheit haben werde, deren Gegentheil unmöglich ſei, und welche immer ſtatt finden müſſe, daſs z. B. der Inhalt einer jeden Pyramide immer heraus kommen müſſe, wenn man ihre Grundfläche mit dem dritten Theil ihrer Höhe, oder ihre Höhe mit dem dritten Theil ihrer Grundfläche multiplicirt (C. 3.).

15. Da nur eine Erkenntniſs eben darum *a priori* iſt, weil ſie nicht durch die Sinne entſpringt, ſo muſs ſie allein aus dem Erkenntniſsvermögen des erkennenden Subjects hervorgehen. Und hieraus läſst ſich auch die Nothwendigkeit und ſtrenge Allgemeinheit, die mit der Erkenntniſs *a priori* verbunden, und ihr Character (Kennzeichen) iſt, vollkommen erklären. Wenn nehmlich das Erkenntniſsvermögen ſo beſchaffen iſt, daſs daſſelbe nicht anders erkennen kann, als ſo, daſs bei dem Geſchäft des Erkennens immer jene Erkenntniſs *a priori* erzeugt wird, welche durch ihre Verbindung mit den Impreſſionen dieſe eben erkennbar macht, ſo iſt das Gegentheil jener Erkenntniſs *a priori* unmöglich, und ſie muſs immer, ohne Ausnahme, bei der nehmlichen Erkenntniſs ſtatt finden, d. i. nothwendig und ſtrenge allgemein ſeyn. S. Nothwendigkeit. (M. I. 6.)

16. Es laſſen ſich aber zwei Arten des Urſprungs der Vorſtellungen *a priori* aus dem Erkenntniſsvermögen denken; entweder iſt

a) nach Platos Meinung, die Vorstellung selbst mit dem Subject, welches diese Vorstellung hat, zugleich da, so dass das vorstellende Subject, vor allem sinnlichen Eindruck (Impression), diese Vorstellung hat, und sich derselben bewusst ist; dann heisst sie **angebohren**, s. Angebohren; oder

b) nach Kants Behauptung, das Erkenntnisvermögen ist nur so **beschaffen**, dass Vorstellungen *a priori* daraus entspringen können, doch so, dass erst sinnliche Eindrücke vorhergehen müssen, die das Erkenntnisvermögen zur Vollbringung seines Auftrags, Vorstellungen und Erkenntnis hervorzubringen, gleichsam wecken und in Thätigkeit setzen. Dann bringt das Erkenntnisvermögen eine solche Vorstellung *a priori*, zwar bei Gelegenheit eines sinnlichen Eindrucks, und um denselben zur Erkenntnis zu formen, aber doch **aus sich selbst** hervor; die Vorstellung ist *a priori* und dennoch **erworben**, aber die Möglichkeit derselben liegt nicht in den sinnlichen Eindrücken, sondern diese öffnen nur die Quelle der Vorstellungen *a priori*. Die Möglichkeit derselben liegt vielmehr in der Beschaffenheit des Erkenntnisvermögens, und kann nicht erworben, sondern muss vor allen Vorstellungen vorhanden, d. i. **angebohren** seyn. So ist z. B. die Möglichkeit der Raumesanschauung, aber nicht die Raumesanschauung selbst, angebohren.

17. Dass aber die Vorstellungen *a priori* selbst nicht angebohren sind, und folglich nicht nach 16, a, sondern nach 16, b, entspringen, folgt daraus, dass es immer der sinnlichen Eindrücke bedarf, ehe sie zum Bewusstseyn gelangen, und dass ihr Entstehen z. B. das der Categorien gezeigt werden kann. S. **Deduction der Categorien**. Dieser Unterschied ist auch sehr wichtig, weil man auf angebohrne Begriffe leicht eine Theorie des Uebersinnlichen gründen könnte, woraus eine Schwärmerei ohne Ende entstehen würde.

18. Noch muss eine Erkenntnis *a priori* von einer **reinen** unterschieden werden. Eine Erkenntnis *a priori* ist nehmlich nur dann **rein**, wenn gar nichts aus der Erfahrung (Empirisches) beigemischt, und auch nichts in derselben aus einer auch noch so entfernten Erfahrung ab-

geleitet ift. S. *a pofteriori*. Zwei mal zwei Aepfel find vier Aepfel, ift eine Erkenntnifs *a priori*, denn da ich es nicht von allen Aepfeln erfahren kann, und es doch von allen mit ftrenger Gewifsheit behauptet wird, fo mufs der Grund dazu im Erkenntnifsvermögen liegen; allein Aepfel find doch Erfahrungsgegenftände, und die Erkenntnifs ift alfo nicht rein. Aber der Satz, zwei mal zwei ift vier, ift eine reine Erkenntnifs, denn ihr ift gar nichts Empirifches beigemifcht, ihre Gewifsheit beruhet auf der reinen Anfchauung, dafs, wenn ich mir vermittelft der Einbildungskraft zwei Puncte zweimal vorftelle : :, es eben diefelbe Anzahl giebt, als wenn ich die erften zwei Puncte neben die andern fetze . . . ., und fie durchzähle, nehmlich vier. Da ich nun an die Stelle der Puncte alle mögliche Gegenftände fetzen kann, fo gilt der Satz auch für jeden einzelnen Erfahrungsfall, und ich brauche nun nicht erft bei einem Erfahrungsfall die Probe zu machen, fondern weifs mit Sicherheit, dafs es allemal fo feyn mufs (M. I. 5.).

19. Dafs es Vorftellungen oder Erkenntniffe *a priori* giebt, (M. I. 3. C. 4.) ift fchon aus dem Beifpiele erwiefen, mit welchem der Begriff ift erläutert worden (13). Diefes Beifpiel ift aus der Arithmetik, einem Theile der Mathematik, hergenommen. Alle eigentlichen Sätze der Mathematik, z. B. dafs zwifchen zwei Puncten nur eine grade Linie möglich fei, dafs die grade Linie die kürzefte unter allen möglichen zwifchen zwei Puncten fei, dafs die drei Winkel in einem Triangel zufammen zwei rechten gleich find, dafs es einerlei Summe gebe, ob ich z. B. 5 zu 7, oder 7 zu 5 hinzuthue, oder allgemein, wenn ich die eine Zahl a, die andre b nenne, a zu b, oder b zu a; find Sätze, deren Wahrheit zwar durch Proben in der Erfahrung gezeigt, aber nicht bewiefen werden kann, fondern mit einer Nothwendigkeit und Allgemeinheit verbunden ift, die ihren Urfprung aus dem Erkenntnifsvermögen beurkundet, welches daher auch diefe Wahrheit ohne alle Erfahrung und Verfuche einzufehen vermögend ift (M. I. 7).

20. Ein Beifpiel eines Satzes *a priori* aus dem gemeinften Verftandesgebrauche ift der Satz: dafs alle

Veränderung eine Ursache haben müsse (C. 5). In demselben sind zwei Vorstellungen *a priori*: 1. die Verknüpfung des Subjects Veränderung mit dem Prädicat Ursache, und 2. das Prädicat Ursach selbst.

a) Die Copula, welche die Art der Verbindung zwischen Subject und Prädicat angiebt, heisst: müssen haben, und drückt Nothwendigkeit aus, zugleich hat der Satz das Zeichen allgemeiner Urtheile, es heisst: alle Veränderung. Allgemeinheit und Nothwendigkeit sind aber die beiden Merkmale, dass die Erkenntniss *a priori* ist (15). Folglich kann der Satz nicht aus der Erfahrung seyn, sondern ist ein Product des Erkenntnissvermögens aus sich selbst, oder *a priori*.

b) Aber auch der Begriff der Ursache, oder das Prädicat des Satzes, ist *a priori*. Denn eine Ursache ist das, was einer Veränderung allemal vorhergehet, und worauf die Veränderung jederzeit nothwendiger Weise folgt. In diesem Begriffe sind drei wesentliche Merkmale. 1. Dass das, was man Ursache nennt, der Veränderung vorhergehet; 2. dass es jederzeit vorhergehet; und 3. dass die Veränderung nothwendiger Weise darauf folgt. Die beiden Merkmale der Apriorität einer Erkenntniss gehören also wesentlich zum Begriff Ursache, und daher kann dieser Begriff nicht empirisch, oder aus der Erfahrung entsprungen, sondern muss *a priori* seyn. Humes Zweifel dagegen, und die Widerlegung derselben s. im Artikel: Ursache.

c) In dem Satze, zu welchem das Prädicat Ursache gehört, war aber auch ein empirischer Begriff, nehmlich das Subject Veränderung. Veränderung ist eine Art zu existiren, welche auf eine andere Art zu existiren eben desselben Gegenstandes folgt, oder der Uebergang eines Dinges aus einem Zustande in den andern (C. 213.). Dieser Uebergang ist aber zufällig, und wird erst durch seine Ursache nothwendig, so wie auch die Art zu existiren, oder der Zustand eines Dinges, dessen Gegentheil, wenn nur seine Ursache nicht vorhergegangen wäre, gar wohl möglich ist. Die Veränderung eines Dinges muss ich erst wahrnehmen, und das erfordert Erfahrung, aber die Ursache kann ich nicht wahrnehmen, sondern die

Merkmale der Nothwendigkeit und Allgemeinheit, welche in diesem Begriffe enthalten sind, nöthigen mich, eine dem Zustande vorhergehende Erscheinung zu untersuchen, ob sie sich auch durch Gründe unter den Begriff der Ursache subsumiren lasse, d. h. ob ich sie aus Gründen für die Ursache anerkennen kann. In dem Begriff der Veränderung hingegen liegt kein Merkmal, das ich nicht wahrnehmen könnte, und das mir übrig bliebe, wenn ich alle Wahrnehmung wegdenke. S. **Veränderung**.

d) Der Satz: eine jede Veränderung hat ihre Ursache ist daher *a priori*, ja ein **reines Urtheil** *a priori*, und dennoch das Erkenntnifs **nicht rein** (C. 3 u. 5). So widersprechend das scheint, so richtig ist es dennoch. Denn ein Satz ist ein categorisches Urtheil (d. i. ein solches, das seine Behauptung ohne alle Bedingung aussagt), als Satz und Urtheil ist nun obiger Satz nicht nur *a priori*, sondern auch **rein**, denn in der Copula, was eigentlich das Urtheil zum Urtheil macht, oder *in der für jeden Verstand gültigen Verbindung*, die das Urtheil ausdrückt, ist nichts empirisches; aber als Erkenntnifs überhaupt ist der Satz **nicht rein**, weil Veränderung ein empirischer Begriff ist (18).

21. Man kann sogar beweisen, dafs es Erkenntnifse *a priori* geben müsse, und dafs es nicht möglich sei, dafs es keine gebe, welches, wenn es geleistet wird, alle Beispiele zum Belage überflüssig macht, mehr ist, als Hume (in 10, a) gefordert hat, und zugleich selbst ein Beispiel einer Erkenntnifs *a priori* ist. Es mufs in aller Erkenntnifs etwas *a priori* seyn. Denn

a) wenn wir erkennen, so sind wir uns bewufst, dafs dasjenige, was wir uns vorstellen, nicht ein blofses Hirngespinst ist, sondern einen wirklichen Gegenstand hat, den wir uns dadurch vorstellen. Sollen aber unsere Vorstellungen den Gegenstand wirklich vorstellen, so müssen sie mit ihm übereinstimmen, so mufs der Inhalt unsrer Gedanken ganz an dem Gegenstande zu finden seyn, wie etwa der Inhalt der Beschreibung einer Stadt an und in dieser Stadt selbst. Stimmen auf diese Weise unsere Vorstellungen mit dem Gegenstande, den sie

vorstellen sollen, überein, so ist unsere Erkenntniſs vom
Gegenstande wahr. Dieser Wahrheit unsrer Erkenntniſs
müssen wir uns aber auch bewuſst seyn, denn sonst
können wir nicht wissen, daſs wir Erkenntniſs und keine
Träume und Spiele der Phantasie haben. Wir müssen
uns aber der Wahrheit unsrer Erkenntniſs aus Gründen bewuſst seyn, die nicht etwa nur bloſs uns überzeugen, denn
sonst könnte unsere vermeintliche Ueberzeugung auch
eine bloſse Ueberredung seyn, die aus der besondern Beschaffenheit unsers individuellen Erkenntniſsvermögens entspränge. Folglich müssen unsere Gründe für die Wahrheit unserer Erkenntniſs für Jedermann gelten oder Jedermann überzeugen, das heiſst, unsere Erkenntniſs muſs gewiſs seyn. Daſs unsere Erkenntniſs gewiſs sei, oder unsere Gründe für die Wahrheit derselben für Jedermann
gelten, können wir nur daraus wissen, daſs sie mit Nothwendigkeit verknüpft sind, und das Gegentheil also unmöglich ist, welches dann Jedermann einsehen muſs, wenn
er nur Vernunft hat. Folglich ist in jeder Erkenntniſs etwas mit Nothwendigkeit verknüpft, das heiſst, etwas
a priori, und es ist in jeder Erkenntniſs nur so viel Gewiſsheit, als sie *a priori* ist.

b) Eben darum muſs in jedem Urtheil die Verbindung zwischen Subject und Prädicat Nothwendigkeit haben. Denn obwohl ein Erfahrungsurtheil auf einer Wahrnehmung beruhet, z. B. daſs die Sonne den Stein erwärmt,
und die Wahrnehmung also etwas zufälliges, den Son-
nenschein und das Warmwerden des Steins betraf; so ist
doch der Begriff des Erwärmens der, daſs die Sonne die
Ursache ist, daſs der Stein warm wird. Das kann ich
aber nicht erfahren, weil das so viel heiſst, der Stein
muſs nothwendig und allemal warm werden, wenn
ihn die Sonne unter den gehörigen Umständen bescheint.
Und diese Nothwendigkeit ist es, welche allein
macht, daſs jenes Urtheil gewiſs ist. Eben dadurch wird
nun aber die Wahrnehmung, welche als Wahrnehmung
bloſs für mich Gültigkeit hatte, so, daſs ich sagen konnte,
ich habe es wahrgenommen, Erfahrung, oder eine
Wahrnehmung, von der ich gewiſs bin, daſs sie Jedermann
muſs gelten lassen (Prolegom. S. 89. *).

B

22. Es giebt aber fogar gewiffe Erkenntniffe, die in gar keiner Erfahrung anzutreffen find (M. I. 8. C. 6.), die alfo ftets unvermifcht und rein von aller empirifchen Erkenntnifs in unferm Verftande gefunden werden. Diefe Erkenntniffe, da fie keinen Gegenftand in der Erfahrung haben, den wir durch fie erkennen, follten uns auf die Gedanken bringen, dafs wir mehr erkennen können, als blofse Erfahrungen, dafs wir uns mit unferm Verftande in eine Region wagen, und etwas in derfelben erkennen können, bis zu der wir mit unfern Sinnen nicht reichen können. Und in diefem Wahn haben auch viele Menfchen, durch diefe Erkenntniffe verleitet, geftanden.

23. Gott, Freiheit und Unfterblichkeit find nirgends mit unfern Sinnen zu finden. Sie find nicht finnliche Gegenftände, und dennoch ift ein Begriff von ihnen in den Menfchen, von dem wir fragen müffen, wie diefer Begriff in dem Menfchen entfteht, ob er auch wirklich einen Gegenftand hat, und ob auch, in diefem Falle, der Begriff mit dem Gegenftande übereinftimme. Diefe Erkenntniffe, bei denen uns die Erfahrung gänzlich verläfst, find uns fogar wichtiger, als alle übrigen Erkenntniffe, weil fie mit unferer Moralität und mit unferm Intereffe fehr genau verbunden find. S. Gott. Freiheit. Unfterblichkeit. (M. I. 9. C. 7.)

24. Man kann die verfchiedenen Arten der Erkenntniffe *a priori* (im weitern Sinne des Worts) fo claffificiren. Es giebt

1. unmittelbare Erkenntniffe *a priori*.

Das find die Anfchauungen *a priori*, oder dasjenige, was in den unmittelbaren Vorftellungen des Objects (Anfchauungen) nothwendig und allgemein ift, und daher aus der Anfchauungsfähigkeit entfpringen mufs. Ihrer find zwei:

a) was in allen unmittelbaren Vorftellungen des Objects überhaupt nothwendig ift — die Zeit;

b) was in allen äufsern unmittelbaren Vorftellungen des Objects nothwendig ift — der Raum.

2. mittelbare Erkenntniffe *a priori*, und zwar

a) Begriffe *a priori*, oder das, was von allen Objecten nothwendig mufs gedacht werden, z. B. dafs es

Subſtanz ſei oder Accidens, daſs es eine Urſach habe und Wirkungen hervorbringe u. ſ. w.

b) Urtheile, und zwar

α) analytiſche, oder ſolche, wo das Prädicat durch bloſse Entwickelung des Subjects gefunden werden muſs, und alſo mit dem Subject nothwendig verbunden iſt, z. B. ein Körper kann mit einem andern nicht an demſelben Ort ſeyn; oder

β) ſynthetiſche, d. i. ſolche, wo das Prädicat durch ein Drittes mit dem Subject verbunden iſt, welches ſeinen Grund in dem Erkenntniſsvermögen des erkennenden Subjects hat, und daher dieſe Verbindung nothwendig macht, z. B. alles, was geſchieht, muſs eine Urſache haben.

c) Ideen, oder das, wodurch die Vernunft ſich die Vollſtändigkeit aller Erfahrungsreihen vorſtellt, und welches in keiner Erfahrung, die ſtets unvollſtändig iſt und wieder auf eine andere hinweiſet, vorkömmt, z. B. Gott, d. i. die Idee von der letzten Urſache der ganzen Reihe aller Urſachen und Wirkungen; Freiheit, d. i. die Idee von dem Erſten der ganzen Reihe alles Gegründeten, und daher Nothwendigen; Unſterblichkeit, die Idee von einem Zuſtande, der das Fortſchreiten zur Erreichung des höchſten Guts möglich macht; das höchſte Gut oder die Seligkeit iſt eine Idee von der gerechten Verbindung der Glückſeligkeit mit der Heiligkeit zu Einem Object, als der Gränze einer unendlichen Annäherung moraliſcher und endlicher Weſen. S. Freiheit. Unſterblichkeit. Seligkeit.

25. Die Wiſſenſchaft, die ſich mit allen dieſen Erkenntniſſen *a priori* beſchäftigt, heiſst die Metaphyſik. In dieſer kann man entweder gewiſſe Sätze *a priori* zum Grunde legen, ohne zu prüfen, wie der Verſtand zur Erkenntniſs derſelben gelangt, und was man dadurch erkennen kann, dann iſt die Metaphyſik dogmatiſch; oder man ſtellt dieſe Prüfung vorher an, ehe man dieſe Sätze gebraucht, dann iſt die Metaphyſik critiſch. Die Prüfung des Erkenntniſsvermögens ſelbſt, um den Urſprung, den Umfang und die Gränzen ſolcher Begriffe und Sätze zu erforſchen, heiſst die Critik der Erkenntniſsver-

mögen. Derjenige Theil der Metaphyſik, welcher das Syſtem aller Erkenntniſſe *a priori* critiſch erforſcht, abhandelt, heiſst die **Transcendentalphiloſophie**; der Theil aber, welcher ſie auf einen einzelnen empiriſchen Begriff, z. B. den der Natur, eines Weſens mit Naturtrieben u. ſ. w. anwendet, Metaphyſik dieſer beſondern Begriffe.

Kant Crit. der reinen Ver. S. 2 — 6. 60.
Deſſ. Ueb. eine Entd. S. 68. ff
Schultz Prüf. der Kant. Crit. S. 1. ff.
Lamberts Organ. 1 Th. S. 348. 412 — 416.
Baumgartens Metaphyſ. §. 22.

Aberglaube. ✗. 107

Superſtition, δεισιδαιμονια, *ſuperſtitio, ſuperſtition*. Das Vorurtheil, ſich die Natur ſo vorzuſtellen, als ſei ſie den Regeln nicht unterworfen, die der Verſtand ihr als ſein eigenes, weſentliches Geſetz zum Grunde legt (U. §. 40. 158). Wer dieſe Erklärung des Aberglaubens verſtehen, und die Richtigkeit derſelben einſehen will, der muſs von der ganzen Theorie der Erkenntniſs, nach den Grundſätzen der critiſchen Philoſophie, richtige Begriffe haben. Ich will daher dieſe Theorie hier deutlich vorzutragen ſuchen.

I. Es iſt nehmlich in obiger Erklärung dreierlei zu erörtern:

1. Was das für ein eigenes, weſentliches Geſetz iſt, das der Verſtand hat;

2. Was für Regeln der Verſtand durch dieſes Geſetz (in 1.) der Natur zum Grunde legt;

3. Wie man ſich die Natur ſo vorſtellen könne, als ſei ſie dieſen Regeln (in 2.) nicht unterworfen, und daſs dieſes ein Vorurtheil ſei.

1. Um demnach deutlich einzuſehn, was das für ein eigenes, weſentliches Geſetz iſt, was der Verſtand hat, müſſen wir uns zuvörderſt einen deutlichen Begriff vom Verſtande und ſeinem Geſchäft machen.

a) Der Verſtand iſt, nach Kant, das Vermögen, nicht bloſs deutlicher Erkenntniſſe, ſondern der Erkenntnisse überhaupt; weil eine critische Unterfuchung der Erkenntnifsvermögen zeigt, dafs die Sinne nicht etwa blofs undeutlich, fondern gar nicht erkennen, vielmehr nur die Werkzeuge find, vermittelft welcher uns der Stoff zur Erkenntnifs geliefert wird. Nach der critifchen Philofophie find nehmlich alle die Gegenftände, die uns in die Sinne fallen, die wir fühlen, fchmecken, fehen, hören und riechen, uns felbft, in fo fern wir uns durch die Sinne wahrnehmen, nicht ausgefchloffen, nicht Dinge, die, wenn es keine Menfchen gäbe, welche fie wahrnähmen, dennoch fo vorhanden wären, als wir fie wahrnehmen. Sondern fie find felbft Vorftellungen, die eben fo wohl aus dem Erkenntnifsvermögen des Menfchen entfpringen, als feine Gedanken, nur mit dem Unterfchiede, dafs dasjenige, was wir durch die Sinne wahrnehmen, nicht willkührlich durch unfer Erkenntnifsvermögen hervorgebracht werden kann, fondern dafs in ihnen etwas ift, das unferm Erkenntnifsvermögen anders woher gegeben wird, indem wir nicht machen können, dafs z. B. ein Garten, den wir fehen, aus unfern Augen eben fo verfchwinde, als ein Gedanke aus unferm Innern; oder dafs z. B. ein Elephant auch wirklich vor unfern Augen da ftehe, wenn wir an ihn denken. Wir haben daher eine Fähigkeit, irgend wodurch, folche Eindrücke zu bekommen, durch die es möglich wird, dafs wir folche unwillkührliche Vorftellungen, z. B. den Garten, den wir fehen, die Töne, die wir hören, bekommen. Diefe Fähigkeit, folche Eindrücke zu erhalten, heifst die Sinnlichkeit. Allein diefe Eindrücke bekommen wir nicht mit einemmale, fondern nach und nach, und ob es uns gleich vorkömmt, als fähen wir z. B. gleich den ganzen Garten auf einmal, fo rührt das doch nur von der Schnelligkeit her, mit der die Eindrücke auf einander folgen, und von der eben fo grofsen Schnelligkeit, mit der fie verbunden werden, fo wie ein Lichtpunkt z. B. an dem Feuerrade eines Feuerwerks auch, feiner Schnelligkeit wegen, ein feuriger Kreis zu feyn fcheint. Wir können nehmlich in jedem Augenblick nur einen einfachen Eindruck erhalten, der dem einfachen Eindruck des folgenden Augenblicks weicht, aber doch mit ihm und dem auch ihm folgenden Eindruck des dritten Augenblicks und den Eindrücken mehrerer folgenden verbunden werden und so Ein Ganzes vorstellen kann. Kant nennt diese Eindrücke auf unsre Sinnlichkeit, wenn er sie so unverbunden, wie sie durch die Sinne in uns kommen, vorstellen will, das gegebene Mannichfaltige. Dieses verbindet der Verstand nun, und bildet oder verarbeitet es zu einem Ganzen sinnlicher Vorstellungen, so dass nun z. B. ein Garten u. s. w. vor unsern Augen liegt. Die weitere Entwickelung s. in dem Artikel Anschauung.

b) Das Geschäft des Verstandes nun bestehet eigentlich im Erkennen, oder Erkenntnisse hervorzubringen. Zu einer jeden Erkenntnifs gehört aber

α) ein Object, oder ein Gegenstand, der erkannt werden, oder von dem der Verstand ein Erkenntnifs hervorbringen soll;

β) Vorstellungen, die irgend woher, vermittelst der Sinnlichkeit, dem Verstande gegeben werden, und durch die das Object erkannt werden soll (C. 137.).

c) Die Erkenntnifs bestehet nehmlich

α) in der Beziehung gewisser Vorstellungen (b, β) auf ein Object (b, α), d. i. darin, dafs der Verstand sich denkt, jene Vorstellungen (b, β) stellen ein gewisses Object vor, und sind nicht etwa ein blosses Gedankenspiel ohne Sinn und Bedeutung;

β) darin, dafs auch diese Beziehung, der Vorstellungen auf ein Object, bestimmt ist, d. h. dafs ihr gewisse Prädicate beigelegt werden, vermittelst welcher diese Beziehung so und nicht anders ist. So wird z. B. eine Vorstellung von einem gewissen Object so gedacht, dafs sie nur von diesem Einen, oder von allen derselben Art gilt; dafs sie entweder dem Begriff des Objects beigelegt, oder von demselben verneint wird. Dies sind Bestimmungen der Beziehung einer Vorstellung auf ihr Object.

d) Dieser jetzt erörterte Begriff der Erkenntnifs wird daher noch deutlicher, wenn wir das durch die Erkenntnifs entstandene Product, oder das Erkenntnifs, als ein Urtheil betrachten, in welchem der Begriff des zu erkennenden Objects (b α) das Subject, und jede Vorſtellung (b, β), durch die etwas vom Object vorgeſtellt werden ſoll, ein Prädicat iſt. Die Erkenntniſs beſtehet nun in der (durch die Beſchaffenheit des Urtheils, ob es allgemeines oder beſonderes, ein bejahendes oder verneinendes u. ſ. w. iſt) beſtimmten Verbindung beider, des Subjects und Prädicats, d. i. des Begriffs des Objects und der Vorſtellungen (in b, β) zu einem Urtheil. Der Begriff des Objects (im Subject) iſt nehmlich derjenige Begriff, in welchem ich mir dasjenige Mannichfaltige vereinigt denke, welches durch die Eindrücke der Sinnlichkeit einzeln gegeben, aber durch den Verſtand zu einer ſolchen Vorſtellung verbunden worden, die das Object unmittelbar vorſtellt, und daher Anſchauung heiſst. So habe ich jetzt, da ich einen Garten vor mir ſehe, die unmittelbare Vorſtellung eines Objects, ſo, daſs zwiſchen dem Gegenſtande, den mein Verſtand, ſeiner Natur gemäſs, der Anſchauung ſetzen oder unterlegen muſs, und der Anſchauung ſelbſt keine Vorſtellung weiter in der Mitte liegt. Wenn ich daher den Garten ſehe, oder wenn ich eine Muſik höre, ſo habe ich die Anſchauung eines Objects; wenn ich mir aber den Garten, die Muſik denke, ohne daſs ich mir die Merkmale derſelben entwickele, ſo habe ich den Begriff eines Objects, oder eines Etwas, deſſen Mannichfaltiges in einer Anſchauung vereinigt, unmittelbar vorgeſtellt oder wahrgenommen, und in einem Begriff vereinigt, mittelbar vorgeſtellt oder gedacht wird. Der Begriff des Objects iſt nun das Subject möglicher Urtheile. So iſt mir z. B. jetzt vermittelſt meiner Sinnlichkeit, welche Eindrücke erhält, und insbeſondere des Gefühls und Geſichts, ein Mannichfaltiges gegeben, das von dem Verſtande zu einer Anſchauung vereinigt, von mir erkannt, oder auf ein Object bezogen wird, das ich Schreibtiſch nenne. Der Verſtand vereinigt nehmlich, um dieſe Erkenntniſs hervorzubringen, jenes in der Anſchauung befindliche Mannichfaltige in einen Begriff, von dem Prädicate möglich ſind, der aber, weil noch keine Prädicate von ihm angegeben ſind, weiter nichts iſt, als der noch gänzlich unbeſtimmte Begriff eines gewiſſen Objects. Nun fange ich an, dieſen Begriff zu beſtimmen. Zuerſt denke ich die in ihm, vermittelſt der Anſchauung, gegebenen Vorſtellungen eines Tiſchblatts, der Füſse, der Farbe (welches noch kein Erkennen, ſondern ein bloſses Denken iſt); aber zweitens ſtelle ich mir dieſe Vorſtellungen als durch die Anſchauung gegeben, und daher in dem Begriff des Objects, Schreibtiſch, nothwendig enthaltene Prädicate vor, d. h. mein Verſtand bringt dieſe Vorſtellungen in eine Beziehung mit dem Object, Schreibtiſch; endlich drittens wird auch noch dieſe Beziehung beſtimmt, oder ſo gedacht, daſs ich die Prädicate nur Einem Schreibtiſch, nehmlich dem meinigen, nicht allen möglichen, oder auch nur einigen beilege; daſs ich ſie nicht von ihm verneine, ſondern bejahe, und zwar ohne alle Bedingung und endlich ſo, daſs ich nicht behaupte, der Schreibtiſch könne die ihm durch jene Prädicate beigelegten Beſchaffenheiten haben, ſondern vielmehr, er habe ſie wirklich. So iſt nun dieſe Beziehung der Vorſtellungen in den Prädicaten, auf den Begriff des Objects im Subject, nach der verſchiedenen Beſchaffenheit, die ein Urtheil haben kann, völlig beſtimmt.

e) Wir ſehen hieraus, daſs zu einer jeden Erkenntniſs eine dreifache Vereinigung oder Verbindung (Synthefis) von Vorſtellungen erfordert wird:

α) Die Vereinigung des, vermittelſt der Sinnlichkeit, gegebenen Mannichfaltigen ſinnlicher Eindrücke zu einer unmittelbaren Vorſtellung des Objects, welche Anſchauung heiſst.

β) Die Vereinigung des in der Anſchauung befindlichen Mannichfaltigen zu einer mittelbaren (durch diejenige Mittelvorſtellung, welche Anſchauung heiſst, auf das Object gehenden) Vorſtellung des Objects, die zum Subject eines möglichen Urtheils diene, welche der (noch unbeſtimmte) Begriff des Objects heiſst.

γ) Die Vereinigung der durch die Anſchauung gegebenen Vorſtellungen mit dem Begriff des Objects, ſo daſs ſie nun in einer beſtimmten Beziehung mit demſelben gedacht werden, ſo daſs derſelbe wieder, unter gewiſsen Beſtimmungen, dadurch beſtimmt wird, worin nun eigentlich die Erkenntniſs beſteht.

f) Eine jede Vereinigung (Synthesis) von Vorstellungen besteht nun darin, dafs, da ich mir jeder Vorstellung einzeln bewufst werde, ich eine jede folgende, deren ich mir bewufst werde, zu einem Bewufstseyn aller derer, deren ich mir vorher bewufst wurde, hinzuthue, und sie so alle in einem Einzigen Bewufstseyn zusammen fasse.

g) Folglich ist Erkenntnifs nur möglich durch diese Einheit des Bewufstseyns. Soll also ein Verstand, d. i. ein Vermögen der Erkenntnisse möglich seyn, so mufs es auch möglich seyn, uns der Vorstellungen— deren wir uns als einzelner bewufst waren (so dafs unser Bewufstseyn so vielfach war, als wir Vorstellungen hatten) — als einer einzigen, die sie alle befafst, bewufst zu werden, oder Einheit des Bewufstseyns hervorzubringen.

h) Dasjenige nun, ohne welches ein Ding an und für sich (innerlich, ohne auf seine Verhältnisse zu andern Dingen z. B. zu seiner Ursache zu sehen) unmöglich ist, heist sein Wesen. Folglich ist es das Wesen des Verstandes, dafs er das Vermögen ist, Einheit des Bewufstseyns (der Vorstellungen) hervorzubringen.

i) Und nun, hoffe ich, wird man deutlich einsehen was der Verstand für ein, eigenes, wesentliches Gesetz hat, nehmlich dieses: dafs alles Mannichfaltige der Anschauungen unter obigen drei Vereinigungen oder Synthesen (in e) und folglich unter der, alle Vorstellungen vereinigenden, Einheit des Bewufstseyns stehen müsse, ohne welche nicht einmal die Vorstellung (es sei nun Anschauung oder Begriff) eines Objects möglich ist (d).

2. Hieraus folgen nun ferner die Regeln, die der Verstand durch sein in (1) erklärtes eigenes, wesentliches Gesetz der Natur zum Grunde legt. Wir müssen uns zu dem Ende nur erst eine richtige Vorstellung von dem machen, was hier Natur heifst.

a) Es ist hier nehmlich unter Natur der Inbegriff aller der Objecte zu verstehen, die uns irgend durch Anschauungen unmittelbar vorgestellt, und folglich durch den Verstand erkannt werden. Man nennt in der critischen Philosophie das Object einer Anschauung, in so fern es noch nicht beſtimmt iſt (1, c, *), eine Erſcheinung, um damit anzudeuten, daſs es nicht an und für ſich, ſondern nur in der Reihe der Vorſtellungen des anſchauenden Subjects, obwohl unabhängig von ſeiner Willkühr, d. i. durch Eindrücke auf ſeine Sinnlichkeit, vorhanden iſt. Folglich iſt die Natur der Inbegriff aller Erſcheinungen, oder aller ſinnlichen Objecte, womit folglich alle nicht ſinnlichen Objecte, alles was an und für ſich exiſtiren mag, daher nicht erſcheinen, folglich nicht ſinnlich angeſchauet und alſo nicht erkannt werden kann, gänzlich ausgeſchloſſen wird.

b) Das in einer ſinnlichen Anſchauung gegebene Mannichfaltige gehört nun nothwendig unter die alles vereinigende Einheit des Bewuſstſeyns (C. 143), weil durch dieſe allein die Einheit der Anſchauung möglich iſt, ohne welche das gegebene Mannichfaltige immer unverbunden vor unſerm Bewuſstſeyn vorübergleiten, und nie zu einer unmittelbaren Vorſtellung oder Anſchauung eines Objects tauglich werden würde (1. i).

c) Derjenige Actus des Verſtandes aber, oder diejenige Handlung deſſelben, durch welche die Vereinigung des gegebenen Mannichfaltigen in den Vorſtellungen (ſie mögen nun Anſchauungen oder Begriffe ſeyn) in Ein Bewuſstſeyn geſchieht, iſt keine andere als die, wodurch die Vereinigung des Prädicats mit dem Subject zu einem Urtheil beſtimmt wird (1, d), welche Handlung Kant die logiſche Function der Urtheile nennt. Dieſer Functionen der Urtheile giebt es aber mehrere (eigentlich zwölfe), ſo viel nehmlich, als die Beziehung des Prädicats aufs Subject verſchieden beſtimmt werden kann (1, d).

d) Alſo muſs alles Mannichfaltige, ſofern es in einer Anſchauung gegeben iſt, in Anſehung dieſer logiſchen Functionen der Urtheile beſtimmt, und dadurch in Ein Bewuſstſeyn verbunden werden.

e) Jede dieſer logiſchen Functionen muſs aber einen Begriff enthalten, welcher die Beziehung des Prädicats auf das Subject beſtimmt, z. B. von welchem Umfange die Beſtimmung des Subjects durch das Prädicat ſey, ob es von einem einzigen, vielen, oder allen gelte; oder von welcher Beſchaffenheit die Beſtimmung iſt, ob sie etwas in dem Begriff des Subjects setze, bejahe, oder davon ausschliefse, verneine u. s. w. Diese Begriffe aber sind nothwendig und allgemein, und daher *a priori*, sie sind Begriffe, die stets bei dem Geschäft des Erkennens aus dem Verstande entspringen, oder durch die vielmehr alle Erkenntnifs möglich wird, indem sie die gehörige Nothwendigkeit und folglich Gewifsheit hinein bringen und so alle Verstandesverbindungen möglich machen.

f) Auf diesen Begriffen beruhet also die Möglichkeit des Verstandes, sie gehören zu dem Wesen desselben, und heifsen daher reine Verstandes-Begriffe oder Categorien. S. Aggregat. Categorien.

g) Also steht auch das Mannichfaltige in einer gegebenen Anschauung nothwendig unter Categorien.

h) Diese Categorien sind nun eigentlich die Regeln, welche der Verstand der Natur, durch sein eigenes, wesentliches Gesetz, alles gegebene Mannichfaltige in Ein Bewufstseyn zu verbinden, zum Grunde legt. Denn da alles gegebene Mannichfaltige unter diesen Categorien stehet, so läfst sich auch für jede einzelne Categorie die Regel angeben, welche eben das für diese einzelne Categorie aussagt, dafs nehmlich das gegebene Mannichfaltige unter ihr stehe. So ist z. B. der Begriff der Gröfse eine solche Categorie; folglich legt der Verstand der Natur die Regel zum Grunde, d. i. er läfst es gar nicht zu, dafs für uns eine andere (sinnliche) Natur, als nach dieser Regel, möglich sey, dafs alle Erscheinungen oder Objecte in der Natur, in der Anschauung, eine Gröfse haben müssen, und da die Sinnlichkeit, vermittelst welcher das Mannichfaltige in der Anschauung gegeben wird, zwei Formen, Raum und Zeit, hat, in denen alle Erscheinungen angeschauet werden müssen, so müssen auch alle Naturdinge, da Raum und Zeit ausgedehnte Gröfsen sind, selbst ausgedehnte Gröfsen seyn.

i) Die Möglichkeit der Natur selbst beruhet also auf diesen Regeln, und eben hierin liegt auch die Nothwendigkeit und Allgemeinheit derselben für die ganze Natur. S. das Weitere unter dem Artikel Verstand.

3) Dennoch stellen sich Manche die Natur so vor, als sei sie diesen Regeln nicht unterworfen, und das ist ein Vorurtheil.

Da die Natur jenen Regeln wirklich unterworfen ist, und also nicht anders vorhanden seyn kann, und dennoch, wie wir gesehen haben, nichts anders als ein Inbegriff gegebener und durch die Gesetze des Verstandes verbundener Vorstellungen ist, wie kann man sich denn die Natur anders vorstellen, als sie wirklich ist? Das geschieht durch ein Vermögen, welches wir haben, einen Gegenstand, auch ohne dessen Gegenwart, in der Anschauung darzustellen, welches die Einbildungskraft heisst. Diese Einbildungskraft ist zu jeder Erkenntniss durchaus nothwendig, denn sie muss eben bei jedem neuen Eindruck auf die Sinnlichkeit den vorhergehenden nicht mehr gegenwärtigen und die mit ihm schon verbundene Reihe aller vorhergehenden Eindrücke wieder in der Anschauung darstellen, damit der neue Eindruck zu ihnen hinzugethan und so eine Anschauung erzeugt werden kann. Allein diese Einbildungskraft verbindet auch nach empirischen Gesetzen der Association, sie setzt nehmlich zusammen, so wie das Gedächtniss, ein Zweig der Einbildungskraft, Stoff dazu liefert, und stellt es bildlich dar, gesetzt, dass es auch nie vermittelst der Sinne in uns gekommen wäre. Wenn nun der Verstand diese Zusammensetzung nicht gehörig nach den Verstandesgesetzen verbindet, sondern die Einbildungskraft vielmehr Einfluss auf den Actus des Verstandes hat, so entstehet der Irrthum, dass wir etwas für Natur halten, was doch nur durch die Einbildungskraft erdichtet oder geträumt ist. Denn wird die Einbildungskraft nicht durch die Verstandesgesetze gezügelt, so entstehen auch wachend solche Producte, als unsere Träume sind, wenn wir schlafen, die wir aber, eben weil wir wachen, und uns dadurch das Kennzeichen des Schlafs abgehet, desto eher für etwas Wirkliches halten können. So setzt z. B. die Einbildungskraft aus Gliedern von verschiedenen Thieren einen Leib zusammen, und giebt ihm einen Pferdehals und einen Menschenkopf, überzieht alles mit Federn von verschiedenen Vögeln, und setzt ihm einen Fischschwanz an (*Ho-*

rat. ars poet. v. 1. *fq.*); fie kümmert fich aber nicht um die Möglichkeit und Wirklichkeit diefes Phantoms, denn fie urtheilt nicht. Wenn der Verftand nun folche Dichtungen der Phantafie wie gegebene Eindrücke der Sinnlichkeit behandelt, und fie für möglich oder gar wirklich erklärt, fo hat er einen Hang, fich andere Gefetze als feine eigenen aufdringen zu laffen, nehmlich hier die empirifchen Affociationsgefetze der Einbildungskraft, nach welchen fie verbindet, wie es dem Gedächtnifs einfällt, ftatt der Verftandesgefetze, nach welchen allein etwas möglich und wirklich feyn kann; ein folcher Hang aber heifst ein V o r u r t h e i l. Der Verftand ftehet dann gleichfam unter der Vormundfchaft der Phantafie, welche ftatt feiner verbindet, und er verhält fich gegen fie nicht t h ä t i g und felbfthandelnd, wie ein Vermögen, das S p o n t a n e i t ä t (S e l b ft t h ä t i g k e i t) hat, fondern l e i d e n d (p a ff i v).

B e i f p i e l. So ift das Vorurtheil, dafs Cometen unmittelbare Wirkungen der erzürnten Gottheit find, und allgemeine Landplagen verkündigen, eine von der Phantafie hervorgebrachte Verbindung, welche vorausfetzen würde, dafs etwas in der Natur (nehmlich Cometen, die wir am Himmel fehen, und alfo Naturdinge find), nicht den Naturgefetzen unterworfen fei, fondern unmittelbar von der Gottheit hervorgebracht oder gelenkt werde. Hier verbindet alfo die Phantafie den Vernunftbegriff der Gottheit, dem nie ein finnlicher Eindruck correfpondirt, mit dem Cometen, den wir fehen. Nach den Naturgefezzen nehmlich mufs eine jede Veränderung ihre Natururfache haben, durch die fie entftehet. Gott aber ift die Grundurfache aller Urfachen, das ift nicht die unmittelbare Urfache der einzelnen Naturbegebenheiten, denn die unmittelbare Urfache einer Wirkung in der Natur mufs zur Natur gehören, und in der Natur zu finden feyn, und können wir fie auch nicht in der Natur wirklich finden, fo müffen wir fie unfern Verftandesgefetzen nach, zu welchen auch das, e i n e j e d e V e r ä n d e r u n g m u f s i h r e U r f a c h e h a b e n, gehört, dennoch aus der Wirkung als vorhanden fchliefsen. Der Satz aber, Gott ift die Urfache des Cometen, heifst fo viel, als dafs der Comet jetzt da ift, hat keine Urfache in der Natur, folglich wäre hier die Natur der Regel (Von der Nothwendigkeit einer Naturursache für jede Wirkung in der Natur) nicht unterworfen, welche der Verstand ihr durch sein wesentliches Gesetz (hier den Cometen mit den Veränderungen, die vorher gehen und darauf folgen, in Ein Bewustseyn zu verbinden) zum Grunde legt, und das ist Aberglaube. Dennoch ist Gott die Ursache des Cometen, aber so, wie er die Ursache der Welt ist, nehmlich, dass wir uns die Eindrücke unsrer Sinnlichkeit und selbst das Vermögen, sie durch Verstandesgesetze in Ein Bewustseyn zu verbinden (und so Erfahrung hervorzubringen, deren Inbegriff eben Natur heifst) als in ihm gegründet vorstellen müssen. S. Gott. Schöpfer. Vorsehung.

II. Kant giebt (Berlin. Monatsschr. Oct. 1786. 327.) noch eine andere Erklärung des Aberglaubens, nehmlich, er sei die gänzliche Unterwerfung der Vernunft unter Facta. Alle Erkenntnifs ist nehmlich entweder die *a priori*, oder die *a posteriori*. Die erste ist unumstöfslich, denn ihr Character ist, dafs sie nothwendig und allgemein ist, und ihr Gegentheil ist also nie und in keinem Falle möglich. Die Erkenntnifs *a posteriori* ist die aus Erfahrung, die also zufällig, und deren Gegentheil also so wohl möglich ist, als sie selbst. Alle Erfahrung betrifft aber Veränderungen, oder das, was geschieht, folglich ein Factum oder eine Thatsache. Nun beruhet aber die Sicherheit und Gewifsheit aller Erfahrungen, folglich aller Erkenntnifs aus Erfahrung eben auf den Naturgesetzen, oder den Regeln, welche der Verstand der Natur durch sein eigenes, wesentliches Gesetz zum Grunde legt (s. *a priori* 21.). Wer also das Vorurtheil hat, dafs die Natur jenen Regeln nicht unterworfen sey, dem bleibt nichts übrig als Facta, als Thatsachen, und der unterwirft also seine Vernunft diesen gänzlich, ohne eine Gewährsleistung für die Sicherheit derselben zu haben, welche allein in den unumstöfslichen Gesetzen zu finden ist, nach welchen jedes Factum erfolgen mufs, und welchen sich nichts in der Natur entziehen kann, weil es sonst ewig aufser unserm Empfinden und Erkennen bleiben, nie zu unferm Bewufstfeyn gelangen, und folglich kein Theil der Natur feyn würde.

III. Der Aberglaube foll aber entweder die Stelle des **Wiffens** oder des **moralifchen Handelns** vertreten, und in fo fern kann man ihn in den **theoretifchen** und **practifchen** eintheilen. Das Wort **theoretifch** bedeutet nehmlich, in der critifchen Philofophie, nicht blofs, was zur Erkenntnifs eines Gegenftandes, und **practifch**, was zur Anwendung diefer Erkenntnifs gehört; fondern **theoretifch** ift, was nach Naturgefetzen erkannt und angewendet oder ausgeübt wird, und **practifch**, was nach dem Sittengefetz erkannt und ausgeübt wird. Der **theoretifche** Aberglaube ift alfo der, welcher fich die Stelle der Erkenntnifs und Handlungen nach Naturgefetzen, und der **practifche**, welcher fich die Stelle der Erkenntnifs und Handlungen nach dem Sittengefetz anmafst. Die Zahnfchmerzen durch Vernageln vertreiben wollen, heifst daher einen theoretifchen Aberglauben haben; aber das Vorurtheil, am Abend Gott wieder abbeten zu können, was man den Tag über fündliches gethan hat, ift ein practifcher Aberglaube.

IV. Da die Erkenntnifs aller unferer Pflichten als göttlicher Gebote **Religion** heifst, fo kann der practifche Aberglaube auch der **religiöfe** genannt werden, und in diefer Rückficht erklärt ihn Kant fo: **er ift der Wahn, durch religiöfe Handlungen des Cultus etwas in Anfehung der Rechtfertigung vor Gott auszurichten** (R. IV. St. §. 2. 267). Der **Wahn** ift nehmlich diejenige Täufchung, wenn man fich einbildet, die blofse Vorftellung einer Sache fei gleichgeltend mit der Sache felbft, fo ift z. B. der Befitz eines Mittels zu irgend einem Zweck, der Befitz deffelben blofs in der Vorftellung. Da nun religiöfe Handlungen des Cultus, (der äufseren Gottesverehrung) z. B. Beten, Singen u. f. w. in der Befolgung folcher für göttlich gehaltenen Verordnungen (Statuten) einer Kirche beftehen, welche zu Gottes Abfichten als Mittel dienen follen, z. B. zur Belebung folcher Gefinnungen, die der Pflichterfüllung zum Grunde liegen müffen; fo ift derjenige, der fchon folche gute Gesinnungen zu haben glaubt, wenn er nur betet, singet u. s. w. in einem Wahn. Es ist aber ein abergläubischer Wahn, durch Handlungen, die ein jeder Mensch thun kann, ohne dass er eben ein guter Mensch seyn darf, Gott wohlgefällig werden zu wollen, und also dadurch sein sündliches Leben wieder gut zu machen, d. h. sich vor Gott zu rechtfertigen, z. B. durch Beten und Singen, durch Bekenntniss statutarischer Glaubenssätze, d. i. dadurch, dass man öffentlich erkläre, man nehme gewisse Lehrsätze für wahr an, durch Beobachtung kirchlicher Observanz und Zucht, d. i. dadurch, dass man gewisse Kirchengebräuche, z. B. Fasten, beobachtet oder sich Bufsungen auflegt u. d. g. Paulus nennt das (Coloss. 2, 23.) eine selbsterwählte Geistlichkeit (ἐθελοθρησκεια), welches die Vulgata durch Superstition übersetzt, und Hammond *spontaneus diuini numinis cultus* paraphrasirt. Dieser Wahn ist aber darum ein Aberglaube, weil er sich blofs Naturmittel (nicht moralische) wählt, die zu dem, was nicht Natur ist (d. i. dem sittlich Guten und dem Wohlgefallen Gottes) für sich schlechterdings nichts wirken können. Die Natur wird also hier als Ursache mit Wirkungen in Verbindung gebracht, die nicht ihre Wirkungen seyn können, und sie folglich blofs der willkührlichen Verbindung, welche die Einbildungskraft hervorbringt, unterworfen, aber nicht den eigentlichen Verstandesgesetzen, nach welchen nach Naturgesetzen nur natürliche Wirkungen, aber nicht übernatürliche und moralische, dergleichen das Wohlgefallen Gottes und gute Gesinnungen sind, hervorgebracht werden können. S. Afterdienst.

V. a) Die älteren Griechen kannten den Unterschied zwischen religiösem Aberglauben und einer auf richtigen Vorstellungen von der Gottheit gegründeten Religiosität nicht, und nannten daher beides mit Einem Namen, Gottesfurcht (δεισιδαιμονια). Darum sollte (Ap. Gesch. 25, 19. 17, 22.) statt des Worts Aberglauben, nach unserm heutigen Sprachgebrauch, eigentlich Religion oder Gottesdienst stehen, wie es Hammond auch in seiner Paraphrase ausdrückt (*de ratione, qua Paulus colit Deum*).

b) So sagt auch Theophraſt: der Aberglaube ſcheint nichts anders zu ſeyn, als Furcht vor der Gottheit: Ἀμέλει ἡ δεισιδαιμονία δοκεῖν εἶναι δειλία πρὸς τὸ δαιμόνιον; doch ſagt er δειλία *metus*, nicht δέος *timor*, worin ſchon ein dunkel gefühlter Unterſchied zu liegen ſcheint.

c) Wir finden im Clemens von Alexandrien (*Stromat. lib.* II. p. 377. *Colon.* 1688.) eine ſchöne Stelle über dieſen Unterſchied. „Obgleich die Furcht, ſagt er, wie einige wollen, ein Affect iſt, ſo iſt doch nicht alle Furcht ein Affect. Der religiöſe Aberglaube (δεισιδαιμονία, nehmlich iſt (ſubjective) ein Affect, denn er iſt die Furcht vor den Göttern, die den Menſchen ganz durchdringt ποιῶν τε καὶ ἐμπαθῶν). Allein dieſe Furcht vor dem affectloſen Gott iſt affectlos. Denn man fürchtet nicht Gott, ſondern von Gott abzufallen. Wer aber das ſcheuet, der fürchtet dem Böſen unterzuliegen, und ſcheuet das Böſe. Wer nun den Fall ſcheuet, der will ſich unverdorben und affectlos erhalten, der fürchtende Weiſe meidet das Böſe."

d) Die römiſchen Schriftſteller fingen zuerſt an, von dieſem Unterſchied zu reden, den nachher die chriſtlichen, ſowohl griechiſchen als lateiniſchen, auch neuern Schriftſteller z. B. Wyttenbach (*Compend. theol. Dogm. et. Mor.* II. 43. *Sch.* 2.) darin ſetzten, daſs beim Aberglauben falſche Götter, hingegen bei der Religioſität der wahre Gott der Gegenſtand der Verehrung wäre; welches auch richtig wäre, wenn ſie nur darauf aufmerkſam gemacht hätten, daſs auch derjenige nicht der wahre Gott ſeyn könne, der durch religiöſe Handlungen des Cultus zu verſöhnen ſei.

e) Varro machte ſchon einen Unterſchied zwiſchen (religiöſer) Superſtition und Religion (*Anguſtinus de civit. Dei. l.* IV. c. 9.). „Der Religiöſe, ſagt er, verehret die Götter, wie man Eltern verehrt, der Aberglaubiſche fürchtet ſie, wie man Feinde fürchtet (*Deos a religioſo vereri, ut parentes, a ſuperſtitioſo timeri, ut hoſtes*).

f) Nicht ſo gut unterſcheidet Cicero beides (*de natura Deorum l.* II. *c.* 28). „Diejenigen, ſagt er, welche ganze Tage beteten und opferten, damit ihre Kinder ſie überleben möchten (*ſibi ſuperſtites eſſent*) wurden davon

Superſtitiöſe genannt. Die aber alles, was zu den Handlungen des Cultus gehört, fleiſsig wiederholten (*retractarent et tanquam relegerent*) hieſsen religiös (*ex relegendo*). So bekam der Superſtitiöſe einen Namen, der einen Tadel, und der Religiöſe einen Namen, der ein Lob ausdrückt. Auguſtinus (*de ciu. Dei lib. IV. cap.* 30.) macht aber über dieſe Stelle des Cicero die ganz richtige Bemerkung: „Es falle in die Augen, daſs Cicero hier bloſs aus Furcht vor den Landesſitten einen Verſuch mache, Religion von Aberglauben zu unterſcheiden, aber eigentlich kein Unterſcheidungsmerkmal angeben könne, weil allerdings der ganze Götterdienſt ein Aberglaube ſei.

Laetantius (*de vera ſapient. l. IV. c.* 26.) tadelt mit Recht auch die Etymologie des Cicero, und macht eben die Bemerkung als Auguſtinus, daſs auf dieſe Art kein ſpecifiſcher Unterſchied zwiſchen Aberglauben und Religion ſei, wenn derjenige religiös wäre, der für das Heil ſeiner Kinder einmal, und derjenige ſuperſtitiös, der zehnmal dafür bete. Vielmehr müſſe das letzte deſto beſſer ſeyn, wenn das erſte ſchon gut ſei, und umgekehrt. Es ſei unbegreiflich, wie man dadurch das Prädicat der Religioſität verlieren könne, daſs man das ganze Tage thue, was derjenige doch fleiſsig wiederholen müſſe, dem jenes Prädicat zukommen ſolle. Das Wort Superſtitiös rühre vielmehr davon her, daſs diejenigen, die es wären, ihre verſtorbenen Verwandten als ihre Hausgötter verehrten, und ſo machten, daſs das Andenken derſelben ſie überlebe (*qui ſuperſtitem memoriam defunctorum colunt*); Religiös aber müſſe der Menſch ſeyn, weil er zum Gehorſam gegen die Gottheit verbunden ſei (*quod hominem ſibi Deus religaverit*).

g) Seneca ſagt, die Religion verehrt (*colit*), der Aberglaube beleidigt (*violat*) die Götter. Maximus Tyrius (4. Abh.): der Fromme iſt ein Freund Gottes, der Abergläubiſche ein Schmeichler (κολαξ) deſſelben.

Wir haben eine Schrift über den Aberglauben vom Plutarch, in der er ganz richtig von der Frömmigkeit ſagt, ſie liege in der Mitte zwiſchen dem Aberglauben und dem Atheismus. In neuern Zeiten hat ſchon Limborch

Kants Erklärung des Aberglaubens (*Theolog. chrift. l. V.* c. 510. Religiöfer Aberglaube, heifst es bei ihm, ift das zu grofse Vertrauen 1, auf die von Gott vorgefchriebenen und auf Moralität hinzuwirkenden religiöfen Handlungen des Cultus, mit Vernachläfsigung der Moralität; 2, auf die von Gott nicht vorgefchriebenen, mit der Moralität in gar keiner Verbindung ftehenden, religiöfen Handlungen des Cultus.

IV. Was den deutfchen Namen diefes Vorurtheils, das Wort Aberglauben betrifft, fo giebt das aber in der Zufammenfetzung mit Glaube und Witz eine fehr fchlimme Bedeutung. Es zeigt nehmlich in beiden etwas Vernunftwidriges an, oder eine Verrückung der Erkenntnifsvermögen. Der Aberwitzige delirirt, oder wirft alles, was feinen Sinnen gegeben wird, mit dem, was ihm fein Gedächtnifs liefert, unter einander, und fieht, hört, u. f. w. daher alles anders, als andere Menfchen; blofs fubjectiv; der Abergläubifche hingegen phantafirt, oder fetzt das, was er durch Eindrücke auf die Sinne auffafst zwar, ordentlich zufammen, ohne aus feinem Gedächtnifs etwas mit einzumifchen, aber er fetzt es mit andern, ihm nicht durch die Sinne gegebenen Gegenftänden zufammen, und hält diefe Verbindung für Wahrheit. Beim Aberwitzigen ift fchon die Anfchauung, beim Abergläubifchen das Urtheil falfch. Jeder Aberglaube ift eine Phantafie, aber nicht jede Phantafie ein Aberglaube. Man kann den Aberglauben daher auch einen aus der Phantafie entfprungenen Glauben, fo wie den Aberwitz einen aus der Verrückung der Phantafie entfprungenen Witz nennen.

Kant. Crit. der Urtheilskraft. §. 40. S. 158.
Deff. Rel. inn. der Grenz. St. 4. §. 2.
Berlin. Monatsfchr. Oct. 1786. S. 327.

Abgeleitet,

principiatum, derive. Diefes Wort bedeutet, dafs dasjenige, wovon es gebraucht wird, z. B. Urtheil, Begriff u. f. w. in einem andern, welches fein Princip heifst, gegründet fei. Es ift dem Urfprünglichen entgegengefetzt. So ift der Begriff der Handlung ein abgeleiteter Begriff (C. 107.), weil er in dem Begriff der **Kraft** gegründet ist, indem Handlung die Aeuſerung einer Kraft ist, und alſo ohne den Begriff der Kraft nicht gedacht werden kann. Der Begriff der Handlung ſetzt alſo den Begriff der Kraft voraus, dieſer aber iſt wiederum abgeleitet und in dem Begriff der **Cauſalität** gegründet, welcher ein Grundbegriff, oder ein Princip vieler Begriffe iſt, nehmlich aller derer, die von ihm abgeleitet werden können, und mittelbar oder unmittelbar in ihm gegründet ſind (C. 89). **Abgeleitete Verſtandesbegriffe oder Prädicabilien** ſind daher diejenigen Verſtandesbegriffe, die aus den **urſprünglichen Verſtandesbegriffen oder Prädicamenten,** auch **Categorien** genannt, abgeleitet werden können, oder aus mehreren derſelben zuſammengeſetzt ſind. Man findet ſie, wenn man die Categorien unter einander, oder auch mit den *Modis* der reinen Sinnlichkeit verbindet, z. B. die Categorien der **Cauſalität** und **Subſtanzialität** mit einander verbunden, giebt die Prädicabilie der **Kraft**, welche nichts anders iſt, als die Cauſalität einer Subſtanz, oder eine Subſtanz als Urſache betrachtet; die **Wirkung** dieſer Kraft iſt die Prädicabilie der **Handlung**; die **Dependenz** einer andern Subſtanz von dieſer Cauſalität iſt die Prädicabilie des **Leidens**. Die Categorie der **Gemeinſchaft** in Verbindung mit **Ort**, einem *Modus* des Raums, und **Zugleichſeyn**, einem *Modus* der Zeit, giebt die Prädicabilie der **Gegenwart** oder der örtlichen Gemeinſchaft; die Gemeinſchaft oder Concurrenz durch **Kräfte**, die einander entgegen wirken, giebt die Prädicabilie des **Widerſtandes**. Die **Wirklichkeit**, ein Prädicament der Modalität, in Verbindung mit der **Folge**, einem *Modus* der Zeit, giebt den Uebergang aus dem Zeitpunct, in dem ein **Accidenz** noch nicht wirklich war, in den, in welchem es vorhanden iſt, oder die Prädicabilie des **Entſtehens**, und eben ſo den Uebergang aus dem Zeitpunct, in welchem es da iſt, in den, in welchem es nicht mehr iſt, oder die Prädicabilie des **Vergehens**; der Uebergang ſelbſt, ohne darauf zu ſehen, ob er aus dem Zeitpunct des Daſeyns in den des Nichtſeyns, oder umgekehrt, geschieht, ist die Prädicabilie der Veränderung. Die Categorie der Größe als Einheit giebt die Prädicabilie des Maaßes u. s. w. (C. 108).

Noch fehlt uns ein vollständiges System aller reinen abgeleiteten Begriffe oder Prädicabilien des reinen Verstandes, welches in einer vollständigen Transscendentalphilosophie nothwendig aufgestellt, und die Ableitung derselben von den Stammbegriffen, oder ihre Stammtafel, nebst der Vollständigkeit derselben nachgewiesen werden muß (M. I. 120. 121.). Wenn dieses geleistet ist, so ist der ganze Verstand gleichsam ausgemessen, und sein ganzes Geschäft, jedes Object durch alle die Begriffe zu denken, welche entweder unmittelbar aus ihm selbst, oder aus diesen Stammbegriffen hervorgehen, erschöpft. Die Ableitung der Prädicabilien aus den Categorien ist daher nichts anders, als die Darstellung ihres Ursprungs aus dem reinen Verstande, vermittelst der Categorien oder primitiven Begriffe. So ist diese Ableitung metaphysisch, im Gegensatz gegen die logische, die nur darauf siehet, daß es niedere Begriffe sind, die unter höhern enthalten sind.

Kant Crit. der rein. Vern. §. 10. S. 107. 108.

Abhängigkeit.

S. Verbindlichkeit und Nöthigung, ~~moralische.~~ *Imperativ.*

Absicht.

S. Zweck; Absicht der Critik der reinen Vernunft, f. Critik der reinen Vernunft.

Absolut,

schlechterdings, *interne, absolute, absolu.* Dieses Wort hat zweierlei Bedeutungen.

1. bedeutet es das, was dem Relativen entgegengesetzt ist, und zeigt also an, daß etwas von einer Sache an sich selbst, ohne sie mit andern zu vergleichen, also bloß innerlich (*interne*) gelte. So ist z. B. etwas absolut möglich, wenn die Prädicate desselben einander nicht widersprechen, und es also denkbar ist. Das

ist das Wenigste, was man über die Möglichkeit eines Dinges sagen kann. In diesem Sinne sagt man, die ab-solute Bewegung der Materie, und verstehet darunter diejenige Bewegung derselben, welche an und für sich, in gar keinem Verhältniss auf eine andere Materie, auf-ser der bewegten, gedacht wird, aber daher nie wahr-genommen werden kann (C. 380. f.)

2. bedeutet es aber auch das, was dem Compa-rativen entgegen gesetzt wird, und zeigt dann an, dass etwas von einer Sache in aller Beziehung, man mag sie vergleichen, womit man will, kurz unter jeder Be-dingung, also uneingeschränkt gelte. So heisst z. B. etwas absolut möglich, was unter jeder Beziehung existiren kann Das ist das Meiste, was man über die Möglichkeit eines Dinges sagen kann. In diesem Sinne sagt man, eine absolute Herrschaft, und meint damit eine solche, die in jedem Falle gilt; ein absolutes Subject, oder dasjenige, was in Beziehung auf jeden Be-griff Subject ist, z. B. unser Ich (Proleg. S. 136.), wel-ches nicht als Prädicat eines andern Subjects kann ge-dacht werden, sondern auf das sich alle Prädicate des innern Sinnes, als auf ihr Subject, beziehen; die abso-lute Simplicität eines Dinges, die gänzliche Unmög-lichkeit, dass es zusammen gesetzt ist, in Beziehung auf irgend eine Anschauung desselben (C. 465.)

Zuweilen fallen beide Bedeutungen zusammen, z. B. was innerlich unmöglich ist, das ist es auch in aller Be-ziehung. Aber in den meisten Fällen sind sie unendlich weit auseinander, z. B. dasjenige, dessen Gegentheil in-nerlich unmöglich, und was also innerlich noth-wendig ist, das ist es zwar auch in aller Beziehung, aber umgekehrt gilt dieser Satz nicht. Manches nehm-lich ist in aller Beziehung nothwendig, von dessen inneren Nothwendigkeit wir uns keinen Begriff machen können. Z. B. ein schlechthin oder absolut nothwendiges Wesen heisst ein solches, das in Beziehung auf alles Mög-liche nothwendig ist; von seiner innern Nothwendigkeit aber haben wir keinen Begriff, daher sich auch Manche das Nichtseyn desselben als möglich, und dieses Wesen folglich als innerlich zufällig denken. (M. I. 429. C. 482.).

Kant braucht in der transfcendentalen Dialectik das Wort abfolut nur in der letztern Bedeutung, nehmlich von dem, was ohne alle Reftriction oder Einfchränkung gilt (M. L 430.). Abfoluter Raum, f. Raum.

Kant. Crit. der rein. Vern. Elementarl. II. Th. II. Abth. 1 Buch. II. Abfch. S. 380. f.

Abfondern,

abftrahiren, abtrennen, abziehen, ifoliren, *abstrahere*, *abstraire*. 1. Von einem Object, es fei nun Anfchauung oder Begriff, gewiffe Bedingungen oder Merkmale wegdenken, heifst, fie davon abfondern, abtrennen, oder von ihnen abftrahiren; und fich das Object ohne diefe Merkmale vorftellen, heifst, es ifoliren. So wird z. B. die Sinnlichkeit ifolirt, wenn wir uns blofs die Fähigkeit, Eindrücke zu erhalten, mit diefen ihren Eindrücken vorftellen, und wir fondern das Gefchäft des Verftandes davon ab, oder abftrahiren davon, wenn wir alles davon wegdenken, oder in unferm Bewufstfeyn verdunkeln, was der Verftand, durch feine Begriffe, bei jenen Eindrücken denkt. Vermittelft der Abfonderung bleibt alfo von einer Vorftellung nur das übrig, was nicht weiter davon abgetrennt wird (M. L 59. C. 36.).

a) So abftrahiren wir von unfrer Art, uns felbft innerlich anzufchauen, und vermittelft diefer Anfchauung auch alle äufsern Anfchauungen in der Vorftellungskraft zu befaffen, wenn wir von den Gegenftänden alles das wegdenken, was fie dadurch erhalten, dafs wir nicht anders, als durch die Vorftellungskraft, zum Bewufstfeyn derfelben gelangen können. Ein Tifch z. B., den ich fehe, ift eben dadurch, dafs ich ihn fehe, meine Vorftellung, die nicht anders möglich ift, als dadurch, dafs meine Sinnlichkeit Eindrücke erhält, welche ich nicht weiter davon ableiten kann, und dafs meine Vorftellungskraft dabei thätig ift. Will ich mir nun nicht die Vorftellung, Tifch, nehmlich eben den, den ich fehe, vorftellen, fondern das, was diefer Tifch wohl feyn mag, wenn er nicht, von mir, mir felbft vorgeftellt wird, oder, was er feyn mag, aufser meiner Empfindung deffelben, kurz unempfunden und ungedacht, wie er an und für sich ist; so muss ich die Art davon wegdenken, wie wir uns selbst innerlich anschauen, nehmlich als einen continuirlichen Fluss von Vorstellungen in der Zeit, denn zu diesen Vorstellungen gehört auch die äussere Vorstellung Tisch. Dann ist der Tisch nicht mehr in der Zeit, welche ausser unsrer Vorstellung, an und für sich, nicht vorhanden ist; dann ist er folglich auch kein Tisch mehr, sondern ein mir gänzlich unbekanntes Ding. Denn ich will von allem, was aus dem Vorstellungsvermögen entspringt, abstrahiren, und die Zeit ist eben die Form, welche die Vorstellungen von dem Vorstellungsvermögen erhalten; denke ich also die Art, wie das Vorstellungsvermögen anschauet, weg, so fällt auch die Zeit weg, und ist unabhängig, ohne Wirkung des Vorstellungsvermögens zu seyn, nichts. Man kann also nicht sagen, alle Dinge überhaupt sind in der Zeit, denn dann abstrahirt man von dem Vorstellungsvermögen, und denkt nicht bloss solche Dinge, die von dem, mit Empfindung geschwängerten, Vorstellungsvermögen gebohren sind, sondern denkt vielmehr diese Bedingungen weg, und dann heisst der Satz so viel als alle Dinge, sie mögen in der Zeit seyn, oder nicht, sind in der Zeit (M. I. 63. C. 51.).

β) Eben so abstrahiren wir in der allgemeinen Logik von allen empirischen Bedingungen, unter denen unser Verstand denkt, d. i. wenn wir uns die Gesetze vorstellen wollen, nach welchen der Verstand verfährt, wenn der denkt, so denken wir uns alles weg, was auf ihn Einfluss haben kann, aber doch nicht zu ihm gehört, oder seine alleinige Wirkung ist, was folglich von den Sinnen herrührt, und was bei jedem Subject anders seyn kann, folglich zufällig ist, z. B. allen Inhalt der Begriffe und Urtheile, den Einfluss der Sinne darauf u. s. w. (M. I. 84. C. 77.).

2. Einen Begriff abziehen oder abstrahiren heisst nach den neuern Logikern (Lambert neues Organon. Dianoiolog. §. 17. Locke *Essais conc. l' Entend. hum.* liv. II. ch. XI. §. 9.) aber auch, die gemeinsamen Merkmale mehrerer Vorstellungen von den eigenen Merk-

malen diefer Vorftellungen, in Gedanken, trennen, die letztern im Bewufstfeyn verdunkeln, und die erftern allein in Eine Vorftellung des Verftandes, welcher abftracter Begriff heifst, zufammenfaffen. Z. B. ich fehe eines Freundes Pferd und Hund vor mir, ich trenne von den Merkmalen diefes Pferdes diejenigen, die es mit diefem Hunde gemein hat, dafs es einen Körper hat, und lebt, und denke nicht an die eigenthümlichen Merkmale des Pferdes und Hundes, als da find der Huf, die Pferdegeftalt, die gefpaltenen Klauen, und die ganze Hundegeftalt, die Merkmale lebendig und Körper faffe ich in einen Begriff zufammen, und bekomme dadurch den Begriff lebendiger Körper, d. h. Thier, welches man den abftracten Begriff nennt. Allein das ift ganz unrichtig. Man abftrahirt nicht den Begriff Thier als gemeinfames Merkmal des Pferdes und Hundes, fondern man abftrahirt in dem Gebrauche des Begriffs Thier von der Verfchiedenheit zwifchen dem Pferde und dem Hunde, von denen die Begriffe unter dem Begriff Thier enthalten find. Denn der Begriff als abftracter Begriff hat keinen Gegenftand, es giebt kein abftractes Thier. Die Chemiker find allein im Befitz etwas zu abftrahiren, wenn fie eine Flüffigkeit von andern Materien ausheben, um fie befonders zu haben. Der Philofoph, der das nicht kann, weil er nur mit den Begriffen der Gegenftände zu thun hat, abftrahirt von demjenigen, worauf er in einem gewiffen Gebrauche des Begriffs nicht Rückficht nehmen will, oder denkt es nicht mit. Wer Erziehungsregeln entwerfen will, kann es fo thun, dafs er entweder blofs den Begriff eines Kindes *in abftracto*, oder eines bürgerlichen Kindes (*in concreto*) zum Grunde legt, ohne zu fagen abftractes oder concretes Kind. Die Unterfchiede von abftract und concret gehen nur den Gebrauch der Begriffe, nicht die Begriffe felbft an. Die Vernachläffigung diefer Pünktlichkeit der Schule verfälfcht öfters das Urtheil über einen Gegenftand. Wenn man fagt, die abftracte Zeit, oder der abftracte Raum haben diefe oder jene Eigenfchaften, fo hat es das Anfehen, als ob Zeit und Raum an den Gegenftänden der Sinne, fo wie die rothe Farbe an den Rofen, dem Zinnober, den Wangen eines gefunden Mädchens u. f. w. zuerft gegeben und nur logifch davon abftrahirt würden. Sagt man aber, an Zeit und Raum *in abstracto* betrachtet, d. i. von allen Bedingungen aus der Erfahrung, find diefe oder jene Eigenfchaften zu bemerken, fo behält man es wenigftens noch offen, diefe auch als unabhängig von der Erfahrung (*a priori*) erkennbar anzufehen, welches, wenn man die Zeit als einen von der Erfahrung abftrahirten Begriff anfiehet, nicht frei fteht. Ich kann im erftern Falle von der reinen Zeit und dem reinen Raume, zum Unterfchiede der in der Erfahrung beftimmten, durch Grundfätze *a priori* urtheilen, wenigftens zu urtheilen verfuchen, indem ich von allem Empirifchen abftrahire, welches mir' im zweiten Falle, wenn ich diefe Begriffe (wie man fagt) nur von der Erfahrung abftrahirt habe (wie im obigen Beifpiele von der rothen Farbe), verwehrt ift (E.'26.).

Kant. Crit. der rein. Vern. Elementarl. I. Th. Transfc. Aefth. §. 1. S. 36. — II. Abfchn. §. 6. C. S. 51. — II. Th. Transfc. Logik. Einleit. I. S. 77.
Deff. Ueb. eine Entdeck. S. 26. *).

Abfprung,

μεταβασις εἰς ἄλλο γνος, *saltus*, *saut*. Wenn man in einem Beweife das Princip, aus welchem man ihn führt, verläfst, und auf ein anderes übergehet, um eine Lücke im Beweife auszufüllen. Wer fich z. B. anheifchig macht, das Dafeyn Gottes aus dem cosmologifchen Argument, d. h. aus der Zufälligkeit der Welt zu beweifen, wird etwa fo fchliefsen: alles, was exiftirt, mufs eine wirkende Urfache haben, wodurch es exiftirt, jede folcher Urfachen hat aber wieder ihre Urfache, da diefes nun ins Unendliche fortgehet, fo mufs es irgend eine abfolut erfte Urfache der ganzen Reihe von Urfachen und Wirkungen geben, die nicht mehr Wirkung einer Urfache, aber wohl Urfache aller jener Wirkungen ift. Hier ift nun ein folcher Abfprung. Denn nach dem Gefetze der Caufalität giebt es allerdings eine folche auffteigende Reihe von Wirkungen zu Urfachen, die wiederum Wirkungen anderer Urfachen find, und der

Beweis bleibt alſo, ſo lange er es mit dieſer Reihe zu thun hat, bei den Naturgeſetzen, die nichts anders als Geſetze unſers Verſtandes ſind, wodurch die Natur möglich iſt; und ſo lange iſt er auch cosmologiſch. Da man aber in dieſer Reihe keinen abſolut erſten Anfang, und abſolut erſtes Glied finden kann, ſo ſpringt der Beweis aus den Grenzen der Naturgeſetze und folglich des Verſtandes heraus, behält bloſs den Begriff Urſache, und bildet ſich, durch die Forderung der Vernunft, welche Vollſtändigkeit der Reihe will, verleitet, daraus ein intelligibeles Object, d. i. ein ſolches, das nirgends in der Natur zu finden iſt, nehmlich eine unbedingte Urſache, die nicht Wirkung einer andern Urſache iſt. Ein ſolcher Abſprung im Beweiſe iſt nicht erlaubt; denn, da er ſein erſtes Princip, hier die Reihe zufälliger, oder von Urſachen abhängender Wirkungen verläſst, ſo wird daſſelbe dadurch ganz müſsig und unnütz für den Beweis. Es müſte nehmlich nun bewieſen werden, daſs es eine ſolche unabhängige Welturſache gebe, da es nun ſo etwas nicht in der Welt giebt, ſo könnte der Beweis nur aus dem Begriff des Unbedingten geführt werden; das wäre aber der Beweis aus dem ontologiſchen Argument, oder der ſogenannte Carteſianiſche aus dem Begriff des allervollkommenſten Weſens. So ſpringt alſo derjenige, welcher aus dem cosmologiſchen Argument ſchlieſsen will, zuletzt doch über auf das ontologiſche Argument (M. I. 553. £486).

Abſprung, Ueberſprung, Sprung, wird überhaupt gebraucht, um den Uebergang aus einem Zuſtand in den andern, ohne durch alle Zwiſchenzuſtände zu gehen, zu bezeichnen. In der Reihe der Erſcheinungen giebt es keinen Abſprung (*in mundo non datur ſaltus*). Man nennt dieſen Satz das Geſetz der Continuität der Veränderungen. Das iſt ſo zu verſtehen: Ein Ding wird verändert, wenn es aus einem Zuſtande in einen andern übergehet, der dem erſtern entgegen geſetzt iſt. Da dieſe Zuſtände nicht zugleich ſeyn können, ſondern auf einander folgen müſſen, ſo geſchieht der Uebergang in der Zeit, deren beide Grenzpuncte die zwei Zeitpuncte ſind, in welchen die Zustände vorhanden sind (C. 281.). Wir wollen die Zeit des Ueberganges durch eine grade Linie vorstellen, welche AD heisse Fig. 1. Was die Puncte A, B, C, D in der Linie sind, das sind die Augenblicke in der Zeit, nehmlich nicht Theile, sondern Grenzen der Zeit. Ein Ding sei nun im Zeitpunct A, in dem Zustande a (ein Mensch sei z. B. gesund) und gehe über in den Zustand d (der Mensch werde krank), in welchen er kömmt, wenn er den Zeitpunct D erreicht. Da zwischen zwei Zeitpuncten, A und D, wären sie auch noch so nahe an einander, immer eine Zeit AD seyn muſs, weil sie sonst auf einander, A auf D, fallen, und nur einen einzigen Zeitpunct ausmachen würden; so muſs auch das Ding, indem es AD durchläuft, so viel Zwischenzustände durchlaufen, als Puncte in AD sind, d. h. unzählige. Denn, wenn das Ding A verläſst, so ist es nicht mehr im Zustande a, und kömmt doch nicht eher in den Zustand d, als bis es in D anlangt, folglich befindet es sich zwischen A und D in einem Zwischenzustande zwischen a und d (in $\frac{d-a}{2}$), den wir c nennen wollen (der Mensch ist nicht mehr gesund, aber auch noch nicht recht krank, er ist halb krank und halb gesund). Aber auch zwischen A und C ist eine Zeit AC, und ein Zwischenzustand ($\frac{c-a}{2}$) den wir b nennen wollen, in dem Zeitpunct B. Und so kömmt man zwar an Puncte, die A immer näher und näher sind; da aber keiner derselben A selbst seyn kann, so sind immer noch, ob zwar immer kleinere und kleinere Zeiten dazwischen, die wiederum ihre Zeitpuncte haben, in welchen das Ding in einem Zwischenzustande ist, der zwar immer weniger und weniger von a unterschieden, aber dennoch nicht a selbst ist (M. I. 297. C. 253. f.). Dieses Gesetz heiſst das der Continuität der Veränderungen. Gäbe es aber zwei Zeitpuncte, zwischen welchen keine Zeit wäre, und folglich zwei Zustände ohne Zwischenzustand, so hieſse der Uebergang aus einem Zustand in den andern ein Absprung, welcher, wie wir gesehen haben, unmöglich ist. Ein solcher Absprung, Ueberſprung oder Sprung müſste auch nicht die kleinſte Zeit erfüllen, und kann darum auch nur in ſo ferne mit einem eigentlichen Sprunge verglichen werden, als bei einem eigentlichen Sprunge nicht die Theile der geraden Linie, z. B. AB durchlaufen werden; aber eine Linie wird dennoch auch bei einem eigentlichen Sprunge durchlaufen, nehmlich die krumme Linie AB. Der Abſprung wäre aber eine Succeſſion oder Folge zweier Zuſtände auf einander, d. i. ein Geſchehen, ohne daſs irgend eine Zeit zwiſchen beiden Zuſtänden läge, welches ſich widerſpricht; weil alle Succeſſion oder alles Geſchehen eben das Aufeinanderfolgen in der Zeit bedeutet. Eben ſo verhält es ſich auch mit dem Uebergang aus einem Grad der Intenſität (Realität) in den andern, z. B. eines Lichts aus dem Zuſtande des heller Leuchtens in den des minder hellen Leuchtens. Wenn ein Licht jetzt dreimal heller leuchtet als vorher, ſo muſs es nothwendig erſt $\frac{1}{4}, \frac{1}{3}, \frac{1}{2}$, 1 und 2 mal weniger geleuchtet haben, ja es läſst ſich immer noch eine Zwiſchenzahl angeben, nach der es geleuchtet hat. Leuchtete nun ein Licht gleich dreimal ſchwächer, ohne alle Zwiſchenzuſtände des Leuchtens zu durchlaufen, ſo wäre das ein Abſprung, welcher wegen der Continuität der Zeit, in welcher alle Veränderungen vorgehen müſſen, unmöglich iſt (M. I. 295.).

Man ſieht, daſs hier nicht von der Wahrnehmung dieſes Ueberganges durch alle Zwiſchenzuſtände die Rede ſeyn kann, welche eben ſo wenig möglich iſt, als eine Kanonenkugel auf ihrem Fluge, in jedem Puncte des Raums, den ſie durchläuft, wahrzunehmen. Daher ſcheint uns das ſchnelle Durchlaufen der Zwiſchenzuſtände zuweilen ein Sprung zu ſeyn.

<blockquote>Kant Crit. der rein. Vern. Elementarl. II. Th. I. Abth. II. Buch II. Hauptſt. III. Abſchn. 3. B. S. 253 — 256; 4, *.* S. 281; II Abth. II. Buch. II. Hauptſt. II. Abſchn. Anmerk. zu 4. Ant. 1. zur Theſis. S. 486.</blockquote>

Abſtrahiren.

S. Abſondern.

Abziehen.
S. Abfondern.

Acceleration.
S. Befchleunigung.

Accidenz,

Zufälligkeit, συμβεβηκος, *accidens*, *accident*. C. 229. Die pofitive Beftimmung (Realität) einer Subftanz, oder die Art, wie fie exiftirt, z. B. die Zerbrechlichkeit des Glafes; das Urtheil hingegen, dafs das Glas nicht weich ift, legt demfelben kein Accidenz bei, fondern verneint blofs ein Accidenz, die Weiche, von demfelben. Das heifst, die Realitäten oder pofitiven (bejahenden) Beftimmungen find blofs Accidenzen, aber nicht die Negationen oder negativen (verneinenden) Beftimmungen: f. Beftimmung, Subftanz. Die Prädicate der categorifchen Urtheile bezeichnen jedesmal Accidenzen, z. B. das Glas ift zerbrechlich; ausgenommen in den unendlichen Urtheilen, in welchen die Prädicate das Nichtfeyn eines Accidenz enthalten, z. B. die Seele ift unfterblich. Die Sterblichkeit ift nehmlich ein Accidenz, deffen Nichtfeyn im Prädicate ausgedrückt wird. S. unendliche Urtheile (M. f. 269.).

1. An einem jeden Dinge, das wir erkennen, ift nehmlich zweierlei zu unterfcheiden (C. 224.).

a) etwas, vermöge deffen es, bei allen Veränderungen, dennoch immer daffelbe ift, und das nennt man die Subftanz; und

b) etwas, vermöge deffen es in dem folgenden Augenblick nicht mehr vollkommen fo vorhanden ift, oder ganz auf diefelbe Art exiftirt, als in dem vorhergehenden, und das heifst das Accidenz.

Das Holz verbrennt z. B. zu Rauch, Kohlen und Afche. Daffelbe Ding alfo, was als Holz exiftirte, ift nun, durch die Veränderung, welche vermittelft des Feuers mit ihm vorgegangen ift, als Rauch, Kohlen und Afche vorhanden. Diejenigen pofitiven Beftimmungen nun, vermöge deren daffelbe Ding vorher Holz, und nun Rauch,

Kohlen und Asche ist, sind seine Accidenzen, z. B. der verschiedene Zusammenhang seiner Theile, die verschiedene Farbe, specifische Schwere, Brennbarkeit, u. s. w. (M. I. 264.).

2. Es giebt keine Substanz ohne Accidenz, d. i. jedes Ding muſs auf irgend eine Art bestimmt seyn, es läſst sich kein Ding denken, und noch weniger kann es uns wirklich vorkommen, welches nicht mit gewissen positiven Bestimmungen vorhanden wäre. Das Accidenz ist also ein Begriff *a priori*, der allen unsern Begriffen von wirklichen Gegenständen nothwendig anhängt. S. *a priori* (M. I. 265.).

3. Der Begriff des Accidenz ist ein Stammbegriff des reinen Verstandes (eine Categorie), nehmlich derjenige, ohne welchen wir nicht categorisch urtheilen könnten. Hätte Unser Verstand nicht die angebohrne Anlage, Vorstellungen als positive Bestimmungen eines Dinges (Accidenzen) zu denken, so könnten wir einem Object nicht unbedingt ein Prädicat beilegen. S. Categorie.

4. Accidenzen aber sind nur an solchen Dingen realiter möglich, welche wir wahrnehmen können, und diese müssen sie haben. Uebersinnliche Dinge sind nicht in der Zeit, weil sie nicht im innern Sinn, dessen Form die Zeit ist, vorgestellt werden. Daher lassen sich wohl positive Bestimmungen von ihnen denken, weil sich von einem jeden Subject ein Prädicat bejahen läſst, ohne daſs man dabei an die Zeit denken darf. Allein dann ist auch nur von logischer Existenz im Verstande die Rede; nehmlich, daſs kein Widerspruch entstehet, wenn wir ein Subject, welches dadurch gedacht wird, sinnlich oder übersinnlich, mit einem Prädicate zu einem bejahenden categorischen Urtheile verbinden. Wird aber einer Substanz ein Accidenz so beigelegt, daſs damit zugleich behauptet wird, die Substanz existire auch auſser dem innern Sinn mit diesem Accidenz, welches das Accidenz erst von einem bloſs logischen Prädicat unterscheidet, so muſs das Accidenz, das in dem Prädicat eines Urtheils der unter dem Subject gedachten Substanz beigelegt wird, entweder immer an dem Dinge vorhanden seyn,

dann wäre es aber das Ding oder die Substanz selbst, oder es ist nicht immer daran vorhanden, dann ist es ein wahres Accidenz; beides aber setzt voraus, dafs es in der Zeit existirt, und also ein sinnlicher, und kein übersinnlicher Gegenstand ist. Daher hat schon Augustinus bemerkt, dafs der Begriff des Accidenz auf Gott nicht anwendbar sei, so wenig, als die übrigen Prädicamente des Aristoteles *).

5. Wir sehen, der reine Verstandesbegriff Accidenz läfst sich nur, vermittelst der Anschauung der Zeit, blofs auf den empirischen Stoff der Erfahrung, zum Behuf der Erfahrungskenntnifs anwenden. Eine solche vermittelnde Vorstellung, welche die Anwendung der Categorien auf die empirischen Anschauungen möglich macht, um sie durch Begriffe zu bestimmen, oder zu denken, heifst ein transscendentales Schema. S. Schema. Das Schema des Accidenz ist der Wechsel des Realen in der Zeit, d. i. die Vorstellung der Succession des Wandelbaren, dessen Daseyn in der Zeit verläuft. Dadurch nehmlich, dafs ich mir an dem Beharrlichen einen Wechsel denke, wird die Zeit vorgestellt, und dadurch, dafs etwas in der Anschauung gegebenes Reales in dem Beharrlichen wechselt, wird die Zeit wahrgenommen. Soll daher die Erscheinung in der Zeit seyn, so mufs sie Accidenzen haben, welche wechseln, oder wovon das eine dem andern folgt, und wieder einem andern weicht; und soll etwas an einem Dinge erkannt werden, so mufs es als eine positive Bestimmung desselben gedacht werden können, dann mufs es aber auch mit andern positiven Bestimmungen an einem beharrlichen Dinge wechseln, weil es sonst weder von einem blofs logischen Prädicate, noch von dem zufälligen Wechsel blofser Gedanken würde unterschieden

---

*) *Augustinus de cognitione verae vitae, Cap. III. Nempe nomine et verbo cuncta exprimuntur, quae sub x praedicamentis humano corde concipiuntur, sed quod ex his nullum proprie deo conueniat, manifesta ratio comprobat. — His x praedicamentis cuncta humana conditio includitur, et ab his omnibus proprietates summae essentiae euidenti ratione penitus excluduntur. Cuncta enim, quae vel oppositionem, vel contrarietatem, vel accidens suscipiunt, nulla ratione deo proprie conveniunt.*

werden können. Diese Accidenzen nun sind es, welche in der Zeit verfliesen, entstehen und vergehen, und dadurch die Wahrnehmung der Zeit möglich machen; wodurch nicht sie selbst, sondern die Substanzen, an denen sie wechseln, verändert werden.

6. Man erklärt das Accidenz gemeiniglich, es sei dasjenige, was den Substanzen **inhärirt** (*est ens, cuius esse est inesse*), und nennt das Daseyn derselben die **Inhärenz**, zum Unterschiede vom Daseyn der Substanz, welches die **Subsistenz** heisst. Das Accidenz kann nehmlich nie wirklich (**realiter**), sondern blos in Gedanken (**logisch**, durch Abstraction) von der Substanz abgesondert werden. Allein ob die Accidenzen gleich jederzeit **real**, oder etwas an der Substanz wirklich vorhandenes, nie blose Negationen sind, so sind sie doch weder Theile der Substanz, noch eine Art wirklicher Wesen, denen etwa die Substanz zur Stütze dient; denn diese würde auch abgetrennt von der Substanz, nur nicht gestützt, d. i. nur nicht in ihrem gehörigen Zustande, vorhanden seyn können. Nun ist aber eben der Inbegriff der vorhandenen Accidenzen einer Substanz ihr **Zustand**: folglich hiese obige Behauptung, dass die Substanzen die Stützen der Accidenzen sind, nichts anders, als die Accidenzen wären Substanzen, und die Substanzen, die ihnen zur Stütze dienen, ihre Accidenzen. Die Accidenzen sind also nicht Dinge, sondern Bestimmungen eines Dinges (M. L. 269. C. 230.).

7. Die Categorie **Substanz** und **Accidenz** drückt eigentlich kein solches Verhältnis aus, wie etwa die der Ursache und Wirkung. Man kann eigentlich nicht sagen, es ist ein Verhältnis zwischen den Accidenzen und der Substanz, der sie inhäriren. Denn die Accidenzen lassen sich nicht wirklich von der Substanz absondern, sondern es ist nur eine **logische** Absonderung (Abstraction), wenn wir sie für sich allein, und dann im Verhältnis zu ihrem Substrat der Substanz betrachten. Allein die Categorie der Substanz und des Accidenz macht alle Verhältnisse möglich, sie ist die Bedingung aller Verhältnisse, und daher gehört sie unter den Titel der **Relation** (des Verhältnisses (C. 230.). Denn die Dinge stehen nur durch ihre

Accidenzen im Verhältnifs mit einander. Die Subſtanzen werden z. B. als Urſachen betrachtet, welche auf einander wirken, das iſt, einen Wechſel ihrer Accidenzen hervorbringen. Ja, dieſe Categorie liegt ſogar allen übrigen zum Grunde. Denn was drücken alle übrigen Categorien anders aus als Accidenzen der Subſtanz? Daher können auch alle Accidenzen in 4 Arten eingetheilt werden, in die Quantität, Qualitäten, Relationen und Modalität der Subſtanz. Nur iſt zu merken, dafs die Quantität der materiellen Subſtanzen nur durch Hinzukunft oder Abſonderung der Theile wechſelt. S. Quantität. Die Modalität iſt ein Accidenz der Subſtanz, das nicht eigentlich an dem Dinge befindlich iſt, ſondern nur die Art ausdrückt, wie es vorhanden iſt, ob blofs in Gedanken (als möglich), oder in der Reihe der Erſcheinungen (als wirklich), oder nach nothwendigen Verſtandesgeſetzen (als nothwendig). S. Modalität.

8. Man kann die Accidenzen auch nach der zweifachen Form der Sinnlichkeit eintheilen, in äuſsere, oder die des äuſsern Sinnes, z. B. die Bewegung der Materie, und innere, oder die des innern Sinnes, z. B. das Denken; die erſtern ſind im Raume und in der Zeit, die letztern blofs in der Zeit vorhanden. Daher kann auch ein Object einen äuſsern und einen innern Zuſtand haben, der letztere iſt aber nur möglich, wenn das Object ein Vorſtellungsvermögen hat.

9. Man kann die Accidenzen auch eintheilen in weſentliche und auſserweſentliche. Die erſtern ſind diejenigen, welche mit der Subſtanz zuſammengenommen das Weſen derſelben ausmachen, und heiſsen Eigenſchaften (*Attributa*); die letztern aber ſind ſolche, welche wechſeln, ohne dafs das Weſen aufhört, und heiſsen Modificationen (*Modificationes*).

10. Die Subſtanzen bekommen von den weſentlichen Accidenzen ihren Namen; ſo lange z. B. an einer gewiſſen Subſtanz gewiſſe Beſtimmungen ſind, heiſst ſie Holz, ſind dieſe vermittelſt des Feuers andern gewichen, ſo heiſst ſie Kohle.

11. Man kann endlich auch die Accidenzen in reine und empiriſche, und die erſtern in logiſche und me-

taphyſiſche eintheilen. Der Grund und die Bedeutung der erſtern Eintheilung iſt aus den Artikeln *a poſteriori* und *a priori* deutlich; der Grund der letztern aber beruhet darauf, daſs die Accidenzen entweder ſolche Beſtimmungen ſeyn können, die den Objecten dadurch beigelegt werden, daſs ſie überhaupt gedacht werden, oder ſolche, die ihnen aus der Erkenntniſsquelle *a priori* anhängen, aus der ſie entſpringen, z. B. diejenigen, welche durch die Categorien möglich werden, z. B. daſs jedes Ding die Wirkung einer Urſache iſt, und mit andern Dingen in Wechſelwirkung ſtehet. Der logiſchen zählten die Alten fünf, das Geſchlecht (*genus*), die Art (*ſpecies*), die Verſchiedenheit (*differentia*), das Eigenthümliche (*proprium*) und die Inhärenz (*Accidens in ſpecie*), welches letztere aber, wie wir geſehen haben, eigentlich ein metaphyſiſches iſt.

 Kant. Crit. der rein. Vern. Elementarl. II. Th. I. Abth. II. Buch. I. Hauptſt. S. 183. II. Hauptſt. III. Abſchn. 3. A. S. 227, 229 f. — Anhang. 3. S. 321.

 Lamberts Architectonik, 20. Hauptſt. §. 613. ff. L Th. S. 253. ff.

Achtung,

moraliſches Gefühl, moraliſches Intereſſe, *ſenſus moralis*, *ſens moral*, *intérêt moral*. So heiſst die Vorſtellung von einem Werthe, der unſrer Selbſtliebe Abbruch thut (G. 16.*)). Ein Weſen nehmlich, das Naturtriebe hat, macht die Befriedigung derſelben, alſo ſich ſelbſt, zum Gegenſtand ſeiner Begehrungen; der Hang dazu, oder der in ihm liegende Grund der Möglichkeit der aus den Naturtrieben entſpringenden Neigungen dazu, heiſst die Selbſtliebe. Nun beſtehet der Werth einer Sache in derjenigen Beſchaffenheit derſelben, daſs ſie für uns ein Gegenſtand des Begehrens ſeyn kann. Folglich hat alles das, wodurch unſere Neigungen, oder die Quelle derſelben, die Naturtriebe befriedigt werden, für uns einen Werth. Geſetzt aber, es gäbe für uns noch andere Gegenſtände des Begehrens, deren Werth ſich nicht auf unſere Neigungen gründete, sondern denen vielmehr unser Hang zur Befriedigung unserer Neigungen nachstehen müsste, so hätten diese Gegenstände für uns einen noch grössern Werth, und die Vorstellung von diesem Werthe, die sie eben zu Gegenständen des Begehrens für uns machte, hiesse Achtung. Wir begehrten dann diese Gegenstände nicht um unsertwillen, sondern um ihrentwillen, und setzten unser eignes Selbst und unsre Neigungen ihnen nach, wenn sie nicht mit einander zusammenstimmen, d. i. die Vorstellung von einem solchen Werthe thäte unsrer Selbstliebe Abbruch. Es läst sich aber kein anderer Gegenstand denken, für den wir Achtung haben könnten, als das Sittengesetz, oder solche Wesen, in denen wir uns auch das Sittengesetz als Bewegungsgrund ihrer Begehrungen denken.

1. Diese Achtung ist eigentlich ein Gefühl, welches durch die blosse Idee des Sittengesetzes in uns gewirkt wird. Es ist aber von allen übrigen Gefühlen specifisch verschieden. Denn

a) von allen übrigen Gefühlen können wir blofs ihren Ursprung *a posteriori* erkennen; wir wissen nicht, ob uns ein Gegenstand mit Lust oder Unlust erfüllen werde, aber die Idee des Gesetzes muss ein Gefühl in uns hervorbringen, das allen Gefühlen der Neigung widerstehet; denn sonst könnten wir es unmöglich als Gesetz für uns denken, d. i. der Befriedigung unsrer Naturtriebe vorziehen. Dieses Gefühl muss also so gut möglich seyn, als das Sittengesetz selbst, und wir sehen *a priori* ein, dafs es möglich ist.

b) Alle übrigen Gefühle empfangen wir durch den Einflufs der Vorstellung des Objects auf unsere Gefühlsfähigkeit vermittelst unsrer Neigungen; nur dieses wird von uns durch den Vernunftbegriff (die Idee) des Sittengesetzes selbst gewirkt; denn wäre das nicht, so wären wir nicht frei bei der Befolgung des Sittengesetzes, sondern ein Spiel des durch dasselbe gewirkten Gefühls.

c) Jedes andere Gefühl läfst sich begreifen. Ich empfinde Lust am Genufs einer wohlschmeckenden Frucht, und ich begreife warum. Denn wie sollte mir das nicht Lust machen, was mir wohlschmeckt, und ausserdem meinen Hunger ſtillt. Das Gefühl der Achtung für das Sittengeſetz iſt **unbegreiflich**; denn wie eine bloſse Idee alle Luſt an wirklichen Gegenſtänden, die den Sinnen ſchmeicheln, und ungeſtüm fordernde Naturtriebe beſiegen, und trotz ihnen das Begehrungsvermögen lenken kann, das begreift Niemand.

2. Noch deutlicher wird uns die Vorſtellung werden, die wir uns von der **Achtung** machen müſſen, wenn wir uns deutlich denken, wie der Wille oder das Begehrungsvermögen zum Wollen oder Begehren beſtimmt wird. Wenn irgend ein ſinnlicher Gegenſtand, z. B. eine Frucht, uns in die Sinne fällt, und der Naturtrieb, z. B. der Hunger, wirkt, ſo entſtehet eine Begierde nach dem Gegenſtande, und alſo, wenn wir die Frucht bereits einmal genoſſen haben, und ihren Wohlgeſchmack und ihre hungerſtillende Kraft kennen, eine Neigung zu derſelben, deren Befriedigung mit Luſt verknüpft iſt. Nun kömmt aber die Vorſtellung des Geſetzes dazu, das oft wider unſre Neigung ſpricht, oder uns das verbietet, wozu wir Neigung haben. Geſetzt nun, die Frucht wäre eines Andern Eigenthum, ſo ſagt das Geſetz: **du ſollſt nicht ſtehlen**. Hier kämpfen nun zwei Vorſtellungen gegen einander, die **Neigung** und die **Vernunftvorſtellung des Verbots**. Soll nun die letztere die Neigung in uns überwinden, und zwar ſie ganz allein, ohne daſs etwa Furcht vor der Schande, oder vor der Strafe, die vielleicht in der bürgerlichen Geſellſchaft mit dem Diebſtahl verknüpft iſt, mit wirke (denn da möchte zuweilen eine Abneigung entſtehen, die gröſser wäre, als jene Neigung, und die Ueberwindung natürlich, und unwillkührlich, folglich nicht verdienſtlich ſeyn); ſo muſs

a) etwas in uns ſeyn, was jener Neigung entgegen wirkt, folglich Abneigung vor der Befriedigung derſelben hervorbringt, d. h. die Vorſtellung von der Befriedigung jener Neigung muſs mit Unluſt verknüpft ſeyn, ſobald dieſes Etwas wirkt. Dieſes Etwas iſt nun die bloſse Vorſtellung des Verbots, welche ein Gefühl gegen jene Neigung in uns wirken muſs.

b) Aber dieſes Gefühl, das der Neigung entgegen wirkt, kann auch nicht **unwillkührlich** ſeyn, wie etwa die Furcht vor der Schande oder der Strafe, sondern es muſs durch die Wirkung unſers eignen Willens auf unſre Fähigkeit, Luſt oder Unluſt zu fühlen, hervorgebracht werden.

c) Daher entſtehet hier das Unbegreifliche, daſs eine bloſse Vorſtellung der Vernunft das bewirkt, was ſonſt nur die Vorſtellung eines ſinnlichen Gegenſtandes bewirken kann, und daſs der Wille vor dem durch die Vorſtellung des Gegenſtandes möglich werdenden Gefühl hergehet, und es hervorbringt, da ſonſt das Begehren auf das Gefühl (der Neigung) folgt, und durch daſſelbe hervorgebracht wird. Wir ſehen hier nur die Richtigkeit dieſer Vorſtellung ein; warum ſie unbegreiflich ſeyn muſs, werde ich in der Folge zeigen.

Dieſes unbegreifliche Gefühl nun iſt die Achtung für das Geſetz (P. 138. 139).

3. Die Achtung für das Geſetz iſt alſo zwar ein Gefühl, aber doch ein ſolches, das von jedem andern ſpecifiſch verſchieden iſt. Denn alle andere Gefühle werden durch Einfluſs der Vorſtellung eines ſinnlichen Gegenſtandes auf unſre Fähigkeit des Gefühls empfangen; dieſes allein aber muſs ſelbſt gewirkt werden, wie (in 1, b. 2, b.) gezeigt worden. Da wir nun das Wohlgefallen, was wir an der Vorſtellung der Exiſtenz eines Gegenſtandes finden, das Intereſſe am Gegenſtande nennen, ſo können wir ſagen, alle ſinnlichen Gegenſtände, zu denen wir Neigung haben, intereſſiren uns, oder flöſsen uns ein Intereſſe für ſich ein, aber an der Befolgung des Geſetzes nehmen wir ein Intereſſe (G. 38.); das Vermögen, ein ſolches moraliſches Intereſſe am Geſetze zu nehmen, oder zur Achtung fürs Geſetz, heiſst auch das moraliſche Gefühl (P. 141, 142), welches auch einige den moraliſchen Sinn nennen. Es iſt eigentlich das Vermögen der Vernunft, den Willen durch die Vorſtellung des Geſetzes wider die Neigung zu beſtimmen (die practiſche Vernunft); welches wegen der Unterdrückung der Neigung und des daraus entſpringenden Einfluſſes des Geſetzes auf den Willen das moraliſche Gefühl heiſst. S. Intereſſe.

4. Dennoch ist das Gesetz, als solches, d. i. abstrahirt von allen Belohnungen und Strafen, die etwa als mit der Befolgung oder Uebertretung desselben verbunden gedacht werden, weder ein Gegenstand der Neigung, noch der Furcht; nicht der Neigung, weil die Befolgung des Gesetzes kein Genuſs ist, Neigung aber ist der Hang zu einem gewohnten Genuſs; nicht der Furcht, weil die Uebertretung des Gesetzes kein Schmerz ist, Furcht aber ist Abneigung vor Schmerz. Die Vorstellung des Gesetzes selbst also hat auf die Gefühlsfähigkeit keinen Einfluſs, da sie weder Zuneigung noch Abneigung gegen das Gesetz erregt. Wir haben aber das besondere Vermögen, Regeln des Handelns als Gesetze für uns zu erkennen, welches Vermögen die **practische Vernunft** heiſst. Wir erkennen eine Regel des Handelns, z. B. die, **nicht zu stehlen**, als Gesetz für uns, heiſst nichts anders, als, wir sind uns bewuſst, daſs unser Wille dieser Regel **untergeordnet**, ihr unterworfen seyn soll, und dieses Bewuſstseyn ist eben die Achtung fürs Gesetz.

5. Die Achtung besteht also darin, daſs

a) unser Begehrungsvermögen, durch die Vorstellung des Gesetzes, **willkührlich** bestimmt wird, und eben darum den Namen eines Willens verdient;

b) daſs wir uns dessen bewuſst sind, daſs es das Gesetz, und nicht etwa ein sinnlicher Gegenstand, etwa Furcht vor Strafe, oder Hoffnung der Belohnung ist, welches das Begehrungsvermögen bestimmt.

Und in so fern kann man die Achtung eine Wirkung des Gesetzes nennen, und sie auch so erklären: sie ist das **Bewuſstseyn einer freien Unterwerfung des Willens unter das Gesetz, doch als mit einem unvermeidlichen Zwange, der allen Neigungen aber nur durch eigene Vernunft angethan wird, verbunden** (P. 143.). Wir werden in der Folge sehen, daſs andre Philosophen dieses umgekehrt, und das Gesetz als eine Wirkung des moralischen Gefühls betrachtet haben.

6. Die Achtung hat indessen doch etwas analogisches mit Furcht und Neigung (P. 143. f.). Denn

a) als Unterwerfung unter ein Gesetz, wider alle Neigungen, d. i. unter ein Gebot, mit dessen Befolgung für das Subject, das eine Neigung zum Gegentheil hat, Zwang verbunden ist, enthält das Gefühl der Achtung keine Lust, sondern so fern vielmehr Unlust an der Handlung in sich; daher auch eine jede Pflicht ungern erfüllt wird, wenn die Erfüllung wirklich aus Pflicht geschieht. Dazu kömmt, daſs dasjenige, was unsrer Selbstliebe Abbruch thut, uns zugleich zurücksetzt, indem es unsern Eigendünkel, oder das unbedingte Wohlgefallen an uns selbst, niederschlägt, oder uns demüthigt. Also demüthigt die Vorstellung des moralischen Gesetzes jeden Menschen, indem dieser mit derselben den sinnlichen Hang seiner Natur vergleicht. Und dieses ist ein negatives Gefühl, und wirklich pathologisch, oder ein solches, das aus unsern Neigungen wider unsern Willen entspringt; denn wir können nicht machen, daſs die Vorstellung des Gesetzes uns nicht afficire, d. i. die practische Vernunft gänzlich aus uns wegschaffen, so daſs wir in uns selbst alle Handlungen, ihrem Werthe nach, für einerlei erklären könnten. Die Vernunft zwingt uns unmittelbare Achtung für das Sittengesetz ab (G. 20). Wo das sittliche Gesetz spricht, da giebt es auch weiter keine freie Wahl in Ansehung dessen, was zu thun sei (U. 16.). Und wir wären Sklaven des Sittengesezzes, wenn wir uns nicht dasselbe selbst gäben, und die Wirkung der practischen Vernunft, welche wir Achtung fürs Gesetz nennen, nicht Wirkung unsrer eigenen Causalität (einer unbegreiflichen Willkühr) wäre. Die Achtung ist in so fern so wenig ein Gefühl der Lust, daſs man sich ihr in Ansehung eines Menschen nur ungern überläſst. Man sucht etwas ausfindig zu machen, was uns die Last derselben erleichtern könne, irgend einen Tadel, um uns wegen der Demüthigung, die uns durch solches Beispiel widerfährt, schadlos zu halten. Selbst Verstorbene sind, vornehmlich wenn ihr Beispiel unnachahmlich scheint, vor dieser Critik nicht immer gesichert. Sogar das moralische Gesetz selbst, in seiner feierlichen Majestät, ist diesem Bestreben, sich der Achtung dagegen zu erwehren, ausgesetzt. Deswegen sucht man fich einzubilden, es zwecke lediglich auf unfern Vortheil ab, um der läftigen Achtung lofs zu werden, und es zum Gegenftande unfrer Neigung zu machen (P. 137.).

b) Da diefer Zwang aber durch Gefetzgebung der eigenen Vernunft ausgeübt wird, enthält es auch ein erhebendes Gefühl, welche Wirkung der practifchen Vernunft auf die Fähigkeit des Gefühls die Selbftbilligung (ein angenehmes Gefühl der Billigung unferes moralifchen Zuftandes) genannt werden kann. Dadurch nehmlich, dafs jenes Gefühl der Unluft den Widerftand der Neigung gegen das Gefetz aus dem Wege fchafft, wird die Wirkung des Gefetzes auf das Subject pofitiv befördert, und in diefer Rückficht ift jenes Gefühl zugleich Achtung für das Gefetz, welches Verhältnifs eigentlich nichts finnliches ift, fondern im Urtheil der Vernunft liegt. Hat man daher erft den Eigendünkel abgelegt, und der Achtung practifchen Einflufs verftattet, fo ift in diefem Gefühl wiederum fo wenig Unluft, dafs man fich an der Herrlichkeit des Sittengefetzes nicht fatt fehen kann, und die Seele fich in dem Maafse felbft zu erheben glaubt, als fie das heilige Gefetz über fich und ihre gebrechliche Natur erhaben fiehet (P. 138. U. 16.). Darum kann diefes Gefühl nur auch ein Gefühl der Achtung fürs moralifche Gefetz, aus beiden Gründen (a und b), zufammen aber ein moralifches Gefühl genannt werden (P. 133.). Diefes Gefühl kann nun, zum Unterfchiede von den pathologifchen, ein practifches genannt worden.

7. Alle Achtung für Perfonen ift eigentlich nur Achtung fürs Gefetz, z. B. der Rechtfchaffenheit, der Wahrheit u. f. w., wovon die Perfon in fich das Beifpiel aufftellt. Weil wir die Erweiterung unferer Talente auch als Pflicht anfehen, fo ftellen wir uns an einer Perfon von Talenten auch gleichfam das Beifpiel eines Gefetzes vor, das uns auffordert, ihr, durch Uebung, hierin ähnlich zu werden; darum haben wir auch Achtung für eine Perfon von ausgebildeten Talenten (P. 138. 139.). Auf Sachen geht Achtung gar nicht. Diefe können Neigung, und wenn es Thiere find, z. B. Pferde, Hunde,

Katzen u. f. w., fo gar Liebe, andre Dinge, z. B. das Meer, ein Vulcan, ein Raubthier, Furcht, niemals aber Achtung in uns erwecken. Selbft Bewunderung, z. B. der Stärke eines Thiers, ift noch nicht Achtung. Man kann fogar über die Macht eines Menfchen erftaunen, ohne ihn zu achten. Nur für einen rechtfchaffenen Mann, der uns die Thunlichkeit des Gefetzes durch die That beweifet, haben wir Achtung, wenn wir uns gleich felbft eines gleichen Grades der Rechtfchaffenheit bewufst find. Denn, da beim Menfchen immer alles Gute mangelhaft ift, fo fchlägt das Gefetz, durch ein Beifpiel anfchaulich gemacht, doch immer unfern Stolz nieder, da hingegen die Unlauterkeit des Mannes, den wir vor uns fehen, uns nicht fo bekannt ift, als unfere eigene, daher er uns in einem reinern Lichte erfcheint. Achtung ift ein Tribut, den wir dem Verdienfte nicht verweigern können, wir mögen wollen oder nicht; wir mögen allenfalls äufserlich damit zurückhalten, fo können wir doch nicht verhüten, fie innerlich zu empfinden (P. 135 — 137.).

8. Das moralifche Gefetz alfo beftimmt nicht nur objectiv, oder allgemein geltend für alle vernünftige Wefen, den Gegenftand der Handlung, oder was gut und böfe ift *), fondern auch fubjectiv das Begehrungsvermögen (des Einzelnen) durch das Gefühl der Achtung, und in fo fern ift daffelbe Triebfeder, indem es auf die Sittlichkeit des Subjects Einflufs hat, und ein Gefühl bewirkt, welches dem Einfluffe des Gefetzes auf den Willen beförderlich ift (P. 158.).

9. Heinrich Home (Verfuche über die erften Gründe der Sittlichkeit V. II. K. 2.) fagt: „Wir haben ein befonderes Gefühl, vermöge deffen wir billigen oder mifsbilligen, und diefes Gefühl ift überflüfsig hinreichend, uns zu zeigen, was wir thun, oder was wir nicht thun follen." Hiernach geht alfo ein Gefühl, das auf Moralität geftimmt ift, im Subject vor dem Gefetz her, oder es wird durch diefes Gefühl beftimmt, was Gefetz

---

*) Sollte nicht das αισθητηριον Hebr. 5, 14. das moralifche Gefühl, als Anlage feyn?

für unsere Handlungen ist. Das ist aber unmöglich, weil alles Gefühl sinnlich ist; die Triebfeder der sittlichen Gesinnung darf aber nicht sinnlich, sondern muſs das Gesetz selbst seyn. Hätten wir keine sinnlichen Gefühle, so hätten wir freilich keine Neigungen, und also auch nicht das Gefühl, welches Achtung heiſst; aber die Ursache der Bestimmung der Gefühlsfähigkeit zur Achtung liegt doch in der reinen practischen Vernunft, und dieses Gefühl kann daher seines Ursprungs wegen nicht pathologisch, oder unwillkührlich aus der Neigung entsprungen, sondern muſs practisch gewirkt, oder durch die reine Vernunft hervorgebracht, heiſsen. Dadurch, daſs die Vorstellung des moralischen Gesetzes der Selbstliebe den Einfluſs und dem Eigendünkel den Wahn benimmt, als sei das Subject der Gegenstand eines unbedingten Wohlgefallens, wird das Hinderniſs der reinen practischen Vernunft vermindert, und die Vorstellung des Vorzuges ihres objectiven oder allgemeingültigen Gesetzes vor den Antrieben der Sinnlichkeit, mithin das Gewicht des Gesetzes durch die Wegschaffung des Gegengewichts der Neigung, also relativ, oder im Verhältniſse auf einen durch die Antriebe der Sinnlichkeit afficirten Willen, im Urtheile der Vernunft hervorgebracht. Und so ist die Achtung fürs Gesetz nicht Triebfeder zur Sittlichkeit, sondern sie ist die Sittlichkeit selbst, welche objectiv als ein Sittengesetz, subjectiv als Triebfeder betrachtet wird. Die practische Vernunft verschafft nehmlich, als Vermögen der Sittlichkeit, dadurch, daſs sie der Selbstliebe oder dem Inbegriff aller Neigungen (im Gegensatze mit practischer Vernunft) alle Ansprüche abschlägt, dem Gesetze, das dann allein Einfluſs hat, Ansehn. Noch ist hierbei zu merken: daſs, weil die Achtung eine Wirkung auf die Gefühlsfähigkeit ist, mithin auf die Sinnlichkeit eines vernünftigen Wesens, sie diese Sinnlichkeit voraussetzt. Da nun jede Empfindung, folglich auch jedes Gefühl, also auch das moralische, Grade haben muſs, über welche noch immer höhere Grade gedacht werden können, so setzt das moralische Gefühl die Endlichkeit solcher Wesen voraus, denen das moralische Gesetz Achtung auflegt. Achtung fürs Gesetz kann also einem höchsten, oder auch einem von aller Sinnlichkeit freien Wesen, wie Gott gedacht wird, nicht beigelegt werden. Denn da es für daſſelbe kein Hinderniſs der practiſchen Vernunft geben kann, dergleichen die Sinnlichkeit iſt, ſo kann es auch weder gedemüthigt, noch erhoben werden, oder das Gefühl der Selbſtbilligung haben (P. 134. 135.). Das moraliſche Gefühl dient alſo nicht zur Beurtheilung der Handlungen, oder wohl gar zur Gründung des objectiven Sittengeſetzes ſelbſt, ſondern bloſs zur Triebfeder, um das Sittengeſetz in ſich zur Maxime oder zur Regel der Handlungen zu machen (P. 135.).

10. Dieſe Achtung fürs Geſetz wird nun hauptſächlich erfordert, wenn eine Handlung aus Pflicht geſchehen ſeyn ſoll. Denn die Pflicht iſt die Nothwendigkeit einer Handlung aus Achtung fürs Geſetz. Es wird alſo zweierlei erfordert, wenn es von einer Handlung gelten ſoll, daſs durch ſie eine Pflicht, aus Pflicht, erfüllt worden ſei:

a) die objective Beſchaffenheit derſelben, d. i. diejenige, vermöge welcher ſie für eine jede Vernunft gültig iſt, nehmlich, ſie muſs mit dem Sittengeſetz übereinſtimmen. Dann iſt die Handlung pflichtmäſsig, und dieſe Beſchaffenheit heiſst auch die moraliſche Nothwendigkeit, die Geſetzmäſsigkeit oder Legalität der Handlung;

b) die ſubjective Beſchaffenheit derſelben, d. i. diejenige, vermöge welcher ſie aus der beſondern Triebfeder des Subjects entſprungen iſt; da muſs der Wille bloſs durch die Achtung fürs Geſetz zu derſelben beſtimmt worden ſeyn. Dann erſt iſt die Handlung aus Pflicht, bloſs um des Geſetzes willen, d. i. aus Achtung fürs Geſetz geſchehen, und dieſe Beſchaffenheit heiſst auch die Moralität oder der moraliſche Werth der Handlung (P. 144.).

11. Wir müſſen alſo das moraliſche Gefühl oder die Achtung fürs Geſetz ja nicht für einerlei mit dem ſogenannten guten Herzen halten. Derjenige hat ein gutes Herz, deſſen Neigungen auf ſolche Gegenſtände gerichtet ſind, welche das Sittengeſetz zum Inhalt ihrer Maximen oder Lebensvorſchriften macht. Dann geſchieht das aus Neigung, was aus Achtung fürs

Gefetz gefchehen follte, die Handlung ift legal, aber nicht moralifch. „Es ift fehr fchön, aus Liebe zu Menfchen und theilnehmendem Wohlwollen ihnen Gutes zu thun, oder aus Liebe zur Ordnung gerecht zu feyn, aber das ift noch nicht die ächte moralifche Maxime unfers Verhaltens, die unferm Standpuncte, unter vernünftigen Wefen, als Menfchen, angemeffen ift, wenn wir uns anmaafsen, gleichfam als Volontaire (Menfchen, die nicht dazu verbunden find) uns mit ftolzen Einbildungen über den Gedanken von Pflicht (d. h. dafs wir wider unfre Neigungen genöthigt werden,) wegzufetzen, und uns fchmeicheln, als wollten wir, vom Gebote unabhängig, dasjenige aus eigener Luft thun, was das Gebot andern gebietet, und wozu folglich für uns kein Gebot nöthig wäre. Wir ftehen unter einer Difciplin oder Zucht der Vernunft, und müffen in allen unfern Maximen der Unterwürfigkeit unter derfelben nicht vergeffen, ihr nichts entziehen, oder dem Anfehn des Gefetzes (ob es gleich unfere eigene Vernunft giebt) durch eigenliebigen Wahn dadurch etwas abkürzen, dafs wir den Beftimmungsgrund unferes Willens, wenn gleich dem Gefetze gemäfs, doch worin anders, als im Gefetze felbft, und in der Achtung für diefes Gefetz fetzen. Pflicht und Schuldigkeit, nicht aber Liebe und freies Wohlwollen find die Benennungen, die wir allein unferm Verhältniffe zum moralifchen Gefetze geben müffen. Wir find zwar gefetzgebende Glieder eines durch Freiheit möglichen, durch practifche Vernunft uns zur Achtung vorgeftellten Reichs der Sitten, aber doch zugleich Unterthanen, nicht das Oberhaupt deffelben, und die Verkennung unferer niederen Stufe, als Gefchöpfe, und Weigerung des Eigendünkels gegen das Anfehn des heiligen Gefetzes ift fchon eine Abtrünnigkeit von demfelben, dem Geifte nach, wenn gleich der Buchftabe deffelben, etwa aus Liebe zur Ordnung, erfüllt würde (P. 146. 147.).

12. Das Gebot der Liebe Gottes und des Nächften (Matth. 22; 37.) widerfpricht dem nicht. Denn als Gebot fordert es Achtung für ein Gefetz, das Liebe befiehlt, und überläfst es nicht der beliebigen Wahl eines guten Herzens, fich diefe Liebe zum Grund-

satz seiner Handlungen zu machen. Es ist aber hier bloſs von einer practifchen Liebe die Rede. Denn Gott können wir nicht finnlich lieben, weil er kein Gegenſtand iſt, der uns in die Sinne fällt, und alfo Einfluſs auf unfer Gefühl, und fo eine Neigung in uns hervorbringen könnte. Bei Menfchen iſt nun das wohl der Fall, aber es iſt nicht möglich, auf Befehl zu lieben, oder eine Neigung in uns hervorzubringen, wenn der Gegenſtand nicht liebenswürdig iſt. Ich kann unmöglich Zuneigung zu einem, der Gefinnung nach verworfenen, und dem äufsern Anfehn nach, höchſt widerlichen Räuber haben. **Gott lieben** heiſst alfo, **feine Gebote gerne thun, den Nächſten lieben, alle Pflichten gegen ihn gerne erfüllen.** Das Gebot aber kann auch nicht gebieten, diefe Gefinnung wirklich zu haben, fondern darnach zu ſtreben. Das drücken auch die Worte Jefu aus, **von ganzem Herzen, von ganzer Seele, von ganzem Gemüthe, und von allen deinen Kräften** (Marc. 12, 30.). Denn thäte man das gerne, was das Gebot gebietet, fo wäre das Gebot überflüffig, thun wir es aber nicht gerne, fondern aus Achtung fürs Gefetz, ja macht das Gebot gar diefe Achtung zur Triebfeder, fo würde es das Gegentheil (das Thun der Pflicht mit Unluſt) von dem wirken, was es gebietet (das Thun der Pflicht mit Luſt). Diefes Gefetz ſtellt alfo das Ideal der Heiligkeit auf, oder die fittliche Gefinnung in ihrer ganzen Vollkommenheit, dem wir uns nur in einem unendlichen Fortfchreiten nähern können. Könnte nehmlich ein vernünftiges Gefchöpf jemals alle moralifche Gefetze **völlig gerne** thun, fo müfste es keines Selbſtzwangs mehr bedürfen. Das iſt aber nicht möglich. Denn da es immer abhängig bleibt in Anfehung deſſen, was zu feiner Zufriedenheit erfordert wird, fo kann es nie ganz frei von Begierden und Neigungen werden; da nun diefe mit dem moralifchen Gefetze nicht einerlei Quelle haben, fo wird ihre Zufammenſtimmung immer zufällig, mithin ihre Nichtzufammenſtimmung immer möglich feyn, alfo immer Achtung fürs Gefetz, die aber mit Unluſt verknüpft iſt (6, a), der Grund der Befolgung deſſelben feyn müffen (10, b); das Gefetz wird daher immer Gebot für ein folches Wefen bleiben (6, a), und feine Tugend nie in Heiligkeit übergehen, d. i. die Achtung fürs Gefetz wird fich hie in Liebe zu demfelben verwandeln (P. 147 — 150.).

13. Hierdurch wird nicht nur der Religionsfchwärmerei (Ueberfchreitung der Grenzen der Vernunft in Beziehung auf den Begriff der Gottheit) in Anfehung der Liebe Gottes, fondern auch der moralifchen Schwärmerei (der Ueberfchreitung der Grenzen, die die practifche reine Vernunft der Menfchheit fetzt) in Anfehung der Liebe des Nächften, vorgebeuget. Die fittliche Stufe, worauf jedes vernünftige Gefchöpf (endliche Wefen) ftehet, ift Achtung fürs moralifche Gefetz, fein moralifcher Zuftand ift Tugend, d. i. moralifche Gefinnung im Kampfe, und nicht Heiligkeit im vermeinten Befitze einer völligen Reinigkeit der Gefinnungen. Wenn man die Gemüther in den Wahn verfetzt, der Beftimmungsgrund ihrer Handlungen fei nicht Pflicht, d. i. Achtung fürs Gefetz (10, b), deffen Joch fie tragen müfsten, dem fie gehorchen müfsten, fondern die Handlung fei ein Verdienft, das fie fich machen könnten, fo ift das moralifche Schwärmerei; denn nicht zu gedenken, dafs die Triebfeder alsdann pathologifch ift, weil fie in der Selbftliebe beftehet, fo ift es phantaftifch, fich mit einer freiwilligen Gutartigkeit des Gemüths zu fchmeicheln, für welches gar nicht einmal ein Gebot nöthig fei. Es laffen fich wohl Handlungen andrer, wenn fie blofs um der Pflicht willen, und mit grofser Aufopferung gefchehen find, unter dem Namen edler und erhabener Thaten preifen, und doch nur fo fern Spuren da find, dafs fie ganz aus Achtung für die Pflicht gefchehen find. Will man fie aber Jemanden als Beifpiel zur Nachfolge vorftellen, fo mufs durchaus die Achtung für Pflicht (als das einzige ächte moralifche Gefühl (10, b)) zur Triebfeder gebraucht werden, welche es nicht unferm Eigendünkel (eiteln Selbftliebe) überläfst, uns auf verdienftlichen Werth was zu Gute zu thun. Wir werden auch gewifs zu allen preiswürdigen Handlungen

ein Gebot finden, folglich, dafs fie nicht von unferm Belieben abhängen (P. 150 — 152.).

14. Kant giebt (in der Critik der Urtheilskraft §. 27. S. 95.) noch eine andere Erklärung von der Achtung, nehmlich fie fei das Gefühl der Unangemeffenheit unferes Vermögens zur Erreichung einer Idee, die für uns Gefetz ift. Es ift nun die Frage: wie ftimmt diefe Erklärung mit der vorher gegebenen überein?

a) Wir haben gefehen, dafs die Achtung ein Gefühl ift, das durch die blofse Idee des Sittengefetzes in uns gewirkt wird (1); folglich mufs bei dem Gefühl der Achtung eine Idee in unferm Vorftellungsvermögen feyn, die für uns Gefetz ift; aber

b) foll auch diefe Idee durch das Vermögen unfers Willens ganz allein Einflufs auf unfere Willensbeftimmung haben, fo dafs wir nichts weiter wollen, als was das Gefetz will. Nun haben wir aber Neigungen, die oft ganz was anders begehren, als was das Gefetz will, und diefe Neigungen können wir unterdrücken und dadurch dem Gefetz Eingang bei uns verfchaffen. Da diefes nun durch das Gefühl der Achtung gefchieht, fo ift diefes Gefühl des Widerftandes gegen die Neigung zugleich ein Gefühl davon, wie unangemeffen wir noch dem Sittengefetz find, oder wie fehr wir immer noch hinter der Idee deffelben zurückbleiben, und wie unangemeffen alfo immer noch das Vermögen unfers Willens zur Erreichung der Idee des Gefetzes ift.

c) Da es nun unfere eigene Vernunft ift, die die Erreichung jener Idee von uns fordert, und durch den Einflufs auf unfern Willen auch zeigt, dafs es unfre Beftimmung ift, nach jener Angemeffenheit zu ftreben, fo ift die Achtung fürs Gefetz zugleich Achtung für unfern eigenen, durch die Vernunft beftimmten Willen, und für unfre Beftrebung, nehmlich die, die Angemeffenheit unfers Willens zur Idee des Sittengefetzes in uns zu bewirken.

15. Wie unterfcheidet fich aber Achtung von Hochachtung, Ehrfurcht und dem Gefühl des Erhabenen?

a) **Ehrfurcht** ist auch ein Gefühl, es wäre nehmlich, der Etymologie nach, das Gefühl der Furcht vor der Ehre, die einem Gegenstande gebührt. Nun ist Furcht die Abneigung vor Schmerz, und **Ehre** ist das Interesse für die Achtung, die einem Gegenstande gebührt, und welches entweder in dem zu ehrenden Wesen selbst, oder in einem Andern ist, der dasselbe ehret. **Ehren** heifst aber dieses Interesse äussern, oder durch gewisse Zeichen die Achtung zu erkennen geben. Da nun alle Achtung unsrer Selbstliebe Abbruch thut, und uns demüthigt, so mischt sich unter das Interesse an der Achtung, die dem (zu ehrenden) Wesen gebührt, eine Unlust, die etwas Analogisches mit Schmerz hat, ohne doch wegen des Interesse daran selbst Schmerz zu seyn, und dieses Gefühl ist die Ehrfurcht, welche Achtung erweckt, aber nicht die Achtung selbst, sondern die mit einem Interesse an der Achtung verbundene Unlust ist. Die Majestät des Gesetzes flöfst Ehrfurcht ein, welche Achtung des Untergebenen gegen seinen Gebieter erweckt (R. 11.*)).

b) **Schiller** sagt (in der neuen Thalia 3. B. S. 217.). „Man darf die Achtung nicht mit der Hochachtung verwechseln. Achtung geht nur auf das Verhältnifs der sinnlichen Natur zu den Forderungen reiner practischer Vernunft überhaupt, ohne Rücksicht auf eine wirkliche Erfüllung. Hochachtung hingegen geht schon auf die wirkliche Erfüllung des Gesetzes, und wird nicht für das Gesetz, sondern für die Person, die demselben gemäfs handelt, empfunden. Daher ist Achtung kein angenehmes, eher drückendes Gefühl. Hochachtung hat hingegen etwas ergötzendes, weil die Erfüllung des Gesetzes (da sie das Interesse am Gesetz befriedigt Vernunftwesen erfreuen mufs. Achtung ist Zwang, Hochachtung schon ein freieres Gefühl. Aber das rührt von der Liebe her, die ein Ingrediens der Hochachtung ausmacht. Achten mufs auch der Nichtswürdige das Gute, aber um denjenigen hochzuachten, der es gethan hat, müfste er aufhören, ein Nichtswürdiger zu seyn." Allein das Interesse am Gesetz ist nicht pathologisch, sondern selbstgewirkt, und das Gesetz kein Gegenstand der Neigung (3. 4.), es kann daher auch der Anblick der Realisirung desselben nicht Liebe unter die Achtung mifchen. Das Wort Hoch zeigt allerdings an, dafs Hochachtung nicht eine abfolute Achtung ift, wie die Achtung fürs Gefetz, welche in Beziehung aufs Gefetz keine Grade haben kann, aber in Beziehung auf ein Wefen, welches das Gefetz unvollkommen befolgt, und daher mehr oder weniger Achtung erweckt, relativ, und folglich gegen ein Wefen, welches das Gefetz felten übertritt, Hochachtung genannt wird. Wenn der Nichtswürdige keine Hochachtung für den Tugendhaften hat, fo rührt das davon her, dafs er zu feiner eigenen Entfchuldigung fich überredet, alle übrigen heuchelten nur Tugend, bei keinem wirke die fubjective moralifche Triebfeder (Achtung fürs Gefetz) die gefetzmäfsigen Handlungen; folglich rührt es von feinem Unglauben an die Tugend der Menfchen her (R. 10. *)).

c) Das Gefühl des Erhabenen ift ebenfalls ein Gefühl der Achtung, nehmlich der Achtung für unfere eigene Beftimmung. Wir nennen nehmlich etwas erhaben, wenn das Vermögen unferer Einbildungskraft nicht zureichen will, die Gröfse deffelben zu faffen, z. B. den fürchterlich tobenden Ocean, eine unüberfehbare egyptifche Pyramide u. f. w. Nun ift unfere Vernunft das Vermögen, welches die Vollendung deffen fordert, was der Verftand denkt, und die Vernunftbegriffe oder Ideen find nichts anders, als Vorftellungen von der Vollendung der Reihen von Begriffen, welche der Verftand liefert (f. *a priori.* 24, c. Idee); die Einbildungskraft aber ift nur ein Vermögen, fich der Gränze, welche die Vernunft in der Idee aufftellt, ohne Ende zu nähern. Die Unangemeffenheit der Einbildungskraft für die Ideen der Vernunft überhaupt erregt daher, beim Anblick eines erhabenen Gegenftandes, ein Gefühl in uns, welches das Gefühl des Erhabenen ift, und um deffentwillen wir eben den Gegenftand erhaben nennen, ob es wohl eigentlich unfere Gemüthsftimmung ift. Die Vernunft fchreibt uns nehmlich, beim Anblick eines folchen Gegenftandes, die Zufammenfaffung deffelben durch die Einbildungskraft als ein Gefetz vor, die Einbildungskraft vermag es aber nicht vollkommen, daher entftehet das Gefühl, welches wir Achtung nennen. Nun ift es aber nicht der Gegenſtand, den wir achten, ſondern das Geſetz der Vernunft, welches uns hier die Zuſammenfaſſung des Gegenſtandes in der Anſchauung eines Ganzen vorſchreibt, d. i. unſere eigene Beſtimmung (14, c.); nur daſs wir hier dieſe unſere Beſtimmung mit dem ſinnlichen Gegenſtande verwechſeln, und letztern erhaben nennen, weil er uns die Ueberlegenheit unſerer Vernunft über unſer ſinnliches Vermögen der Einbildungskraft, folglich unſere Vernunftbeſtimmung, gleichſam anſchaulich macht (U. 96.). Man kann alſo ſagen, das Gefühl des Erhabenen iſt das Gefühl der Achtung, wenn es durch einen ſinnlichen Gegenſtand erweckt wird, welcher alsdann erhaben heiſst, und welcher uns Achtung einzuflöſsen ſcheint, die aber eigentlich Achtung für das Geſetz unſerer Vernunft iſt. S. Erhaben.

16. Wie nun die bloſse Vernunftidee des Sittengeſezzes unſern Willen beſtimmen kann, ſo daſs derſelbe auf die Gefühlsfähigkeit wirkt, und Achtung fürs Geſetz hervorbringt, iſt unbegreiflich. Wir können aber einſehen, warum es unbegreiflich ſeyn muſs. Die Willensbeſtimmung iſt nehmlich ein Phänomen, oder eine Erſcheinung im innern Sinn, dieſe kann nur wieder aus andern Erſcheinungen, die ihre Urſachen ſind, erklärt werden. Daher iſt es begreiflich, wie ein Gegenſtand in der Natur eine Begierde erwecken kann. Das Sittengeſetz iſt aber kein Gegenſtand in der Natur, ſondern ein bloſser Vernunftbegriff, oder eine Idee. Nun können wir bloſs ſinnliche Gegenſtände als Urſachen erkennen, ſ. Urſache; überſinnliche hingegen, z. B. Gott, und hier, das Sittengeſetz, ſind nur die Vorſtellung von einer Urſache überhaupt, ſie laſſen ſich bloſs als Urſache denken. Wir können alſo einſehen, daſs bei einer moraliſchen Handlung das Sittengeſetz als Triebfeder wirken müſſe. Da nun moraliſche Handlungen von unmoraliſchen im Begriff des Werths einer Handlung unterſchieden werden müſſen, ſo ſehen wir die Nothwendigkeit und Allgemeinheit, oder die Apriorität der Achtung fürs Geſetz ein, ohne von ihrer Möglichkeit den mindeſten Begriff zu haben, weil dazu Erkenntniſs des Ueberſinnlichen gehören würde, welche uns unmöglich iſt.

17. Noch eine Schwierigkeit will ich zum Schluſs dieses Artikels löſen. Es ſcheint ein Widerſpruch zu ſeyn, zwiſchen der Behauptung, das Gefühl der Achtung wird von uns ſelbſt gewirkt (1, b.), es kann nicht unwillkührlich ſeyn (2, b.), und der, die Achtung entſpringt aus unſern Neigungen wider unſern Willen, wir können die practiſche Vernunft nicht gänzlich aus uns wegſchaffen, ſo daſs wir alle Handlungen, ihrem Werthe nach, für einerlei erklären könnten. Die Vernunft zwingt uns unmittelbare Achtung für das Sittengeſetz ab (6, a.). Dieſer Scheinwiderſpruch hat ſogar Manchen auf den Gedanken gebracht, ſich die Achtung, die das Geſetz wirkt, und die Neigung, die der ſinnliche Gegenſtand wirkt, als zwei Triebfedern vorzuſtellen, die in uns unwillkührlich gegen einander wirken, und der Freiheit das Geſchäft aufzutragen, ſich für eine von beiden Triebfedern zu erklären, und dadurch den Ausſchlag für die moraliſch gute oder ſchlechte Handlung zu geben. Allein, die practiſche Vernunft zwingt uns Achtung für das Sittengeſetz ab, heiſst, wir können die Anlage zur Moralität nicht ſo gänzlich in uns ausrotten, daſs wenn wir an die Idee des Sittengeſetzes denken, gar keine Achtung für daſſelbe mehr in uns gewirkt werden ſollte. Dieſes kömmt uns nun als ein Naturmechanismus vor, wider den wir nicht können. Das rührt nun daher, weil die practiſche Vernunft hier als eine Urſache gedacht werden muſs, welche die Achtung hervorbringt. Die Achtung als ein Gefühl iſt eine Wirkung in der Natur, und läſst ſich als Wirkung begreifen, nehmlich daſs ſie entſtehen muſs, wenn ihre Urſache vorhanden iſt. Die practiſche Vernunft iſt aber keine Urſache in der Natur, ſondern nur ein Analogon derſelben. Nun iſt aber die Nothwendigkeit ihrer Wirkung eben das, was bei derſelben wegfällt, weil ſie eine Urſache durch Freiheit iſt. Folglich kann ſie nur als Urſache gedacht und nicht begriffen werden. So lange der Menſch alſo practiſche Vernunft hat, iſt es begreiflich, daſs die Wirkung, die Achtung fürs Geſetz, nicht ganz aufhören kann, weil die Wirkung aus der Urſache entſpringen muſs; aber es iſt nicht begreiflich,

dafs die practische Vernunft diese Wirkung durch Freiheit, also willkührlich, hervorbringe, von welcher Causalität wir keine Begriffe haben, ob sie gleich bei dem Moralgesetz vorausgesetzt wird. Daher wird also die Achtung, als Wirkung aufs Gefühl, für **nothwendig erkannt**, aber ist in so fern nichts moralisches, sondern etwas pathologisches, oder den Neigungen mechanisch widerstehendes; aber als von der practischen Vernunft bewirkt, als **willkührlich und selbstgewirkt gedacht**, und ist so fern nichts physisches oder pathologisches, sondern das reine Urtheil der Vernunft.

 Kant Grundl. zur Met. der Sitt. S. 14. 16. 20. 38.
 Dess. Critik der pract. Vern. I. Th. I. B. III. Hauptst.
  S. 126 — 159.
 Dess. Critik der Urtheilskr. S. 15. 95. 96.

Acroamatisch.

Acroamatische, discursive, philosophische Beweise nennt Kant diejenigen Beweise, **die aus Begriffen geführt werden.** Wenn man nehmlich eine Behauptung beweisen will, so kömmt es darauf an, wie die Behauptung beschaffen sei: Ist sie von der Art, dafs wir mit Hülfe der Einbildungskraft das, was wir behaupten, gleichsam selbst machen können, so wird dadurch dasselbe gleichsam hervorgebracht, oder in Gedanken sinnlich dargestellt, und folglich damit bewiesen. Dies Hervorbringen, oder sinnliche Darstellen in Gedanken, heifst die Construction, und ist bei solchen Behauptungen, die nur acroamatisch bewiesen werden können, nicht möglich. In den acroamatischen Beweisen hat man den Gegenstand der Begriffe, von denen geredet wird, blofs in Gedanken, und drückt die Begriffe blofs durch Worte, aber nicht durch sinnliche Darstellung aus. Das Wort acroamatisch ist griechisch, und bedeutet etwas, das zum Hören gehört. In den acroamatischen Beweisen hört man blofs die Beweisgründe, in den mathematischen, die daher auch intuitive (zum Sehen gehörige) heifsen, sieht man sie in der Construction. Man nennt diese Beweise auch discursive, nach dem Lateinischen, welches ausdrückt, dafs sie nur durch Worte geführt werden. In der Philosophie giebt es keine andern Beweise, da sie hingegen in der Mathematik gar nicht verstattet sind, weil in derselben alles demonstrirt, d. i. durch sichtbare Darstellung (Construction) bewiesen werden mufs.

Für diejenigen, welche mit der Geometrie, oder der Wissenschaft vom Raum vermittelst solcher Constructionen, nicht bekannt sind, wird es nöthig seyn, erst das Beispiel eines solchen nicht acroamatischen Beweises zu geben, damit sie alsdann das Eigenthümliche des acroamatischen desto deutlicher einsehen.

1. Der Geometer nennt einen jeden von drei Seiten eingeschlossenen Raum einen **Triangel**, ABC sei das Bild eines solchen Triangels. Der Geometer macht nehmlich solche Bilder der Gegenstände, die er sich in Gedanken vorstellt, um sich selbst und andern deutlicher zu werden. Diese Bilder stellen aber niemals den Gegenstand selbst vollkommen dar. Denn der Triangel ABC schliefst z. B. einen bestimmten in der Erfahrung gegebenen Raum ein, dahingegen der Geometer unter einem Triangel jeden grofsen oder kleinen, von Linien ungleicher oder gleicher Länge eingeschlossenen Raum verstehet, welches kein Bild darstellen kann. Von einem solchen Triangel wird nun z. B. behauptet, er sei **gleichseitig**, oder die drei einschliefsenden Linien seien von gleicher Länge, wenn er unter folgenden drei Bedingungen gemacht werde:

a) Um den Endpunct (A) einer geraden Linie (AB), deren Länge man bestimmen kann, wie man will, und die man daher die **gegebene** oder **bestimmte Linie** nennt, mache man eine krumme Linie (BCD) so, dafs alle gerade Linien, die von jedem möglichen Punct dieser krummen Linie bis zu jenem Endpunct gezogen werden können, gleiche Länge haben. Eine solche krumme Linie heifst ein **Kreis** oder **Cirkel**. Der Endpunct heifst dann der **Mittelpunct** dieses Kreises, und jede solche vorher angeführte gerade Linie wird der **Halbmesser** des Kreises genannt, und sei, in diesem Fall, so lang als AB.

b) Um den andern Endpunct (B) derselben Linie (AB) mache man einen gleichen Kreis (ACE), dessen Halbmesser auch die Linie (AB) sei, deren Endpunct (B) der Mittelpunct des Kreises ist.

c) Endlich ziehe man von dem Durchschnittspunct beider Kreise (C) die andern beiden Linien des Triangels nach den beiden Endpuncten (A und B).

2. Der Beweis, dafs die drei Seiten eines solchen Triangels einander gleich sind, ist nun nicht acroamatisch, sondern intuitiv oder anschauend, denn er wird nicht blofs mit Worten, sondern durch sinnliche Anschauungen geführt, obwohl *a priori*, denn er gilt nicht blofs von dem hier auf dem Papier gezeichneten, sondern jedem möglichen Triangel, und man siehet aus demselben, dafs das Gegentheil nicht möglich ist. Es heifst nun so:

a) Die Linie (AC), welche vom Durchschnittspunct der Kreise nach dem Endpunct (A) der gegebenen Linie gehet, ist mit dieser von gleicher Länge, denn sie sind beide Halbmesser eines und desselben Kreises (ABC).

b) Die andere Linie vom Durchschnittspunct (C) nach dem andern Endpunct (B) der gegebenen Linie (AB) ist ebenfalls von gleicher Länge mit derselben, denn sie sind auch beide Halbmesser eines und desselben Kreises (ACE).

c) Nun ist es ein Grundsatz, dafs, wenn zwei Dinge so grofs sind, als ein Drittes, sie nothwendig beide von gleicher Gröfse seyn müssen. Da nun hier beide Linien (CA und CB) vom Durchschnittspunct (C) nach den Endpuncten (A und B) der gegebenen Linie (AB) mit dieser von gleicher Länge sind, so müssen sie vermöge jenes Grundsatzes beide, und folglich alle drei Linien (AC, AB und BC), von gleicher Länge, das heifst, der Triangel mufs gleichseitig seyn; welches eben bewiesen werden sollte.

3. So beweisen, heifst demonstriren, oder einen sichtbaren, intuitiven oder anschauenden Beweis führen, welches allein durch die Construction (in 1, a. b. c.) möglich war.

4. Ganz anders ist es hingegen mit einem aeroamatischen Beweise. Es sei z. B. der Satz zu beweisen: die Erscheinungen stehen, sofern sie zugleich sind, als Substanzen, in Ansehung ihrer Accidenzen, in durchgängiger Wechselwirkung. Könnten wir hier das, was in den Erscheinungen, d. h. in jedem sinnlichen Erfahrungsgegenstande, die Substanz ist, oder das, was immer bleibt, wenn sich der Gegenstand auch noch so sehr verändert, in der Einbildungskraft darstellen, und uns sogar, wie vom Triangel, ein Bild davon auf dem Papier entwerfen, und dann davon zeigen, dafs die Accidenzen, die wir an derselben anschaueten, durch die Wirkung beider Substanzen auf einander so wechselten, dafs kein Accidenz in der einen Substanz B durch die Substanz A einem andern weichen müsse, ohne dafs die Substanz A durch die Substanz B gleichfalls eine Veränderung leide, d. i. dafs keine Wirkung entstehen könne, ohne eine Zurückwirkung, so wäre der Beweis anschauend, Satz und Beweis ein Theil der Mathematik, und der Beweis selbst eine Demonstration. Allein das ist nicht möglich. Nur Gröfsen können construirt werden, Substanz, Accidenz, Wechselwirkung sind Begriffe und keine Anschauungen, oder sinnliche Vorstellungen *a priori*, und können daher nur durch ihre Merkmale gedacht, aber nicht angeschauet, oder sinnlich vorgestellt, und nicht construirt oder sinnlich dargestellt werden. Der ganze Beweis mufs daher blofs durch die Gedanken gehen, ohne alle Beihülfe einer in Worten anzugebenden Darstellung der Sache selbst, und kann also nur durch Worte geführt werden. Zu dem Ende mufs ich mir erst deutlich denken, was Erscheinung, Substanz, Accidenz, Wechselwirkung ist, oder die Merkmale dieser Begriffe in Gedanken aufsuchen. Weifs ich nun, dafs Erscheinung jeden sinnlichen Gegenstand in der Erfahrung, der noch nicht durch Begriffe bestimmt ist, sondern blofs angeschauet wird, Substanz das, was in diesem Gegenstande immer bleibt, Accidenz das, was an diesem Gegenstande immer wechselt, und Wechselwirkung diejenige Wirkung des Gegenstandes auf ei-

ten andern, die nicht ohne Zurückwirkung des letztern auf den erſtern erfolgen kann, bedeutet, z. B. daſs ich mit dem Fuſs nicht auf den Fuſsboden meines Zimmers treten kann, ohne daſs der Fuſsboden auf meinen Fuſs zurückdrückt; dann ſind mir die Begriffe deutlich, und der Beweis erſt möglich. Da der Beweis nun bloſs durch Begriffe geführt wird, ſo muſs ich wieder alle dieſe Begriffe verſtehen, oder die Gegenſtände, welche durch ſie gedacht werden, begreifen, und ihre Verbindung unter einander und mit dem zu beweiſenden Satze durchdenken, wodurch es mir erſt möglich wird, den Beweis ſelbſt zu faſſen und ſeine beweiſende Kraft zu erfahren.

5. Der zu beweiſende Satz iſt alſo: **alle ſinnliche Gegenſtände, wenn ſie zugleich ſeyn ſollen, müſſen nothwendig ſo auf einander wirken, daſs die Wirkung ohne Zurückwirkung nicht möglich iſt.** Es wird hier etwas von ſinnlichen Gegenſtänden behauptet, d. h. von etwas, was weder ein Ding an ſich iſt, das, unabhängig von unſrer Art zu erkennen, wirklich ſo vorhanden wäre, wie wir es erkennen (ſ. an ſich), noch ein bloſses Spiel unſerer Einbildungskraft. In unſerer Wahrnehmung folgt eine Vorſtellung auf die andere, wir können uns nicht mehrere Vorſtellungen auf einmal, ſondern nur nach einander bewuſst werden. Soll nun eine Erfahrung von gleichzeitigen Dingen möglich ſeyn, d. h. ſollen wir ſinnliche Gegenſtände nicht für eben ſo nach einander exiſtirend halten, als wir ſie nach einander wahrnehmen, ſo muſs in unſerm Verſtande etwas ſeyn, wodurch die Ordnung, in der wir ſie wahrnehmen, für willkührlich erkannt, alſo dieſe Willkührlichkeit der Ordnung nothwendig und allgemein wird. Es muſs jedermann begreifen können, daſs es von ihm abhängt, in welcher Ordnung er die vorhandenen Dinge wahrnehmen will; worin eben ihre Gleichzeitigkeit beſtehet. Dieſes iſt nun nicht anders zu begreifen, als durch einen reinen Verſtandesbegriff, d. j. einen ſolchen Begriff, der aus dem Verſtande entſpringt, und welchem der Stoff zur Anſchauung gleichzeitiger Dinge unterworfen ſeyn muſs.

Dieses ist der Begriff der **Wechselwirkung**, vermöge dessen alle gleichzeitigen Dinge als solche erkannt werden müssen, die alle so auf einander wirken, dass die Wirkung des einen ohne Zurückwirkung des andern nicht möglich ist. Ohne diesen Verstandesbegriff wäre keine Erfahrung von gleichzeitigen Dingen möglich, wir würden vielmehr die Dinge für solche halten, die in denselben verschiedenen Zeiten (also nach einander) existiren, in welchen wir sie wahrnehmen. Drückte z. B. der Fussboden nicht auf meinen Fuss zurück, und wüste ich also nicht, dass auch auf die Wahrnehmung des Fussbodens etwas in meinem Fuss als nothwendig folgt, so wüste ich nicht, dass der **Fussboden** mit meinem **Fuss zugleich** existirte, sondern da ich ihn erst bei der Wirkung meines Fusses wahrnähme, so wüste ich blos, dass diese Wahrnehmung auf die meines Fusses folgte. Ich würde daher beide in verschiedene Zeiten nach einander setzen, weil ich sie so wahrnehme. Der Begriff der Wechselwirkung macht es also möglich, dass ich Dinge für gleichzeitig erkenne, die ich doch der Beschaffenheit meines Wahrnehmungsvermögens nach zu verschiedenen Zeiten wahrnehme.

6. Dieser Beweis ist unumstösslich. Es wird gewiss Niemand zeigen können, wie es möglich sei, Dinge als gleichzeitig wahrzunehmen, wenn sie nicht Accidenzen an sich hätten, die als wechselseitige Wirkungen von einander erkannt werden müssen, so dass das Gegentheil, dass sie nehmlich auch wohl nach einander seyn können, gar nicht möglich ist. Allein die Gewissheit davon, dass alle Erscheinungen in durchgängiger Wechselwirkung stehen müssen, so unumstösslich sie ist, ist dennoch nicht so in die Augen springend, dass man sagen könnte, ich sehe es gleichsam, dass es nicht anders möglich ist, so wie ich mit den Augen meiner Einbildungskraft deutlich sehe, dass zwei gerade Linien, ich mag sie drehen und wenden, wie ich will, keinen Raum einschliessen, sondern, bei aller meiner Bemühung darum, immer auf einander fallen.

7. Die Entwickelung und Verdeutlichung der Begriffe in den acroamatischen Beweisen erschwert das Zusammenfallen derselben in Ein Bewusstseyn; die Fehltritte,

die dabei gemacht werden können, entziehen sich leicht unsrer Aufmerksamkeit, und daher, und weil der Gegenstand nicht unmittelbar angeschauet, sondern nur durch Begriffe erkannt wird, ist die Gewisheit in dem philosophischen Beweise nie so zwingend und siegend, als in dem mathematischen, obwohl darum nicht weniger Gewisheit. S. Apodictisch).

Kant. Crit der rein. Vern. Meth. I. Hauptst. I. Abschn. S. 762. 763.

Adelsgewalt.

S. Aristocratie.

Aehnlichkeit,

similitas, ressemblance, ist die **Einerleiheit der Beschaffenheit (Qualität)**. Zwei Dinge A und B sind nehmlich einander **ähnlich**, wenn ihre Beschaffenheiten a und b einerlei sind, hingegen sind A und B **unähnliche** Dinge, wenn ihre Beschaffenheiten verschieden sind, so dafs A die Beschaffenheiten a, b, c u. s. w. und B die Beschaffenheiten α, β, γ u. s. w. hat. Sind die Dinge in allen ihren Beschaffenheiten einerlei, so ist ihre Aehnlichkeit **vollkommen**, oder die Dinge sind **identisch**; sind sie nur in weniger Beschaffenheiten einerlei, so ist ihre Aehnlichkeit unvollkommen. Die Aehnlichkeit der Dinge hat also Grade, und fängt von der vollkommensten Verschiedenheit an, welches die unvollkommenste Aehnlichkeit ist, und gehet durch alle Grade der Aehnlichkeit, bis zu der **Identität**, welche die **vollkommenste Aehnlichkeit** oder die **Einerleiheit aller ihrer Qualitäten** ist, wo alle Verschiedenheit aufhört. Man nennt die Grade der Aehnlichkeit auch die **Affinität** oder **Verwandtschaft** (S. Affinität).

1. Wolf giebt (vernünftige Gedanken von Gott u. s. w. §. 19.) folgendes Exempel der vollkommensten Aehnlichkeit: „Wir wollen setzen, es wären zwei Häuser erbauet worden, die einander in allem ähnlich sind. Wir setzen ferner, dafs einer mit verbundenen Augen in das eine Haus geführt würde, damit er die

Gegend nicht fehen kann, wo es liegt, und hernach in dem Haufe alles, was er in demfelben fiehet, forgfältig auffchreibet. Setzet endlich, dafs er, nach verrichteter Arbeit, mit verbundenen Augen wieder herausgeführt und in das andere gebracht wird, wo er mit gleicher Sorgfalt alles auffchreibt, was er darin wahrnehmen kann. Wenn er nun beides gegen einander hält, was er in beiden Häufern aufgezeichnet hat, fo wird es einerlei feyn, und die Häufer werden nicht zu unterfcheiden feyn."

2. Das Wort ähnlich fagt Lambert (Architectonik, §. 136.) ift aus den zwei Ableitungstheilchen an und lich zufammengefetzt, wovon erfteres ein Vorwort (Präpofition), daher ein localer Verhältnifsbegriff ift.

3. Der Begriff der Aehnlichkeit ift ein logifcher Vergleichungs- oder Verhältnifsbegriff (Reflexionsbegriff), durch welchen die allgemeinen Begriffe Gefchlechte und Arten gebildet werden.

4. Begriffe werden öfters nach Aehnlichkeiten gepaart (C. 92.), wenn nehmlich folche Begriffe zufammengeftellt werden, die gewiffe Befchaffenheiten mit einander gemein haben. So paarte Ariftoteles feine Categorien nach der Aehnlichkeit zufammen, dafs fie von allen Dingen gedacht werden müffen. Da er aber beim Sammlen derfelben nicht nach einem eigentlichen Princip, von dem fie vollftändig abgeleitet werden könnten, fondern blofs nach jener Aehnlichkeit verfuhr, fo bekam er Stammbegriffe und abgeleitete Begriffe des reinen Verftandes, *Modi* der reinen *Sinnlichkeit*, und fogar einen empirifchen Begriff unter feinen Titel der Categorien, und war überdem nicht ficher, ob es nicht noch mehr dergleichen gebe, die feiner Aufmerkfamkeit auf jene Aehnlichkeit etwa entgangen wären.

5. Vermittelft der Aehnlichkeit laffen fich die Dinge analogifch ordnen, denn Analogie heifst das Verhältnifs der Aehnlichkeit. S. Analogie.

6. Die Aehnlichkeit ift felbft ein Verhältnifsbegriff, denn es müffen wenigftens zwei Dinge mit einander verglichen werden, um ihn anzuwenden. Die Subftanzen find einander ähnlich durch ihre Accidenzen, und es kömmt nun darauf an, wie viel derfelben an beiden ei-

herlei find, und ob es wefentliche Stücke oder Modificationen find.

Aefthetik,

Sinnenlehre, Theorie der Sinnlichkeit, *Aefthetica*. Diefe Namen gebühren eigentlich der Wiffenfchaft von den Regeln der Sinnlichkeit überhaupt (C. 76.). Es läfst fich nehmlich ein Syftem aller Regeln denken, nach welchen wir durch finnliche Eindrücke Vorftellungen erhalten. In diefer Bedeutung ift das Wort Aefthetik fehr richtig zuerft von Kant und nach ihm von feinen Schülern gebraucht worden. Es ift griechifchen Urfprungs und bedeutet Sinnenlehre.

1. Diefe Wiffenfchaft hat Kant zuerft gänzlich von der Logik getrennt, da man bisher nur einen Theil derfelben, die Theorie des Schönen, unter dem Namen der Aefthetik vortrug, und die andern Theile derfelben zur Logik und Rhetorik fchlug, oder ganz vernachläffigte. Die Aefthetik und Logik enthalten beide die Regeln ganz verfchiedener Gemüthsfähigkeiten, die Aefthetik nehmlich die Regeln der Sinnlichkeit, die Logik die Regeln des Verftandes. Die Aefthetik zerfällt wieder in drei verfchiedene Wiffenfchaften, in zwei wirkliche Wiffenfchaften *a priori*, und eine empirifche Sinnenlehre. Die erftern heifsen die transfcendentale und die metaphyfifche, die letztere die empirifche oder pfychologifche Aefthetik.

2. Kant entdeckte nehmlich, dafs die Fähigkeit, Eindrücke von Gegenftänden zu erhalten, wodurch Vorftellungen in uns entftehen, oder die Sinnlichkeit, eine gewiffe urfprüngliche Befchaffenheit haben müffe, die in jedem Subject, das eine Sinnlichkeit habe, vor allen wirklichen Eindrücken vorhanden fei, wodurch die Eindrücke einer gewiffen Art eine ihnen allen anhängende Form erhalten; dafs hierdurch allein das Räthfel aufgelöfet werde, wie gewiffe finnliche Gegenftände gewiffe ihnen allen zukommende Eigenfchaften haben müffen; wie daher alles, was zur Natur gehört, es fei am

Himmel, oder auf der Erde, sogar gewiſſe Eigenſchaften haben müſſe, die wir vorher, ehe wir die Gegenſtände noch mit unſern Sinnen erreichen, mit Sicherheit von ihnen behaupten können, z. B. daſs wir behaupten können, ohne erſt den Verſuch anzuſtellen, ein Menſch, welcher in einer geraden Linie von Magdeburg nach Brandenburg gehe, werde eher hinkommen, als ein anderer, der mit gleicher Geſchwindigkeit in lauter Schlangenlinien dieſen Weg mache.

3. Kant muſste alſo nothwendig darauf fallen, zu unterſuchen (C. 35.), ob ſich die Kenntniſſe von dem Urſprung aller der ſinnlichen Vorſtellungen, die den Gegenſtänden nothwendig und allgemein, folglich *a priori*, anhängen, nicht vollſtändig und als Principien aller ſinnlichen Vorſtellungen (Anſchauungen) *a priori* vortragen, und als ſolche apodictiſch beweiſen lieſsen. Und das hat er in dem Theile der Critik der reinen Vernunft, welcher den Namen der transſcendentalen Aeſthetik führt (C. 31 -- 73), geleiſtet, wenigſtens die Idee dieſer Wiſſenſchaft genugthuend für die Ueberzeugung entworfen. Sie macht alſo einen Theil der Transſcendentalphiloſophie aus, oder der Wiſſenſchaften von dem Urſprung unſerer Vorſtellungen *a priori*, und zwar den erſten Theil der transſcendentalen Elementarlehre, oder desjenigen Haupttheils der Transſcendentalphiloſophie, welcher die Regeln der Wiſſenſchaft ſelbſt vorträgt (M. I. 38. C. 35.), im Gegenſatz gegen den zweiten Haupttheil, der Methodenlehre, welcher von der Methode handelt, den Regeln von dem Urſprung der Vorſtellungen *a priori*, zur Beförderung einer richtigen Erkenntniſs, Einfluſs zu verſchaffen.

4. In der transſcendentalen Aeſthetik wird alſo die Sinnlichkeit iſolirt, ſ. abſtrahiren, d. h. alles davon abgeſondert,

a) was der Verſtand durch Begriffe denkt;

b) was durch Eindrücke auf die Sinnlichkeit ein Gegenſtand unſrer Vorſtellung wird, und alſo zur Empfindung gehört, d. i. die Vorſtellung von einem ſinnlichen Eindruck in uns hervorbringt.

Dann bleibt nichts übrig als folche Vorftellungen, die ihren Grund in der unveränderlichen Befchaffenheit unferer Sinnlichkeit haben, und daher reine Anfchauungen heifsen. Diefe reinen Anfchauungen müffen alfo allen übrigen finnlichen Vorftellungen, fie mögen uns nun vermittelft der Werkzeuge der Sinne als in der Erfcheinung wirklich vorhanden, oder durch die Einbildungskraft erdichtet, vorgeftellt werden, als ihre Formen anhängen (M. I. 39. C. 36.).

5. Nun findet fich, bei diefer Unterfuchung, dafs es zwei folcher reinen Formen finnlicher Anfchauungen, als Principien der Erkenntnifs *a priori*, gebe, nehmlich Raum und Zeit, wodurch die transfcendentale Aefthetik in zwei Abfchnitte zerfällt, nehmlich in die Lehre vom Raum und von der Zeit, als Quellen der Anfchauungen *a priori*. In dem erften Abfchnitt wird gezeigt, wie Anfchauungen *a priori* entfpringen können, die für alle äufserlichen, finnlichen Anfchauungen *a pofteriori*, Nothwendigkeit und Allgemeinheit haben; in dem zweiten wird daffelbe für alle finnlichen Anfchauungen *a pofteriori* überhaupt gelehrt (M. I. 39. C. 36.).

6. In der transfcendentalen Aefthetik können aber auch nicht mehr als diefe zwei Elemente enthalten feyn; weil alle andere zur Sinnlichkeit gehörige Vorftellungen, felbft die der Bewegung, etwas Empirifches oder was nicht nothwendig und immer ift, vorausfetzen. Denn alles, was durch die Augen uns vorgeftellt wird, Licht und Farben, alles, was durch die Ohren uns vorgeftellt wird, Schall und Töne, ift für den Blinden und Tauben nicht mehr vorhanden, folglich zufällig und fubjectiv, oder kann bei jedem einzelnen Menfchen anders feyn. So lange aber noch irgend Anfchauungen, wäre es auch nur in der Phantafie, möglich find, müffen fie, auch von dem Blinden und Tauben, die äufsern im Raum, und alle in der Zeit, vorgeftellt werden (C. 58.).

7. Kant hängt der Lehre von diefen beiden Elementen der reinen Anfchauung noch einige allgemeine Anmerkungen an, die von der gröfsten Wichtigkeit find, wovon ich hier nur die erfte erläutern will,

weil sie die transscendentale Aesthetik überhaupt angehet, die übrigen drei werden in den Artikeln Erscheinung und Idealismus ihre Erläuterung finden (C. 59.).

8. Diese erste Anmerkung nun bestehet aus zwei Bemerkungen.

a) Die transscendentale Aesthetik lehrt: dafs alle unsere Anschauungen nichts als Vorstellungen von Erscheinungen sind. Dies ist Kants wahre Meinung über die Grundbeschaffenheit unserer Sinnlichkeit (M. I. 69.). Er behauptet damit, dafs die Dinge, die wir in Raum und Zeit anschauen, kurz alle Körper, nur Vorstellungen sind, die als Erscheinungen mit dem Raume und der Zeit, darin sie sich befinden, nur in uns, in unsern Vorstellungen, existiren (M. I. 70.). Denn ein Ding, das unabhängig von unserm Anschauungsvermögen vorhanden, oder was anders als Vorstellung wäre, könnte unmöglich im Raum und in der Zeit seyn, da diese allem, was uns in die Sinne fällt, nur durch die unabänderliche Beschaffenheit unserer Sinnlichkeit anhängen, und folglich, wenn z. B. der Raum wegfällt, auch die Möglichkeit der Ausdehnung, Undurchdringlichkeit u. s. w. kurz des ganzen sinnlichen Gegenstandes wegfällt.

9. Die Leibnitz-Wolfische Philosophie lehrt, dafs eine undeutliche, das ist, eine dunkele oder verworrene Vorstellung sinnlich (*repraesentatio sensitiva*) sei (Baumgartens Metaphys. §. 383.), dafs also die Sinnlichkeit das Vermögen verworrener Vorstellungen sei. Die sinnlichen Vorstellungen (*idées sensitives*) hingen von den einzelnen Theilen (*du détail*) der Figuren und Bewegungen der Dinge an sich ab, und drückten diese Figuren und Bewegungen genau aus, obwohl wir diese Zusammenhäufung von Merkmalen und Theilvorstellungen nicht mit Bewufstseyn auseinander setzen könnten, weil die Anzahl der mechanischen Wirkungen auf unsere Sinne zu grofs, und diese Wirkungen selbst zu klein wären (*Oeuvres philosophiques de Leibnitz par Raspe: Nouveaux Essais sur l'Entendem. humain Liv. IV. Ch. VI. p.* 368.). Allein das ist eine Verfälschung des Begriffs von Sinnlichkeit und von Erscheinung (*phantôme sensitif*), welche die ganze Lehre

derselben unnütz und leer macht. Der Unterschied zwischen einer undeutlichen und deutlichen Vorstellung ist blofs logisch (M. I. 71. C. 60.) und betrifft nicht den Inhalt; es kömmt dabei blofs darauf an, wie weit ich den Gebrauch der Erkenntnifsvermögen zur Auseinanderlegung (Analysirung) der Merkmale getrieben habe, oder treiben kann, welches die Logik lehrt, nicht aber auf die nothwendige Beschaffenheit der Dinge selbst, welches allein der Gegenstand der Metaphysik ist. Kant giebt das Beispiel des Begriffs eines Rechts. Der gesunde Verstand denkt sich unter demselben eben dasselbe, was die subtilste Speculation aus demselben entwickeln kann, nehmlich dafs wenn derselbe mit einer Handlung verbunden werden kann, sie mit einer Forderung verknüpft sei, die Jedermann, vermöge des ihm gebietenden Moralgesetzes, für gültig anerkennen und ihr genügen sollte. Allein im gemeinen und practischen Gebrauche ist man sich dieser mannichfaltigen Vorstellungen im Begriff eines Rechts nicht deutlich bewufst. Daraus folgt aber nicht, dafs dieser Begriff dann sinnlich sei, und eine blofse Erscheinung enthalte; denn das Recht kann gar nicht erscheinen, sondern der Begriff desselben liegt in der Vernunft, und stellet eine gewisse moralische Beschaffenheit der Handlung vor, nehmlich nicht die moralische Beschaffenheit derselben in Beziehung auf das handelnde Subject, denn diese heifst Pflicht, sondern diese Beschaffenheit in Beziehung auf das vernünftige Wesen, gegen das gehandelt wird, und das ist eine Beschaffenheit, die den Handlungen an ihnen selbst, und nicht in der blofsen Erscheinung, oder der in die Sinne fallenden That, zukommt. Dagegen enthält ein Körper in der Anschauung gar nichts, was einem Gegenstande an sich selbst zukommen könne, sondern blofs die Erscheinung von Etwas, und die Art, wie wir dadurch afficirt werden oder Eindrücke erhalten, und diese Fähigkeit, solche Eindrücke zu erhalten (Receptivität), heifst die Sinnlichkeit, und kann uns folglich die Erkenntnifs des Gegenstandes an sich selbst nicht liefern, wenn man auch die Erscheinung bis auf den Grund durchschauen möchte.

10. Die Leibnitz-Wolfische Philofophie hat daher allen Unterfuchungen über die Natur und den Urfprung unferer Erkenntniffe einen ganz unrichtigen Gefichtspunct angewiefen (M. I. 72. C. 61.). Sie betrachtet nehmlich, wie wir gefehen haben, den Unterfchied zwifchen dem Sinnlichen und Intellectuellen (durch den Verftand Erkannten) blofs als logifch, und fuchte ihn in dem Grade der Deutlichkeit der Vorftellungen. Allein diefer Unterfchied ift offenbar transfcendental, oder hängt von dem Urfprung der Vorftellungen *a priori*, und der darin liegenden Möglichkeit der finnlichen und Verftandes Gegenftände felbft, ab. Durch die Sinnlichkeit erkennen wir die Befchaffenheit der Dinge an fich felbft, wie fie nehmlich unabhängig von dem, was ihnen unfer Erkenntnifsvermögen leihet, feyn mögen, nicht blofs nicht deutlich, fondern gar nicht. Sobald wir nehmlich unfere fubjective Befchaffenheit, uns die Dinge in Zeit und Raum vorzuftellen, wegnehmen, fo ift das vorgeftellte Object, z. E. der Tifch, mit den Eigenfchaften, die ihm die finnliche Anfchauung beilegte, Ausdehnung, Undurchdringlichkeit, Geftalt, Gröfse, überall nirgend anzutreffen, ja kann nirgend anzutreffen feyn, denn es ift die fubjective Befchaffenheit des Subjects, welches die Vorftellung Tifch hat, wodurch derfelben die Form der Ausdehnung überhaupt, Raum, beigelegt wird, ohne welche weder Undurchdringlichkeit, noch Geftalt, noch Gröfse möglich ift. Und das heifst nun eben, diefer Tifch ift eine Erfcheinung, und nicht ein Ding an fich. S. An fich.

11. Es ift hier freilich noch ein Unterfchied merkbar. An einer jeden Anfchauung ift etwas zu finden, was ihr wefentlich anhängt, das für die Sinnlichkeit eines jeden Menfchen überhaupt gilt. An einer Anfchauung ift aber auch zuweilen etwas zu finden, was ihr nur zufälliger Weife zukömmt, was nicht von der Befchaffenheit der Sinnlichkeit überhaupt, fondern von der befondern Stellung oder Organifation der Sinnenwerkzeuge eines jeden Einzelnen (*Individui*) herrührt. Siehet man blofs auf diefen Unterfchied, fo pflegt man das Erkenntnifs des erftern eine folche zu nennen, die den Gegenftand an fich felbft vorftellt, die zweite aber nur die Erfchei-

nung deſſelben. Dieſer Unterſchied iſt aber nur empiriſch (M. I. 73.), oder betrifft nur einen Unterſchied in der Erfahrung, nicht aber den Unterſchied zwiſchen den Erfahrungsgegenſtänden (den Erſcheinungen überhaupt) und dem, was ſie an ſich ſelbſt mögen, wenn ihnen nichts von dem anhängt, was ihnen unſere Sinnlichkeit überhaupt leihet, welcher Unterſchied transſcendental heiſst. Bleibt man aber bei jenem empiriſchen Unterſchied ſtehen, (wie es gemeiniglich geſchiehet) und ſieht jene empiriſche Anſchauung, welche man in der Erfahrung das Ding an ſich, das wirkliche Ding nennt, nicht wiederum (wie es geſchehen ſollte) als die Vorſtellung von einer bloſsen Erſcheinung an, ſo daſs darin gar nichts, was irgend die Sache an ſich ſelbſt anginge, anzutreffen iſt, ſo iſt der transſcendentale Unterſchied verlohren, und wir glauben alsdann doch, Dinge an ſich zu erkennen, ob wir es gleich überall in der Sinnenwelt), ſelbſt bis zu der tiefſten Erforſchung der Gegenſtände, mit nichts weiter, als mit Erſcheinungen zu thun haben (C. 62.). S. Erſcheinung.

12. Die Anmerkung in 8. beſtehet ferner aus der Bemerkung:

b) Dieſe transſcendentale Aeſthetik iſt nicht bloſs ſcheinbare Hypotheſe, ſondern ununſtöfslich gewiſs (M. I. 74ſ. C. 63.). Denn die Wiſſenſchaften vom Raum und der Zeit, vermittelſt der Conſtructionen, die Geometrie und Chronometrie, und die Wiſſenſchaften, welche ihre Sätze nur durch Anſchauungen in der Zeit zu Stande bringen, Arithmetik und reine Mechanik, geben unumſtöfsliche Sätze, die für alle Erfahrungen gelten müſſen, und folglich nicht empiriſch ſeyn können, alſo in einem Anſchauungsvermögen *a priori* gegründet ſeyn müſſen, von dem eben die tansſc. Aeſthetik die Principien aufſtellt. S. objectiv.

13. Der Beſchluſs der transſcendentalen Aeſthetik (in Kants Critik der reinen Vernunft ſtellt nun das ganze Reſultat derſelben auf. Sie zeigt, daſs durch reine Anſchauungen *a priori*, Raum und Zeit, ſynthetiſche Sätze *a priori* möglich ſind, welches die Aufgabe der reinen Vernunft iſt, die durch

die Critik derselben soll gelöset werden. S. Anschauungen und Transcendentalphilosophie.

14. Die metaphysische Aesthetik könnte noch von der transcendentalen getrennt werden, und würde die Wissenschaft von den Regeln der Sinnlichkeit *a priori* seyn, im Gegensatz der transcendentalen, welche die Principien der Sinnlichkeit *a priori* vorträgt. Sie würde alle metaphysische Begriffe vom Raum und der Zeit hefassen und auf den einzigen empirischen Begriff einer empirischen Anschauung überhaupt anwenden, und z. B. die Lehre von den *Modis* des Raums und der Zeit, dem Ort, der Lage, der Dimension, der Beharrlichkeit, dem Vorherseyn und Nachherseyn, dem Zugleichseyn u. s. w. vortragen. Wir haben jetzt noch kein abgesondertes, vollständiges und ausführliches System dieser Wissenschaft, welches doch nöthig ist, um z. B. die abgeleiteten Begriffe des reinen Verstandes, oder die Prädicabilien vollständig zu finden, um das, was an einer Anschauung rein ist, von dem Empirischen an derselben abzusondern, u. s. w.

15. Die empirische Aesthetik ist die Wissenschaft von den Regeln der Sinnlichkeit *a posteriori*, und gehört zur Psychologie (s. Psychologie) oder Anthropologie (s. Anthropologie). Sie giebt die Kunst zu beobachten, zu erfahren u. s. w. und ist wie jede empirische Wissenschaft unerschöpflich, dahingegen die beiden angeführten Theile der rationalen Aesthetik vollständig ausgeführt werden können.

16. Die Deutschen sind die einzigen, welche sich vor Kant des Worts Aesthetik bedienten, um dadurch das zu bezeichnen, was andere Nationen Critik des Geschmacks nennen. Baumgarten hatte nehmlich die Hoffnung, daſs die Critik des Geschmacks auf Vernunftprincipien gebracht werden, und die Regeln desselben zur Wissenschaft erhoben werden könnten. Allein diese Bemühung ist vergeblich, weil das Schöne nicht durch die Vernunft erkannt, sondern durch den Geschmack gefühlt wird. S. Geschmack. Auch sind die Regeln oder Criterien des Schönen bloſs empirisch, denn man kann nicht *a priori* behaupten, daſs etwas schön seyn müsse. Daher ist es rathsam, die Cri-

tik des Geschmacks entweder nicht ferner Aesthetik zu nennen, und diese Benennung nur der Wissenschaft zu geben, welche wir rationale Aesthetik genannt haben, oder sie als einen Theil der empirischen Aesthetik zu betrachten, und Aesthetik des Schönen oder des Geschmacks zu nennen.

Kant. Critik der reinen Vernunft. Einleitung S. 29. — 30. Elementarlehre I. Th. S. 31 — 33. 36. 58 — 64. 73. II. Th. Transfc. Logik. Einl. S. 76.
Dess. Prolegom. §. 10 — 13. S. 52 — 71.
Baumgarten Metaphys. §. 383. 395.

Aesthetisch,

αισθητον. So heifst das Prädicat, welches das Verhältnis einer Vorstellung zur Sinnlichkeit angiebt; insbesondere aber zum Gefühl der Lust oder Unlust. S. den vorhergehenden Artikel. Ein Urtheil ist ästhetisch (M. II, 464. U. 23.) heifst z. B. das Gefühl des Subjects und kein Begriff vom Object ist sein Bestimmungsgrund. Das Wohlgefallen ist ästhetisch, wenn es aus der Sinnlichkeit entspringt, wie z. B. das am Schönen, im Gegensatz gegen das intellectuelle, welches seine Quelle lediglich in der Vernunft hat und daher selbst gewirkt ist. S. Achtung (M. II. 510.). Eine Idee ist ästhetisch, wenn sie sich auf eine Anschauung bezieht (M. II. 749, 2.), z. B. die Idee eines vollkommenen englischen Gartens. Die Deutlichkeit ist ästhetisch (C. Vorr. 12. der ersten Ausgabe) d. i. sinnlich, durch Beispiele und Gleichnisse hervorgebracht, welche die abgezogenen Vorstellungen und Urtheile anschauend machen; sie ist der logischen entgegengesetzt, welche durch Entwickelung der Begriffe entstehet.

Aeufsere.

S. Innere.

Affecten.

S. Leidenschaften.

Affectionspreis.

S. Preis.

Affectlosigkeit,

Apathie, Phlegma, ἀπάθεια, *phlegma (in significatu bono), apathie.* Diejenige Gemüthsbeschaffenheit, bei der das Gemüth keinen solchen stürmischen und unvorsetzlichen Gefühlen unterworfen ist, die seine Freiheit hemmen. Diese Beschaffenheit ist relativ, eine absolute Affectlosigkeit ist nicht in der Natur, sondern nur ein höherer Grad derselben.

1. Das **Phlegma** ist entweder natürlich, oder hängt vom freien Willen ab und ist erworben; in dem letztern Sinn ist es nicht eine Neigung zur Trägheit, sondern eine Festigkeit der Gemüthsfassung, wodurch es dem Anreitz zur Bewegung des Gemüths widerstehet. Eine solche Affectlosigkeit zeigt eine starke Seele an, bestehet aber nicht darin, dass ein Mensch mit sich spielen läst, wie man will. Diese Affectlosigkeit eines seinen Grundsätzen nachdrücklich nachgehenden Gemüths ist, und zwar auf eine vorzügliche Art, erhaben, weil sie zugleich das Wohlgefallen der reinen Vernunft an dem Widerstande gegen das Interesse der Sinne auf ihrer Seite hat. Orientalische Völker, z. B. die Chinesen, sind ohne Affecten. Zorn, Erbitterung, grimmige Entrüstung ist unter den Chinesen selten, besonders unter dem gemeinen Mann. Heftig ist der Chinese nie, nicht etwa von Natur, sondern weil er von Kindheit an dazu gewöhnt wird, sich zu beherrschen und zu mäsigen. Sie scheinen daher langsam, kalt und phlegmatisch zu seyn, aber es fehlt ihnen nicht an Munterkeit und natürlichem Feuer. So beschreibt sie du Halde (Beschreibung des chinesischen Reichs und der grossen Tartarei). Sie hören die bittersten Vorwürfe mit der grössten Gelassenheit an, und entrüsten sich nicht, wenn ihr Gegner auch noch so zornig ist. Sie verabscheuen sogar jedes Wort, ja jede Miene, die etwa von Zorn zeugen könnte.

2. Die **Stoiker** hielten viel auf diese **Apathie**, und sahen sie für das wahre Criterium des Weisen an. Das Fundament derselben war die Behauptung, dass nicht die äussern Dinge, oder sogenannte Güter dieses Lebens,

sondern allein die Tugend den Menschen glücklich machen, und dafs ihm folglich die erstern gleichgültig seyn müfsten. Man kann hiervon den Artikel höchstes Gut nachsehen.

3. Bei den Stoikern waren Affectlosigkeit und Weisheit identische Ideen. Diese Weisheit wurde also auch in absoluter Bedeutung genommen, als eine Weisheit, die unter den Menschen, in ihrer Vollkommenheit, nicht zu finden ist. Die Stoiker unterschieden aber viererlei beim Affect:

a) die durch ein Object auf das Gemüth gewirkte unwillkührliche Rührung (ἰοτη, *propensio, motus non voluntarius, ictus, pulsus*);

b) die unwillkührliche Begierde nach dem Object (λιξις, *cessio*);

c) die willkührliche Begierde nach demselben (συγκαταθεσις, *consensio*);

d) den eigentlichen Affect (ὁρμη, *incitatio, impetus*).

Die drei ersten Momente sahen sie nicht für etwas Sittliches an, nur das letzte Moment tadelten sie, als etwas unmoralisches, und verlangten von ihrem Weisen, dafs er ihn unterdrücken müsse. Die Stoiker unterschieden zweierlei Affectlosigkeit:

a) die des Weisen, der sich von seinen Rührungen und Begierden nicht hinreifsen läfst, und

b) die des Thoren, der keine Rührung und Begierde hat*), welches wir Fühllosigkeit nennen.

Die letztere hielten indessen Stilpo, Pyrrho, Diogenes der Cyniker, Heraklit und Timon für die eigentliche sittliche Affectlosigkeit. Hieraus erhellet, dafs die Affectlosigkeit der Stoiker im Grunde nicht viel verschieden war von der Affectmäfsigung, oder Metriopathie der Peripatetiker **).

---

*) Seneca sagt (*Epist. IX.*) *Noster sapiens vincit quidem incommodum omne, sed sentit; illorum ne sentit quidem.*

**) Τον σοφον μετριοπαθη μεν ειναι, απαθη δε ουκ ειναι sagen Pythagoras, Plato und Aristoteles. Das ist die Meinung des Augustinus (*de Civ. IX. cap. IV.*): *Aut nihil, aut pene nihil distat inter Stoicorum aliorumque philosophorum opinionem de passionibus et pertur-*

4. Die Ariſtoteliker lehrten nehmlich, daſs die Affecten nicht moraliſch wären, ſondern nur gemäſsigt werden müſsten.

Eine Affectloſigkeit dieſer Art iſt edel, d. i. erregt Bewunderung.

>Kant. Crit. der Urth. I. Th. §. 29. Allgem. Anm. S. 121.
>J. Lipſii manuductionis ad Stoicam philoſophiam lib. III. Diſſ. VIII. p. 151.

Afficirt

werden, ἀλλοιοῦσθαι, affici, heiſst, eine Einwirkung auf das Gemüth l e i d e n, wodurch ein Eindruck entſpringt, der den Stoff zur Vorſtellung eines Gegenſtandes giebt. Ohne ein ſolches a f f i c i r t werden kann ſich das Gemüth nur mit Vorſtellungen beſchäftigen, die es durch ehemalige Eindrücke erhalten hat, oder die bei Gelegenheit derſelben entſprungen ſind. Ohne ſolche Eindrücke können wir nicht einmal zum Bewuſsſeyn der Vorſtellungen *a priori* gelangen, und diejenigen, deren wir uns ſchon bewuſt ſind, ſind ohne dieſe Eindrücke leer, ohne Stoff, der den Vorſtellungen *a priori*, die nur Formen der empiriſchen Vorſtellungen ſind, einen Inhalt gäbe. Alle empiriſchen Vorſtellungen ſetzen ein ſolches a f f i c i r t worden ſeyn voraus, d. h. es iſt etwas in ihnen vorhanden, was nicht aus dem Gemüth ſelbſt entſpringt, und welches wir daher, der Beſchaffenheit unſers Gemüths gemäſs, auf eine uns unbekannte Urſache auſser dem Gemüth beziehen müſſen,

---

hationibus animorum. Vtrique enim mentem rationemque Sapientis ob earum dominatione defendunt. Et ideo fortaſſe dicunt eas in ſapientem non cadere Stoici: quia nequaquam eius ſapientiam, qua utique ſapiens eſt, ullo errore obnubilant, aut labe ſubuertunt. Accidunt autem animo, ſalva ſerenitate ſapientiae, propter ea quae commoda vel incommoda appellant. Wahrſcheinlich ſprachen die Stoiker zuweilen von dem Weiſen, als Ideal, wie wir uns Gott denken müſſen, und behaupteten dann von ihm eine a b ſ o l u t e Affectloſigkeit; zuweilen aber von dem Weiſen in der Erfahrung, wie er unter Menſchen möglich ſei, und verwarſen dann bloſs jenen eigentlichen Affect (3, d.) und nannten dieſe Beherrſchung ſeiner ſelbſt A f f e c t l o ſ i g k e i t. Cicero behauptet ſchon (*De Finib. lib. III. et IV.*) daſs die Stoiker mehr in den Worten als in den Sachen von den Platonikern und Peripatetikern verſchieden geweſen wären.

welches man das Ding an sich, s. An sich, nennt.
Daraus folgt aber noch nicht, dafs es ein solches Ding
an sich gebe, sondern diese Beziehung ist blofs die Folge davon, dafs wir, der Beschaffenheit unsers Verstandes
gemäfs, alles, und also auch den Stoff der empirischen Vorstellungen, für eine Wirkung erkennen müssen, wodurch
folglich auf eine Ursache hingewiesen wird. Dieser Stoff
ist nehmlich gegeben, er ist nicht Wirkung des
Gemüths; er ist ein Eindruck auf das Gemüth (Empfindung), das Gemüth ist afficirt worden, find alles gleich bedeutende Ausdrücke.

2. Wir finden den Ausdruck afficirt werden
schon von Cudworth (*de aeternis iusti et honesti notionibus. lib. III. c. I. §. II.*) in der nehmlichen Bedeutung gebraucht. „Darin stimmen alle überein, sagt er *),
dafs diejenigen, welche empfinden, nicht selbst wirken,
sondern leiden, oder dafs die Empfindung ein Leiden
sei. Kein Vernünftiger zweifelt nehmlich daran, dafs
bei jeder Empfindung der Körper desjenigen, welcher empfindet, afficirt werde und etwas leide." Kant redet nur
nicht davon, dafs der Körper afficirt werde, denn das
ist eine Erfahrung, sondern davon, dafs das Gemüth
eine Einwirkung leide, wodurch es erst möglich wird,
dafs wir sinnliche Gegenstände wahrnehmen; weil sonst
keine Vorstellung von einem Erfahrungsgegenstande entstehen, sondern das Gemüth die Gegenstände aus sich
selbst hervorbringen, und sich also eine Welt nach Belieben müfste schaffen können.

Kant. Critik der rein. Vern. Element. I. Th. §. I.
S. 34.

Affinität,

(logische oder analytische) Verwandtschaft,
affinitas, connexion des espeçes. So heifst diejenige Eigenschaft der Begriffe, dafs sie gewisse Merkmale mit andern Begriffen gemein haben, oder einander

---

*) *Principio igitur inter omnes convenit, eos, qui sentiunt, non agere, verum perpeti, aut sensum perpessionem esse. Primum nemo sanus dubitat, in omni sensu corpus eius, qui sentit, affici atque perpeti aliquid.*

ähnlich find; dafs gewiffe Merkmale des reinen Begriffs mit gewiffen Merkmalen des andern Begriffs einerlei (identisch) find. S. Aehnlichkeit. Der Begriff der Laugenfalze ift z. B. der, dafs fie Salze find, welche einen fcharfen, brennenden, urinöfen, aber nicht fauern Gefchmack haben, aus den Säuern die darin aufgelöfeten Materien niederfchlagen, den Veilchenfyrup grün färben u. f. w. Der Begriff der Kalkerden ift, dafs fie diejenigen Erden find, welche im natürlichen Zuftande mit allen Säuren braufen, durch die Wirkung des Feuers aber die Kennzeichen des lebendigen Kalks annehmen. Die Laugenfalze und Kalkerden haben aber in ihren Begriffen ein gemeinfchäftliches Merkmal, wodurch fie folglich mit einander verwandt find, oder in Affinität ftehen, nehmlich, dafs fie beide abforbiren, oder fich mit Säuern zu verbinden im Stande find.

A. Es giebt nun in der Vernunft ein logifches Gefetz der Affinität aller Begriffe (G. 685.), nehmlich dafs die Verwandtfchaft zweier Begriffe, wäre fie auch noch fo nahe, fo lange beide nicht identifch find, nie von der Art ift, dafs fich nicht noch eine nähere denken liefse. Beide können alfo fo gedacht werden, dafs fie mit andern Begriffen in noch näherer Verwandtfchaft ftehen, als unter fich, oder noch weniger von ihnen unterfchieden find, als von einander. Diefes Gefetz gebietet alfo einen continuirlichen Uebergang von einer jeden Art zu jeder andern durch ftufenweifes Wachsthum der Verfchiedenheit, d. h. der Uebergang gefchieht nicht durch Sprünge (f. Abfprung), fondern durch einen Uebergang nach dem Gefetz der Continuität, nach welchen zwifchen zwei Begriffen immer noch ein Begriff in der Mitte liegt, der mit beiden näher verwandt ift, als beide unter fich verwandt find.

2. Kant nennt diefes Gefetz auch das Gefetz der Continuität der Formen, nehmlich der logifchen Formen, worunter die Logiker die Arten verftehen *).

───────────────

*) Cicero Top. 7. Formae funt, quas Graeci ἰδέας vocant, noftri, fi qui haec forte tractant, species appellant — utroque verbo idem figni-

S. Form. Dieses Gesetz entspringt eigentlich aus der Vereinigung zweier anderen logischen Gesetze.

1. Man muſs die Anfänge nicht ohne Noth vervielfältigen. Es läſst sich denken, daſs zwei noch so heterogene (ungleichartige) Begriffe immer noch etwas mit einander gemein haben werden, welches der höhere Begriff ist, unter welchem sie beide stehen, und vermittelst dessen sie homogen oder gleichartig sind. Dies heiſst daher das Gesetz der Homogeneität. S. Homogeneität.

2. Man muſs die Arten nicht ohne Noth auf eine zu kleine Anzahl herabsetzen. Es giebt keinen Begriff, der nicht weiter als ein solcher angesehen werden könnte, unter dem noch andere Arten stehen. Wenn daher ein Begriff auch noch so zusammengesetzt ist, so läſst sich doch denken, daſs er noch wieder mit andern Merkmalen verbunden werden könne, so daſs Arten, die unter ihm stehen, entspringen. Dies heiſst das Gesetz der Specification oder der Verschiedenheit.

Durch das erstere Gesetz steigt man zu höheren Gattungen hinauf, durch das letztere zu niedern Arten hinunter. Stellt man sich nun die Idee der Vollendung des systematischen Zusammenhangs der Begriffe nach beiden Gesetzen vor; dann sind alle Begriffe mit einander verwandt, weil sie alle insgesammt, sie mögen durch noch so viele Merkmale logisch bestimmt worden seyn, dennoch nur von einer einzigen obersten Gattung abstammen. In dem ganzen Umfange dieses systematischen Zusammenhanges aller möglichen Begriffe giebt es folglich keine leere Stelle, die nicht ein Begriff einnähme (C. 687.). Wir können uns diesen Zusammenhang etwa unter folgendem Bilde vorstellen:

---

ficatur — Formae igitur sunt hae, in quas genus, sine ullius praetermissione, dividitur, ut si quis ius in legem, morem, aequitatem dividat.

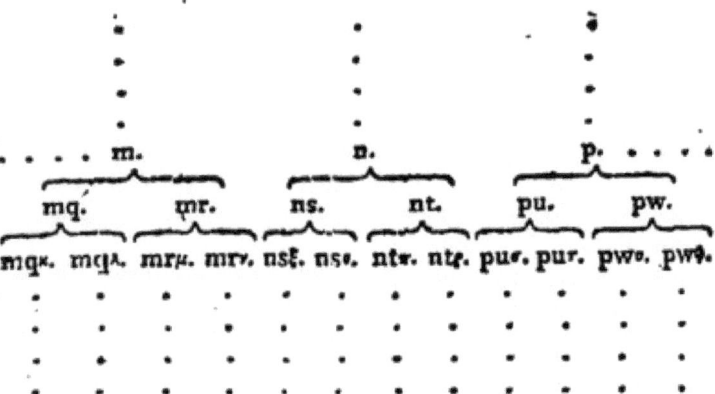

Diese einzelnen und mit einander verbundenen Buchstaben machen zusammen, so wie sie hier dargestellt sind, ein Feld des ganzen systematischen Zusammenhanges aller möglichen Begriffe aus. Jeder einzelne Buchstabe sei ein Begriff, der andre unter sich hat, welche zusammengesetzter sind, und daher hier aus mehreren Buchstaben bestehen. Der Begriff pwφ z. B. ist verwandt mit dem Begriff mrμ, dies fällt zwar nicht sogleich in die Augen, denn in den beiden Begriffen ist, dem ersten Anschein nach, kein gemeinschaftlicher Begriff; allein nach dem Gesetz der Homogeneität haben die Begriffe m und p, wenn man sie in ihre Merkmale auflöset (analysirt), gewiss ein gemeinschaftliches Merkmal; m hat z. B. etwa die Merkmale oder bestehet aus den einfachen Begriffen c, d und e, und p aus c, f und g, folglich sind pwφ und mrμ mit einander verwandt durch den Begriff c, welcher sowohl ein Merkmal von m, als auch von p ist. Aber näher als mrμ ist nsξ mit pwφ verwandt, wenn n die Merkmale c, f und h hat; noch näher endlich ist pwυ mit pwφ verwandt, und noch näher pwφx mit pwφy u. s. w., und so läfst sich zwischen zwei Begriffen keine Stelle denken, in die sich nicht ein Begriff setzen liefse, welcher mit einem von beiden noch näher verwandt wäre, als beide unter sich. Es läfst sich aber auch nicht aufser dem Umfange aller möglichen Begriffe etwas denken, was mit ihnen allen gar nicht verwandt wäre. Dieses giebt daher nach dem Gesetz der Homogeneität, von den zusammengesetzten Begriffen pwϕ und mrμ hinauf zu den einfachern m und p, wodurch alle Begriffe unter einen Gesichtspunct gebracht werden, oder nach dem Gesetz der Specification von den einfachen m, n und p hinab zu den zusammengesetztern mqx, mqλ, mrμ u. s. w., wodurch alle Begriffe durchgängig eingetheilt werden, einen logischen Grundsatz, der so heisst: es giebt nicht verschiedene ursprüngliche und erste Gattungen, die gleichsam isolirt (s. absondern) und von einander (durch einen leeren Zwischenraum) getrennt wären, sondern alle mannichfaltige Gattungen sind nur Abtheilungen einer einzigen obersten allgemeinen Gattung (*non datur vacuum formarum, il n'y a point de vuide dans les formes* *)). Die Begriffe m, n, p sind keineswegs die obersten, gesetzt, dafs wir auch in der Erfahrung mit unserm Denken nicht weiter kommen könnten; denn auch m mufs noch mit n und p verwandt seyn, und daher mit ihnen unter höhere Gattungen gebracht werden können, bis wir auf einen einzigen obersten Begriff kommen, von dem alle übrigen abgeleitet werden können. Daraus folgt nun ferner unmittelbar der logische Grundsatz der Affinität: Alle Verschiedenheiten der Arten grenzen an einander und erlauben keinen Uebergang zu einander durch einen Sprung, sondern nur durch alle kleinere Grade des Unterschiedes, dadurch man von einer zu der andern gelangen kann (*datur continuum formarum*) (M. l. 811.). Die Begriffe pwϕx und pwϕy sind Unterarten von der Art pwϕ, also sehr nahe mit einander verwandt, und viel näher als pwυ und pwϕ, aber die Vernunft kann sich doch noch Arten denken, die zwischen pwϕx und pwϕy in der Mitte stehen, z. B. pwϕz, so dafs x aus dem Begriff ξ, z aus ζη und y aus η bestände, dann ist offenbar pwϕz oder pwϕζη näher verwandt mit pwϕx d. i. pwϕζ als pwϕy d. i. pwϕη, und so fort.

---

*) *Leibnitz: Nouveau essais sur l'entendement humain. lib. IV. ch. XVI. ed. d. Raspe.*

3. Dieses Gesetz der Affinität hat also eigentlich den Nutzen, dass es die Gesetze der Homogeneität und Specification, indem es durch einen stufenartigen Uebergang eine Art von Verwandtschaft der verschiedenen Zweige erzeugt, insofern sie insgesammt aus einem Stamm entsprossen sind, mit einander verbindet. Die Arten mq' und mr' sind beide aus dem Begriff m entsprossen, also verschiedene Zweige dieses Stammes, und bei aller Mannichfaltigkeit der aus diesem Stamm entsprossenen Begriffe; sind sie dennoch alle homogen, oder gleichartig, und es giebt unter allen aus diesem Stammbegriff entsprungenen Arten dennoch nicht zwei Species oder Arten, die so nahe mit einander verwandt wären, dass nicht eine noch nähere Verwandtschaft, und der Uebergang von einer zur andern allein durch einen Sprung sich denken liessen (M. I. 811. C. 688.).

4. Dieses logische Gesetz der Affinität (*continui specierum s. formarum logicarum*) wäre aber umsonst, wenn es in der Erfahrung ganz anders wäre. Daher könnte ein logisches Gesetz nicht möglich seyn, wenn nicht auch der Verstand wirklich durch ein solches Gesetz Einheit in den gegebenen Stoff der Anschauung zu einer möglichen Erfahrung brächte. Es muss daher wirklich für den menschlichen Verstand unmöglich seyn, anders, als nach diesem Gesetz, den vermittelst der Sinnlichkeit gegebenen Stoff zu einem Ganzen der Erfahrung mit einander zu verbinden. Das logische Gesetz der Affinität setzt daher auch ein transscendentales Gesetz der Affinität (*lex continui in natura*) voraus, so dass wir nicht nur logisch so denken, sondern dieses auch in der Natur so finden müssen, weil die Natur nichts anders ist, denn der durch die Verstandesgesetze zu einer Erkenntnifs verbundene Stoff der Sinnlichkeit. Gäbe es aber nicht ein solches transscendentales Gesetz der Affinität, so würde der Verstand durch jenes logische Gesetz, in seinem Gebrauch zur Erkenntnifs der Natur, nur irre geleitet werden, und würde vielleicht einen Weg nehmen, der dem Wege, welchen die Natur nimmt, ganz entgegengesetzt seyn möchte. Dieses Gesetz muss also auf einem transscendentalen Grunde beruhen, oder aus dem Erkenntnifsvermögen selbst entspringen, aber

nicht auf empirifchen Gründen, d. i. uns etwa durch die Erfahrung aufgedrungen werden, weil es fonft fpäter kommen würde, als die Syfteme. Nun ift aber die Natur unerfchöpflich, und wir würden daher nie zu einem Syftem, oder zu einem Zufammenhang der Naturdinge, nach dem Zufammenhange unfrer Begriffe von ihnen kommen, wenn wir das Gefetz der Affinität von den Naturdingen abftrahirten (f. abfondern). So aber trieb nicht die Natur, fondern der Verftand den Linné dazu an, ein Syftem der Pflanzen aufzuführen, und diefe nach Verwandtfchaften zu ordnen, und fo Einheit in die Pflanzenkunde zu bringen. Das Gefetz der Affinität ift alfo nicht etwa eine blofse Hypothefe, welche die Abficht hat, dafs wir durch Verfuche zufehen follen, wie weit wir durch einen gewiffen Begriff, z. B. Linné durch die Gefchlechtstheile der Pflanzen, in der Zufammenordnung der Naturdinge ausreichen; obwohl auch nicht zu leugnen ift, dafs, wenn wir es in diefer Zufammenordnung weit bringen, diefes ein mächtiger Grund ift, die hypothetifch ausgedachte Einheit, die wir durch jenen Begriff (z. B. der Gefchlechtstheile der Pflanzen) in die Sammlung der Naturdinge hineinbringen, für gegründet zu halten. Und auch in diefer Abficht hat das Gefetz der Affinität feinen Nutzen. Eigentlich aber fetzt das Gefetz der Affinität voraus, dafs es vernunftmäfsig fei und der Natur angemeffen, zu behaupten, dafs alle Glieder der Natur mit einander in Verwandtfchaft ftehen (C. 688). Man fiehet aber leicht ein, dafs diefe Continuität der Formen, oder das erklärte Gefetz der Affinität, einen Fortgang ohne Ende gebietet, alfo in der Erfahrung nicht vollkommen zu finden fei, weil ja fonft das Ende erreicht wäre, und es zwei Dinge gäbe, die näher als alle übrigen verwandt wären, welches dem Gefetz der Continuität der Formen, oder der Affinität widerfpricht. Ein folcher Begriff aber, dem kein Gegenftand in der Erfahrung wirklich congruirt, oder vollkommen ähnlich und gleich ift, ift ein Vernunftbegriff, weil die Vernunft zu jedem Fortfchritt, den der Verftand gebietet, die Vollendung fucht, welche hier in dem Begriff der vollkommenften Affinität, oder Continuität der Formen gedacht wird. Ein folcher Vernunftbegriff, in welchem die in der Erfahrung nicht mögliche Vollendung einer Reihe, oder eines beftändigen Fortfchreitens gedacht wird, heifst eine Idee. In der Natur find nehmlich die Species oder Arten wirklich abgetheilt, fie hängen nicht zufammen wie die Theile einer geraden Linie, fie müffen daher ein *quantum difcretum*, d. h. von einander abgefonderte Gröfsen, ausmachen. Wenn das nicht wäre, und der ftufenartige Fortgang in der Verwandtfchaft fo continuirlich wäre, oder fo an einander hinge, wie die Theile einer geraden Linie; fo gäbe es auch eben fo eine wahre Unendlichkeit der Zwifchenglieder, wie zwifchen zwei Puncten in einer geraden Linie immer wieder eine Linie liegt, und das ins Unendliche, fo lange die Puncte nicht auf einander fallen, welches aber bei den Arten unmöglich ift. Allein der Hauptgrund, woraus erhellet, dafs das Gefetz der Affinität eine blofse Idee ift, liegt darin, dafs in demfelben kein Merkmal angegeben wird, wann die vollkommenfte Affinität erreicht ift, wie weit wir alfo gehen follen, um die geringfte Verfchiedenheit zwifchen zwei Dingen zu finden. Folglich können wir diefes Gefetz in der Erfahrung nicht beftimmt gebrauchen, fondern es fagt uns nur im Allgemeinen, dafs wir das Suchen der Affinität immer fortzufetzen haben (M. L. 813, O. 689.).

5. Die Vernunft gehet nehmlich nicht unmittelbar auf die Erfahrung, fondern fie fetzt Verftandeserkenntniffe voraus, durch die fchon Einheit in die Erfahrung gebracht ift. Die Vernunft bringt aber wieder Einheit in die Verftandeserkenntniffe, um damit dem ganzen Gefchäft der Erkenntnifs Vollendung zu geben, dazu braucht fie nun ihre Ideen, und bringt dadurch eine Einheit der Verftandeserkenntniffe hervor, die viel weiter gehet, als Erfahrung reichen kann. Nicht aber blofs über die Dinge, fondern auch über ihre Eigenfchaften und Kräfte erftreckt fich das Gefetz der Affinität. Bei aller Verfchiedenheit derfelben müffen fie dennoch alle unter einem Princip, oder oberften Begriff (f. Anfang) ftehen, und nach demfelben mit einander verwandt feyn. Die Alten fanden z. B. durch eine noch rohe, nicht genug berichtigte,

Erfahrung, die Planeten bewegten sich in Kreisen um die Sonne. Die neuern Astronomen fanden aber nach und nach, durch weitere Erfahrungen, daſs sie von dieser kreisförmigen Laufbahn abweichen. Sie vermutheten daher, daſs auch diese Abweichung durch eine Kraft verursacht werde, die sie regelmäſsig macht, so daſs auch sie nach einem beständigen Gesetz alle unendlichen Zwischengrade der Abweichungen durchlaufen. Sie fielen daher darauf, daſs die Planeten, weil sie sich nicht in Kreisen bewegen, sich vielleicht in solchen in sich selbst zusammenlaufenden Linien bewegen möchten, die dem Kreise am nächsten kommen. Diese Linien nennt man Ellipsen, welche nehmlich die Eigenschaft haben, daſs nicht wie bei dem Kreise ein gewisser Punct c (Fig. III und IV) innerhalb von allen Puncten der in sich laufenden Linie gleichweit entfernt ist, sondern daſs zwei Puncte (A und B) innerhalb der krummen Linie sich befinden, deren Entfernung von jedem Punct des Umkreises zusammen einander gleich sind, nehmlich die Linie AD und BD zusammen so lang als die Linie AE und BE. Diese Puncte heiſsen die Brennpuncte der Ellipse. Die Cometen weichen aber, wie die Erfahrung lehrt, auch von der Ellipse ab, da sie, so weit die Beobachtung der Astronomen reicht, nicht einmal immer zurückkehren. Hevel vermuthet daher, daſs sie wohl eine Laufbahn haben möchten, die wieder der Ellipse am nächsten kommt. Eine solche Laufbahn ist diejenige krumme Linie, die man eine Parabel nennt, (Fig. V), welche die Eigenschaft hat, daſs ihre beiden Brennpuncte nicht, wie bei dem Kreise, auf einander fallen, und daher nur einen einzigen ausmachen, auch nicht wie bei der Ellipse in einer bestimmten Entfernung von einander liegen, sondern unendlich weit von einander abstehen, so daſs also der eine nie erreicht wird, und daher eigentlich wieder nur ein einziger Brennpunct vorhanden ist, und die krumme Linie nach der Seite des unendlichen Brennpuncts zu sich nicht schlieſst, weil sie sonst um den unendlichen Brennpunct herum kommen, d. h. über das Unendliche heraus gehen müſste, welches sich widerspricht. Wenn wir uns nun eine Ellipse vorstellen, deren Brennpuncte sehr weit von einander entfernt sind, so ist die gerade Linie, welche durch die beiden Brennpuncte gehet, und welche die grofse Axe heifst, sehr weit gestreckt, und der parabolische Lauf des Cometen kann von dem elliptischen, wenn die grofse Axe der Ellipse (die Linie FG) sehr lang angenommen wird, in allen Beobachtungen nicht unterschieden werden. So kommen wir also, nach Anleitung der Principien der Homogeneität, Specification und Affinität, auf Einheit der Gattungen der Bahnen der Wandelsterne (Planeten und Cometen) in ihrer Gestalt. Wir hatten

1) die krumme Linie, deren beide Brennpuncte auf einander fallen, oder den Zirkel (Fig. III);

2) die krumme Linie, deren beide Brennpuncte eine bestimmte Entfernung von einander haben, welche durch alle Gröfsen derselben durchgehen kann, oder die Ellipse (Fig. IV);

3) die krumme Linie, deren beide Brennpuncte unendlich weit von einander entfernt sind, oder die Parabel (Fig. V).

Der Zirkel und die Parabel sind also eigentlich die beiden äufsersten Grenzen der Ellipse, wenn man sie nach der Entfernung ihrer beiden Brennpuncte von einander bestimmt. Und folglich machen alle drei krumme Linien eine und dieselbe Gattung aus, nehmlich derjenigen krummen Linien, deren Puncte durch zwei Puncte innerhalb derselben vollkommen bestimmt sind. Durch diese Einheit in den Gestalten der Bahnen kommen wir nun weiter auf die Einheit der Ursache aller Gesetze, nach welchen sich die Wandelsterne in diesen Bahnen bewegen, nehmlich, dafs diese grofsen Weltkörper sich wechselseitig so einander anziehen, dafs derjenige, welcher zweimal, dreimal u. s. w. so viel Masse hat, als ein andrer, die andern Körper auch zweimal, dreimal so stark anziehet, und wenn sie 2, 3, 4 mal so weit entfernt sind, 2 mal 2 oder 4 mal, 3 mal 3 oder 9 mal, 4 mal 4 oder 16 mal weniger anziehen, welches die Gravitation heifst. Wenn nehmlich ein Wandelstern während seiner Bewegung, durch irgend eine Kraft, wie die anziehende Kraft der Sonne, welche in dem einen Brennpunct ihrer Ellipse stehet, nach ihr zu gezogen wird, so verliert er nicht ganz, sondern nur zum Theil die Richtung, die er vorher hatte, und da das in jedem Augenblick geschiehet, so wird die Bewegung krummlinigt, nehmlich elliptisch. Der Verstand gehet aber noch weiter. Die Planeten und Cometen weichen ab von ihren regelmäfsigen Bahnen, hieraus entstehen Varietäten oder Verschiedenheiten der Bahnen selbst und auch Regellosigkeiten derselben, die aber wieder auf Regeln gebracht werden, indem der Einflufs benachbarter Weltkörper, vermittelst ihrer anziehenden Kraft, auf die Planeten und Cometen in ihren Bewegungen um die Sonne, also dasselbe Princip der Gravitation, uns diese scheinbaren Abweichungen erklärt.

Endlich gehet der menschliche Verstand noch weiter, und denkt sich sogar solche Cometenbahnen, welche die Erfahrung niemals bestätigen kann. Mit der Parabel ist nehmlich noch eine krumme Linie verwandt, deren Brennpuncte nicht nur unendlich weit von einander sind, sondern sogar in entgegengesetzter Richtung liegen, so dafs die krumme Linie nicht nur, wie bei der Parabel, sie nicht einschliefst, sondern sogar beide Krümmungen, welche die Brennpuncte bei der Ellipse einschliefsen, sich einander ihre erhabene Seite zukehren Fig. VI. Hierdurch entstehet die Beschaffenheit der krummen Linie, dafs sich ihre Zweige von der Parallelität mit der Axe immer weiter entfernen, dahingegen die Zweige der Parabel sich dem mit der Axe parallelen Laufe immer mehr nähern. So würden also Cometen, die eine hyperbolische Laufbahn hätten, und durch keine andern Kräfte aus derselben herausgezogen würden, unsere Sonne gänzlich verlassen, und endlich nach einem andern Sonnensystem kommen, und so von Sonnen zu Sonnen wandern. Diese Cometen wären also diejenigen Körper, durch deren Laufbahnen die entferntern Sonnensysteme eines Weltsystems, für das wir uns keine Grenzen denken können, vermittelst einer und derselben bewegenden Kraft, nehmlich der Gravitation, zusammenhängen würden (C. 690.).

6. Bei dem Princip der Affinität, wie bei den andern beiden angeführten Principien ist nun etwas besonders merkwürdig, und in der Transcendentalphilosophie allein wichtig, was wir hier noch auseinander setzen wollen. Das Princip scheint transcendental oder ein Naturgesetz *a priori* zu seyn, aus welchem Bestimmungen *a priori* für die Erfahrungen abgeleitet werden können. Es enthält zwar blofs die Idee einer Annäherung ohne Ende zur nöthigen Identität zweier Begriffe, damit man im empirischen Gebrauch nie der Meinung sei, man habe die allernächste Verwandtschaft zwischen zwei Begriffen schon erreicht. Man nennt in der Mathematik eine Linie, der sich eine andere immer mehr nähert, aber doch nach einem solchen Gesetz, dafs sie dieselbe nie vollkommen erreicht, eine Asymptote. So kann man also sagen, dafs der empirische Gebrauch der Vernunft der Vernunftidee gleichsam asymptotisch folgen kann, d. i. so, dafs man in der Erfahrung z. B. zu immer näher und näher verwandten Begriffen kommt, aber nie die nächste Verwandtschaft erreicht. Der Grundsatz der Affinität, dafs alle Verschiedenheiten der Arten an einander grenzen, und keinen Uebergang zu einander durch einen Sprung, sondern nur durch alle kleinern Grade des Unterschiedes erlauben, ist ein synthetischer Satz *a priori*. Er ist *a priori*, weil er von allen Verschiedenheiten der Arten gilt, und also die Unmöglichkeit des Gegentheils ansagt, folglich die Kennzeichen der Allgemeinheit und Nothwendigkeit hat. Er ist synthetisch, denn wenn man auch den Begriff der Verschiedenheiten der Arten noch so viel analysirt, so wird man doch den Begriff der Continuität der Arten nicht darin finden. Nun kann aber ein synthetischer Satz *a priori* nicht blofs subjectiv, für diese oder jene Menschen gelten, sondern mufs objectiv, für Jedermann Gültigkeit haben, und zu einer Regel dienen, nach welcher allein Erfahrung möglich ist; denn dieses ist das Kennzeichen der Wahrheit und objectiven Gültigkeit aller acroamatisch-synthetischen Sätze *a priori*. Der Grundsatz der Affinität wird auch wirklich in Bearbeitung der Erfahrung mit gutem Glück

als **hevriſtiſch**, d. i. zur Entdeckung der Arten und Unterarten gebraucht, wozu z. B. das Linnéiſche Pflanzenſyſtem ein Beleg iſt. Das Merkwürdige iſt nun, daſs man, ohngeachtet aller dieſer Beſchaffenheiten des Grundſatzes der Affinität, dennoch keine transſcendentale Deduction deſſelben zu Stande bringen kann (M. I. 815.).

7. Eine ſolche **Deduction**, oder **Erklärung**, wie ſich das Princip der Affinität auf wirkliche Objecte beziehen könne (ſ. **Aberglaube** I. 1, e, γ.), iſt in Anſehung der Ideen jederzeit unmöglich. Denn, weil ſie nur Ideen ſind, ſo beziehen ſie ſich nicht (wie es bei den Categorien der Fall iſt) auf ein Object, was dadurch allein möglich wäre und für ſie gefunden würde, ſo daſs daſſelbe ihnen völlig congruent wäre. Ideen nehmlich ſind Vorſtellungen von einer Annäherung ohne Ende zu einer gewiſſen in der Erfahrung nicht gegebenen Grenze. Die Annäherung ohne Ende iſt aber auch in der Erfahrung nicht gegeben, eben weil ſie ohne Ende iſt (C. 393. S. **Idee**.).

Kant nennt Grundſätze **conſtitutiv**, wenn ſie die Erſcheinungen, oder ſinnlichen Gegenſtände, möglich machen, und nach den Regeln einer mathematiſchen Verknüpfung durch die Einbildungskraft darſtellen (**conſtruiren** ſ. **acromatiſch** 1.) lehren. Das Geſetz der Affinität iſt nun **nicht** conſtitutiv, denn es betrifft nicht die Möglichkeit der Anſchauungen, ſondern es iſt **regulativ**, oder es dringt auf die möglichſt gröſste Fortſetzung und Erweiterung der Erfahrung. S. **Regulativ**.

Es fragt ſich nun, wie kann das Princip der **Affinität** für Gegenſtände der Erfahrung **objective Gültigkeit** haben, d. h. wie iſt es möglich, daſs Jedermann zugeben muſs, daſs in der Erfahrung nie zwei Objecte zu finden ſind, deren Verwandtſchaft die nächſte wäre, ſondern daſs es noch immer näher verwandte geben muſs, da das Princip doch nicht conſtitutiv iſt, oder nicht ausſagt, daſs Anſchauungen nur allein auf dieſe Art möglich ſind? was heiſst das, es hat nur einen regulativen Gebrauch, oder dringt nur auf die möglichst größte Fortsetzung und Erweiterung der Erfahrung (M. 1. 816. C. 692)?

8. Regulative Grundsätze haben allerdings objective Gültigkeit für die Erfahrung, aber nur um das Verfahren anzuzeigen, nach welchem der Verstand in seinem Erfahrungs-Gebrauche mit sich selbst zusammenstimmen kann. Das Gesetz der Affinität ist nur für Jedermann gültig, als eine Maxime der Vernunft, welche aussagt, daß man nicht meinen muß, man habe schon die vollkommenste Affinität erreicht, wenn man in der Erfahrung bis zu einem gewissen Punct der Affinität gekommen ist, sondern, daß wir der Vernunft nicht zuwider, vielmehr gemäß, verfahren, wenn wir in der Erfahrung immer noch eine nähere Affinität zu finden bemühet sind. Wäre das nicht, so wäre keine Einheit in den Handlungen des Verstandes, die Begriffe hingen nicht mit einander zusammen; z. B. ohne das Princip der Affinität wäre zwischen den beiden Begriffen, die am nächsten mit einander verwandt wären, eine nie auszufüllende Kluft, folglich alle Begriffe wie lauter von einander getrennte, isolirte Puncte zu betrachten. Die Vernunft muß nehmlich durch ihre Idee (hier, die Idee der Continuität der Formen) Einheit in das Chaos der Merkmale bringen, wodurch wir zwar die Gegenstände nicht selbst erkennen, aber, da doch die Gegenstände durch Begriffe erkannt werden, indirect, durch Vereinigung der Begriffe in eine Einheit, die Gegenstände bestimmen. Und so gelten die regulativen Principien auch, nur indirect, von den Gegenständen, nicht um sie selbst zu bestimmen, sondern nur um zu bestimmen, wie weit wir den Verstand zum Behuf der Erfahrung gebrauchen müssen, wenn Einheit oder Zusammenstimmung des Verstandes in der ganzen Reihe aller Erfahrungen seyn soll. S. Regulative Principien.

9. Ein Beispiel hierzu ist das Gesetz der continuirlichen Stufenleiter der Geschöpfe. Leibnitz hat diese Stufenleiter in Gang gebracht. Er sagt (*Nouveaux essais sur l'entendement humain*, liv. III. ch. 6. p. 265): „wenn wir von uns anfangen, und bis auf die

niedrigsten Dinge hinabgehen, so ist das ein Hinabsteigen durch sehr kleine Grade (*de fort petits degrés,*) und durch eine continuirliche Folge der Dinge, von denen die nächst aneinander grenzenden sehr wenig von einander unterschieden sind. Es giebt Fische, welche Flügel haben, und denen die Luft nicht fremd ist; und es giebt Vögel, welche im Wasser wohnen, die, wie die Fische, kaltes Blut haben, und deren Fleisch so sehr wie Fisch schmeckt, dass man sogar den Andächtigen erlaubt, sie an Festtagen zu essen. Es giebt Thiere, welche dem Geschlecht der Vögel, und dem der vierfüssigen Thiere, so nahe kommen, dass sie zwischen beiden in der Mitte stehen. Die Amphibien haben gleichviel von den Land- und Wasserthieren an sich. Die Seekälber leben auf dem Lande und im Meere, und die Meerschweine haben warmes Blut, und Eingeweide, die denen der Schweine ähnlich sind. Es giebt Thiere, welche eben so viel Verstand und Einsicht zu haben scheinen, als diejenigen, welche man Menschen nennt; und die Thiere und Vegetabilien grenzen so nahe an einander, dass wenn man das unvollkommenste des einen Geschlechts und das vollkommenste des andern nimmt, man kaum einen merklichen Unterschied zwischen beiden gewahr werden kann. So finden wir überall, dass die Arten, bis zu den niedrigsten und am wenigsten organisirten Theilen der Materie (*plus basses et moins organisées parties de la matiere*) hinab, zusammenhängen, und nur durch fast unmerkliche Grade von einander unterschieden sind." Bonnet hat dieses Gesetz (Betrachtungen über die Natur 2. 3. und 4. Th.) trefflich aufgestutzt. „Die Natur, sagt er. (2. Th. 10. Hauptst.), leidet keinen Sprung; alles geht in ihr stufenweise und gleichsam durch Schattirungen. Wenn zwischen zwei Dingen irgend ein Leeres wäre, was hätte wohl der Uebergang des einen zum andern für einen Grund? Es ist daher kein Wesen vorhanden, das nicht über oder unter sich andere hätte, welche sich ihm durch einige Charactere näherten, oder durch andre von ihm entfernten. Von diesen Characteren, welche die Dinge unterscheiden, entdecken wir nun die mehr oder weniger allgemeinen. Daraus entstehen unfre Eintheilungen in Claſſen, in Geſchlechter, in Arten. Dieſe Eintheilungen laſſen ſich inzwiſchen nicht trennen. Denn es finden ſich allemal zwiſchen zwei Claſſen, oder zwiſchen zwei angrenzenden Geſchlechtern, einige **mittlere Naturſtücke**, die weder zu einem noch zum andern gehören, ſondern ſie nur zu verbinden ſcheinen. Der **Polype** verbindet das Gewächs mit dem Thiere, das **fliegende Eichhorn** verknüpfet den Vogel mit dem vierfüſsigen Thiere; und der Affe hat vieles vom vierfüſsigen Thiere und vom Menſchen an ſich." Bonnet fängt nun dieſe Stufenleiter mit dem Einfachen, dem Atomus an, und geht bis zu dem Zuſammengeſetzteſten, worunter er ſich den erhabenſten Cherub denkt, fort.

10. Für diejenigen, für welche meine in (4) gegebene Vorſtellung noch zu abſtract iſt, will ich jetzt die dort gebrauchten Buchſtaben nach Bonnets Stufenleiter beſtimmen; wodurch das Geſetz der Affinität vermittelſt wirklicher Theile in der Natur erläutert wird.

m bedeute **flüſſiger Körper**.
n — **feſter unorganiſcher Körper**.
p — **feſter organiſcher Körper**.
q — **leuchtender Wärmeſtoff**, mq bedeutet alſo den **flüſſigen leuchtenden Wärmeſtoff**, d. i. das **Feuer**.

s bedeute **chymiſch unzerlegbar**, folglich ns **feſter chymiſch unzerlegbarer unorganiſcher Körper**, d. i. **Erde**.

t bedeute eine **aus ungemein groſser Dichtigkeit entſpringende Undurchſichtigkeit und Zurückwerfung des Lichts (Glanz)**, folglich nt **feſter undurchſichtiger glänzender unorganiſcher Körper**, d. i. **Metall**.

u bedeute **leblos**, wenn nehmlich unter Leben das Vermögen nach Geſetzen des Begehrungsvermögens zu wirken verſtanden wird; folglich pu **feſter lebloſer organiſcher Körper**, d. i. **Pflanze**.

w bedeute **lebendig**, folglich pw **feſter lebendiger organiſcher Körper**, d. i. **Thier**.

$\varkappa$ bedeute entbunden ohne Licht folglich $mq\varkappa$ Feuer ohne Licht, d. i. Wärme.

λ bedeute entbunden mit Licht, folglich $mq\lambda$ entbundenes Feuer mit Licht, d. i. Flamme.

μ bedeute brennbar, folglich $mr\mu$ brennbare Luft.

ν bedeute rein, folglich $mr\nu$ reine Luft.

ξ bedeute durch Brennen von Luftſäure und Waſſer gereinigt und in Säuern nicht aufbrauſend, folglich $ns\xi$ Erde, welche durch Brennen von Luftſäure und Waſſer gereinigt nicht mit Säuern aufbrauſet, d. i. Schwererde.

o bedeute durch Brennen von Luftſäure und Waſſer gereinigt und mit Säuern aufbrauſend, folglich nso Erde, welche durch Brennen von Luftſäuern mit Waſſer gereinigt mit Säuern aufbrauſet, d. i. Kalkerde.

π bedeute feuerbeſtändig, folglich $nt\pi$ feuerbeſtändige, d. i. edle Metalle.

ϱ bedeute verwandlungsfähig in Metallkalke, folglich $nt\varrho$ in Metallkalke verwandlungsfähige, d. i. unedle Metalle.

σ bedeute die Dauer einen Sommer hindurch, folglich $pu\sigma$ Pflanzen, die nur einen Sommer hindurch dauern, d. h. Sommergewächſe.

τ bedeute die Dauer mehrere Jahre hindurch, folglich $pu\tau$ Pflanzen, die mehrere Jahre hindurch dauern, d. h. perennirende Pflanzen.

υ bedeute vernünftig, folglich $pw\upsilon$, vernünftige Thiere, d. h. Menſchen.

φ bedeute unvernünftig, folglich $pw\varphi$ unvernünftige Thiere.

c bedeute Körper.

d — die Theile eines Körpers.

e — die Möglichkeit, die Theile durch jede auch noch ſo kleine Kraft an einander zu verſchieben.

f bedeute feſt.

g — organiſch.

h — unorganiſch.

x bedeute warmes rothes Blut und säugen, folglich $pw\varphi x$ Thiere mit warmen rothen Blut, die ihre Jungen säugen, d. h. Säugethiere.

y bedeute rothes kaltes Blut, folglich $pw\varphi y$ Thiere mit kaltem rothen Blut, d. h. Amphibien.

z bedeute warmes rothes Blut und nicht säugen, folglich $pw\varphi z$ Thiere mit warmen rothen Blut, die ihre Jungen nicht säugen, d. h. Vögel.

φ bedeute säugen.

ζ — warmes rothes Blut.

η — nicht säugen.

ϑ — rothes kaltes Blut.

11. Diese Stufenleiter ist nun nichts als eine Befolgung des Grundsatzes der Affinität, welcher auf dem Interesse der Vernunft beruhet, die Vollendung der Reihen, die der Verstand liefert, zu wollen. Beobachtung und Einsicht in die Einrichtung der Natur konnte nicht darauf führen, eine solche Stufenleiter als etwas Objectives oder für Jedermann Gültiges zu behaupten. Denn die Sprossen einer solchen Leiter, so wie sie uns Erfahrung angeben kann, stehen immer noch viel zu weit auseinander, als dass die Erfahrung die Vernunft würde darauf geführt haben, wenn das Gesetz nicht schon in der Vernunft läge. Nach Bonnet (3. Th. 13. Hauptst. S. 48.) hängen die empfindliche Pflanze, oder Sensitive, und die Polypen das Pflanzenreich mit dem Thierreich zusammen. Aber welch ein Sprung ist nicht immer noch von der Sensitive bis zum Polypen. Die Sensitive oder Mimose fliehet zwar die Hand, die sich ihr nähert, oder vielmehr sie berührt, aber das ist nicht eine Folge von Vorstellungen, die auf ein Bewegungsvermögen wirkten, wie bei den Thieren. Die Sensitive hat eben so wenig Gefühl als andere Pflanzen. Jenes Fliehen der sie berührenden Hand ist bloss das Spiel eines Mechanismus der Organisation. Eben so ist der Polyp ein Thier, das sich nicht, wie die Pflanze, durch Wurzeln nährt, und wenn eine Anzahl derselben so aneinander hängt, dass das Ganze einer Schma-

rotzerpflanze äufserst ähnlich ift, fo folgt daraus nicht, dafs es wirklich halb eine Schmarotzerpflanze und halb ein Thier fei. Noch hat man kein Wefen gefunden, das fich durch Wurzeln nährte, und dennoch nach Vorftellungen Glieder bewegte und gebrauchte, oder Leben und Gefühl hätte. Ein folches Wefen allein würde beide Reiche mit einander verbinden. Unfere vermeintlich kleinen Unterfchiede find gemeiniglich in der Natur fo weite Klüfte, dafs man fich fehr irren würde, wenn man fich einbilden wollte, die Natur hätte diefes oder jenes bekannte Wefen zum Uebergang zwifchen zwei andern beftimmt. Bei der grofsen Mannigfaltigkeit der Naturdinge mufs es immer leicht feyn, zwifchen einigen derfelben gewiffe Annäherungen und Aehnlichkeiten zu finden. Dagegen ift die Methode, nach dem Princip der Affinität Ordnung in der Natur aufzufuchen, und die Maxime, eine folche Ordnung als in einer Natur überhaupt gegründet anzufehen, ob zwar unbeftimmt, wo fie anzutreffen fei, und wie weit fie reichen werde, allerdings ein rechtmäfsiges und treffliches regulatives Princip der Vernunft. Allein die Erfahrung, oder Beobachtung, kann diefem Princip nie gleichkommen, fondern daffelbe fchreibt nur, ohne etwas zu beftimmen, der Erfahrung oder Beobachtung den Weg vor, wie fie zur fyftematifchen Einheit gelangen kann.

Kant Crit. der reinen Vern. Elementarl. II. Th. II. Abth. II. Buch. III. Hauptft. VII. Abfchn. S. 685 — 696.
Leibnitz Nouv. eff. fur l'Ent. hum. liv. III. ch. 6. p. 265. liv. IV. ch. 16. p. 440.
Bonnet Betrachtung über die Natur. 2 Th. Hauptft. IX — 4 Th. S. 29 — 85.

Afterdienft,

Religiöfe Superftition, ματαιος θρησκεια, cultus fpurius, bigotterie.

Das Wort Afterdienft überhaupt (fubjectiv genommen) bezeichnet die Ueberredung, jemanden durch folche Handlungen zu dienen, die in der That deffelben Abfichten rückgängig machen (R. 229). Es habe z. B. Jemand die Abficht, eine

Sprache zu lernen, und ich unterrichte ihn in derselben, aber nach einer solchen Methode, daſs er darüber seine Zeit verliert, und die Sprache nie lernt, so habe ich ihm zwar zu dienen gemeint, aber mein Dienst war ein Afterdienst. Wenn also die Mittel, die man anwendet, Jemandes Absicht zu erreichen, nicht tauglich dazu sind, oder nicht recht angewendet werden, und man meint, die Anwendung dieser Mittel könne für die nicht erreichten Absichten gelten, und der Andere müsse diese Anwendung der Mittel eben so werth schätzen, als wenn seine Absichten wären erreicht worden, so macht diese Ueberredung die Anwendung der Mittel zu einem Afterdienst. Ist nun derjenige, dem wir durch solche Handlungen zu dienen meinen, die in der That desselben Absichten rückgängig machen, Gott, so ist diese Ueberredung der Afterdienst ins besondere, oder die religiöse Superstition (s. Aberglaube IV), und in diesem Sinne wird das Wort im Folgenden gebraucht.

1. Durch den Afterdienst wird die moralische Ordnung ganz umgekehrt, und das, was nur Mittel ist, nicht so geboten, als wäre es wozu, welches eben der Character oder das Kennzeichen des Mittels ist, sondern als gälte es als etwas, was nicht wozu ist, sondern an und für sich, welches der Character des Zwecks ist. Die Absicht Gottes mit dem Menschen ist nun die Pflichterfüllung, und die Religion bestehet eben, in so fern sie als etwas im Menschen vorhandenes (s. subjectives) betrachtet wird, in dem Erkenntniſs, daſs diese Pflichterfüllung Gottes Absicht sei, und folglich von ihm geboten werde (R. 229).

Da dieses Erkenntniſs Vorstellungen betrifft, denen kein Gegenstand in der Erfahrung correspondirt, z. B. Gott, so wird das Wort Erkenntniſs hier nur im weitesten Sinn genommen, als ein Product des Erkenntniſsvermögens überhaupt. Das Fürwahrhalten dieses Erkenntnisses kann nun keine Gewiſsheit seyn, weil Gewiſsheit ein Fürwahrhalten aus Gründen ist, die von dem Gegenstande hergenommen sind, und eben daher für Jedermann gültig (objectiv) seyn müssen. Das Fürwahrhalten bei diesem Erkenntniſs entspringt also aus Gründen, die in dem erkennenden Subject selbst liegen. Der Grund des Erkenntnisses, daſs Gott die Erfüllung meiner Pflichten will, ist aber, daſs es meine Pflicht ist, Sittlichkeit und Glückseligkeit so zum Gegenstande meines Willens zu machen, daſs ich die letztere nicht anders will, als wenn ich die erstere nach allen meinen Kräften in mir befördere. Hier habe ich nun nicht etwa die Wahl, dieses auch nicht zu wollen, sondern es ist mir durch ein unnachlaſsliches Vernunftgebot, dem ich gehorchen muſs, geboten. Da nun die Glückseligkeit von der Einrichtung der Natur abhängt, so kann ich sie nicht anders unter der Bedingung der Sittlichkeit wollen, und folglich nicht anders erwarten, als wenn ich zugleich voraussetze, daſs die Einrichtung der Natur von einem Wesen abhängt, welches jene Verbindung zwischen Sittlichkeit und Glückseligkeit will und bewirkt. Diese Voraussetzung ist nicht willkührlich, sondern ein Bedürfniſs meiner Vernunft, indem das unbedingt gebietende Sittengesetz in derselben mich dazu nöthigt. Ein Fürwahrhalten aus einem solchen, in dem erkennenden Subject liegenden, Grunde, bei dem aber doch keine Wahl übrig ist, weil sich das Bedürfniſs nicht auf Neigung, sondern auf Pflicht gründet, ist für das Subject zulänglich. Nun heiſst ein Fürwahrhalten aus Gründen, die für das erkennende Subject zulänglich sind, ein Glaube, und weil dieser Glaube ein Bedürfniſs der Vernunft ist, ein Vernunftglaube. Die Annehmung oder das Fürwahrhalten des Gegenstandes der Religion (Gottes), und folglich der Religion selbst (der Erkenntniſs, daſs etwas darum ein göttliches Gebot ist, weil es meine Pflicht ist,) ist also ein Vernunftglaube. Trägt aber die Religionslehre Grundsätze als nothwendig vor, die nicht durch die Vernunft als solche erkannt werden können, sondern welche die Gottheit selbst als solche bekannt gemacht haben soll, so heiſst das Fürwahrhalten derselben aus Gründen, die für das erkennende Subject zulänglich sind, der Offenbarungsglaube. Soll nun der Offenbarungsglaube vor der Religion hergehen, d. h. soll ich nicht anders meine Pflicht für den Willen Gottes erkennen, als wenn ich aus Gründen, die für mich zulänglich sind, anerkenne, daſs etwas anders darum meine Pflicht sei, weil es göttliches Gebot ist, so ist das ein Afterdienst, wodurch die moralische Ordnung umgekehrt wird. Denn hierdurch würde der Offenbarungsglaube, der ein Mittel der Pflichterfüllung seyn, und also dem Vernunftglauben Eingang verschaffen und ihm zur Stütze dienen soll, zum Zweck oder selbst zur unbedingten Pflicht (*fides imperata*) gemacht, und dadurch in der That Gottes Absicht, die ächte Pflichterfüllung, rückgängig gemacht. Ein solcher Offenbarungsglaube wäre dann ein eigentlicher Frohndienst, welcher selig machen soll, ohne daſs die Handlungen aus moralischen Bestimmungsgründen des Willens geschehen. (S. Aberglaube IV. R. 250.).

2. Kant erklärt den Afterdienst (R. 256) auch so, er sei eine vermeintliche Verehrung Gottes, wodurch dem wahren, von ihm selbst geforderten Dienste gerade entgegen gehandelt wird. So ist z. B. die Befolgung des Religionswahns, in Aberglaube IV. ein Afterdienst; und man kann daher noch zwischen religiöser Superstition oder religiösem Aberglauben und Afterdienst so unterscheiden, daſs man den erstern für den Wahn, die Ueberredung selbst, letztern für die Befolgung dieses Wahns oder das Handeln nach dieser Ueberredung nimmt. Dieses ist die objective Bedeutung dieses Worts, in welcher dasselbe in dieser Stelle gebraucht und erklärt wird.

3. Der gute Lebenswandel aus Principien der Pflicht ist allein der wahre Dienst Gottes. Alles, was der Mensch noch auſser demselben thun zu können vermeint, um Gott wohlgefällig zu werden, ist die Befolgung eines bloſsen Religionswahns, und Afterdienst Gottes in objectiver Bedeutung (2); sei es auch, daſs Gott selbst, neben dem guten Lebenswandel des Menschen, etwas thue, ihn zu einem Gott wohlgefälligen Menschen zu machen.

Aber selbst den auf Versicherung einer heiligen Geschichte gegründeten Glauben hieran als etwas verdienstliches vor Gott ansehen, ist Religionswahn, und ein solcher Glaube, oder vielmehr das blosse abgenöthigte Bekenntnifs, dafs man es glaube, ein Afterdienst. Bei denen, die diesen Wahn haben, entspringt dieses Bekenntnifs davon aus Furcht, und ist folglich nichts sittliches. Dieses Bekenntnifs, als verdienstlich, soll folglich den guten Lebenswandel ersetzen, und vereitelt also die Absicht Gottes (R. 260).

4. Der Afterdienst will durch religiöse Handlungen des Cultus etwas in Ansehung der Rechtfertigung vor Gott ausrichten (Aberglaube, 4.). Die Vernunft läfst uns aber in Ansehung des Mangels eigener Gerechtigkeit nicht ganz ohne Trost. Denn sie sagt: dafs, wer in einer der Pflicht wahrhaft ergebenen Gesinnung das Seine thut, vor Gott Ergänzung des Fehlenden hoffen dürfe. Und verurtheilte nun eine gewisse Kirche alle Menschen, die das der Vernunft natürlicher Weise unbekannte Ergänzungsmittel der Rechtfertigung nicht wissen, zur ewigen Verwerfung; so würde sie damit einen Afterdienst, nehmlich das Wissen des Ergänzungsmittels als Dienst Gottes einführen, der sich also auf Religionswahn gründete (R. 262.).

5. Der Afterdienst Gottes hat keine Grenzen, wenn sich der Mensch von der Maxime oder Handlungsregel, dafs der gute Lebenswandel, aus Principien der Pflicht, allein der wahre Dienst Gottes sei, nur im mindesten entfernt; denn über diese Maxime hinaus ist alles willkührlich, was nur nicht unmittelbar der Sittlichkeit widerspricht. Von dem Opfer der Lippen an, bis zu der Aufopferung ihrer eigenen Person bringen die Afterdiener Gott alles dar, nur nicht ihre moralische Gesinnung. Man kann die Worte des römischen Fabeldichters Phädrus mit Recht auf sie anwenden: es ist ein Volk, das immer vergeblich in Bewegung ist, viel thut, und doch nichts thut (R. 263).

6. Der Dienst Gottes ist als solcher in nichts von einander wesentlich verschieden, wenn er nicht moralisch ist. Dem Werth oder vielmehr Unwerth nach, sind dann alle Arten, Gott zu dienen, einerlei, und es ist blosse Ziererei, sich durch feinere Abweichung vom alleinigen Princip der ächten Gottesverehrung für auserlesener zu halten, als die, welche sich eine vorgeblich gröbere Herabsetzung zur Sinnlichkeit zu Schulden kommen lassen, welche etwa ihrer Ungewohntheit wegen mehr auffällt, oder in andern Sitten, Lebensarten und der Localität gegründet ist. Gott kann man nur durch moralische Gesinnungen wohlgefällig werden, so fern sie sich in Handlungen als lebendig darstellen, alles übrige ist frommes Spielwerk und Nichtsthuerei, es müste den dazu dienen, jene zu befördern. Von einem Tugendwahn aber, der etwa mit dem kriechenden Religionswahn zu der allgemeinen Classe der Selbsttäuschungen gezählt werden könnte, weiß die Vernunft nichts, also giebt es auch keinen Afterdienst der ächten Tugendgesinnung. Der Eigendünkel, sich der Idee seiner heiligen Pflicht für adäquat zu halten, ist nur zufällig. Den höchsten Werth aber in der Tugend zu setzen, ist kein Wahn, wie etwa der Wahn, ihn in kirchlichen Andachtsübungen zu finden, sondern baarer zum Weltbesten (höchsten Gut) hinwirkender Beitrag. Wenn man also einmal zur Maxime eines vermeintlichen, Gott für sich selbst wohlgefälligen, ihn auch nöthigenfalls versöhnenden, aber nicht rein moralischen Dienstes übergegangen ist, so ist in der Art, ihn gleichsam mechanisch zu dienen, kein wesentlicher Unterschied, welcher der einen vor der andern einen Vorzug gäbe (R. 264).

7. Kant giebt zu 6. ein Beispiel, indem er von Tungusischen Schamanen und Wogulitzen spricht (R. 270), zu dessen Erläuterung folgende Nachrichten nicht unangenehm seyn werden. Die Tungusen sind ein Volk, welches die ganze Gegend Sibiriens vom Jeniseiflusse bis an das östliche Weltmeer bewohnen. Ihr eigentliches Vaterland ist aber das Land an dem Tunguska und Tschunflusse. Sie haben die alte heidnische Religion, die in Sibirien vor diesem allgemein gewesen ist.

Ihre Götzen nennen fie **Schewáki**. Selbige find von Holz oder Kupfer. Alle ftellen ein unförmliches Geficht vor, und die kupfernen find in Leder eingefafst, fo dafs das Kupfer nur auf der Seite, wo das Geficht ift, gefehen werden kann. Um Hülfe von ihren Götzen zu erhalten, füttern die Tungufen felbige, und ftreichen ihnen zuweilen etwas Milchrahm oder fonft etwas Fettes in den Mund. Sie verehren auch die Sonne. In den wichtigften und fchwerften Angelegenheiten aber nehmen fie ihre Zuflucht zu den Schamanen (**Reifen durch Sibirien, aus den Befchreibungen Gmelins und Müllers, in der Sammlung der beften und neuften Reifebefchreib.** Berlin 1767. Th. V. S. 169 — 171. D. J. G. **Gmelins Reife durch Sibirien.** Götting. 1751. Th. I. S. 358). Diefe Schamanen find Tungufen, welche fich für Zauberer ausgeben, und behaupten, dafs fie eine Menge Teufel in ihrer Gewalt haben, die fie zwingen können den Menfchen zu dienen. Gmelin erzählt (Th. 2. S. 44): „Ich hatte das Vergnügen, die Gaukeleien eines **Tungufifchen Schamans in Nertfchinsk** zu fehen. Er kam auf unfer (der Reifegefellfchaft) Verlangen den 26. Jun. (1735) des Abends zu uns, und wie wir von ihm forderten, dafs er feine Künfte zeigen follte, fo bat er, die Nacht zu erwarten, in welches wir gerne willigten. Des Nachts um 10 Uhr führte er uns etwa eine Werft weit von der Stadt auf das Feld, und legte dafelbft ein grofses Feuer an, um welches er uns rund herum in einem Kreife fitzen liefs. Er felbft zog fich bis auf die blofse Haut aus, und feinen Schamanenrock an, welcher von Leder, und mit allerhand eifernen Werkzeugen behangen war. Auf einer jeden Schulter war ein zackigtes eifernes Horn zu unferm Schrecken angeheftet. Er hatte keine Trommel (wie fonft gewöhnlich ift), wovon er diefe Urfache anführte, dafs ihm der Teufel noch nicht anbefohlen hätte, eine zu gebrauchen. Der Teufel aber, fagen fie, befiehlt es nicht eher, als bis er fich entfchliefst, mit dem Schaman den genaueften Umgang zu haben. Und zwar ift es der oberfte Teufel, und jeder Schaman hat feine eigenen, und wer die meiften hat, kann feine Kunft am ſicherſten ausüben; jedoch ſoll ein ganzes Heer ſolcher kleinern Teufel in ſeinem ganzen Leibe nicht ſo viel Kraft haben, als in dem kleinen Finger des oberſten Teufels ſtecke. Dies war der Eingang, womit unſer vermummter Zauberer ſeine Hexerei anfing. Dabei lief er innerhalb des Kreiſes, den wir ausmachten, längſt dem Feuer und um daſſelbe ganz cavalierement hin und her, und ſtimmte durch das Raſſeln ſeiner eiſernen Tändeleien die hölliſche Muſik dazu an. Endlich, ehe er zum Werke ſchritt, ſprach er uns einen Muth ein, daſs wir dasjenige feſt glauben ſollten, was er uns auf unſere Fragen antworten würde, und verſicherte dabei, daſs ihn ſeine Teufel noch nie betrogen hätten. Wir baten ihn, daſs er während den Gaukeleien ſeine eiſernen Werkzeuge nicht zu nahe gegen unſere Köpfe fliegen laſſen möchte. Er fing endlich an zu ſpringen und zu ſchreien, und wir hörten bald ein Chor, das mit ihm einſtimmte. Er hatte von ſeinen Glaubensgenoſſen ein Paar mit ſich genommen, die ſich unvermerkt in unſern Kreis mit eingeſchlichen hatten und mit ihm ſangen, damit es die Teufel deſto beſſer hören möchten. Endlich, nach vielem Gaukeln und Schwitzen, wollte er uns weiſs machen, daſs die Teufel da wären, und wollte daher hören, was man von ihm zu wiſſen verlangte. Wir legten ihm eine erdichtete Frage vor, und darauf machte er ſeine Künſte, wobei ihm die andern beiden halfen. Durch das Ende wurden wir in unſrer Meinung beſtärkt, daſs alles Betrügerei wäre.

8. Die **Wogulen** oder **Wogulitſchi** gehören auch zu den alten Einwohnern Sibiriens; ſie wohnen zwiſchen dem Jugriſchen Gebirge und dem Niederob, auf dem Ural und zu beiden Seiten deſſelben (**Büſchings Auszug. Sibirien, 4. Auflage. S.** 130. **Gatterers Abriſs der Geographie S.** 643. 645). Den von **Kant** angeführten Gebrauch der **Wogulitſchi**, die Tatzen von einem Bärenfell ſich des Morgens auf den Kopf zu legen, mit dem kurzen Gebet: ſchlag mich nicht todt! habe ich (Auszug aus Herrn **P. S. Pallas Reiſen, in der Sammlung der beſten**

und neueſt. Reiſebeſchr. 19. B. 16. Hauptſt. das von den Wogulen oder Wogulzen handelt, S. 378) unter ihren alten Religionsmeinungen nicht finden können; vielleicht iſt es die Sitte einer andern Sibiriſchen Nation.

9. Kant ſagt nun: der, Kirche und Staat zugleich regierende, europäiſche Prälat, und der ſublimirte Puritaner und Independent in Connecticut, iſt zwar von einem tunguſiſchen Schaman, und dem ganz ſinnlichen Wogulitzen, ſehr in der Manier, aber gar nicht im Princip zu glauben unterſchieden. Diejenigen allein, die den Gottesdienſt lediglich in der Geſinnung eines guten Lebenswandels zu finden gemeint ſind, unterſcheiden ſich von jenen durch den Ueberſchritt zu einem ganz andern (über das Princip, den Gottesdienſt im Glauben gewiſſer ſtatutariſcher Sätze oder Begehen gewiſſer willkührlichen Obſervanzen zu ſetzen, weit erhabenen) Princip, demjenigen nehmlich, wodurch ſie ſich zu einer (auch ſichtbaren Kirche bekennen, die, ihrer weſentlichen Beſchaffenheit nach, allein die wahre allgemeine ſeyn kann (R. 270). S. Kirche.

10. Die Abſicht, die alle Menſchen bei ihrem Gottesdienſt haben, iſt, Gott zu ihrem Vortheil zu lenken, ſ. Tempeldienſt, Kirchendienſt. Da ſie ihr Loos von einem verſtändigen Weſen erwarten, ſo kann ihr Beſtreben nur in der Auswahl der Art beſtehen, wie ſie, als ſeinem Willen unterworfene Weſen, durch ihr Thun und Laſſen ihm gefällig werden können; weil ihr ganzes Schickſal von ſeinem Willen abhängt, und es folglich geneigt ſeyn muſs, ihr Glück zu befördern, wenn ihnen Glück und nicht Unglück zu Theil werden ſoll. Die Verehrung mächtiger unſichtbarer Weſen fing ſich daher nicht mit der Religion, ſondern mit einem knechtiſchen Gottes- oder Götzendienſt an. Eine auf dem Bewuſstſeyn ſeines Unvermögens gegründete Furcht nöthigte dem Menſchen dieſen Gottesdienſt ab (R. 296). Als moraliſches Weſen kann Gott aber nur ein Wohlgefallen an ihnen haben, wenn ſie

einen moralisch guten Lebenswandel führen. Folglich kann ihm jede andre Handlung, wenn sie nicht zum moralisch guten Lebenswandel gehört, nur in so fern angenehm seyn, als sie darauf hinwirkt, dazu dient, und in so fern ein Dienst Gottes genannt werden (R. 271.).

11. Derjenige Mensch aber, welcher durch moralisch gleichgültige Handlungen allein Gott wohlgefällig werden will, wie z. B. der tungusische Schaman, oder der Wogulitsche, steht in dem Wahn des Besitzes einer Kunst, durch natürliche Mittel übernatürliche Wirkungen hervorzubringen, welches man, wenn es auf den Teufel wirken soll, Zaubern (die Kunst zu zaubern aber, die schwarze, die Kunst auf gute Engel zu wirken, die weisse Magie) nennt, wenn es aber auf Gott wirken soll, das Fetischmachen nennen kann. S. Fetischmachen, Aberglauben 4. (R. 273.).

12. Es giebt Observanzen, die keinen unmittelbaren Werth haben, aber doch zur Beförderung der moralischen Gesinnung dienen. Sie enthalten an sich nichts Gott wohlgefälliges, werden aber doch von manchem als natürliche Mittel gebraucht, den Beistand Gottes gleichsam herbei zu zaubern; denn es ist zwischen bloss physischen Mitteln und einer moralisch wirkenden Ursache gar keine Verknüpfung, nach irgend einem Gesetze. Mancher Mensch aber sucht nicht nur durch das, was ihn unmittelbar zum Gegenstande des göttlichen Wohlgefallens macht, durch die thätige Gesinnung eines guten Lebenswandels, sondern noch überdem vermittelst gewisser Förmlichkeiten der Ergänzung seines Unvermögens durch einen übernatürlichen Beistand würdig, und für die Erreichung dieses Objects seiner guten moralischen Wünsche bloss empfänglich zu machen. Er rechnet dann zwar, zur Ergänzung seines natürlichen Unvermögens, auf etwas Uebernatürliches, aber doch nicht auf etwas vom Menschen (durch Einfluss auf den göttlichen Willen) Gewirktes, sondern auf etwas Empfangenes (R. 273.).

13. Gott gefällt nur das moralische schlechthin, darnach muſs sich der Menſch richten; wer durch andere Handlungen, als aus Gesinnungen der Pflicht entspringende, Gott zu gefallen denkt, der verwandelt den Dienst Gottes in ein bloſses Fetiſchmachen, und übt einen Afterdienst aus, der alle Bearbeitung zur wahren Religion rückgängig macht. Die Ordnung, in der man die moraliſche Gesinnung mit den bloſsen Mitteln dazu verbindet, iſt hier ſehr wichtig, und in ihrer Unterſcheidung beſteht die wahre Aufklärung in der Religion. Geht man davon ab, ſo wird dem Menſchen das Joch eines ſtatutariſchen Geſetzes aufgelegt. Die Beobachtung ſtatutariſcher, folglich einer Offenbarung bedürfender Geſetze, als nothwendig zur Religion, und zwar nicht bloſs als Mittel für die moraliſche Geſinnung, iſt ein Afterdienſt (R. 275.). S. Fetiſchmachen.

14. Die Verfaſſung einer Kirche, ſofern in ihr ein Fetiſchmachen regiert, welches allemal da anzutreffen iſt, wo nicht Principien der Sittlichkeit die Grundlage derſelben ausmachen, iſt ein Pfaffenthum. Beiſpiele hierzu giebt die muhamedaniſche Kirche der Araber, welche alle Gebote Gottes auf die Beſchneidung, das Faſten, das Gebet und die Enthaltung vom Schweineﬂeiſch einſchränkt; vom Faſten iſt noch das Frauenzimmer frei (Reiſen des Hrn. von Arvieux, in der Sammlung Berlin 1766. 4. B. S. 79. 80.). Man ſieht aber leicht, daſs dieſe Verfaſſung ein wahres Pfaffenthum, und die Befolgung jener Gebote ein Fetiſchmachen iſt. Mit dieſem Fetiſchmachen grenzt ihre Kirchenform ſehr nahe ans Heidenthum (S. 276).

15. Es iſt das die Folge von der beim erſten Anblick unbedenklich ſcheinenden Verſetzung der Principien des allein ſeligmachenden Religionsglaubens, indem es darauf ankömmt, welchem von beiden man die erſte Stelle als oberſte Bedingung, der das andere untergeordnet iſt, einräumen ſoll. Es iſt billig, daſs ſelbſt der Unwiſſende, oder an Begriffen Eingeſchränkteſte, auf eine ſolche Belehrung, oder innere Ueber-

zeugung, Anspruch machen könne. Das Sittengesetz allein leitet aber zu einem solchen reinen Religionsglauben, der jedem Menschen nicht allein begreiflich, sondern auch im höchsten Grade ehrwürdig ist, f. Religionsglaube; ja es führt dahin so ganz natürlich, dass er jedem Menschen ganz und gar abgefragt werden kann. Es ist also nicht allein **klug**, sondern auch **Pflicht**, von diesem anzufangen. Dass nicht blofs „Weise nach dem Fleisch" (1 Cor. 1, 26.), **Gelehrte** oder **Vernünftler**, zu jener **Aufklärung** in Ansehung ihres wahren Heils berufen seyn werden; denn dieses Glaubens soll das ganze menschliche Geschlecht fähig seyn — sondern „was thöricht ist, vor der Welt" (1 Cor. 1, 27.) ist vernünftig. Der Geschichtsglaube scheint, den Begriffen nach, deren er bedarf, von dieser Art zu seyn. Eine einfältige Erzählung aufzufassen und andern mitzutheilen, ist ja leicht. Es ist auch gar nicht nöthig, einen Sinn mit den Worten zu verbinden, mit welchen man Geheimnisse nachspricht. Ein Glaube, der sich auf eine, von langer Zeit her für authentisch anerkannte, Urkunde gründet, ist überdem den gemeinsten menschlichen Fähigkeiten angemessen, f. Glaube. Allein der Gelehrte darf doch auch nicht davon ausgeschlossen seyn, und der kann ihn nicht fassen, wie er den fafst, auf welchen das Gesetz hinführt, das dem Menschen gleichsam buchstäblich ins Herz geschrieben ist (R. 278.).

16. So fern nun der Dienst Gottes in einer Kirche auf die reine moralische Verehrung desselben nach den der Menschheit überhaupt vorgeschriebenen Gesetzen vorzüglich gerichtet ist, kann man nun noch fragen: ob in derselben nur **Gottseligkeit** oder auch **Tugendlehre** den Inhalt des Religionsvortrags ausmachen soll. Gottseligkeitslehre drückt vielleicht das Wort *Religio*, wie es jetziger Zeit verstanden wird, im objectiven Sinn, am besten aus, f. Gottseligkeitslehre, Religion R. 281).

17. Die Gottseligkeit enthält zwei Bestimmungen der moralischen Gesinnung im Verhältnisse auf Gott:

1) **Furcht Gottes**; fie ift die moralifche Gefinnung in Befolgung feiner Gebote aus **fchuldiger (Unterthans-) Pflicht**;

2) **Liebe Gottes**; fie ift die moralifche Gefinnung in Befolgung feiner Gebote, aus **freier Wahl** (aus Kindespflicht).

Die erfte ift einerlei mit **Achtung fürs**, die andere mit **Wohlgefallen am Gefetz**. Aufser der Moralität liegt noch hierin der Begriff eines überfinnlichen Wefens. Mufs nun im Kanzelvortrage die Tugendlehre vor der Gottfeligkeitslehre, oder umgekehrt, vorgetragen werden (R. 282)?

18. Für fich kann die Gottfeligkeitslehre nicht den Endzweck der fittlichen Beftrebung ausmachen, fondern nur zum Mittel dienen, die Tugendgefinnung zu ftärken. Der Tugendbegriff ift aus der Seele des Menfchen genommen. Die bisherigen Lehrer der Moral pflegen ihn zwar nur als den Begriff eines Mittels zur Glückfeligkeit vorzutragen; **Kant** aber hat bewiefen, dafs die Tugendlehre durch fich felbft befteht, und fie kann, felbft ohne den Begriff von Gott, überzeugend gelehrt werden. Der Religionsbegriff hingegen mufs durch Schlüffe aus dem Menfchen heraus vernünftelt werden, der Menfch hat ihn nicht fchon ganz in fich, wie den Tugendbegriff (R. 283).

19. Es kömmt alfo in dem, was die moralifche Gefinnung betrifft, alles auf den oberften Begriff an, dem man feine Pflichten unterordnet, ob es die **Verehrung Gottes**, oder die **Ausübung der Tugend** ift. Ift die Verehrung Gottes das Erfte, der man alfo die Tugend unterordnet, fo ift der Gegenftand, Gott, ein **Idol**, d. i. er wird als ein Wefen gedacht, dem wir nicht durch fittliches Wohlverhalten in der Welt, fondern durch Anbetung und Einfchmeichlung zu gefallen hoffen dürfen, die Religion ift er alsdann **Idololatrie** (Abgötterei). Gottfeligkeit ift fo nicht ein Surrogat der Tugend, um fie zu entbehren, fondern die Vollendung derfelben, um mit der Hoffnung der endlichen Gelingung aller unfrer guten Zwecke gekrönt

zu werden. In diefem Sinn „ift auch die Gottfeligkeit zu allen Dingen nütze, und hat die Verheifsung diefes und des zukünftigen Lebens" (1 Tim. 4, 8.) (R. 286).

20. Die verfchiedenen Glaubensarten der Völker, und der Gottesdienst, den diefe Glaubensarten hervorbringen, geben den Völkern nach und nach auch wohl einen im bürgerlichen Verhältnifs auszeichnenden Character (R. 284. *).

a. Der Judaism zog fich, feiner erften Einrichtung nach, da fich ein Volk, durch alle erdenkliche zum Theil peinliche Obfervanzen, von allen andern Völkern abfondern follte, den Vorwurf des Menfchenhaffes zu.

b. Der Muhammedifm findet feine Beftätigung in der Unterjochung vieler Völker, und unterfcheidet fich daher durch Stolz.

c. Der Hinduifche Glaube hat eine übelverftandene Demuth zum Grunde, und fein Character ift daher Kleinmüthigkeit.

d. Der Chriftianifm, wie er gemeiniglich gewefen ift, hatte den Grundfatz einer, durch eine Kraft von oben zu erwartenden, Frömmigkeit, und kündigte daher eine abhängige knechtifche Gemüthsart an. Unmittelbare Befchäftigung mit Gott nehmlich, durch Ehrfurchtsbezeigungen, als Uebung der Frömmigkeit, ift Andächtelei (f. Andächtelei), welche Uebung alsdann zum Frohndienft (*opus operatum*) gezählt werden mufs, nur dafs fie zu dem Aberglauben noch den fchwärmerifchen Wahn vermeinter überfinnlicher Gefühle hinzuthut, und mufs folglich eine knechtifche Gemüthsart hervorbringen.

Kant Relig. innerhalb der Grenz. 4. Stück. 1. Th. 2. Th. §. 1—3.

Aggregat,

Rhapfodie, *aggregatum, ens per aggregationem*, *aggregé*. Wenn ein Ganzes der Erkenntnifs aus mehreren Theilen fo entfteht, dafs die Theile in eine zufällige Verbindung mit einander gesetzt werden, so erhält ein solches Ganzes den Namen **Aggregat**. So ist z. B. die Zusammenstellung der Categorien beim Aristoteles blofs zufällig, sie heissen nehmlich bei ihm so: **Substanz, Quantität, Relation, Qualität, Thun, Leiden, Wenn, Wo, Lage, Beschaffenheit**; wozu er hernach noch fünf andre setzte unter dem Namen der **Postprädicamente**: das **Entgegengesetzte, Eher, Zugleich, Bewegung, Haben**. Das ist ein Aggregat, aus welchem man nicht wissen kann, ob man auch alle habe, und ob auch alle wirkliche Categorien, d. h. solche Begriffe sind, die sich in dem Begriffe eines jeden Objects finden müssen, und auch theils nicht aus der Sinnlichkeit, sondern aus dem Verstande herrühren, theils nicht von andern Begriffen abgeleitet sind, s. **Abgeleitet** und **Aristoteles** 3. 4. Kant hingegen stellt seine Categorien so auf, dafs ihre Zusammenstellung nicht zufällig, sondern **nothwendig**, und folglich nicht ein Aggregat, wie bei dem Aristoteles, sondern ein **System** ist. Er nimmt nehmlich aus der allgemeinen Logik als erwiesen an, dafs es nur vier specifisch verschiedene Bestimmungen oder Beschaffenheiten eines Urtheils gebe, nehmlich:

a. die **quantitative**, nach welcher das Urtheil entweder ein **einzelnes, besonderes,** oder **allgemeines** ist;

b. die **qualitative**, nach welcher das Urtheil entweder ein **bejahendes, verneinendes,** oder **unendliches** ist;

c. die **relative**, nach welcher das Urtheil entweder ein **categorisches, hypothetisches,** oder **disjunctives** ist;

d. die der **Modalität**, nach welcher das Urtheil entweder ein **problematisches, assertorisches,** oder **apodictisches** ist.

2. Kant nennt das die zwölf logischen Functionen zu urtheilen (s. **Aberglaube** 2, c.). Jede einzelne Beschaffenheit eines Urtheils giebt nun einen einzelnen Begriff derselben (s. **Aberglaube** 2, c.),

daher giebt es zwölf folcher Begriffe, wie das Mannichfaltige zu einem durch den Verftand vorgeftellten Ganzen, oder Begriff, kann verbunden werden, und welche Categorien heifsen, nehmlich:

1. drei der Quantität: **Einheit, Vielheit, Allheit**;

2. drei der Qualität: **Relation, Negation, Limitation**;

3. drei der Relation: **Subftanzialität, Caufalität, Wechfelwirkung**;

4. drei der Modalität: **Möglichkeit, Dafeyn, Nothwendigkeit**.

Dies ift nun kein Aggregat, fondern ein Syftem der Categorien (C. S. 89, 4.).

3. In diefer zufälligen Verbindung, dafs fie nehmlich eine Menge Theile ausmachen, welche eben nicht nothwendig zu einander gehören, d. i. Aggregate find, ftehen nur alle extenfive oder ausgedehnte Gröfsen, d. h. folche, deren Theile neben einander oder nach einander find. Alle Erfcheinungen werden als Aggregate angefchauet, wodurch allein die Vorftellung ihrer Ausdehnung im Raum, oder in der Zeit, möglich wird; denn die Vorftellung der Ausdehnung entfteht eben bei mir dadurch, dafs ich von Theil zu Theil fortgehe, wodurch ich ein Aggregat, und fo die Vorftellung der Ausdehnung bekomme. Der Unterfchied zwifchen Aggregat und Syftem beftehet alfo darin, dafs das Aggregat eine Menge Theile ift, wie fie mir nach einander gegeben werden, das Syftem aber eine Menge Theile, wie fie nach einem Vernunftprincip geordnet werden. Wenn ich eine Anzahl Thaler in einen Kaften werfe, fo habe ich ein Aggregat, wenn ich fie nach den Regenten, die fie fchlagen liefsen, ordne, ein Syftem von Thalern.

4. Ein Aggregat der Naturdinge heifst aber auch eine Menge Theile, die nicht fo mit einander in Verbindung ftehen, dafs fie eine continuirliche Gröfse ausmachen, fondern fo, dafs der Zufammenhang der Gleich-

artigkeit (welchen man den mathematischen nennen kann) immer unterbrochen ist. Dann ist es dem Continuum entgegengesetzt. Eine continuirliche Gröfse hat die Beschaffenheit, dafs sie überall gleichartig, die Grenze des vorhergehenden Theils immer zugleich die Grenze des folgenden und kein Theil derselben der kleinste ist, z. B. in einer geraden Linie giebt es keinen Theil, der nicht eine gerade Linie und so klein wäre, dafs nicht noch eine kleinere in derselben gedacht werden könnte. In einem Aggregat hingegen ist jeder Theil für sich begrenzt, und kann daher getrennt seyn, oder auch mit andern Theilen physisch zusammenhängen (welchen man den dynamischen Zusammenhang nennen kann), nur müssen diese Theile nicht mit ihm gleichartig seyn, wodurch eben die Grenze bestimmt und der (mathematische) Zusammenhang unterbrochen wird. Ein Aggregat besteht also aus discreten Gröfsen, oder solchen, die zusammen kein Continuum ausmachen. Eine Anzahl Thaler ist auch in diesem Sinn ein Aggregat, aber auch der Erdkörper ist ein Aggregat verschiedenartiger Massen.

Kant Crit. der rein. Vern. Elementl. II. Th. I. Abth. 4. S. 89. I. Abth. II. Buch. II. Hauptst. III. Abschn. S. 204. 212.

Leibnitz nouveaux essais sur l'Ent. hum. liv. II. ch. 24. p. 185.

Kiesewetter Logik. 2. Aufl. S. 511. 512.

Aggrogation,

aggregatio, aggregation. Die Zusammenhäufung extensiver Gröfsen, wodurch Aggregate entstehen. Es ist dieses eine besondere Verbindung (Synthesis) solcher extensiven Gröfsen, die nicht nothwendig zu einander gehören, und daher in einen zufälligen Zusammenhang mit einander gesetzt werden, entweder blofs nach Gesetzen des Erkenntnifsvermögens, dann finden wir das Aggregat in der Erfahrung oder der Natur vor, obwohl diese Erfahrung oder empirische Verbindung durch das Erkenntnifsvermögen entstanden ist, z. B. das Aggregat der Erdschichten in einem gegrabenen Brunnen; oder zugleich nach Gesetzen des Begehrungsvermögens, dann machen wir selbst die Aggregation. Wenn jemand eine Menge harter Thaler auf einander legt, so ist diese Verbindung eine Aggregation nach Gesetzen der Willkühr. S. Aggregat. Die Aufzeichnung einer Menge Bücher zum Verkauf, wenn sie nicht nach dem Inhalt gestellt werden, ist eine Aggregation. S. Verbindung.

Kant Elementl. II. Th. I. Abth. II. Buch. II. Hauptst. III. Abschn. S. 201. *)

All

der Realität, *omnitudo realitatis, le tout de la realité*, heisst in der Critik der reinen Vernunft (S. 655) die Idee von einem Object, in welchem alle mögliche Eigenschaften zusammen sind, so dass keine derselben fehlt. Das Object selbst heisst das transscendentale Ideal. S. transsc. ideal.

2. Die oberste Welturfache ist nun das Object einer solchen Idee, denn in ihr wird die ganze mögliche Vollkommenheit gedacht, Allmacht, Weisheit u. s. w. Durch Physicotheologie (Erkenntnis Gottes durch die Natur), in welcher von der Weltgröfse, Weltordnung auf die Macht und Weisheit des Urhebers geschlossen wird, finden wir diese Idee aber nicht realisirt (an einem wirklichen Object vorhanden). Denn wir beobachten immer nur einen gewissen Grad der Gröfse und Ordnung der Welt, über den unsre Beobachtung, unsrer eigenen Eingeschränktheit wegen, nicht hinausreicht. Folglich kann die Beobachtung der Welt nur einen Begriff von grofser Macht, aber nicht von Allmacht, von grofser Klugheit und sittlich guter Gesinnung, aber nicht von aller möglichen, mit Heiligkeit verbundenen, Klugheit, d. i. Weisheit geben. Also ist der Begriff von Gott, als einem All der Realitäten nicht aus der Erfahrung entsprungen, sondern ein Vernunftbegriff, oder eine Idee, deren Realität in der Erfahrung nicht nachgewiesen werden kann, d. h. in der Erfahrung giebt es kein solches Object und auch nicht eine Wirkung, von der man auf das Daseyn

eines folchen Objects nothwendig fchliefsen müfste. Die Phyficotheologie kann alfo keinen beftimmten Begriff von einer oberften Welturfache geben (C. 656).

3. In dem Beweife vom Dafeyn einer oberften Welturfache, die das All aller Realitäten feyn foll, aus der Gröfse und Ordnung der Welt, kommen wir alfo nur immer zu einer fehr mächtigen, fehr klugen und guten Welturfache, aber zu einem Weifen, Allmächtigen zu gelangen, hindert uns diefelbe Kluft, die zwifchen der allergröfsten Zahl und dem Unendlichen liegt, eine Kluft, über die kein Weg führt, und jede Brücke unmöglich ift. S. Phyficotheologie.

Kant Crit. der rein. Vern. Elementarl. II. Th. II. Abth. II. Buch. III. Hauptft. VI. Abfchn. S. 656.

Allerperfönlichft.

1. **Allerperfönlichftes Recht** (*ius perfonaliffimum*) ift ein folches Recht, das eine Perfon betrifft, welche diefem Rechte durch nichts anders, als durch ihre eigene Perfon eine Genüge thun kann. Ein folches Recht ift z. B. das des Ehemanns auf feine Gattin (K. 106). Bei diefem Rechte ift die Perfon, welche die Verbindlichkeit gegen den Berechtigten hat, und die Sache, welche die Rechtsforderung betrifft, eins und daffelbe. Der Berechtigte ift durch ein folches Recht der Befitzer einer Perfon als einer Sache, die er aber nur als eine Perfon gebrauchen darf. Diefes Recht ift überdem nicht veräufserlich, fo wie auch die allerperfönlichfte Schuld nicht übertragen werden kann (K. 114.).

2. **Allerperfönlichfte Schuld** (*debitum perfonaliffimum*). Hierunter wird eine folche Schuld verftanden, die nur derjenige abtragen kann, welcher fie auf fich geladen hat. Derjenige, der eine folche Schuld hat, welche nicht auf einer Sache, auch nicht blofs auf feiner Perfon haftet (dann wäre fie perfönlich), fondern welche nur Er, durch feine Perfon, abtragen kann, hat die allerperfönlichfte Schuld auf fich (R. 95). Eine folche ift z. B. die Sündenfchuld der Menfchen.

126 Allerperſönlichſt. Allgemein. Allgemeingültig.

Kant Rel. innerh. der Gr. 2. St. 1. Abſchn. c. S. 95.
Deſſ. Metaph. Anfangsgr. der Rechtsl. I. Th. II.
Hauptſt. 3. Abſch. §. 23. S. 106. §. 29. S. 114.

Allgemein.
S. ~~Nothwendigkeit.~~ *April 14 f. u. Totalität*

Allgemeingültig.

Dieſes Wort drückt recht eigentlich den Begriff aus, der dabei gedacht werden ſoll, nehmlich daſs das Subject, dem es als Prädicat beigelegt wird, unter gewiſſen Bedingungen, von Jedermann auf die nehmliche Art angeſchauet oder gedacht werden muſs, je nachdem es eine Anſchauung oder ein Begriff iſt. Ein Urtheil z. B. iſt **allgemeingültig**, heiſst, Jedermann muſs, unter den nehmlichen Bedingungen, ſo urtheilen.

2. Kant theilt die **allgemeingültigen** Urtheile ein in **ſubjectiv allgemeingültige** und **objectiv allgemeingültige**, nach der Beſchaffenheit der Bedingung, unter welcher das Prädicat auf die nehmliche Art mit dem Subject verbunden werden muſs. Iſt nehmlich die Bedingung **objectiv**, d. i. liegt ſie in dem durch das Urtheil vorgeſtellten Object, ſo iſt es ein **objectiv**, iſt ſie aber **ſubjectiv**, d. i. liegt ſie in dem, das Object durch das Urtheil ſich vorſtellenden, Subject, ſo iſt es ein **ſubjectiv allgemeingültiges** Urtheil, z. B. die Roſen ſind roth, iſt ein **objectiv allgemeingültiges** Urtheil, denn die Bedingung des Urtheils iſt im Erfahrungsobject, den rothen Roſen; die Roſen ſind ſchön, iſt ein **ſubjectiv allgemeingültiges** Urtheil, denn die Bedingung des Urtheils liegt im Geſchmack des Urtheilenden, durch den man allein etwas ſchön findet. Bei dem erſten Urtheil kann man durch Begriffe angeben, warum das Prädicat roth den Roſen beigelegt werden muſs, nehmlich wegen der ihnen eigenthümlichen Beſchaffenheit ihrer Oberfläche, durch welche der Lichtſtrahl ſo geſpalten wird, daſs nur der rothe Strahl unſer Auge treffen kann; in dem letztern Urtheil aber kann man nicht durch Begriffe angeben, warum das Prädicat ſchön den Roſen beigelegt wird, denn dieſes liegt nicht

in dem Erkenntnisvermögen durch Begriffe, sondern in dem Geschmack, der durch ein Gefühl urtheilt, welches folglich subjectiv ist.

3. Ist nun ein Urtheil **objectiv allgemeingültig**, so muſs es auch **logische Allgemeinheit** haben, d. h. liegt die Bedingung des Urtheils im Object, welches durch das Urtheil gedacht wird, so muſs es von jedem solchen Object gelten, folglich drückt die **objective Allgemeingültigkeit** auch die **logische Quantität des Urtheils** aus, nehmlich daſs es ein **allgemeines Urtheil** ist. Ein subjectiv allgemeingültiges Urtheil hingegen ist **niemals logisch**, weil es nicht auf dem Begriff des Objects beruhet, sondern auf einem Gefühl im Subject, folglich ist ein solches Urtheil allemal **ästhetisch oder ein Geschmacksurtheil.**

4. Ein objectiv allgemeingültiges Urtheil ist auch jederzeit subjectiv allgemeingültig, d. i. wenn das Urtheil für alles, was unter einem gegebenen Begriff enthalten ist, gilt; so gilt es auch für Jedermann, der sich einen Gegenstand durch diesen Begriff **vorstellt.** Wenn das Urtheil, die Rosen sind roth, soll für wahr erkannt werden, so muſs in jedem erkennenden Subject, sobald es auf die Farbe der Rose merkt, oder daran denkt, das Erkenntniſsvermögen so beschaffen seyn, daſs das Subject sagen kann, **ich erkenne**, daſs die Rosen roth sind. **Die objective Allgemeingültigkeit ist daher die Gültigkeit der Beziehung einer Vorstellung auf das Erkenntniſsvermögen jedes Subjects.** Von einer subjectiven Allgemeingültigkeit, d. i. der ästhetischen, läſst sich nicht auf die logische schlieſsen; denn die Empfindung in dem Subject kann auf Gründen beruhen, die nur im Subject vorhanden sind, und folglich nicht immer auf Begriffe vom Object gebracht werden. Das Urtheil, daſs die Rosen schön sind, läſst sich nicht objectiv allgemeingültig machen, weil sonst die Schönheit derselben auf einem Begriff von etwas im Object Rose beruhen, und folglich mit dem

Verstande erkannt werden müste, welches nicht möglich ist. Die subjective Allgemeingültigkeit, welche man auch schlechthin die Gemeingültigkeit nennen kann, bestehet also in der Gültigkeit der Beziehung meiner Vorstellung auf das Gefühl jedes Subjects (U. 23).

5. Der logischen Quantität nach sind alle subjectiv allgemeingültige Urtheile eigentlich einzelne. Denn subjectiv allgemeingültige Urtheile gelten nur von einem bestimmten Gegenstande der Anschauung, und nicht von einem Begriff, daher kann ich nur sagen: diese Rose, die ich anblicke, ist schön, nicht aber die Rosen sind schön. Bringe ich aber die Anschauung des einzelnen Gegenstandes auf einen Begriff, so kann ein logisches Urtheil daraus werden, das sich durch Vergleichung auf ein ästhetisches gründet, wenn die subjective Bedingung, der Geschmack, als gemeingültig, oder in jedermann vorhanden, vorgestellt wird, daher kann man urtheilen: die Rosen sind schön (U. 24).

6. Wenn ein Urtheil ein Geschmacksurtheil seyn soll, so muss es auf Allgemeingültigkeit Anspruch machen. Diese besondere Bestimmung der Allgemeingültigkeit eines ästhetischen Urtheils ist eine wichtige Merkwürdigkeit, weil sie eine Eigenschaft unsers Erkenntnissvermögens aufdeckt. Durch das Urtheil diese Rose ist schön z. B. sinne ich Jedermann an, er soll sie so finden. Dieses verhält sich nicht so, wenn ich sage, diese Rose riecht angenehm, denn dabei verstehe ich immer stillschweigend mir, und etwa denen, deren Geruchsnerven so wie die meinigen modificirt sind.

7. Der Anspruch auf Allgemeingültigkeit, ohne dass dabei ein Begriff zum Grunde liegt, ist das wesentliche Kennzeichen des Geschmacksurtheils. Denn dadurch, dass kein Begriff des Objects, von welchem geurtheilt wird, dabei zum Grunde liegt, unterscheidet es sich von einem logischen Urtheil. Und

dadurch, daſs es auf Allgemeingültigkeit Anspruch macht, unterſcheidet ſich das Geſchmacksurtheil von einem Urtheil, das bloſs auf einem Gefühl, durch einen einzelnen Sinn, gegründet iſt, und wodurch ich das Object bloſs für angenehm, oder unangenehm, erklären kann, z. B. dieſe Roſe riecht angenehm. Durch das letztere kann ich zwar eine gewiſſe Einhelligkeit verlangen, aber nicht Allgemeingültigkeit, daher kann man das Vermögen, wodurch mir dieſes letztere Urtheil möglich wird, den Sinnengeſchmack, das Vermögen des wirklichen Geſchmacksurtheils, den Reflexionsgeſchmack nennen. Die umſtändlichere Auseinanderſetzung dieſer Begriffe würde hier für unſre Abſicht zu weitläuftig ſeyn, weil wir ſonſt eine vollſtändige Critik der äſthetiſchen Urtheilskraft hierherſetzen müſsten; wir hoffen aber, daſs das Geſagte hinreichen werde, ſich einen deutlichen Begriff von dem Allgemeingültigen und der Allgemeingültigkeit zu machen (U. 25). S. Geſchmacksurtheil.

Kant. Crit. der Urtheilskr. I. Th. I. Abſchn. I. B. 2. M. §. 8. S. 21. ff.

Allgemeingültigkeit.

S. Allgemeingültig.

Allgemeinheit.

S. Nothwendigkeit; äſthetiſche, ſ. Allgemeingültig; der Kirche, ſ. Kirche.

Allheit.

S. Totalität.

Amphibolie

transſcendentale, *amphibolia transſcendentalis, ambiguitas transſcendentalis, amphibologie transſcendentale, ambiguité transſcendentale.*

Amphibolie.

Die Verwechselung des reinen Verstandesobjects mit der Erscheinung (C. 5.:6), z. B. wenn man von zwei Tropfen Wasser, die ihrer Gröfse und Beschaffenheit nach vollkommen einerlei wären, behaupten wollte, sie müfsten entweder ein und eben derselbe Wassertropfen seyn, oder diese vollkommene Aehnlichkeit und Gleichheit, d. i. völlige Congruenz sei nicht möglich, so gründet sich diese Behauptung auf einer Verwechselung der Erscheinung, die man Wassertropfen nennt, mit einem reinen Verstandesobject, für das man den Wassertropfen nimmt. Wäre nehmlich der Wassertropfen kein sinnliches, sondern ein intelligibeles Ding, welches blofs durch den Verstand erkannt würde, und folglich nur vermittelst Merkmale des Verstandes, so müfsten freilich zwei Wassertropfen, die der Qualität und Quantität nach völlig ähnlich und gleich wären, auch dieselben, und beide ein und derselbe Wassertropfen seyn. Aber da sie sinnliche Gegenstände oder Erscheinungen sind, so müssen sie im Raum und in der Zeit vorhanden seyn, und zwei völlig congruente Wassertropfen können noch durch die Bedingungen der Sinnlichkeit, die *Modos* des Raums und der Zeit, nehmlich Ort und Lage, Vorherseyn und Nachherseyn u. s. w. unterschieden werden; sie können völlig ähnlich und gleich, und nur an verschiedenen Orten zu gleicher Zeit, oder an demselben Orte zu verschiedenen Zeiten vorhanden seyn. S. Reflexionsbegriff.

2. Das griechische Wort Amphibolie (ἀμφιβολία) bedeutet eigentlich eine Zweideutigkeit, und wurde schon von den alten Grammatikern als ein Kunstwort gebraucht, um z. B. die Zweideutigkeit damit zu bezeichnen, welche in dem Wort *Gallus* steckt, welches sowohl einen Hahn als einen Gallier bedeutet. Transscendentale Amphibolie heifst daher eine Zweideutigkeit in den Vorstellungen, die durch Verwechselung der Erkenntnifsvermögen, wodurch sie entspringen, entsteht. Die Römer nannten die Amphibolie auch Ambiguität, daher könnte man auch die transsc. Amphibolie eine transscendentale Ambiguität nennen.

Kant. Crit. der reinen Vern. Elementarl. II. Th. I. Abschn. II. Buch. Anhang. S. 316. 326.

Quinctilianus Instit. Orat. lib. VII. cap. X.

Rhetorica ad Herenn. lib. I. cap. XII.

An sich.

Dinge an sich, Dinge an sich selbst, Verstandeswesen oder Noumenen im negativen Verstande, transscendentale Gegenstände, das Nichtsinnliche, das ausersinnliche Substrat der Erscheinungen, das übersinnliche Substrat der Erscheinungen, τὰ ὄντα καθ' αὑτὰ, τὰ ὄντως ὄντα, τὰ νοητὰ, *Noumena sensu negativo*, heissen in der critischen Philosophie die Dinge, die der Verstand sich ohne Beziehung auf unsere sinnliche Anschauungsart (mithin nicht blofs als Erscheinungen) denkt (C. 307).

Wenn wir die sinnlichen Gegenstände, wie billig, als blofse Erscheinungen ansehen, d. i. als Gegenstände, die wir blofs durch die Art, wie unsere Sinne afficirt werden, kennen; so denken wir sie uns in Beziehung auf die Art, wie wir zur Kenntnifs derselben gelangen, nehmlich, dafs sie von uns, durch die Sinne, unmittelbar aufgefafst, d. i. angeschauet werden. Alles das, wovon wir sagen, es fällt uns in die Sinne, ist sinnliche Vorstellung, d. h. eben sowohl das Product einer Fähigkeit unsers Gemüths, welche die Sinnlichkeit heifst, als der Gedanke das Product desjenigen Vermögens, welches der Verstand genannt wird, nur mit dem Unterschiede, dafs die Sinnlichkeit afficirt (s. Afficirt) werden mufs, wenn ein solches Product entspringen soll. Der Tisch z. B., an dem ich schreibe, ist ein solches Product meiner Sinnlichkeit; er wäre nicht, wenn weder ich, noch andre Wesen, die eine solche Sinnlichkeit haben, als ich, ihn anschaueten, oder, durch eine unerklärbare Einwirkung auf ihre Sinnlichkeit genöthigt, ein solches Ding sich jetzt hier sinnlich vorstellen müsten. Wenn ich nun daran denke, dafs dieser Tisch für mich da ist, dadurch, dafs ich ihn in einer sinnlichen Vorstellung vor mir habe, oder anschaue, so beziehe ich ihn auf meine Anschauungsart; und betrachte ich den Tisch als einen Gegenstand, der allein vermittelst dieser sinnlichen Vorstellung, in der ich ihn vor mir habe, erkennbar ist, so nenne ich ihn eine Erscheinung, um damit anzudeuten, dafs wenn meine Sinnlichkeit, mit sammt der Sinnlichkeit aller der Wesen, die den Tisch anschauen, vernichtet würde*), der Tisch zu-

---

*) Diese Vorstellung, von der Vernichtung der Sinnlichkeit und aller sinnlichen Wesen, sich machen, um zu sehen, was dann noch von dem Object für die Erkenntnifs übrig bleibt, versteht Kant unter dem Ausdruck, von allen subjectiven Bedingungen in der Anschauung abstrahiren (C. 42). In *Jakobs Annalen der Philosophie,* 1796, S. 691. f. finde ich Vorstellungen vom Begriff eines Dinges an sich, denen ich nicht beistimmen kann. Erstlich wird daselbst dieser Begriff eine Denkform genannt; allein eine Denkform mufs einen Inhalt bekommen können, damit ein realer Gedanke seine Form durch ihn erhalte, der Begriff Ding an sich aber dient gar nicht dazu, dafs reale Gedanken, d. i. Erfahrungserkenntnifs durch ihn möglich werde. Der Begriff Ding an sich ist ja keine Categorie. Zweitens heifst es dort: „Der transcendentale Idealismus erklärt die Erfahrungserkenntnifs mit den daraus gezogenen richtigen Schlüssen für Realität;" das ist zu verstehen für Realität der Erfahrungserkenntnifs, d. i. der Erkenntnifs von Erscheinungen und nicht von Dingen an sich. Was soll also die Behauptung bedeuten: „Dafs die Substanzen im Raume beharren, und alle darin gegründete Veränderungen fortgehen, wenn auch das ganze menschliche Geschlecht ausstürbe, daran ist gar kein Zweifel. Es würde immer Luft, Wasser u. s. w. bleiben, und sich nach seinen Gesetzen verändern."? Aber wie ist das denkbar, wenn die Bedingung der Möglichkeit aller Erfahrung (C. 44), die Sinnlichkeit, welche in Raum und Zeit anschauet, wegfällt. Dann gäbe es ja Luft und Wasser ohne Raum, und Veränderung ohne Accidenzen, welche wechseln. Luft und Wasser sind ja Erscheinungen, und können als solche nur in uns, den Subjecten der Erscheinungen existiren (C. 69); wie können sie denn existiren, wenn auch das menschliche Geschlecht (alle Subjecte der Erscheinungen) ausstürbe? Ich kann mir die Worte: „Wenn also Ding an sich so viel heifsen soll, als was seiner Realität nach unabhängig von dem

gleich mit vernichtet werden würde, der, als Tisch, sein Daseyn unsrer Anschauung verdankt (s. Aberglaube I, 1. a). Zu einer Erscheinung gehört nehmlich zweierlei, das aber nur logisch und nicht wirklich von einander getrennt werden kann,

a. dafs die Sinnlichkeit afficirt werde;
b. dafs sie anschaue.

Das erste kömmt nun nicht von uns her, wohl aber das zweite. Durch das Anschauen wird nun die, dadurch, dafs die Sinnlichkeit aflicirt wird, entspringende Wirkung, welche man die Empfindung nennt, mit Beschaffenheiten begabt, die nur durch die besondere Beschaffenheit unsrer Sinnlichkeit möglich sind, und in so fern Nothwendigkeit haben, aber in denen doch zugleich auch manches seinen Grund in der Empfindung selbst hat, und in so fern zufällig ist. Dafs der Tisch vor mir lang und breit und hoch ist, rührt von derjenigen Beschaffenheit meiner Sinnlichkeit her, vermöge welcher sie sich Etwas als nach drei Dimensionen ausgedehnt vorstellt; dafs der Tisch aber seine bestimmte Gröfse nach den drei Dimensionen hat, ist zufällig, und liegt in der uns unbe-

---

Subjecte existirt; so ist unstreitig die ganze Sinnenwelt ein Ding an sich, und das Sonnensystem wird sich noch bewegen, wenn auch alle vorstellende Wesen aus der Natur verschwinden sollten" nicht anders erklären, als dafs hier von der Realität in der Erfahrung die Rede seyn soll. Allein wie kann das Sonnensystem sich bewegen, wenn kein vorstellendes Wesen mehr vorhanden ist, welches Anschauungen des Raums hat, da Bewegung Veränderung des Orts ist. Kant sagt (Prolegom. S. 62):" alle Körper mit samt dem Raume, darin sie sich befinden, müssen für nichts als blofse Vorstellungen in uns gehalten werden, und existiren nirgend anders, als blofs in unsern Gedanken. Meint der Rec. aber, der uns unbekannte transscend. Grund fallt mit dem Aufhören aller sinnlichen Erfahrungserkenntnifs nicht weg; so ist das doch nur ein aus unserm Erkenntnifsvermögen nothwendig entspringender, aber der objectiven Gültigkeit ermangelnder Gedanke. Dafs dieses aber nicht der empirische Idealismus (s. Berkley) sei, werde ich in dem Artikel Idealismus zeigen.

kannten Beschaffenheit der Empfindung. Wenn nun der Verstand sich die Gegenstände der Sinne als Erscheinungen denkt, so setzt er zugleich voraus, dass etwas die Sinnlichkeit afficire, und siehet, vermöge seiner Natur *), sich genöthigt, jeder Erscheinung etwas zum Grunde zu legen, das da erscheint, etwas, das uns afficirt, das uns aber gänzlich unbekannt ist, und nur als etwas, das nicht von unserm Anschauungsvermögen abhängt, das, ohne Rücksicht auf die Beschaffenheit unsrer Sinnlichkeit zu nehmen (C. 44), also ausser dem vorstellenden Subject vorhanden, gedacht wird, und der Grund einer Anschauung (die intelligibele Ursache der Erscheinungen) ist. Und dieses uns gänzlich unbekannte Gedankending, dieser Gegenstand eines Begriffs, der ganz leer von einem Inhalt ist, heisst das Ding an sich, die Nichterscheinung, das Nichtsinnliche, s. Aesthetik und Afficirt werden (E. 56).

2. Der Verstand denkt sich aber auch andere, logisch mögliche, Dinge, die gar nicht Gegenstände unsrer Sinne sind, als solche Dinge an sich, z. B. die Objecte der Ideen unsrer Vernunft, Gott, Geist u. s. w. Gott fällt uns nicht in die Sinne, der Verstand kann ihn nur denken, und er denkt ihn daher als ein von unserm Anschauungsvermögen gänzlich unabhängiges, ausser uns vorhandenes Wesen S. Idee.

3. Hier zeigt (M. 350. C. 306.) sich nun eine sehr wichtige Zweideutigkeit oder Amphibolie, welche grossen Missverstand veranlassen kann. Da der Verstand sich, ausser der Erscheinung, noch eine Vorstellung von einem Dinge an sich macht, so will er dieses Ding nun auch erkennen. Da aber dazu kein sinnlicher Stoff vorhanden ist, weil es nicht Erscheinung ist, so bleibt zur Erkenntnifs desselben nichts übrig, als die Begriffe des

---

*) Vermöge der er zu der Folge den Grund, und zu der Wirkung die Ursache, denkt.

reinen Verstandes, wodurch sich der Verstand ein Ding überhaupt denkt, oder die Prädicate, die einem jeden möglichen Dinge beigelegt werden müssen, weil der Verstand durch sie alles denkt. Das sind die Categorien, oder reinen Verstandesbegriffe der Quantität, Qualität, Relation und Modalität. S. afficirt werden. Daher rührt denn die Täuschung, dafs man die Vorstellung von dem Dinge überhaupt, oder dem Verstandeswesen, welches man sich als Subject denkt, dem die Categorien als Prädicate zukommen, für etwas hält, das auch aufser unfrer Sinnlichkeit vorhanden ist; und dafs man sich dann unter dem blofsen Begriff des, durch die reinen Categorien bestimmten, Dinges überhaupt, das Ding an sich vorstellt. Ich frage z. B., was ist dieser Tisch aufser mir, wenn ich ihn nicht anschaue? und wer sich durch jene Täuschung verleiten läfst, der antwortet: er ist Ein Ding, und nicht mehrere, das Realitäten hat, begrenzt ist, er ist eine Substanz, die ihre Accidenzen hat, er ist die Wirkung einer Ursache, und mufs mit andern Dingen im Zusammenhange stehen, er hat Wirklichkeit, und ist daher auch möglich. Allein dadurch haben wir noch gar nicht erkannt, was der Tisch, an sich selbst, als Ding an sich seyn mag: sondern wir haben uns nur die reinen Verstandesbegriffe Einheit, Realität, Limitation, Substanz u. s. w. gedacht, die jedem Dinge in der Erscheinung als Merkmale zukommen müssen, weil es sonst nicht gedacht werden könnte. Aber

a. können wir diese Categorien dem Dinge an sich, strenge genommen, so wenig beilegen, als die Prädicate des Raums und der Zeit; denn sonst ist das Ding nicht Ding an sich, sondern ein blofs im Verstande vorhandener Gedanke, der seine Bestimmungen eben so, durch die Beschaffenheit des Verstandes erhält, als die Erscheinung Tisch, durch die Beschaffenheit der Sinnlichkeit, die Ausdehnung, Dimensionen u. s. w.

b. würde auch kein Ding an sich eigene Merkmale haben, und von dem andern unterschieden seyn;

denn da die Categorien blofs die Merkmale eines Dinges überhaupt sind, abstrahirt von den sinnlichen Eigenthümlichkeiten desselben, so kommen diese Prädicate, und gar keine andern, in jedem Dinge an sich vor. Die Prädicate, die wir aber dem Dinge an sich beilegten, welches wir dem Tisch zum Grunde legten, sind daher auch die Prädicate eines Geistes.

4. Die Lehre von der Sinnlichkeit ist nun zugleich die Lehre von den Dingen an sich (M. 352. C. 307), weil, wie gezeigt worden, der Verstand von jedem Gegenstande der Sinne fragen muss, was ist er denn, unabhängig von der Sinnlichkeit, oder aufser dem anschauenden Subject? Nun haben wir gesehen, dafs wenn wir alles, was zur Sinnlichkeit gehört, von einem gedachten Gegenstande weglassen, uns nichts übrig bleibt, als die reinen Verstandesbegriffe, oder Categorien, wodurch ein jedes Ding, als Ding überhaupt gedacht wird; und dann erst noch seinen eigenthümlichen Inhalt durch eine Anschauung, oder sinnliche Vorstellung, bekommen muss. Die Categorien haben nur dadurch Bedeutung, dafs sie den unsrer Sinnlichkeit zur Anschauung gegebenen Stoff zu Einem Ganzen verbinden, oder ihm Einheit geben. Sie sind die allgemeinen Verbindungsbegriffe jenes Stoffs. Das können sie aber nur vermittelst des Raums und der Zeit sein, ohne welche ihre eigentliche Bedeutung wegfällt; folglich sind sie auch auf Dinge an sich, die, als Nichtsinnliche, nicht im Raum und der Zeit vorhandene Dinge gedacht werden, gar nicht anzuwenden, und diese können daher auch nicht durch sie, folglich gar nicht, erkannt werden. Der Tisch z. B. als Ding an sich betrachtet, soll Ein Ding seyn, aber da er dann nicht im Raum und in der Zeit ist, so verliert hier der Begriff der Einheit seine Bedeutung. Denn die Einheit ist dasjenige, was Dinge, die zusammengezählt werden sollen, mit einander gemein haben (Küstner. Anfangsgr. der Arithm. 1 Kap. §. 4). Ohne Zeit ist aber kein Zählen, und ohne Raum keine Mehrheit der Dinge möglich, folglich auch nicht die Vorstellung gemeinsamer Merkmale in dem Begriff der Einheit. Der Tisch

hat als Ding an sich Realität, ist Substanz; das ist eben so unverständlich. Denn Realität ist das im Begriff, was der Empfindung correspondirt, d. i. die Empfindung, in so fern sie gedacht wird. Denke ich mir nehmlich etwas, ohne dafs dasselbe je empfunden werden kann, so hat das, was ich denke, keine Realität. Die Realität zeigt also an, dafs das, was ich denke, nicht blofs ein Gedanke ist, sondern auch etwas vorhanden ist, also sich in der Zeit überhaupt befindet (ohne dafs, wie bei der Existenz, die Zeit bestimmt wird). Ohne Zeit aber ist auch kein Seyn in der Zeit und keine Empfindung denkbar, und der Begriff der Realität wird dann blofs logisch, oder zeigt an, dafs ich in dem Begriff des Tisches etwas denke, was ihm zukömmt, dafs von ihm Bejahungen gelten, aber es ist keine anzugeben. Die Substanz ist das Unwandelbare im Daseyn, dieses setzt aber wieder den Zeitbegriff voraus, nehmlich dafs etwas an ihr wandelt in der Zeit, sie aber dabei in aller Zeit beharret. Fällt nun die Zeit weg, so behält der Begriff der Substanz blofs eine logische Bedeutung, nehmlich die, dafs etwas immer Subject eines Urtheils ist. Das Urtheil, der Tisch ist immer Subject in den Urtheilen über ihn, giebt aber keine Erkenntnifs, da uns die Realitäten des Tisches, oder der Inhalt bejahender Prädicate, wie gezeigt worden ist, fehlen. Folglich können wir von den Categorien keinen Gebrauch machen, ohne Raum und Zeit, sie haben nur Bedeutung in Beziehung auf die Einheit der in Raum und Zeit vorgestellten Anschauungen, oder auf die Zusammenfassung des, einer Sinnlichkeit, welche nur unter Raumes- und Zeitvorstellungen anschauen kann, gegebenen Mannichfaltigen, zu Begriffe. Da nun aber Raum und Zeit (aufser der Erfahrung) blofs etwas Ideales sind, und aufser dem anschauenden Subject keine Wirklichkeit haben, so können die Categorien auch nur als Verbindungsbegriffe *a priori* des Mannichfaltigen in Raum und Zeit, aber nicht der Dinge an sich, dienen. Wo folglich der Verstandesbegriff keine Zeiteinheit hervorbringen kann, z. B. Etwas nicht als in der Zeit vorhandene Empfindung (Realität), oder in aller Zeit Beharrliches (Substanz), oder an mehrern sich Befindendes (Einheit), bestimmen kann, da hört der ganze Gebrauch und, wie wir gesehen haben, alle Bedeutung der Categorien auf. Das ist folglich der Fall mit dem **Dinge an sich**. Ohne die Categorien läfst sich, wie aus dem gegebenen Exempel erhellet, nicht einmal einsehen, wie solche Dinge an sich, die doch durch Categorien sollen gedacht werden, möglich seyn sollen. Die (metaphysische) Möglichkeit eines Dinges kann nehmlich niemals blofs daraus folgen, dafs die Prädicate im Urtheile, dem Begriffe des Dinges, über das geurtheilt wird, nicht widersprechen. Denn gesetzt, dieser Begriff wäre falsch, und auch die Prädicate, so dürfte beides sich eben nicht widersprechen, und dennoch würde das Urtheil falsch seyn; oder es gäbe gar nicht ein solches Ding, dessen Begriff das Subject im Urtheil giebt, so geben ja alle Urtheile darüber, wären sie auch noch so sehr von allen Widersprüchen frei, blofs Schimären. Wie kann man also wissen, ob solche Schimären existiren können? Blofs dann ist die (metaphysische) Möglichkeit des Gedachten gesichert, wenn man ihn in einer Anschauung darstellen kann. Daher hat der Geometer, wenn er auch noch so deutlich und bestimmt definirt hat, dennoch erst zu zeigen, wie das, was er definirte, construirt oder in der Anschauung dargestellt werden kann; welches eben die Absicht der Aufgaben in der reinen Geometrie ist. Wenn wir also die Categorien auf Gegenstände anwenden wollten, die unabhängig von der Sinnlichkeit möglich seyn sollen, so müssen diese Gegenstände, auf eine andere nicht sinnliche Art, angeschauet werden, damit diese Anschauung den Categorien Inhalt und den durch sie gedachten Dingen Möglichkeit gäbe. Solche Gegenstände wären also **Noumenen im positiven Verstande**, von welchen unter diesem Namen gehandelt werden soll. S. Noumen.

Die Bedeutung des Ausdrucks: **Dinge an sich**, im empirischen Verstande, s. im Artikel Aesthetik, 11 und Categorien.

5. Schon von den älteften Zeiten der Philofophie her haben fich Forfcher der reinen Vernunft aufser den Sinnenwefen, oder Erfcheinungen, die die Sinnenwelt ausmachen, noch befondere Verftandes-wefen, welche eine Verftandeswelt ausmachen follten, gedacht (C. 104). Plato (*Sophifta p.* 160) fpricht fchon von denen, „welche behaupten, dafs es weiter nichts gebe, als was man mit Händen greifen könne*), und fagt, es fei in der Welt ftets eine Gigantomachie gewefen, d. i. es habe immer Himmelsftürmer gegeben, welche behauptet hätten, nur das, was fie anrühren könnten, fei wirklich, und welche die Meinung anderer, es gebe auch unkörperliche Dinge, verworfen hätten." Die Gegner diefer Himmelsftürmer hätten hingegen behauptet, „es gebe gewiffe unkörperliche Verftandeswefen, welche allein Wirklichkeit hätten"**). Die Vertheidiger der erften Meinung waren z. B. Democrit und Protagoras. Plato felbft aber dachte fich aufser dem, was er τὰ αἰσθητὰ, Sinnenwefen, nannte, noch τὰ νοητὰ, Verftandeswefen, welche er auch τὰ ὄντα, Dinge an fich, nannte. Auch Ariftoteles nahm noch andre Wefen an, als die Sinnenwefen, und fagte, Gott fei ein folches Wefen (οὐσία κεχωρισμένη τῶν αἰσθητῶν. *Metaph. XIV. Cap. VII.*). S. Idee.

6. Die alten Philofophen hielten Erfcheinung und Schein für einerlei, welches einem noch unausgebildeten Zeitalter wohl zu verzeihen ift, und geftanden daher, wie wir gefehen haben, den Verftandeswefen allein Wirklichkeit zu. Der Unterfchied zwifchen den angeführten Behauptungen einiger alten Philofophen und denen der critifchen Philofophie ift alfo der Unterfchied zwifchen dem materiellen und critifchen Idealismus. Jene alten Philofophen und alle Idealiften

---

*) Ὅι διατείνοιντ᾽ ἄν, τῶν ὃ μὴ δύναται ταῖς χερσὶ συμπιέζειν εἰσιν, ὡς ἄρα τοῦτο τὸ παράπαν ἐςί.

**) νοητὰ ἄττα καὶ ἀσώματα εἴδη βιαζόμενοι τὴν ἀληθινὴν οὐσίαν εἶναι.

behaupteten: alle Erkenntniſs durch Sinne und Erfahrung sei nichts als lauter **Schein**, und nur in den Ideen des reinen Verstandes und der reinen Vernunft sei **Wahrheit**. Kant hingegen behauptet, als **critiſcher Idealiſt**: Nur in dem Erkenntniſs durch Sinne und in der Erfahrung iſt **Wahrheit**, und alles **Erkenntniſs von Dingen an ſich**, oder von Dingen aus bloſsem reinen Verſtande, oder reiner Vernunft, iſt nichts als lauter **Schein** (Pr. 205).

7. Der Begriff eines Noumenon im negativen Verſtande iſt **problematiſch**, d. h.

a. Es enthält keinen Widerſpruch; denn man kann von der Sinnlichkeit doch nicht behaupten, daſs ſie die einzige Art der Anſchauung, und daſs es alſo gar keine andere Erkenntniſs, folglich auch keine andern erkennbaren Dinge, gebe, als durch die Sinne.

b. Er hängt als Begrenzung gegebener Begriffe mit andern Erkenntniſſen zuſammen; denn er ſchränkt die objective Gültigkeit der ſinnlichen Erkenntniſs auf Gegenſtände einer möglichen Erfahrung ein, indem das Noumen eben davon den Namen **Verſtandesweſen** hat, um damit anzuzeigen, daſs die Anſchauung hier ihre Grenzen finde, und ſich nebſt den Grundſätzen der Aeſthetik nicht über alles erſtrecken könne, was der Verſtand denkt; ſonſt würde alles in lauter Erſcheinung verwandelt werden.

c. Seine objective Realität kann aber auf keine Weiſe erkannt werden; weil wir keine Anſchauung, ja nicht einmal den Begriff von einer möglichen Anſchauung haben, durch die uns auſser dem Feld der Sinnlichkeit Gegenſtände gegeben wären.

Der Begriff des Noumenon iſt alſo bloſs ein Grenzbegriff, um die Anmaſsung der Sinnlichkeit einzuſchränken, und alſo nur von negativen Gebrauche, um dadurch nehmlich anzugeben, daſs die Erkenntniſs durch die Sinne ſich nicht anmaſsen dürfe, die einzige mögliche Erkenntniſs zu ſeyn. Dieſer Begriff iſt nicht willkührlich erdichtet, ſondern hängt, wie wir geſehen haben, mit der Einſchränkung der Sinnlichkeit zuſammen (C. 310).

8. Der Verstand gesteht eben dadurch, daſs er Erscheinungen annimmt, das Daseyn von Dingen an sich selbst zu, und so fern können wir sagen, daſs die Vorstellung solcher Wesen, die den Erscheinungen zum Grunde liegen, mithin bloſser Verstandeswesen, nicht allein zuläſsig, sondern auch unvermeidlich sei. Also werden hierdurch Verstandeswesen zugelassen, nur mit Einschärfung dieser Regel, die gar keine Ausnahme leidet: daſs wir von diesen reinen Verstandeswesen ganz und gar nichts bestimmtes, nicht einmal ihre reale Möglichkeit, noch vielweniger ihre Wirklichkeit, wissen, noch wissen können; weil unsere reinen Verstandesbegriffe sowohl als auch unsere reinen Anschauungen auf nichts als Gegenstände möglicher Erfahrung, mithin auf bloſse Sinnenwesen gehen, und, sobald man von diesen abgehet, jenen reinen Verstandesbegriffen nicht die mindeste Bedeutung mehr übrig bleibt (Pr. 105).

Kant Critik der reinen Vern. Elementl. II. Th. I. Abth. II. Buch. III. Hauptst. S. 294 — 315.
Deſſ. Prolog. §. 32. S. 104. 105.
Deſſ. Schrift, über eine Entdeck. II. Abschn. C. S. 41. ff.

Analogie,

analogia, analogie. So heiſst die Einerleiheit zweier Verhältniſſe (C. 222). Unter einem Verhältniſs verstehet man nehmlich die Bestimmung zweier Vorstellungen durch einander. Von beiden Vorstellungen sagt man, sie stehen mit einander im Verhältniſs. Z. B. Cajus ist des Titus Vater; hier sind Cajus und Titus die beiden Vorstellungen, deren Verhältniſs zu einander betrachtet wird, Cajus wird durch den Titus bestimmt, er ist desselben Vater, und Titus wird durch den Cajus bestimmt, er ist desselben Sohn.

2. Die beiden Vorstellungen, die in einem Verhältniſſe stehen, heiſsen die Glieder des Verhältniſſes, und sind entweder Gröſsen (Quantitäten) oder Beschaffenheiten (Qualitäten), und ihre Verhältniſſe heiſsen dann quantitative oder qualitative

Verhältnisse. Ein quantitatives Verhältnifs ist die Beſtimmung zweier Gröſsen, und ein qualitatives Verhältnifs die Beſtimmung zweier Beſchaffenheiten durch einander. Und hiernach werden nun auch die Analogien in quantitative oder mathematiſche und in qualitative oder philoſophiſche eingetheilt.

3. Die quantitativen Analogien heiſsen auch Proportionen, und beſtehen alſo in der Gleichheit zweier Gröſsenverhältniſſe. Die Einerleiheit zweier Gröſsen nennt man nehmlich ihre Gleichheit. Ein Gröſsenverhältnifs iſt aber ſelbſt eine Gröſse, denn wenn ich eine Gröſse durch eine andre beſtimme, ſo kann nichts anders als eine neue Gröſse daraus hervorkommen.

4. Gröſsen werden aber durch Zahlen dargeſtellt, indem dieſe die allgemeinen Repräſentanten aller Gröſsen ſind, was alſo von den Gröſsen gilt, das gilt auch von den Zahlen.

5. Man kann aber zwei Zahlen auf zweierlei Art durch andere beſtimmen, entweder vermittelſt der Subtraction, oder durch die Diviſion.

6. Vermittelſt der Subtraction werden Zahlen durch einander beſtimmt, wenn man unterſucht, um wie viel die eine Zahl gröſser oder kleiner iſt, als die andere; dann betrachtet man die Zahlen in ihrem arithmetiſchen Verhältnifs, und die Beſtimmung zweier Zahlen durch einander vermittelſt der Subtraction iſt ihr arithmetiſches Verhältnifs, z. B. $20 - 5 = 15$ heiſst, die Zahl 20 ſtehet mit 5 in dem arithmetiſchen Verhältnifs, oder wird vermittelſt der Subtraction ſo durch 5 beſtimmt, daſs ſie um 15 gröſser als 5, und 5 um 15 kleiner als 20, iſt. Schreibe ich alſo $20 - 5$, ſo iſt nicht von 20 an und für ſich ſelbſt, auch nicht von der 5 auſser dieſem Verhältnifs die Rede, ſondern von der Beſtimmung der 20 durch die 5 vermittelſt der Subtraction, d. i. von der neuen Gröſse, die daraus hervorgehet, der Zahl 15, aber mit Rückſicht auf ihre Erzeugung.

7. Vermittelſt der Diviſion werden Zahlen durch einander beſtimmt, wenn man unterſucht, wie vielmal

die eine Zahl in der andern enthalten ist, oder was für ein Theil von einer in der andern steckt; dann betrachtet man die Zahlen in ihrem geometrischen Verhältnifs, und die Beſtimmung zweier Zahlen durch einander vermittelſt der Diviſion iſt ihr **geometriſches Verhältnifs**, z. B. $\frac{20}{5} = 4$ heiſst, die Zahl 20 ſtehet mit 5 in dem geometriſchen Verhältnifs, oder wird vermittelſt der Diviſion durch 5 ſo beſtimmt, daſs 5 in derſelben 4 mal enthalten iſt, und umgekehrt iſt $\frac{5}{20} = \frac{1}{4}$ oder $\frac{1}{4}$ von 20 ſteckt in der 5. Man ſchreibt das geometriſche Verhältnifs auch ſo 20 : 5, und betrachte ich dieſes Verhältnifs, ſo iſt wieder nicht von der 5 an und für ſich ſelbſt, oder von der 20 auſser dieſem Verhältnifs die Rede, ſondern von der Beſtimmung der 20 durch die 5 vermittelſt der Diviſion, oder umgekehrt, d. i. von der neuen Gröſse, die daraus hervorgehet, der Zahl 15 oder $\frac{1}{4}$; aber mit Rückſicht auf ihre Erzeugung.

8. Die **Gleichheit zweier arithmetiſchen Verhältniſſe**, (6) heiſst nun eine **arithmetiſche Proportion** oder **arithmetiſche Analogie**, z. B. die Zahlformel 20 — 5 = 36 — 21, ſagt die arithmetiſche Proportion aus, daſs die Zahl 20 um eben ſo viel gröſser iſt als 5, um wie viel 36 gröſser iſt als 21, nehmlich 15, oder umgekehrt 5 — 20 = 21 — 36. Dieſe Proportion wird auch allgemein folgendergeſtalt durch eine Buchſtabenformel vorgeſtellt, a — b = c — d. Das heiſst, man ſoll ſich unter dieſen vier Buchſtaben alle mögliche, nur vier verſchiedene, Zahlen vorſtellen, aber ſo, daſs die erſte Zahl, die ich mir unter a denke, um eben ſo viel gröſser oder kleiner iſt als die, welche ich mir unter b denke, um wie viel diejenige Zahl, die ich mir unter c denke, gröſser oder kleiner iſt, als diejenige Zahl, die ich mir unter d denke.

9. Die **Gleichheit zweier geometriſchen Verhältniſſe** (7) heiſst eine **geometriſche Proportion** oder **geometriſche Analogie**, z. B. die Zahlformel $\frac{20}{5} = \frac{36}{9}$ ſagt die geometriſche Proportion aus, daſs die Zahl 20 die 5 eben ſo vielmal ent-

halte, als 36 die 9, nehmlich 4 mal, welches man auch fo bezeichnet, 20: 5 = 36: 9, und eben fo ift die Buchftabenformel a : b = c : d zu verftehen, dafs man fich nehmlich unter diefen Buchftaben vier verfchiedene Zahlen denke, wovon die erfte, welche a heifse, die zweite, welche b genannt werde, fo oft enthalte, als die dritte c die vierte d enthält.

10. Diefe mathematifchen Analogien, fagt nun Kant, find jederzeit conftitutiv, d. h. fie find die Mittel, durch welche ein Gegenftand, nehmlich eins der vier Glieder, wenn man die übrigen drei kennt, erzeugt, nehmlich conftruirt oder *a priori* dargeftellt werden kann. Sind nun z. B. die drei Glieder, die beiden in dem Verhältnifs 20 — 5 und das Glied 36, zu einer arithmetifchen Proportion gegeben oder bekannt, fo lehrt die Lehre von der arithmetifchen Proportion, dafs man nur das zweite Glied 5 und das dritte 36 zu einander addiren, und von der daraus entfpringenden Summe 41 das erfte Glied 20 fubtrahiren darf, fo mufs allemal der Reft das vierte unbekannte Glied der arithmetifchen Proportion, nehmlich 21 feyn. Der Mathematiker bezeichnet diefe Regel fo, $5 + 36 — 20 = 21$, oder in Buchftaben $b + c — a = d$. Sind uns die drei Glieder, die beiden in dem Verhältnifs 20 : 5, und das Glied 36, zu einer geometrifchen Proportion gegeben oder bekannt, fo lehrt die Lehre von der geometrifchen Proportion, dafs man nur das zweite Glied 5 und das dritte 36 mit einander multipliciren, und das daraus entfpringende Product mit dem erften Gliede 20 dividiren dürfe, fo mufs allemal der daraus entfpringende Quotient das vierte unbekannte Glied der geometrifchen Proportion, nehmlich 9 feyn, $\frac{5 \cdot 36}{20} = 9$, oder $\frac{bc}{a} = d$, welche Regel man auch, mit italiänifchen Worten, die Regel de tri oder von den drei Sätzen zu nennen pflegt (Käftner. Anfangsgründe der Arithm. Kap. V. §. 1 — 37).

11. Die qualitativen Analogien nennt man auch fchlechthin Analogien, und fie beftehen in der Identität zweier Befchaffenheitsverhältniffe. Die Einerleiheit zweier Befchaffenheiten nennt man nehmlich ihre Identität. Ein Befchaffenheitsverhältnifs ift aber

felbst eine Befchaffenheit, denn wenn ich eine Befchaffenheit (Qualität) durch eine andere beftimme, fo kann nichts anders als eine neue Befchaffenheit daraus erzeugt werden, die durch einen Satz ausgedrückt wird. Was alfo der Exponent oder die Zahl, welche aus der Beftimmung einer Zahl durch die andere erzeugt wird, bei dem quantitativen Verhältnifs ift, das ift bei dem qualitativen Verhältniffe der Satz oder auch der neue Begriff, der durch die Verbindung des Prädicats mit dem Subject entfpringt, z. B. aus dem Urtheil, der Tifch ift roth, entfpringt der Begriff, der rothe Tifch. Und in fo fern ift allerdings ein Urtheil nichts anders, als die Beftimmung des Verhältniffes zweier Qualitäten.

12. Befchaffenheiten werden aber durch Begriffe gedacht, und durch Worte ausgedrückt, können aber eigentlich nicht dargeftellt werden. Man bedient fich zwar auch der Buchftaben und der Zeichen der mathematifchen Verhältniffe, um dadurch Befchaffenheiten zu bezeichnen; fie kommen aber dann nur, wie wir fehen werden, dem Denken zu Hülfe, dienen aber nicht, wie in der Mathematik, als Mittel der Conftruction oder Darftellung *a priori* des Unbekannten. Was aber von den Befchaffenheiten gilt, das gilt auch von den Begriffen, durch welche die Befchaffenheiten gedacht werden.

13. Man kann aber zwei Begriffe auf zweierlei Art durch einander beftimmen, entweder logifch oder metaphyfifch.

14. Logifch werden zwei Begriffe durch einander beftimmt, wenn man unterfucht, wie zwei Begriffe nach den Gefetzen des Denkens überhaupt durch einander gedacht werden. Dann betrachtet man die Begriffe in ihrem logifchen Verhältniffe, und die Beftimmung zweier Begriffe durch einander vermittelft der logifchen Gefetze des Denkens ift ihr logifches Verhältnifs. Solcher logifchen Verhältniffe giebt es aber zwei, das Verhältnifs der Vergleichung und das Verhältnifs der Verknüpfung. Man kann nehmlich zwei Begriffe mit einander vergleichen, um zu unter-

suchen, ob sie dieselben sind oder nicht. Diese Bestimmungen der Begriffe sind **Verhältnisse der Vergleichung**, deren es drei verschiedene Arten giebt, nehmlich das Verhältniß der **Identität**, der **Aehnlichkeit** und der **Verschiedenheit**. Sind zwei Begriffe ein und derselbe Begriff, so stehen sie mit einander im Verhältnisse der **Identität**, z. B. Thier und Thier; haben zwei Begriffe mehrere Merkmale mit einander gemein, so stehen sie, in Ansehung dieser Merkmale, im Verhältniß der **Aehnlichkeit**. Diese Merkmale selbst aber sind **identisch**, Hund und Schwein sind einander ähnlich in Ansehung mancher Merkmale, auch sind sie beide Thiere. Enthalten beide Begriffe specifisch verschiedene Merkmale, so daß der eine Begriff ganz andere Beschaffenheiten aussagt als der andere, so stehen die Begriffe im **Verhältnisse der Verschiedenheit**, z. B. Hund und Pferd, ein Hund ist kein Pferd. Man kann aber auch zwei Begriffe mit einander verknüpfen, oder untersuchen, ob sie beide zusammen denkbar sind oder nicht. Diese Bestimmungen der Begriffe sind **Verhältnisse der Verknüpfung**. Solcher sind wieder drei, das **Verhältniß des Widerspruchs und der Einstimmung, des Grundes und der Folge, und das der Ausschließung**. Sind zwei Begriffe so beschaffen, daß sie Merkmale haben, die einander aufheben, so stehen sie im Verhältnisse des **Widerspruchs**, und können nicht zusammen gedacht werden, oder sind zusammen **logisch unmöglich**, z. B. die Begriffe **Zwerg** und **unermeßlich** lassen sich nicht mit einander verknüpfen, denn ein unermeßlicher Zwerg würde so viel heißen, als ein seiner ungeheuern Größe wegen nicht meßbarer und doch ungewöhnlich kleiner Mensch, ein Begriff, der widersprechende Merkmale enthält und also **logisch unmöglich** ist, folglich stehen Zwerg und unermeßlich im Verhältnisse des Widerspruchs. Begriffe, die nicht in diesem Verhältnisse stehen, sind zusammen denkbar, und lassen sich verknüpfen, sie sind zusammen **logisch möglich**, welches man auch das Verhältniß der **Einstimmung** nennen kann. Ist ein Begriff der Grund des andern Begriffs, so daſs der zweite aus dem erstern begriffen werden kann, so stehen beide mit einander im Verhältnisse des Grundes, sie werden zusammen gedacht, oder sind zusammen logisch wirklich; ein Begriff hingegen, der mit keinem andern in diesem Verhältnisse steht, ist nicht logisch wirklich, man denkt ihn nicht; so denke ich mir z. B. den Besuch meines Freundes nicht als wirklich, denn ich müſste ihn sonst bei mir sehen und sprechen, dieser Besuch und daſs ich meinen Freund nicht bei mir sehe und spreche stehen also im Verhältnisse des Grundes. Endlich wird jeder Begriff durch eins von zwei sich widersprechenden Merkmalen bestimmt, und er stehet also mit jedem andern Begriff in dem Verhältnisse, daſs er entweder mit diesem Begriff, oder seinem Gegentheil, verknüpft gedacht werden muſs, oder logisch nothwendig ist. Dieses Verhältniſs heiſst das der Ausschlieſsung, weil dadurch ein dritter Fall, daſs ihm nehmlich beides zusammen, der Begriff und sein Gegentheil, oder keins von beiden zukommen könne, ausgeschlossen wird, z. B. der Mensch und Vernunft und Unvernunft stehen in diesem Verhältnisse, der Mensch hat entweder Vernunft oder nicht, ein drittes und beides zusammen ist nicht möglich.

15. Metaphysisch werden die Gegenstände zweier Begriffe nach den allgemeinen Gesetzen der Erfahrung so durch einander bestimmt, wie die Begriffe in den logischen Verhältnissen der Verknüpfung. Dann betrachtet man die Begriffe in ihrem metaphysischen oder objectiven Verhältnisse, und die Bestimmung zweier Begriffe durch einander vermittelst der metaphysischen Gesetze der Erfahrung ist ihr metaphysisches Verhältniſs. Solcher metaphysischen Verhältnisse giebt es wieder zwei, die Verhältnisse der Erfahrung und die Verhältnisse des empirischen Denkens. Man kann nehmlich zwei Begriffe so durch einander bestimmen, daſs die Objecte derselben als Substanz und Accidenz, oder als Urſach und Wirkung, oder als wechselseitige Wirkungen von

einander betrachtet werden. (S. Aberglaube 2, e. und Aggregat.) Dieses giebt drei Verhältnisse der Erfahrung, nehmlich 1) das Verhältnifs der **Substanzialität**, z. B. das Glas ist zerbrechlich, d. i. diejenige Substanz, welche ihrer wesentlichen Accidenzen wegen jetzt den Namen Glas führt, hat unter diesen auch die veränderliche Bestimmung (das Accidenz), dafs es zerbrochen werden kann; 2) das Verhältnifs der **Causalität**, z. B. das Glas ist vom Cajus zerbrochen worden, d. i. Cajus ist die Ursache der Wirkung, dafs das Glas zerbrochen ist; 3) das Verhältnifs der **Wechselwirkung**, z. B. mit der Kraft, welche Cajus anwendet, das Glas zu zerbrechen, widerstehet das Glas dem Zerbrechen (der Ueberschufs nehmlich, mit dem er das Glas wirklich zerbrach, war unendlich klein gegen die ganze angewendete Kraft). Man kann aber auch zwei Begriffe so durch einander bestimmen, dafs das Object derselben im Verhältnisse zum Erkenntnifsvermögen betrachtet und als Gegenstand einer **möglichen, wirklichen und nothwendigen Erfahrung** (nicht wie in 14 eines blofs möglichen, wirklichen und nothwendigen Gedankens) erkannt wird. Dieses giebt drei Verhältnisse des **empirischen Denkens**: 1) das Verhältnifs der Möglichkeit, z. B. es kann noch einmal eine unbekannte Insel entdeckt werden; dieses Verhältnifs der unbekannten Insel zu dem entdeckt werden können, ist das Verhältnifs der Möglichkeit, es ist das nicht blofs denkbar, die Begriffe stehen nicht nur nicht im Verhältnisse des Widerspruchs, sondern das Object kann auch in der Erfahrung zu irgend einer Zeit und in irgend einem Ort auf Erden vorkommen; 2) das Verhältnifs der **Wirklichkeit**, z. B. Cook entdeckte Otaheite, dieses Verhältnifs Cooks zur Entdeckung von Otaheite ist das Verhältnifs der Wirklichkeit, es ist kein blofser Gedanke, sondern eine Begebenheit in der Reihe der Erfahrungen, ich stelle mir nicht blofs einen Entdecker vor, durch den sich unsere Kenntnifs von Otaheite begreifen läfst, sondern er ist wirklich die Ursache dieser unsrer Kenntnifs; 3) das Verhältnifs der **Nothwendigkeit**, z. B. jede Insel im Südmeer, die wir kennen, mufs einen Entdecker gehabt haben. Diefes Verhältnifs, der uns bekannten Infeln im Südmeere zu einem Entdecker, ift das Verhältnifs der Nothwendigkeit, ich mufs nicht blofs fo denken, die Begriffe ftehen nicht blofs im Verhältniffe der Ausfchliefsung, fo dafs nicht nur nicht das Gegentheil, fondern auch kein andrer Fall als möglich gedacht werden kann, fondern es mufs auch in der Erfahrung durchaus fo gefunden werden, und wenn die Entdecker auch alle vergeffen worden wären, fo bleibt es dennoch nothwendig und materiale oder objective Wahrheit.

16 Die Identität zweier logifchen Verhältniffe kann nun eine logifche Analogie genannt werden, z. B. Gefchmack und Verftand verhalten fich zu einander, wie Gefühl und Erkenntnifs. Dies ift eine Analogie zweier Vergleichungsverhältniffe (14). Diefelbe Aehnlichkeit, die zwifchen den beiden Vermögen Gefchmack und Verftand ift, mufs auch zwifchen ihren Producten Gefühl und Erkenntnifs feyn.

17. Die Identität zweier metaphyfifchen Verhältniffe kann man die metaphyfifche Analogie nennen, z. B. was der Gefchmack für die Schönheit ift, das ift der Verftand für die Vollkommenheit. Dies ift eine Analogie zweier Verhältniffe der Caufalität. So wie nehmlich der Gefchmack die Fähigkeit ift, die Schönheit zu fühlen, fo ift der Verftand das Vermögen, Vollkommenheit zu erkennen, beide ftehen alfo in dem Verhältniffe der Urfache zur Wirkung.

18. Diefe philofophifchen Analogien, fagt nun Kant, find nicht, wie die mathematifchen (10), conftitutiv, fondern blofs regulativ, d. h. man kann aus drei Gliedern derfelben nicht das vierte Glied felbft erkennen, fondern nur das Verhältnifs des dritten Gliedes zum vierten (C. 222). Wenn ich z. B. ein Haus fehe, fo weifs ich, dafs die Vernunft des Menfchen diefes Haus hervorgebracht hat, nun fehe ich den Bau eines Bibers, und frage: woraus läfst fich das Dafeyn diefes Baues begreifen, welches war die wirkende Urfache deffelben? Ich habe hier die drei Glie-

der einer Analogie, denn ich kann fagen, wie fich verhält ein Haus zur Menfchenvernunft, fo verhält fich der Bau eines Bibers zu.... Hier ift nun kein Mittel, das unbekannte vierte Glied aus den angeführten drei gegebenen zu erkennen und darzuftellen (conftruiren). Aber diefe drei Glieder find doch fo befchaffen, dafs ich aus dem Verhältniffe der zwei erften zu einander das Verhältnifs des dritten zum unbekannten vierten erkenne, nehmlich ich fehe ein, dafs das vierte Glied die wirkende Urfache enthalten mufs, welche den Bau des Bibers eben fo hervorbringt, wie die Menfchenvernunft das Haus. Ich bekomme alfo dadurch eine Regel, das vierte Glied in der Erfahrung zu fuchen, nehmlich die: fuche die wirkende Urfache des Baues eines Bibers in diefem Thiere auf, oder das, was dem Biber ftatt der Vernunft des Menfchen dient, fo etwas zu machen, wozu bei dem Menfchen Vernunft gehört. Wir bekommen alfo durch die philofophifche Analogie, vermöge diefer ihrer regulativen Befchaffenheit, ein Merkmal, wodurch wir das vierte Glied finden, und woran wir es erkennen können. Findeft du etwas an dem Biber, was das Merkmal an fich hat, dafs es den Bau des Bibers hervorbringen kann, fo haft du das vierte Glied zu jener Analogie gefunden (U. 448).

19. Der Grund von diefem Unterfchiede zwifchen einer philofophifchen und mathematifchen Analogie ift, dafs bei den mathematifchen Verhältniffen das zweite Glied aus dem erften, vermittelft einer dritten Gröfse, welche ausfagt, um wie viel das eine Glied gröfser ift als das andere, oder wie viel mal das eine in dem andern enthalten ift, erzeugt werden kann. Addire ich (6) 15 zu 5, fo bekomme ich 20, oder multiplicire ich (7) 5 mit 4, fo bekomme ich 20. In einem philofophifchen Verhältniffe aber entftehet nicht das zweite Glied aus dem erften, fondern durch das erfte, denn da beide Glieder nicht Gröfsen, fondern Befchaffenheiten find, fo find fie, wenn fie nicht identifch find, irgend worin, nicht der Gröfse oder dem Grade nach, fondern fpecififch, d. i. der Befchaffenheit nach, verfchieden. Daher ift in den logifchen Verhältniffen das eine Glied nicht in dem an-

dern enthalten, fondern anders befchaffen als das andere, und daher das eine Glied blofs der Grund der Erkenntnifs des andern, und das andere die Folge des erften, eine Befchaffenheit wird vermittelft des andern gedacht. In den metaphyfifchen Verhältniffen aber enthält das eine Glied den Grund des Dafeyns (die Urfache) des andern.

20. Daher erklärt Kant (U. 448 *)) die Analogie (in qualitativer Bedeutung) auch fo, fie ift die Identität des Verhältniffes zwifchen Gründen und Folgen, Urfachen und Wirkungen. Die Glieder der beiden Verhältniffe A zu B, wie C zu D, find fpecififch verfchieden. A ganz etwas anders als C, und B ganz etwas anders als D, wenn man fie an und für fich aufser diefen Verhältniffen betrachtet; aber B kann doch eben fo ans A erkannt werden, oder eben fo durch A entftehen, als D aus C erkannt wird oder entftehet. Ein Menfch und ein Biber find fpecififch verfchieden, der Menfch hat Vernunft, der Biber nicht, beide bringen einen Bau zu ftande. Wir wiffen nun, dafs in dem Menfchen die Vernunft die wirkende Urfache eines Baues ift, in dem Biber kennen wir diefe Urfache nicht. Ob nun wohl hier eine ähnliche Wirkung zweier Urfachen ift, fo find doch darum die Urfachen nicht diefelben, aber es ift einerlei Verhältnifs zwifchen der Vernunft des Menfchen, der wirkenden Urfache, und dem Bau des Menfchen, als zwifchen dem Unbekannten im Biber, welches die wirkende Urfache feines Baues ift, und die wir Inftinct, Kunfttrieb nennen, und diefem Bau. Diefer Inftinct, der eine Wirkung hervorbringt, die der Wirkung der Vernunft ähnlich ift, wird daher ein Analogon der Vernunft genannt, wodurch nicht behauptet wird, dafs der Biber wirklich Vernunft habe (welches nicht möglich ift, da Menfch und Biber eben hierin fpecififch verfchieden find), fondern nur, dafs er etwas hervorbringen könne, was gewiffen Wirkungen der Vernunft ähnlich fei. Ein Analogon eines Grundes ift alfo dasjenige, was von demfelben zwar fpecififch verfchieden ift, aber doch ähnliche Folgen hat.

21. Man kann nun nach der Analogie **denken** und nach der Analogie **schliefsen**. Wenn wir die **qualitative Analogie** haben:

A verhält sich zu B, wie C zu D,

und B ist von D specifisch verschieden, so ist D ein **Analogon von B**, und D wird nach der Analogie **gedacht**, es ist ein **analoger Grund von B**, weil die Folgen A und C ähnlich sind. Ist aber B von D nicht specifisch verschieden oder ungleichartig, und sind auch A und C ähnliche Wirkungen, obwohl unbekannt ist, ob C die Wirkung von D ist, so kann man nach der Analogie **schliefsen**, dafs da die Verhältnisse identisch sind, und die Gründe und Folgen ähnlich, auch C die Folge von D seyn werde. Ist hingegen B von D specifisch verschieden, so ist der Schlufs, dafs sie dennoch ähnlich seyn werden, weil die Verhältnisse A und C ähnlich sind, ein offenbarer Widerspruch, und also falsch. Ein solcher falscher Schlufs wäre der, dafs der Biber Vernunft habe, weil er einen Bau macht, wie der Mensch durch seine Vernunft (U. 450); oder der, dafs Gott einen Verstand habe, weil die Welt ein Inbegriff zweckmäfsiger Producte ist, und der Mensch zu solchen Producten Verstand bedarf, welches eine Analogie mit der Caufalität nach Zwekken ist (U. 269). Es ist hier nicht *par ratio*, d. i. einerlei Grund, denn der Biber ist eben darin vom Menschen verschieden, dafs er keine Vernunft hat, und Gott darin vom Menschen, dafs er nicht durch Begriffe und Merkmale und Grundsätze u. s. w. denkt und erkennt, denn das Vermögen so zu denken und zu erkennen nennen wir eben **Verstand**, da nun dieses Vermögen eine Sinnlichkeit, oder Fähigkeit durch Sinne Eindrücke zu erhalten, voraussetzt, dieses aber in Gott zu denken, eine grobe anthropomorphistische Vorstellung seyn würde, so ist das eine specifische Verschiedenheit zwischen Gott und dem Menschen, dafs er nicht durch einen Verstand erkennt. Der Biber hat daher ein **Analogon von Vernunft**, und Gott ein **Analogon von Verstand**, wodurch wir unsre Unbekanntschaft mit dem Grunde selbst, und nur ein identisches Verhältnifs ähnlicher Folgen ausdrücken. Die Thiere sind uns darin ähnlich, dass sie leben oder willkührlich wirken. Der Grund unsrer wiskührlichen Wirkungen, oder Handlungen, sind nun unsre Vorstellungen; da nun hier nicht nur ähnliche Wirkungen, Handlungen, sind, auch ähnliche Gründe, aus welchen solche Handlungen erfolgen können, das Leben, so können wir ganz richtig nach der Analogie schliefsen, dass das Leben der Thiere auch ein Wirken nach Vorstellungen, und Vorstellung also der Grund ihrer Handlungen seyn werde, denn hier ist *paritas rationis*, d. i. Einerleiheit des Grundes, Menschen und Thiere sind sich darin einander ähnlich, dass sie leben. Wenn man folgende Analogien macht:

A) wie der Fufsboden, auf den ich trete, mit eben der Kraft, mit welcher ich auf ihn drücke, auf meinen Fufs zurück drückt; so gebe ich dem, den ich beleidige, dadurch, dass ich mir diese Erlaubnifs nehme, in Ansehung meiner, die Befugnifs (rechtliche Erlaubnifs) mich unter den nehmlichen Umständen wieder zu beleidigen;

B) wie zwei Körper einander wechselseitig anziehen, und zurückstofsen; so haben zwei Glieder des Staats gegen einander wechselseitig Pflichten zu erfüllen und die Erfüllung von Pflichten zu fordern, oder Rechte;

C) wie sich verhält die Beförderung des Glücks der Kinder (a) zu der Liebe der Eltern (b), so die Wohlfahrt des menschlichen Geschlechts (c) zu dem Unbekannten (welches in der Algebra mit x bezeichnet wird) in Gott, welches wir Liebe (d) nennen;

so sind Rechte und Pflichten (A B) und die Liebe Gottes (C) Analoga von entgegengesetzten bewegenden Kräften und Elternliebe, und werden ganz richtig nach solchen Analogien gedacht, aber nicht erkannt, denn es wäre falsch, wenn man nach der Analogie schliefsen wollte, dass sie wirklich entgegengesetzte bewegende Kräfte und Elternliebe wären.

22. Eine Analogie ist also nicht, wie man das Wort gemeiniglich nennt, (Feder. Logik §. 20.) eine unvollkommene Aehnlichkeit zweier Dinge, sondern eine vollkommene Aehnlichkeit (Identität) zweier Ver-

hältniſſe zwiſchen ganz unähnlichen (ſpecifiſch verſchiedenen oder ungleichartigen) Dingen (P. 176).

23. Durch dieſe Analogien wird der Mangel unſrer Erkenntniſs verſchiedener Art erſetzt, z. B. unſere innere Anſchauung in der Zeit (Zeitvorſtellung) giebt uns keine ſolche Geſtalten, wie die äuſsere Anſchauung im Raum (Raumesvorſtellung); dieſen Mangel erſetzen wir durch Analogie, indem wir uns die Ausdehnung der Zeit, oder die Zeitfolge als das Analogon einer ins Unendliche fortgeſetzten Linie im Raum vorſtellen, indem das Mannigfaltige in der Zeit eine Reihe ausmacht, die nur von Einer Dimenſion iſt, oder das Analogon einer Linie iſt, die nur nach Einer Richtung fortgehet. Darum iſt die Zeit nicht wirklich eine ſolche Linie, aber alles, was zu einer ſolchen Linie als ihre Eigenſchaften gehört, das kann ich mir auch analogiſch von der Zeit vorſtellen, oder aus den Eigenſchaften dieſer Linie auf die Eigenſchaften der Zeit ſchlieſsen, daſs nehmlich auch dieſe analogiſch ſeyn müſſen, ausgenommen in dem, worin Zeit und Raum ſpecifiſch verſchieden ſind, daſs z. B. die Theile des Raumes alle zu gleicher Zeit neben einander, die Theile der Zeit aber alle zu verſchiedener Zeit nacheinander ſind (C. 50).

24. Die Analogien dienen auch, den Begriffen *a priori* Symbole unterzulegen. Ein ſolches Symbol iſt eine, entweder aprioriſche oder empiriſche, Anſchauung, durch welche man einen Begriff *a priori* indirecte (d. i. ohne daſs die Anſchauung den Begriff ſelbſt, ſondern nur nach einer Analogie) darſtellt. Iſt nehmlich das Analogon des Begriffs *a priori* eine Anſchauung, ſie ſei nun *a priori* oder auch empiriſch, ſo heiſst es ein Symbol dieſes Begriffs. So iſt ein beſeelter Körper das Symbol desjenigen monarchiſchen Staats, den ein Monarch nicht nach Geſetzen ſeiner Willkühr, ſondern einer rechtlichen Geſetzgebung durch Repräſentanten, die den Willen des Staatsbürgers rechtsgültig vorſtellen, regiert. Hingegen iſt eine bloſse Maſchine, z. B. eine Handmühle, das Symbol desjenigen monarchiſchen Staats, in welchem kein andres Geſetz iſt, als der unumſchränkte Wille des Monarchen. Eigentlich iſt ein ſolches Symbol das Analogon eines Schema (oder einer directen Darſtellung) des Begriffs. Das Schema

ift nehmlich die Vorftellung von einem allgemeinen Verfahren der Einbildungskraft, einem Begriffe fein Bild zu verfchaffen (C. 179. 180), z. B. wenn ich den Begriff eines Triangels denke, fo habe ich zugleich eine Vorftellung von einem Bemühen meiner Einbildungskraft, diefen Triangel bildlich darzuftellen; ob es gleich nie ein vollkommenes Bild wird, weil in diefem Winkel und Seiten beftimmt feyn würden, welches in dem Schema, das für jeden Triangel gelten foll, nicht feyn darf. Wenn wir uns nun einen defpotifchen Staat denken, und uns denfelben fymbolifch, durch eine Handmühle vorftellen, fo ift das eigentlich ein Verfahren der Urtheilskraft, das demjenigen analog ift, das fie beobachtet, wenn fie einem Begriff fein Schema verfchaffen will. Es ift nicht eigentlich die Anfchauung einer Handmühle, die Aehnlichkeit mit dem defpotifchen Staat hätte, fondern die Regel, nach welcher die Urtheilskraft hier verfährt, um dem Begriffe eines defpotifchen Staats ein Bild unterzulegen, ift der Regel analog, nach welcher fie bei der Reflexion über einen Begriff, vermittelft der Einbildungskraft, ein Schema verfchafft. Die Urtheilskraft verrichtet eigentlich hier ein doppeltes Gefchäft: 1. wendet fie den Begriff, defpotifcher Staat, auf den Gegenftand einer finnlichen Anfchauung, Handmühle, an, fie fucht nehmlich etwas in der Natur auf, das auch fo willkührlich bewegt, wie der Staat willkührlich regiert wird, und 2. wendet fie die Regel der Reflexion, nach welcher fie jene Anfchauung einer Handmühle mit ihrem eigentlichen Gegenftande, einem Etwas, das mechanifch bewegt wird, vergleicht, auf einen ganz andern Gegenftand, nehmlich den defpotifchen Staat an, als fei diefer gleichfam der Gegenftand, der in der Anfchauung einer Handmühle angefchaut werde, von dem dann die Handmühle das Symbol ift, und deffen Begriff nie eine Anfchauung direct (ein Schema) correfpondiren kann. Unfere Sprache ift voll von dergleichen indirecten Darftellungen (oder Symbolen), nach einer Analogie, die nicht das eigentliche Schema für den Begriff, fondern blofs ein Symbol für die Reflexion (oder ein Analogon jenes Schema) ausdrücken. So find die Wörter Grund (Basis, Stütze eines andern Begriffs), abhangen (von oben durch einen andern gehalten werden), woraus fliefsen (ftatt folgen aus einem Begriff), Subftanz (wie Locke *Effai phil. conc. l'entendement humain Chap. XXIII. §.* 2 fich ausdrückt: der Träger der Accidenzen) und unzählige andere nicht fchematifche, fondern fymbolifche Hypotypofen (Darftellungen) und Ausdrücke für Begriffe nicht vermittelft einer directen Anfchauung (eines Schema), fondern nur nach einer Analogie mit derfelben (alfo einem Symbol). So ift das **Schöne** das Symbol des **fittlich Guten** (U. 255).

> Kant Crit. der rein. Vern. Elementarl. II. Th. I. Abth. II. Buch. II. Hauptft. III. Abfchn. S. 222. I. Th. II. Abfchn. §. 6. b. S. 50.
>
> Käftner Anfangsgr. der Arithm. Kap. V. § 1 — 37. S. 124 ff.
>
> Kiefewetter Grundrifs einer reinen allgem. Logik. S. 28. ff. §. 63. ff.
>
> Kant Crit. der Urtheilskraft II. Th. §. 90. 2. S. 443 S. 443*). I. Th. § 59. S. 255. ff.
>
> Kant Prolegomenen §. 58. S. 176. S. 176*)

Analogie der Erfahrung,

analogia experientiae, ift eine Analogie *a priori* der Erfahrung, die eine Regel ausdrückt, nach welcher alle Gegenftände in folchen Verhältniffen erkannt werden müffen, die mit den Verhältniffen der Erfahrung (Analogie, 15.) identifch find, z. B. in allen Erfcheinungen (Gegenftänden der Erfahrung) find Befchaffenheiten, die fich zu einander verhalten, wie die **Subftanz zum Accidenz**, d. i. in allen Erfahrungen ift etwas, das beharret, weder vermehrt noch vermindert wird (die Subftanz), und etwas, das immer wechfelt (das Accidenz).

1. Die metaphyfifchen Verhältniffe der Verknüpfung (15. C. 218. Pr. 96) machen dadurch, dafs Wahrnehmungen nothwendig in eben dem Verhältniffe vorgeftellt werden als fie, Erfahrung möglich, oder die Gegenftände, die

der Verstand den Wahrnehmungen setzt (die Erscheinungen) zu Gegenständen der Erfahrung, z. B. der Gegenstand, den ich der Lichtflamme, die ich wahrnehme, und der Gegenstand, den ich der Brandblase, die ich an meinem Finger wahrnehme, setze, verhalten sich zu einander, wie das metaphysische Verhältnis der Verknüpfung der Causalität oder wie die Ursache zur Wirkung. Dadurch wird nun die Wahrnehmung, dafs, als ich den Finger der Lichtflamme zu sehr näherte, ich eine Brandblase erfolgen sahe, Erfahrung, oder Erkenntnifs der Objecte durch Wahrnehmung. Ich erkenne nehmlich die Verknüpfung zwischen dem Object, das ich mir bei der Anschauung einer Lichtflamme, und dem, das ich bei der Anschauung einer Brandblase denke, durch einen, obwohl unumstöfslichen Schlufs nach der Analogie (f. Analogie, 21).

I. Wie Ursache zur Wirkung; so Lichtflamme zur Brandblase.

Wir wollen mit dieser Analogie zwei andere vergleichen, durch die eine wird auch nach der Analogie geschlossen, aber das Object nicht vermittelst der Wahrnehmung bestimmt, folglich entspringt durch diese keine Erfahrung, sondern nur analoge Erkenntnifs, durch die andere wird nach der Analogie gedacht, und also gar nicht erkannt.

II. Wie Ursache zur Wirkung; so Vorstellungen in den Thieren zu ihren willkührlichen Wirkungen.

III. Wie Ursache zur Wirkung; so Gott zur Welt.

In I. sind zwei Wahrnehmungen, nehmlich Lichtflamme und Brandblase. Ich nehme wahr, dafs beide auf einander folgen. Dieses auf einander folgen aber ist durch die blofse Wahrnehmung desselben noch nicht von jeder andern Folge meiner Vorstellungen auf einander unterschieden. Sie kann blofs subjectiv seyn, d. i. ein Spiel meiner Erkenntnifskräfte, ohne dafs andere erkennende Subjecte dieselbe Wahrnehmung haben, oder es könnte auch die Ordnung der Wahrnehmungen umgekehrt feyn, fo dafs erft die Brandblafe und dann die Lichtflamme in der Wahrnehmung auf einander folgt. Allein in der Wahrnehmung der Lichtflamme finde ich eine Regel des Verhältniffes derfelben zur Brandblafe, nehmlich die, dafs auf die Lichtflamme, wenn ich ihr den Finger zu nahe bringe, die Brandblafe beftändig folgt. Soll nun diefe Regel des Verhältniffes nicht blofs fubjectiv feyn, und nur für mich und meine Vorftellung gelten, fondern foll fie objectiv feyn, als Erfahrung gelten, und für jedermann gültig feyn, fo mufs der Begriff der Nothwendigkeit mit diefer Regel des Verhältniffes verbunden feyn, und ich mufs diefe Wahrnehmung nicht blofs in mir fetzen, fondern ich mufs der Wahrnehmung ein Object fetzen, von dem die Nothwendigkeit der Regel des Verhältniffes zu einem andern Object gilt, dafs das eine immer vor dem andern in der Zeit vorhergehen mufs, und folglich die nothwendige Bedingung des andern enthalte, d. i. ich mufs das eine Object für die Urfache und das andere für die Wirkung erkennen, wodurch die Wahrnehmung nun Erfahrung wird. In der II. Analogie nehme ich die Vorftellungen der Thiere nicht wahr, fondern nur das Leben derfelben. Da ich nun diefes Leben für die Urfache ihrer willkührlichen Wirkungen erkenne, bei uns aber diefes Leben in den Vorftellungen beftehet, durch welche unfre willkührlichen Wirkungen möglich werden, fo berechtigt uns die Aehnlichkeit des Lebens der Thiere mit dem unfrigen und die Identität der Wirkungen auf eine ähnliche Urfache der willkührlichen Wirkungen der Thiere mit der Urfache der unfrigen zu fchliefsen, und ebenfalls anzunehmen, dafs die Thiere nach Vorftellungen handeln. Hier ift alfo der Unterfchied, dafs wir hier nicht wie in I. in den Wahrnehmungen etwas finden, das uns nöthigt, denfelben ein Object zu fetzen, und daffelbe mit einem andern im Verhältniffe der Urfache und Wirkung zu erkennen, fondern dafs ich von der Aehnlichkeit einer Wahrnehmung und ihrem Verhältniffe zu einer andern auf das Object einer Vorftellung fchliefse, die ich nicht wahrnehmen kann, und diefes Object für eine Urfache erkenne.

In der III. Analogie ift aber Gott weder der Gegenftand einer Wahrnehmung, noch auch etwas, worauf ich, aus einer andern Wahrnehmung, die Aehnlichkeit hätte mit einer in die Sinne fallenden Urfache ähnlicher Wirkungen, fchliefsen könnte; ja, da Gott nicht in der Zeit ift, fo kann er auch nicht einmal in der Zeit vor der Welt als Urfache derfelben vorhergehen, zumal da auch nicht einmal die Welt, fondern nur das, was in der Welt ift, fich in der Zeit befindet, folglich können wir uns Gott auch nicht einmal als Urfache der Welt denken, fondern er ift nur ein **Analogon einer Urfache**, und wird nur **analogifch** als Urfache gedacht, aber nicht für die Urfache erkannt, weder aus der Erfahrung, noch durch einen Schlufs.

2. Kant beweifet nun, dafs es gar keine Gegenftände der Erfahrung (Erfcheinungen) geben kann, ohne eine folche nothwendige Verknüpfung der Wahrnehmungen unter einander durch die Verhältniffe der Erfahrung (M. 1, 256). Der Beweis ift diefer. Unter einem Gegenftande der Erfahrung (einer **Erfcheinung**) verftehen wir den Gegenftand, den fich der Verftand bei einer folchen **Anfchauung** (finnlichen Vorftellung) denkt, die nicht durch unfre Willkühr, etwa aus der blofsen Phantafie entfpringt, und auch nicht nothwendig in uns vorhanden ift, und daher mit **Empfindung** (oder Bewufstfeyn der unwillkührlichen Veränderung unfers innern Zuftandes in Beziehung auf eine Vorftellung) verbunden ift. Eine folche Anfchauung heifst eine **empirifche**, z. B. die einer Lichtflamme, im Gegenfatz gegen eine **reine**, dergleichen die Anfchauungen der Geometrie find. Soll nun der Gegenftand, den fich der Verftand bei einer folchen empirifchen Anfchauung denkt, nicht ein Spiel der Imagination, feyn fo, mufs es 1) ein Object feyn, das wir uns allein dadurch denken können, dafs wir die Wahrnehmungen, die wir haben, mit einander verknüpfen, und 2) diefe Verknüpfung nicht, wie bei den Objecten der Phantafie, willkührlich und zufällig, fondern nothwendig feyn. Folglich mufs jedes Object der Erfahrung unter einer nothwendigen Verknüpfung der Wahrnehmungen

feyn. Denn das Object, das ich mir bei einer Wahrnehmung (mit Empfindung begleiteten Vorftellung) denke, ift nichts anders, als die Einheit, durch die ich die Wahrnehmungen verknüpfe, welche Einheit in einem Verftandesbegriffe beftehet, und nicht etwa fchon in den Wahrnehmungen felbft liegt. In jeder Wahrnehmung liegt zwar der Grund, der es mir möglich macht, die Eindrücke auf meine Sinne, die nach und nach in dem Bewufstfeyn zu einander kommen, durch reinen Verftandesbegriff mit einander zu verbinden, aber diefe Verbindung felbft liegt doch nicht fchon in dem, was wir wahrnehmen, fondern wir bringen diefe Verknüpfung erft hinein. Sobald wir nehmlich finnliche Eindrücke empfangen, und alfo wahrnehmen, fo verbindet der Verftand diefe Wahrnehmungen durch den, übrigens unbeftimmten Begriff: Gegenftand, er thut gleichfam den Ausfpruch: das ift ein Gegenftand. Was wir alfo wahrnehmen, find nicht etwa fchon Gegenftände, denn dann wären fie fchon verknüpft, und die Vorftellungen kämen verknüpft in uns hinein, welches unmöglich ift, weil fie nach und nach aufgefafst (apprehendirt, oder ins empirifche Bewufstfeyn aufgenommen) werden. Dann fängt der Verftand an, den Gegenftand durch die reinen Verftandesbegriffe zu beftimmen. Zu diefer Beftimmung gehört nun auch die Verknüpfung der Gegenftände untereinander, ohne welche fie ebenfalls ifolirt feyn würden, folglich die Wahrnehmung mehrerer Objecte wiederum keine Erfahrung, fondern ein Spiel der Phantafie feyn würde.

3. Die Verknüpfung mehrerer Objecte miteinander beruhet aber darauf, dafs fie in eine gewiffe Zeit gefetzt werden, weil ich ein Object nur dadurch als vorhanden beftimme, dafs ich es in eine beftimmte Zeit fetze. Denn die Zeit ift die Form, in der alle Erfahrungen gemacht und alle Erfcheinungen angefchauet werden. Folglich beftehet die Verknüpfung der Objecte darin, dafs fie einander, durch gewiffe Verftandesbegriffe, mit Nothwendigkeit die Zeit beftimmen, in welcher fie vorhanden find, wodurch fie als in einem objectiven Verhältniffe zu einander in der Zeit vorgeftellt werden. Nehmlich

Analogie der Erfahrung.

a. das eine Object wird als zu jeder Zeit vorhanden erkannt, und das andere als zu einer gewissen Zeit existirend; das geschieht durch die Begriffe Substanz und Accidenz;

b. das eine Object wird so erkannt, dafs es vor dem andern nothwendig vorhergehet; dies geschieher durch die Begriffe Ursache und Wirkung;

c. die Objecte werden als zu einer und derselben Zeit existirend erkannt; dies geschieht durch den Begriff der Wechselwirkung (M. 258).

Mehr Zeitbestimmungen giebt es aber nicht als diese drei, weil es nicht mehr *Modi* oder Zeitbeschaffenheiten giebt als drei, nehmlich a. Beharrlichkeit, b. Folge, und c. Zugleichseyn. Also giebt es auch nicht mehr Verhältnisse der Erfahrung, durch die ein Gegenstand durch den andern bestimmt, das ist beide in Verknüpfung mit einem (der) erkannt werden kann, als diese drei:

a. das Verhältnifs der Substanzialität oder Beharrlichkeit:
   die Substanz zum Accidenz, oder
   das Beharrliche zum Wechselnden.

b. das Verhältnifs der Causalität oder Folge:
   die Ursache zur Wirkung, oder
   das nothwendig Vorhergehende zum nothwendig Folgenden.

c. das Verhältnifs der Wechselwirkung oder des Zugleichseyns:
   die eine Wechselwirkung zur andern, oder die Ursache, die zugleich Wirkung ist, zu ihrer Wirkung, die zugleich ihre Ursache ist.

Hieraus entstehen nun eben so viele Regeln der Verknüpfung der Objecte der Erfahrung durch diese Verhältnisse zu einer neuen Erfahrung; nehmlich drei Analogien der Erfahrung, welche die Identität des Verhältnisses zweier Gegenstände der Erfahrungen (Erscheinungen) mit einem der drei Verhältnisse der Erfahrung aussagen.

a. Die Analogie der Beharrlichkeit oder Substanzialität.

In allen Erfahrungen ist etwas, was sich zu einander verhält, wie **Substanz** und **Accidenz**.

b. Die Analogie der Folge oder Caufalität.

In allen Erfahrungen ist etwas, was sich zu einander verhält, wie **Urfach** und **Wirkung**.

c. Die Analogie des Zugleichfeyns oder Wechfelwirkung.

In allen Erfahrungen ist etwas, was sich zu einander verhält, wie **eine Wechfelwirkung zur andern**.

Nun find aber in diefen Analogien Wahrnehmungen die Glieder des einen Verhältniffes und Verftandesbegriffe die Glieder des andern, und es fcheint alfo anfänglich, als ob auch in der Erfahrung nur **analogifch gedacht**, aber nicht **erkannt** werden könnte, weil Wahrnehmungen und Verftandesbegriffe ganz verfchiedene Dinge find. Allein es ist hier eine vermittelnde Vorftellung, die Zeit, welche durch den Flufs der Wahrnehmungen gleichfam wahrgenommen wird, und doch auch darin mit den Verftandesbegriffen gleicher Art ist, dafs fie *a priori* ift. Eine folche vermittelnde Vorftellung heifst ein **Schema**. Sie giebt den Verhältniffen der Erfahrung Bedeutung, denn ohne die Zeit ist das Verhältnifs der Urfache zur Wirkung nicht mehr eine Beftimmung der **Objecte**, fondern nur der Begriffe. Denn was z. B. nicht nothwendig **in der Zeit** vorhergehet, kann nur noch nothwendig in der Gedankenreihe vorhergehen, und ist dann nicht mehr **Urfache**, fondern **Grund** (der Erkenntnifs). Daher entfpringen aus den drei metaphyfifchen Verhältniffen der Verknüpfung die drei logifchen

    a) des **Subjects** und **Prädicats**,
    b) des **Grundes** und der **Folge**,
    c) der **ausfchliefsenden Beftimmung**.

Die reine Anfchauung der Zeit macht nun, dafs die Wahrnehmungen, die in der Zeit find, mit den reinen Verftandesbegriffen, die erft durch die Zeit metaphyfifche Bedeutung bekommen, gleichartig werden; daher entfpringt hier durch die Analogie wirklich Erkennt-

Analogie der Erfahrung.

nifs, und ich kann nun z. B. fagen, in jeder Erfahrung mufs Urfach und Wirkung zu finden feyn (M. I. 259. C. 220).

4. Die Analogien der Erfahrungen find alfo Grundfätze des Verftandes, durch die die Gegenftände der Erfahrung erkannt werden. Sie haben aber, eben weil fie Analogien find, etwas an fich, wodurch fie fich von den Grundfätzen der Mathematik wefentlich unterfcheiden. Die Grundfätze der Mathematik, z. B. zwifchen zwei Puncten giebt es nur Eine gerade Linie, beftimmen etwas im Object felbft, aber die Analogien der Erfahrung beftimmen nur, ob und wie das Object vorhanden ift, oder das Dafeyn, und das Verhältnifs der Gegenftände der Erfahrung (Erfcheinungen) in der Zeit, in Anfehung ihres Dafeyns. Dafs in jeder Erfahrung Etwas Urfach und Etwas Wirkung feyn müfse, beftimmt nicht diefes Etwas felbft, fondern die Art, wie es im Verhältniffe auf das andere in der Zeit vorhanden ift, nehmlich fo, dafs es entweder (als Urfache) nothwendig ehe vorhanden ift als das andere, oder (als Wirkung) fpäter (C. 220).

5. Das Dafeyn läfst fich aber nicht conftruiren, oder in der Anfchauung (finnlich) darftellen. Es läfst fich z. B. weder durch die Phantafie, noch in der Erfahrung felbft vor die Sinne bringen, wie etwas nothwendig oder zufällig, früher oder fpäter, immer oder nur eine Zeit lang, zu derfelben oder zu verfchiedener Zeit, vorhanden ift; fo wie fich die Gröfse der Ausdehnung und der Grad der Empfindung darftellen läfst. Aus der Urfache läfst fich nicht die Wirkung, aus der Subftanz nicht das Accidenz, aus einer Wechfelwirkung nicht die andere fo *a priori* darftellen, wie eine Gröfse aus der andern, z. B. 4 aus 6, wenn ich von letzterer 2 hinweg nehme. Wenn ich daher auch die Verhältniffe der Erfahrung habe, fo kann ich z. B. nicht fogleich daraus, dafs ich ein Object der Erfahrung als Urfache betrachte, die Wirkung derfelben darftellen, oder umgekehrt. Man betrachtete den Blitz lange als Wirkung, aber feine Urfache konnte man nicht darftellen, fondern man fuchte fie, man gab fich Mühe, fie zu finden, zu

entdecken (f. Analogie, 18. 19). Die Analogien der Erfahrung find alfo, wie alle Analogien, nicht conftitutiv, darftellend, fondern regulativ, dienen als Regeln zum Suchen und Finden des einen Gliedes des Verhältniffes der Objecte in der Zeit zum andern (M. 262).

6. Diefe Analogien haben aber nun allein Bedeutung und Gültigkeit als Grundfätze des Gebrauchs des Verftandes zu Erfahrungen. Denn wenn ich z. B. den Begriff der Urfache auf überfinnliche Gegenftände, von denen Begriffe aus der Vernunft, und nicht durch Wahrnehmungen, entfpringen, anwenden wollte, etwa auf Gott, und Gott als Urfache der Welt erkennen wollte, fo ift ja Gott, weil er nicht finnlich wahrgenommen wird, nicht in der Zeit. Da nun hier das vermittelnde Schema, die Zeit, wegfällt in dem Verhältnifs:

Wie die Urfache zur Wirkung, fo Gott zur Welt:

fo ift hier nicht nur keine Gleichartigkeit zwifchen Gott und dem Verftandesbegriff Urfach, fondern der Begriff Urfach verliert hier auch feine metaphyfifche Bedeutung einer nothwendigen Bedingung einer in der Zeit darauf folgenden Wirkung, und behält nur noch feine logifche eines Erkenntnifsgrundes. Denn da weder Gott noch die Welt in der Zeit find, fo kann auch Gott nicht nothwendig in der Zeit, als Bedingung vor der Welt hergehen. Der Begriff der Urfache kann alfo nicht gültig auf andre Objecte, als folche, die durch Wahrnehmung in der Zeit beftimmt werden (Erfcheinungen) angewendet werden, und gilt alfo nur von Erfahrungen.

7. Alle empirifche Analogien können auf eine von diefen Analogien der Erfahrung gebracht werden, z. B. die Analogie, wie fich verhält der Baum zur Frucht, fo die Gefinnung zur Handlung, ift die Identität zweier Verhältniffe, die mit dem Verhältniffe der Caufalität identifch find, und kann daher auf die Analogie der Caufalität gebracht werden: wie die Urfache zur Wirkung, fo die Gefinnung zur Handlung.

Kant. Critik der rein. Vern. Elementl. II. Th. I. Abth. II. Buch. II. Hauptft. III. Abfchn. 3. S. 218. — 224.

Analogie der Subſtanzialität,

Analogie der Subſiſtenz, oder der Beharrlichkeit, *analogia ſubſiſtentiae.*

Sie iſt diejenige Analogie *a priori*, welche eine Regel ausdrückt, nach welcher alle Gegenſtände der Erfahrung in einem ſolchen Verhältniſſe vorgeſtellt werden müſſen, das mit dem metaphyſiſchen Verhältniſſe der Subſtanzialität identiſch iſt (Analogie 15).

1. Dieſe Analogie heiſst: in allen Erſcheinungen iſt etwas, das ſich zu einander verhält, wie die Verſtandesbegriffe Subſtanz und Accidenz zu einander.

Da nun alle Erſcheinungen, oder Gegenſtände der Erfahrung, in der Zeit ſind, und Subſtanz und Accidenz Begriffe ſind, die die Zeit in Anſehung ihrer Dauer beſtimmen, ſo kann man ſagen, in jeder Erſcheinung iſt etwas, was beharret, oder dem der Begriff Subſtanz zukömmt, und etwas, das wechſelt, oder dem der Begriff Accidenz zukömmt. S. Subſtanz. Accidens. Da nun das Wechſeln der Accidenzen den Zuſtand der Subſtanz verändert, ſo kann uns kein Gegenſtand vorkommen, welcher nicht beſtändigen Veränderungen unterworfen wäre, und von dem wir uns vorſtellen könnten, daſs er je aufhören könnte, vorhanden zu ſeyn, ſo wie das Entſtehen deſſelben aus Nichts uns darum ebenfalls unbegreiflich iſt.

Im innern Sinn, in unſerm Gemüth, finden wir zwar keine Subſtanz, aber wir knüpfen die Accidenzen im innern Sinn an das Beharrliche im äuſsern Sinn. Alſo wir bedürfen auch keines Beharrlichen im innern Sinn. Dieſes wird deutlich werden, wenn wir uns die Nothwendigkeit und Allgemeinheit dieſer Analogie der Subſtanzialität auseinander ſetzen (M. I. 265).

2. Alle Erſcheinungen oder Gegenſtände der Erfahrung ſind in der Zeit, a. diejenigen, die in unſerm Gemüth vorkommen, Gedanken, Gefühl u. ſ. w.; denn die Zeit iſt die Form des innern Sinnes, und b. auch diejenigen, die wir als auſser uns vorhanden anſchauen, oder uns ſinnlich darſtellen, denn da

auch der äufsere Sinn feinen Grund in unferm Gemüth hat, fo ift auch alles äufsere, obwohl nur mittelbar, im Gemüth, und folglich in der Zeit. Die Zeit felbft aber wechfelt nicht, fondern ift immer in uns vorhanden oder beharrliche Form der innern Anfchauung, aber in ihr gehet der Wechfel vor. Soll nun etwas durch Wahrnehmung in der Zeit beftimmt, und alfo die Zeit wahrgenommen werden, welches in der reinen Zeit nicht möglich ift, fo mufs in der Zeit etwas als beharrlich vorgeftellt werden, woran der Wechfel wahrgenommen wird. Folglich mufs in allen Erfcheinungen etwas durch den Begriff der Subftanz (Subftrat der Zeit oder Repräfentant der Zeit als beharrlicher Form) gedacht werden, und etwas als Accidenzen, die in einem beftändigen Wechfel begriffen find, und durch ihre Folge die empirifche Zeit vorftellen. Kant drückt in der Analogie noch die Anwendung der Gröfse auf die Beharrlichkeit aus, indem er fagt, das Quantum wird in der Natur weder vermehrt noch vermindert. Allein fo richtig das ift, fo gehört das doch nicht eigentlich in die Analogie der Subftanzialität, welche ein Grundfatz der Tranfcendentalphilofophie ift, dahingegen jene Anwendung des Begriffs der Gröfse darauf, wie auch fchon das Wort Natur lehrt, in die Metaphyfik der Natur gehört. Wahrfcheinlich wollte der vortreffliche Denker, durch den Zufatz: das Quantum derfelben wird in der Natur weder vermehrt noch vermindert, zu erkennen geben, dafs feine Analogie der Subftanzialität eigentlich das alte Gefetz von der Beharrlichkeit des Quantums der Subftanz fei, um fafslicher zu werden.

3. Wir haben nun zweierlei Folge wahrzunehmen und von einander zu unterfcheiden, die fubjective Folge in unferm Gemüth und die objective Folge der Gegenftände. In unferm Gemüth allein haben wir keine Folge zu unterfcheiden, fondern blofs wahrzunehmen, und da ift es genug, dafs etwas aufser uns beharret, an das wir den innern Flufs unfrer Vorftellungen halten, und darnach beftimmen, wann wir jede Vorftellung haben, und dafs wir es find, die fie haben. Gäbe es gar nichts beharrliches aufser uns, woran unfre Gedanken-

Analogie der Subſtanzialität.

reihe gleichſam wie ein Strom vor einem Felſen vorbei flöſſe, ſo wäre kein feſter Punct, der Verbindung hinein brächte, und der unſer Bewuſstſeyn der einen Vorſtellung an das Bewuſstſeyn der andern anknüpfte, wir würden in jedem Augenblick nicht nur anders beſtimmt, ſondern das, was beſtimmt würde, verflöſſe jedesmal mit der Beſtimmung, und in jedem Augenblick wäre ein anderes Ich da, das wieder einem folgenden wiche. Wäre aber eine Subſtanz im Gemüth, an der wir den Wechſel der innern Accidenzen wahrnähmen, dann wäre die Einheit zwiſchen innerer und äuſerer Erfahrung aufgehoben, und unſre Gedanken und Gefühle, kurz alle innern Beſtimmungen verflöſſen in einer andern Zeit, als die äuſern (C. 224).

4. Wenn wir wahrnehmen, ſo faſſen wir nicht etwa alles mit einem male auf, ſondern dieſes Auffaſſen (Apprehendiren) des Stoffs zur Erfahrung geſchiebet nach und nach, obwohl oft mit groſser Schnelligkeit; eine Vorſtellung folgt auf die andere, und macht wieder der andern im Bewuſstſeyn Platz. Wir ſehen nicht etwa mit einemmale das ganze Haus, ſondern wir faſſen alle Theilvorſtellungen, die in der Vorſtellung Haus enthalten ſind, nach und nach auf. Das Auffaſſen des Mannichfaltigen in der Vorſtellung eines Hauſes kann uns alſo nicht lehren, ob dieſes Mannichfaltige **zugleich ſei**, oder eben ſo in dem Objecte **auf einander folge**, als in der Wahrnehmung, wofern nicht an dem Hauſe etwas zum Grunde liegt, was jederzeit iſt, d. i. etwas **Bleibendes und Beharrliches**, ſo daſs aller Wechſel und alles Zugleichſeyn an demſelben nichts als ſo viel Arten (*modi*) der Zeit ſind, nehmlich **Zeitfolge und Gleichzeitigkeit**. Nur an dem Beharrlichen (der Subſtanz) iſt alſo alle Zeitbeſtimmung durch den Wechſel der Accidenzen möglich. Das Beharrliche iſt daher der Gegenſtand in der Erſcheinung, das Accidenz aber nur die Art, wie es vorhanden iſt (C. 225).

5. Es iſt noch nie einem Philoſophen eingefallen, dieſen Grundſatz der Beharrlichkeit zu beweiſen, obwohl zu allen Zeiten, nicht bloſs der Philoſoph, ſondern auch der geſunde Menſchenverſtand ihn vorausgeſetzt hat.

Analogie der Subſtanzialität.

Er ſtehet auch nur ſelten, wie es ihm doch gebührt, an der Spitze der reinen und völlig *a priori* beſtehenden Geſetze der Natur, ſ. Naturgeſetze. Der Grund davon, daſs er nicht iſt bewieſen worden, liegt darin, daſs der Beweis nicht kann aus Begriffen (dogmatiſch) geführt werden, und daſs man nicht darauf fiel, die Geſetze der Natur von der Beſchaffenheit unſres Erkenntniſsvermögens (critiſch) abzuleiten (C. 227).

6. Folgeſätze aus dieſer Analogie ſind:

a. daſs die Subſtanz weder vermehrt noch vermindert werden kann. Wenn z. B. das Holz verbrannt iſt, ſo muſs die Subſtanz deſſelben noch vollſtändig, nur mit andern Accidenzen, in Rauch und in der Aſche, vorhanden ſeyn.

b. daſs aus Nichts nie Etwas, und Etwas nie zu Nichts werden kann; *gigni de nihilo nihil, in nihilum nil poſſe reverti*, iſt ſchon ein richtiger Satz der Alten. (*Perſii Satyr. III. v.* 84.). οὐδὲν οὔτε γινεσθαι οὔτε φθειρεσθαι των οντων ſagt Parmenides (*Ariſtoteles de Coelo lib. III. Cap. I.*). Democrit lehrte μηδὲν ἐκ τε μη οντος γινεσθαι μηδὲ εἰς το μη ον φθειρεσθαι (*Diog. Laert. in vita Democrit. lib. IX. ſegm.* 44.). Xenophanes und Zeno hatten ebenfalls den Grundſatz μη ἐνδεχεσθαι (es ſei nicht möglich) γινεσθαι μηδὲν ἐκ μηδενος (*Ariſtot. libr. de Xenophane, Gorgia et Zenone Cap. I.*) und Lucrez ſagt:

Nullam rem e Nihilo gigni divinitus unquam.
(*de rerum natura lib. I. v.* 151.) und (*lib. I. v.* 206. 216. 217)

Nil igitur fieri de Nilo poſſe fatendum est —
Huc accedit, uti quidque in ſua Corpora
Diſſoluat natura, neque ad Nihilum interimat res.

ſ. übrigens Subſtanz. Veränderug. Accidenz. (C. 228.)

Kant. Critik der rein. Vernunft. Elementarl. II. Th. I. Abth. II. Buch. I. Hauptſt. III. Abſchn. 3. A. S. 224 — 229.

Analogie der Urſache und Wirkung,

Analogie der Cauſalität oder der Zeitfolge, Grundſatz der Erzeugung, *analogia cauſalitatis.*

Sie iſt diejenige Analogie *a priori*, welche eine Regel ausdrückt, nach welcher alle Gegenſtände der Erfahrung in einem ſolchen Verhältniſſe vorgeſtellt werden müſſen, das mit dem metaphyſiſchen Verhältniſſe der Cauſalität (Analogie 15) identiſch iſt.

1. Dieſe Analogie heiſst: Alle Erſcheinungen ſtehen in Anſehung des Wechſels der Accidenzen mit einander in dem Verhältniſſe der Urſache zur Wirkung. Alles, was daher von Accidenzen in der Natur vorkömmt, es mag im äuſsern oder im innern Sinn ſeyn, muſs die Wirkung einer Urſache, und in Verbindung mit der Subſtanz die Urſache einer Wirkung ſeyn, ſ. Urſache, Wirkung. Die äuſsern Gegenſtände ſind aber auch die Urſache unſrer Vorſtellungen im innern Sinn, und umgekehrt, ſo daſs alſo dieſe Analogie ſich in vier verſchiedene Analogien auflöſet, nach der Identität der vier folgenden Verhältniſſe mit dem Verhältniſſe der Cauſalität, nehmlich

a. der äuſsern Objecte unter ſich, wovon hier die Rede iſt;

b. der innern Objecte (Anſchauungen, Gedanken, Gefühle u. ſ. w.) unter ſich, wovon in der Logik und Pſychologie die Rede iſt;

c. d. der äuſsern Objecte mit den innern, und umgekehrt, wovon hier (in Anſehung der Erkenntniſs überhaupt), aber auch in der Moral und Teleologie gehandelt wird.

2. Dieſes iſt der berühmte Grundſatz, deſſen Beweis in der Leibnitz-Wolfiſchen Philoſophie gänzlich verunglückt iſt. Der Grund iſt, weil man dieſen Beweis dogmatiſch oder aus Begriffen führen wollte, welches nicht möglich iſt, auch verwechſelte man den metaphyſiſchen Begriff der Urſache (*principium eſſendi*) mit dem logiſchen Begriff des Grundes (*princi-*

170 Analogie der Urſache und Wirkung.

pium cognoscendi). Der dogmatiſche Beweis, den z. B. Baumgarten (Metaphyſ. Ontol. 3. Kapit. §. 218.) führt, iſt dieſer: „Die Wirklichkeit eines zufälligen endlichen Dinges iſt eine zufällige Beſchaffenheit, folglich hat ſie keinen hinreichenden Grund (nehmlich der Erkenntniſs derſelben) in ſeinem Weſen, auch nicht in ſeinen Eigenſchaften, folglich nicht in ſeinen innerlichen Beſtimmungen. Nun muſs aber ſeine Wirklichkeit einen hinreichenden Grund haben (aus welchem ſie erkannt wird), folglich muſs derſelbe auſser dem zufälligen und endlichen Dinge angetroffen werden, in Dingen, die ſeine Urſachen ſind, (weil der Grund der Wirklichkeit eines Dinges ſeine Urſache heiſst). Folglich kann ein zufälliges und endliches Ding nicht wirklich ſeyn, wenn es nicht auſser ſich Urſachen hat". Allein da Baumgarten den Grund (§. 14.) erklärt, „es ſei dasjenige, woraus erkannt werden kann, warum Etwas ſei," ſo iſt Grund und Erkenntniſsgrund identiſch; nun iſt aber die Urſache eines Dinges dasjenige, was nothwendig vor demſelben hergehen muſs, und nicht das, was den Erkenntniſsgrund der Wirklichkeit enthält, denn der Erkenntniſsgrund iſt ein Gedanke, die Urſache aber ein Gegenſtand. Dieſer Beweis hat alſo zwei Fehler, 1) die Verwechſelung der Urſache mit dem Grunde, 2) die Vorausſetzung deſſen, was erſt bewieſen werden ſoll; denn der Schluſs heiſst ſo: wenn ein Ding ſeinen zureichenden Grund nicht in ſich ſelbſt hat, ſo muſs es ihn in einem Dinge auſser ſich haben, ein ſolches Ding heiſst aber ſeine Urſache; aber das nur dann, wenn es überhaupt einen zureichenden Grund hat, welches aber nur dann der Fall iſt, wenn es überhaupt für unſern Verſtand erkennbar iſt. Wir können alſo nur ſchlieſsen, daſs das, was von unſerm Verſtand ſoll begriffen werden, einen Grund haben müſſe, denn der Grund iſt eben das, woraus es begriffen wird. Und ſo kann denn auch die Analogie der Cauſalität nicht aus Begriffen (dogmatiſch), ſondern bloſs critiſch (durch Unterſuchung unſers Verſtandesvermögens und der Bedingungen der Erfahrung) bewieſen werden. Dieſes geſchiehet nun ſo:

Zuerst kömmt eine Vorbereitung zu diesem Beweise. Es muſs nehmlich aus dem, was in den Artikeln Analogie der Erfahrung und Accidenz ist gezeigt worden, hier vorausgesetzt werden, daſs alle Erscheinungen der Zeitfolge Veränderungen der Substanz d. i. ein Wechsel der Accidenzen sind; ein Entstehen und Vergehen der Accidenzen, aber nicht der Substanzen, oder des Beharrlichen (M. I. 275). Nach dieser Vorbereitung folgt der Beweis.

Ich nehme wahr, daſs Erscheinungen auf einander folgen, oder verknüpfe zwei entgegengesetzte Zustände der Substanz in der Zeit (C. 233. 243.). Alles dieses gehet also in meinem Gemüth vor. Diese Verknüpfung aber ist entweder willkührlich, d. i. es stehet bei mir, welcher Zustand zuerst, und welcher zuletzt kommen soll; oder sie ist nothwendig, d. i. ich bin mir bewuſst, daſs der eine Zustand immer der erste und der andere immer der letzte seyn muſs. Im ersten Fall ist die Verknüpfung subjectiv, bloſs in meiner Einbildungskraft und nicht in den Objecten; im letztern Fall aber wird die subjective Verknüpfung in eine objective verwandelt, d. h. sie wird nicht bloſs als in meinem Gemüth befindlich vorgestellt, sondern ist zugleich in den Erscheinungen (Gegenständen der Erfahrung selbst). (M. I. 285.) Soll also die objective Folge der Dinge von der subjectiven unterschieden werden können, und die erstere nicht für die letztere gehalten werden, so muſs sie mit Nothwendigkeit verbunden seyn. Nothwendigkeit ist aber nur *a priori* möglich, folglich muſs die Verknüpfung, ein Werk des Verstandes, durch einen reinen Begriff im Verstande vorgehen, welches der Begriff der Ursache ist, und in allen Erscheinungen muſs daher das Verhältniſs der Ursache zur Wirkung vorkommen, wenn sie durch Begriffe erkannt werden (M. I. 276).

3. Durch die Analogie der Ursache und Wirkung kann also allein die objective Folge der Gegenstände von der subjectiven Folge im Gemüth unterschieden werden. (C. 234. 243). Das Auffaſſen (die Apprehension) des Mannichfaltigen der Vorstellungen geschiehet jederzeit nach und nach (successiv). Die Vorstellungen der Theile in der Anschauung

folgen auf einander. Denn wir können nicht mehr als Eine Vorstellung auf einmal auffassen, und uns vorstellen, daher muſs eine Vorstellung immer der andern Platz machen, und alle unsre Vorstellungen, wenn es uns auch so vorkömmt, als wenn manche gleichzeitig wären, weil der Zeitunterschied zwischen ihnen unendlich klein ist, sind doch alle nach einander. Hierdurch wird nun noch kein Object vorgestellt, weil durch diese Folge, die allen Apprehensionen gemein ist, nichts von etwas anderm unterschieden wird. Es muſs also unterschieden werden können, ob die Zeitfolge (Succession) in den Anschauungen bloſs in mir, in meinem Subject (subjectiv), oder in jedem Subject (allgemein), folglich in den Gegenständen (objectiv) ist; das geschieht nun durch einen Verstandesbegriff, der Nothwendigkeit in die Succession bringt, wodurch sie aufhört willkührlich, und bloſs in der Apprehension zu seyn. So ist z. B. die Apprehension des Mannichfaltigen in der Erscheinung, die wir Haus nennen, successiv. Nun ist die Frage, ob die Succession bloſs in unserm Gemüth, oder auch in der Erscheinung sei? d. h. ob wir das aufgefaſste Mannichfaltige so mit einander verbinden können, daſs wir uns die Folge als willkührlich vorstellen, wodurch das Ganze derselben bloſs als Vorstellung im Gemüth erkannt wird, oder daſs wir uns die Folge als nothwendig und unabhängig von unsrer Willkühr vorstellen, wodurch das Ganze als Gegenstand von Vorstellungen, und zwar in dem Verhältnisse von Urfach und Wirkung erkannt wird; die Vorstellung oder die subjective Folge in der Apprehension stimmt mit dem objectiven im Gegenstande überein, und unsre Erkenntniſs ist metaphysisch wahr, denn die metaphysische Wahrheit bestehet eben in der Uebereinstimmung unsrer Vorstellungen mit dem Gegenstande.

4. Wenn etwas geschehen, d. h. ein Zustand der Substanz wirklich werden soll, der vorher nicht war, so kann das nicht wahrgenommen oder voraus angenommen werden, als nur dann, wenn ein Zustand vorhergeht, welcher diesen neuen Zustand nicht in sich enthält. Aber eben so ist es auch in der Apprehension, ich fasse

einen Eindruck in das Bewufstfeyn auf, der vorher nicht in meinem Bewufstfeyn war. Diefes ift bei aller Verknüpfung der ins Bewufstfeyn aufgefafsten Vorftellungen der Fall. Nun foll fich aber das Mannichfaltige finnlicher Eindrücke, das ich aufgefafst habe, noch von blofs fubjectiven Vorftellungen unterfcheiden, fo dafs ich nicht allein fagen kann, ich ftelle mir das fo vor, fondern das ift **wirklich fo gefchehen**, wie ich es mir vorftelle. Wenn nun die Folge in der Apprehenfion fo befchaffen ift, dafs auf den Zuftand A der Zuftand B folgt, aber es mir nicht möglich ift, auf den Zuftand B den Zuftand A folgen zu laffen, und alfo meine Apprehenfion an die erfte Ordnung gebunden ift, fo ift die Ordnung **nothwendig**, ihr Gegentheil nicht möglich (M. I. 278. C. 256).

5. Die Apprehenfion der beiden Zuftände gefchieht alfo nach einer Regel, welche zugleich einen Unterfchied unter den Erfcheinungen macht, indem auf A auch nicht C, und auf B nicht A folgen kann. Dann mufs ich alfo fagen, die Folge ift nicht blofs in meinem Gemüth, denn fonft wäre fie willkührlich, fondern in den Erfcheinungen (den Gegenftänden der Erfahrungen) (M. I. 279. C. 283).

6. Die Regel ift alfo die: in dem Zuftande A einer jeden Subftanz liegt die Bedingung, nach welcher jederzeit und nothwendiger Weife der Zuftand B derfelben oder einer andern Subftanz auf den Zuftand A folgen mufs, welches Verhältnifs des A zu B dasjenige ift, was durch die beiden Verftandesbegriffe **Urfache und Wirkung** gedacht wird (M. I. 289). Man nennt diefe Regel auch den Satz **vom zureichenden Grunde**, beffer aber den **Satz der Urfache** oder das **Princip der Caufalverknüpfung**, damit er nicht, wie es bisher gefchahe, mit dem Satze des zureichenden Erkenntnifsgrundes, für welchen jener Name eigentlich gehört, verwechfelt werde (C. 243).

7. Gefetzt, unfer Verftand hätte nicht die Verftandesbegriffe der Urfache und Wirkung, um durch fie Einheit in das Mannichfaltige der Erfahrung zu bringen, fo könnte er fich auch keinen Zuftand A vorftellen, auf welchen der

Zustand B nach einer Regel folgen müſste. Dann wäre die Apprehenſion bloſs ſubjectiv, bloſs in dem Gemüth des wahrnehmenden Subjects, aber nicht für das Gemüth eines jeden wahrnehmenden Subjects beſtimmt. Wir hätten dann bloſs ein Spiel von Vorſtellungen, und könnten nicht ſagen, ſo iſt es im Object, wir könnten dann unſere Vorſtellungen auf kein Object beziehen, und hätten Vorſtellungen, ohne daſs wir dadurch einen Gegenſtand erkenneten. Denn unſre Vorſtellungen wären nicht durch ein Zeitverhältniſs beſtimmt, und könnten alſo durch kein Zeitverhältniſs von einander unterſchieden werden. Kurz, es folgten da nur zwei Zuſtände im Gemüth, zwei Apprehenſionen; aber nicht zwei Zuſtände in den Erſcheinungen auſeinander.

8. Es iſt alſo hier ein groſser Unterſchied zwiſchen dieſer Theorie, welche das Geſetz der Cauſalität in den Verſtand ſetzt, und behauptet, daſs der Verſtand, durch diejenige ſeiner Regeln, welche Analogie der Cauſalität heiſst, die Zeitfolge in dem aufgefaſsten Mannichfaltigen mit Nothwendigkeit und Allgemeinheit beſtimme, und der, welche behauptet, daſs die Gegenſtände der Erfahrung ſelbſt dann Urſachen und Wirkungen ſind, wenn ſie auch kein ſolcher Verſtand, wie der unſrige, durch ſeine Grundſätze verknüpfet, und daſs unſer Verſtand bei der Erfahrung nichts weiter thue, als daſs er wahrnehme, welcher Gegenſtand eine Urſache und welcher eine Wirkung ſei. Durch die vorgetragene Theorie wird nehmlich gelehrt, daſs alles, was wir wahrnehmen, ein Mannichfaltiges ſinnlicher Vorſtellungen ſei, das, ob es wohl im Raume, alſo auſser uns, angeſchauet werde, doch eigentlich mit ſammt dem Raume ſowohl in unſerm Gemüth ſei, als unſre Gedanken, nur daſs es durch eine uns unbegreifliche Einwirkung aufs Gemüth in uns komme, und durch die Beſchaffenheit des Gemüths als auſser uns vorgeſtellt werde, um es von bloſsen Gedanken zu unterſcheiden, die durch uns allein im Gemüth entſtehen. Da nun alſo das Mannichfaltige der Erfahrung als ſinnliche Anſchauung in uns iſt, ſo verbindet der Verſtand daſſelbe vermittelſt der Zeitfolge, in der es aufgefaſst wird, zu einem Ganzen, und zwar ſo, daſs er entweder die Zeitfolge als

willkührlich beſtimmt, und das nennen wir die ſubjective Folge ſinnlicher Vorſtellungen, oder ſo, daſs er die Zeitfolge als nothwendig beſtimmt, und das nennen wir eine objective Folge der Gegenſtände, und ſchreiben die Folge in unſrer Apprehenſion dieſen Gegenſtänden zu, oder erkennen ſie, nach dem Verhältniſſe der Verſtandesbegriffe, Urſache und Wirkung. Nach der bisher gewöhnlichen Theorie iſt hingegen alles, was wir wahrnehmen, wirklich ſo auſser uns in einem Raume vorhanden, und ſo, daſs das eine Ding Urſache und das andere Wirkung iſt, und wir wüſten nichts von Urſache und Wirkung, wenn wir dieſe Begriffe nicht hätten aus der Erfahrung kennen gelernt, und eben ſo von der Erfahrung abſtrahirt, wie die reine Mathematik ein Abſtractum von den Körpern ſeyn ſoll.

9. Allein hätten wir die Begriffe Urſache und Wirkung aus der Erfahrung abſtrahirt, ſo wäre weder Allgemeinheit noch Nothwendigkeit mit ihnen verbunden. Wir könnten nicht ſagen, alles, was geſchieht, hat ſeine Urſache, ſondern nur, alles, was wir wahrgenommen haben, hätte ſie, ja von vielem haben wir ſie noch nicht einmal gefunden, und dennoch behaupten wir, die Urſachen ſind uns nur verborgen, ſie ſind dennoch vorhanden oder vorhanden geweſen, als ſie dieſe Wirkungen hervorbrachten. Auch könnten wir nicht behaupten, was geſchieht, muſs ſeine Urſache haben, denn geſetzt, wir hätten auch immer die Urſachen aller Begebenheiten entdeckt, ſo haben wir ja doch nicht erfahren, daſs es keine Begebenheit ohne Urſache geben könne, denn das läſst ſich nicht erfahren, ſondern wäre höchſtens ein Schluſs aus einer Erfahrung, aber aus welcher? Es giebt keine Erfahrung, aus der ſich ſo etwas ſchlieſsen lieſse. Der Satz, alles, was geſchieht, hat ſeine Urſache, wäre dann in dieſem Umfange erdichtet, und nicht gültig für jeden Denker, denn er beruhete höchſtens auf Induction, nehmlich auf einer Menge Fälle von ſolchen Begebenheiten, deren Urſache man gefunden habe, ſo daſs ſich hoffen laſse, die andern Begebenheiten, deren Urſachen man nicht kenne, würden wohl auch ihre wirkenden Urſachen gehabt haben. Allein auch

der Begriff Urſache und Wirkung hat die Merkmale der Nothwendigkeit und Allgemeinheit in ſich, denn nur das iſt Urſache eines Zuſtandes, das immer und nothwendiger Weiſe vor demſelben hergehet, und das iſt Wirkung einer Urſache, das immer und nothwendiger Weiſe auf ſie folgt. Was aber dieſe Merkmale hat, kann nicht aus der Erfahrung, ſondern muſs *a priori* ſeyn. S. *a priori*.

10. Wenn wir alſo Urſachen und Wirkungen in der Erfahrung finden, und den Begriff davon abſtrahiren können, ſo liegt das eben darın, daſs wir ſchon durch unſern Verſtandesbegriff dieſe Verknüpfung durch das Erfahrungsverhältniſs der Urſache und Wirkung hinein gelegt haben, und dieſe Verknüpfung ging *a priori* vor der Erfahrung her, und war der Grund derſelben. Wenn ich alſo frage, worin liegt denn das, daſs gerade der Cajus der Vater des Titus iſt, und nicht umgekehrt, das habe ich doch aus der Erfahrung, ſo iſt die Antwort allerdings, weil ohne Erfahrung ich weder von Cajus noch Titus etwas wüſste, auch kann ich ohne Wahrnehmung nicht wiſſen, welcher in der Zeit voranging, aber hätte ich es wahrnehmen können, dann hätte mein Verſtand eine ſolche nothwendige Verknüpfung in dieſe Wahrnehmungen gebracht, daſs ich den Cajus für den Vater des Titus hätte erkennen müſſen. Warum hätte er aber nicht den Titus zum Vater des Cajus gemacht? Eben darum, weil dann die Verknüpfung willkührlich, nicht objectiv, ſondern in der bloſsen Apprehenſion geweſen wäre, und alſo gar kein Erkenntniſs von dem Verhältniſſe der Zeitfolge zwiſchen beiden entſtanden wäre. Der Grund, daſs gerade Cajus und nicht Titus der Vater iſt, liegt in beiden Objecten, der Grund des Objectiven aber in der Apriorität der Verſtandesbegriffe, deren Grund begreifen zu wollen heiſsen würde, den Grund des Verſtandes, wodurch wir begreifen, begreifen wollen, wozu, wenn kein Cirkel entſtehen, und der Verſtand ſich auch nicht aus ſich ſelbſt begreifen ſollte, doch etwas anders, als Verſtand, nöthig ſeyn würde (M. 1. 283. C. 240).

Analogie der Urfache und Wirkung.

11. Unter den Einwürfen, die man hiergegen gemacht hat, find folgende die wichtigften:

a. Die Folge gewiffer Apprehenfionen z. B. der mufikalifchen Töne c, d kann durch das Object beftimmt, alfo nicht blofs fubjectiv feyn, ohne dafs der Ton c nach einer allgemeinen Regel die Apprehenfion des Tons d nach fich ziehet (Schmids Critik der reinen Vernunft im Grundriffe nach der zweiten Auflage §. 162. aus Ulrichs Inftitut. *Log. et Metaph.* §. 308 310). Antwort. Wenn die Apprehenfion des Tons d nach dem Ton c nicht blofs fubjectiv feyn foll, fo mufs eine Urfache z. B. der Spieler vorhergehen Die Folge des Tons d auf den Ton c ift dann blofs fubjectiv, aber die Folge des Tons d auf feine Urfache, den Spieler, nothwendig und folglich objectiv.

b. Wer weifs, ob es überall nothwendig ift, dafs Erfcheinungen durch den Verftand verknüpft werden follen? Erfcheinungen können ja wohl auch ganz andern Gefetzen unterworfen feyn, als Verftandesgefetzen, die felbft der Verftand nie faffen und den feinigen unterwerfen kann? (Jacobs kritifche Anfangsgründe zu einer allgem. Metaphyfik, nach der erften Auflage §. 186. Anmerk. 7, und Schmids angef. Buch nach der erften Aufl. S. 220. ff.) Dann wäre nehmlich die Nothwendigkeit und Allgemeinheit in den Erfahrungsurtheilen nur angemafst und eingebildet. Allein hier werden Erfcheinungen mit Dingen an fich verwechfelt. Denn eben darum find die Objecte Erfcheinungen, weil fie nicht durch eine in dem Dinge felbft, fondern im Verftande gegründete Verknüpfung nothwendige Einheit haben, oder Erfahrungsobjecte find, f. Erfcheinung.

12. Aus der Analogie der Beharrlichkeit folgt, dafs die Analogie der Urfache und Wirkung blofs den Wechfel der Accidenzen betrifft. Die Subftanz felbft ift diefem Grundfatz nur in Anfehung ihrer Veränderungen unterworfen, fie felbft aber entfteht und vergeht nicht, folglich hat fie auch keine Urfache, wie fie denn auch kein Erfahrungsobject, fondern nur das durch den Ver-

stand als nothwendig gedachte Subſtrat aller Erfahrung iſt. Dahingegen das Accidenz allein keine Urſache ſeyn kann, weil jedes Accidenz wechſelt, und folglich die Urſache des Wechſelns zuletzt in der Subſtanz gedacht werden muſs. Subſtanz iſt alſo nie Wirkung, aber wohl Urſache, und Accidenz nur durch die Subſtanz Urſache, aber ſtets Wirkung (M. I. 294).

13. Das Entſtehen iſt alſo bloſs Veränderung, und nicht Urſprung aus Nichts. Wenn dieſer Urſprung als Wirkung von einer fremden Urſache angeſehen wird, ſo heiſst er Schöpfung, welche als Begebenheit unter den Erſcheinungen nicht zugelaſſen werden kann, indem ihre Möglichkeit allein ſchon die Einheit der Erfahrung aufheben würde; ob zwar, wenn wir alle Dinge, als Ding an ſich betrachten, ſie ihrem Daſeyn nach als abhängig von fremden Urſachen angeſehen werden können; welches aber alsdann ganz andere Wortbedeutungen nach ſich ziehen und auf Erſcheinungen, als mögliche Gegenſtände der Erfahrung, die nicht Dinge an ſich ſind, und ihre Einheit durch den Verſtand bekommen, nicht paſſen würde. Alſo muſs nach dieſer evidenten Theorie in der Natur alles natürlich zugehen; und ſollte wirklich etwas übernatürliches geſchehen, ſo würde es doch immer unter das Naturgeſetz der Cauſalität ſubſumirt, und für natürlich erkannt werden (M I. 295. C 254).

14. Wie nun überhaupt etwas verändert werden könne, davon haben wir *a priori* nicht den mindeſten Begriff, aber die Form kann *à priori* erwogen werden. Zur Erkenntniſs der Veränderung wird nehmlich die Kenntniſs wirklicher Kräfte erfordert, welche nur empiriſch erlangt werden kann, z. B. die Erkenntniſs der bewegenden Kräfte, oder, welches einerlei iſt, gewiſſer ſucceſſiven Erſcheinungen, welche ſolche Kräfte anzeigen. Aber die Form einer jeden Veränderung kann erwogen werden (C. 252).

15. Wenn nehmlich eine Subſtanz aus einem Zuſtande a in einen andern b übergehet, ſo iſt der Zeitpunct, in welchem ſich der Zuſtand b befindet, von demjenigen, in welchem der Zuſtand a war, unterſchieden, und folgt demſelben. Eben ſo iſt auch der zweite Zuſtand b als eine wirkliche Beſchaffenheit der Subſtanz vom Zuſtande a, wo

noch gar nichts von b war, wie b von c unterschieden, das ist, wenn der Zustand b sich vom Zustande a nur der Grösse nach unterscheidet, so ist doch die Veränderung ein Entstehen des Unterschiedes zwischen a und b, a — b, von welchem im vorigen Zustande a noch nichts da war, und in Ansehung dessen dieser Zustand also, mathematisch ausgedrückt, = 0 ist (M. I. 297. C. 253).

16. Wie gehet nun ein Ding aus dem Zustand a in b über? (C. 225.) Zwischen zwei Augenblicken ist immer eine Zeit, also geschieht der Uebergang in der Zeit. So wie also der Uebergang durch alle noch so kleine Zeittheilchen gehet, so muſs auch die Caſualität während aller dieſer kleinen Zeittheilchen wirken, die Handlung muſs also in so fern als gleichförmig auf alle diese kleine Zeittheilchen vertheilt gedacht werden, und ein solch Theilchen der Handlung in einem Zeittheilchen, in welchem ein Theilchen der Wirkung entspringt, heiſst ein Moment ſ. Abſprung (M. I. 298). Die Erſcheinungen der vergangenen Zeit müſſen also jedes Daſeyn in der folgenden beſtimmen, und es nach einer Regel feſtſetzen. Denn nur an den Erſcheinungen können wir dieſe Continuität im Zuſammenhange der Zeiten empiriſch erkennen, weil wir die Zeit ſelbſt nicht wahrnehmen, und folglich eine Lücke in der Zeit ſeyn würde, wenn nicht jede Begebenheit mit der vorhergehenden genau zuſammenhinge (M. I. 287. C. 244). S. Abſprung.

17. Sextus Empirikus suchte schon den Grundſatz der Cauſalität umzuſtoſsen, oder wenigſtens zweifelhaft zu machen. Er ſchloſs ſo: Wer behauptet, es gebe Urſachen, behauptet es entweder ohne Grund, oder er hat Gründe zu ſeiner Behauptung. Haben nun die Gründe, die er anführt, keine Urſache, ſo muſs man zugeben, daſs etwas ohne Urſache entſtehe, haben ſie aber ihre Urſache im Verſtande, ſo hätte dieſe Urſache wieder die ihrige, oder nicht, im letztern Falle hat man nicht nöthig, Urſachen anzuerkennen, im erſtern Falle ſchließſe ich immer ſo fort ins Unendliche. Die Widerlegung dieſer Schluſsfolge ſ. in dem Artikel

cosmologische Idee der Abhängigkeit des Daseyns.

18. Ein zweiter Einwurf des Sextus Empirikus gegen den Grundsatz der Causalität ist folgender: Die Ursache folgt doch nicht auf ihre Wirkung, aber sie gehet auch nicht ihrer Wirkung vorher; denn wäre die Ursache schon da, ehe sie ihre Wirkung hervorbrächte, so wäre sie Ursache, ohne Ursache zu seyn, weil sie nur Ursache seyn kann, indem sie wirkt. Es bleibt also nichts übrig, als zu sagen, eine Ursache sei mit der Wirkung zu gleicher Zeit da. Das scheint nun Anfangs wahrscheinlich, untersucht man es aber näher, so wird man es widersprechend und absurd finden; denn wenn die Wirkung entstehen soll, so muſs die Ursache sie hervorbringen, um sie hervorzubringen, muſs die Ursache wirken, um zu wirken, muſs sie da seyn, also muſs die Ursache eher seyn, als sie wirkt.

19. In diesem Einwurf wird die Ordnung der Zeit mit dem Ablauf derselben verwechselt; das Verhältniſs bleibt nehmlich, wenn gleich keine Zeit verlaufen ist. Die Zeit zwischen der Causalität der Ursache und deren unmittelbaren Wirkung kann verschwindend, beide also zugleich seyn, aber das Verhältniſs der Ursache zur Wirkung bleibt doch immer, der Zeit nach, bestimmbar, und die Ursache ist immer der Zeitordnung nach vor der Wirkung. Wenn man eine bleierne Kugel, die auf einem ausgestopften Küssen liegt, und ein Grübchen hinein drückt, als Ursache betrachtet, so ist diese Ursache mit der Wirkung zugleich, aber der Zeitordnung nach doch vor dem Grübchen. Dies ist das Zeitverhältniſs der Verknüpfung durch Kräfte (der dynamischen, oder durch Ursache und Wirkung), d. i. derjenigen, wodurch das Daseyn der Zeit nach bestimmt wird. Denn hat das Küssen schon ein Grübchen, so folgt darum nicht auf das Grübchen eine bleierne Kugel (M.I. 291. C. 247).

20. Demnach ist die Zeitfolge allerdings das einzige Erfahrungskennzeichen (empirische Criterium) der Wirkung in Beziehung auf die Causalität der Ursa-

che, die vorhergeht. Das Glas ift z. B. die Urfache von dem Steigen des Waffers über feine Horizontalfläche, obgleich beide Erfcheinungen, das Glas und das Steigen des Waffers, der Zeitfolge nach, zugleich find. Denn fobald man mit dem Glafe das Waffer aus einem gröfsern Gefäfse fchöpfet, fo erfolgt etwas, nehmlich die Veränderung des Horizontalzuftandes, den es im Gefäfs hatte, in einen Stand mit einer concaven Oberfläche, den es im Glafe annimmt, in welchem nehmlich, durch die anziehende Kraft der Seitenwände, das Waffer am Rande höher fteigt, als in der Mitte (M. L 292. C. 249).

21. Hume behauptet mit Recht: dafs wir die Möglichkeit der Caufalität, d. i. die Beziehung des Dafeyns eines Dinges (an fich felbft) auf das Dafeyn von irgend etwas anderm, was durch jenes nothwendig gefetzt werde, durch Vernunft auf keine Weife einfehen. Er behauptet aber auch: erft nach vielen gleichförmigen Erfahrungen, in denen daffelbe Object immer von derfelben Begebenheit begleitet wird, fangen wir an, die Idee von Urfache und Verbindung zu bekommen. Die neue Empfindung, die unfere Seele dann erhält, fei nichts anders, als ein gewohntes Verhältnifs zwifchen den Objecten, die auf einander folgen, und diefe Empfindung fei das Urbild der Idee (Urfache und Wirkung), die wir fuchen. Da diefe Idee, fagt er, aus der Vielheit einzelner Fälle entfpringt, fo mufs fie das Refultat desjenigen Umftands feyn, in Anfehung deffen diefe Vielheit von der Einheit jedes einzelnen Falls verfchieden ift. Nun ift aber eben diefer Umftand der gewohnte Gang der Einbildungskraft, die Objecte mit einander zu verbinden. Eben hierin (in diefem Umftande) unterfcheiden fich mehrere Fälle von einem Fall, mit dem fie fonft in jedem Punct übereinftimmen. Hieraus zog nun Hume die Hypothefe: der Begriff der Urfache und Wirkung und alfo das ganze Gefetz der Caufalität fei aus der Erfahrung entfprungen. Sobald, fagt er, Begebenheiten einer gewiffen Art immer und in allen Fällen find zufammen wahrgenommen worden, fo tragen wir nicht das ge-

ringſte Bedenken, die eine bei dem Anblick der andern vorherzufagen, es entſpringt bei uns die Idee einer nothwendigen Verbindung, die wir Cauſalität nennen.

22. Allein es gehet mit dem Begriff der Cauſalität eben ſo, wie mit andern reinen Vorſtellungen *a priori*, die wir darum allein aus der Erfahrung herausziehen können, weil wir ſie in die Erfahrung gelegt hatten (M. I. 283. C. 240). Freilich erlangt der Begriff der Cauſalität erſt durch den Gebrauch in der Erfahrung Klarheit, aber in Rückſicht auf dieſelbe, als Bedingung derjenigen Einheit, welche die Erſcheinungen in der Zeit verknüpft, war er doch der Grund der Erfahrung ſelbſt, und ging alſo *a priori* vor ihr her. Sonſt wäre die Allgemeinheit und Nothwendigkeit der Cauſalität nur angedichtet.

23. Um einen Verſuch an dem Begriff der Urſache zu machen, ſo wie ihn ſich Hume vorſtellt, und der übrigens keinen Widerſpruch enthält (**problematiſch iſt**), ſo iſt uns

a) vermittelſt der Logik die Form eines bedingten (hypothetiſchen) Urtheils überhaupt *a priori* gegeben, nehmlich ein gegebenes Erkenntniſs als Grund und das andere als Folge zu gebrauchen; wenn A, B iſt; ſo iſt C, D.

b) möglich, daſs auf eine gewiſſe Erſcheinung eine andere beſtändig folgt, ſo daſs ich hypothetiſch urtheile, wenn ein Körper (A) lange von der Sonne beſchienen (B) wird, ſo wird er C, welches hier mit A identiſch iſt warm (D). Hier iſt nun freilich noch nicht eine Nothwendigkeit der Verknüpfung, es heiſst nicht, ſo **muſs** er warm werden, mithin iſt hier noch nicht der Begriff der Urſache, es heiſst noch nicht, die Sonne macht ihn warm. Wenn nun aber

c) dieſer Satz, der bloſs eine ſubjective Verknüpfung der Wahrnehmungen iſt, ein **Erfahrungsſatz** ſeyn ſoll, ſo muſs er als **nothwendig und allgemeingültig** angeſehen werden. Ein ſolcher Satz aber würde ſeyn, die Sonne iſt dadurch, daſs ſie den Stein (A) befcheint (B), die Urfache der Wärme (D) deffelben (C = A).

24. So trägt alfo der Verftand durch diefe Analogie der Zeitfolge, die Sonne ftehet mit der Wärme des Steins, den fie befcheint, in dem Verhältniffe der Urfache zur Wirkung, und dadurch, dafs beide, Sonne und Stein, in der Zeit find, die wirkliche Zeitfolge, die in der Apprehenfion (23, b) war, auf die Erfcheinung felbft über (23, c), und beftimmt dadurch die Zeitfolge im Object (Sonnenfchein und Wärme des Steins, als Erfcheinungen in der Zeit, und nicht blofse Vorftellungen der Imagination) (M. I. 288. C. 244).

25. Soll Etwas **Erfahrung feyn, fo mufs es nach einer allgemeinen Regel auf etwas vorhergehendes folgen, und alles, was wirklich gefchieht, mufs eine Urfache haben, ift einerlei.** Es ift indeffen doch fchicklicher, fich der erftern Formel zu bedienen, um das Gefetz auszudrükken. Man kann fonft leicht in Mifsverftand gerathen, und fich einbilden, man habe von der Natur als einem Dinge **an fich felbft** zu reden, und da würde man fruchtlos in endlofen Bemühungen herumgetrieben werden, um für Dinge, von denen uns nichts gegeben ift, Gefetze zu fuchen (f. **An fich**).

26. Diefe vollftändige, ob zwar wider Humes Vermuthung ausfallende Auflöfung feiner Aufgabe (Problems) rettet alfo den reinen Verftandesbegriffen ihren Urfprung *a priori*, und den allgemeinen Naturgefetzen ihre Gültigkeit als Gefetzen des Verftandes. Doch ift diefe Rettung von der Art, dafs fie den Gebrauch der reinen Verftandesbegriffe (Subftanz, Accidenz, Urfache, Wirkung, und Wechfelwirkung) nur auf Erfahrung einfchränkt, darum, weil ihre Möglichkeit blofs in der Beziehung des Verftandes auf Erfahrung ihren Grund hat; nicht aber fo, dafs fie fie von Erfahrung ableitet. Vielmehr wird hierdurch die Erfahrung von den reinen Verftandesbegriffen abgeleitet, indem **fie es find**, die Erfahrung möglich machen; und fo ift das eine ganz umgekehrte Art der Verknüpfung, die fich Hume niemals einfallen liefs (P. 102).

27. **So Kant.** Man kann dem Scharffinn und philofophifchen Geifte, mit welchem er die Humifche, das metaphyfifche Syftem drückende, Schwierigkeit (*crux metaphyficorum*) aus dem Innerften des menfchlichen Verftandes löfet und befriedigend wegfchafft, die verdiente Bewunderung nicht verfagen; zumal da hier keine Hypothefe aufgeftellt wird, fondern alles vollkommen überzeugend und unumftöfslich gewifs ift.

Kant. Critik der reinen Vern. Elementarl. II. Th. I. Abth. II. Buch. II. Hauptft. III. Abfchn. 3. B. S. 232 — 254.
Deffelb. Proleg. S. 97 — 102.

Analogie der Wechfelwirkung,

Analogie der Concurrenz, des Commercium, oder des Zugleichfeyns, Grundfatz der Gemeinfchaft, *analogia mutuae dependentiae*.

Sie ift diejenige Analogie *a priori*, welche eine Regel ausdrückt, nach welcher alle Gegenftände der Erfahrung in einem folchen Verhältniffe vorgeftellt werden müffen, das mit dem metaphyfifchen Verhältniffe der Concurrenz (Analogie 15) identifch ift.

1. Diefe Analogie heifst: **Alle Erfcheinungen, fo fern fie zugleich find, ftehen als Subftanzen, in Anfehung ihrer Accidenzen, miteinander im Verhältniffe der Wechfelwirkung.** Alles, was daher von gleichzeitigen Accidenzen in der Natur vorkömmt, mufs die Wirkung einer Subftanz feyn, aber fo, dafs wenn die Subftanz die Wirkung hervorbringt, die Subftanz, an der fie hervorgebracht wird, jederzeit wieder eine Wirkung hervorbringt, f. Wechfelwirkung. Wenn ein Baum den Saft aus der Erde zieht, fo mufs die Erde fo viel Feuchtigkeit fahren laffen, als der Baum in fich zieht, und liefse die Erde keine fahren, fo müfste fie doch mit eben der Kraft der ziehenden Kraft des Baumes widerftehn, mit welcher diefer ziehet (M. l. 303. C. 256).

2. Man nennt die Subftanz, welche ein Accidenz in einer andern Subftanz wirkt, die **wirkende Subftanz**, und

diejenige, in welcher das Accidenz gewirkt wird, die leidende Subſtanz. Die Wirkung der leidenden Subſtanz auf die wirkende heiſst die Zurückwirkung (Reaction), und der Zuſtand, der in der Wirkung und Zurückwirkung beſtehet, die Wechſelwirkung oder der Streit (Conflict) der Subſtanzen. Dieſe Wechſelwirkung der Subſtanzen bewies man ſonſt dogmatiſch auf folgende Art: die Subſtanzen dieſer Welt, welche neben einander wirklich ſind, beſtimmen einander ihren Ort, folglich wirken ſie gegenſeitig in einander, (Baumgarten Metaphyſik §. 294). Allein daſs ſie einander ihren Ort beſtimmen, iſt ſchon Wechſelwirkung, und es wird alſo hier das vorausgeſetzt, was erſt ſoll bewieſen werden. Der Beweis kann nur critiſch, d. h. durch Unterſuchung, wie das Erkenntniſsvermögen nothwendig beſchaffen ſeyn muſs, wenn Erfahrung möglich ſeyn ſoll, geführt werden. Und dieſer Beweis iſt nun folgender:

Das Zugleichſeyn der Subſtanzen im Raume kann nicht anders in der Erfahrung erkannt werden, als unter Vorausſetzung einer Wechſelwirkung derſelben unter einander. Zugleich ſind nehmlich Dinge, wenn in der empiriſchen Anſchauung die Wahrnehmung des einen auf die Wahrnehmung des andern wechſelſeitig folgen kann. So kann ich meine Wahrnehmung zuerſt am Monde, und nachher an der Erde, oder auch umgekehrt zuerſt an der Erde und dann am Monde anſtellen, und darum ſage ich, ſie exiſtiren zugleich. Nun iſt das Zugleichſeyn die Exiſtenz des Mannichfaltigen in derſelben Zeit; der Mond und die Erde exiſtiren zugleich, heiſst, ſie ſind in derſelben Zeit vorhanden. Man kann aber die Zeit nicht wahrnehmen, um zu erkennen, daſs Dinge zu derſelben Zeit ſind. Wenn nun auf A, B folgte in der Apprehenſion, und dann wieder A auf B, ſo würde die ſubjective Succeſſion in der Apprehenſion ſo ſeyn A, B, A. Dadurch würde alſo bloſs eine ſubjective Folge, aber noch kein Zugleichſeyn im Object beſtimmt. Dies kann nur durch einen Verſtandesbegriff geſchehen, der die wechſelſeitige Folge der Beſtimmungen in den Erſcheinungen nothwendig und allgemein, und dadurch diese wechselseitige Folge objectiv macht. Also kann das Zugleichseyn der Substanzen nicht anders erkannt werden, als durch Wechselwirkung derselben (M. I. 304. C. 256. f.).

3. Durch die Analogie der Wechselwirkung kann also allein das objective Zugleichseyn der Gegenstände von der subjectiven Folge derselben im Gemüth unterschieden werden. Das Auffassen (die Apprehension) des Mannichfaltigen der Vorstellungen geschieht jederzeit nach und nach (successiv), erst kömmt A, dann B, dann C, dann D (s. Analogie der Ursache und Wirkung). Gesetzt nun, ich kann in der Apprehension von D wieder zurückgehen nach C, dann nach B, und endlich nach A; so muſs unterschieden werden können, ob das bloſs eine zufällige Succession in mir ist, wenn die Reihe so aussieht A, B, C, D, C, B, A, oder aber ob im Object diese Dinge nicht nach einander, sondern neben einander und zu gleicher Zeit sind. Dies geschieht nun durch den Verstandesbegriff *a priori* der Wechselwirkung, der es nothwendig und allgemein macht, daſs es gleichgültig ist, ob ich die Reihe so A, B, C, D, oder auch so D, C, B, A durchlaufe, weil nicht nur B die Wirkung von A, C von B, und D von C, sondern auch umgekehrt C die Wirkung von D, B die Wirkung von C, und A die Wirkung von B ist. Diese Nothwendigkeit in der Folge, wenn ich die Reihe auch umkehre, macht, daſs ich mir die Dinge als neben einander und gleichzeitig denken muſs, weil es nicht von meiner Willkühr abhängt, sie bloſs nach Einer Ordnung nothwendig auf einander folgen zu lassen, sondern ich bin an diese Nothwendigkeit in der Ordnung, wenn ich die Reihe auch umkehre, gebunden, und ich erkenne nun durch die Beziehung meiner successiven Vorstellungen auf ein Object, in welchem diese zwiefache Succession der Vorstellungen als nothwendig erkannt wird (M. I. 305. C. 258).

4. Wenn etwas zugleich vorhanden, d. h. zu Einer und derselben Zeit neben einander seyn soll, so kann das nicht wahrgenommen oder angenommen werden, als nur dann, wenn ich willkührlich von dem Zustand der Substanz A zu dem Zustand der Substanz B fortgehen, oder

auch umgekehrt von dem Zuſtand der Subſtanz B zu dem Zuſtand der Subſtanz A übergehen kann. Zwar iſt es eben ſo auch in der Apprehenſion, ich faſſe erſt A, dann B und dann wieder A in mein Bewuſstſeyn auf. Nun ſoll ich aber das Mannichfaltige ſinnlicher Eindrücke, das ich aufgefaſst habe, noch von bloſs ſubjectiven Vorſtellungen unterſcheiden, und daſſelbe nicht als nach einander, ſondern als gleichzeitig und neben einander erkannt werden, ſo daſs ich nicht ſagen kann, ich ſtelle mir dieſe Succeſſion nur ſo vor, im Object iſt ſolche Succeſſion nicht, ſondern geſtehen muſs, das, worin ich willkührlich die Ordnung in der Apprehenſion umkehren kann, iſt im Object gleichzeitig. Wenn alſo die Folge in der Apprehenſion ſo beſchaffen iſt, daſs auf den Zuſtand A der Zuſtand B, und auch auf den Zuſtand B der Zuſtand A folgen kann, und meine Apprehenſion an dieſe Willkührlichkeit in der Umkehrung der Ordnung gebunden iſt, ſo liegt in dieſer Umkehrung Nothwendigkeit.

5. Die Apprehenſion der Zuſtände A und B geſchieht alſo nach einer Regel, welche zugleich einen Unterſchied unter den Erſcheinungen macht, indem auf A zwar nicht unmittelbar C, aber wohl B, aber dann auch auf B unmittelbar A, und auch nicht C folgen kann. Dann muſs ich alſo ſagen, die Folge A, B, A iſt nicht bloſs in meinem Gemüth, denn ſonſt wäre zwiſchen A und B ſo wenig eine **nothwendige** Folge, als zwiſchen B und A, da aber die Folge zwiſchen beiden **nothwendig**, und nur die Ordnung, ob ich von A oder B anfange, willkührlich iſt, ſo liegt es zwar in meinem Gemüth, welche Ordnung ich wähle, aber die Folge ſelbſt liegt in den Gegenſtänden der Erfahrung.

6. Die Regel alſo iſt: in dem Zuſtande A einer jeden gleichzeitigen Subſtanz liegt nicht nur die Bedingung, nach welcher jederzeit und nothwendiger Weiſe der Zuſtand B derſelben, oder einer andern Subſtanz, auf den Zuſtand A folgen muſs; ſondern in dem Zuſtande B liegt auch die Bedingung, daſs der Zuſtand A auf den Zuſtand B folgen muſs, welches Verhältniſs der beiden Zuſtände, A zu B und B zu A, dasjenige iſt,

was durch den Verstandesbegriff der Wechselwirkung gedacht wird.

7. Gesetzt nun, unser Verstand hätte nicht den
Verstandesbegriff der Wechselwirkung, um durch
ihn Einheit in das Mannichfaltige der Erfahrung zu bringen, so könnte er sich auch nicht vorstellen, dafs zwei
Zustände A und B wechselseitig mit gleicher Nothwendigkeit auf einander folgen müfsten, dann wäre die Apprehension blofs subjectiv und succeffiv, blofs eine Succession in dem Gemüth des wahrnehmenden Subjects,
aber keine Gleichzeitigkeit für das Gemüth eines jeden
wahrnehmenden Subjects bestimmt. Jede Erscheinung,
die wir wahrnähmen, wäre dann völlig isolirt, d. i.
keine wirkte in die andere, und empfinge wiederum
Einflüsse von jener. Dann würde das Zugleichseyn derselben kein Gegenstand einer möglichen Wahrnehmung
seyn, und das Daseyn der einen könnte nicht durch
den Weg der empirischen Synthesis auf das Daseyn der
andern führen. Denn wenn man sich gedenkt, sie wären durch einen völlig leeren Raum getrennt, so würde
die Wahrnehmung, die von der einen zu der andern in
der Zeit fortgeht, zwar dieser ihr Daseyn, vermittelst
einer folgenden Wahrnehmung, bestimmen, aber nicht
unterscheiden können, ob die Erscheinung objectiv
auf die erstere folge, oder mit jener vielmehr zugleich
sei. Man könnte dann freilich auch von C auf D und
so fort bis A zurückgehen, aber nicht unterscheiden,
ob dieses nicht eine blofs subjective d. i. neue Reihe
der objectiven Zeitfolge und ein blofses Spiel unsrer
Phantasie sei, ohne dafs wir sagen könnten, so ist es im
Object (M. I. 306. C. 258. f.).

8. Es ist also hier wieder ein grofser Unterschied
zwischen dieser Theorie, welche das Gesetz des Com-
merciums oder der Wechselwirkung in den Verstand setzt, und behauptet, dafs der Verstand durch diejenige seiner Regeln, welche Analogie der Wechselwirkung heifst, das Zugleichseyn in dem aufgefafsten Mannichfaltigen mit Nothwendigkeit und Allgemeinheit bestimme; und der, welche behauptet,
dafs die Gegenstände der Erfahrung selbst dann Wech-

felwirkungen find, wenn fie auch kein folcher Verftand, wie der unfrige durch feine Grundfätze verknüpfet, und dafs unfer Verftand bei der Erfahrung nichts weiter thue, als dafs er wahrnehme, wie die Gegenftände wechfelfeitig auf einander wirken. Durch die vorgetragene Theorie wird nehmlich gelehrt, dafs durch den Verftandesbegriff der Wechfelwirkung zwar beide Ordnungen A, B, C, D, E und E, D, C, B, A gleichgültig, aber die Folge in beiden Ordnungen gleich nothwendig fei, denn da der Verftandesbegriff *a priori* ift, fo führt er das Merkmal der Nothwendigkeit mit fich, f. Verftandesbegriff (M. I. 307. C. 259). Denn nur dasjenige beftimmt dem andern feine Stelle in der Zeit, was die Urfache von ihm oder feinen Beftimmungen ift. Alfo müffen die zugleichfeyenden Subftanzen in wechfelfeitiger Wirkung auf einander feyn. Nun ift aber alles zur Möglichkeit der Erfahrung gehörige nothwendig. Alfo ift es allen Subftanzen in der Erfahrung nothwendig, in durchgängiger Gemeinfchaft der Wechfelwirkung unter einander zu ftehen, f. Gemeinfchaft. Uebrigens gilt hier noch alles, was von der Urfache und Wirkung in der Analogie derfelben gefagt worden (9 ff.), weil das Verhältnifs der Wechfelwirkung nichts anders ift, als dasjenige Verhältnifs der Urfache und Wirkung, bei welchem ich zugleich die Wirkung als Urfache ihrer Urfache betrachten mufs.

Kant. Crit. der rein. Vern. Elementl. II. Th. I. Abth. II. Buch. II. Hauptft. III. Abfchn. 3. C. S. 256.—260.

Analogifch.

S. Analogie.

Analyfis.

S. Zergliederung.

Analytik.

S. Logik.

Analytifches Urtheil,

zergliederndes, erläuterndes Urtheil, *judicium analyticum*, ift ein folches Urtheil, in welchem das Verhältnifs des Subjects A zum Prädicat B fo gedacht wird, dafs das Prädicat B entweder (verfteckter Weife) in dem Begriff A enthalten ift, oder einem andern Begriffe —B, der in dem Begriffe A enthalten ift, widerfpricht. Das Wort **analytifch** ift griechifch und bedeutet **zergliedernd, auflöfend** (C. 10. Pr. 24. 30).

1. Man darf nehmlich nur den Begriff A in feine Theilbegriffe oder Merkmale auflöfen, oder zergliedern, fo findet man unter diefen Merkmalen das Prädicat B oder das Prädicat — B, das dem Prädicat B widerfpricht, fo dafs B mufs von A verneint werden. Diefe Urtheile find den **fynthetifchen** entgegen gefetzt, in welchen weder B noch — B in A enthalten ift. In den **analytifchen** Urtheilen beruhet das Verhältnifs des Subjects zum Prädicat auf dem logifchen Verhältniffe des Widerfpruchs (f. Analogie. 14). Ein jedes analytifches Urtheil ift ein Verhältnifs zweier Begriffe, des Subjects und Prädicats, das mit dem logifchen Verhältnifs des Widerfpruchs identifch ift. Das Ganze ift gröfser als fein Theil ift fo viel als: Alle Theile find zufammen gröfser als Ein Theil, und diefes ift identifch mit dem Verhältniffe des **Widerfpruchs** (oder **Einftimmung**), dafs die Gröfse aller die Gröfse eines jeden einzelnen Theils mit in fich fafst.

2. Die Richtigkeit der Verknüpfung des Prädicats mit dem Subjecte in analytifchen Urtheilen beruhet auf der Zergliederung des Subjects, denn ift das Urtheil bejahend, fo mufs fich das Prädicat unter den Merkmalen des Subjects finden; ift es verneinend, fo mufs fich unter den Merkmalen des Subjects eins finden, dem das Prädicat widerfpricht. Z. B. Jeder Körper ift ausgedehnt. Ausgedehnt feyn gehört nehmlich zum Begriff des Körpers, und alfo mufs es auch vom Körper prädicirt werden. Kein Körper ift ein blofs mathematifcher Punct, denn ein Körper ift ausgedehnt, ein mathematifcher Punct ift aber blofs die Grenze einer Ausdehnung nach Einer Dimenfion, folglich widerfpricht es dem Begriff des Körpers, dafs er ein blofser mathematifcher Punct feyn follte. Alle bejahende analytifche Sätze beruhen auf Identität, alle verneinende

auf Widerspruch. Alle identische Sätze find alfo analytische, denn in ihnen ift Subject und Prädicat ganz einerlei. Solche identische Sätze find an fich leere Tautologien, oder Urtheile, durch die man weder etwas erkennet, noch erläutert; denn man erfährt durch fie nichts weiter, als was schon das Subject an und für fich, ohne das Prädicat ausfagt, auch wird der Begriff im Subject durch das Prädicat nicht einmal deutlicher, weil das Prädicat das ganze Subject oft freilich mit andern Worten angiebt. Dennoch würde man fich fehr übereilen, wenn man fie deshalb für unnütz halten wollte; denn fie haben das Gute, dafs, wenn man das Wort, welches das Subject angiebt, nicht verftehet, das Prädicat ein andres verftändlicheres Wort dafür angiebt. Gott ift Gott, ift ein folcher identischer Satz. Wie nutzbar aber, ja wie unentbehrlich dergleichen tautologische Sätze find, das wird in der Mathematik vorzüglich fichtbar, denn da dienen fie zur Demonftration, z. B. A ift fo grofs als A, oder $A = A$; $4 = 4$; eine Linie, oder ein gewiffer Winkel, den zwei Figuren mit einander gemein haben, fei fich felbft gleich, woraus gemeiniglich erft erhellet, dafs beide Figuren gleich, oder gar congruent, d. i. gleich und ähnlich find. Um fo weniger kann alfo die Nutzbarkeit derjenigen **analytischen** Urtheile zweifelhaft feyn, die nur zum Theil identisch find, d. h. in denen das Prädicat blofs mit einem Theil des Subjects identisch ift. Sie entfpringen aus der **Analyfis** oder **Zergliederung** unfrer Begriffe, worin bisher die ganze Erkenntnifs gefetzt wurde. Hat man alle analytische Urtheile, die über einen Begriff möglich find, fo ift auch der ganze Begriff analyfirt und dadurch zur Deutlichkeit erhoben. Da nun die Logik das Analyfiren der Begriffe lehrt, fo kann man die analytischen Urtheile auch **logische**, d. h. in die Logik gehörige, oder folche, welche die Logik machen lehrt, nennen. Durch ein analytisches Urtheil lernt man alfo nichts neues, fondern fieht das nur deutlicher ein, was man fich durch den Begriff im Subject dunkel dachte; daher heifst es auch ein **Erläuterungsurtheil**, weil fie durch das Prädicat nichts zum Begriff im Subject hinzuthun, sondern diesen nur durch Zergliederung (f. Zergliederung) in seine Merkmale auflösen und dadurch erläutern oder deutlich machen (M. l. 11.).

3. In analytischen Urtheilen ist die Verknüpfung des Prädicats mit dem Subject, da sie auf Identität oder Widerspruch beruhet, nicht nur absolut nothwendig, sondern führt auch unmittelbare Nothwendigkeit und Gewifsheit mit sich. Also sind alle analytische Urtheile, ohne Rücklicht darauf, ob der Begriff des Subjects empirisch, oder rein sei, Urtheile *a priori*. Wenn ich sage, der Tisch ist ausgedehnt, so folgt die Gewifsheit dieses Satzes unmittelbar aus dem Satze des Widerspruchs, mithin *a priori*. Denn ein unausgedehnter Tisch ist widersprechend. Da also alle analytische Urtheile *a priori* sind, so folgt, dafs empirische Urtheile nicht analytisch seyn können (Schultz Prüfung der Kantischen Critik der rein. Vern. S. 28 — 44).

4. Kant hat zuerst den Unterschied zwischen analytischen und synthetischen Urtheilen entdeckt, den die dogmatischen Philosophen, die die Quellen metaphysischer Urtheile immer nur in der Metaphysik selbst, und nicht im Erkenntnifsvermögen, finden wollten, vernachläfsigten. Er hat blofs, nach seiner Entdeckung, in Locks Versuchen über den menschlichen Verstand (4 B. 3 K. §. 7.) einen Wink über diesen Unterschied gefunden. Daselbst giebt Locke vier Quellen aller Urtheile an. Er glaubte nehmlich (§. 7.) gefunden zu haben, dafs alle bejahende und verneinende Urtheile sich auf vier Arten bringen lassen, deren vier Quellen die Identität (Einstimmung und Widerstreit, welches folglich die analytischen Urtheile giebt), die Coexistenz, Relation und reale Existenz (d. i. die Existenz im Object, welches folglich die synthetischen Urtheile giebt) wären. Allein es herrscht in seinem Vortrag so wenig Bestimmtes und auf Regeln Gebrachtes, dafs man sich nicht wundern darf, wie nicht einmal Hume daher Anlafs genommen hat, über Sätze dieser Art Betrachtungen anzustellen. Denn dergleichen allgemeine und dennoch bestimmte Princi-

Analytisches Urtheil.

lernt man nicht leicht von andern, denen sie nur dunkel vorgeschwebt haben. (Pr. 31).

5. Inzwischen hat die Erfahrung, wie **Schultz** (a. a. O.) richtig bemerkt, gelehrt, daſs auch diese klare Sache miſsverstanden werden kann, folglich muſs sie noch weiter auseinander gesetzt werden. Es hängt blofs von der Ausführlichkeit oder Reichhaltigkeit des Begriffs ab, den wir vom Subject haben, ob wir mehr oder weniger analytische Sätze aus demselben folgern können. Denn rechnen wir sehr viel Merkmale zum Begriff des Subjects, so lassen sich alle diese Merkmale vom Subject prädiciren, und daher sehr viel analytische Urtheile vom Subject machen. Da nehmlich der Begriff des Einen vom Subject mehr Ausführlichkeit haben kann, als der Begriff des Andern, so kann der Eine dasselbe Urtheil für **analytisch** und also für *a priori*, der Andere für **nicht analytisch** für (synthetisch) und empirisch halten. Es verstehe z. B. Einer unter Luft das elastische Fluidum, welches die Erde überall umgiebt, und das wir empfinden, wenn wir mit der flachen Hand schnell gegen das Gesicht fahren; so ist der Satz, die Luft ist elastisch, **analytisch**, folglich *a priori*. Dagegen habe ich von der Luft noch weiter keinen Begriff, als daſs sie die Materie ist, die ich fühle, wenn ich mit der flachen Hand schnell gegen das Gesicht fahre; so ist jener Satz **nicht analytisch**, und nicht *a priori*, denn hier ist das Prädicat, elastisch, in meinem Begriff von der Luft noch nicht enthalten, folglich muſs ich es erst anderwärts aufsuchen. Durch Wahrnehmungen gefunden macht es den Satz empirisch und folglich synthetisch. Wie schaffen wir nun dieses Schwankende weg? Durch die Bemerkung, daſs hier unter dem Begriff des Subjects blofs sein **Grundbegriff** zu verstehen ist, d. i. der allererste Begriff, den wir uns davon machen, und der also gerade nur die wesentlichen d. i. diejenigen Merkmale enthält, die zur Unterscheidung des Subjects von allen andern Dingen erforderlich sind; denn dieses macht eben das Eigene des Subjects aus, das ihm allein, und keinem andern

Dinge zugehört. Ich fühle z. B. überall, wo ich mich auf der Erde befinde, daſs mir etwas ans Gesicht stöſst, wenn ich die flache Hand mit einer gewiſſen Geſchwindigkeit gegen das Geſicht bewege, und das nenne ich Luft. Ohngeachtet ich nun dieſe Luft noch nicht weiter kenne, ſo habe ich doch nun ſchon einen Grundbegriff davon, nehmlich, daſs ſie die Materie iſt, die ich fühle, wenn ich mit der flachen Hand ſchnell gegen das Geſicht fahre, und dieſer Grundbegriff iſt ſchon hinreichend, ſie von allen übrigen Dingen zu unterſcheiden. Es ſind alſo die Sätze, die Luft umgiebt die Erde, ſie iſt fühlbar, beweglich u. ſ. w. analytiſch, weil ſie bloſs durch den Satz des Widerſpruchs aus jenem Grundbegriffe folgen.

6. Dennoch ſind die analytiſchen Sätze angefochten worden, und man hat auch auf dieſem Wege verſucht, Kants Behauptungen umzuſtoſsen. Ein Gelehrter (Philoſophiſche Unterhaltungen 1. B. Leipzig 1786. S. 127. ff. 2 B. 1787. S. 169. 170) hat behauptet: einen Begriff in ſeine Theile auflöſen, heiſse noch nicht urtheilen, ſondern nur die Theile als **Glieder des Begriffs denken**, folglich wären das keine Urtheile, was Kant **analytiſche Urtheile** nennt. Erſt dann urtheile die Vernunft, wenn ſie Begriff gegen Begriff halte, und dieſer Beziehung Einheit der Vorſtellung gebe. Folglich werde in jedem Urtheile zu einem Begriff ein Begriff gebracht, den man vorher mit jenem **gar nicht dachte**, folglich ſei das Zuſammenbringen eines Begriffs mit ſich ſelbſt in Kants analytiſchem Urtheile eigentlich nichts, oder kein Urtheil. Denn es erhelle aus obigem, daſs die Vernunft von einem Urtheil Verſchiedenheit oder Mehrheit der Begriffe erwarte.

7. In dem Urtheile, **Gott iſt allmächtig**, wird aber doch offenbar Begriff gegen Begriff gehalten. Sollte in einem Urtheile eine totale Verſchiedenheit zwiſchen Subject und Prädicat ſeyn, ſo würde es gar keine Urtheile geben. Denn wer die totale Verſchiedenheit des Subjects und Prädicats, als Erforderniſs zu einem Urtheil behauptet, der leugnet damit die **totale** und **partiale Einerleiheit** derſelben. Folglich wäre auch jene Behauptung, die **eine partiale Einerleiheit** angiebt, kein Ur-

theil. Es liefse sich also gar nicht einmal beurtheilen, ob etwas ein Urtheil sei oder nicht.

8. Das Zergliedern eines Begriffs erfordert aber sogar einen Vernunftschlufs. Um z. B. in dem Begriff Gott den Theilbegriff allmächtig zu finden, dazu gehört folgender Vernunftschlufs:

Oberfatz: Gott ist dasjenige Wesen, das alle Vollkommenheiten besitzt;

Unterfatz: Die Allmacht ist aber eine Vollkommenheit;

Schlufs: Also besitzt Gott Allmacht.

Der Obersatz hat totale, der Untersatz und der Schlufssatz partiale Einerleiheit (Identität), das wäre folglich ein Vernunftschlufs ohne Urtheile.

9. Der ganze reine Theil der allgemeinen Logik bestehet sogar aus lauter analytischen Urtheilen. Denn sie ist die blofse Analyfis (Zergliederung) unserer Verstandesform, folglich müssen ihre Regeln lauter analytische Sätze *a priori* seyn. Auch ist sie eben darum eine völlig *a priori* demonstrirte und keiner Erweiterung fähige Wissenschaft, denn es beruhet in ihr alles auf dem Verhältnisse, oder wenn man dasselbe durch ein Urtheil ausdrückt (Analogie 11.), auf dem Satze des Widerspruchs, und die ganze Logik ist nichts weiter, als die Anwendung desselben auf Begriffe.

10. Die analytischen Urtheile müssen nehmlich ihren Grundsatz haben, nach welchem sie gemacht werden; oder das Verhältnifs zwischen Subject und Prädicat mufs mit einem Grundverhältnisse identisch seyn, und das ist eben das Verhältnifs des Widerspruchs (Analogie 14.). Darum handelt der erste Abschnitt des Systems der Grundsätze des reinen Verstandes, in Kants Critik der reinen Vernunft, von dem obersten Grundsatze aller analytischen Urtheile (M. I, 215. C. 189).

11. Wenn ein Urtheil soll richtig seyn, so mufs es vor allen Dingen den logischen Gesetzen des Denkens überhaupt gemäfs seyn. Es mufs daher zwischen Subject und Prädicat nicht das Verhältnifs statt finden,

dafs im Subject ein Merkmal ist, welches dafs Gegentheil ist von dem Begriff im Prädicat. Diefes ist die negative (verneinende) Bedingung aller Urtheile überhaupt; denn diefes Verhältnifs wird von allen Urtheilen verneint, es darf bei keinem Urtheil statt finden; fobald man es bei einem Urtheil findet, kann man es fogleich ohne alle weitere Unterfuchung für falfch erklären. Man fagt in diefem Fall, das Urtheil widerfpricht fich felbft, oder es ist ein Widerfpruch im Urtheil, weil ein Merkmal im Subject dem Begriff im Prädicat widerfpricht, oder daffelbe aufhebt, fo dafs es vom Subject nicht kann ausgefagt (prädicirt) oder mit demfelben verknüpft werden, z. B. ein Viereck war ohne Winkel, ist falfch, denn ein Viereck ist eine Figur von vier Seiten, und mufs daher vier Winkel haben, folglich kann es nicht ohne Winkel feyn; vier Winkel und kein Winkel find Merkmale, die fich widerfprechen. Allein ein Urtheil kann fo befchaffen feyn, dafs zwifchen den Merkmalen des Subjects und dem Begriff im Prädicat kein Widerfpruch ist, und es kann darum doch grundlos feyn, ja es kann fogar falfch feyn. Alle Urtheile, in denen ein Widerfpruch ist, find falfch, aber da es nicht genug ist, dafs Subject und Prädicat blofs nach dem logifchen Verhältniffe des Widerfpruchs verknüpft werden können, fo ist im Widerfpruch ftehen, und falfch feyn nicht identifch. Einem Subject kömmt nehmlich nach dem logifchen Verhältniffe der Ausfchlieffung von je zwei fich einander widerfprechenden Prädicaten eins zu, z. B. ein Viereck ist entweder fo grofs, als ein Dreieck, das mit demfelben gleiche Grundlinie und Höhe hat, oder nicht fo grofs. Es mufs alfo noch ein Grund da feyn, warum dem Subject das Prädicat beigelegt wird oder nicht. Ift kein Grund dazu vorhanden, fo ist das Urtheil grundlos, ist fogar ein Grund zum Gegentheil vorhanden, fo ist es falfch (Analogie, 14. M. I. 216.).

12. Diefes Verhältnifs, oder diefen Satz, des Widerfpruchs kann man nun fo ausdrücken: keinem Dinge kommt ein Prädicat zu, welches ihm widerfpricht, d. h. kann ich Subject und Prädi-

eat in einem Urtheil auf ein folches Verhältnifs bringen, das identifch ift mit dem Verhältniffe, oder Urtheile A (welches doch die Merkmale a, b und c hätte) ift nicht a, fo ift jenes Urtheil falfch. Hier kömmt es gar nicht darauf an, was A und a, b, c bedeuten, alfo nicht auf den Inhalt des Subjects, fondern nur darauf, dafs das Prädicat a von dem Subject A verneint wird, welches doch zu den Merkmalen deffelben gehört. Eben daher gehört der Satz des Widerfpruchs in die Logik, weil es dabei nicht auf eine beftimmte Erkenntnifs ankömmt, fondern er von allen Erkenntniffen überhaupt gilt. Der Satz des Widerfpruchs ift alfo ein allgemeines, ob zwar blofs verneinendes Kennzeichen (negatives Criterium) aller Wahrheit. Als ein folches aber hält er blofs den Irrthum ab, denn worin ein Widerfpruch ift, das kann fchlechterdings nicht wahr, das mufs falfch feyn. Der Widerfpruch vernichtet alle Erkenntnifs und hebt fie gänzlich auf (M. I. 217. C. 190).

13. Man kann aber doch von dem Satze des Widerfpruchs auch einen pofitiven Gebrauch machen, d. i. ihn nicht blofs dazu brauchen, den Irrthum abzuhalten, fondern auch Wahrheit zu erkennen. Denn bei einem analytifchen Urtheile mufs die Wahrheit deffelben durch den Satz des Widerfpruchs können erkannt werden. Wenn das Urtheil nehmlich analytifch ift, fo mufs das Prädicat entweder mit dem ganzen Subject, oder einem Theilbegriff deffelben identifch feyn, wenn es bejahet, oder dem ganzen Subject oder einem Theile deffelben widerfprechen, das ift das Gegentheil davon ausfagen, wenn es verneinet. Ift es nun umgekehrt, fo ift es entweder falfch, oder doch nicht analytifch (M. I. 218).

14. Daher müffen wir nun den Satz des Widerfpruchs als das allgemeine und völlig hinreichende Principium (Grundfatz) aller analytifchen Urtheile gelten laffen, aber weiter gehet auch fein Anfehen und feine Brauchbarkeit nicht, als eines hinreichenden Criteriums der Wahrheit, denn auf andere als analytifche Sätze ift er gar nicht zu einem pofitiven Gebrauch anwendbar. Denn wenn zwifchen Subject und Prädicat auch keine Identität,

und nur kein Widerspruch ist, so ist das Urtheil dem Satze des Widerspruchs nicht entgegen, und folglich vernichtet sich dasselbe nicht selbst, welches die *conditio sine qua non* ist, oder ohne welche Bedingung keine Erkenntnifs möglich ist; aber darum ist die Erkenntnifs noch nicht wahr, und folglich ist der Satz des Widerspruchs kein positives Criterium der Wahrheit nicht analytischer Sätze (M. I. 219. C. 191).

15. Man hat aber den Satz des Widerspruchs vor Kant sehr unbequem so ausgedrückt: es ist unmöglich, dafs etwas zugleich sei und nicht sei (Baumgartens Metaphysik. §. 7.). Es find hierin zwei Fehler:

a. ist das Wort unmöglich überflüssig, denn die apodictische Gewifsheit muss sich schon von selbst aus dem Satze verstehen lassen, ohne dass sie erst durch das Wort unmöglich angegeben wird;

b. zeigt das Wort zugleich eine Zeitbedingung an, welche im Satze des Widerspruchs nicht vorkommen darf, weil er sonst nur auf Dinge ginge, die den Zeitbedingungen unterworfen sind.

Man misverstand den Satz, und sonderte ein Prädicat von dem Subject ab, und verknüpfte das Gegentheil von diesem Prädicat mit demselben, wodurch blofs ein Widerspruch zwischen den Prädicaten, aber nicht des Prädicats mit dem Subject entstand, weil dieses Prädicat nicht gerade zu dem Begriff im Subject gehörte, also auch einmal nicht an dem Subject zu finden seyn könnte, folglich synthetisch und nicht analytisch mit demselben verbunden war. Und da war es denn nöthig, die Zeitbedingung hinzuzusetzen, denn nach einander könnte man wohl jedes der beiden Prädicate mit dem Subject verbunden denken. Ich kann wohl sagen, ein Mensch, der ungelehrt war, ist gelehrt, die Prädicate kommen ihm nehmlich zu verschiedenen Zeiten zu, aber nicht zu gleicher Zeit. Dem Subject Mensch aber gehört weder gelehrt noch ungelehrt als Merkmal zu, keins von beiden Prädicaten ist also analytisch mit ihm verbunden. Aber dann ist der Satz analytisch, wenn das eine Prädicat, dem das andere widerspricht, im Subject liegt. Ein ungelehrter Mensch ist gelehrt. Dieses ist unter keiner Bedingung wahr, weil das Subject nicht blofs ein Mensch, sondern ein ungelehrter Mensch ist, und dieser kann zu keiner Zeit gelehrt seyn. (M.I.220. C.191.f.)

16. Man hält zuweilen Sätze für analytisch, die es nicht sind, z. B. die Zahlformeln, als 7 + 5 = 12, oder wenn ich 7 zu 5 addire, so bekomme ich 12. Hier ist Gleichheit, aber nicht Identität, welches wohl zu unterscheiden ist. Nehmlich 7 und 5 machen zusammen dieselbe Gröfse, die wir zwölfe nennen, aber die Begriffe sind sehr verschieden. Denn unter 7 + 5 denke ich mir die Addition zweier Zahlen, und unter 12 eine einzige, aber ganz andere Zahl. Der Mathematiker hat durch seine Construction die Objecte selbst vor sich, und diese sind einander gleich; der Philosoph will diese Objecte durch Begriffe denken, und findet, dafs diese nicht identisch sind, dafs in dem Begriff der 12 nichts von der Qualität liege, dafs 7 zu 5 addirt sei. Der Philosoph kann daher auch durch Analysis aus 12 nicht 7 + 5, und aus 7 + 5 nicht 12 herausbringen; sonst wäre ja auch die Logik zugleich eine Arithmetik, oder die Arithmetik ein Zweig der Logik. Der Mathematiker allein findet die Summe 12 aus 7 + 5 durch eine Operation (d. i. er findet diese Synthesis durch Construction) indem er in Gedanken von der 5 eine Einheit nach der andern wegnimmt, und zur 7 hinzuzählt. Dieses Hinwegnehmen ist nicht eine Analysis des Begriffs von 5, sondern eine Zerlegung (Anatomie) des Objects 5, denn wenn ich Einheiten wegnehme, so nehme ich nicht Merkmale des Begriffs, sondern Theile des Objects hinweg. Einheiten sind in allen Zahlen und daher nicht Merkmale einer gewissen Zahl. Der Begriff einer bestimmten Zahl, z. B. 5, ist, dafs es diejenige Menge von Dingen einer Art sei, auf die ich komme, wenn ich alle Einheiten dieser Menge durchzähle. Wenn ich nun 5 + 7 = 12 setze, so heifst das, wenn ich die Reihe A B haben will,

A • • • • • • • • • • B
C • • • • • • • • • • d
    D
. E • • • • F

fo erlange ich fie, unter andern, auch, wenn ich die Reihe C D durchzähle, und dann wieder von vorn anfange, und die Reihe E F zähle, und dann beide Reihen wie in C d zu einander hinzufüge. Dafs diefes nun richtig fei, lehrt die Anfchauung durch obige Conftruction. In der Reihe A B allein aber liegen diefe Begriffe nicht, fondern fie entfpringen aus der Operation, dafs ich erft 7 Puncte derfelben abzähle, und dann wieder von anfange, und nur noch 5 finde (M. l. 16. C. 15).

Eben fo ift auch kein eigentlich geometrifcher und metaphyfifcher Satz analytifch, obwohl auch hier eine Einerleiheit der Objecte vorkömmt (M. I. 17). Diejenigen Sätze in der Geometrie, welche analytifch find, und auf dem Satze des Widerfpruchs beruhen, dienen nur zur Kette der Methode und find nicht eigentlich geometrifch. Man läfst aber auch diefe in der Geometrie nur darum zu, weil fie mathematifch behandelt, d. i. nicht blofs nach der Weife der Philofophie durch Begriffe gedacht, fondern durch Conftruction in der Anfchauung dargeftellt werden können, z. B. das Ganze ift fich felbft gleich durch $a = a$, das Ganze ift gröfser als fein Theil durch $(a + b) > a$ (M. l. 16).

17. Eine analytifche Behauptung bringt den Verftand nicht weiter, denn fie fagt nichts weiter aus, als was in dem Begriffe gedacht wird, den fie aufftellt. (C. 3.4). Wenn ich fage, alle Körper find ausgedehnt, fo habe ich dadurch einen deutlichen Begriff vom Körper erlangt, aber nichts gefagt, was nicht fchon im Begriff eines Körpers als eines ausgedehnten und undurchdringlichen Dinges läge. Der Verftand läfst es übrigens bei der analytifchen Behauptung unausgemacht, ob es einen folchen Gegenftand gebe oder nicht, ob alfo dadurch etwas Wirkliches oder nur ein Hirngefpinft gedacht werde. Denn wäre auch der Begriff Körper ein Hirngefpinft, fo wäre dennoch der Satz, alle Körper find ausgedehnt, vollkommen richtig, weil es nur

auf die Verknüpfung der beiden Begriffe zu einem Urtheil ankömmt, welche richtig ist, weil der Begriff ausgedehnt im Begriff Körper liegt. Dieses logische Verhältnifs der Verknüpfung zweier Begriffe durch Identität der Merkmale heifst auch die logische oder analytische Verwandtschaft. S. Affinität (Pr. 25.)

18. Eine Gattung bejahender analytischer Urtheile sind die analytischen Definitionen oder Nominalerklärungen, welche blofs die in dem Begriff liegenden Merkmale angeben. Diese Definitionen sind irrig, wenn sie Merkmale angeben, die nicht im Begriffe liegen, oder wesentliche Merkmale weglassen, die im Begriff liegen, und folglich nicht ausführlich sind, weil man der Vollständigkeit seiner Zergliederung nicht immer gewifs seyn kann. Diese Definitionen sind daher nicht so sicher, als die mathematischen, weil 1) der Mathematiker seinen Begriff selbst bestimmt, und daher durch die Definition nicht mehr und nicht weniger hinein legt, als er unter dem Begriff gedacht haben will, und 2) weil der Mathematiker durch die Construction zeigt, dafs sein Begriff kein Hirngespinst ist, sondern sich in der Anschauung darstellen läfst. Dies kann der Philosoph nie bei seinen analytischen Definitionen leisten. Daher läfst sich die Methode der Mathematiker im Definiren in der Philosophie nicht nachahmen (C. 760).

Kant. Critik der reinen Vern. Einleitung. II. S. 10. f. V. S. 15. ff. Elementarl. II Th. I. Abth. II. Buch. II. Hauptst. I. Abschn. S. 189. ff. III. Hauptst. S. 314. f. Methodenlehre I. Hauptst. I. Abschn. S. 760.
Deff. Prolegom. S. 24. f. 30. f.
Schaltz Prüfung der Kantischen Critik. I. Th. S. 28 — 44.

Anarchie.

S. ~~Gesetzlosigkeit~~

Anaxagoras,

Αναξαγορας ὁ κλαζομενιος Einer der berühmtesten Philosophen des Alterthums. Er wurde im ersten Jahr der 70. Olympiade oder 494 Jahr vor Christi Geburt gebohren, zu Clazomene in Jonien, und war 20 Jahr alt, als Xerxes mit seiner grofsen Armee über den Hellespont nach Griechenland ging. Sein Vater hiefs Hegesibulus. Anaximenes, ein Philosoph der Jonischen Schule, war sein Lehrer (*Clemens Alex. Stromat. libr. I. p.* 301. *A*). Anaxagoras war der erste unter den griechischen Philosophen, der sich zu einer reinen Vernunfttheologie erhob. Die ältern Philosophen der Jonischen Schule machten nehmlich die Materie zum Grundprincip, aus welchem sie alles ableiteten und erklärten, und liefsen folglich keine andern als Naturursachen zu. Man streitet darüber, ob Thales, Anaximander und Anaximenes eine Vernunfttheologie gehabt haben oder nicht. Cicero sagt, dafs schon Thales einen Gott geglaubt habe, von dem die Welt aus Wasser gebildet worden sei. Allein Cicero widerspricht sich gleich darauf selbst, indem er sagt, dafs Anaxagoras der erste gewesen sei, der die Welt einem Gott zugeschrieben habe, und dieses behaupten auch die übrigen Schriftsteller des Alterthums, die vom Anaxagoras reden (*Cicero de Natura Deor. libr. I. Cap. X. XI.*) Man trifft also in der Geschichte der griechischen Philosophie über den Anaxagoras hinaus wenigstens keine deutlichen Spuren einer Vernunfttheologie an (M. I. 360. P. 253).

2. Anaxagoras nahm nun neben der Materie noch einen Verstand (S. 85) zum Grundprincip an. Er lehrte: nicht ein Ungefähr oder eine blinde Nothwendigkeit sei die Ursache der Ordnung und Schönheit in der Welt, sondern ein nicht zusammengesetzter, mit der Materie nicht vermischter, folglich reiner, einfacher und unendlicher Verstand (*Clemens Alexander admon. ad gentes. Colon.* 1688. *p.* 43. *D. Stromat. libr. II. p.* 364. *D*). Dieser habe die im ganzen Chaos zerstreueten und sich unter einander befindenden ähnlichen Partikelchen, die er Homoiomerien nannte, von den ihnen unähnlichen gesondert, und die ähnlichen mit einander verbunden, und so z. B. aus der Verbindung der in dem ganzen Chaos zerstreuet gewesenen Knochenpartikelchen Knochen, aus den Blutpartikelchen Blut u. s. w. gemacht, auch sei er der Urhe-

ber der Bewegung der Materie (*Cicero l. c. Diogenes Laert. in Anaxagora lib. II.*). Er machte also einen verständigen Gott (νᾶς) zum Baumeister der Welt, und wies durch diese grofse Idee, wie Schwab (Preisschr. S. 6) sehr richtig sagt, dem menschlichen Geiste einen neuen Standpunct zur Betrachtung des Weltgebäudes an.

3. Dieser Philosoph wurde von seinen Zeitgenossen und Landsleuten Verstand (νᾶς) genannt, entweder, weil sie seinen seltenen Scharfsinn in Untersuchung der Natur bewunderten, oder weil er neben der unendlichen Materie noch einen unendlichen Verstand zur Erklärung der Dinge annahm. Er ist der erste griechische Philosoph, welcher Bücher geschrieben hat (*Clemens Alex. Stromat. libr. I. p. 308. c.*), die aber leider nicht auf unsere Zeiten gekommen sind. Und dieser Mann, der zuerst würdige Begriffe von der Gottheit lehrte, hatte das Schicksal, dafs er der Gottesläugnung beschuldigt, und nicht nur deshalb verklagt, sondern auch zu einer Geldstrafe von 5 Talenten verurtheilt, und aus Athen, wo er lehrte, verwiesen wurde. Allein es war die Gegenparthei des Perikles, seines Schülers, eines Staatsmannes zu Athen, den man stürzen wollte, die ihn verfolgte. Man gründete die Anklage darauf, dafs Anaxagoras lehrte, die Sonne und die himmlischen Körper wären irdischer Natur, woraus folge, dafs sie nicht Götter wären (*Josephus c. App. libr. II. S.* 1079). Anaxagoras wurde 62 Jahr alt und starb zu Lampsacum.

  Kant. Crit. der pract. Vernunft. I. Th. II. B. II. Hauptst. *** S. 253.
 Diogenes Laert. lib. II. Anaxagoras.
 Bayle Dict. hist. et crit. Art. Anaxagoras.
 T. Lucretii. Lib. I. 830. sq.

Anbetung.

S. ~~Beten.~~ *Gebet*

Andacht,

devotio, devotion. Ist die Stimmung des Gemüths zur Empfänglichkeit Gott ergebener Gesinnungen. Wenn nehmlich das Gemüth durch irgend etwas fähig gemacht wird, solche Gesinnungen anzunehmen, die dem Willen Gottes gemäſs sind, so ist der Zustand, worin das Gemüth sich befindet, Andacht (R. 260). Nun ist es aber immer nur eine moralische Idee, welche diese Wirkung hat; daher kann man auch sagen, die Andacht ist die Wirkung der moralischen Idee, subjectiv betrachtet, oder aufs Gemüth (R. 307). Das Gemüth befindet sich aber vorzüglich in dieser Stimmung, wenn es sich Gott in seiner Majestät vergegenwärtigt oder anbetet, wenn es sich die Wohlthaten Gottes vorstellt oder Dankbarkeit empfindet, wenn es ein Verlangen fühlt, Gott wohlzugefallen, und wenn es zur Unterwerfung unter die Fügungen Gottes gestimmt ist. Die Andacht ist also nicht eigentlich eine absolute Pflicht, sondern nur Pflicht, weil sie zur Hervorbringung pflichtmäſsiger Gesinnungen dienen kann, und hat daher in der Religion nur den Werth eines Mittels.

2. Die Andacht ist unterschieden von der Erbauung, wie die Ursache von der Wirkung; denn die Andacht bewirkt oft, daſs wirklich Gott ergebene Gesinnungen im Gemüth entstehen, welche Wirkung eben Erbauung heiſst. Die Erbauung ist also nicht Rührung, denn diese gehört zur Andacht, das Gemüth stimmen, heiſst ja daſselbe bewegen, rühren; daher liegt die Rührung im Begriff der Andacht, aber nicht im Begriff der Erbauung. Die meisten vermeintlich Andächtigen, welche die Andacht nicht in der Stimmung des Gemüths, sondern in der äuſsern Anbetung und Ehrenbezeugung suchen, und darum auch Andächtler heiſsen, oder Menschen, die nur den Schein der Andacht haben, setzen die Erbauung in der Rührung, die sie durch ihre Andächtelei bewirken. Die Wirkung der Andacht, daſs sie den Menschen wirklich beſsert, heiſst Erbauung. Hat die Andacht diese Wirkung nicht, so hat sie nicht erbauet, so ist sie unwirksam gewesen, und hat dann gar keinen Werth; denn ein Mittel hat nur dann Werth, wenn es dient, den Zweck zu erreichen. Man verwechselt also die Erbauung mit der Andacht, wenn man von einer Predigt, welche die Gemüther gerührt hat, sagt, sie habe erbauet; sie ver-

setzte eigentlich nur die Gemüther in Andacht, machte sie aufgelegt, sich zu bessern, und war erbaulich. Brachte die Predigt aber wirklich Besserung in den Zuhörern zuwege, dann hat sie in der That erbauet (R. 308.*).

Kant. Rel. innerh. der Grenz. der blosen Vernunft IV. St. II. Th. §. 1. S. 260.
Allgem. Anmerk. 2. S. 307. 308. *)
Blair Predigten. I. Band. 10. Predigt. S. 188. ff.

Andächtelei,

devotio spuria, bigotterie. Ist die Gewohnheit, statt Gott wohlgefälliger Handlungen, in der unmittelbaren Beschäftigung mit Gott durch Ehrfurchtsbezeigungen die Uebung der Frömmigkeit zu setzen. Wenn man sich nehmlich einbildet, man gefalle Gott wohl, wenn man alle Gebräuche, das Aeusserliche in der Religion, pünctlich beobachtet, und dabei wohl gar noch seine ganze Aufmerksamkeit auf innerliche, vermeinte himmlische Gefühle und mystische Gemeinschaft mit der Geisterwelt hinrichtet. Das erste macht die Andächtelei zum Aberglauben, das zweite zur Schwärmerei; bei beiden wird aber auf die sittlichen Pflichten der Religion wenig geachtet. Die Andächtelei ist also eine der Moralität nachtheilige Stimmung des Gemüths, bei der es der Gott ergebenen Gesinnungen nicht empfänglich seyn kann, weil es in der Einbildung stehet, es sei schon Gott ergeben, ja in inniger Gemeinschaft mit Gott (R. 286*). S. Andacht, Erbauung, Kirchengehen.

Kant. Relig. innerh. der Grenz. der blosen Vernunft. 4. Stück. 2. Th. §. 3. S. 286*).
Blair. Predigten. I. Th. 10. Predigt. S. 196.

Anfang,

Grundsatz, Princip, *principium, principe.* Ein allgemeiner Satz, von dem besondere Sätze abgeleitet werden können. Ein Princip ist daher die erste Erkenntniss, von der eine ganze Reihe von Erkenntnissen so abgeleitet werden kann, dass die nächstfolgende Erkenntniſs aus dieſer erſten Erkenntniſs, und aus dieſer wieder eine andre entſpringt, z. B. Alle Menſchen ſind ſterblich, daraus folgt, daſs auch der Menſch Cajus ſterben wird; daraus folgt, daſs eine Zeit kommen wird, wo er nicht mehr wirken kann; daraus folgt, daſs ſein Wirkungskreis der Zeit nach begrenzt iſt u. ſ. w. Da wir uns bei dieſer Reihe von Sätzen oder Erkenntniſſen von dem Satze, Alle Menſchen ſind ſterblich, ausgingen, ſo iſt dieſer Satz oder dieſe Erkenntniſs der **Anfang**, oder das **Princip** derſelben (C. 356).

2. Allein auch von einem ſolchen Satze, von dem eine Reihe anderer abgeleitet wird, fragt es ſich, wo iſt er her? Und da iſt er entweder aus der **Erfahrung**, oder aus der **reinen Anſchauung**, oder aus dem **Verſtande**, oder aus der **Vernunft** entſprungen.

3. Aus der Erfahrung entſpringen entweder nur einzelne Sätze, z. B. Cajus iſt geſtorben, oder doch nur ſolche allgemeine Sätze, die nicht mit Nothwendigkeit verbunden ſind, ſondern nur darum allgemein ſind, weil noch nie eine Erfahrung ausgefallen iſt, welche die Allgemeinheit dieſes Satzes umgeſtoſsen hätte. Von einem ſolchen allgemeinen Satze, der ſich auf eine groſse Anzahl Erfahrungen gründet, von denen keine das Gegentheil gelehrt hat, ſagt man, er ſei durch **Induction** aus der Erfahrung hergenommen. Alle Menſchen ſind ſterblich, iſt ein allgemeiner Satz aus der Erfahrung durch Induction, wenn man ihn davon ableitet, daſs bis jetzt noch kein Menſch am Leben geblieben iſt. Ein ſolcher allgemeiner Erfahrungsſatz kann zum Oberſatz in einem Vernunftſchluſſe dienen, aus dem ich vermittelſt einer andern Erkenntniſs eine neue Erkenntniſs herleite. Ich kann ſchlieſsen:

Oberſatz: Alle Menſchen ſind ſterblich;
Unterſatz: Cajus iſt ein Menſch;
Schluſsſatz: Cajus iſt ſterblich.

So leite ich alſo, vermittelſt der Erkenntniſs, daſs Cajus ein Menſch iſt, die neue Erkenntniſs, daſs er ſterblich iſt, von dem Oberſatze, daſs alle Menſchen ſterblich ſind, ab. Einen ſolchen allgemeinen Erfahrungsſatz durch Induction, oder Aufzählung einer Anzahl Fälle in der Er-

Erfahrung, nennt man wohl auch ein **Princip** oder einen **Anfang**. Allein eigentlich ift er das nicht, fondern er gründet fich auf eine ganze Menge einzelner Sätze, die alle vor ihm hergehen, und die nur alle in den einen Satz zufammen gefafst werden. **Adam** ift geftorben, **Seth** ift geftorben, **Enos** ift geftorben u. f. w. kurz, alle unfere Vorfahren find geftorben, fie konnten alfo fterben, waren folglich fterblich, woraus folgt, dafs alle Menfchen fterblich find, fo weit unfere Erfahrung reicht.

4. Andere allgemeine Sätze entfpringen aus der **reinen Anfchauung**, und zwar fo, dafs fie weiter keine befonderen Sätze, wie die allgemeinen Erfahrungsfätze vorausfetzen, z. B. zwifchen zwei Puncten kann nur Eine gerade Linie feyn. Diefer Satz gründet fich auf die Unmöglichkeit, fich zwifchen zwei beliebigen Puncten A (Fig. 1) und D mehr als Eine **gerade Linie** vorzuftellen. Man kann einen Jeden getroft auffordern, in Gedanken den Verfuch zu machen. Es ift unmöglich, Alle gerade Linien, die man fich zwifchen den beiden Puncten vorftellen will, fallen zufammen, und find alfo eine und diefelbe Linie. Solche Sätze heifsen **Axiomen** oder mathematifche Grundfätze, d. i. folche, die unmittelbar gewifs find, die nicht weiter von andern Sätzen abgeleitet werden dürfen, fondern fich auf eine Anfchauung, ohne weiter eine vermittelnde Erkenntnifs zu bedürfen, gründen. Diefe Sätze find allgemeine Erkenntniffe *a priori*, und find daher in Rückficht auf alle diejenigen Sätze, die davon abgeleitet werden können, wahre **Principien** oder **Anfänge**. Allein fo wie ich einzelne Erfahrungen (in 3) auf einzelne Sätze brachte, und aus vielen folchen Sätzen einen allgemeinen Satz bildete; fo giebt hier die reine Anfchauung in der Einbildungskraft, weil ihr Gegentheil nicht möglich ift, den allgemeinen Satz mit ftrenger Nothwendigkeit. Ich erkenne daher die Eigenfchaft der geraden Linie, dafs nur Eine zwifchen zwei Puncten liegen kann, zwar nicht aus einzelnen Erfahrungsfällen, aber doch auch nicht aus einem Begriff, fondern aus der unmittelbaren Anfchauung. Diefes Princip fetzt alfo zwar keine andern Sätze voraus, und ift in fo fern ein wahres **Princip**, aber es fetzt doch eine Anfchauung voraus, und in fo fern ift die Anfchauung

die Quelle deſſelben, und der Satz wieder kein Anfang, ſondern nur in Vergleichung mit andern Sätzen, die dieſen Satz vorausſetzen, ein ſolcher Anfang oder ein Princip. In dieſem Falle alſo und in dem (in 3) heiſst Princip nur ein allgemeiner Satz, der als Princip oder Anfang gebraucht wird (M. I. 398).

5. Ein Princip, im ſtrengen Verſtande des Worts, muſs ein Satz ſeyn, der weder einen andern Satz, noch eine Erfahrung, noch eine reine Anſchauung vorausſetzt. Er muſs einen allgemeinen Begriff geben, der viele beſondere unter ſich begreift, und keinen allgemeinen Begriff vorausſetzt, und we der aus der Erfahrung noch einer Anſchauung entſprungen iſt. Jeder Satz, der zum Oberſatze in einem Vernunftſchluſſe dienen kann, iſt alſo vergleichungsweiſe (comparativ) mit dem Satze, der davon durch den Vernunftſchluſs abgeleitet wird, ein Princip, aber doch nicht ein Princip ſchlechthin oder an und für ſich (abſolute). Der Menſch iſt ſterblich, giebt den allgemeinen Begriff des Sterblichen, welcher unter der Bedingung, daſs das Ding ein Menſch iſt, dieſem beſondern, einzelnen Dinge beigelegt wird, und ſo wird dieſes Ding aus dem Begriff des Sterblichen, nach dem Princip, daſs alle Menſchen ſterblich ſind, erkannt (3).

6. Sätze, die aus dem Verſtande, unabhängig von der Erfahrung und Anſchauung, entſpringen, heiſsen Grundſätze; Principien des reinen Verſtandes. Allein auch dieſe Sätze ſind nicht Erkenntniſſe, die ganz unabhängig von aller andern Erkenntniſs wären. Denn heben wir alle Anſchauung auf, und nehmen wir alle Erfahrung weg, ſo kann es auch keine ſolchen Grundſätze des reinen Verſtandes geben. Gäbe es z. B. keinen Raum und keine Zeit, ſo könnte der Grundſatz nicht ſtatt finden, daſs alle Erſcheinungen der Anſchauung nach extenſive Gröſsen ſind, wodurch die Anwendung der Mathematik auf Gegenſtände der Erfahrung möglich wird. Gäbe es keine Erfahrung, ſo könnte der Grundſatz nicht ſtatt finden, daſs alles, was geſchieht, eine Urſache hat, wodurch die Erfahrung vom bloſsen Spiel der Phantaſie unterſchieden, und alſo erſt möglich wird.

Dadurch, daſs ich etwas für die Urſache und etwas für die Wirkung erkenne, bekomme ich erſt beſtimmte Erfahrungsbegriffe von dem, was geſchieht. Allein da dieſe Grundſätze die Anſchauung in Raum und Zeit, und die Wirklichkeit der Erfahrung überhaupt vorausſetzen, ſo ſind ſie nicht Erkenntniſſe durch bloſse Begriffe, und daher wieder nur **comparative** aber nicht **abſolute** Principien oder wahre **Anfänge** (M. I. 399).

7. Soll der Verſtand Erkenntniſſe aus Begriffen verſchaffen, ſo kann er das alſo nicht anders als ſo, daſs er einen Satz giebt, deſſen Prädicat im Subject liegt, das wäre aber ein analytiſcher Satz, und ſetzte den Satz des Widerſpruchs voraus, welcher aber auch nur ein **comparatives** Princip iſt, nehmlich in ſo fern überhaupt **gedacht wird**, muſs kein Prädicat dem Subject widerſprechen. Dieſer Satz iſt die Bedingung der Möglichkeit des **Denkens** überhaupt, und ſetzt die **Wirklichkeit des Denkens** voraus. Soll aber das Prädicat nicht im Subject liegen, und der Satz dennoch gedacht werden, ſo kann das der Verſtand nicht anders als unter Vorausſetzung einer Anſchauung, oder einer Erfahrung; aus bloſſen Begriffen iſt es ihm nicht möglich (M I. 400). Aber ſolche erſte (ſyntheriſche) Sätze, worin das Prädicat nicht im Subject liegt, und die doch weder beſondere Anſchauung und Erfahrung (wie in 3 und 4), noch reine Anſchauung und Erfahrung überhaupt (wie in 5, 6. u. 7) vorausſetzen, ſondern bloſs durch einen beide, Prädicat und Subject, verbindenden Begriff möglich ſind, ſolche Sätze heiſsen allein Principien **ſchlechthin** (M. I. 401).

8. Solche Principien ſucht man wenigſtens, wenn man z. B. nach einem Satze forſcht, aus welchem eine rechtmäſsige und gerechte bürgerliche Geſetzgebung könnte abgeleitet werden. Man will einen Satz haben, den weder die Erfahrung, noch eine Anſchauung geben kann, durch welchen die Geſetze zu beſtimmen wären, welche allein in der bürgerlichen Geſellſchaft ſtatt finden ſollten. Dieſe Geſetze aber beſtimmen nur uns, und ſchränken unſre Freiheit ſo ein, daſs ſie

dennoch dadurch nicht gänzlich aufgehoben wird, sondern nur jedes andern Freiheit mit der unfrigen, und die unfrige mit der jedes andern beftehen kann. Und da alfo diefe Principien uns felbft und unfre Handlungen betreffen, und auch aus uns felbft entfpringen, fo betrifft die Frage, wie es fcheint, nichts unmögliches.

Man fucht aber auch Principien für die Natur der Dinge, oder abfolut oberfte Grundfätze, unter denen alle Gefetze der Natur ftehen follen, und das ift, wenn die Natur ein Inbegriff von Dingen an fich ift, etwas widerfprechendes, indem alsdann der oberfte Grundfatz etwas aus uns entfpringendes feyn foll, und die Natur doch etwas von uns unabhängiges ift. Die Auflöfung diefer Frage fiehe in Idealismus. Hier erhellet nur fo viel, dafs Erkenntnifs aus Principien nicht Verftandeserkenntnifs ift, denn diefe fetzt Anfchauungen voraus, Erkenntnifs aus Principien aber fetzt gar nichts weiter voraus; fondern beruhet auf blofsem Denken durch Begriffe (M. I. 402. C. 358).

9. Endlich giebt es allgemeine Sätze, die aus der Vernunft entfpringen, und es giebt entweder gar keine abfoluten Principien, oder fie müffen folche allgemeine Vernunftfätze feyn. Es ift alfo nun die Frage, enthält die Vernunft *a priori* folche Grundfätze, in denen Prädicat und Subject fo verknüpft find, dafs das eine nicht in dem andern enthalten ift, und welche find es? (M. I. 407. C. 562).

10. Diefer Grundfatz ift nun

I

Für das theoretifche Denken:

Zu dem bedingten Erkenntniffe des Verftandes das Unbedingte zu finden, d. h. alles, was wir mit unferm Verftande erkennen, das erkennen wir aus feinem Grunde, die Vernunft verlangt aber von diefem Grunde wieder einen Grund, und von diefem wieder einen u. f. f. bis auf einen Grund, der keinen Grund mehr hat, welcher eben darum der oberfte und abfolute Grund heifst, und gerade ein folcher Grund ist der erörterte Grundsatz selbst. Dafs die Vernunft eben diesen Grundsatz hat, sehen wir aus dem logischen Gebrauch der Vernunft. Denn wenn sie schliefst, so schliefst sie aus zwei Vordersätzen, zu deren jedem sie wieder zwei Vordersätze sucht, aus welchen jene als ihre Schlufssätze folgen, welches man Prosyllogismen, oder Schlüsse, die vorhergehen, nennt. Diese neuen Vordersätze werden dann wieder Schlufssätze aus neuen Vordersätzen, und so ist es denn eine logische (Maxime) Regel, dieses so weit zu treiben, bis es nicht mehr geht. Das heifst aber nichts anders, als es ist Vernunftgrundsatz von einer Bedingung, unter welcher etwas wahr ist, zur andern fortzugehen, bis man auf eine solche Bedingung kommt, die keiner weitern Bedingung bedarf, sondern unmittelbar wahr ist (M I. 410).

11. Dies ist nun das oberste Princip aller Principien schlechthin, aber formal, d. i. es betrifft den Gebrauch der Vernunft ohne Rücksicht auf den Inhalt desselben. Wenn die Vernunft befriedigt werden soll, so mufs das Denken über jeden Gegenstand, der erkannt werden soll, so lange fortgesetzt werden, bis man auf Gründe kömmt, die weiter keines neuen Grundes bedürfen, oder auf Ursachen, welche in keiner neuen Ursache gegründet sind. Dieser Satz ist aber, obwohl er formal ist, dennoch synthetisch, denn der Begriff des Unbedingten steckt gar nicht in dem des Bedingten, sondern sein Gegentheil; auch ist der Satz eine Aufgabe, welche nie analytisch seyn kann, weil ihre allgemeine Formel ist: das A zu B machen, läge nun das B und das machen schon in A, so wäre es schon gemacht, es mufs daher immer noch etwas drittes dazu kommen, wodurch A zu B gemacht wird. Zu dem bedingten Erkenntnisse des Verstandes (A) das Unbedingte (B) finden, ist also nicht analytisch, sonst wäre das Unbedingte schon mit dem Bedingten gefunden. Mit dem Bedingten ist aber blofs seine Beziehung auf eine Bedingung, wodurch es eben bedingt ist, gegeben, aber nicht das Unbedingte (M. I. 412). Ist nun dieser Satz ein Grundsatz der Ver-

nunft, ein wahrer Anfang, oder abſolutes Princip, ſo muſs er a. real möglich ſeyn; b. nichts weiter vor ihm vorhergehen; c. es müſſen andre ſynthetiſche Sätze aus ihm entſpringen.

a. Er muſs real möglich, d. h. nicht bloſs als Princip denkbar ſeyn, ſondern es muſs auch wirklich alles, was erkannt wird, unter ihm ſtehen. Das iſt er aber nur dann, wenn man annimmt, daſs, wenn das Bedingte gegeben iſt, auch die ganze Reihe ſeiner einander untergeordneten Bedingungen gegeben iſt, welche Reihe dann nicht mehr bedingt iſt (M. I. 411); z. B. wenn E das Bedingte wäre, ſo müſte nicht nur ſeine Bedingung z. B. ſeine Urſache D, ſondern auch die Urſache von D, welche C heiſse, und auch die Urſache von C, welche B heiſse, und auch die Urſache von B, welche A heiſse, mitgegeben, d. h. in der Erfahrung zu finden ſeyn, und die Urſache A, oder eine noch weiter vor A hergehende, müſste eine ſolche ſeyn, die weiter keine Urſache hätte. Dann wäre die Reihe von jener unbedingten Urſache an, dieſe mit eingeſchloſſen, alſo wenn die unbedingte Urſache A heiſst, die Reihe:

A, B, C, D, E, ...

nicht mehr bedingt, ſondern unbedingt. Giebt es aber ſolche Reihen nicht, ſo ſcheint das Princip nicht anwendbar, nicht real möglich, folglich kein Princip zu ſeyn. Allein die transſcendentale Dialectik, ein Theil der Transſcendentalphiloſophie, lehrt, daſs die abſoluten Principien oder die Grundſätze der Vernunft ſich darin von den comparativen Principien oder den Grundſätzen des Verſtandes unterſcheiden, daſs ſie transſcendent ſind, d. h. daſs in der Erfahrung nichts zu finden iſt, was vollkommen ſo wäre, wie das Princip es fordert, daſs alſo kein (empiriſcher) ſolcher Gebrauch in der Erfahrung von dem Princip gemacht werden kann, der demſelben vollkommen angemeſſen (adäquat) wäre; dahingegen die Grundſätze des Verſtandes immanent ſind, d. h. daſs alles in der Erfahrung denſelben gemäſs ist, ja durch sie erst die Erfahrung möglich wird (sie haben die Möglichkeit der Erfahrung zu ihrem Thema). Es ist z. B. ein Grundsatz des Verstandes, dass alles, was geschieht, eine Ursache haben muſs; es ist gar keine Erfahrung möglich, wenn sie nicht unter diesem Grundsatze stehen sollte, s. **Analogie der Ursache und Wirkung**. Wenn das nun ist, so kann keine **unbedingte Ursache** in der Erfahrung vorkommen, keine Ursache A, die nicht für die Wirkung einer andern, obwohl vielleicht unbekannten, Ursache erkannt würde, und folglich kann es keine unbedingte Reihe von Ursachen und Wirkungen geben, wie die obige A, B, C, D, E . . . . . . seyn sollte. Der **Grundsatz der Vernunft, zu dem bedingten Erkenntniſſe des Verstandes das Unbedingte zu finden (10), ist also transscendent**, d. i. übersteigt die Grenzen aller Erfahrung, und bleibt nicht innerhalb der Erfahrungserkenntniſs (ist nicht **immanent**). Für das theoretische Denken giebt es also wirklich kein **absolutes, oder Vernunftprincip**, das objective Gültigkeit hätte, oder in der Erfahrung einen Gegenstand anträfe, der völlig unter diesem Princip enthalten wäre. Die Vernunftprincipien gehen nehmlich gar nicht unmittelbar auf Erfahrung, wie die Verstandesgrundsätze; sondern so wie die Verstandesgrundsätze Einheit in die Erfahrung bringen, und dadurch das Mannichfaltige zur Erfahrung Gegebene zu einem Ganzen machen (so daſs es nicht mehr so einzeln und isolirt ist, wie es durch die sinnlichen Eindrücke in uns zum Bewuſstseyn kömmt, sondern ein zusammenhängendes Ganzes ausmacht), so machen die speculativen Vernunftprincipien wieder aus den Grundsätzen des Verstandes ein Ganzes, oder ein System, und setzen ihnen in dem Unbedingten gleichsam einen **idealen** Punct, in welchen alle aus der Anwendung der Verstandesgrundsätze auf den Stoff der Erfahrung entstehende Reihen zusammenlaufen, z. B. die Reihe der Ursachen und Wirkungen nach einer unbedingten, d. h. solchen Ursache hin, die keine Ursache weiter hat, welche aber in der Erfahrung nirgends zu finden, und daher **ideal** ist. Dies (in 10) angeführte **speculative Vernunftprincip** ist daher eine bloſs logische (oder formelle) Vorſchrift, ſich im Aufſteigen, von Bedingung zu Bedingung, zu immer höhern Bedingungen, der Vollſtändigkeit derſelben zu nähern, um dadurch die höchſte uns mögliche Vernunfteinheit in unſre Erkenntniſs zu bringen, ſo wie die Verſtandesgeſetze Verſtandeseinheit in den zur Anſchauung gegebenen Stoff bringen, und dadurch aus ihm Erfahrung erzeugen. Man hat aber das Bedürfniſs der Vernunft, Einheit in die Verſtandeserkenntniſſe zu bringen, miſsverſtanden, und jenes logiſche Princip (in 10) für einen transſcendentalen Grundſatz der reinen Vernunft gehalten, d. h. für einen ſolchen, durch welchen die reinen Verſtandesgrundſätze möglich werden, da doch dieſe für ſich beſtehen, und in einem ganz eigenen Vermögen, nehmlich dem Vermögen, Erfahrungserkenntniſs zu erzeugen, oder zu denken und zu erkennen, gegründet ſind. Verſtandeserkenntniſs gehet aufs Verſtehen der ſinnlichen Objecte, Vernunfterkenntniſs aber auf die Vollſtändigkeit der Verſtandeserkenntniſs, die eben ſo unabhängig von Vernunftprincipien iſt, wie die bloſse Anſchauung, wenn man ſie nicht auf Begriffe bringen will, von Verſtandesgrundſätzen. Aus Miſsverſtand wollte (poſtulirte) man alſo in den Gegenſtänden der Erfahrung ſelbſt eine ſolche unbeſchränkte Vollſtändigkeit der Reihen aller ihrer Bedingungen finden (M. I. 604), weil man ſie für Dinge an ſich hielt, bei denen freilich die ganze Reihe aller Bedingungen mit ſammt dem Unbedingten wirklich vorhanden und folglich zu finden ſeyn müſste (M. I. 606). Daraus ſind nun manche Miſsdeutungen und Verblendungen in diejenigen Vernunftſchlüſſe eingeſchlichen, deren Oberſätze aus reiner Vernunft hergenommen, und ſolche abſolute Principien ſind, weil man dieſe Principien für Poſtulate anſahe, d. h. für Sätze, deren Forderungen in der Erfahrung erfüllt werden können, da ſie doch eigentlich nur Petitionen ſind, das heiſst Aufforderungen an den Verſtand, nach ihnen die Erfahrungserkenntniſs immer weiter zu treiben, nehmlich immer jenem idealen Puncte zu (M. I. 413. 605), weil wir es nehmlich nicht mit Dingen an ſich, ſondern mit Erſcheinungen zu thun haben, die nur ſo weit wirklich ſind, als die Erkenntniſs durch Erfahrung und durch die Geſetze derſelben getrieben werden kann, und aufser derfelben nicht fo vorhanden find, fondern durch die Anwendung der Erfahrungsgefetze erft erzeugt werden, nach welchen wir aber immer mitten in der Reihe der Erfahrungen, nie am Anfange und nie am Ende find, und folglich die Vollftändigkeit der Reihe nie finden (C. 365).

b. Diefes Princip ift aber auch darin abfolut, dafs nichts weiter vor ihm vorhergehet. Denn es gehet weder ein neues Princip als Bedingung des Satzes (in 10) vorher, weil diefer Satz das Unbedingte fordert, alfo etwas, über das fich weiter nichts denken läfst; noch etwa eine Erfahrung, denn das Unbedingte ift in keiner Erfahrung zu finden, und die Erfahrung ift möglich ohne daffelbe.

c. Dennoch entfpringen aus diefem Vernunftprincip fynthetifche Sätze, obwohl nicht die Verftandesgrundfätze (in welchem Falle es ein transfcendentales Princip wäre, wofür man es aus Mifsdeutung immer gehalten hat). Denn man kann zu jeder Reihe von Bedingungen eine denken, die man als unbedingt betrachtet, und ihr folglich die Beftimmungen beilegen, die das Unbedingte von dem Bedingten unterfcheiden, wodurch fynthetifche Sätze *a priori* über jedes befondere Unbedingte logifch möglich werden.

Solcher fynthetifchen abfoluten Vernunftprincipien giebt es eigentlich drei, weil es drei Reihen von Bedingungen giebt, zu welchen die Vernunft das Unbedingte fucht, nehmlich fo viel als es Categorien des Verhältniffes (der Relation) giebt (M. I. 427. C. 579). S. **Vernunftbegriffe.**

a. Die Categorie der **Subftanz** und des **Accidenz** giebt die Reihe vom Prädicat zum Subject, das immer wieder Prädicat eines andern Subjects ift, gleich als könnte man endlich einmal auf ein Subject kommen, das nicht mehr Prädicat ift. Das wäre nun ein **unbedingtes Subject**, das den Begriff einer **unbedingten Subftanz** enthielte. Die **Petition** der Vernunft heifst alfo hier: **Zu der Reihe aller Accidenzen und Subftanzen die unbedingte Subftanz zu finden, die nicht weiter das Accidenz einer andern Subftanz ift.**

β. Die Categorie der Urfache und Wirkung giebt die Reihe von dem Gegründeten zum Grunde, der immer wieder in einem andern Grunde gegründet ist, gleich als könnte man endlich einmal auf einen letzten Grund kommen, der nicht in einem andern gegründet wäre. Das wäre nun ein **unbedingter Grund**, der den Begriff einer **unbedingten Urfache** enthielte. Die Petition der Vernunft heifst alfo hier: **Zu der Reihe aller Wirkungen und Urfachen die unbedingte Urfache zu finden, die nicht weiter die Wirkung einer andern Urfache ist.**

γ. Die Categorie der Wechfelwirkung giebt die Reihe aller Glieder der Eintheilung, von welchen keins fehlt, gleichfam als könnte man das ganze Aggregat aller Glieder der Eintheilung umfaffen. Dann wäre die Eintheilung vollendet, und folglich erhielt das ganze Aggregat den Begriff eines **unbedingten Alls**, aufser dem es weiter nichts mehr gäbe. Die Petition der Vernunft hiefs alfo: **das unbedingte All zu finden, zu welchem alles Uebrige als ein Glied zum Ganzen gehört** (M. I. 428).

12. Diefe Grundfätze der **fpeculativen Vernunft** oder **Principien fchlechthin** find alfo nicht, wie die Verftandesgrundfätze, **conftitutiv**, d. h. geben dem Verftande nicht das Gefetz, wie er erkennen mufs, fo wie die Grundfätze des Verftandes den Erfcheinungen das Gefetz geben, welchem fie unterworfen feyn müffen. Sondern fie find blofs **regulativ**, d. i. fie geben dem Verftande blofs eine Vorfchrift, wie er verfahren foll, nehmlich in der Reihe der Erfahrungen nirgends, als wäre es eine Grenze, ftehen zu bleiben, fondern immer nach einer neuen Erfahrung zu forfchen, welche die Bedingung der zuletzt erkannten Erfahrung enthalte. Das drückt Kant fo aus, diefe Principien geben dem Verftande den **Regreffus** (Zurückgang) in der Reihe der Bedingungen auf, oder fordern den Verftand auf, von Bedingung zu Bedingung zurück zu gehen. Aber fie fetzen nicht feft, dafs in der Sinnenwelt ein wirklich Unbedingtes vorhanden feyn müffe, in welchem Fall fie keine Vernunftprincipien, fondern Grundfätze des Ver-

ſtandes wären; welches aber nicht möglich iſt, weil zwar jede Erfahrung ihre Grenzen hat, die aber nie unbedingte Grenzen ſind, ſondern ſolche, die von gewiſſen Bedingungen im erfahrenden Subject abhängen, z. B. daſs er nicht früher lebte, oder ſeine Sinne nicht weiter reichen u. ſ. w. (M. I. 616).

13. Das theoretiſche Princip ſchlechthin ſagt alſo nicht, was ein Object wirklich ſei, denn es gehet gar nicht auf Objecte, welches allein die Sache der Verſtandesgrundſätze iſt; ſondern es ſagt, wie der Erfahrungs-Regreſſus anzuſtellen ſei, nehmlich ſo, daſs keine Erfahrungsgrenze für eine abſolute gelten muſs. Denn das ſchlechthin Unbedingte wird in der Erfahrung gar nicht angetroffen, indem in derſelben alle Subſtanz wieder Accidenz einer andern, alle Urſache wieder Wirkung einer andern, und keine Wechſelwirkung die letzte unter allen iſt. Der Regreſſus der Wahrnehmungen müſste ſonſt auch hinter dem Abſolutunbedingten auf Nichts, oder das abſolute Leere ſtoſsen, welches ein Widerſpruch iſt; indem wahrnehmen ohne etwas, das wahrgenommen wird, den Begriff des Wahrnehmens ſelbſt aufhebt, welcher den Begriff von etwas, das wahrgenommen wird, als eins ſeiner Merkmale enthält (M. I. 617. 626. C. 557).

14. Bei dem Gebrauche eines ſpeculativen Vernunftprincips in der Sinnenwelt kann alſo nicht davon die Rede ſeyn, etwa das Unbedingte einmal aufzufinden, oder einmal an die abſolute Grenze aller Erfahrung zu kommen, denn eine ſolche giebt es nicht; ſondern davon, wie weit wir im Erfahrungs-Regreſſus, bei Zurückführung der Erfahrungen auf ihre Bedingungen, zurück gehen ſollen, um nach der Regel der Vernunft bei keiner andern, als einer, dem Gegenſtande angemeſſenen, Beantwortung der Fragen, nach ihren Gründen, ſtehen zu bleiben, weil wir nirgend wo ſtehen bleiben müſſen, da wir nirgends ans Ende kommen (M. I. 624. C. 543).

15. Folglich iſt ein theoretiſches Vernunftprincip nur gültig, als eine Regel, die Erfahrung mög-

lichst weit fortzusetzen und zu erweitern; aber nicht das absolute Ende aller Erfahrung als wirklich vorhanden anzunehmen und aufzusuchen. Das wäre aber der Fall, wenn die Objecte der Erfahrung Dinge an sich wären; da sie aber Erscheinungen sind, so müssen sie den Verstandesgrundsätzen unterworfen seyn, die von keinem Unbedingten und absoluten Ende etwas wissen (M. I. 625. C. 544).

16. In (11, c. α. β. γ.) ergaben sich drei theoretische Vernunftprincipien, von welchen (α) und (γ) aus Misverstand die Veranlassung zu einer eingebildeten Erkenntniss der Seele und des allervollkommensten Wesens wurden, wie unter den Titeln Paralogismus und Ideal zu finden ist. Das Princip in (β) aber betrifft die Reihe der Ursachen und Wirkungen, und da giebt es nach den vier Titeln der Categorien vier solcher Reihen, und daher vier Fortgänge (Regressus) zu dem Unbedingten, woraus vier theoretische Principien entspringen, die ich hier zwar anführen, aber jedes derselben unter seinem eigenen Namen und im Artikel Antinomie erläutern, und deren Ableitung von den 4 Titeln der Categorien unter dem Wort cosmologische Idee zeigen werde. Diese Principien sind also:

a. Der Quantität (der Objecte in der Sinnenwelt) nach führt die Frage der Vernunft nach dem Unbedingten auf das Princip: in der Welt ist ein Regressus in unbestimmte Weite, sowohl dem Raume als der Zeit nach, s. Antinomie 4, A. a. und Zusammensetzung.

b. Der Qualität (der Objecte in der Sinnenwelt) nach führt die Frage der Vernunft nach dem Unbedingten auf das Princip: in der Welt geht der Regressus in der Theilung, sowohl des Raums als der Materie ins Unendliche, s. Antinomie 4. A. b. und Theilung.

c. Der Relation (der Objecte in der Sinnenwelt) nach führt die Frage der Vernunft nach dem Unbedingten auf das Princip: in der Welt ist alles, was geschieht, nothwendig, geschieht es aber durch ein moralisches Wesen, so ist die Handlung zwar als Naturwirkung nothwendig, und in so fern erklärbar, obwohl ohne moralischen Werth; aber als moralisch nicht in den Gesetzen der Natur, sondern in der Vernunft, einem (zu einer ganz unbegreiflichen, intelligibeln, nur des Moralgesetzes wegen, nothwendig gedachten Welt gehörigen) Dinge an sich gegründet, und in so fern frei, und von moralischem Werth, obwohl unerklärbar, s. Antinomie 4. B. a. und Freiheit.

d. Der Modalität (der Objecte in der Sinnenwelt) nach führt die Frage der Vernunft nach dem Unbedingten auf das Princip: in der Welt hat alles, was da ist, seinen Grund in seiner Naturursache, und ist in sofern nicht absolut, sondern nur hypothetisch nothwendig, d. i. zufällig; aber die ganze Reihe des Zufälligen ist (in so fern uns das Moralgesetz nöthigt, den Erscheinungen ein, von einem nothwendigen Wesen abhängiges) Ding an sich zum Grunde zu legen, in einem nothwendigen intelligibeln Wesen gegründet, s. Antinomie 4. B. b. und Nothwendigkeit.

17. Die Vernunftprincipien sollen eigentlich alle Verstandeskenntnisse in Eine Einheit zusammen fassen, welche allemal ein Vernunftbegriff (eine Idee) ist, deren Object in der Erfahrung nie gefunden wird, z. B. unsre Kenntnisse von dem Zusammenhang der grosen Weltkörper enthalten dadurch Einheit, dafs wir uns den Fortgang ins Unendliche als vollendet vorstellen, unter der Idee eines Ganzen, das wir Welt nennen. Eine solche Einheit, in der alles, als in Einem Princip zusammenhängt, heifst eine systematische Einheit. Das Princip stellt also eine solche systematische Einheit, z. B. die Idee eines Weltganzen auf, um unsre Verstandeserkenntnifs in Ein System zu verbinden. Dieses Princip ist aber darum doch nicht subjectiv oder ein solches, das blofs von der Beschaffenheit eines einzelnen denkenden Subjects abhängt; sondern objectiv, oder ein solches, das die Beschaffenheit eines Objects allge-

mein und nothwendig beftimmt. Diefes Object ift aber nicht ein Erfahrungsobject der finnlichen Anfchauung, wie bei den Grundfätzen des Verftandes; fondern ein ideales Object, oder Vernunftwefen, alfo nichts Wirkliches. Diefes ideale Object, z. B. das Weltganze, ift das Ziel, das dem Verftandesgebrauch die Richtung giebt. Für diefen ift das Vernunftprincip ein regulativer Grundfatz, der dem Verftande das Gefetz vorfchreibt, nach welchem fich derfelbe in feinem Gefchäfte, Erfahrungserkenntnifs hervorzubringen, richten mufs (M. I. 852. 853. C. 708).

18. Der Grundfatz der Vernunft

II

Für das practifche Handeln

ift: Nach einer folchen Maxime zu handeln, durch die man wollen kann, dafs fie allgemeines Gefetz werde, d. h. wenn du handelft, fo liegt deinen Handlungen ftets eine Regel (Maxime) zum Grunde, nach welcher du handelft. Diefe Regel mag nun ihren Grund wieder in andern Regeln haben, und fo fort, aber der oberfte Grund aller deiner Handlungsregeln (Maximen) foll die Maxime feyn, dafs du ftets nach folchen Maximen handeln willft, in der dein Wille mit eingefchloffen feyn kann, dafs alle vernünftige Wefen nach diefer Maxime handeln, dafs fie alfo als allgemeines Gefetz für alle vernünftige Wefen gelte. Dafs die practifche Vernunft aber diefen Grundfatz hat, das fehen wir daraus, weil der Gegenftand, welcher durch die Handlung bewirkt werden foll, bei moralifchen Handlungen nicht der Grund (*caufa finalis*) derfelben feyn darf. Bei einer fittlichen oder moralifchen Handlung, als folcher, ift gar nicht die Frage, was bringt die Handlung für Nutzen oder Schaden, was wird durch fie für mich, den Handelnden, bewirkt, wie fteht es mit ihrem Einflufs auf meine Wohlfahrt? fondern blofs, ift fie moralifch gut oder fchlecht? Folglich ift der Wille, der eine moralifche Handlung, als folche, hervorbringen foll, aller Antriebe beraubt. Es bleibt daher für den Willen nichts übrig, als die allgemeine Gefetzmäfsig-

keit der Handlung überhaupt, d. l. daſs ſie ſo beſchaffen
ſei, daſs ſie als geſetzmäſsig für jedes vernünftige Weſen
erkannt werden kann. Geſetz iſt aber eine Handlungsregel, von der keine Ausnahme gilt, folglich iſt die
allgemeine Geſetzmäſsigkeit der Handlung diejenige Beſchaffenheit derſelben, daſs ſie von einem jeden vernünftigen Weſen, welches nicht nach ſinnlichen Antrieben, ſondern nach Geſetzen handeln ſoll, in dem gegebenen Fall geſchehen muſs M. II. 31. G. 17.).

19. Dies iſt das oberſte Princip aller practiſchen
Principien oder Grundſätze des ſittlichen Handelns, d. i.
ſolcher Sätze, welche den Willen allgemein beſtimmen
und wieder mehrere beſondere Maximen unter ſich haben. Es iſt aber ein **unbedingtes** Princip, denn es
ſetzt kein anderes practiſches Princip weiter voraus, enthält aber ſelbſt das Unbedingte, **allgemeine Geſetzmäſsigkeit**, wodurch jeder andere practiſche Grundſatz **bedingt** oder beſtimmt wird, was er enthalten
muſs, wenn er **practiſch oder ſittlich ſeyn ſoll**.
Er iſt ebenfalls **formal**, d. i. er betrifft den Gebrauch
der practiſchen Vernunft, ohne Rückſicht auf irgend
eine beſtimmte, gegebene Handlung, oder auf ein Object, das durch eine Handlung bewirkt werden ſoll.
Wenn die Handlung nach Grundſätzen der practiſchen
Vernunft geſchehen ſoll, ſo muſs ſie durchaus nach einer Maxime geſchehen, welche allgemeine Geſetzmäſ-
ſigkeit hat. Dieſes Princip ſtehet daher auch *a priori*
feſt, wie alle Principien der Sittlichkeit, eben weil
der Begriff der allgemeinen Geſetzmäſsigkeit die Criterien der Apriorität, **Allgemeinheit** und **Nothwendigkeit** (hier nehmlich **moraliſche**, welche ſich
nicht durch, du **muſst**, ſondern durch, du **ſollſt**,
ankündigt), in ſich ſchlieſst (M. II, 44). Dieſes Princip
iſt ferner nicht **analytiſch** (alſo **ſynthetiſch**), denn
in dem Begriff des Willens liegt es nicht, daſs er gerade nach dieſem Princip handle. Ein Begehrungsvermögen, das die zweckmäſsigſten Mittel zu wählen wüſste,
Naturtriebe zu befriedigen, und keine Rechtmäſsigkeit
oder Unrechtmäſsigkeit derſelben kennte, wäre auch
ein Wille, obwohl kein **practiſcher**, keine prac-

tifche Vernunft. Die Verknüpfung einer durch das practifche Princip bedingten Handlung mit einem Willen, als Prädicat deffelben, oder die Möglichkeit eines Willens, der einer fittlichen Handlung fähig ift, beruhet alfo nicht auf der Möglichkeit eines Willens überhaupt; aber auch nicht auf einer Erfahrung, denn in der Erfahrung finden wir keinen fo vollkommen gefetzmäfsigen Willen, der, wider den Einflufs aller Neigungen, blofs nach dem Princip der allgemeinen Gefetzmäfsigkeit handelte. Worauf gründet fich denn alfo die Nothwendigkeit der Verknüpfung eines Willens mit einer allgemein gefetzmäfsigen Handlung? Auf der Idee einer Vernunft, die über alle finnlichen Antriebe völlige Gewalt hat. Ein jeder, der fich über feine unfittlichen Handlungen Vorwürfe macht, fo wie ein jeder, der es fich zum Vorfatz macht, fittlich zu handeln, kurz ein jeder, der moralifch gute und böfe Handlungen unterfcheidet, fetzet voraus, dafs er eine folche Vernunft wirklich habe, und ohne fie könnte er auch nicht einmal von der Moralität einer Handlung etwas wiffen, weil es in der Erfahrung keine vollkommen moralifche Handlung giebt (G. 50 *)

20. Diefer Grundfatz heifst auch das Moralprincip, und ift als Vernunftprincip ebenfalls ein Princip fchlechthin, unterfcheidet fich aber vom Princip der fpeculativen Vernunft dadurch, dafs es nicht auf den Verftand geht, und demfelben etwa zum erkennen dienen foll, fondern auf den Willen zum handeln. Es ift aber für den Willen nicht regulativ, d. i. es giebt demfelben nicht etwa blofs eine Vorfchrift, wie er verfahren foll, um, den Antrieben der Sinnlichkeit zu Folge, fich dem gröfstmöglichen Wohlfeyn immer mehr zu nähern, und nirgends, als wäre er an der Grenze der Befriedigung und des Genuffes, ftehen zu bleiben; fondern es ift conftitutiv für den Willen, d. h. es giebt demfelben ein Gefetz, wie er handeln foll, ohne alle Rückficht auf jene Antriebe der Sinnlichkeit. Der Grundfatz der Vernunft: Handle nach einer folchen Maxime, durch die du wollen kannft, dafs fie allgemeines Gefetz werde, ift alfo nicht transfcendent,

oder übersteigt nicht die Grenzen alles Handelns; sondern es muſs der Vernunft möglich seyn, durch die Idee des Gesetzes im Felde der Erfahrung eine wirkende Ursache zu werden, d. h. moralisch zu handeln, wider alle sinnliche Antriebe. Hier, im practischen Felde, wird also, nach Kants Ausdruck, der Gebrauch der Vernunft, der im speculativen Felde transscendent ist, immanent, oder sie wirkt wirklich in der Erfahrung, durch ihre Grundsätze. Für das practische Wollen giebt es also wirklich ein absolutes oder Vernunftprincip, das objective Gültigkeit hat, oder in der Erfahrung einen Gegenstand, obwohl nicht ganz vollkommen, hervorbringt, der unter diesem Princip enthalten ist, nehmlich moralische, von allem Einflusse sinnlicher Antriebe freie, Handlungen (P. 83.).

Das Uebrige über Grundsatz und Princip s. unter dieser Ueberschrift.

>   Kant. Crit. der rein. Vern. Elementl. II. Th. II. Abth. Einl. A. S. 356 — 359. C. S. 362 — 366. I. Buch. II. Abschn. S. 379. II. Buch. II. Hauptst. VIII. Abschn. S. 536 f. IX. Abschn. S. 543. f. III. Hauptst. VII. Abschn. S. 728.
>   Deſſ. Grundleg. zur Met. der Sitten. S. 17. 50 *)
>   Deſſ. Critik. der pract. Vern. I. Th. I. B. I. Hauptst. S. 83.

Anfang der Welt.

S. Anfangen.

Anfangen

zu seyn, schlechthin, *oriri, commencer,* bedeutet das Entstehen der Substanz, so daſs ein Zeitpunct vorhergeht, in dem sie nicht war, welches in der Erfahrung nicht möglich ist. Denn eine leere Zeit kann nicht wahrgenommen werden, und wir würden daher die Entstehung der Substanz nie wahrnehmen, sondern uns bloſs bewuſst seyn, daſs wir anfingen, die Substanz wahrzunehmen; wären aber Dinge vorher vorhanden, so daſs wir das Entstehen von Etwas daran knüpfen könnten, so wäre diefes Etwas, was entftünde, nicht eine Subftanz, fondern das Accidenz einer bereits vorhandenen Subftanz. Eben fo ift es auch mit dem Vergehn, worauf ein Zeitpunct folgen müfste, in dem die Subftanz, welche verginge, nicht mehr vorhanden wäre, welches ebenfalls in der Erfahrung nicht möglich ift. Das Entftehen und Vergehen kann daher nur an Subftanzen wahrgenommen werden, folglich entftehen und vergehen in der Erfahrung nur Accidenzen, aber nicht Subftanzen. Nun beftehet aber alle Veränderung nur im Entftehen und Vergehen, folglich wird die Subftanz durch das Entftehen und Vergehen der Accidenzen verändert, die Accidenzen aber werden nicht verändert, fondern wechfeln (M. I. 271. 270. C. 231.).

Das Entftehen und Vergehen der Subftanzen würde es fogar unmöglich machen, dafs es nur Eine Zeit gäbe. Denn es würden zwei Zeiten neben einander feyn, nehmlich diejenige Zeit, welche durch den Wechfel der Accidenzen beftimmt wird, in welcher die Accidenzen entftehen und vergehen, oder ihr Dafeyn verfliefst; und diejenige Zeit, in welcher die Subftanzen wechfeln, entftünden und vergingen, oder ihr Dafeyn verflöffe. So beftimmt das Aufgehen und Untergehen der Sonne, diefer Wechfel im Verhältniffe derfelben gegen unfre Erde, durch den Umfchwung der letztern, den Zuftand der Erde, und dadurch die Zeit derfelben; allein diefe Zeit ftünde in gar keiner Verbindung mit der, in welcher die Sonne gänzlich aufhörte zu feyn, fo dafs auch von der Materie derfelben nichts übrig bliebe; wenn nun nach derfelben auch die Erde gänzlich verginge, fo müste etwas Beharrliches vorhanden feyn, an welchem man diefen Wechfel (das Vergehen der Sonne und der Erde nach einander) knüpfen könnte, fo dafs diefer Wechfel den Zuftand diefes Beharrlichen, und dadurch die Zeit beftimmte. Dann wären aber Sonne und Erde nur Accidenzen diefes Beharrlichen. Gäbe es aber kein folches Beharrliches, fo wären die (empirifchen) Zeiten, welche man erfahren könnte, nicht zufammenhängend. Der Wechfel der Accidenzen der

Sonne würde die Zeit der Sonne bestimmen, so lange sie vorhanden wäre, da aber erst die Erde nach der Sonne entstünde, und verginge, so würde die Zeit der Erde ebenfalls nur durch ihre Accidenzen bestimmt werden, beide Zeiten würden aber nicht zusammenhängen, sondern es würde zwischen beiden eine Zeitlücke seyn, weil man die leere Zeit zwischen beiden nicht erfahren könnte. Folglich würde das eine ganz andre Zeit seyn, in welcher Sonne und Erde nach einander entstünden und vergingen, als diejenige, in welcher, durch den Umschwung der Erde um ihre Axe, oder der Sonne um die ihrige, die Zustände derselben verändert werden. Beide Zeiten wären verschiedene Zeiten, nicht Theile Einer und derselben Zeit, sondern Zeiten, die sich neben einander befänden, oder zugleich wären, ohne doch zu gleicher Zeit zu seyn, weil sie nicht zu Einer und derselben Zeitreihe gehören; denn während dass in der Zeit die Accidenzen wechselten, wechselten zugleich in einer andern Zeit darneben die Substanzen selbst. Das ist aber ungereimt, denn alle Zeiten sind nur Theile Einer und derselben Zeit, und verschiedene Zeiten können nicht zugleich seyn, sondern sie müssen nach einander seyn (M. I. 272)*).

Verschiedene Zeiten können nicht wahrgenommen werden, oder empirisch d. i. Gegenstände der Erfahrung werden, ohne etwas Beharrliches, das zu aller Zeit ist, und wodurch die Theile der empirischen Zeit so an einander hängen, dass keine Zeitlücke in der Wahrnehmung entsteht, wodurch auch die Einheit in der Erfahrung, und damit alle Erfahrung, aufhören würde. Folglich ist die Beharrlichkeit eine nothwen-

---

*) Das hier angeführte Marginale ist unrichtig ausgedrückt, und muss so heissen: Oder es müssten zwei verschiedene empirische Zeiten zugleich seyn, diejenige, in welcher das Daseyn der Substanzen, und diejenige, in welcher das Daseyn der Accidenzen verflösse, welches ungereimt ist.

dige Bedingung, unter welcher allein Erscheinungen als Dinge, oder Gegenstände in einer möglichen Erfahrung bestimmbar sind, oder etwas von ihnen ausgesagt (prädicirt) werden kann. Denn von dem, was nicht bleibend ist, kann nichts ausgesagt werden. Daher müssen die Accidenzen selbst, z. B. die Bewegung, als bleibend, oder beharrlich, d. i. als Substanzen betrachtet werden, wenn sie der Begriff des Subjects zu Prädicaten in einem möglichen Urtheil seyn sollen. Das Beharrliche nennen wir nun die Substanz, welche folglich weder schlechthin anfangen, noch vergehen kann (M. I. 273. C. 232).

Die Frage vom Anfange der Substanz ist für die Metaphysik von der gröfsten Wichtigkeit. Schon in den ältesten Zeiten hat man sich darüber gestritten, ob die Welt angefangen habe zu seyn, oder ob sie immer gewesen sei. Bei diesem Streit hat man nicht bedacht, dafs dieses eigentlich der Streit der Vernunft mit dem Verstande sei. Die Vernunft fordert nehmlich Vollendung der Reihe, im Rückgang von einem Accidenz zum andern in einer Substanz, die nicht weiter Accidenz ist, (s. Anfang. II. c. a). Der Verstand hingegen fordert, dafs auch das allerletzte Glied noch eine Substanz habe, an der ihr Entstehen geknüpft werden müsse. Man hat daher mit der Entscheidung dieses Streits nie zu Ende kommen können. Nach der critischen Philosophie allein ist es möglich, s. Antinomie 4, A, a, und Zusammensetzung. Auch führt uns die Unmöglichkeit eines Anfangs schlechthin in der Erfahrung oder sinnlichen Welt, oder des Anfangs der Substanz, auf die Grenzen unsrer Erkenntnifs. Dies scheint auch der teleologische Zweck der Metaphysik als Naturanlage in uns zu seyn, auserdem dafs sie dem Verstand nie erlaubt, in seinen Nachforschungen stille zu stehen, ihn auf die Grenzen seines Gebiets hinzuweisen. Denn es kömmt nicht auf uns ab, ob wir die Frage vom Weltanfang aufwerfen wollen oder nicht, sie liegt nothwendig in unfrer Vernunft, sie läfst sich auch nicht abweisen, sondern fordert eine genugthuende Antwort, und findet doch diese Befriedigung in keiner Erfahrung. Die Sinnenwelt enthält keinen absoluten Anfang, s. Antino-

mie 4, A, a. Alle Anfänge in der Sinnenwelt sind
subaltern, d. i. sie setzen immer wieder etwas anders
voraus. Die Sinnenwelt selbst, als Idee des Ganzen aller Gegenstände der Erfahrung, ist kein Object der Erfahrung, sie kann also auch weder anfangen noch
vergehen*); aber in der Sinnenwelt entsteht und vergeht alles, was wir wahrnehmen, weil wir nicht die
Substanz selbst, sondern nur ihren Zustand wahrnehmen,
dem wir vermöge unsers Verstandes etwas Beharrliches
oder die Substanz unterlegen müssen, ohne welches sich
das Entstehen und Vergehen weder wahrnehmen noch
denken läfst, und dieser Zustand ist es, welcher entsteht
und vergeht. S. Accidenz.

Die Baumgartensche Metaphysik hat den Begriff des
Anfangens nicht getroffen, wenn sie sagt: es sei die
Veränderung eines Dinges in ein der Zeit
nach Gegenwärtiges; denn das Ding, das anfängt,
leidet keine Veränderung dadurch, dafs es anfängt, weil
es noch nicht vorhanden, und folglich noch kein Ding
war.

  Kant. Crit. der reinen Vern. Elementarl. II Th.
  I. Abth. II. Buch. II. Hauptst. III. Abschn. S. 231. f.

Angebohren.

S. Hang.

Angebohrne

Vorstellungen, *ideae innatae, conceptus connati; idées
innées* heifsen im Gegensatz gegen erworbene (*conceptus*

---

*) Es versteht sich, dafs hier die Rede ist von der Welt als Gegenstand der Erfahrung, die als solche ein Inbegriff der Erscheinungen, und in uns ist. Wenn uns aber das Moralgesetz auf eine intelligibele Welt der Dinge an sich hinführt, die den Erscheinungen zum Grunde liegen, und auf einen Schöpfer der intelligibeln Welt, so ist das kein Gegenstand der Erfahrung, sondern eines Vernunftglaubens, wovon wir aber

acquifiti) folche, die in der Seele fchon vorhanden find, ehe noch das Erkenntnifsvermögen ift in Thätigkeit gefetzt worden. (P. 254.) Die Critik der practifchen Vernunft verwirft fie, und behauptet, nur die Anlage, oder die Möglichkeit zu gewiffen Vorftellungen in der Seele, welche dann, durch das, zur Bildung der Erfahrungserkenntnifs, in Thätigkeit gefetzte Erkenntnifsvermögen, aus fich felbft erzeugt, und folglich aus den in dem Gemüth liegenden Gefetzen (dadurch, dafs man bei Gelegenheit der Erfahrung auf feine Handlung achtet) abftrahirt, und folglich **erworben** werden.*) Das find die fogenannten Vorftellungen *a priori*, die folglich von den angebohrnen des Plato und andrer Philofophen wohl unterfchieden werden müffen. Der Grund oder die Möglichkeit zu diefen Vorftellungen ift allein **angebohren**. So ift z. B. die Möglichkeit dazu, dafs wir Anfchauungen des Raums haben können, angebohren, die Anfchauung des Raums felbft aber entfpringt *a priori*, wenn das Gemüth folche Eindrücke empfängt, aus denen es vermittelft jener angebohrnen Anlage äufsere Objecte bilden mufs. So wird alfo die formale Anfchauung, die man Raum nennt, aus der Receptivität der Sinnlichkeit, durch ihre eigenthümliche, ihr angebohrne Befchaffenheit erzeugt, wenn fie durch die Eindrücke, die fie bekömmt, gleichfam gefchwängert worden. Diefe Erzeugung der Formen der Sinnlichkeit, Raum und Zeit, der reinen Verftandesbegriffe (Categorien) z. B. Exiftenz, Nothwendigkeit, Subftanz, Urfache u. f. w., und der Vernunftbegriffe (Ideen) z. B. Welt, Gott, Seele, Freiheit u. f. w., kann man *acquifitio ori-*

---

nichts begreifen und verftehen. Die Schöpfung der Welt wird alfo durch obige Behauptung nicht umgeftofsen, denn die Schöpfung betrifft nicht die Erfcheinungen, fondern die Dinge an fich.

*) *Conceptus in Metaphyfica obvii quaerendi funt in ipfa natura intellectus puri, non tanquam conceptus* **connati**, *fed e legibus menti infitis (attendendo ad eius actiones occafione experienliae) abftracti, adeoque acquifiti. Kant de mundi fenfibilis etc. §. 8.*

ginaria oder eine urſprüngliche Erwerbung, die Erzeugung hingegen der Anſchauungen und Begriffe, welche jenen *a priori* gemäſs ſind, z. B. einer beſtimmten Gröſse, Figur, Urſache, u. ſ. w. *acquiſitio derivativa* oder eine abgeleitete Erwerbung nennen.

In welchem Sinne Plato, Descartes, Malebranche und Leibnitz von angebohrnen Begriffen reden, ſetzt Hiſsmann ſo auseinander:

1. Plato behauptete, in der Seele des Menſchen lägen alle menſchlichen Kenntniſſe, die ſie ſchon in einem vergangenen Leben gehabt, und aus demſelben mit in das gegenwärtige Leben herübergebracht habe. Man brauche ſich daher nur einen einzigen Gegenſtand in das Gedächtniſs zurückzurufen, und anhaltend nachzuforſchen, ſo könne man alle damit verbundenen Wahrheiten wiederfinden; denn Unterſuchen und Lernen heiſse weiter nichts, als ſich erinnern. Descartes und Leibnitz*), welche doch auch angebohrne Begriffe behaupteten, verwarfen beide die angeführte Hypotheſe des Plato, die er im Menon und Phädrus aufgeſtellt hat.

2. Plato, Descartes und Malebranche behaupteten, Gott habe der Seele gewiſſe Vorſtellungen ganz entwickelt mitgegeben, oder lieſse die Seele mit ihnen gebohren werden. Nach Leibnitzens Meinung ſind zwar dieſe Vorſtellungen mehr als bloſse Anlagen oder Möglichkeiten zu Vorſtellungen (welches Kants Behauptung iſt), denn ſie liegen in der Seele, wie die Grundſtriche zur künftigen Statüe im Marmor; aber ſie äuſsern ſich doch nicht eher, als bis ſie durch Erfahrung und Raiſonnement entwickelt werden (*Descartes Meditat. de prima Phi-*

---

*) *Mais cette opinion n'a nul fondement, et il est aiſé de juger que l'ame devoit deja avoir des connoiſſances innées dans l'état précédent, (ſi la préexiſtance avoit lieu) quelque reculé qu'il pût être, tout comme ici elles devroient donc auſſi venir d'un autre état précédent, ou, elles feroient enfin innées ou au moins concreées, ou bien il faudroit aller a l'infini, et faire les ames éternelles, au quel cas ces connoiſſances feroient innées en effet, parcequ'elles n'auroient jamais de commencement dans l'ame etc. Leibnitz. Nouv. Eſſ. ſur l'Ent. hum. liv. I. ch. I. p. 35. ed. de Raſpe.*

Iosoph.' Medit. III. und *V. Epistol. Part. II. Epist.* 54. — 59. *Princip. philof. Part.* 1. 5. 13. *Leibnitz Nouv. Eff. Liv. I. ch.* 1 — 3. *Liv. II. ch.* 1. *Act. Erudit.* 1684. *p.* 541).

3. Alle vier Philofophen fahen ein, dafs man die Entftehungsart gewiffer Erkenntnifse (nehmlich der *a priori*) aus der Erfahrung nicht erklären kann, daher laffen Plato, Descartes und Malebranche fie überfinnlich entftehen, der erfte fchon vor der Geburt, die beiden letzern, mit der Geburt von der Gottheit anerfchaffen werden. Leibnitz macht zwar auch die Seele zur Quelle derfelben, will aber, dafs fie erft durch Hinzukunft finnlicher Eindrücke und des Raifonnements entwickelt werden.

4. Alle Vertheidiger der angebohrnen Vorftellungen vom Plato bis auf Leibnitz hielten es für einen Beweis einer angebohrnen Wahrheit, wenn fie vom ganzen oder gröfsten Theil des menfchlichen Gefchlechts geglaubt wird. Leibnitz verwarf diefen Beweis, und fagte, der durchgängige Beifall des menfchlichen Gefchlechts fei höchftens eine Anzeige*), aber keine Demonftration eines angebohrnen Grundfatzes, deffen entfcheidender Beweis einzig darin zu fuchen fei, dafs feine Gewifsheit blofs auf dem, was in uns ift (dem innern Bewufstfeyn) beruhet.

5. Vor Leibnitz hatten alle angebohrne Begriffe und Grundfätze das Privilegium, ohne Beweis überall für wahr zu paffren. Leibnitz räumte ihnen diefen grofsen Vorzug nicht ein, und drang vielmehr auf eine Demonftration derfelben.*)

6. Locke verwarf alle angebohrnen Vorftellungen, felbft alle Anlage oder Möglichkeit dazu, und fuchte, wie Epicur, alle Erkenntnifs (auch die *a priori*) von der Erfahrung abzuleiten (*Eff. conc. l'Ent humain. L. I.*)

---

*) Pour moi, je me fers du confentement univerfel non pas comme d'une preuve principale, mais comme d'une confirmation, car les verités innées, prifes pour la lumiere naturelle de la raifon, portent leurs caracteres avec elles comme la geometrie, car elles font enve-

7. Kant verwirft ebenfalls alle angebohrnen Vorftellungen*), behauptet aber eine Anlage oder Möglichkeit dazu im Erkenntnifsvermögen des Menfchen, woraus fie bei Gelegenheit der Erfahrung entfpringen, und daher nicht angebohrne Vorftellungen, fondern Vorftellungen *a priori* genannt werden müffen (Ueber eine neue Entdeck. S. 68. f.)

> Hifsmann. Bemerkungen über einige Regeln für den Gefchichtsfchr. philofoph. Syft. über Dutens Unterf. und über die angebohrnen Begriffe des Plato, Descartes und Leibnitz, im Teutfch. Merk. 1777. October II. S. 22—52.

Angebot,

das Angebot, *oblatio, l'offerte*. Derjenige rechtliche Act der Willkühr, wodurch bei einem Vertrag dem Andern bekannt gemacht wird, worüber man mit ihm einen Vertrag fchliefsen will. Bei einem jeden Vertrage find nehmlich zwei Perfonen, eine, welche etwas verfpricht, und die der Promittent heifst, und eine, der etwas verfprochen wird, welche der Promiffar genannt wird. Der Vertrag fängt fich nun damit an, dafs er vorbereitet wird, welches das Tractiren heifst. Diefes Tractiren beftehet aus zwei rechtlichen Acten der Willkühr, von denen das Angebot der erfte ift. Diefes beftehet alfo darin, dafs der Promittent dem Promiffar etwas anbietet, oder

---

lopées dans les principes immediats, que vous reconnoiffés vous mêmes pour inconteftables. Leibnitz. N**o**v. Eff. fur l'Entend. hum. liv. I. ch. 2. p. 56.

*) *Tandem quafi fponte cuilibet oboritur quaeftio, utrum conceptus uterque (temporis ac fpatii) fit connatus an aequifitus. Pofterius quidem per demonftrata iam videtur refutatum; prius autem, quia viam fternit philofophiae pigrorum, ulteriorem quamlibet indagationem per citationem cauffae primae irritam declarantis, non ita temere admittendum est. Verum conceptus uterque procul dubio acquifitus est.* Kant de mundi fenfibilis etc. §. 15.

erklärt (sagt), daſs er mit ihm worüber einen Vertrag ſchlieſsen will. Der Verkäufer z. B. bietet, entweder mit Worten, oder ſtillſchweigend, ſeine Waare an. Der Verkäufer auf dem Markte ſitzt da, um ſeine Waare zu verkaufen, welches ein ſtillſchweigendes Angebot iſt; jeder Kaufmann übt dieſen rechtlichen Act der Willkühr ſchon dadurch aus, wenn er ſich das Recht zu handeln erwirbt, d. i. ſich vom Staate für einen gültigen Kaufmann erklären läſst*) (ſich, nach einem Magdeburgſchen Kunſtausdruck, vollſtändig macht, vermuthlich, weil es das letzte iſt, was auſser dem Lernen u. ſ. w geſchehen muſs, um ein Kaufmann zu werden, wodurch er dann in die Kaufmannſchaft, oder die Geſellſchaft der Kaufleute überhaupt, oder auch nur eines gewiſſen Theils derſelben aufgenommen wird). Das Angebot heiſst auch das Anerbieten, und iſt eine Declaration oder Willenserklärung.

Kant. Metaph. Anfangsgr. der Rechtsl. I. Th. II. Hauptſt. 2. Abſchn. §. 19. S. 98.

Angebotene,

das Angebotene, *oblatum.* Dasjenige, worüber ein Vertrag gemacht wird (K. 98). Es hat den Namen von dem erſten Act der freien Willkühr bei einem Vertrage, dem Angebot, ſ. Angebot. Dasjenige alſo, was einer bei einem Vertrag anbietet, z. B. das Pferd, welches der Roſshändler verkaufen will, iſt das Angebotene. Dieſes muſs der, dem es angeboten wird, erſt billigen, es muſs ihm (dem Promiſſar) angenehm ſeyn, ſonſt kann es nicht zum Abſchlieſsen des Vertrags kommen. Billigt er aber das Angebotene, ſo iſt das Tractiren zu Ende, aber noch nichts von beiden Seiten erworben, ſondern beide Theile gehen nun erſt zu den Acten des

---

*) Zwar kann Jemand ſich auch aufnehmen laſſen, um gewiſſe Vorrechte zu genieſsen; dieſes iſt aber eine Ausnahme von der Regel.

Abschliefsens über, welche das Verfprechen von der einen und das Annehmen von der andern Seite find.

Kant. Metaphyf. Anfangsgr. der Rechtsl. I. Th. II. Hauptft. 2. Abfchn. §. 19. S. 98.

Angenehm;

iucundum, agréable. Diejenige Befchaffenheit eines Gegenftandes der Sinnlichkeit, vermöge der er zum Begehren deffelben reitzt, oder das Angenehme ift ein Object, das vermittelft der Empfindung (dadurch, dafs fie in die Sinne fällt) auf das Begehrungsvermögen Einflufs hat, und daffelbe zum Begehren des Objects beftimmt, oder auch dasjenige, was den Sinnen in der Empfindung (als finnliche Vorftellung) gefällt, was vergnügt oder ergötzt (*delectat*). Denn eben dadurch, dafs etwas den Sinnen in der Empfindung gefällt, beftimmt es das Begehrungsvermögen zum Begehren des (angenehmen) Gegenftandes (C. 576. #. 7.).

2. Angenehm kann aber ein Gegenftand nicht Jedermann feyn, und daher kann nicht ein Jeder den Gegenftand begehren. Wenn nehmlich das Begehrungsvermögen foll fo befchaffen feyn, dafs es einen gewiffen finnlichen Gegenftand begehren foll, fo mufs daffelbe von den Empfindungen, die der Gegenftand, dadurch, dafs er das Gemüth afficirt, in demfelben hervorbringt, abhängen, d. h. die Empfindung verhält fich zur Begehrung oder Begierde wie die Urfache zur Wirkung. Die Wirkung mufs aber nothwendig auf die Urfache folgen, fo wie alfo der Eindruck des Gegenftandes auf das Gemüth, welcher Empfindung heifst, entfteht, fo entfteht auch die Begehrung. Diefe Abhängigkeit des Begehrungsvermögens von der Empfindung heifst die Neigung. Allein die Empfindung würde die Begehrung nicht unmittelbar hervorbringen, wenn nicht auch in dem Gemüth eine Anlage dazu da wäre, das Object zu begehren, welche wirkfam wird durch die Empfindung. Diefe Anlage heifst der Naturtrieb. Sobald diefer Naturtrieb einmal durch den Einflufs eines Gegen-

ſtandes geweckt oder in Wirkſamkeit geſetzt iſt, ſo beſtimmt er das Begehrungsvermögen zum Begehren, das Begehrungsvermögen **bedarf des Gegenſtandes**, und dieſe Beſtimmung des Begehrungsvermögens heiſst das **Bedürfniſs,** in ſubjectiver Bedeutung; aber auch den Gegenſtand, den das Begehrungsvermögen begehrt, nennt man ein **Bedürfniſs,** in objectiver Bedeutung. Alle Subjecte, für welche Gegenſtände angenehm ſind, fühlen ein **Bedürfniſs** derſelben, und dieſe Gegenſtände ſind für ſie **Bedürfniſſe**. Der angenehme Gegenſtand läſst aber dem bedürftigen Subject keine Freiheit, ſich ſelbſt irgend woraus einen Gegenſtand der Luſt zu machen, es iſt dabei keine Wahl (M. II. 458). Das Intereſſe der Sinne zwingt den Beifall ab, es iſt unmöglich für dasjenige Subject, welches ein ſinnliches Wohlgefallen an der Exiſtenz eines Objects hat, daſſelbe nach Willkühr nicht mehr angenehm zu finden; obwohl der angenehmſte Gegenſtand dem Subject, dem er ſo angenehm iſt, unangenehm und widerlich gemacht werden kann, entweder durch die Phantaſie oder eine andere Modificirung der Sinnenorgane. Daſs nun ein Subject dieſen oder jenen Naturtrieb hat, gehört zu der eigenthümlichen Beſchaffenheit derſelben, folglich auch, daſs ihm ein Gegenſtand **angenehm** iſt oder nicht. Die **Annehmlichkeit**, oder die Beſchaffenheit, daſs etwas angenehm iſt, iſt nicht bloſs in dem angenehmen Gegenſtande, ſondern zugleich in der Beſchaffenheit des Subjects, dem ein Gegenſtand angenehm iſt, gegründet, folglich kann einem Subject ein Gegenſtand angenehm ſeyn, der einem andern unangenehm, einem dritten gleichgültig iſt (G. 38. *).

3. In Anſehung des Angenehmen beſcheidet ſich alſo ein Jeder, daſs ſein Urtheil, welches er auf ein Privatgefühl, nehmlich ſein beſonderes, individuelles Gefühl gründet, und wodurch es möglich wird, daſs ihm der Gegenſtand gefällt, ſich auch bloſs auf ſeine Perſon einſchränke. Man ſollte daher nicht ſagen; der Canarienſect iſt angenehm, der Faſan iſt wohlſchmeckend, ſondern er iſt **mir** angenehm, **für meinen Geſchmack** wohlſchmeckend. Und ſo nicht allein im Geſchmack der Zunge, des Gau-

mens, fondern auch dem, was für die Augen und Ohren jedem angenehm ist. Dem einen ist die violette Farbe fanft und lieblich, dem andern todt und erstorben; dem einen gefällt roth am besten, dem andern blau; der eine fieht für jeden Gegenstand eine eigene bestimmte Farbe gern, der andere möchte, dafs eine Anzahl Gegenstände alle seine Lieblingsfarbe hätten. Man findet, dafs Einer den Ton der Blaseinstrumente, der Andre den der Saiteninstrumente, der Dritte Trommeln und Pauken vorzieht. Man kann alfo nicht darüber streiten, ob etwas angenehm fei oder nicht, denn was dem Einen angenehm ist, das ist dem Andern unangenehm (M. II. 461). Gleichwohl findet man auch, dafs manches Object vielen Menschen angenehm ist, allein diefes giebt doch nur die Erfahrung, man kann daher nicht in abfoluter, fondern nur in comparativer Bedeutung fagen, dafs diefe Objecte allgemein angenehm find, d. h. die meisten Menschen, oder auch vielleicht alle, an denen man die Wahrnehmung bisher anstellte, fanden das Object angenehm. Eine folche Allgemeinheit heifst besser Einhelligkeit. Nach diefer Einhelligkeit fagt man dann wohl, der Fafan ist wohlschmeckend, und wer das nicht zugiebt, hat keinen feinen Geschmack, d. h. fein Geschmacksorgan ist nicht geübt genug, das wohlschmeckend zu finden, was die meisten im Wohlschmack geübten Zungen wohlschmeckend finden. Diefe Einhelligkeit giebt alfo keine univerfalen Regeln, d. h. folche, von denen keine Ausnahme gilt, fondern nur generale, oder folche, die in den meisten Fällen gelten. Mit dem Schönen und Guten ist es hierin ganz anders. Niemand gründet fein Urtheil, dafs etwas schön oder gut fei, auf fein individuelles Gefühl, das ihm allein eigen ist, fondern in Anfehung des Schönen fordert ein Jeder, dafs alle Menschen, wie er, Wohlgefallen an dem Object, welches er für schön erklärt, finden follen; und in Anfehung des Guten fordert ein Jeder, dafs alle Menschen, wie er, das für gut erkennen follen, was er dafür erkennt. Niemand wird fagen, das ist mir schön, oder das finde ich nur zu einem gewissen Zweck nützlich, oder das ist nur für mich fittlich gut (M. II, 462, 463. U. 18. U. 20.).

4. Ist dem Subject der Gegenstand angenehm, so ist ihm auch das Daseyn des Gegenstandes angenehm. Diese Annehmlichkeit des Daseyns eines Gegenstandes heifst das Interesse an demselben, und der Gegenstand interessirt mich, wenn sein Daseyn mir angenehm ist. Wer aber aus Interesse handelt, der hat es sich zur Regel gemacht, seine Handlung nach der Annehmlichkeit einzurichten, die das Daseyn eines Objects für ihn hat; daher heifst die Abhängigkeit des Begehrungsvermögens von einer solchen Regel auch das Interesse, und wenn er so handelt, so sagt man, er handelt interessirt. (U. 9).

Das Angenehme ist auch hierin vom Schönen und vom Guten unterschieden. Wenn der Gegenstand so beschaffen ist, dafs er blofs mein Wohlgefallen an demselben rege macht, ohne dafs das Daseyn desselben Einflufs auf mein Gefühl der Lust hat, so ist der Gegenstand schön, interessirt aber der Gegenstand, so ist er angenehm. Bei dem schönen Gegenstande habe ich blofs ein Wohlgefallen an dem Gegenstande. Die Existenz des Gegenstandes aber kann mir gleichgültig oder gar zuwider seyn, z. B. die eines schönen Pallastes, der vom Schweifs der Unterthanen erbauet ist. Ein solches Wohlgefallen drücke ich dadurch aus, dafs ich sage: der Gegenstand gefällt mir. Der angenehme Gegenstand hat hingegen Einflufs auf meinen Zustand, oder macht mein Interesse rege, und dieses drücke ich dadurch aus, dafs ich sage: er vergnügt mich (U. 7.). Das erste Urtheil drückt den Beifall aus, den ich dem schönen Gegenstande geben mufs, das zweite aber giebt die Neigung an, die das Daseyn des Gegenstandes zu demselben in mir erzeugt. Ist der Gegenstand aber in einem hohen Grade angenehm, so ist das Vergnügen, das er macht, so innig, dafs das Subject sogar nicht einmal gern über ihn urtheilt, sondern nur das innige Vergnügen fühlt, welches geniefsen genannt wird, und dessen auch vernunftlose Thiere fähig sind, dahingegen der Genufs des Wohlgefallens am Schönen vornehmlich im Urtheil beſtehet, deſſen nur vernünftige Weſen fähig ſind (M. II. 450. 457. U. 15.).

Wenn der Gegenſtand gut iſt, ſo hat ebenfalls das Daſeyn deſſelben auf mein Gefühl der Luſt Einfluſs, aber das Daſeyn gefällt dann nicht vermittelſt der Empfindung (als etwas, das in die Sinne fällt), ſondern vermittelſt eines Begriffs (als etwas im Verſtande vorhandenes, es ſei nun vermittelſt des Begriffs, daſs es Mittel zu einem Zweck iſt, oder, daſs es an ſich gut iſt, im erſten Fall iſt es das Nützliche, im zweiten das ſittlich Gute). Das Angenehme gefällt alſo durch Empfindung, das Schöne durch Reflexion, das Nützliche durch den Begriff vom Object, daſs es wozu gut iſt, das Gute (M. II. 456) durch den Begriff vom Object, daſs es an ſich gut iſt (M. II. 457 u. 452. U. 10.). Zwar ſcheint das Angenehme mit dem Guten in vielen Fällen einerlei zu ſeyn. Man gebraucht nehmlich gemeiniglich dauerhaft angenehm und gut als gleichbedeutend. So ſagt man von einem Eſſen, was dem Geſchmack ſtets angenehm iſt, es ſchmeckt gut, und verſteht darunter, daſs dem ſo Urtheilenden der Geſchmack des Eſſens jedesmal angenehm ſei. Allein eigentlich iſt das unbeſtimmt und fehlerhaft geſprochen, denn gut iſt das Wort, das entweder das bezeichnet, was das Moralgeſetz billigt, das ſittlich Gute, oder das, was zu einem Zweck taugt; beides aber iſt nicht das, was durch gut ſchmecken ausgedrückt werden ſoll, nehmlich daſs es dem Geſchmack unmittelbar gefällt. Man könnte zwar auch ſagen, die wohlſchmeckende Speiſe ſei zweckmäſsig für den Geſchmack; allein das verſtehet man nicht darunter, wenn man ſagt, daſs ſie gut ſchmeckt, welches man ſchon daraus ſieht, daſs man nicht ſagen kann, ſie ſchmeckt nützlich, ſondern ſie iſt nützlich. Der Unterſchied beſteht nehmlich darin, daſs wenn gut, im Sinne des Nützlichen, von der wohlſchmeckenden Speiſe gebraucht werden ſoll, ſo bringe ich dieſe erſt unter ein Vernunftprincip vermittelſt des Begriffs eines Zwecks. Geſetzt, wir wollten z. B. dieſen Abend eine leckere Mahlzeit halten, und uns durch unſere Gaumen vergnügen, ſo haben wir einen Zweck. Wer aber den Zweck will, der will auch die Mittel. Will ich mich durch den Gaumen vergnügen, so muſs ich nicht was wohlriechendes oder wohlklingendes, sondern wohlschmeckendes essen. Das sind Vernunftprincipien der Willensbestimmung nach Zwecken. Nun weiſs ich, ein Fasan ist wohlschmeckend, er taugt also zu meinem Zweck, und wird mir, wenn ich ihn habe, zu meinem Vorhaben nützlich seyn. Aber dadurch, daſs er zu meinem Zweck dient, ist er nicht angenehm, wohl aber dient er dadurch, daſs er dem Geschmack angenehm ist, zu meinem Zweck. Hier brauchte ich also Verstand und Urtheilskraft, um den Fasan für nützlich zu erklären, oder für gut dazu, mich durch den Gaumen zu vergnügen; aber ihn für angenehm zu erklären, bedarf es keines Begriffs von Mittel oder Zweck, sondern bloſs, daſs ich den Fasan koste und schmecke, und daſs ich weiſs, daſs dasjenige, was mir unmittelbar (ohne Begriffe z. B. des Zwecks oder der Sittlichkeit dazu nöthig zu haben) gefällt, wenn ichs schmecke, angenehm heiſst (M. II. 453. U. 11.).

5. Selbst in den gemeinsten Reden macht man diesen Unterschied. Ein Kind will noch von einer Speise essen, ein Beweis, daſs ihm die Speise angenehm ist, daſs sie seiner Zunge und seinem Gaumen behagt; allein die Mutter schlägt es ab, ihm noch von der Speise zu geben, mit den Worten, es ist nicht gut, und will damit sagen, es könnte dir schädlich seyn, schlimme Folgen für deine Gesundheit haben, wenn du noch davon äſsest. So kann also etwas angenehm seyn, und dennoch einen Zweck vernichten, d. h. schädlich oder nicht gut seyn. Rhabarber ist unangenehm für vieler Menschen Geschmack, und dennoch gut, nehmlich für den, welchem die Gesundheit Zweck ist, sie ist nützlich oder unsrer Gesundheit zuträglich. (M. II. 454).

6. Wir haben also nun die unterscheidenden Merkmale des Angenehmen gefunden, nehmlich wenn etwas angenehm ist, so

a. darf es nicht gerade Jedermann gefallen (2), sondern das Vergnügen, das es verurfacht, ift nicht allgemein (3);

b. das Dafeyn des angenehmen Gegenftandes ift ebenfalls angenehm, oder der Gegenftand intereffirt (4. 5).

c. der Gegenftand und das Dafeyn deffelben vergnügen unmittelbar, ohne Reflexion und ohne Begriff (4. 5).

Das Vermögen, in Beurtheilung des Angenehmen mit mehrern zufammenzuftimmen (oder der Einhelligkeit darin (3).) heifst der Sinnengefchmack. Ein Jeder hat aber feinen eigenen Sinnengefchmack, weil es ein Urtheil über einen Gegenftand in Anfehung feines Verhältniffes zum Gefühl ift, welches nur fubjectiv ift, und blofs comparative Allgemeinheit oder Einhelligkeit giebt (3) (M. II. 465).

7. Das Angenehme ift, als Triebfeder der Begierden, durchgängig von einerlei Art. Daher find die angenehmen Gefühle nur dem Grade nach verfchieden, und darauf beziehen fich auch ihre verfchiedenen Namen, z. B. anmuthig, lieblich, ergötzend, erfreulich u. f. w. deren Befchaffenheit die empirifche Pfychologie unterfucht. Es kömmt folglich bei Beurtheilung des Einfluffes deffelben auf das Gemüth nur auf die Menge der Reize und gleichfam nur auf die Maffe der angenehmen Empfindung an, und diefe läfst fich alfo durch nichts als nur durch die Quantität verftändlich machen. Dennoch kann ein Jeder für fich felbft eine Tafel der angenehmen Objecte, geordnet nach der Anzahl ihrer Reize, feinen eigenen Gefühlen nach, entwerfen. Eine folche Tafel würde alfo für jedes Subject anders ausfehen, oder die Objecte würden in jeder derfelben in einer andern Ordnung auf einander folgen, eben weil die befondere Modification der Sinnenorgane eines jeden Individui die Annehmlichkeit beftimmt. Es hängt diefe Ordnung fogar von dem Zuftande ab, worin fich das Subject befindet, z. B. eine Tafel über den Wohlgefchmack des Obftes würde ganz anders ausfehen, wenn fie wäre entworfen worden, da das Subject durftete, als da es hungerte. Denn im erften Fall würden

die faftreichen Früchte der Zahl der Reize nach oben an ftehen, im letztern Falle hingegen die mehlreichen oder mufsigten. Eben fo würde der Weinkenner die Weine nicht immer nach derfelben Ordnung auf einander folgen laffen, fondern nach dem Zuftande, worin fich feine Zunge jedesmal befände. U. 113.

>Kant. Critik der reinen Vern. Elementarl. II. Th. II. Abth. II. Buch. II. Hauptft. IX. Abfchn. S 576.
>Deffen Grundl. zur Met. der Sitten. S. 38 *)
>Deffen Critik der Urtheilskraft I. Th. §. 3. S. 7. ff. §. 4. S. 10. ff. §. 5. S. 14. ff. §. 7. S. 18. ff.

Animalifch.

S. Animalität.

Animalität,

animalitas, la vie animale. So heifst das Leben in der Materie, oder diejenige Befchaffenheit derfelben, dafs fie aus einem innern Princip zur Bewegung oder Ruhe beftimmt werden kann. Wenn die Materie fo befchaffen ift, dafs fie ohne Einwirkung einer andern Materie aus der Ruhe in Bewegung, oder umgekehrt, aus der Bewegung in Ruhe gefetzt wird, fo ift fie animalifch (C 403), fo ift z. B. alles Vergnügen ein animalifches Gefühl, d. h. ein Gefühl in der Materie, das den Grund der Veränderung des Zuftandes eines Körpers, aus der Ruhe in die Bewegung, oder umgekehrt, enthält. Da wir nun kein anderes inneres Princip, oder innern Grund kennen, der den Zuftand einer Subftanz verändern könnte, als das Begehren, das Begehren aber nicht im äufsern Sinn ift: fo find wir genöthigt, in jeder Materie, in fo weit fie animalifch ift, ein Begehrungsvermögen vorauszufetzen. Folglich ift alle Materie, als folche, eigentlich leblos, weil Materie etwas im äufsern Sinn befindliches ift. Finden wir aber eine Materie, welche animalifch ift, fo müffen wir ihr einen Grund der Animalität, ein Lebensprincip beilegen, welches daher nicht etwas in der Materie feyn kann, fondern ein in einem innern Sinn befindliches und mit der Materie nicht räumlich, sondern **virtualiter** (der Wirkung nach) verknüpftes Begehren. Ein solcher innerer Grund der Veränderung des Zustandes der Materie heißt ihr **Lebensprincip**, oder ihre **Seele**, und eine begrenzte Materie oder ein Körper mit einer Seele virtualiter verknüpft, ein **lebendes Wesen**. S. Materie, Seele.

2. Die **Animalität** eines Körpers aber, oder diejenige Beschaffenheit desselben, daß er aus einem innern Princip in Bewegung gesetzt werden kann, bestehet in zwei Stücken, worin er sich von jedem andern Körper, der nur durch äußere Einwirkung eines andern Körpers außer ihm, also nur **mechanisch** in Bewegung gesetzt werden kann, unterscheidet, in der **Irritabilität** und **Sensibilität**.

a. Die **Irritabilität** oder **Reizbarkeit** ist eine ganz besondere und eigenthümliche Kraft der thierischen Muskelfasern, welche den thierischen Körper der **willkührlichen Bewegung** fähig macht. Sie ist das eine vermittelnde Princip, wodurch dem Lebensprincip im innern Sinne die Veränderung des Zustandes des thierischen Körpers zur Bewegung oder Ruhe möglich wird. Man kann sie daher die **Thierkraft** nennen.

b. Die **Sensibilität** oder **Fühlbarkeit** ist eine ganz besondere und eigenthümliche Kraft der Nerven, welche die thierischen Körper der äußern und innern Eindrücke und folglich der **Empfindung** fähig macht. Sie ist das zweite vermittelnde Princip zwischen dem innern Lebensprincip und der Materie, und da durch sie allein Vorstellungen möglich werden, und sie auch Vorstellungen voraussetzt, so kann sie die **Seelenkraft** heißen.

Kant. Crit. der rein. Vernunft. Elementarl. II. Th. II. Abth. II. Buch. I. Hauptst. 403.
Deſſ. Crit. der Urtheilskraft. I. Th. §. 53. Anmerkung S. 225.

Anlage,

Dispofition, *dispofitio*, *dispofition*. Die Beſtandſtücke und die Formen ihrer Verbindung, die zu etwas erforderlich ſind, z. B. die Anlagen des Menſchen ſind die Beſtandſtücke, die dazu erforderlich ſind, um ein Menſch zu ſeyn, und die Formen ihrer Verbindung. Sie iſt urſprünglich, wenn ſie zu der Möglichkeit eines ſolchen Weſens nothwendig gehört; wenn das Weſen aber auch ohne dieſelbe möglich wäre, ſo iſt die Anlage zufällig (R. 18).

Anlagen des Menſchen zum Begehren.

1. Man kann die Anlagen des Menſchen, die ſich unmittelbar auf das Begehrungsvermögen und den Gebrauch der Willkühr beziehen, auf drei Klaſſen, als Elemente deſſen, wozu der Menſch beſtimmt iſt, bringen, nehmlich die Anlage (R. 13)

a) für die **Thierheit** des Menſchen, als eines lebenden;

b) für die **Menſchheit** des Menſchen, als eines vernünftigen;

c) für die **Perſönlichkeit** des Menſchen, als eines der Zurechnung fähigen Weſens (R. 14.).

Anmerk. Die letzte iſt nicht ſchon im Begriff der zweiten enthalten, ſondern muſs nothwendig als eine beſondere Anlage betrachtet werden; denn daraus, daſs einer Vernunft zu ſpeculiren hat, folgt noch nicht das Vermögen einer practiſchen Vernunft, oder ſich unmittelbar durch die Vorſtellung des Geſetzes, ohne alle Rückſicht auf Vortheil oder Schaden, blofs um des Geſetzes ſelbſt willen zum Handeln beſtimmen zu laſſen.

2. Die Anlage für die **Thierheit** des Menſchen, oder die Möglichkeit deſſelben zu leben, kann man unter dem allgemeinen Titel der phyſiſchen und blofs mechaniſchen Selbſtliebe, d. i. einer ſolchen bringen, wozu nicht Vernunft erfordert wird. Eine ſolche mechaniſche Selbſtliebe haben daher auch die unvernünftigen Thiere, ſie nähren ſich, pflanzen ſich fort und leben in Gemeinſchaft mit andern Thieren. Sie iſt dreifach:

Anlagen des Menschen zum Begehren. 243

a) zur Erhaltung seiner selbst;
b) zur Fortpflanzung seiner Art;
c) zur Gemeinschaft mit seines Gleichen. (R. 14.)

3. Die Anlagen für die Menschheit, oder die Möglichkeit des Menschen vernünftig zu leben und mit Ueberlegung zu handeln (zur Klugheit), können auf den allgemeinen Titel der zwar physischen, aber doch vergleichenden Selbstliebe (wozu Vernunft erfordert wird) gebracht werden; sich nehmlich nun in Vergleichung mit andern als glücklich oder unglücklich zu beurtheilen. Dem Menschen muss es nehmlich, durch die Einrichtung seiner Natur, möglich seyn, geneigt und fähig zu werden, seinen Zustand mit dem Zustande andrer Menschen zusammen zu halten, um zu beurtheilen, ob diese oder Er ihren Naturtrieben besser genugthun, oder sie besser befriedigen, und wer also unter ihnen der glücklichste ist. Von dieser vergleichenden Selbstliebe rührt die Neigung her, sich in der Meinung Anderer einen Werth zu verschaffen, oder der Trieb nach Ehre; und zwar ursprünglich blofs der der Gleichheit (ein Mensch will so viel seyn als jeder Anderer): keinem über sich Ueberlegenheit zu verstatten, mit einer beständigen Besorgnifs verbunden, dafs Andere darnach streben möchten; woraus nach gerade eine ungerechte Begierde entspringt, sich über Andere eine Ueberlegenheit zu erwerben, sich über Andere zu erheben, und diese unter sich hinabzusetzen. Man sieht hier also die Anlage zur Eifersucht und Nebenbuhlerei (R. 15.)

4. Die Anlage für die Persönlichkeit, oder die Möglichkeit zur Moralität, ist die Empfänglichkeit der Achtung für das moralische Gesetz, als einer für sich hinreichenden Triebfeder. Solche Anlage ist das moralische Gefühl, welches, wenn es Triebfeder der Willkühr wird, zugleich Zweck dieser Naturanlage wird; von ihr rührt also der gute Character her, oder diejenige Beschaffenheit der Willkühr, dafs sie das moralische Gefühl in ihre Maxime aufgenommen hat, welche Beschaffenheit, wie über-

haupt jeder Character der freien Willkühr, etwas ift, das nur erworben werden kann, deffen Möglichkeit aber auf unfrer Natur beruhet, oder wozu die Anlage in uns vorhanden feyn mufs (R. 16).

5. Diefe drei Anlagen können nun nach den Bedingungen ihrer Möglichkeit betrachtet werden. Die erfte (2) hat keine Vernunft, die zweite (3) nur pragmatifche, oder andern Triebfedern dienftbare, die dritte (4) aber allein für fich felbft practifche, d. i. unbedingt gefetzgebende Vernunft zur Wurzel. Allein diefe Anlagen im Menfchen find nicht allein (negativ) gut, fie widerftreiten nicht dem moralifchen Gefetze, fondern fie find auch Anlagen zum Guten, fie befördern die Befolgung des Gefetzes. Diefe Anlagen gehören auch zur Möglichkeit der menfchlichen Natur, und find alfo urfprünglich. Die beiden erftern kann der Menfch zweckwidrig gebrauchen, aber nicht vertilgen.

6. Wenn wir nehmlich die Anlage zur Thierheit (2) betrachten, fo finden wir, dafs fie zwar nicht die Wurzel von Laftern fei, dafs aber doch durch die Willkühr Lafter auf fie gepfropft werden, und fo aus ihr entfpriefsen können. Man kann fie Lafter der Rohigkeit der Natur heifsen. Diefer Lafter giebt es, nach der dreifachen Anlage zur Thierheit, eigentlich drei, welche hernach, nach der phyfiologifchen Befchaffenheit des Menfchen und feinen Verhältniffen zu den übrigen Menfchen, Modificationen leiden, nehmlich:

a) die Völlerei, oder die zweckwidrige Befriedigung des Erhaltungstriebes, wider das Moralgefetz;

b) die Wolluft, oder die zweckwidrige Befriedigung des Fortpflanzungstriebes, wider das Moralgefetz.

c) die wilde Gefetzlofigkeit, oder die zweckwidrige Befriedigung des Gefelligkeitstriebes, wider das Moralgefetz. (R. 15).

Diefe Lafter heifsen in ihrer höchften Abweichung vom Naturzwecke viehifche Lafter, weil derjenige, der fich ihnen überläfst, auf die beiden übrigen Anlagen gar keine Rückficht weiter nimmt. Da man aber doch

weiſs, daſs ſelbſt bei ſolchen Menſchen, die wir vieh-
iſche nennen, noch Klugheit und moraliſches Gefühl anzutreffen iſt, ſo kann man es wohl als möglich anſehen,
daſs unter jeder Hinabſinkung zum Vieh noch eine tiefere
ſeyn könne, und alſo iſt die höchſte Abweichung nur eine
Idee, die im hohen Grade bei Menſchen als erreicht
angeſehen wird. Es läſst ſich hierauf eine Eintheilung
der Pflichten gründen, welche den viehiſchen Laſtern
entgegen geſetzt ſind, daher giebt es auch drei Tugenden, nehmlich: Nüchternheit, Keuſchheit und
Gerechtigkeit.

7. Wenn wir die Anlage für die Menſchheit
betrachten, ſo finden wir wiederum, daſs ſie nicht die
Wurzel von Laſtern ſei, aber doch Laſter, vermittelſt
der Willkühr und vergleichenden Vernunft (welche
nehmlich bloſs ſpeculirend iſt, und nichts vom Moralgeſetz weiſs, als welches zur Anlage für die Perſönlichkeit
gehört), darauf gepfropft werden können. Dieſe Laſter
ſind die der geheimen und offenbaren Feindſeligkeit. Sie
entſtehen, wenn der Menſch beſorgt, daſs Andere ſich bemühen, ſich eine verhaſste Ueberlegenheit über ihn zu
verſchaffen. Dann entſteht die Neigung in ihm, der Sicherheit halben, ſich eine Ueberlegenheit über diejenigen
zu verſchaffen, die ſich darum bemühen, als Vorbauungs-
mittel gegen den Erfolg dieſer Bemühungen. Die Idee eines ſolchen Wetteifers iſt an ſich nichts böſes, ſie ſchlieſst
die Wechſelliebe nicht aus, und ihr Naturzweck iſt eigentlich, als Triebfeder zur Cultur zu dienen. S. Cultur.
Sie wird nur böſe, wenn ſie mit Uebertretung des Moralgeſetzes ausgeführt wird; dann entſtehen Laſter, die in ihren höchſten Abweichungen vom Naturzwecke alle Wechſelliebe ausſchlieſsen und teufliſche Laſter heiſsen.
(R. 16.).

8. Wenn wir die Anlage für die Perſönlichkeit
betrachten, ſo finden wir, daſs keine Laſter aus ihr entſprieſ-
ſen und auf ſie gepfropft werden können, aber daſs ſie
doch die Möglichkeit zur Unmoralität, ſo wie zur Moralität
enthalte. Die Idee des moraliſchen Geſetzes allein, mit der
davon unzertrennlichen Achtung, kann man nicht füglich
eine Anlage für die Perſönlichkeit nennen. Sie iſt die

Persönlichkeit selbst (die Idee der Menschheit als eines Dinges an sich, folglich ganz intellectuell betrachtet). Das ist etwas, das nur erworben werden kann, dessen Möglichkeit aber, d. i. die Anlage dazu, dennoch in unsrer Natur vorhanden seyn muſs, worauf aber schlechterdings nichts Böses gepfropft werden kann. Diese Anlage ist die Möglichkeit, die Achtung fürs Gesetz in unsre Maxime aufzunehmen. Dieses ist eine Anlage zur Persönlichkeit und noch nicht die Persönlichkeit selbst, sondern ein subjectiver Grund derselben, ein Zusatz zur Persönlichkeit. Diese Anlage ist daher auch nicht der Grund einzelner Tugenden oder Laster, sondern der Moralität oder Sittlichkeit überhaupt, ohne sie wäre der Mensch weder moralisch noch unmoralisch. (R. 17).

Der Mensch hat noch mehrere Anlagen, z. B. seine Anlagen zum Dichten, zur Malerei, überhaupt zu den Künsten, Wissenschaften u. s. w. Hier ist aber nur die Rede von den Anlagen des Menschen, die sich auf das Begehrungsvermögen und den Gebrauch der Willkühr beziehen.

Kant. Religion innerhalb der Grenzen. I. Stück. 1. S. 15.
Jacob. Philos. Sittenlehre. 3. Th. 1. Hauptst. 7. Abschn. §. 414 — 416.
Dasselb. Krit. Anfangsgründe zu einer allgemeinen Metaphysik. Halle 1788. §. 175. S. 124.
Locke Essai concernant l'Entendement. liv. II. ch. XXII. §. 10.

Anleihe,

mutuum, prêt. Die Veräuſserung einer Sache, unter der Bedingung, sie nur der Species nach wieder zu erhalten, z. B. Getraide gegen Getraide, oder Geld gegen Geld (K. 120). Wenn ich nehmlich einem Ackermann das Getraide zu seiner Aussaat gebe, unter der Bedingung, daſs er mir dasselbe nach der Ernte wieder gebe, so ist das eine Anleihe dieses Getraides. Die Anleihe ist vom Verleihen wohl zu unterscheiden. S. Anleiher und Verleihen.

Kant. Metaph. Anfangsgr. der Rechtslehre. I. Th. II.
Hauptſt. 3. Abſchn. §. 31. S. 120.

Anleiher,

commodator, prêteur. Derjenige, der eine Sache
veräuſsert, unter der Bedingung, ſie nur der
Species nach wieder zu erhalten. S. Anleihe.
Kant nennt aber (K. 145) Anleiher, was er eigentlich
Verleiher nennen ſollte. Ein Verleiher iſt nehmlich
derjenige, der den Gebrauch einer Sache, die
ihm gehört, einem Andern eine Zeitlang um-
ſonſt bewilliget. S. Verleiher. So braucht auch
Kant ſelbſt das Wort Verleihen. (K. 120).

Kant. Metaph. Anfangsgr. der Rechtslehre. I. Th. II.
Hauptſt. §. 31. A, b. S. 120. III. Hauptſt. §. 38.
S. 145.

Anmaſsung

des Geſchmacksurtheils. S. Geſchmacksurtheil.

Annehmen.

S. Vorausſetzen.

Annehmen

die göttliche Beihülfe im Guten. K. 45. Dieſer Ausdruck bezeichnet das Aufnehmen der poſi-
tiven Kraftvermehrung durch Gott in unſre Maxime, wodurch es allein möglich wird, daſs Jemanden das Gute zugerechnet, und er für einen guten
Menſchen erkannt werde. So wird z. B. die Beihülfe zum
Guten angenommen, wenn wir den beſtändigen Vorſatz
haben, auf jede gute Regung, jedes Gefühl der Achtung
für eine Pflicht zu achten, die Aufforderung in uns zur
Erfüllung derſelben zu befolgen, den Muth, den wir fühl-
len, eine gute, aber mit Schwierigkeiten verbundene
That nicht verrauchen zu laſſen, und die Mittel, durch

die wir zum Guten ermuntert werden können, zu benutzen.

2. Da der Menfch den freien Willen haben mufs, die göttliche Beihülfe zu benutzen oder nicht, wenn ihm das Gute, das dadurch gewirkt wird, foll zugerechnet werden, fo mufs die Befferung von dem Menfchen abhängen. Daher der Satz der Kirchenväter: *Deus volentibus dat gratiam*, nur denen, die wollen, giebt Gott die Gnade.

3. Man nennt insgemein die Beihülfe Gottes zum Guten in dem Menfchen die Gnade *(gratia)*. Dies kann zugelaffen werden, nur mufs man nicht den falfchen Begriff damit verbinden, als ob Gott fich dann allein thätig und der Menfch nur leidend verhielte. Dann könnte dem Menfchen fein fittlich gutes Verhalten nicht zugerechnet werden. Bisweilen ift man, durch eine falfche Exegefe verleitet, darin fo weit gegangen, dafs man dem Menfchen dabei alle Mitwirkung geftritten, und alles Gott zugefchrieben hat. Wenn der Menfch nicht nach blofser Willkühr, fondern nach Gerechtigkeit foll behandelt werden, fo mufs er die göttliche Beihülfe annehmen, und ihm dadurch das Gute zugerechnet werden. Da aber die göttliche Beihülfe die Wirkung einer überfinnlichen Urfache ift, und es folglich keine Erfahrung davon geben kann, fo mufs der Menfch nur immer den Vorfatz haben, alle Mittel zum Guten, die er in und aufser fich findet, zu benutzen, und folglich gut feyn wollen. So ift es fehr fchicklich, die Befferung des Menfchen von Gott abhängen zu laffen, aber die Annehmung derfelben dem Menfchen zuzurechnen. Begriffen wird aber durch diefe Idee von der göttlichen Beihülfe eigentlich nichts, weil hierbei immer ein Actus der menfchlichen Freiheit vorkömmt, der jederzeit für uns unbegreiflich ift (R. 279).

4. Das Annehmen der göttlichen Beihülfe gefchieht entweder fchon vorher, durch den Vorfatz der Befferung, den der Menfch fafst (er macht fich der Beihülfe Gottes würdig), oder Gott wirkt in dem Menfchen den Vorfatz der Sinnesänderung, und der Menfch nimmt das an und führt es aus.

5. Wenn die Beihülfe Gottes fo gedacht wird, dafs fie den Menfchen vollkommen beffert, fo heifst fie die **vollkommene Gnade** (*gratia efficax*). Von diefer vollkommenen Gnade behaupteten einige, der Menfch könne ihr nicht widerftehen.

6. Alle Bekehrung des Menfchen ift unbegreiflich, aber fie mufs möglich feyn, follte auch das, was wir dabei thun können, für fich allein unzureichend feyn, und wir uns dadurch nur eines für uns unerforfchlichen höhern Beiftandes empfänglich machen, f. Gnade. Wenn alfo höhere Mitwirkung das ergänzen foll, was nicht in des Menfchen Vermögen fteht, fo mufs der Menfch thun, fo viel in feinen Kräften fteht. Wir haben es nicht nöthig zu wiffen, worin diefe höhere Mitwirkung Gottes beftehet, f. Gnadenwirkung. Es ift dem Menfchen genug zu wiffen, was er felbft zu thun habe.

7. Hieraus läfst fich nun erklären, wie die Vernunft auf die Idee der übernatürlichen Beihülfe Gottes kömmt. Die Vernunft ift fich ihres Unvermögens zum Guten bewufst, f. **Verderbtheit des menfchlichen Herzens**, daher dehnt fie fich bis zu überfchwenglichen Ideen aus, die jenen Mangel erfetzen könnten, ohne fie doch als einen erweiterten Befitz fich zuzueignen, obwohl fie auch die Möglichkeit oder Wirklichkeit der Gegenftände derfelben nicht beftreitet.

8. Man kann den Glauben an folche Ideen den (über die Möglichkeit derfelben) **reflectirenden** nennen, wenn man fich aber anmafst, die Gegenftände derfelben zu erkennen, etwas davon zu **wiffen**, den **dogmatifchen**. Der letztere kömmt der Vernunft unaufrichtig und vermeffen vor. Die Schwierigkeiten wegzuräumen bei dem, was moralifch feft fteht, ift ein Nebengefchäft (Parergon). Der Nachtheil des Gebrauchs der Gnadenwirkungen in der Religion heifst **Schwärmerei**.

9. Die Herbeirufung der Gnadenwirkungen kann alfo nicht in die Maxime der Vernunft aufgenommen werden, wenn diefe fich innerhalb ihrer Grenzen hält, wie überhaupt nichts Uebernatürliches, weil gerade bei

diefem aller Gebrauch aufhört. Die Vorausfetzung einer practifchen Benutzung diefer Idee ift ganz fich felbft widerfprechend.

> Kant. Religion der Vernunft. 2 Aufl. S. 49 — 64. vorzüglich die Anmerkung S. 64.

Annehmlichkeit,

iucunditas, *agrément*. Diejenige Befchaffenheit eines Objects, dafs es den Sinnen in der Empfindung gefällt, und folglich vergnügt. Ein Apfel hat Annehmlichkeit für manchen Gaumen. Der Canarienfect fchmeckt manchem Menfchen wohl, und hat daher Annehmlichkeit für ihn, f. den Artikel: angenehm. (U. 138.). Diefe Annehmlichkeit kann nicht der Beftimmungsgrund des Gefchmacks feyn, denn fouft liefse fich über ein Gefchmacksurtheil nicht ftreiten, weil die Annehmlichkeit von der fubjectiven Befchaffenheit der Gefühlsorgane abhängt, und daher das, was für den Einen Annehmlichkeit hat, es nicht immer für den Andern hat. Aber man trachtet dennoch, ohne objective Gründe zu haben, durch wechfelfeitigen Widerftand nach Einhelligkeit der Urtheile über eine Sache des Gefchmacks. Folglich kann Schönheit und Annehmlichkeit nicht einerlei feyn. Ueber Schönheit läfst fich ftreiten, weil fie für Jedermann gilt, der Gefchmack hat, daher fpricht man auch dem den Gefchmack ab, der das Schöne nicht für fchön erkennen will; über Annehmlichkeit aber läfst fich nicht ftreiten, denn fie gilt nur für einen fo oder fo modificirten Sinn, folglich nicht für Jedermann, wie liefse fich denn darüber ftreiten, ob etwas angenehm fei oder nicht.

> Kant. Crit. der Urtheilskr. I. Th. §. 57. S. 238.

Annehmung,

Acceptation, *acceptatio*, *acceptation*. Derjenige rechtliche Act der Willkühr, wodurch, bei einem Vertrage, dem Andern (Promittenten) erklärt wird, dafs man fich das Verfprochene wolle leiften laffen. S. Angebot. Der Vertrag endigt fich nehmlich damit, dafs er conftituirt wird, welches das Abfchliefsen heifst. Diefes Abfchliefsen beftehet aus zwei rechtlichen Acten der Willkühr, von denen die Annehmung der zweite oder letzte des ganzen Vertrags ift. Sie beftehet alfo darin, dafs der Promiffar das annimmt, was der Promittent verfpricht, und dann wird der Promiffar ein Acceptant, d. i. derjenige, der erklärt, dafs er das Verfprechen annimmt. Wer etwas kauft, und die Waare für den Preis, worüber die Contrahirenden oder Pacifcenten (d. i. diejenigen, die einen Vertrag fchliefsen, hier Käufer und Verkäufer) einig geworden find, zu nehmen erklärt, ift der Acceptant in Anfehung der Waare. Da hier das Verfprechen gegenfeitig ift, fo ift der Verkäufer der Acceptant in Anfehung des Geldes, das für die Waare gegeben wird (K. 98). Ohne diefe Annehmung kann nichts von dem Einen auf den Andern übergehen, weil es fonft an dem Willen des Andern fehlen würde, ohne welchen keine rechtliche Behandlung deffelben möglich ift. (K. 135).

2. Die Frage ift nun, was ift das Aeufsere, das ich durch die Annehmung, durch die der Vertrag nun völlig gefchloffen ift, folglich durch den Vertrag erwerbe? Ich habe behauptet (Grundlegung 165): die Annahme eines Verfprechens und die Annahme einer Sache ift einerlei. Denn auch das Verfprechen ift eine Sache, und die Annahme beider kann nur auf diefelbe Art gefchehen. Wodurch ich habe fagen wollen (Grundleg. 169), dafs die blofse Annehmung des Verfprechens ein Recht auf die Leiftung giebt, oder fobald die Annahme gefchehen ift, oder vorausgefetzt werden kann, auch der Wille des Verfprechenden (Promittenten) an das Verfprechen gebunden und zur Leiftung verpflichtet und verbunden ift. Er kann feinen Willen weder pflichtmäfsig, noch rechtsgültig ändern. Und (Grundl. 171.) durch den Vertrag bekömmt der Annehmende das Recht, die Erfüllung des Verfprechens zu fordern, folglich ift diefe Erfüllung des Verfprechens ein Eigenthum des Acceptanten.

3. Kant unterscheidet nun noch sehr richtig zwischen der That, nehmlich der Erfüllung des Versprechens, und der Sache, nehmlich dem Gegenstande des Versprechens, und behauptet, dafs ich durch die Annehmung zwar die That des Promittenten, aber noch nicht die Sache, oder das Versprochene, erwerbe. Die Sache selbst aber werde nicht durch die blofse Annehmung des Versprechens, sondern durch Uebergabe *(traditio)* des Versprochenen und durch Annehmung dieser Sache erworben. Denn alles Versprechen gehe auf eine Leistung, und wenn das Versprochene eine Sache ist, könne die Leistung nicht anders verrichtet werden, als durch einen Act der Willkühr, wodurch der Promissar vom Promittenten in den Besitz der Sache gesetzt wird, d. i. durch Uebergabe. Vor der Uebergabe und dem Empfang der Sache ist freilich die Leistung noch nicht geschehen, die Sache ist von dem einen zu dem Andern noch nicht übergegangen, folglich sei sie von dem Promissar noch nicht erworben worden. Daher sei das Recht aus einem Vertrage nur ein persönliches, und würde nur durch die Tradition ein dingliches Recht (K. 102).

4. Es ist nehmlich die Frage, wenn zwischen der Schliefsung und Vollziehung eine (bestimmte oder unbestimmte) Zeit zur Uebergabe der Sache bewilligt ist, ob ich, als Acceptant, dann schon vor der Uebergabe sagen kann, die Sache ist mein, oder blofs, ich habe das Recht zu fordern, dafs die Sache mein werde, ob also mein Recht ein Recht in der Sache sei, oder ob noch ein besonderer Vertrag, der allein die Uebergabe betrifft, dazu kommen müsse: ob folglich das Recht durch die blofse Annehmung nur ein persönliches sei, und allererst durch die Uebergabe ein Recht in der Sache werde? Kant entscheidet für das letztere, und will es durch folgendes Beispiel ins Licht setzen (K. 102).

5. Gesetzt, ich schliefse einen Vertrag über eine Sache, z. B. über ein Pferd, das ich erwerben will, und nehme es zugleich mit in meinen Stall, oder sonst in meinen physischen Besitz, so ist es mein, und mein Recht ist ein Recht in der Sache. Das hat gar keinen Zweifel. Lasse ich aber das Pferd in den Händen des Verkäufers,

in deſſen phyſiſchem Beſitze (Inhabung) dieſe Sache
vor meiner Beſitznehmung (ſ. Apprehenſion),
mithin vor dem Wechſel des Beſitzes ſeyn ſollte; ſo,
ſagt Kant, iſt dieſes Pferd noch nicht mein, und mein
Recht, was ich erwerbe, iſt nur ein Recht gegen eine
beſtimmte Perſon, nehmlich gegen den Verkäufer, von
ihm in Beſitz geſetzt zu werden, welches die ſubjective
Bedingung iſt, unter welcher ich die Sache erſt brauchen kann. Das iſt, ſagt Kant, mein Recht iſt nur ein
perſönliches Recht, von jenem die Leiſtung des Ver-
ſprechens, mich in den Beſitz der Sache zu ſetzen, zu
fordern. Ich kann, wenn der Vertrag nicht zugleich
die Uebergabe enthält, nicht anders zum Beſitz der Sache gelangen, als dadurch, daſs ich einen beſondern
rechtlichen, nehmlich einen Beſitzact (*actum poſſeſ-
ſorium*) ausübe, der einen beſondern Vertrag ausmacht,
und dieſer iſt: daſs ich ſage, ich werde die Sache (das
Pferd) abholen laſſen, wozu der Verkäufer einwilligt.
Denn bis auf den Zeitpunct, wo nach dem beſondern
Vertrag der Käufer die Sache abholen läſst, iſt der
Verkäufer noch immer Eigenthümer, und muſs daher
alle Gefahr, welche die Sache treffen mag, tragen.
Der Beſitzact iſt daher als ein neuer Vertrag anzuſehen,
wodurch das durch den erſten Vertrag erworbene per-
ſönliche Recht nun ein dingliches Recht wird.

6. Allein iſt nicht der rechtliche Beſitz etwas ideales, der mit Zeitbedingungen eigentlich gar nichts zu
thun hat, und iſt es nicht hier bloſs der phyſiſche Beſitz, welcher mangelt, ſo lange der Käufer noch das
Pferd behält? Der Verkäufer kann wohl nicht mehr ſagen, das Pferd iſt mein, denn vielleicht noch ehe er
das ſagte, hat der Verkäufer es ſchon wieder an einen
dritten verkauft, und der Verkäufer kann nicht mehr
über das Pferd disponiren, welches doch dazu gehörte,
wenn es auch nur bis zu jenem Zeitpunct der Abholung
ſein ſeyn ſollte. Eigentlich läſst es ihm der Käufer nur
noch eine Zeitlang, das iſt, dieſer leihet dem Verkäufer das von demſelben erworbene Eigenthum. Für das
aber, was mir geliehen iſt, (oder auch für ein De-
poſitum), muſs ich ſtehen, und das muſs ich auch

wieder geben, wie es der Fall mit dem Pferde ist. Es ist alfo zwar ein neuer Vertrag, nehmlich der Befitzact, wodurch der Käufer in den Befitz kömmt, aber dies ist der nehmliche Act, wodurch ich etwas geliehenes wieder erhalte, in den idealen oder rechtlichen Befitz kömmt der Verkäufer aber fchon durch die Annehmung, oder durch den erften Vertrag (K. 104 f.)

Kant. Metaphyf. Anfangsgr. der Rechtslehre. I. Th. II. Hauptft. 2. Abfchn. §. 19. S. 98. §. 21. S. 102. ff.

Anrathungen,

confilia, *conseils*, Anweifungen, wie ein gewünfchter Zweck zu erreichen ift, nach welchem zu ftreben uns nichts nöthigt, f. Klugheit (G. 47).

Diefe Anrathungen gebieten alfo eigentlich nicht, man kann fie aber doch, analogifch, Imperativen der Klugheit nennen, weil fie für die Glückfeligkeit eben das find, was die Imperativen der Sittlichkeit für die Tugend find.

Hiervon aber ift unterfchieden das Anrathen (*fuafiones*), oder die Bewegungsgründe zur Hervorbringung einer Handlung, die von der Annehmlichkeit hergenommen find. Man fehe von diefem Anrathen den Artikel Ueberredung.

Kant. Grundl. zur Met. der Sitten 2 Abfchn. S. 47.

Anreize,

finnliche Triebfedern, *ftimuli*, *reffort fenfitif*. Der fubjective Grund des finnlichen Begehrens, z. B. der Gefchlechtstrieb als der fubjective Grund des Zeugungsacts, der Hunger als der fubjective Grund des Effens, der Gefelligkeitstrieb als der fubjective Grund des Verlangens nach Umgang, find finnliche Triebfedern (G. 63). Die finnlichen Triebfedern machten nehmlich das Begehren rege, oder reizen zum Begehren, und daher heifsen fie auch Anreize. Sie find als etwas fubjectives zufällig und folglich empirifch. Soll daher die Handlung fittlich gut feyn, welches eine objective Beschaffenheit derselben ist, indem sie Jedermann für gut erkennen muſs, so darf die sinnliche Triebfeder nicht der Grund der Handlung seyn. Auf dem Anreize oder der sinnlichen Triebfeder beruhet nun die Annehmlichkeit des Objects der Handlung. Also darf die sittlich gute Handlung nicht um der Annehmlichkeit des Objects willen geschehen. Der Genuſs aller möglichen Annehmlichkeiten heiſst nun Glückseligkeit, folglich darf nicht Glückseligkeit der Grund der sittlich guten Handlungen seyn. Hingegen streitet die sittlich gute Handlung nicht nur oft mit einem Anreize, welcher überwunden werden muſs, sondern sie ist überhaupt auch nicht denkbar, ohne daſs die Vorstellung des Gesetzes das Begehrungsvermögen in Wirksamkeit setze. Denn da bei der sittlich guten Handlung die sinnliche Triebfeder nicht wirken darf, so bleibt nichts übrig, was zum Begehren wirken kann, als die Vorstellung des Gesetzes selbst, und man muſs darum die Vorstellung des Gesetzes auch als eine practische Triebfeder oder einen practischen Anreiz, d. i. einen subjectiven Bestimmungsgrund betrachten. Ein System der reinen Sittlichkeit, das vom Begehren nach sittlichen Gesetzen handelt, muſs von der Wirkung des bloſsen Gesetzes auf den Willen als practischer Triebfeder desselben handeln. Nun haben wir aber eigentlich keine Vorstellung von der Wirkung einer solchen Triebfeder nach Gesetzen der Freiheit, indem alle sinnlichen Triebfedern, als solche, nach Causalgesetzen, d. i. nach Gesetzen der Nothwendigkeit, oder Naturgesetzen wirken. Folglich enthält der Begriff einer practischen Triebfeder bloſs die Verneinung einer sinnlichen Triebfeder bei einer sittlich guten Handlung, daſs nehmlich entweder der sinnliche Anreiz als Hinderniſs überwunden werde, oder nicht der Grund der Handlung sei (s. Anschauung, 5.). Ein System der reinen Sittlichkeit kann daher nicht zur Transcendentalphilosophie gehören, welche Wissenschaft gar keine empirischen Momente zuläſst, indem hier doch sinnliche Triebfedern oder Anreize sind. Es giebt nehmlich in der practischen Philosophie keine reine Sinnlichkeit, wie in der speculativen Philosophie, welche den practischen Grundsätzen Realität gäbe. Die practischen Grundsätze und Begriffe bekommen ihre Realität nur durch ihren Einfluſs auf den Willen, oder die Willensbestimmung durch sie, diese ist aber unmöglich ohne eine subjective Receptivität oder ein Gefühlsvermögen, auf welches die Vorstellung des moralischen Grundsatzes als Triebfeder gegen alle andere Triebfedern oder mit Ausschluſs derselben wirke. Folglich muſs ein sinnlich afficirter Wille in der reinen practischen Philosophie vorausgesetzt werden, d. i. sie hat ein empirisches Datum, und ist daher bloſs Metaphysik, aber nicht ein Theil der Transcendentalphilosophie, f. **Achtung und Triebfeder.**

Kant. Critik der rein. Vern. Einleitung. S. 29.
Deſſ. Grundl. zur Met. der Sitten. 2. Abſchn. S. 63.
Deſſ. Critik der pract. Vern. I. Th. I. B. III. Hauptst. S. 133. 140.
Deſſ. Critik der Urtheilskr. I. Th. §. 5. S. 14.

Anſchauung,

ſinnliche Vorſtellung, intuitive Vorſtellung, *intuitus, intuition*, ist diejenige Art von Vorstellungen, die unmittelbar auf den Gegenstand bezogen wird, oder auch die unmittelbare Vorstellung (C. 41) eines Objects. Kant will sagen, es giebt mehrere Arten und Mittel zu erkennen. Wenn ich nehmlich erkennen will, so will ich mir eigentlich eine richtige Vorstellung von einem gewiſsen Gegenstande machen. Das kann nun dadurch geschehen, daſs mir Jemand die Merkmale des Gegenstandes angiebt. Der Gegenstand, den ich erkennen will, sei z. B. die Stadt Magdeburg, so kann ich mir dadurch eine Erkenntniſs derselben erwerben, daſs ich mir aus einem Buche, oder aus Jemandes Erzählung, die Lage derselben denke, daſs sie, so lang als sie ist, dicht am linken oder westlichen Ufer der Elbe von Norden nach Süden liegt, etwa von Abend nach Morgen halb so breit als lang ist, eine breite Straſse hat, die von Mittag nach Mitternacht durch die ganze Stadt läuft, sie in zwei Theile theilt, und an jedem Ende von einem Thore begrenzt ist, u. s. w. Um nun diese Beschreibung zu verstehen, muſs ich wieder wissen, was Ufer, Norden, Süden u. s. w. heißt, und den Sinn dieser Worte mir denken. Mit allen diesen Worten verbinde ich nun blofs Gedanken, z. B. mit dem Wort Süden, dafs es die Gegend des Himmels ist, wo die Sonne auf unsrer Seite des Aequators im Mittag stehet, so denke ich mir die Gegenstände, welche diese Worte ausdrücken durch Begriffe, welche zusammen mir einen Begriff von der Stadt Magdeburg geben. Oder, ich mache mir mit meiner Einbildungskraft ein Bild von dem Ufer eines Flusses (der Elbe), ein Bild von der Mittagsseite, und der Länge einer Stadt, u. s. w. Dann stelle ich mir die Stadt Magdeburg in der Phantasie dar. Das sind Arten und Mittel, sich eine Erkenntnifs von Magdeburg zu verschaffen. Nun giebt es aber noch eine Art, die beste und sicherste, nehmlich hinzureisen und die Stadt selbst zu sehen. Das giebt eine Erkenntnifs von Magdeburg durch die **Anschauung**. Hier wird mir Magdeburg unmittelbar vorgestellt. In den vorigen Arten der Erkenntnifs stellte ich mir Magdeburg durch allerhand Mittel vor; nehmlich durch Begriffe und Bilder, die ich mir davon machte, hier aber, wenn wir die Stadt sehen, fällt Vorstellung und Gegenstand zusammen, beides ist völlig eins, zwischen dem Gegenstande, Magdeburg, und meiner Erkenntnifs davon, ist nicht noch ein Mittel, etwa Begriffe und Bilder der Phantasie, welche machen müsten, dafs meine Erkenntnifs von Magdeburg mit dieser Stadt übereinstimmte, sondern beides ist eins, wir stellen uns die Stadt nicht durch ein Mittel vor, sondern die Stadt selbst wird unsre Vorstellung, welche Vorstellung sich also nicht erst durch einen Begriff, sondern ohne alle Vermittelung, folglich unmittelbar auf den Gegenstand, nehmlich die Stadt, beziehet. Es ist hier kein Unterschied weiter zwischen Magdeburg als meiner Vorstellung und Magdeburg als Gegenstand meiner Vorstellung. Noch ist zu bemerken, dafs wir zwar ein Beispiel gewählt haben, bei welchem von der Anschauung durch den Sinn des Gesichts die Rede war, allein, obwohl das Wort Anschauung vom Sehen hergenommen ist, so bedeutet es doch nicht blofs

Vorstellungen durchs Gesicht, sondern alle die sinnlichen Vorstellungen, in denen sich der Gegenstand unmittelbar selbst darstellt, es sei nun, daſs wir ihn sehen, oder auch hören, riechen, schmecken, oder fühlen, oder uns auch nur seiner als einer unsrer Vorstellungen im Gemüth bewuſst sind. Die Ausdünstungen der Rose, die ich rieche, wären mir auch die Augen verbunden, schaue ich durch denn Sinn des Geruchs an, die Musik, die ich höre, durch den Sinn des Gehörs u. s. w.

2. Anschauung ist die Vorstellung, die nur durch einen einzigen Gegenstand (ein Individuum) gegeben werden kann, und ist einzeln (individuell). Da in der Anschauung der Gegenstand selbst sich uns darstellt, so kann dieselbe Anschauung uns nicht durch einen andern Gegenstand bewirkt werden. Bei dem Begriff ist das anders, wenn wir uns durch Erzählungen und Beschreibungen andrer einen Begriff von der Stadt Magdeburg machen, so kann dieser Begriff nie so genau und vollständig werden, daſs sich nicht noch eine zweite Stadt denken lieſse, die gerade alle Merkmale dieses Begriffs auch in sich vereinigte. Allein die Anschauung der Stadt Magdeburg kann nur diese Stadt selbst und allein geben, denn gäbe sie eine andere Stadt, so können wir uns zwar irren, und sie für die Anschauung von Magdeburg halten, wie Constantins Soldaten Constantinopel für Rom hielten, aber es wäre dennoch nicht wirklich die Anschauung von Magdeburg, sondern dieser andern Stadt. Der Gegenstand giebt die Anschauung, heiſst, ich kann sie entweder nicht wie meine Gedanken nach Willkühr in mir hervorbringen, oder ihr doch nicht eine willkührliche Beschaffenheit geben; sondern es ist in derselben alles so beschaffen, daſs es nicht von mir abhängt, den Gegenstand, den ich in der Anschauung vor mir habe, entweder anzuschauen, oder doch durch den Verstand willkührlich zu bestimmen, wie er in allen Stücken beschaffen seyn soll.

3. Anschauung ist das, was, als Vorstellung, vor aller Handlung irgend etwas zu denken, vorhergehen kann, oder diejenige

Vorstellung, die vor allem Denken gegeben seyn kann.

Ehe ich mir einen Gegenstand denke, oder ihn mir in Gedanken vorstelle, konnte er noch vorher sich meinen Sinnen darstellen, und meine unmittelbare Vorstellung werden. Noch eine andere Vorstellung aber als die Anschauung kann vor dem Denken des Gegenstandes nicht in mir seyn. Wenn ich mir Begriffe, oder Bilder, oder Zeichen von einem Gegenstande mache, so gehört dazu, dafs ich denke, mein Denkvermögen zum Denken handeln lasse. Aber wenn ich den Gegenstand anschaue, dann denke ich noch nicht, sondern bekomme blofs eine Vorstellung, von der ich erst durchs Denken verstehe, was sie ist, und die blofse Anschauung ist also blind, d. i. Niemand versteht, was der Gegenstand, den er anschauet, ist, bis er anfängt darüber zu denken. So ist also die Anschauung eine Vorstellung, die nicht nur allem Denken eines Gegenstandes vorhergehen kann, sondern auch eine nothwendige Beziehung hat auf das: Ich denke, in demselben Subject, darin sie angetroffen wird, (C. 67.) S. Apperception, 2, b. 3. 4.

4. Durch Anschauung wird aber der Gegenstand nur als Erscheinung gegeben. Die Anschauung ist nehmlich die unmittelbare Vorstellung eines Gegenstandes. In Gedanken kann ich nun noch die Anschauung von dem Gegenstande, den ich anschaue, unterscheiden, aber mit meinen Sinnen kann ich das nicht, da ist beides Eins. Wenn ich die Stadt Magdeburg vor mir sehe, in ihren Strafsen herumwandle, ihre Häuser mit meinen Händen fühle, die Stimmen ihrer Einwohner höre u. s. w., so kann ich zwar meine Sinne vor allen Eindrücken verschliefsen, und nun mir durch meine Einbildungskraft alles, was ich sahe, fühlte und hörte, noch einmal bildlich vorstellen, allein das ist nicht mehr die Anschauung der wirklichen Stadt Magdeburg, sondern eines Bildes der Stadt Magdeburg in meinem Innern, oder meines innern Zustandes. So lange ich aber die wirkliche Stadt Magdeburg, oder Theile dersel-

ben, anschaue, kann ich nicht diese Anschauung, diese sinnliche Vorstellung, von der Stadt selbst in der Anschauung trennen. Beides ist Eins. Es fragt sich nun, ist der Gegenstand, den ich unter dem Namen der Stadt Magdeburg anschaue, und den ich mir durch meinen Verstand jetzt so denken will, dafs ich ihn nicht mehr anschaue, alsdann noch wirklich so, wie ich ihn anschauete? Findet sich, gesetzt dafs die Stadt Magdeburg nicht mehr angeschauet würde, (abstrahirt jetzt von ihren Einwohnern), gerade ein solcher Gegenstand wirklich vor, so dafs ihn auch Gott selbst und alle lebende und erkennende Wesen (aufser den Menschen) auf die diesen Wesen eigene Art zu erkennen, dennoch eben so finden müfsten, als wir? Kurz, ist das Magdeburg, das wir anschauen, ein Ding an sich? S. An sich. Die Antwort ist: Nein. Es ist eine Erscheinung. Denn unsre Anschauung derselben ist eine sinnliche Vorstellung, welche zwar etwas enthält, was nicht aus uns herrührt, sondern in unsre Vorstellung hinein kömmt, wir wissen nicht wie, oder woher, aber dieses Etwas (das Empirische) ist so modificirt durch das, was unser eigenes Erkenntnifsvermögen bei dem Anschauen hinzuthut, dafs wir von der ganzen Anschauung nicht mehr sagen können, dafs ein solcher Gegenstand, als uns in derselben dargestellt wird, auch aufser dem Wirken des Anschauungsvermögens vorhanden ist. Ja wir können nicht einmal in Gedanken dieses Etwas (das Empirische) von dem trennen, was das Erkenntnifsvermögen in der Anschauung hinzuthut. Wir können uns das, was das Erkenntnifsvermögen hinzuthut, besonders denken, aber jenes Etwas nicht. Die Stadt Magdeburg nimmt z. B. einen bestimmten Raum ein, existirt für die anschauenden Menschen in einer bestimmten Zeit, aber Raum und Zeit ist etwas, was das Erkenntnifsvermögen zu der Anschauung der Stadt Magdeburg hinzuthut. Das Bestimmte in dem Raum und in der Zeit hingegen, oder dafs Magdeburg in Niedersachsen liegt, gerade jetzt existirt u. s. w., und das, was den Raum und die Zeit erfüllt, die Materie, rührt nicht von dem Erkenntnifsvermögen her; denn es ist zufällig und könnte auch anders feyn, und man kann es nicht *a priori* erkennen. Denket aber nun allen Raum und alle Zeit weg, nehmlich logifch, oder abftrahirt davon (denn mit der Einbildungskraft fie wegdenken, ift nicht möglich), fo ift auch das Beftimmte des Raums und der Zeit, und die Materie, die fie erfüllt, nicht mehr denkbar, (f. Abfondern *a*.). Was wir alfo anfchauen, find nicht Dinge an fich, fondern Erfcheinungen (das ift, Gegenftände, von deren Befchaffenheiten wir vieles unferm Erkenntnifsvermögen zufchreiben müffen), die wir nur als Gegenftände anfchauen und denken können, die aber, wenn fie fich uns nicht in der Anfchauung vorftellen und vom Verftande gedacht werden, nicht fo vorhanden find, da fie zum Theil ihren Grund in unferm Erkenntnifsvermögen haben (C. 125). Wenn wir alfo unfer Subject, oder auch nur die fubjective Befchaffenheit der Sinne überhaupt, aufheben könnten, fo würden damit auch alle finnlichen Befchaffenheiten, alle Verhältniffe der Objecte in Raum und Zeit verfchwinden, da fie als Erfcheinungen nicht an fich felbft, fondern nur in uns, als Wirkungen unfrer Anfchauungsfähigkeit oder Sinnlichkeit, als Anfchauungen, zu denen nur ein Stoff gegeben ift, und denen der Verftand einen Gegenftand fetzt, exiftiren, (C. 59). S. An fich.

Anmerk. So unmöglich es ift, von Gott zu reden und ihn zu denken, ohne auch nicht die feinfte menfchliche Vorftellung einzumifchen; eben fo unmöglich ift es, von den Gegenftänden der Anfchauung, oder den Erfcheinungen zu reden, und fie den Dingen an fich gegenüber zu ftellen, ohne etwas aus unferm Erkenntnifsvermögen, etwas von menfchlicher Vorftellung dem Dinge an fich beizumifchen, z. B. ohne die Worte: aufser uns, vorhanden feyn, finden u. f. w. zu gebrauchen, die fich doch alle wieder auf Erfcheinungen beziehen. Daher rührt der ewige Streit zwifchen den Dogmatikern und Critikern, oder denen, die da behaupten, die Dinge find aufser uns fo vorhanden, wie fie uns in die Sinne fallen, und wir erkennen fie, fobald wir die finnlichen

Vorstellungen auf deutliche Begriffe bringen, und denen, welche das Erkenntnisvermögen als eine der Quellen dieser Gegenstände betrachten, und behaupten, sie sind, so wie wir sie anschauen, bloſs etwas in unserm Subject befindliches ſ Auſser 1. Genug daſs wir wissen, wovon wir bei dem Gebrauch obiger Worte abstrahiren müssen, so wie wir wissen, wovon wir abstrahiren müssen, wenn wir sagen: Gott sieht uns.

5. Die Anschauung ist also ein Element unſrer Erkenntniſs, so daſs Begriffe, ohne ihnen auf einige Art correspondirende Anschauung, keine Erkenntniſs abgeben können. Wir haben (1) gesehen, daſs alles Denken als Mittel auf Anschauungen abzweckt. Ein Denken also, das keinen Gegenstand hat, der angeschauet werden kann, oder doch einmal angeschauet werden könnte, zweckt auf nichts ab und ist leer, es erzeugt Begriffe, die aber keinen Inhalt haben, weil aller Inhalt, aller Stoff zu Begriffen, nur durch Anschauungen gegeben wird. Der Gegenstand eines solchen Begriffs ist entweder wieder ein Begriff, und dann gilt von diesem Begriff dasselbe, oder ein Bild der Phantasie, dann ist dieses Bild die Vorstellung einer Anschauung durch die Einbildungskraft. Ein Begriff ohne allen Gegenstand ist aber leer und eine bloſse Verneinung (*nihil privativum*), er sagt bloſs aus, was ein Ding nicht ist, aber nie, was es ist. Nur ein Begriff mit einem Gegenstande ist etwas Reelles (*ens reale*). Es giebt also eigentlich keine Erkenntniſs ohne Anschauung (C. 74). Wir können daher auch Gott nicht erkennen, denn der Gegenstand, den wir unter dem Begriff Gott denken, kann nicht von uns angeschauet werden, weil er kein sinnlicher Gegenstand, keine bloſse Erscheinung ist. Daher rührt es, daſs alles, was wir von Gott sagen können, eigentlich lauter Verneinungen sind, z. B. er ist ein Geist, d. i. hat nicht einen Körper, er ist allmächtig, d. i. hat nicht eine beschränkte Macht u. ſ. w. (C. 71).

6. Die Fähigkeit anzuschauen, oder Anschauungen dadurch, daſs uns etwas afficirt, oder Eindrücke (Empfindungen) in uns hervorbringt, zu bekommen, heiſst die Sinnlichkeit. Durch das bloſse Denken können wir

nehmlich keine Anschauungen, sondern blofs Begriffe hervorbringen, sonst könnten wir die Gegenstände selbst hervorbringen, denen unsre Begriffe correspondiren, welches uns unmöglich, und unbegreiflich ist. Unser Verstand ist also kein Vermögen der Anschauung, er kann nur denken, und muſs die Anschauung in den Sinnen suchen, und wir können unabhängig von unsrer Sinnlichkeit (Anschauungsfähigkeit) keiner Anschauung theilhaftig werden (C. 92). Alle Anschauungen beruhen auf Affectionen, d. h. darauf, daſs etwas Einfluſs auf unsre Sinnlichkeit hat, wodurch Empfindung entstehet, die den Stoff zur Anschauung giebt. Auf solche Eindrücke gründen sich alle unsre Anschauungen, und da die Receptivität dieser Eindrücke, oder die Fähigkeit sie anzunehmen, die Sinnlichkeit heifst, so sind auch alle unsre Anschauungen sinnlich (C. 93.), und müssen folglich etwas von der Beschaffenheit der Sinnlichkeit an sich haben, daher können die Gegenstände der Anschauungen nicht für Dinge an sich gelten, sondern sind nur Erscheinungen (C. 323). Der Verstand, oder das Vermögen der Begriffe, ist ein nichtsinnliches Erkenntnifsvermögen, das aber das sinnliche voraussetzt. Gesetzt, es gäbe ein nichtsinnliches Erkenntnifsvermögen, das kein sinnliches voraussetzt, folglich den Gegenstand seines Erkennens selbst hervorbrächte, so wäre das ein Verstand, welcher anschauete, und seine Anschauung wäre eine nichtsinnliche, rationale, intellectuelle, oder Verstandesanschauung, die wir Gott beilegen müssen. Aber von der Möglichkeit und Beschaffenheit eines solchen anschauenden Verstandes haben wir nicht einmal eine Vorstellung. Wir haben jetzt nur gesagt, was er nicht ist, nehmlich, ein Verstand, der nicht durch Begriffe, sondern durch Anschauung, oder unmittelbare Vorstellung erkennt, und folglich nicht so ist, wie der unsrige. Aber ein solcher Verstand wird von uns nicht angeschauet, sein Begriff entsteht nur dadurch, daſs die Beschaffenheit des unsrigen verneint wird, folglich ist der Begriff desselben eigentlich leer, eine bloſse Verneinung (*nihil privativum*) (C. 312.).

7. Hätten wir also keine Sinnlichkeit, so könnten wir nicht zum Anschauen afficirt werden, wir könnten

nicht anschauen, und erhielten keine Gegenstände der Erkenntniſs. S. Sinnlichkeit. Der Verstand kann zwar denken, aber was sollte er denken, wenn nicht durch die Sinnlichkeit Gegenstände gegeben wären? Denn wenn der Verstand denkt, so stellt er sich entweder geradezu (*directe*) einen gewissen Gegenstand durch seine Merkmale vor, d. i. er macht sich einen Begriff von ihm; oder die Begriffe, die er denkt, beziehen sich im Umschweife (*indirecte*), durch Merkmale, die wieder Begriffe sind, doch zuletzt auf Anschauung, z. B. wenn wir uns etwas denken, was uns noch nicht vorgekommen ist, so sind uns doch die einzelnen Merkmale in einzelnen Anschauungen vorgekommen, oder wir denken uns das Gegentheil von dem, was in einer Anschauung vorkömmt. Das letzte könnten wir nun nicht, wenn wir nicht dasjenige in einer Anschauung gefunden hätten, dessen Gegentheil wir uns nun denken. Da wir nun bloſs durch Sinnlichkeit Gegenstände erhalten, so bezieht sich alles unser Denken zuletzt auf unsre Sinnlichkeit, oder zweckt als Mittel auf die Anschauungen ab, um diese Producte unsrer Sinnlichkeit zu verstehen und zu begreifen. Der Zweck des Denkens ist nehmlich nichts anders, als sich das durch Begriffe zu denken, oder in Gedanken vorzustellen, was sich uns durch unsre Sinne unmittelbar vorstellt, oder was wir anschauen, weil wir es erst dann verstehen, d. i. die Ursachen, die Wirkungen, den Zusammenhang, die Beschaffenheit u. s. w. davon einsehen. Und wir würden durch die Begriffe nichts begreifen, wenn ihnen nicht Anschauungen zum Grunde lägen. -

8. Die Anschauungen sind aber entweder empirisch oder rein. Eine empirische Anschauung ist eine solche, welche sich auf den Gegenstand durch Empfindung bezieht. Die Anschauung der Stadt Magdeburg ist empirisch, denn ich kann diese Anschauung nicht durch mich selbst haben, sondern es muſs eine Einwirkung auf meine Sinnlichkeit vorgegangen seyn, ehe der Gegenstand, die Stadt Magdeburg, von mir kann angeschauet werden. Diese Wirkung nun schreibe ich dem Gegenstande zu, und sage, er fällt mir in die

Sinne, ob ich wohl weiſs, daſs nur etwas darin, nehmlich das Empirifche (das Zufällige und Befondere) in mir gewirkt wird, das übrige aber aus mir felbſt entfpringt. Durch beides aber wird die Anfchauung möglich, der mein Verſtand dann einen Gegenſtand fetzt, welcher daher nur Erfcheinung und nicht Ding an fich iſt, und der, weil das objectiv oder in allen Menfchen fo iſt, auch von Jedermann die Stadt Magdeburg genannt wird. Bei der empirifchen Anfchauung wird folglich die Sinnlichkeit fo afficirt, daſs dadurch eine beſtändige Veränderung in ihrem Zuſtande bewirkt wird. Diefe Wirkung nehmlich, die den Zuſtand des Erkenntniſsvermögens beſtändig verändert, heiſst eben Empfindung (C. 34). Diefe empirifchen Anfchauungen find die *Data* zur möglichen Erfahrung (C. 298).

9. Es giebt aber auch nichtempirifche Anfchauungen, oder folche, in denen nichts, was zur Empfindung gehört, angetroffen wird, und das find folche, die bloſs aus der Anlage des Gemüths herrühren, bei Gelegenheit der Empfindung gewiſſe finnliche Vorſtellungen aus fich felbſt zu erzeugen, welche der Empfindung die Form geben, fo daſs fich der Verſtand das Gegentheil diefer Vorſtellungen, oder die Empfindungen ohne fie gar nicht als möglich denken kann. Da bei diefen Vorſtellungen keine Veränderung des Gemüths oder Erkenntniſsvermögens vorkömmt, indem der Grund diefer Vorſtellungen im Gemüth felbſt liegt, fo findet bei denfelben nicht Empfindung eines Gegenſtandes ſtatt, indem fie das find, worin fich die Empfindungen ordnen, oder was ihnen die Form giebt. Ich erfahre hier nicht etwas, fondern die Vorſtellung iſt, wo ich mich auch hinwende, wenn ich mir nur derfelben bewuſst werden will, immer da, und eine folche nicht empirifche Anfchauung heiſst auch eine reine Anfchauung, oder eine Anfchauung *a priori*, z. B. wenn ich mir Magdeburg wegdenke aus dem Raum, den es einnimmt, fo bleibt noch der Raum übrig, den es erfüllt, und diefen Raum kann ich nicht mit wegdenken, er gehört nehmlich zu meinem Gemüth, und wird von demfelben erzeugt, fobald ich äuſsere Gegenſtände anfchauen will (C. 34.).

10. Mit allen empirifchen Anfchauungen ift auch immer eine folche reine Anfchauung unzertrennlich verknüpft. Jeder Körper muſs fich in einem Raume befinden, jeden Gedanken muſs ich in der Zeit haben. Ich mag hingehen oder mich hindenken, wohin ich will, fo bin ich immer mitten im Raum und in der Zeit. Diefe reinen Anfchauungen find folglich die reinen Formen aller empirifchen Anfchauungen, oder ich kann nicht anfchauen, ohne daſs die Empfindung fich in jene reine Anfchauung, als ihr Gewand kleide, eine Zeit und einen Raum erfülle, und mit Zeit und Raum umgeben fei. Da wir nun diefem Raum und diefer Zeit nicht entlaufen können; da fie uns wie unfer Schatten begleiten, und wir fie durch keine Anftrengung der Denkkraft, felbft nicht der dichtenden Phantafie, aus unferm Erkenntniſsvermögen verbannen können; da wir überdem ihre Befchaffenheit, ohne fie erft an den empirifchen Anfchauungen zu unterfuchen, *a priori* als nothwendig und allgemeingeltend angeben können: fo find Raum und Zeit, oder die reinen Anfchauungen in Raum und Zeit, als Theile derfelben, Formen unfers Erkenntniſsvermögens, worin fich das Mannichfaltige aller Erfcheinungen in gewiſſe Verhältniſſe ordnen muſs, und dann in diefer Geftalt angefchauet wird. Wenn alfo die Anfchauung nichts als die Form von Verhältniſſen, nicht aber die Materie, die fich in diefe Verhältniſſe ordnet, enthält, fo ift fie rein und die bloſse Form der empirifchen Anfchauung, welche nichts vorftellt, als die fortdauernde Einwirkung des Gemüths auf fich felbft, um die Anfchauungen zu formen. Die transfcendentale Aefthetik ift die Wiſſenfchaft von der Möglichkeit folcher reinen Anfchauungen, f. Aefthetik, Raum, Zeit.

11. Ob es nun gleich, wie wir gefehen haben, die Sinnlichkeit ift, welche anfchauet, fo ift fie es doch nicht allein, welche die Anfchauung hervorbringt. Kant hat unter allen Philofophen zuerft die fehr zufammengefetzte Operation des Erkenntniſsvermögens bei der Anfchauung, die es hervorbringt, zerlegt. Ich will hier einen Verfuch machen, diefe Operation, nach allen

ihren Theilen, deutlich darzustellen. Das erste, was sich hierbei denken läſst, ist, daſs die Sinnlichkeit, oder die Fähigkeit sinnliche Eindrücke zu erhalten, afficirt wird. Wenn ich z. B. die Anschauung eines Hauses erhalten soll, so kann ich das nicht willkührlich bewirken, ich kann nicht machen, daſs zugleich, wenn ich will, ein Haus vor mir wirklich da stehe. Daher sagt Kant, der Gegenstand muſs mir gegeben werden, d. h. das Ding, was ich Haus nenne, ist nicht ein Werk meines Erkenntniſsvermögens, sondern, wenn ich es in einer wirklichen Anschauung vor mir haben soll, so muſs

a. der Gegenstand, oder das, was in der Anschauung vorgestellt wird, das Gemüth (das die Vorstellungen zusammensetzende und zu Einer Vorstellung verknüpfende Vermögen) afficiren, die Anschauung des Hauses muſs mit einem Eindruck auf mein vorstellendes Vermögen verknüpft seyn, dessen ich mich bewuſst werden kann;

b. der Gegenstand muſs durch diesen seinen Eindruck auf das Gemüth mir gegeben werden; woher oder wodurch, das ist gänzlich unbegreiflich, denn das zu begreifen, würde neue Eindrücke erfordern, von denen wieder die Frage seyn würde, wo ist der Gegenstand her, der sie macht, und so ins Unendliche.

Die Wirkung des Eindrucks, die der Gegenstand auf das Gemüth macht, heiſst die Empfindung. Diese Empfindung kömmt nun einzeln in uns, wir empfinden nicht etwa mit einemmale alles das, was wir in der Anschauung eines Hauses anschauen, sondern wir empfinden es theilweise nach einander. Jede Empfindung erfüllt nehmlich einen Moment der Zeit (einen sehr kleinen Zeittheil), da nun die Zeittheile auf einander folgen, so müssen nothwendig auch die Empfindungen, die zu einer Anschauung nöthig sind, und den Inhalt derselben ausmachen, auf einander folgen. Diese Empfindungen kommen folglich nach und nach in den Sinn, und dieses Hineinkommen der einzelnen, an und für sich nicht zusammenhängenden Empfindungen in den Sinn nennt Kant die Synopsis des Mannichfaltigen durch den Sinn. Sollen nun diese an sich unzusammenhängenden Empfindungen eine Anschauung geben, so müssen sie mit einander verknüpft werden. Dieses kann nun der Sinn nicht, sondern hier gehet schon das Geschäft des Verstandes an. Der Verstand bewirkt nehmlich das, was Synthesis der Apprehension heisst, und im Artikel Apprehension, 2. 3. beschrieben ist; ferner die Synthesis der Reproduction, s. Apprehension, 4. Wenn ich aber durch die Einbildungskraft die bereits gehabten Empfindungen reproducire (sie durch die Einbildungskraft mir wieder darstelle), um die neuen Empfindungen mit ihnen zu verbinden, so muſs ich sie auch für diejenigen Empfindungen wieder erkennen, die ich bereits gehabt habe, und dies heiſst die Synthesis der Recognition. Hierdurch entstehet nun nach und nach das Bild eines Hauses, das ich in der Anschauung vor mir habe, dessen ich mir Theilweise in den einzelnen Empfindungen bewuſst wurde, und mir nun als eines einzigen Ganzen bewuſst bin, welches die Einheit der Synthesis durch die Apperception heiſst. S. Apperception. Diese Einheit denkt sich nun der Verstand durch den Begriff eines Gegenstandes, und von diesem Gegenstande sind wir eben genöthigt zu gestehen, er afficire unser Gemüth und sei uns gegeben, weil wir nicht die Schöpfer der Empfindungen in den Zeitmomenten sind, aus welchen wir die Anschauung zusammensetzen. So gehört also zu jeder empirischen Anschauung

a. Afficirung des Gemüths
b. gegebene Empfindung } vermittelst der Sinnlichkeit,
c. Synopsis durch den Sinn

d. Synthesis der Apprehension
e. Synthesis der Reproduction } vermittelst der Selbstthätigkeit der Einbildungskraft und des Verstandes,
f. Synthesis der Recognition

g. dadurch bewirkte Einheit der Synthesis der Apperception.

Den Unterschied zwischen empirischen und reinen Anschauungen in Ansehung dieser Operationen f. in Apprehenſion, 3.

12. Man kann die Anschauungen nun auch nach den zweierlei Sinnesarten, dem äuſsern und innern Sinn, in äuſsere und innere eintheilen. Alles, was im Raum iſt, giebt äuſsere Anschauungen, und der Raum, als die Bedingung *a priori* aller äuſsern Erscheinung und als die Form aller äuſsern Anschauung, iſt folglich selbſt eine reine äuſsere Anschauung. Innere Anschauungen sind diejenigen, die im innern Sinne sind, die gar nicht räumlich sind, und die wir nur als Veränderungen in uns wahrnehmen, z. B. Gedanken, Bilder der Einbildungskraft, selbſt die Begriffe, in so fern sie als Objecte neuer Vorſtellungen Erscheinungen sind, und in so fern nicht gedacht, sondern, als Wirkungen der Denkkraft, angeschauet werden. Die Zeit iſt die reine Form dieser innern Anschauungen, und selbſt eine innere Anschauung, denn sie iſt nicht räumlich, und wird nur als in uns vorgeſtellt. Sie iſt aber nicht bloſs Bedingung der innern Anschauungen, sondern auch der äuſsern, denn alle äuſsern Erscheinungen sind zu irgend einer Zeit. Da nehmlich die Anschauungen überhaupt eigentlich im Gemüth oder Wirkungen des Erkenntniſsvermögens, d. i. Vorſtellungen sind, sie mögen äuſsere oder innere seyn, so müſsen die äuſsern Anschauungen zugleich die Form des innern Sinnes annehmen, und daher ihre Gegenſtände, oder die äuſsern Erscheinungen auch in der Zeit seyn. (C. 50). Alles Aeuſsere iſt auch innerlich, das iſt kein Widerspruch, weil Aeuſseres nur heiſst, was im Raum iſt und der Raum selbſt, der diese Vorſtellung des Aeuſsern möglich macht, Inneres aber, was lediglich Wirkung des Erkenntniſsvermögens iſt. Daher iſt alles Aeuſsere auch ein Inneres, aber nicht umgekehrt. Das Innere hat nehmlich zweierlei Bedeutung. Einmal ſteht es dem Aeuſsern contradictorisch entgegen, und in so fern kann nicht beides zugleich ſtatt finden. Hiernach theilt man die Anschauungen in äuſsere und innere

ein, von denen die letztern keine Geſtalt haben. Zweitens ſteht es auch dem nicht von unſerm Erkenntniſsvermögen gewirkten Dinge entgegen (ſ. Auſser mir.). Man kann dieſe letztere die transſcendentale, die erſtere die empiriſche Bedeutung nennen. Im transſcendentalen Sinne ſagen wir, das Gemüth wird von etwas Unbekannten auſser demſelben afficirt, im empiriſchen aber ſagen wir, die Gedanken ſind in uns, und die Stadt Magdeburg auſser uns, da die letztere doch im transſcendentalen Sinne ebenfalls in uns iſt. S. Inneres. Man kann ſich aber auch räumliche Gegenſtände durch die Einbildungskraft im Gemüth vorſtellen. Dieſe Bilder der Phantaſie ſtellen Geſtalten vor, obwohl ſie ſelbſt als bloſs im innern Sinn befindlich keinen Raum einnehmen, und alſo keine Geſtalt haben (C. 51.).

13. Man kann endlich die Anſchauung noch eintheilen in abgeleitete *(intuitus derivativus)* und urſprüngliche *(intuitus originarius)*. Die erſtere iſt diejenige, welche einen Gegenſtand haben muſs, von dem ſie abgeleitet iſt, oder durch den ſie möglich wird; die andere wäre diejenige, welche den Gegenſtand möglich macht, welche das Ding an ſich ſelbſt, nicht ſo wie es erſcheint, ſondern ſo wie es iſt, anſchauete. Die letztere wäre eine nichtſinnliche Anſchauung, ſie müſste mit dem Dinge an ſich ſelbſt Eins ſeyn. Eine ſolche Anſchauung, die aber, ohne daſs eine Receptivität vorher afficirt würde, anſchauete, würde ihren Gegenſtand erſchaffen, und eine Anſchauung ſeyn, ſo wie ſie Gott haben muſs. Urſprüngliche Anſchauungen ſind alſo eben das, was auch intellectuelle oder nichtſinnliche Anſchauungen heiſsen (6), und abgeleitete ſind identiſch mit ſinnlichen Anſchauungen (C. 72.).

14. Die Anſchauungen ſind nun diejenigen Vorſtellungen, welche ſynthetiſche, d. i. ſolche Urtheile möglich machen, durch welche man ein Prädicat mit dem Subject verbindet, das nicht in dem Begriff des

Subjects liegt. Wenn ich z. B. urtheile, der Tifch ift roth, fo liegt das Prädicat roth nicht in dem Begriffe des Tifches, denn das Ding kann gar wohl ein Tifch feyn, ohne dafs es gerade roth ift; es giebt auch fchwarze Tifche. Dafs ich alfo urtheile, der Tifch ift roth, das macht mir nicht der Begriff möglich, fondern dafs ich ihn als roth anfchaue. Und fo gründen fich auch fynthetifche Sätze *a priori* auf die reinen Anfchauungen Raum und Zeit. Der Satz, zwifchen zwei Puncten ift nur Eine gerade Linie möglich, gründet fich weder auf den Begriff der Puncte noch der geraden Linie, fondern darauf, dafs es die Befchaffenheit der reinen Anfchauung, die wir Raum nennen, es uns unmöglich macht, mehr als Eine Linie von einem Punct zum andern zu ziehen. Alle Linien, die wir uns nehmlich durch die Einbildungskraft zwifchen zwei Puncten vorftellen, fallen zufammen, und find nur Eine und diefelbe Linie. Diefe Unmöglichkeit, uns mit aller Anftrengung der Einbildungskraft zwei verfchiedene gerade Linien zwifchen zwei Puncten vorzuftellen, macht es uns nun möglich, zu urtheilen: zwifchen zwei Puncten ift nur Eine gerade Linie möglich (C. 73.).

15. **Anfchauungen verftändlich machen**, heifst, fie unter Begriffe bringen. Wenn ich z. B. einen Tifch vor mit habe, und noch nicht über ihn nachgedacht, fondern ihn, auch mit Bewufstfeyn, nur erft gefehen habe, fo weifs ich noch nichts von ihm, ich habe dann noch nicht einmal den Gedanken gehabt, es ift was da, denn ich habe noch gar keinen Gedanken gehabt. Wenn ich aber nun anfange zu denken, ich habe ein Ding vor mir, das hat eine viereckigte, drei Fufs lange und eben fo breite Fläche, die einen 6 Linien dicken Körper begrenzt, den man das Blatt nennt; diefes Ding hat 4 Füfse, und ift das Werk eines Tifchers, und foll dazu dienen, andre Dinge drauf zu fetzen oder zu legen: dann wird mir die Anfchauung verftändlich, ich habe fie auf Begriffe gebracht, und verftehe nun, was es für ein Ding ift, das ich vor mir fehe. Kleine Kinder fragen oft, wenn fie etwas fehen, das ihnen noch nicht vorkam, was ift das?

weil fie noch keinen Begriff von dem Gegenstande haben, den fie anfchauen, fie wollen, man foll ihnen die Anfchauung auf Begriffe bringen, und fie ihnen dadurch verftändlich machen (C. 75.).

16. Es fragt fich nun noch, fchauen alle erkennende Wefen fo an wie wir? Diefe Frage kann zweierlei heifsen, entweder, find alle erkennende Wefen an gewiffe Bedingungen der Anfchauungen gebunden, können fie nicht anders anfchauen als fo, dafs das, was fie anfchauen, immer nur Erfcheinungen find, nie Dinge an fich (C. 43.)? fo ift die Antwort: allerdings; denn ohne alle Bedingungen anfchauen, heifst aus fich felbft hervorbringen oder erfchaffen, welches für bedingte Wefen, d. i. folche, die nicht der Schöpfer felbft, fondern ihrem Dafeyn fowohl, als ihrer Anfchauung nach abhängige Wefen find, ein Widerfpruch ift. Es kann aber obige Frage auch heifsen: find alle erkennende Wefen an die menfchlichen Bedingungen gebunden, welche unfre Anfchauungen einfchränken, und für uns allgemeingültig find, nehmlich an Raum und Zeit? fo ift die Antwort: darüber können wir gar nicht urtheilen. Es ift gar nicht nöthig, dafs wir die Anfchauungsart im Raum und in der Zeit auf die Sinnlichkeit des Menfchen einfchränken (M. I. 79); es mag feyn, dafs jedes endliche denkende Wefen hierin mit dem Menfchen nothwendig übereinkommen müffe (wiewohl wir diefes nicht entfcheiden, und eine folche Nothwendigkeit auf keine Weife begreifen können, indem diefe Verftandesgefetze vorausfetzen, und alfo die Befchaffenheit eines Dinges an fich nach den Gefetzen der Erfcheinungen beftimmen würde); fo würde fie doch um diefer Allgemeingültigkeit willen nicht aufhören Sinnlichkeit und eine einfchränkende Bedingung zu feyn (C. 72.). Andere Formen der Anfchauungen als Raum und Zeit können wir uns auf keinerlei Weife erdenken und fafslich machen, aber, wenn wir es auch könnten, fo würden fie doch nicht zur Erfahrung als dem einzigen Erkenntnifs gehören, worin uns Gegenftände gegeben werden (C. 283).

Kant. Crit. der rein. Vern. Elementarl. I. Th. S. 33. 34. — II. Abschn. S. 43. 47. 50. 51. 59. 67. 71 — 75 — I. Th. I. Abth. I. Buch. I Hauptst. I. Abschn. S. 92. 93 — II. Th. I. Abth. I. Buch. II. Hauptst. I. Abschn. S. 125 — II. Abschn. S. 132. 135 — II. Buch. II. Hauptst. III. Abschn. S. 283 — II. Buch. III. Hauptst. S. 298. 312 — Anhang. S. 323 — II. Th. II. Abth. I. Buch. I. Abschn. S. 377.

Anschauungsarten.

S. Anschauung, 6 — 13.

Anschiefsen,

Cryftallifiren. Das plötzliche Festwerden einer flüssigen Materie, nicht durch einen allmähligen Uebergang aus dem flüssigen in den festen (besser starren) Zustand (welches das Starrewerden, das Gestehen oder Gerinnen heifst), sondern gleichsam durch eine Sprung (M. II. 765). So schiefsen die Solen, aufgelösten Salze, Metallsolutionen u. s. w. an. Das gemeinste Beispiel von dieser Art Bildung ist das Gefrieren des Wassers (U. 249.).

2. Die Theorie des Anschiefsens beruhet auf folgenden Gründen. Durch irgend eine Vermittelung wird eine flüssige Materie z. B. der Wärmestoff (eine für sich selbst bestehende sehr feine elastische Materie) von der Materie, mit welcher er bis dahin innig verbunden war, abgesondert; hierdurch wird das Hindernifs des Zusammenhangs der Theile weggeschafft, die Theile vereinigen sich durch ihre gegenseitige anziehende Kraft, und die Materie wird plötzlich starre, s. das Flüssige, Configurationen. Der vermittelnden Ursachen giebt es, mehrere, die Kälte, der Druck der atmosphärischen Luft, und andere bis jetzt noch unbekannte. Sonderbar ist es, dafs dieser Uebergang aus dem Zustande der Flüssigkeit in den der Starrheit durch einen Sprung und nicht stufenweise geschieht, wodurch sich eben das Anschiefsen oder Cryftallifiren von der Gerinnung z. B. des Fetts, oder dem allmähligen

Starrewerden durch Verflüchtigung z. B. durchs Einkochen unterscheidet; da doch die Wärme bei einem Körper nicht auf einmal, sondern mit langsamen Schritten abnimmt. So erzeugen sich in dem gefrierenden Wasser zuerst gerade Eistrählchen, die sich in Winkeln von 60 Grad und 120 Grad zusammenfügen, indessen sich andere an jeden Punct derselben eben so ansetzen und Blättchen oder Flocken bilden, bis alles zu Eis geworden ist; so dafs, während dieser Zeit, das Wasser zwischen den Eistrählchen nicht allmählig zähe wird, sondern so vollkommen flüssig ist, als es bei weit gröfserer Wärme seyn würde, und doch die völlige Eiskälte hat.

3. Doch wir sehen diese Wirkungsart täglich in der Natur bei andern Gelegenheiten. Wenn eine gewisse Last 50 Pfund braucht, um aus ihrer Stelle verschoben zu werden, so wird dieselbe bei einem Gewicht von 49 Pfund noch ganz stille liegen, erst wenn man das funfzigste Pfund hinzufügt, erfolgt die Bewegung. So hat Wasser 0 Grad Temperatur nöthig, um zu frieren, bis 1 Grad über 0 friert es noch nicht, und mit dem 0 Grade friert es; nichts desto weniger würde es ungereimt seyn, wenn man behaupten wollte, dafs das Fallen der Wärme bis auf 0 Grad nichts zu dem Frieren beitrüge.

4. Im Augenblick des Starrewerdens entwischt der Wärmestoff plötzlich. Man sieht leicht, dafs der Abgang des Wärmestoffs, da er blofs zum Flüssigseyn erfordert wurde, das nunmehrige Eis nicht im mindesten kälter zurückläfst, als das kurz vorher in ihm flüssige Wasser. Nach dieser Theorie wird durch das Anschiefsen dasjenige starre, was vorher wirklich flüssig war, durch das allmählige Erstarren aber nur dasjenige, was bisher schon als starre in andern Flüssigkeiten war, die verflüchtigt werden, oder sich absondern, und das Starre zurücklassen.

5. Einige Chemiker, z. B. Dürande, haben allen Uebergängen der Körper aus dem flüssigen Zustande in den starren den Namen der Crystallisationen beilegen wollen.

6. Bergmann (Phyſ. Beſchr. der Erdkugel Th. II. S. 279.) beſchreibt das Anſchieſsen der Metalle. Er giebt es als eine Sache an, die keinen Zweifel leide, daſs das Anſchieſsen auch auf dem trocknen Wege erfolgen könne. In den Oefen bei Löfäſen ſchoſsen Arſenik- und Rauchgelbcryſtallen an in Octaedern von 8 dreiſeitigen Pyramiden. Bergmann beſaſs eine Cryſtalliſation in einer Schlacke. Indeſſen, ſagt er, iſt es doch nöthig, daſs die Materien, welche ordentlich anſchieſsen ſollen, in einen flüſſigen Zuſtand verſetzt werden, und es iſt daher wahrſcheinlich, daſs auch jenes Anſchieſsen auf trocknem Wege, durch einen flüſſigen Zuſtand, der vorherging, verurſacht wurde. Er führt den Rauch an, als ein Exempel der Cryſtalliſation auf trockenem Wege, allein der Rauch iſt eben eine flüſſige Materie, er iſt eine wahre Solution des Brennſtoffs in der reinen Lebensluft (Oxygen).

7. Durch das Anſchieſsen werden Maſſen von regelmäſsiger Geſtalt gebildet, welche Cryſtalle heiſsen, und jede Art Materie ſchieſst immer in denſelben Geſtalten an. Merkwürdig iſt es, daſs Tetraedern, Cuben, Octaedern, Dodecaedern, Icoſaedern, oder alle 5 reguläre geometriſche Körper unter dieſen Cryſtallen vorkommen. Die meiſten äuſsern Verſchiedenheiten ſcheinen vom Mangel zu entſtehen, denn wenn Rücken und Ecken an einem, von vielen ebenen Seiten eingeſchloſſenen, Körper mehr oder weniger verſtümmelt werden, ſo kann dadurch das Anſehen auf faſt unendliche Art verändert werden. Ein dreiſeitiges Prisma kann dadurch ſechsſeitig werden, eine vierſeitige Pyramide achtſeitig u. ſ. w.

8. Indeſſen können manche Verſchiedenheiten auch einen andern Grund haben. Man ſieht nehmlich leicht, daſs die anziehende Kraft der ſchon ſtarre gewordenen Theile an den gröſsten Seiten am ſtärkſten ſeyn müſſe. Sind alſo Theile eines Körpers durch eine dazwiſchengekommene Flüſſigkeit, z. B. den Wärmeſtoff, getrennt, und wird ihnen dieſe Flüſſigkeit nach und nach entzogen, ſo werden ſie ſich regelmäſsig bilden, wofern ſie Zeit und Freiheit haben, ſich mit den geſchickteſten Flächen zu berühren, und es werden daraus Maſſen von einer beſtändigen und immer gleichen Geſtalt entſtehen. Geſchieht aber

der Uebergang allzuschnell, so vereinigen sie sich ohne Unterschied mit Flächen, welche der Zufall zusammen bringt, und bilden zwar feste Massen, aber ohne regelmäßige Gestalt, weil die Theilchen nicht Zeit genug haben, der anziehenden Kraft zu folgen. — Da man die Salze geneigter findet, eine cryftallifche Form anzunehmen, als andere Körper, so glauben einige Naturkündiger, alle Anschiefsungen seien eine Wirkung von vorhandenen Salzen.

Kant. Critik der Urtheilskr. I. Th. §. 58. S. 249.
Gebler. Phyf. Wörterbuch. Art. Kryftallifation.

Anspruch

auf Jedermanns Wohlgefallen, f. Geschmacksurtheil.

Anstiftung

des Verraths, *perduellio*. In der Kriegskunst, oder der Lehre von der Bezwingung eines Volks durch die Gewalt des andern, wird dieser Name, als ein allgemeines Kunstwort, einem gewissen ehrlosen Stratagem (Kriegslist) beigelegt, nehmlich der Verführung eines Staatsbürgers des bekriegten Staats, diejenigen Geheimnisse dem Feinde desselben zu offenbaren, deren Bekanntmachung dem bekriegten Staate nachtheilig seyn kann. Dieses Stratagem ist ehrlos, weil es wider die Moralität dessen ist, der es braucht, und die Moralität dessen verdirbt, der zum Verräther gebraucht wird. Auch kann man auf die Denkungsart eines Feindes kein Vertrauen setzen, der sich eines solchen Mittels bedient. Wenn aber irgend einmal ein Friede soll abgeschlossen werden können, so darf nicht alles wechselseitige Vertrauen der Kriegführenden zu ihrer gegenseitigen Denkungsart wegfallen (Z. 12.).

2. Stellt man sich vor, dafs zwei Staaten mit einander Krieg führen, um ihr Recht gegen einander zu behaupten, so muss der Ausgang jedes Krieges seyn, dafs der Ueberwundene des Ueberwinders Forderung für rechtsgültig anerkenne. Daher muss der Ueberwinder zu dem Ueberwundenen das Vertrauen fassen können, dieser werde des Ueberwinders Recht nicht blofs so lange anerken-

nen, als ihn die Macht des Siegers drückt. Sonſt würde ein Ausrottungskrieg ſtatt finden, der aber ſchlechterdings unerlaubt iſt, mithin auch der Gebrauch der Mittel, die dahin führen, f. Ausrottungskrieg. Eigentlich würde Anſtiftung des Verraths auch Verräther zu Friedenszeiten machen (Z. 14.).

3. Es iſt alſo ein Verbotgeſetz des Naturrechts: **ſtifte keinen Verrath an**, d. i. das Gegentheil würde einen Widerſpruch in der Intention des Machthabenden vorausſetzen.

4. Ein Verbotgeſetz, welches das Anſtiften des Verraths verbietet, iſt von der ſtrengen Art (*lex ſtricta*), denn es, gilt ohne Unterſchied der Umſtände, und dringt ſo fort auf Abſchaffung.

Kant. Zum ewigen Fr. I. Abſchn. 6. S. 12 — 14.

Antagonismus.

S. Gegenwirkung.

Anthropologie,

Menſchenkunde, Menſchenlehre, *anthropologia anthropologie, ſcience de l'homme*. Die Lehre von den **empiriſchen Bedingungen des Menſchen**. Sie handelt von den empiriſchen Bedingungen des Vorſtellens und Handelns des Menſchen, oder ſeiner ganzen Wirkſamkeit, und zerfällt daher in zwei Theile, in die **theoretiſche und practiſche**. Die theoretiſche Anthropologie hat drei Haupttheile, nehmlich die Unterſuchung a. des Menſchen als Gegenſtandes des äuſſern Sinnes, des menſchlichen Körpers, als **Organs des Vorſtellens und Handelns**; b. des Menſchen als Gegenſtandes des innern Sinnes, oder der menſchlichen Seele, als Sitzes des Vorſtellens und Quelle des Handelns; c. des Menſchen als eines Zuſammengeſetzten aus beiden. Sie heiſſen:

a) **Anthropologie des äuſſern Sinnes, Phyſiologie oder Körperlehre.**

b) **Anthropologie des innern Sinnes**, empirische Psychologie oder Erfahrungsseelenlehre, und

c) **Anthropologie des Menschen überhaupt**, theoretische Anthropologie oder Menschenlehre im engern Sinn des Worts.

2. Die theoretische Anthropologie, im weitern Sinne des Worts, gehört eigentlich zur empirischen Naturlehre, einem Theile der angewandten Philosophie, denn sie enthält die Anwendung der Principien *a priori* auf die empirisch gegebene Beschaffenheit des menschlichen Körpers, als eines Organs, und der menschlichen Seele, als Quelle der Wirksamkeit. Kant (C. 877.) sagt: die empirische Psychologie müsse aus der Metaphysik gänzlich verbannet seyn, denn sie sei schon durch die Idee derselben gänzlich davon ausgeschlossen. Man muss das so verstehen: die Metaphysik ist die Philosophie der reinen Vernunft, d. i. alles dessen, was *a priori* ist; nun ist die empirische Psychologie die Lehre von der menschlichen Seele, so wie sie im innern Sinn erscheint, folglich kann sie nicht zur Metaphysik gehören. Schmid (Emp. Psych. 1. Th. S. 8.) versteht unter der Anthropologie die Philosophie d. i. Kenntniss von menschlichen Eigenschaften und Begebenheiten, geordnet und bearbeitet nach Gesetzen der Vernunft. Dann sind nehmlich unter Begebenheiten nicht die Schicksale einzelner Menschen oder ganzer Völker zu verstehen, sondern die Gründe derselben, als Phänomene, die aus den Gesetzen und Anlagen des Menschen, als solchen, seinem Körper und seiner Seele nach, entspringen. Der objective Stoff, den also die Menschenlehre behandelt, ist der Mensch.

3. Bei der Anthropologie des äussern Sinnes liegt die reine Physik[*]) zum Grunde, nur dass noch

---

[*] Worüber wir eine Schrift von Kant besitzen, unter dem Titel: Metaphysische Anfangsgründe der reinen Naturlehre.

ein eigenes empirisches Princip hinzukömmt und die Quelle vieler Phänomene wird, nehmlich die **Animalität** (Sensibilität und Irritabilität). Sie kann in zwei Theile eingetheilt werden, in die **allgemeine Physiologie**, welche den menschlichen Körper nach seinen Kräften und Functionen, im gesunden Zustande, betrachtet, und die **besondere Physiologie** oder **medicinische Anthropologie**, welche die möglichen Störungen der Kräfte und Functionen des menschlichen Körpers von innen (durch Krankheitsstoffe), und von aussen (durch Zerstörung oder Hemmung der Theile) betrachtet.

4. Die rationale Seelenlehre giebt blofs einen negativen Begriff von unserm denkenden Wesen, als Subject aller Gegenstände des innern Sinnes, nehmlich den, dafs keine seiner Handlungen und Erscheinungen des innern Sinnes materialistisch erklärt werden könne; dafs also von seiner abgesonderten Natur und der Dauer oder Nichtdauer seiner Persönlichkeit nach dem Tode uns schlechterdings kein erweiterndes bestimmendes Urtheil aus speculativen Gründen durch unser gesammtes theoretisches Erkenntnifsvermögen möglich sei. Alles übrige der Seele ist empirisch, und die **Anthropologie des innern Sinnes** folglich blofs Kenntnifs unsers **denkenden Selbst im Leben**.

5. Die Anthropologie in **engerer** Bedeutung hat eigentlich gar keinen rationalen Theil, denn die Verbindung beiderlei Arten von Sinn ist ganz empirisch, und daher auch die Gesetze der daraus entspringenden Phänomene.

6. Der zweite Theil der Anthropologie, im **weitern** Sinne des Worts, ist die Anwendung der Moral auf die eigenthümliche Beschaffenheit und Lage des menschlichen Begehrungsvermögens, auf die Triebe, Neigungen, Begierden und Leidenschaften des Menschen und die Hindernisse das Moralgesetz auszuüben, und handelt von der Tugend und dem Laster. Sie ist der **empirische Theil der Ethik**, welcher **practische Anthropologie**, eigentliche **Tugendlehre**, angewandte **Philosophie der Sitten** oder **Moral** heifsen kann. Sie ent-

hält eigentlich zwei Theile, wie die Moral, die Lehre von den Menschenpflichten und von den Menschenrechten. In der practischen Anthropologie ist nehmlich die ganze pragmatische Sinnlichkeit des Menschen aus der empirischen Psychologie, oder theoretischen Anthropologie gegeben, ferner die Moralität und das Sittengesetz, aus der Moral oder Metaphysik der Sitten, und die Aufgabe der practischen Anthropologie ist nun: anzugeben, wie der Mensch durch das Sittengesetz soll bestimmt werden; oder welches die moralischen Gesetze sind, denen die Menschen, unter den Hindernissen der Gefühle, Neigungen und Leidenschaften unterworfen sind. Sie ist also der empirischen oder psychologischen Principien wegen keine wahre oder demonstrirte Wissenschaft. Es hat noch Niemand, selbst von den critischen Philosophen, aus diesem einzig richtigen Gesichtspunct eine practische Anthropologie geliefert. Die practische Anthropologie ist also die Lehre von den Pflichten und Rechten der Menschen, und nach ihr müssen alle Handlungen der Menschen gewürdigt, so wie aus der allgemeinen theoretischen Anthropologie erklärt werden. Man kann nehmlich eine Handlung würdigen

a.) strenge nach dem Gesetze, dann steht sie vor dem Richterstuhle der Moral (dem h. Geist), und hiernach ist kein Fleisch (Mensch) gerecht, vor diesem Richterstuhle besteht keine einzige Handlung der Menschen, weil bei der besten immer auch empirische Triebfedern im Spiele sind;

b.) mit Nachsicht oder mit Rücksicht auf die Macht der sinnlichen Triebfedern des einzelnen Menschen, dann steht sie vor dem Richterstuhle der practischen Anthropologie (Jesu Christi), und hiernach ist eine Handlung ehe zu entschuldigen, als eine andere, und der Mensch der Begnadigung fähig.

7. In der practischen Amthropologie wird entweder der Mensch überhaupt, oder der Mensch in besondern Lagen und unter subjectiven Bedingungen betrachtet, und hiernach zerfällt sie in zwei Theile.

a) Der erste Theil ist die practische Anthropologie, die den Menschen, als solchen, betrachtet, oder den Menschen überhaupt. Er kann allgemeine practische Anthropologie oder allgemeine angewandte (menschliche) Moral heifsen.

b) Der zweite Theil ist die practische Anthropologie für die Menschen, nach ihren zufälligen Beschaffenheiten und Verhältnissen. Sie kann die besondere (specielle) practische Anthropologie (specielle angewandte Moral) genannt werden.

Der erste Theil enthält dann wieder

α) die allgemeine Pflichtenlehre, oder die Lehre von den Pflichten des Menschen überhaupt, ohne auf seine besondern Verhältnisse zu sehen;

β) die allgemeine Rechtslehre, oder die Lehre von den Rechten des Menschen überhaupt, ohne Rücksicht auf diejenigen, die aus besonderen Verhältnissen entspringen.

Der zweite Theil enthält

a) die specielle Pflichtenlehre nach den besondern Verhältnissen und Lagen des Menschen;

b) die specielle Rechtslehre, ebenfalls nach den besondern Verhältnissen und Lagen des Menschen.

Jeder Theil hat seine Elementar- und Methodenlehre.

8. Endlich kann man sich auch eine pragmatische Anthropologie denken, als ein Organon der Klugheit. Sie soll Klugheit befördern, um auf Menschen zu bestimmten Absichten Einflufs zu haben. Nach dieser Idee existirt noch keine Anthropologie. Man hat nachgeschriebene Hefte von Vorlesungen, die Kant über eine solche Anthropologie gehalten hat.

9. Die empirischen Quellen der Anthropologie sind: Beobachtung andrer Menschen, Selbstbeobachtung und Geschichte. Der Nutzen der Anthropologie ist Beförderung der Moralität, der Geschicklichkeit im Umgange mit Menschen und der Unterhaltung, indem sie Stoff dazu liefert, und, durch die Beobachtung der Menschen in Gesellschaft, die sie erfordert, auch die Langeweile in sonst nicht unterhaltenden Gesellschaften verhindert.

Kant. Critik der rein. Vern. Elementarl. II. Th. Einl.
S. 79. Methodenl. III. Hauptft. S. 869. 877.
Deff. Critik der Urtheilskr. II Th. §. 89. S. 443.
Deff. Grundl. zur Metaph. der Sitt. Vorr. S. 3. 2.
Abfchn S. 32.
Deff. Relig. innerh. der Grenz. 3. St. Allg. Anm. S.
200 *).

Anthropomorphismus,

anthropomorphismus, anthropomorphisme. Diefer Name gebührt eigentlich folchen Vorftellungen von Gott, welche nur Menfchen zukommen, aber von diefen auf Gott übertragen werden. In diefer Bedeutung gebraucht ihn Kant fehr richtig (C. 725. Pr. 173. 174.). Er erklärt ihn (P. 246.) durch: **Verfinnlichung der reinen Vernunftideen von Gott, dem Reiche Gottes und der Unfterblichkeit.** Im weitern Sinne kann man alfo allgemein die Uebertragung einer zur Sinnenwelt gehörigen Eigenfchaft auf ein Wefen aufserhalb derfelben darunter verftehen, fo dafs alfo der Anthropomorphismus nach obiger Erklärung nur eine Art des Anthropomorphismus im weitern Sinne ift, f. Anfchauung, 4, Anmerk. Er ift nach Schmids Eintheilung

a) **dogmatifch,** wenn die finnlichen Eigenfchaften dem überfinnlichen Wefen felbft beigelegt werden, z. B. wenn man fagt: Gott hat, im eigentlichen Sinne, Verftand. Diefen Anthropomorphismus mufs man als den eigentlichen Quell der Superftition anfehen; er ift eine fcheinbare Erweiterung der Ideen des Ueberfinnlichen durch vermeinte Erfahrung (P. 244.).

b) **fymbolifch,** wenn man nur die Verhältniffe des Ueberfinnlichen zu der Sinnenwelt dadurch ausdrückt, z. B. Gott verhält fich zur Welt, wie ein verftändiges Wefen zu feinem Kunftwerk. Diefer letztere ift erlaubt, weil durch ihn nicht eine Erkenntnifs des überfinnlichen Wefens felbft vorgegeben wird; der erftere ift nur erlaubt, wenn die Idee des überfinnlichen Wefens als ein Regulativ zur fyftematifchen Welterkenntnifs gebraucht wird, d. h. wenn man die Idee von Gott nicht gebrauchen will, um dadurch zu beftimmen, wie Gott an und für fich felbſt beſchaffen iſt, ſondern um nach derſelben ſeine Erkenntniſs von den Theilen der Welt nach einem einzigen Princip zu erweitern, und ihr Einheit zu geben, dadurch, daſs man ſie als das Werk eines verſtändigen Urhebers betrachtet. Dann iſt es nicht nöthig, auf den Unterſchied zwiſchen dogmatiſchem und ſymboliſchem Anthropomorphismus zu ſehen, und man kann immer thun, als wenn Gott das an und für ſich ſelbſt wäre, was ſich eigentlich nur analogiſch von ihm denken läfst.

2. Den Schematismus der Analogie, den wir nicht entbehren können, in einen Schematismus der Objectsbeſtimmung des Objects Gott verwandeln iſt dogmatiſcher Anthropomorphismus, der in moraliſcher Abſicht von den nachtheiligſten Folgen iſt. Der Schematismus der Analogie beſteht nehmlich darin, daſs wir uns Etwas nach der Analogie mit etwas Anderm denken, um uns jenes Beſchaffenheiten faſslich zu machen. Die Naturweſen geben z. B. das Schema des Ueberſinnlichen, nehmlich eine ſinnliche Vorſtellung ſeiner Beſchaffenheiten, die aber kein Bild jemals vollkommen erreicht. Dieſer Schematismus der Analogie auf das Ueberſinnliche angewendet iſt alſo der erlaubte ſymboliſche Anthropomorphismus (in 1, b). Der Schematismus der Objectsbeſtimmung hingegen iſt, wenn wir Etwas durch ein Schema ſo beſtimmen, daſs wir dadurch erkennen, wie das Object an und für ſich beſchaffen iſt, z. B. in der Geometrie einen Triangel, durch Conſtruction ſeines Schema in der reinen Anſchauung. Halten wir nun jenes Schema in der Analogie für ein Schema, das die Beſchaffenheit des Objects an und für ſich beſtimmt, ſo iſt das Anthropomorphismus. Stellen wir uns z. B. Gott als einen weiſen Menſchen vor, ſo iſt das nicht ein Bild von Gott, weil es keinen Menſchen giebt, welcher weiſe wäre, und wir daher mit unſerer Einbildungskraft ihn auch nicht darſtellen können. Allein die Vorſtellung von dem Beſtreben der Einbildungskraft darnach, für den Begriff von Gott ein ſolches Bild hervorzubringen, heiſst ein Schema, und dieſes Schema beſtimmt nicht, wie Gott an und für ſich ſelbſt iſt, ſondern nur ein Analogon Gottes, weil

Gott, der nichts finnliches ift, eigentlich durch kein Schema verfinnlicht werden kann. Wer alfo diefes Analogon Gottes, welches durch das Schema dargeftellt wird, für Gott felbft hält, der verwandelt auf diefe Weife den Schematismus der Analogie in den der Objectsbeftimmung, und fällt in den Anthropomorphismus, welcher darum von den nachtheiligften Folgen für die Moralität feyn kann, weil gerade das, was bei dem Analogon dem Object, dem es analogifch ift, nicht ähnlich ift, etwas unfittliches feyn kann; z. B. wer es zur Weisheit rechnete, jeden Irrenden in der Religion entweder zur Wahrheit zurückzuführen, oder zu verbrennen, der würde Gott zu einem Grofsinquifitor machen, und folglich dadurch den Lehrfatz, die Ketzer mit Feuer und Schwerdt auszurotten, wider die Stimme des Gefetzes heiligen; wer aber die menfchliche Weisheit nur für ein Analogon der göttlichen hält, der wird fich immer noch fragen können, ob nicht gerade diefe Ketzerverfolgung etwas fei, worin feine menfchliche Weisheit der göttlichen fehr unähnlich ift; denn Gott gebrauchte auch wohl harte Mittel, den Menfchen zur Erkenntnifs der Wahrheit, zur Befferung zu führen, allein er weifs die gewiffe Erreichung feiner Zwecke vorher, dahingegen der Menfch fich nicht nur bei der Erkenntnifs der Wahrheit felbft, fondern auch bei der Anwendung der Mittel, Andere dazu hinzuführen, irren kann. Zwifchen dem Verhältniffe eines Schema zu feinem Begriffe und dem Verhältniffe eben diefes Schemas zur Sache felbft ift gar keine Analogie, fondern ein gewaltiger Sprung (μετάβασις εἰς ἄλλο γένος), der gerade in den Anthropomorphismus hinein führt, z. B. ich kann nicht fagen, wie fich verhält meine Vorftellung eines weifen Mannes zu meinem Begriffe von Gott, fo verhält fich diefe meine Vorftellung eines weifen Mannes zu Gott felbft. Denn obwohl ein Schema die vermittelnde Vorftellung der Einbildungskraft zwifchen Begriff und Object ift, fo ftellt doch das Schema nicht das Object vor, wenn es auch den Begriff vorftellt. Wenn ich fage: die Subftanz diefes Holzes, fo ftelle ich mir etwas zu aller Zeit Beharrliches vor, das unter allen Veränderungen des Holzes immer bleibet. Dadurch verfinnliche ich mir den Begriff der Subftanz, und mache es mir auch möglich, Etwas im Holze als Subftanz zu denken, nehmlich das Beharrliche in demfelben, das Beharrliche ift alfo das Schema der Subftanz, allein durch die blofse Vorftellung des Beharrlichen zu aller Zeit erkenne ich gar nicht das Object Holz, fondern diefes mufs ich zu dem Ende anfchauen. Durch ein Schema ein Object erkennen zu wollen, wäre alfo ein Sprung von der Verfinnlichung meines Verftandes - oder Vernunftbegriffs (welches das Schema feyn foll) auf eine Erkenntnifs des Objects, die aus diefer Verfinnlichung abgeleitet werden foll, wozu ein Schema ganz untauglich ift, ausgenommen bei reinen Anfchauungen. Da nun Gott und alles Ueberfinnliche gar nicht einmal (wie das Empirifche) vermittelft eines Schema, gefchweige denn aus dem Schema erkannt werden kann, indem das Ueberfinnliche nicht in der Zeit ift, alle Schemate aber transcendentale Zeitbeftimmungen find, fo wäre es wahrer Anthropomorphismus, Gott oder irgend etwas Ueberfinnliches aus einem Schema erkennen zu wollen (R. 81 *) f.)

3. Ein Anthropomorphismus mufs nur nicht auf Pflichtbegriffe einfliefsen, dann ift er unfchuldig, fonft ift er aber in Anfehung unfers practifchen Verhältniffes zu Gottes Willen und für unfere Moralität felbft höchft gefährlich, denn da machen wir uns einen Gott, wie wir ihn am leichteften zu unferm Vortheil zu gewinnen glauben. Man hat einen folchen Anthropomorphismus oft gebraucht, um fich des Wirkens auf das Innerfte der moralifchen Gefinnung zu überheben. Ein Beifpiel hierzu ift der Grundfatz, dafs wir der Gottheit durch alles dienen können, wenn wir es nur in der Abficht thun, ihm zu dienen, und es nicht geradezu der Moralität widerftreitet, ob es gleich auch nicht das Mindefte dazu beiträgt. Man hat behauptet, dafs es nicht immer Aufopferungen feyn dürfen, dadurch der Menfch Gott dienen könne, fondern auch Feierlichkeiten, felbft öffentliche Spiele, z. B. bei den Griechen und Römern. Aber die Aufopferungen, z. B. Büfs un-

gen, Kafteiungen, Wallfahrten u. d. g. hat man jederzeit für kräftiger, auf die Gunft des Himmels wirkfamer und zur Entfündigung tauglicher gehalten, weil fie die unbegrenzte (obgleich nicht moralifche) Unterwerfung unter feinen Willen ftärker zu bezeichnen dienen. Eine folche Meinung ift der allgemeinen moralifchen Befferung der Menfchen ungemein hinderlich; es zieht von der Moralität ab, und um defto mehr, weil, da diefe Aufopferungen in der Welt zu gar nichts nuzzen, aber doch Mühe koften, fie lediglich zur Bezeugung der Ergebenheit gegen Gott abgezweckt zu feyn fcheinen. Ift, fagt man, Gott auch hierbei durch die That in keiner Abficht gedient worden, fo fieht er doch hierin den guten Willen, das Herz an, welches zwar zur Befolgung feiner moralifchen Gebote zu fchwach ift, aber durch feine hierzu bezeugte Bereitwilligkeit diefe Ermangelung wieder gut macht (R. 257.).

4. Man fiehet alfo, dafs diefes Verfahren keinen moralifchen Werth hat. Es kann höchftens als ein Mittel dienen, das finnliche Vorftellungsvermögen zur Begleitung intellectueller (oder Vernunft-) Ideen des Zwecks, nehmlich der Sittlichkeit, zu erhöhen. Verfteht man etwa die Unterfcheidungen des Sinnlichen vom Intellectuellen (Ueberfinnlichen oder blofsen Vernunftideen) nicht gehörig, fo wird man hier einen Widerfpruch der Critik der reinen Vernunft mit ihr felbft anzutreffen glauben. Man wird meinen, einmal verwerfe die Critik alle Einmifchung des Ueberfinnlichen unter die Natururfachen und Naturwirkungen, und ein andermal, z. B. hier, behaupte fie wieder, das Ueberfinnliche (die moralifche Gefinnung) könne die Wirkung von etwas Sinnlichen (jene Büfsungen, als Faften, u. f. w.) feyn. Allein, es ift zu merken, dafs wenn von finnlichen Mitteln, das Intellectuelle (der reinen moralifchen Gefinnung) zu befördern, oder von dem Hinderniffe geredet wird, welches das Sinnliche dem Intellectuellen entgegen ftellet, diefer Einflufs zweier fo ungleichartiger Principien niemals als direct gedacht werden müffe. Nehmlich, als Sinnenwefen können wir an den Erfcheinungen des intellectuellen Princips, d. i. der Beftimmung unfrer

phyſiſchen Kräfte durch freie Willkühr, die ſich in Handlungen hervorthut, dem Geſetze entgegen, oder ihm zu Gunſten wirken; ſo, daſs Urſache und Wirkung in der That als gleichartig vorgeſtellt werden. Die Wirkung iſt nehmlich eine Handlung, d. i. Erſcheinung in der Sinnenwelt, und die Urſache dieſer Handlung iſt ebenfalls eine Erſcheinung, nehmlich ein Beſtimmungsgrund unſrer phyſiſchen Kräfte, ein Bewegungsgrund, der in unſerm innern Sinne, alſo als Erſcheinung vorhanden iſt. Wirkung und Urſache ſind alſo Erſcheinungen und etwas Sinnliches, folglich gleichartig. Selbſt daſs die Vorſtellung meiner Pflicht der Beſtimmungsgrund zu meiner Handlung iſt, macht ihn nicht ungleichartig mit der Wirkung; denn es iſt immer ein Grund, der im innern Sinne vorhanden iſt, und deſſen ich mir als Grund meiner Handlung bewuſt bin. Aber die Möglichkeit der Handlungen, als Begebenheiten der Sinnenwelt aus der moraliſchen Beſchaffenheit der Menſchen, d. i. wie das Sinnliche (die Handlung) aus dem Ueberſinnlichen (das die Vorſtellung der Pflicht wirkt) entſteht, zu erklären, iſt uns unmöglich. (R. 259. *.).

Kant. Crit. der rein. Vern. Elementarl. II. Th. II. Abth. II. Buch. III. Hauptſt. VII Abſchn. S. 725.
Deſſ. Critik der pract. Vern. I. Th. II. B. II. Hauptſt. S. 244. 246.
Deſſ. Proleg. S. 173. 174.
Deſſ. Relig. innerh. der Grenz. II. St. I. Abſchn. b. 1. Aufl. S. 75 *). 2. Aufl. S. 81 *). IV. St. II. Th. §. I. 1. Aufl. S. 242 — 244. 2. Aufl. S. 257 — 260.

Anticipation.

S. ~~Vorherbeſtimmung~~.

Antinomie

der reinen Vernunft, Widerſtreit der Geſezze, Dialectik, ἀντινομια, antinomia, antinomie, Namen, welche der Entgegenſetzung zweier Urtheile beigelegt werden, welche beide *a priori* auf Allgemeinheit Anſpruch machen: daher bei beiden eine, aus dem Erkenntniſsvermögen entſpringende, folglich unvermeidliche, aber dennoch falsche, Voraussetzung zum Grunde liegen muss. Aufser dieser objectiven Bedeutung gebraucht Kant dieses Wort auch in subjectiver Bedeutung, für den Zustand der Vernunft bei diesen dialectischen Schlüssen. Die Vernunft fordert nehmlich immer absolute Totalität, z. B. für alle Reihen der Ursachen und Wirkungen die letzte, oder diejenige Ursache, die nicht weiter Wirkung einer andern Ursache ist (f. Anfang. II, b), und schliefst aus dem Widerspruch, der hieraus entsteht, dafs es keine absolute Totalität gebe, welches wieder unbegreiflich ist. Der Zustand der Vernunft also, dafs solche dialectische Schlüsse aus ihrem Grundsatz der absoluten Totalität entstehen, heifst ihre Antinomie (C. 398). Aber die beiden sich widersprechenden Folgen aus diesen Schlüssen, es giebt für eine solche Reihe eine absolute Totalität oder ein absolut letztes Glied, und es giebt keine solche absolute Totalität oder kein absolut letztes Glied, heifsen auch Antinomien, in objectiver Bedeutung. Diese Folgen, oder Sätze, müssen sich

a) nur dem Scheine nach widerstreiten;

b) dieser Schein mufs natürlich, und der menschlichen Vernunft unvermeidlih seyn;

c) der Scheinwiderspruch mufs daher können aufgedeckt, aber weil er natürlich ist, nie weggeschafft werden.

Dieser Artikel soll nun die verschiedenen Arten von Antinomien angeben, dann die Antinomien selbst aufstellen und endlich ihre Auflösung zeigen und ins Licht setzen.

2. Kant lehrt, dafs es dreierlei Arten von Antinomien der reinen Vernunft gebe, nach den drei verschiedenen Erkenntnisvermögen: dem Verstande, der Urtheilskraft, und der Vernunft. Jedes dieser Erkenntnisvermögen hat seine Principien (f. Anfang) *a priori*, zu welchen die Vernunft das Unbedingte fordert, und daher mit ihnen in Widerspruch geräth, wenn sie die-

fes Unbedingte in der Sinnenwelt finden, und dadurch die Sinnenwelt zu einem Dinge an fich felbft machen will. So giebt es alfo

a. eine Antinomie der Vernunft in Anfehung des theoretifchen Gebrauchs des Verftandes bis zum Unbedingten hinauf fürs eigentliche Erkenntnifsvermögen, oder den Verftand;

b. eine Antinomie der Vernunft in Anfehung des practifchen Gebrauchs der Vernunft bis zum Unbedingten hinauf fürs Begehrungsvermögen, fo fern die Vernunft für daffelbe gefetzgebend ift, oder den Willen;

c. eine Antinomie der Vernunft in Anfehung des äfthetifchen fowohl als teleologifchen Gebrauchs der Urtheilskraft bis zum Unbedingten hinauf fürs Gefühl der Luft oder Unluft, oder das Feld deffelben, worin die Urtheilskraft conftitutiv ift (oder der Natur Gefetze vorfchreibt), den Gefchmack und den teleologifchen Gebrauch der Vernunft. So giebt es alfo

I. eine Antinomie der fpeculativen Vernunft;

II. eine Antinomie der practifchen Vernunft;

III. eine Antinomie der Urtheilskraft, welche wieder

α. die der äfthetifchen, oder

β. die der teleologifchen Urtheilskraft ift.

Alle fünf Arten will ich nun aufzählen, begreiflich machen und auflöfen.

3. I. Die Antinomie der fpeculativen Vernunft beftehet in vier Widerfprüchen oder einzelnen Antinomien, nehmlich zwei mathematifchen (folchen, wo die Bedingungen, zu deren Reihe die Vernunft das Unbedingte fordert, alle gleichartig find) und zwei dynamifchen (folchen, wo jene Bedingungen ungleichartig find).

A. Die beiden mathematifchen find:

a. die fich widerfprechenden Behauptungen, dafs die Welt einen Anfang und Grenzen, und dafs die Welt keinen Anfang und keine Grenzen

Mellins philof. Wörterb. 1. Bd.   T

habe (M. I. 507. 510. C. 454. 455). Beides ist unwiderfprechlich, wenn die Sinnenwelt ein von unferm Erkenntnifsvermögen unabhängig exiftirendes Ding, ein Ding an fich ist, und beides widerspricht sich. Hätte die Welt nehmlich keinen Anfang und keine Grenzen, so wäre fie doch *a parte post* (nach der Seite zu, nach welcher hin die Theile auf einander folgen) durch jeden Zeitpunct, den wir erleben, und jede Raumesgrenze, an der wir uns befinden, begrenzt. Man denke fich z. B. eine gerade Linie, die nach der einen Gegend zu unendlich wäre, so liefse fie fich doch nach der andern Gegend zu überall abbrechen und begrenzen; folglich gäbe es ein Unendliches, das begrenzt oder endlich wäre, welches fich widerfpricht. So hätte denn auch die ganze Welt, ob fie gleich ohne Anfang und Grenzen wäre, doch in jedem Zeitpunct und überall im Raume Grenzen, welches der Unendlichkeit derfelben widerfpricht, und daher ift eine unendliche Welt, ohne alle Grenzen unmöglich. Diefes wird deutlich, wenn man die *a parte ante* (oder nach der Seite zu, nach welcher hin die Theile vor einander hergehen) unendliche Welt, in Gedanken, über den begrenzenden Zeitpunct, oder die begrenzende Raumesgrenze, vorrückt, fo mufs ja nothwendig *a parte ante*, wo die Welt unendlich ift, in der Zeit und im Raum eine Lücke entftehen, d. h. die Welt dort einen Anfang und eine Grenze haben. Bis zu jedem Zeitpunct wäre überdem eine Ewigkeit abgelaufen, und das Unendliche vollendet. Eine unendliche Reihe aber, die vollendet wäre, ift ein Widerfpruch (M. I. 508.), welches auch von der Welt im Raume gilt (M. I. 509.). Hat aber die Welt einen Anfang und Grenzen von vorne her (*a parte ante*), so fragt fichs, was war vor der Welt, und was ift jenfeits der Weltgrenze? Da müfste folglich die Zeit leer gewefen, oder nichts in derfelben vorhanden gewefen feyn, auch müfste hinter der Weltgrenze wenigftens der leere Raum feyn. Die Welt entftand alfo in einer leeren Zeit, und fteht im Verhältnifse mit dem leeren Raum. Dies ift aber ein Widerfpruch. Denn diejenige leere Zeit, in der die Welt entftand, mufs von jeder andern leeren Zeit, in der fie nicht entftand, unterfchieden feyn. Nun kann aber eine Zeit von einer andern nur durch das unterfchieden werden, was in der Zeit ift, denn übrigens ift ein Theil der Zeit von dem andern nur der Gröfse nach unterfchieden. Folglich kann die Welt nicht in einer leeren Zeit, fondern nur in einer erfüllten entftehen. Der Anfang der Welt fetzt alfo fchon das Dafeyn von Theilen der Welt voraus, welches fich widerfpricht. Sie kann alfo keinen Anfang gehabt haben (M. I. 511). Und eben fo verhält es fich auch mit dem leeren Raum. Denn mit welchem leeren Raume follte die Welt grenzen? doch mit dem, der fich von jedem andern unterfcheidet, und folglich nicht leer feyn kann (M. I. 512. C. 456. 457.).

b. die fich widerfprechenden Behauptungen, dafs in der Welt alles aus einfachen Theilen zufammengefetzt, und dafs nichts Einfaches in der Welt exiftire (M. I. 519. 523). Denn wäre nicht alles aus einfachen Theilen zufammengefetzt, fo müfste, wenn man in Gedanken alle Zufammenfezzung aufhebt, gar nichts übrig bleiben, welches unmöglich ift (M. I. 520). Exiftirte aber etwas Einfaches in der Welt, fo müfste dafselbe im Raume feyn, folglich auch, wie der Raum, den es erfüllt, zufammengefetzt feyn (M. I. 523). Gefetzt aber, wir nähmen etwas Einfaches wahr, fo könnten wir doch aus diefer Wahrnehmung nicht fchliefsen, dafs es nicht zufammengefetzt wäre (M. I. 524. C. 462. 463.).

B. Die beiden dynamifchen Antinomien find:

a. die fich widerfprechenden Behauptungen, dafs es einen freien Willen gebe, und dafs in der Welt alles nothwendig fei (M. I. 530. 533.). Denn gäbe es keinen freien Willen, fo wäre jede Urfache wieder Wirkung einer andern Urfache, und es fehlte dann an einer erften Urfache, d. i. am zureichenden Grunde der ganzen Reihe von Urfachen und Wirkungen (M. I. 531). Wäre aber in der Welt nicht alles nothwendig, so gäbe es eine Ursache, die sich ohne Grund bestimmen ließe, welches unmöglich ist (M. I. 534. C. 472. 473.).

b. die sich widersprechenden Behauptungen, dafs eine schlechthin nothwendige Ursache zur Welt gehöre, und dafs es gar kein schlechthin nothwendiges Wesen gebe (M. I. 540. 542). Denn giebt es kein schlechthin nothwendiges zur Welt gehöriges Wesen, so fehlt es der Welt an einer ersten Ursache, die durch nichts weiter bedingt seyn muſs, und an einem ersten Theile, der auch nicht weiter bedingt seyn muſs (M. I. 541). Giebt es aber ein schlechthin nothwendiges Wesen, so giebt es etwas, was keine Ursache hat, und die ganze Welt ist nothwendig und besteht doch aus zufälligen Theilen (M. I. 542. C. 480. 481.).

4. Folgendes ist die Auflösung dieser Widersprüche. Die Sinnenwelt ist kein Ding an sich, sondern nur der Inbegriff der Reihen der Erscheinungen, welche sich die Vernunft als ein vollendetes Ganzes vorstellt, welches sie auch seyn müſsten, wenn die sinnlichen Gegenstände, oder Naturdinge, keine Erscheinungen, sondern Dinge an sich wären. Dann müſsten sie freilich irgend wo Grenzen haben; aber eben dafs bei dieser Annahme ein Widerspruch entsteht, bestätigt die Richtigkeit dessen, was die transcendentale Aesthetik beweiset, dafs alle Naturdinge nicht unabhängig von unserm Erkenntniſsvermögen so vorhanden sind, wie wir sie wahrnehmen, sondern dafs sie Producte unsers eignen Erkenntniſsvermögens sind, die aber doch einen gegebenen Stoff enthalten, der seine Quelle nicht im Erkenntniſsvermögen hat. Daher sind nun

A· beide mathematische Antinomien falsch.

a. Die Welt ist der Zeit und dem Raum nach weder endlich, noch unendlich (M. I. 631. C. 548.). Denn der Beschaffenheit unsers Anschauungsvermögens und Verstandes nach kann es nirgends eine absolute Zeit- oder Raumesgrenze geben; aber das Unendliche kann in der Erfahrung eben so wenig gegeben seyn, sondern die Frage nach dem Anfang und der Grenze ist eine Aufgabe unsrer Vernunft, die zu, in unbestimmbare Weite (*in indefinitum*), fortgehenden, Reihen des Verstandes das Ende fordert; in der Erfahrung aber ist immer eine bedingte Begrenzung (M. I. 635. C. 550.), die unbedingte ist nur eine Idee der Vernunft. Der Rückgang aber von Wirkung zur Ursache gehet in der Erfahrung in unbestimmbare Weite (*in indefinitum*) (M. I. 633. C. 549.).

b. Es ist falsch, dass alles in der Welt aus einfachen Theilen bestehet; denn alles Zusammengesetzte in der Welt ist theilbar, aber immer in Theile, die wieder theilbar sind, der Beschaffenheit unsers Anschauungsvermögens und Verstandes gemäss, die nichts Unbedingtes zulassen (M. I. 638. C. 552.) Es ist aber auch falsch, wenn man behauptet, man könne in der Erfahrung die Theilung wirklich ins Unendliche fortsetzen, man muss einmal auf das bedingte Einfache kommen; das absolut Einfache ist hingegen eine Idee der Vernunft, die nirgends in der Erfahrung anzutreffen ist. Es giebt daher in der Erfahrung weder eine endliche Zahl einfacher, noch eine unendliche Zahl immer noch zusammengesetzter Theile, sondern die Theilung gehet ins Unendliche, weil dieses die Erscheinung ist, die aus der Natur unsers Erkenntnifsvermögens so entspringen muss (M. I. 637.). In der Erfahrung ist aber weder die wirkliche Theilung ins Unendliche zu vollenden, noch auf das absolut Einfache zu kommen; von welchen beiden nur dann Eins statt finden müsste, wenn die Naturdinge Dinge an sich wären; in der Reihe der Sinnenwesen, als Erscheinungen, ist beides unmöglich (C. 551.).

B. Bei den beiden dynamischen Antinomien ist jeder Gegensatz wahr, der eine nehmlich für diejenige Welt, die ein Ding an sich ist, der andere für die Reihe der Erscheinungen.

a. Es giebt einen freien Willen, oder eine Causalität durch Freiheit, aber nicht in der Erfahrung, sondern darum, weil es eine Moralität giebt, in der intelligibeln Welt; dahingegen ist in der Sinnenwelt alles nothwendig, oder dem Gesetz der Causalität der Natur unterworfen, nach welchem jede Urſache die nothwendige Wirkung einer andern Urſache iſt (M. I. 670. C. 581.).

b. Es kann ein ſchlechthin nothwendiges Weſen geben, aber nicht in der Reihe der Erſcheinungen, in der alles bedingt iſt, ſondern in der intelligibeln Welt, und die Lehre vom höchſten Gut zeigt, daſs es für die Vernunft nothwendig ſei, ein ſolches voraus zu ſetzen, wenn der Endzweck eines vernünftigen, aber ſinnlich bedingten Willens ſoll erreichbar, und es alſo vernünftig ſeyn, ihm nachzuſtreben (M. I. 678. C. 588.).

5. II. Die Antinomie der practiſchen Vernunft beſtehet

a. in der Antinomie der ethiſch-practiſchen Vernunft, nehmlich in den ſich widerſprechenden Behauptungen: **Tugend und Glückſeligkeit müſſen als die beiden nothwendig mit einander verbundenen Elemente des höchſten Guts gedacht werden, und dennoch iſt weder die Begierde nach Glückſeligkeit die Bewegurſache der Tugend, noch die Tugend die wirkende Urſache der Glückſeligkeit.** Beides iſt unwiderſprechlich. Die Tugend allein zum Endzweck alles Wollens, oder zum höchſten Gut zu machen, iſt unmöglich; denn wir ſind der Glückſeligkeit bedürftig, und ſind alſo durch unſre Natur genöthigt ſie zu wollen; durch Tugend werden wir aber auch derſelben würdig, und können ſie alſo unbeſchadet unſrer Tugend wollen; hätten wir alſo die Gewalt dazu, ſo würde es wider die Vernunft ſeyn, uns nicht glückſelig zu machen. Folglich gehört die Glückſeligkeit zum Endzweck unſers, obwohl durch Tugend bedingten Wollens, oder zum höchſten Gute. Dennoch kann die Begierde nach Glückſeligkeit nicht die Bewegurſache der Tugend ſeyn; weil dadurch, daſs man um der Glückſeligkeit willen die Tugend will, nie Tugend möglich iſt. Aber die Tugend kann auch nicht die wirkende Urſache der Glückſeligkeit ſeyn, weil die Tugend keine Natururſache iſt, und alſo keine Naturwirkung hervorbringen kann. Hieraus würde alſo folgen, daſs das höchste Gut unmöglich, und folglich auch die Tugend eine Chimäre sei (M. II. 323. P. 204.).

Die Auflösung dieses Widerspruchs bestehet darin: Das Bestreben nach Glückseligkeit kann zwar nicht tugendhafte Gesinnungen hervorbringen, aber ohne alle Hoffnung der Glückseligkeit kann doch die moralische Triebfeder nicht wirken. Es ist daher nur falsch, dass die Tugend Glückseligkeit bewirke, wenn die Sinnenwelt ein Ding an sich ist; ist sie aber bloss eine Reihe von Erscheinungen, so ist zwar kein natürlicher Zusammenhang zwischen Tugend und Glückseligkeit in der Sinnenwelt, aber die Moralität nöthigt uns zu glauben, dass es einen in dem Willen des intelligibeln Urhebers der Welt gegründeten Zusammenhang zwischen Tugend und Glückseligkeit gebe, der also in der intelligibeln Welt nothwendig ist, in der Erfahrung oder der Sinnenwelt aber, in der alles nach Naturgesetzen fortgehet, nur als zufällig erscheint (M. II. 324—326. P. 205. f.).

b. in der Antinomie der rechtlich practischen Vernunft, nehmlich in den sich widersprechenden Behauptungen: es ist möglich, etwas Aeufseres als das Meine zu haben, ob ich gleich nicht im Besitz desselben bin; und, es ist nicht möglich, etwas Aeufseres als das Meine zu haben, wenn ich nicht im Besitz desselben bin. Beide Sätze sind wahr; denn es kann nichts Aeufseres geben, das den Einfluss meiner Willkühr erfahren, und doch unter keiner Bedingung das Meine werden könnte, sonst könnte ich es bloss physisch und nicht rechtlich gebrauchen, d. i. der Gebrauch von etwas Brauchbaren könnte absolut unerlaubt seyn, so dass es Niemand gebrauchen dürfte. Dieses wäre aber ein Widerspruch, der vernünftige Willkühr mit sich selbst, indem sie dadurch etwas für sie Brauchbares für Unbrauchbar erklären, und so die Willkühr selbst den Gebrauch der Willkühr aufheben würde. Ob es also gleich nicht möglich wäre, im physischen Besitz einer Sache, z. B. eines grossen Ackers, zu seyn, indem ich vielleicht nicht die Besitznehmung desselben durch eine Anzahl Menschen davon abhalten könnte; so muss es dennoch möglich seyn, eine folche Sache als das Meine zu haben, d. i. im **rechtlichen** Befitz deffelben zu feyn, weil fonft kein **rechtlicher** Gebrauch diefer Sache möglich feyn würde. Aber diefer **rechtliche** Befitz einer Sache ift doch wiederum nicht möglich, wenn ich nicht mit einem **phyfifchen** Befitz deffelben die Idee des Rechts verbinden kann, fonft kann ich keinen rechtlichen Gebrauch von diefer Sache machen.

Die Auflöfung diefes Widerfpruchs beftehet alfo darin: im erftern Satz ift unter Befitz, der Befitz in der Erfahrung zu verftehen (der **empirifche** Befitz). Es mufs möglich feyn, etwas Aeufseres als das Meine zu haben, wenn ich es auch nicht phyfifch in meiner Gewalt habe. Im zweiten Satze aber ift der rechtliche Befitz zu verftehen. Es ift nicht möglich, etwas als das Meine zu haben, wenn ich nicht die Idee des Rechts damit verknüpfen kann, dies heifst der reine intelligibele Befitz (K. 71.).

6. III. Die Antinomie der Urtheilskraft betrifft

a. das Princip des Gefchmacks, oder ift **erftens** eine Antinomie der **äfthetifchen** Urtheilskraft, d. i. des Gefchmacks. Es beftehet in den zwei fich widerftreitenden Behauptungen: **das Gefchmacksurtheil gründet fich nicht auf Begriffen, und, es gründet fich auf Begriffen**. Beides ift wahr; denn gründete fich das Gefchmacksurtheil auf Begriffen, fo liefse fich darüber difputiren, welchem doch der richtige Satz widerfpricht, über den Gefchmack läfst fich nicht difputiren, das heifst, mit Gründen ftreiten. Gründete fich aber das Gefchmacksurtheil nicht auf Begriffen, fo liefse fich nicht darüber ftreiten, welches doch diejenigen ftillfchweigend behaupten, welche einander den Gefchmack abfprechen, wenn fie fich nicht darüber vereinigen können, ob etwas fchön fei, oder nicht (M. II. 737 — 739. U. 234.).

Die Auflöfung diefer Antinomie beftehet in der Bemerkung, dafs in beiden widerftreitenden Behauptungen der Begriff des Begriffs nicht derfelbe ift, und daher beide Behauptungen richtig find, obwohl in beiden der Schein, als fei von einerlei Begriffen die Rede, nicht weggeschafft werden kann. Das Geschmacksurtheil sagt aus, das Object ist für mich schön oder häfslich, in so fern, gründet es sich nicht auf bestimmten Begriffen; aber wir sagen doch auch zugleich mit dem Geschmacksurtheil aus, das Object muſs Jedermann schön finden, der Geschmack hat, und in so fern gründet sich unser Urtheil auf einem bestimmten Begriffe, den wir in allen Subjecten, die Geschmack haben, voraussetzen, nehmlich auf der bestimmten Idee des Uebersinnlichen in uns; der Bestimmungsgrund des Geschmacksurtheils liegt in der unbestimmten Idee, daſs jedes übersinnliche Subſtrat des Subjects mit dem übersinnlichen Subſtrat des Objects in einer solchen unbestimmbaren Verbindung ſtehe, daſs das Geschmacksurtheil darum allgemeingültig ſeyn muſs (M. II. 740. — 746.).

b. Die Antinomie der teleologischen Urtheilskraft beſtehet in den beiden sich widerſtreitenden Maximen: **alle Erzeugung materieller Dinge muſs als nach bloſs mechanischen Gesetzen möglich beurtheilt werden; und, einige Erzeugungen können nicht darnach beurtheilt werden.** Denn in den organischen Körpern iſt immer ein Glied wechselseitig um des andern willen vorhanden, und es muſs also bei diesen Körpern die Erklärung nach Zwecken oder Endursachen, oder die **teleologische** angewendet werden. Die teleologische Erklärungsart iſt aber wieder nicht hinreichend, die Entſtehung derselben begreiflich zu machen, folglich muſs die **mechanische**, nach dem Gesetze der Urſache und Wirkung gebraucht werden (M. II. 835. 836. U. 313. f.).

Allein zwischen diesen Sätzen wäre nur das ein Widerspruch, wenn sie Naturgeſetze wären, und folglich ausſagten, daſs die Natur der Dinge, ihrer Erzeugung nach, bloſs nach mechanischen oder teleologischen Gründen möglich sei, nicht aber daſs sie bloſs darnach **beurtheilt** werden könne. Wir können aber von der Möglichkeit der Dinge nach bloſs empirischen Geſetzen der Natur kein solches Grundgeſetz *a priori* haben. Die obigen Sätze machen aber nicht eine Antinomie der Vernunft, fondern der Urtheilskraft aus, und find bloſse Principien über die Natur zu reflectiren, und in ſo fern enthalten ſie keinen Widerſpruch, ſondern können ſehr wohl neben einander beſtehen. Wir müſſen alle Naturproducte möglichſt mechaniſch erklären, denn ſonſt können wir keine Einſicht in die Natur der Dinge erlangen; aber es iſt eine Eigenthümlichkeit des menſchlichen Verſtandes in Anſehung der Urtheilskraft, den Naturproducten überhaupt die Idee eines andern möglichen Verſtandes zum Grunde zu legen, damit man ſagen könne, gewiſſe Naturproducte müſſen von uns als Zwecke betrachtet werden können. Denn ohne die Erklärung der Natur nach Zwecken kann man nicht angeben, wie zufällige Formen der Natur möglich ſind, da nach mechaniſchen Principien alles nothwendig iſt. Hierzu muſs aber eine willkührlich wirkende Urſache angenommen werden, die alſo nicht wie bei den mechaniſch wirkenden Urſachen Materie ſeyn kann. Wir müſſen alſo, der Beſchaffenheit unſers Verſtandes nach, in der Sinnenwelt alles mechaniſch erklären, aber doch die mechaniſchen Gründe insgeſamt, einem nach Zwecken wirkenden überſinnlichen Princip unterordnen, nicht als wenn es darum wirklich einen ſolchen oberſten Verſtand gäbe, ſondern es iſt bloſs ein Princip der Nachforſchung für unſern Verſtand, durch welchen wir genöthigt werden, am Ende alles Sinnliche auf etwas Ueberſinnliches zu beziehen, und eine abſichtlich wirkende Urſache anzunehmen (M. II. 841. 889—891. U. 317. f.).

7. Die alten Rhetoriker brauchten das Wort Antinomie (ἀντινομία) von einem Widerſpruch in den Geſezzen, wenn nehmlich ein Geſetz dem andern widerſprach, welches das Wort auch eigentlich ausdrückt. (*Quinctilian, Inſtit. Orat. lib. VII. cap. VIII.*)

  Kant. Critik der rein. Vern. Elementarl. II. Th. II. Abth. II. Buch. S. 398. II. Hauptſt. II. Abſchn. S. 454. ff. IX. Abſchn. S. 548. ff.
  Deſſ. Critik der pract. Vern. I. Th. II. B. II. Hauptſt. I. S. 204. II. S. 205. ff.
  Deſſ. Critik der Urtheilskr. I. Th. II. Abſchn. §. 56. S. 234 ff. II. Th. §. 70. ff. S. 313 ff.
  Deſſ. Metaph. Anfangsgr. der Rechtsl. I. Th. I. Hauptſt. §. 7. S. 71. f.

Antithetik,

antithetica. In der Wissenschaft, welche den Schein aufdeckt, der natürlicher Weise entsteht, wenn man die sinnlichen Dinge für Dinge an sich selbst hält, die auch unabhängig von unserm Erkenntnisvermögen so existiren, als sie uns durch dasselbe vorgestellt werden (welche Wissenschaft Dialectik heißt), ist **Antithetik** der Name der Untersuchung des Widerstreits der dem Scheine nach dogmatischen Erkenntnisse (s. Antinomie, 3. ff.) Bei diesem Scheine giebt man keinem von jenen einander widerstreitenden Erkenntnissen vor der andern ihr entgegengesetzten Behauptung einen vorzüglichen Anspruch auf Beifall, weil die eine eben so viel für sich hat als die andere (M. I. 501).

2. Die Antithetik beschäftigt sich also gar nicht mit einseitigen Behauptungen; sondern betrachtet allgemeine Erkenntnisse nur nach dem Widerstreit derselben unter einander und den Ursachen derselben. Die **transcendentale Antithetik** ist eine Untersuchung über die Antinomie der reinen Vernunft, die Ursachen und das Resultat derselben. Wenn wir nehmlich unsere Vernunft nicht bloß auf Gegenstände der Erfahrung verwenden, sondern über die Grenze der Erfahrung hinaus auszudehnen wagen, so entspringen **vernünftelnde Lehrsätze**, die in der Natur der Vernunftbedingungen ihre Nothwendigkeit antreffen, nur daß unglücklicher Weise der Gegensatz eben so gültige und nothwendige Gründe der Behauptung auf seiner Seite hat (M. I. 501. C. 448.).

3. Bei einer solchen Antithetik der reinen Vernunft bieten sich drei Fragen dar, nehmlich:

a. bei welchen Sätzen denn eigentlich die reine Vernunft einer Antinomie unterworfen sei, so daß sich zwei widerstreitende Behauptungen ergeben?

b. auf welchen Ursachen die Antinomie beruhe, oder woraus dieser Widerstreit entspringe?

c. ob und auf welche Art dennoch der Vernunft unter diesem Widerspruch ein Weg zur Gewißheit offen bleibe? (M. I. 502.)

Die Antithetik ist nun die Wissenschaft, welche diese drei Fragen beantwortet.

4. Antwort auf a. Die reine Vernunft ist bei solchen Sätzen einer Antinomie unterworfen, auf die jede menschliche Vernunft stösst, und die dennoch einen unvermeidlichen Schein bei sich führen; z. B. jede menschliche Vernunft, wenn sie die Reihe aller Wirkungen und Ursachen durchgehet, stösst auf die Frage nach einer ersten und obersten Ursache. Da nun die Natur der Vernunft diese Frage nothwendig macht, so entsteht dadurch der unvermeidliche Schein, als müsse ein solches Wesen darum wirklich vorhanden seyn, weil wir für die Welt sonst keinen zureichenden Grund ihres Daseyns haben; weil nehmlich die sinnliche Welt, als ein Ding an sich betrachtet wird, da hingegen in der Erscheinung nur Theile der Welt gefunden werden, die in der Erfahrung wohl eine Ursache, aber keine erste und oberste Ursache haben (M I. 503. C. 449.).

5. Antwort auf b. Die Ursachen, worauf die Antinomie beruhet, sind, dass die Sätze, wenn sie der Vernunft angemessen sind, für den Verstand zu gross, und wenn sie dem Verstande angemessen sind, für die Vernunft zu klein sind; z. B. eine erste Ursache der Welt ist ein Satz, der der Vernunft angemessen ist, aber für den Verstand ist er zu gross, denn dieser weiss nur von Ursachen, die immer Wirkungen andrer Ursachen sind, also nie die ersten sind. Eine solche bedingte Ursache aber, die Wirkung einer andern Ursache ist, ist dem Verstande angemessen, allein für die Vernunft, welche die Reihe aller Wirkungen und Ursachen vollendet haben will, und daher nach der ersten Ursache fragt, zu klein (M. I. 504. C. 450.).

6. Antwort auf c. Die skeptische Methode ist der Weg zur Gewissheit. Diese Methode bestehet darin, dass man dem Widerstreite der Behauptungen zusiehet, um zu untersuchen, ob der Gegenstand des Streits nicht ein blosses Blendwerk sei (M. I. 505.). Diese skeptische Methode ist aber allein der Transscendentalphilosophie, oder der Wissenschaft von der Möglichkeit der Erkenntnisse *a priori*, eigen, weil es derselben an der

reinen Anschauung und der Erfahrung fehlt (M. I. 506. C. 451.). Diese skeptische Methode bestehet also darin, daſs man die sich widerstreitenden Sätze einander gegen überstellet, und auf beiden Seiten gleich strenge die Wahrheit derselben beweiset, woraus denn, wenn das möglich ist, folgt, daſs entweder beide Sätze sich wirklich nicht widerstreiten, zusammen bestehen können und zugleich wahr sind, oder daſs beide Sätze falsch sind, und ihre Beweise nur etwas stillschweigend voraussetzen, ohne welche Voraussetzung sie nichts beweisen (s. Antinomie. 3 ff.). In Wissenschaften, die auf einer Anschauung beruhen, also in mathematischen Disciplinen, oder in Erfahrungsgegenständen kann ein solcher Widerstreit, der auf einem unvermeidlichen Schein beruhete, darum nicht vorkommen, weil die Darstellung des Objects in der reinen Anschauung, oder in der Erfahrung, den Schein bald aufheben und vermeidlich machen würde (C. 452.).

7 Es ist diese transscendentale Antithetik also keine wirkliche, sondern nur eine scheinbare, denn sie beruhet darauf, daſs man Erscheinungen für Dinge an sich hält; sie wäre aber eine wirkliche, wenn die Erscheinungen wirklich Dinge an sich wären. Die transscendentale Antithetik ist also nicht die Wissenschaft von einem wirklichen Widerstreite, sondern von dem Scheinwiderstreite der reinen Vernunft (C. 768. f.).

Kant. Crit. der rein. Vern. Elementarl. II. Th. II. Abth. II. Buch. II. Hauptst. II. Abschn. S. 448 ff. Methodenl. I. Hauptst. II. Abschn. S. 768 f.

Anwendung

der Kategorien auf Gegenstände der Sinne. S. Kategorien.

Anziehung.

S. Anziehungskraft.

Anziehungskraft,

vis attractiva. Diejenige bewegende Kraft der Materie, wodurch sie die Ursache der Annäherung anderer zu ihr ist, s. Materie; oder welches einerlei ist, dadurch sie der Entfernung andrer von ihr widerstehet. Sie heist auch ziehende Kraft. Gesetzt nehmlich, es wäre in den Theilen der Materie eine Kraft, welche die Wirkung hätte, dafs andere Materien, welche durch keine entgegen wirkende Kraft zurückgehalten würden, sich jener Materie näherten; oder dafs der Raum, um den sie von einander entfernt wären, immer kleiner wurde; oder wenn er gröfser werden, und sich die Materien von einander entfernen sollten, dafs eine Kraft erfordert würde, die diejenige überwinden müfste, welche sich in den Theilen der Materie befände: so wäre diese letztere, in den Theilen der Materie befindliche, eine Anziehungskraft oder anziehende Kraft. Wäre nun in allen Theilen der Materie eine solche Kraft, so würde die Entfernung der Theile von einander, und auch der Raum, den sie zusammen einnehmen, dadurch vermindert werden (N. 34.).

2. Die Möglichkeit der Materie erfordert eine Anziehungskraft als die zweite wesentliche Grundkraft derselben. Unter der Materie ist hier nehmlich das Bewegliche zu verstehen, sofern es einen Raum erfüllt. Es kann aber der Raum schlechterdings nicht wodurch erfüllt werden, was in demselben bewegt, oder zur Veränderung des Orts bestimmt werden könnte, als durch etwas, das selbst zwei bewegende Kräfte hat, nehmlich eine Kraft, andere Materien von sich zu entfernen, welches eine Zurückstofsungskraft genannt wird, und die erste wesentliche Grundkraft der Materie ist, und eine Anziehungskraft. (N. 52.).

3. Um nun diesen Satz (in 2) zu beweisen, sezzen wir hier mit allen Physikern voraus, dafs die Undurchdringlichkeit eine Grundeigenschaft der Materie ist, wodurch sie sich als etwas im Raume wirklich Befindliches unsern äufsern Sinnen zuerst offenbaret. Ich setze aber auch hier mit Kant voraus, dafs die Undurchdring-

lichkeit nichts anders ift, als das Ausdehnungsvermögen der Materie, welches in dem Artikel Zurückftofsungskraft bewiefen werden foll. In den Theilen der Materie, und zwar in einem jeden derfelben ift folglich eine Zurückftofsungskraft, oder eine ihn wefentlich bewegende Kraft, durch welche die Theile einander zurückftofsen. Diefes Zurückftofsen wird aber durch nichts begrenzt und hört alfo nicht auf. Denn

a. fich felbft kann daffelbe nicht Grenzen fetzen, weil diefes Zurückftofsen die Wirkung der Kraft ift, wodurch die Materie fich immer mehr und mehr ausdehnt, und einen immer gröfsern Raum einnimmt.

Auch kann

b. nicht der Raum diefer Kraft Grenzen fetzen, denn er kann zwar wohl den Grund davon enthalten, dafs die Wirkung der Zurückftofsungskraft in den Theilen der Materie immer fchwächer wird, je gröfser der Raum wird, den die Materie erfüllt, die Grade diefer Kraft können alfo immer kleiner und kleiner werden, bis ins Unendliche, aber in dem Raum liegt doch kein Grund, dafs fie irgendwo zu wirken aufhören follten.

Folglich müfste fich die Materie, durch ihre Zurückftofsungskraft, da nichts derfelben widerftände, und keine andere bewegende Kraft ihr entgegenwirkte, ins Unendliche zerftreuen. Es würde daher kein, auch noch fo grofser Raum zu finden feyn, in welchem eine anzugebende Menge Materie befindlich feyn würde, weil diefe anzugebende Menge durch die Zurückftofsungskraft ihrer Theile einen immer noch gröfsern Raum würde eingenommen haben. Folglich würde bei einer blofsen Zurückftofsungskraft der Materie eigentlich gar keine Materie vorhanden feyn, das heifst, fie würde nicht möglich feyn. Es erfordert alfo die Zurückftofsungskraft der Materie eine Kraft, die ihr entgegenwirkt. Diefe kann aber nicht etwa in einer andern Materie gefucht werden, denn diefe bedarf felbft, weil fie Materie ift, deren Grundkraft die Zurückftofsungskraft ift, einer ihrer Zurückftofsungskraft entgegen wirkenden Kraft. Alfo bedarf jede Materie einer folchen der Zurückstoſsungskraft entgegenwirkenden Kraft, d. 1. einer Kraft, die der Entfernung der Theile von einander widerstehet, welches wir die **Anziehungskraft** nennen. Folglich gehört die Anziehungskraft zur Möglichkeit der Materie, als Materie. Sie darf alſo nicht bloſs einer gewiſſen Gattung der Materie beigelegt werden, weil wir ſie vor aller Unterſcheidung der Materien von einander derſelben beilegen müſſen. Eine ſolche Kraft heiſst aber eine weſentliche Grundkraft. Folglich fordert die Möglichkeit der Materie, als eines Undurchdringlichen, welches durch Zurückſtoſsungskraft den Raum erfüllt, eine **Anziehungskraft** als ihre zweite weſentliche Grundkraft (N. 53.).

4. Es iſt merkwürdig, daſs, wie (in 3) bewieſen worden, die Unfähigkeit der Theile der Materie einander abſolut zu fliehen eben ſowohl urſprünglich zur Möglichkeit der Materie gehört, als die Undurchdringlichkeit derſelben. Es fragt ſich alſo, wie es zugeht, daſs dieſe Unfliehbarkeit, wie man ſie nennen könnte, nicht eben ſowohl zum Begriff der Materie gehört, als die Undurchdringlichkeit? Wollte man antworten, die Anziehung wird von unſern Sinnen nicht ſo unmittelbar wahrgenommen, als die Zurückſtoſsung, ſo wird dadurch die Schwierigkeit noch nicht hinlänglich gehoben. Denn geſetzt, wir hätten das Vermögen, die Anziehung eben ſowohl wahrzunehmen, als die Zurückſtoſsung; ſo wird dennoch nicht dies Streben der Materie nach einem gewiſſen Puncte zu, ſondern die Erfüllung des Raums, ſo wie jetzt, das Merkmal des Begriffs der Materie ſeyn. Die Subſtanz oder das Beharrliche im Raume würden wir nicht durch ein ſolches Zuſammenfallen der Materie in einen Punct bezeichnen können, da die Materie vielmehr ihr Daſeyn durch Erfüllung eines Raumes offenbaret. Darum liegt in dieſer Erfüllung, oder wie man ſie ſonſt nennt, in der **Solidität** das Characteriſtiſche der Materie. Dahingegen die Wirkung der Anziehung iſt, den Raum der Materie zu vermindern, oder immer mehr Raum leer zu laſſen, wodurch alſo kein Kennzeichen entſteht, durch welches die Materie vom leeren Raume

unterschieden würde. Gesetzt also, wir empfänden die Anziehung der Materie noch so sehr, so würde sich dadurch nur unser Streben nach dem Mittelpunct der Anziehung, nicht aber die Materie ihrem Umfange und ihrer Gestalt nach, offenbaren. Wenn uns z. B. die Erde anzieht, so empfinden wir das Ziehen nach dem Mittelpunct derselben, aber ihre Gestalt und ihr Umfang entdeckt sich dadurch nicht. Eben so würde es mit der Anziehung eines Bergs, Steins und jedes Körpers seyn. Ja wir würden nicht einmal wahrnehmen können, wo der anziehende Punct wäre, sondern blofs die Richtung, nach welcher wir angezogen würden. Hieraus ist klar, dafs wir den Begriff der Gröfse nur auf die Materie anwenden können, in so fern sie einen Raum erfüllt. Daher rührt es nun, dafs die Anziehungskraft nicht so einleuchtend ist, als die Zurückstofsungskraft. Denn man sagt ganz richtig, das, was den Raum erfüllt, ist die Substanz. Diese offenbart sich aber, wenn sich die Materie einer andern nähert, durch den Anfang der Berührung, welcher Stofs heifst, und durch die Fortdauer der Berührung, welche Druck heifst, zwei Einflüsse, die wir unmittelbar durchs Gefühl empfinden; dahingegen Anziehung nicht durch die Empfindung (von Stofs oder Druck) unterschieden werden kann, und uns gar keine Substanz entdeckt, und daher uns auch als Grundkraft so unmöglich scheint (N. 54.) f. Grundkraft.

5. Die Wirkung einer Materie auf die andere aufser der Berührung ist die Wirkung in die Ferne (*actio indistans*). Diese Wirkung in die Ferne ohne die Vermittelung einer zwischen inne liegenden Materie heifst die Wirkung der Materie auf einander durch den leeren Raum. Ein Magnet wirkt z. B. in die Ferne auf das Eisen, allein die Wirkung ist nicht unmittelbar, sondern durch den Ausflufs einer unsichtbaren Materie, die von einem Pole des Magnets nach dem andern hinfliefst, und das Eisen, das in diesen Flufs kömmt, mit sich fortreifst. Die Sonne wirkt aber auf die Erde, wenn sie dieselbe verhindert, nach einer geraden Linie in ihrem Laufe fortzuschiefsen, sondern macht, dafs sie sich in einer El-

lipse um die Sonne bewegt. Diese Wirkung geschieht ohne Vermittelung einer zwischen Sonne und Erde liegenden Materie, und ist also eine unmittelbare Wirkung der Sonne in die Ferne (N. 59.). S. **Wirkung in die Ferne**.

6. **Die aller Materie wesentliche Anziehung ist eine unmittelbare Wirkung derselben durch den leeren Raum**, ohne alle Vermittelung einer zwischen inne liegenden Materie, und sie ist es eben, durch die die Sonne ihren Einfluss auf den Lauf der Erde äufsert. So unbegreiflich auch dieser Satz dem Herrn de Lüc (Briefe über die Geschichte der Erde u. s. w. 1. Th. Num. XI) scheint, dass ein Körper da wirken soll, wo er nicht ist, so richtig ist er doch. Es bringt aber nicht das Wort, **wesentliche Eigenschaft aller Materie**, diese Wirkung hervor, sondern diese Eigenschaft der Materie als **wirkende Grundkraft** (N. 60.).

7. Kant beweiset diesen Satz nun so: In (3) ist bewiesen, dass die ursprüngliche Anziehungskraft eine wesentliche Grundkraft der Materie ist. Ja ohne sie gäbe es nicht einmal eine physische Berührung, weil die Theile der Materie sich stets einander zurückstofsen würden, und es also zu einer solchen Berührung, die wahrgenommen werden könnte, gar nicht kommen würde. Folglich gehet die Anziehungskraft vor der Berührung her, macht diese möglich, und kann also nicht eine Wirkung der Berührung seyn. Eine Anziehung aber, welche von der Berührung unabhängig ist, kann auch nicht von einer Materie, die zwischen der anziehenden und angezogenen Materie liegt, abhängen. Also ist die ursprüngliche und aller Materie wesentliche Anziehung eine unmittelbare Wirkung derselben auf andere durch den leeren Raum. Hierdurch wird auch Ioh. Bernoullis Schwierigkeit gehoben (Gehlers phys. Wörterbuch, Artikel Gravitation, S. 529.), welcher sich vorstellt, dass eine Menge Strahlen aus dem anziehenden Körper ausflössen, und ein Elementartheilchen der Materie ergriffen.

8. Wollte man übrigens fordern, dafs man diese Grundkraft begreiflich machen follte, fo hiefse das verlangen, dafs man eine Kraft angeben follte, von der fich die Grundkraft ableiten liefse, wodurch fie aber aufhören würde eine Grundkraft, das heifst, eine urfprüngliche und nichtabgeleitete Kraft zu feyn. Es ift aber, wie fchon Maupertuis (Gehler a. a. O. S. 528) bemerkt, die Natur des Stofses und der Mittheilung der Bewegungen, folglich die urfprüngliche Zurückftofsung nicht begreiflicher, als die urfprüngliche Anziehungskraft. Die letztere fcheint nur unbegreiflicher zu feyn (4), weil fie nicht gefühlt, fondern gefchloffen wird; darum fcheint es auch, als fei fie nicht urfprünglich, fondern von der Zurückftofsung abzuleiten. Allein diefe Ableitung ift unmöglich, weil die zurückftofsende Materie ja wieder der Anziehungskraft bedarf (3., und an und für fich felbft das Gegentheil der Anziehungskraft ift. Der gemeinfte Einwurf wider die unmittelbare Wirkung in die Ferne ift der des de Lüc (6): wer kann begreifen, dafs ein Körper da wirken foll, wo er nicht ift? Wenn die Erde den Mond unmittelbar anzieht, fo wirkt die Erde auf einen von ihr über 50000 geographifche Meilen entfernten Körper, und dennoch, wie de Lüc fich ausdrückt, ohne alle materielle Verbindung, d. h. Berührung durch Materien, die zwifchen Erde und Mond wären; denn die Wirkung einer Materie auf einander durch Anziehung ift auch eine materielle Verbindung; weil der Grund nicht in etwas Ueberfinnlichem (dem unmittelbaren Willen Gottes), fondern in der wefentlichen Kraft der Materie liegt. Denn die Materie, die etwa zwifchen Erde und Mond liegt, thut nichts zur Anziehung. Die Erde wirkt alfo da, wo fie nicht ift, nehmlich auf den Mond, welches dem de Lüc einer Zauberei ähnlich fcheint. Allein das ift es fo wenig, dafs es vielmehr mit jedem Dinge der Fall ift, dafs es immer an dem Ort wirkt, wo es nicht ift. Denn ein Ding, das auf ein andres wirkt, wirkt ja eben dadurch aufser fich, folglich nicht an dem Ort, wo es ift, fon-

dern an dem Ort, wo das andre Ding ift. Wenn Erde und Mond einander auch berührten, so wäre doch der Punct der Berührung ein Ort, in dem weder die Erde noch der Mond ift; denn der Ort, wo die Erde ift, und der, wo der Mond ift, find um die Summe der Halbmeffer beider Körper von einander entfernt; weil der Ort der Punct ift, in welchem fich der Mittelpunct eines Körpers befindet. Im Puncte der Berührung aber ift weder ein Theil der Erde, noch des Mondes, denn diefer Punct liegt in der Grenze beider erfüllten Räume, die keinen Theil weder von dem Raum, den die Erde einnimmt, noch von dem, den der Mond einnimmt, ausmacht. Dafs alfo Materien in der Entfernung nicht unmittelbar in einander wirken können, würde fo viel fagen, als, fie können ohne Vermittelung der Kräfte der Undurchdringlichkeit nicht in einander wirken. Das hiefse aber, die Zurückftofsungskraft für die einzige Grundkraft der Materie erklären, oder doch die Anziehungskraft davon ableiten (gegen 5). Der ganze Mifsverftand beruhet darauf, dafs man die mathematifche Berührung der Räume, worin zwei Körper find, mit der phyfifchen Berührung zweier Körper durch zurückftofsende Kräfte verwechfelt. Warum follte es fich nicht eben fowohl denken laffen, dafs Körper, ohne Vermittelung der Zurückftofsungskraft, einander anziehen, als es fich denken läfst, dafs fie, ohne Vermittelung der Anziehungskraft, einander zurückftofsen? Es ift nicht der mindefte Grund da, eine diefer Kräfte von der andern abhängig zu machen, denn fie find specififch verfchieden, und die Möglichkeit der einen beruhet nicht auf der andern (N. 61.).

9. Aus der Anziehung in der Berührung kann gar keine Bewegung entfpringen; denn die Berührung ift Wechfelwirkung der Undurchdringlichkeit, welche alfo alle Bewegung abhält. Alfo mufs doch irgend eine unmittelbare Anziehung aufser der Berührung, und mithin in der Entfernung, angetroffen werden; denn fonft könnten die ftofsenden und drückenden Kräfte, welche, nach denen, die die Anziehungskraft in die Ferne leugnen, die Urfachen der Annäherung der Körper feyn

follen, nicht wirken, weil diefe eine Kraft vorausfezzen, welche hindert, dafs die Materie fich nicht durch ihre Zurückftofsungskraft ins Unendliche zerftreue (3). Man kann die Anziehung ohne Vermittelung der Zurückftofsungskraft die **wahre**, und die durch Vermittelung der Zurückftofsungskraft die **fcheinbare** nennen, bei der letztern übt der Körper, dem fich ein nach ihm hingeftofsener Körper nähert, eigentlich gar keine Anziehung aus. Allein auch die fcheinbare Anziehung, da fie durch Stofs entftehet, beruhet auf der Anziehungskraft des ftofsenden Körpers, der nicht ftofsen könnte, wenn die Zurückftofsungskraft feiner Theile nicht durch die Anziehungskraft derfelben befchränkt würde (3). Gehler (Phyf. Wörterbuch. Art. **Attraction** 1. B. S. 166) meint, „Newton habe das Wort Attraction nur gebraucht, um das allgemeine Phänomen des **Beftrebens der Körper nach wechfelfeitiger Annäherung** *(conatus accedendi)* damit zu bezeichnen, nicht um eine **Urfache** diefes Phänomens damit anzugeben. Diefer bei der Gröfse feines Genies dennoch fo befcheidene Naturforfcher fei ftets den fichern Weg der Experimentalunterfuchung gegangen, habe aus vielen Erfahrungen allgemeine Gefetze gezogen, und, unbekümmert um die verborgenen Urfachen derfelben, durch die erhabenften Kunftgriffe der Geometrie, die Folgen diefer Gefetze für Fälle, über welche unmittelbare Erfahrungen fehlten, beftimmt. Diefe nachahmungswürdige Methode gründe fich einzig auf Induction, oder auf den der gefunden Vernunft einleuchtenden Schlufs, dafs das, was in allen beobachteten Fällen wahr gefunden ward, auch in ähnlichen unbeobachteten ftatt finde, und alfo allgemein wahr feyn werde. Die häufigen Beifpiele von Fallen, Nähern, Anhängen der Körper gegen und an einander hätten ihn veranlafst, diefes Nähern als ein allgemeines Phänomen anzufehen, er habe das Gefetz deffelben für Erde und Mond entdeckt, und gefchloffen, dafs eben diefes Gefetz für Sonne und Planeten, und für die Planeten unter einander felbft gelten werde. Diefe Methode fei fo untadelhaft, und die dadurch gemachte Entdeckung der Mechanik des Himmels fo beftätigt, dafs nur Unwiffende jene fchmähen und diefe verwerfen könnten. Urfachen diefes Phänomens angeben zu können, habe fich Newton nie gerühmt. Man thue Newton Unrecht, wenn man glaube, er habe durch die Attraction das Phänomen **erklären** wollen, da er es dadurch blofs **benennen** wolle. Und (Art. Gravitation 2. B. S. 526), Newton ift nie fo weit gegangen, dafs er die Schwere nebft ihrem Gefetze als eine **wefentliche Eigenfchaft** der Materie angefehen hätte." Allein wäre das richtig, fo hätte er nicht behaupten können, dafs die Anziehung der Körper fich in gleichen Entfernungen nach der Menge der Materie richte, die der Körper hat, nach welchem hin die Anziehung treibt. Ein Körper, der noch einmal fo viel Materie hat als ein andrer, zieht auch in gleichen Entfernungen noch einmal fo ftark als der andre. Zwar nähert fich ein Körper, der noch einmal fo viel Materie hat als ein andrer, noch einmal fo langfam einem diefem andern ihn ziehenden Körper, allein das ift ein Gefetz, das fich nicht auf die Proportion der Anziehungskraft gründet, fondern auf die Menge der Theile, welche in beiden Körpern vorhanden find. Wenn zwei Magnete fich einander gleich ftark anzögen, und der eine fteckt in einer fchweren hölzernen Büchfe, fo wird der, welcher frei ift, fich mit gröfserer Gefchwindigkeit dem Magnet in der Büchfe nähern, als der Magnet mit der Büchfe ihm, da fie vorher, als der eine noch aufser der Büchfe war, fich einander gleich fchnell näherten. Newton fchlofs fogar nicht einmal den Aether, wie viel weniger andere Materien, vom Gefetz der Anziehung aus. Es hat nehmlich Gegner der Anziehungskraft gegeben, z. B. **Cartefius, Huygens, Joh. Bernoulli, Bilfinger** u. a, welche behaupteten, es fei der Aether oder eine andre freie unfichtbare Materie, welche die Körper gegen einander zu ftofse, fo dafs es blofs fcheine, als zögen fie fich einander an. Und diefer Meinung war auch **Euler** (Briefe an eine deutfche Prinzeffin 68. B. S. 229.). „Die letzte Meinung, fagt er, gefällt denen mehr, die in der Philofophie helle und begreifliche Grundfätze lieben; weil fie nicht fehen, wie zwei von einander entfernte Körper aufeinander

wirken können, ohne dafs etwas zwischen ihnen fei." Allein
diefe können ja eben fo wenig begreifen, wie Körper einander
durch die Berührung zurückftofsen (8). Und die Erklärung
durch den Stofs macht die Sache warlich nicht begreiflicher.
„Aber fobald man annimmt, fagt Euler (S. 230),
dafs der Raum zwifchen den Körpern mit einer freien Materie angefüllt ift; fo fieht man gleich ein, dafs diefe
Materie auf die Körper durch den Stofs wirken kann,
und die Wirkung beinahe eben diefelbe feyn mufs, als
wenn fie fich anzögen. Da wir nun wiffen, dafs in
der That eine folche flüffige Materie vorhanden ift, welche den Raum zwifchen den himmlifchen Körpern ausfüllt, nehmlich der Aether, fo fcheint es vernünftiger
zu feyn, der Wirkung des Aethers die gegenfeitige Anziehung der Körper zuzufchreiben, wenn man auch die
Art diefer Wirkung nicht einfieht, als zu einer ganz
unverftändlichen Eigenfchaft feine Zuflucht zu nehmen."
Da nun Newton felbft dem Aether Schwere beilegt, fo
konnte er nicht wie Euler die Nothwendigkeit des Antriebs durch den Stofs annehmen, um das Phänomen
der Annäherung zu erklären. Euler giebt auch das zu
(Br. 54. S. 187), indem er fagt: Newton war fehr
für die Meinung der Attraction. Allein Eulers Erklärung fchiebt alle Schwierigkeit auf den Aether, deffen
Möglichkeit felbft eine Anziehungskraft vorausfetzt (3).
Wenn daher Newton fich dagegen verwahrt*), dafs er
unter der Gravitation keine wefentliche Grundkraft der
Materie verftehe, fo war er hierin mit fich felbft nicht
einig, denn wenn er behauptete, dafs fich die Anziehungskräfte der Weltkörper nach der Menge der Materie richten, fo mufste er durchaus annehmen, dafs fie
als Materien, folglich nach einer ihrer allgemeinen ihnen wefentlichen Eigenfchaften fo wirken. Denn warum follte ein Körper vom Aether gegen einen gröfsern

---

*) *Optice. Edit. noviff. Laufannae et Genevae* 1740. 4. *Authoris
monitio altera ad lectorem:* Pag. XIV. XV. *Et ne quis* gravitatem *inter* effentiales *corporum proprietates me habere exiftimet, quaeftionem unam de ejus caufa inveftiganda fubjeci.*

ftärker hingetrieben werden als gegen einen kleinern (N. 63.).

10. Kant nennt diejenige Kraft, wodurch eine Materie auf die Theile der andern über die Fläche der Berührung hinaus unmittelbar wirken kann, eine **durchdringende Kraft**. Die Wirkung der Erde auf den Mond, und des Monds auf die Erde, die auf den Lauf beider Körper Einfluſs hat, oder diejenige Wirkung des Monds auf die Erde, wodurch Ebbe und Fluth entſteht, entſpringt nicht durch Berührung, ſondern gehet weit über die Grenzen dieſer Körper hinaus, und iſt alſo die Wirkung einer **durchdringenden Kraft** (N. 67.).

11. Durch die Anziehungskraft nimmt die Materie einen Raum ein, ohne ihn zu erfüllen, und wirkt auf andere durch den leeren Raum; ihr kann alſo keine dazwiſchen liegende Materie Grenzen ſetzen. So muſs die urſprüngliche und der Materie weſentliche Anziehungskraft gedacht werden, daher iſt ſie eine der Quantität der Materie proportionirte durchdringende Kraft. Wenn alſo auch noch ſo viele Körper zwiſchen zwei andern Körpern liegen, ſo ziehen ſich dennoch dieſe letztern an, und je gröſser ein Körper iſt, deſto gröſser iſt die Kraft, mit der er andere Körper anzieht.

12. **Die urſprüngliche Anziehungskraft, ohne welche nicht einmal Materie möglich iſt, erſtreckt ſich im Weltraume von jedem Theile derſelben auf jeden andern unmittelbar ins Unendliche.** Gäbe es nur zwei Körper in der Welt, ſie möchten noch ſo weit von einander ſeyn, als ſie wollten, ſo würde der eine den andern anziehen, ſie würden ſich folglich einander nähern, und endlich vereinigen. Dieſer Satz iſt nicht bloſs Hypotheſe, aber er war bis auf Kant bloſs eine durch Analogie und Unterſuchung der Phänomene beſtätigte Thatſache; Kant aber führt für ihn folgenden Beweis *a priori* aus dem Begriff der Materie (N. 68.).

13. Weil die urſprüngliche Anziehungskraft zum Weſen der Materie gehört (3), ſo kommt ſie auch jedem Theil derſelben zu, nehmlich unmittelbar auch in die Ferne zu wirken, ohne nehmlich mit der Materie, auf die ſie wirkt, durch Berührung, in Verbindung zu

ftehen. Wäre nun irgend eine Entfernung, bis wohin
fie fich nicht erftreckte, fo müfste das entweder von der
Materie herrühren, die dazwifchen läge, oder von der
Gröfse des Raums zwifchen der Materie und jener Entfernung. Allein die dazwifchen liegende Materie kann
die Anziehungskraft nicht begrenzen, weil es eine durchdringende Kraft ift (11), und es alfo einerlei ift, ob Materie dazwifchen liegt oder nicht. Aber auch die Gröfse des Raums, der zwifchen der Materie und jener Entfernung liegt, kann der Anziehungskraft nicht Grenzen
fetzen. Denn jene Anziehung hat einen Grad, unter
dem ins Unendliche noch immer kleinere gedacht werden können, folglich mufs fich zwar die Anziehung de-
ftomehr vermindern, je gröfser der Raum wird, in dem
fie fich ausbreitet, aber fie kann nirgends ganz aufgehoben werden. Folglich giebt es nichts, was die Wirk-
famkeit der Anziehungskraft irgendwo gänzlich aufhübe,
und fie erftreckt fich folglich im Weltraume von jedem
Theile der Materie auf jeden andern unmittelbar ins
Unendliche.

14. Es kann alfo nur eine urfprüngliche Anziehung in Widerftreit (Conflict) mit der urfprünglichen Zurückftofsung Materie möglich machen; der Grad
der Dichtigkeit der Materie kann aber entweder von der
eigenen Anziehung ihrer Theile, oder von der Vereinigung derfelben mit der Anziehung aller Weltmaterie herrühren (N. 70.). Der Grad der Erfüllung eines Raums
durch Materie (oder der Dichtigkeit derfelben) mufs auf
der beftimmten Einfchränkung der Zurückftofsung aller
ihrer Theile beruhen, welche nur durch die ins Unendliche fich erftreckende Anziehung möglich ift. Die
Wirkung von der allgemeinen Anziehung aller Materien
auf einander heifst die Gravitation; die Beftrebung
in der Richtung der gröfseren Gravitation fich zu bewegen ift die Schwere (N. 71.).

15. Die Alten, welche die Schwere ebenfalls aus
der Erfahrung kannten, gaben fchon dem Gedanken von
einer allgemeinen Schwere Raum. Anaxagoras
(*Diog. Laert. de vita philof. lib. II. Art. Anaxagoras*)

als er das Phänomen erklären wollte, dafs ein Stein
vom Himmel gefallen wäre, fagte, der ganze Himmel
beftehe aus Steinen, die eine Schwere gegen die Erde
hätten, und nur durch ihre fchnelle Kreisbewegung verhindert würden, auf die Erde zu fallen. Lucrez aber,
der das Epicurifche Syftem aufgeftellt hat, lehrt die
allgemeine Schwere, als einen Grundfatz deffelben,
und folgert daraus, dafs die Welt keine Grenzen haben
könne, weil diefe gehen nichts Aeufseres fchwer feyn,
und alfo zu den innern Theilen der Welt herabftürzen
würden (*Lucretius de rer. nat. lib. I. v.* 983. *fqq.*). Kep-
ler erftreckte zuerft die Schwere auf den Mond, die
Sonne und die Planeten unter einander. Die Lefung
feiner Schriften war hinreichend, der Meinung von der
allgemeinen und wechfelfeitigen Schwere mehrere Vertheidiger zu erwecken, z. B. einen gewiffen Fermat,
welcher fchon behauptete, dafs die Schwere wie der
Abftand vom Mittelpunct abnehme. Roberval fcheint
der erfte gewefen zu feyn, der allen Theilen der Materie die Schwere als eine wefentliche Eigenfchaft beilegte.
D. Hook hat vor Newton die Lehre von der allgemeinen Gravitation am vollkommenften eingefehen, aber noch
nicht das Gefetz entdeckt, nach welchem diefe Kraft
zunimmt. Die Entdeckung des Gefetzes der Gravitation, dafs fie nach den Quadraten der Entfernung abnimmt, nehmlich 2 mal fo weit, 4 mal weniger, 3 mal
fo weit, 9 mal weniger, 4 mal fo weit, 16 mal weniger
wirkt, war Newton vorbehalten. Newtons Schüler
gingen weiter als er. Roger Cotes zählet die Gravitation unter die wefentlichen Eigenfchaften der Materie, ohne welche Materie gar nicht gedacht werden
könne oder folle, dergleichen Ausdehnung, Beweg-
lichkeit und Undurchdringlichkeit find. Maupertuis vertheidigt ebenfalls den Satz, dafs die Gravitation eine wefentliche Eigenfchaft der Körper fei. Kant
hat nun diefe Behauptung unwiderleglich bewiefen.

16. Gehler, der auf Kants metaphyfifche Anfangsgründe der Naturwiffenfchaft keine Rückficht genommen hat, führet einige, feiner Meinung nach, ftarke
Einwürfe an, welchen man fich ausfetze, wenn man be-

haupte, die allgemeine Schwere fei eine mit der Materie wefentlich verbundene Eigenfchaft (*qualité inhérente*). Da nun diefes gerade Kants Behauptung ift, fo wollen wir diefe ftarken Einwürfe noch hören.

a. „Fürs erfte wird dadurch alle weitere Unterfuchung abgebrochen, und es bleibt nichts mehr zu fagen übrig, als dafs Gott der Materie einmal diefe Eigenfchaft beigelegt und diefe Gefetze vorgefchrieben habe." Allein das ift der Fall mit allen Grundkräften. Der Verftand will zwar auch bei ihnen noch eine Kraft haben, von der fie abgeleitet werden können, weil das dem Verftandesgefetz der Caufalität fo gemäfs ift; allein das widerfpricht dem Begriff einer Grundkraft, die überdem, wenn fie *a priori* bewiefen werden kann, in dem Erkenntnifsvermögen des Menfchen gegründet ift. Von einer folchen Grundkraft kann nur begriffen werden, dafs fie da ift, da feyn mufs, aber nie wie fie möglich ift. Wir fagen alfo nicht, Gott hat einmal der Materie diefe Eigenfchaft beigelegt (denn Gott ift kein Erklärungsgrund eines Naturphänomens); fondern, wenn es eine Materie giebt, die einen Raum erfüllt, fo mufs das durch eine der Materie wefentliche Zurückftofsungskraft und Anziehungskraft gefchehen, weil von uns keine andre den Raum erfüllende Materie vorgeftellt werden, d. i. als Erfcheinung vorhanden feyn kann. „Dennoch", fährt Gehler fort, „ift das Phänomen der wechfelfeitigen Näherung, nach dem verkehrten Verhältniffe des Quadrats der Entfernung, noch nicht einfach genug, und führt noch zu viel befondere Beftimmungen bei fich, als dafs man alle Bemühung, es zu erklären, aufgeben follte. Man ift ja immer noch begierig zu wiffen, warum fich die Gravitation nicht nach dem Abftande felbft, oder nach deffen Würfel, fondern gerade nach dem Quadrate richte." Diefe Frage beantwortet Kant. Eine jede unmittelbar in die Ferne wirkende Kraft ift als ein Quantum zu betrachten, das in Anfehung eines jeden einzelnen Punct's, auf den fie wirkt, fich nach dem Verhältniffe des Raums äufsert, den fie einnimmt. Man denke fich die Materie z. B. mit andern Materien umgeben, fo mufs die Gröfse der Anziehungskraft für jeden Punct der Kugelfläche, in der die Materien, welche angezogen werden, die anziehende Materie umgeben, sich nach der Größe der Kugelfläche richten. Nun lehrt aber die Geometrie, daß die Kugelflächen nach den Quadraten ihrer Halbmesser (oder Durchmesser) wachsen, daß nehmlich eine Kugelfläche, die noch einmal so weit von ihrem Mittelpunct entfernt ist, als eine andere, 4 mal so groß ist, daß die, welche dreimal so weit vom Mittelpunct entfernt ist, 9 mal so groß ist, als die erstere u. s. w. Folglich gründet sich das Gesetz der Anziehungskraft auf das Gesetz, nach welchem die Räume wachsen, und auf die unveränderliche Größe dieser Kraft im Verhältnisse zu einem Raum, der nach jenem Gesetze zunimmt (N. 72.).

b. „Ferner sieht man schwerlich ein, wie zwei von einander entfernte Körper ohne ein Zwischenmittel auf einander wirken sollen." Diese Schwierigkeit ist (in 8 und 9) gehoben worden.

c. „Endlich macht man, wenn man den einzigen Grund in dem Willen des Schöpfers sucht, die ganze Schöpfung zu einer beständigen Reihe von Wunderwerken." Allein dieser Einwurf trifft die Kantische Theorie nicht, weil es nach derselben ein Wunderwerk wäre, wenn uns eine Materie vorkäme, welche keine Anziehungskraft hätte, indem dann nichts anders als die Allmacht Gottes die Materie vor der Zerstreuung in den unendlichen Raum bewahren, d. i. selbst die Materie, um der Zurückstoßungskraft zu widerstehen, zusammen drücken müsste.

    Kant. Metaph. Anfangsgr. der Naturw. II. Hauptst. Erkl. 2. S 34. Lehrs. 5. Bew. Anm. S. 52 — 57. Erkl. 6. S. 59. Lehrs. 7. Bew. Anm. 1. 2. Erkl. 7. Zus. Lehrs. 8. Bew. S. 60 — 69. Zus 2. S. 70. 71. Anmerk. 1. S. 72.

    Gehler. Phys. Wörterb. Art. Attraction und Gravitation.

Apathie.

S. Affectlosigkeit.

Apodictisch.

Kant gebraucht dieses Wort offenbar in zweierlei Bedeutung. Einmal nennt er das apodictisch, was mit dem Bewufstseyn der Nothwendigkeit verbunden ist, z. B. die Sätze, der Raum hat nur drei Abmessungen, die Zeit hat nur eine Abmessung. Das Gegentheil dieser Sätze läfst sich gar nicht denken, und diese Beschaffenheit derselben heifst die Nothwendigkeit derselben. Da wir uns nun bewufst sind, dafs wir uns keinen Raum von mehr oder weniger Abmessungen als drei z. B. von einer, und keine Zeit von mehr als einer Abmessung z. B. von drei vorstellen können, so heifsen diese Sätze, um dieser ihrer Beschaffenheit willen, apodictische (C. 41.).

2. In diesem Sinn giebt es eine besondere Modalität der Sätze, vermöge der sie apodictische genannt werden. Die Modalität der Sätze ist nehmlich der Werth, den die Copula derselben in Beziehung auf das Denken hat, ob nehmlich die Verknüpfung der Prädicate mit dem Subject blofs als logisch möglich, oder als logisch wirklich, oder als logisch nothwendig gedacht wird. Wird diese Verknüpfung als logisch nothwendig gedacht, so heifst der Satz apodictisch, und die Copula kann durch mufs ausgedrückt werden, z. B. der Raum hat drei Abmessungen, kann auch heifsen, der Raum mufs drei Abmessungen haben; denn das Gegentheil ist gar nicht denkbar. Wird die Verknüpfung zwischen Subject und Prädicat blofs als logisch wirklich gedacht, so heifst der Satz assertorisch, z. B. der Raum hat drei Abmessungen; hier denke ich nehmlich noch nicht an die logische Nothwendigkeit der Verknüpfung des Prädicats mit dem Subject. Denkt man sich nun einen solchen assertorischen Satz durch die Gesetze des Verstandes selbst bestimmt, so wird er apodictisch. Dann drückt er aus, dafs das Gegentheil gar nicht denkbar sei, welches man die logische Nothwendigkeit eines Satzes nennt. Wenn ich mir auch einen Raum von mehr oder weniger Abmessungen als drei vorstellen wollte, so ist es mir doch nicht möglich, es ist

den Gesetzen, wornach ich mir den Raum vorstellen muſs, gänzlich zuwider, diese Gesetze bestimmen meine Vorstellung vom Raum, und machen den Satz nothwendig, und ein solcher Satz ist *a priori*. Es ist unzertrennlich mit unserm Erkenntnisvermögen verbunden, daſs wir uns den Raum nach drei Abmessungen denken (C. 101.).

3. Alle Nothwendigkeit ist aber entweder bedingt oder unbedingt. Sie ist bedingt, wenn nur unter gewissen Voraussetzungen das Gegentheil nicht möglich ist; unbedingt, wenn sie an und für sich, ohne alle Voraussetzung und Vergleichung, innerlich unmöglich ist. Und da pflegt nun Kant im strengsten Sinne nur das apodictisch zu nennen, was unbedingte Nothwendigkeit hat. Wenn wir den Verstand gebrauchen, um die Anschauungen eines Gegenstandes selbst in Begriffe zu verwandeln, so heiſst das der mathematische Gebrauch des Verstandes; gebrauchen wir ihn aber, um uns Begriffe vom Daseyn eines Gegenstandes in Begriffe zu verwandeln, so heiſst das der dynamische Gebrauch des Verstandes. Bei dem letztern sind die Sätze immer nur mit bedingter Nothwendigkeit verbunden, nehmlich es gilt nur unter der Bedingung, daſs die Objecte in einer möglichen Erfahrung existiren sollen, dahingegen die Objecte der Anschauungen gar nicht anders als in einer möglichen Erfahrung existiren können, weswegen die Sätze des mathematischen Verstandesgebrauchs mit unbedingter Nothwendigkeit verknüpft sind. Der Satz, der Raum hat drei Abmessungen, ist von der letztern Art, denn die Unmöglichkeit des Gegentheils ergiebt sich sogleich, wenn wir uns einen andern Raum in der reinen Einbildungskraft darstellen wollen, und so bedarf es denn hier nicht der Bedingung, es giebt keinen andern Raum in der Erfahrung, weil es uns auch nicht einmal möglich ist, uns einen andern Raum vorzustellen. Wenn ich hingegen sage: jeder Mensch muſs einen Vater haben, so ergiebt sich die Unmöglichkeit des Gegentheils nicht unmittelbar, sondern nur unter der Bedingung, daſs der Mensch ein Gegenstand der Erfahrung seyn soll, und nicht etwa ein überſinnliches Wesen. Die Entstehung eines Menschen ohne Vater, z. B. Adams durch den Schöpfer, läſst sich denken, obwohl

nicht begreifen, weil hier der Erklärungsgrund, die Natururſache, wegfällt. Nur dann, wenn der Menſch zu der Reihe aller Menſchen in der Natur, ſowohl in auf als abſteigender Linie, gehören, wenn er uns ferner in der Erfahrung vorkommen, kurz, zur ſinnlichen Welt gehören ſoll, ſo muſs er durchaus den Geſetzen derſelben unterworfen ſeyn, und daher ſeine Natururſache, d. i. einen Vater haben. Die Gewiſsheit iſt in beiden Sätzen die nehmliche. Es iſt eben ſo gewiſs, daſs ein jeder Menſch, der uns vorkömmt, einen Vater, als daſs der Raum drei Abmeſſungen hat. Aber bei dem erſten Satz iſt die Gewiſsheit nicht ſo einleuchtend, als bei dem zweiten, und dies rührt eben daher, weil ich bei dem zweiten mir bloſs die Sache ſelbſt vorſtellen darf, um die Unmöglichkeit des Gegentheils einzuſehen; bei dem erſtern aber muſs ich erſt noch einen andern Satz denken, nehmlich daran, daſs wenn es nur einen einzigen Menſchen gäbe, der keinen Vater hätte, die Allgemeinheit des Satzes, daſs jede Begebenheit, alſo auch die Entſtehung eines Menſchen, ſeine Natururſachen haben müſſe, und damit die Möglichkeit der Erfahrung ſelbſt, über den Haufen fallen, und zwiſchen Erfahrungen und Träumen der Phantaſie weiter kein Unterſchied ſeyn würde. Wenn nun die Gewiſsheit eines Satzes unmittelbar einleuchtet, wie die von den drei Abmeſſungen des Raums, ſo iſt ſie apodictiſch (Pr. 49), und der Satz ſelbſt im ſtrengſten Sinne des Worts apodictiſch (C. 199.). Dieſe Beſchaffenheit haben alle Sätze der Geometrie. S. acroamatiſch, beſonders 7.

4. Kant nennt es einen apodictiſchen Gebrauch der Vernunft, wenn ſie dazu angewendet wird, beſondere Sätze aus ſolchen allgemeinen abzuleiten, die an ſich gewiſs und gegeben ſind. Daſs der Raum drei Abmeſſungen hat, iſt ein allgemeiner Satz, denn er gilt von jedem Theile des Raums, auch iſt er an ſich gewiſs, denn man darf ſich den Raum nur vorſtellen, um ſeine Gewiſsheit einzuſehen, auch iſt er durch unſer Erkenntniſsvermögen ſelbſt gegeben. Aus dieſem Satze folgt aber unmittelbar, daſs alle Materie, oder das, was den Raum erfüllt, ebenfalls drei Abmeſſungen haben müſſe. Es wird nichts weiter als Urtheilskraft erfordert, um die-

fen letztern Satz von dem erftern abzuleiten, welches man **fubfumiren** nennt. Denn den Raum erfüllen, heifst nichts anders, als die drei Abmeffungen deffelben erfüllen, folglich felbft drei Abmeffungen haben. Diefe Ueberlegung machen, heifst **fubfumiren**, und ift ein Werk des **Vermögens** fo zu überlegen oder zu fubfumiren, welches eben **Urtheilskraft** heifst. Der befondere Satz von den drei Abmeffungen der Materie, wird nun durch diefe Ableitung von dem apodictifchen allgemeinen Satz, von den drei Abmeffungen des Raums, ebenfalls unbedingt nothwendig, weil das Gegentheil wieder gar nicht denkbar ift, und von keiner Materie aufser der Erfahrung die Rede feyn kann. Ein folcher Gebrauch der Vernunft nun heifst der **apodictifche** Gebrauch derfelben (C. 674.).

5. Kant theilt alle apodictifchen Sätze, im weitern Sinne des Worts, in **Dogmata** und **Mathemata** ein. Dies ift aber nur zu verftehen, in fo fern fie direct fynthetifch find. Diefe Eintheilung gründet fich auf die zwiefache Art zu erkennen, nehmlich aus Begriffen, oder durch Conftruction der Begriffe. Ein **Dogma** ift nehmlich ein directfynthetifcher Satz aus Begriffen. Ein fynthetifcher Satz aus Begriffen ift der, bei dem fich die Verknüpfung des Prädicats mit dem Subject auf einen Begriff gründet. Ein fynthetifcher Satz ift aber direct aus Begriffen, wenn die Verknüpfung des Prädicats mit dem Subject unmittelbar aus einem Begriffe folgt, nicht etwa durch Beziehung diefes Begriffs auf etwas anders. Ein folches Dogma hat die **fpeculative** Vernunft nicht, wohl aber die **practifche**, z. B. die Seele ift unfterblich. Hier liegt das Prädicat **unfterblich** nicht in dem Subject **Seele**. Denn dafs die Denkkraft, die wir **Seele** nennen, noch nach dem Tode, und immer fort dauern werde, liegt gar nicht in dem Begriff derfelben, folglich ift der Satz **fynthetifch**. Die Verknüpfung des Prädicats **unfterblich** mit dem Begriff **Seele** gründet fich auf die Nothwendigkeit, das Moralgefetz vollkommen zu befolgen, welches nur bei einer unendlichen Fortdauer des vernünftigen Wefens **möglich** ift. Die vollkommene Befolgung des Moralgefetzes fetzt

also diese unendliche Fortdauer als nothwendig voraus. Giebt es also ein Sittengesetz, das mit practischer Nothwendigkeit (oder **apodictisch**) gebietet, d. h. das nicht unerfüllt bleiben darf, dessen Gegentheil, nehmlich ihm nicht zu gehorchen, für ein sinnliches moralisches Wesen nicht denkbar ist, so folgt auch unmittelbar daraus, dass ein solches moralisches Wesen seine unendliche Fortdauer für eben so nothwendig halten müsse, weil ohne sie sein Zweck, der sich ihm aber mit Nothwendigkeit aufdringt, nicht erreichbar ist. Allein diese unmittelbare (directe) Folgerung des Satzes, die Seele ist unsterblich, aus der Nothwendigkeit der Befolgung des Moralgesetzes, ist nicht die Folgerung aus einer **Erkenntnifs**, sondern aus dem **Sittengesetz, wenn es befolgt werden soll**. Folglich ist das **Dogma** nicht ein Satz der **speculativen**, sondern der **practischen** Vernunft, oder der Vernunft als eines Vermögens, aus dem für sinnliche Wesen ein Sittengesetz entspringt. Die Nothwendigkeit ist nicht die des **Objects, Unsterblichkeit der Seele**, sondern die des **Subjects, des vernünftigen Wesens sie (die Unsterblichkeit) anzunehmen**, weil es das Moralgesetz nothwendig befolgen soll. Denn wer die Nothwendigkeit der Befolgung des Sittengesetzes nicht anerkennte, für den fiele auch die nothwendige Annahme der Unsterblichkeit der Seele weg. S. **Dogma**. Ein **Mathema** ist ein directsynthetischer Satz durch Construction der Begriffe. Ein Beispiel hierzu s. **Acroamatisch**, 1. (C. 764. P. 22. 23. *).

 Kant. Critik der rein. Vern. Elementarl. I. Th. I. Abschn. §. 3. S. 41. II. Th. I. Abth. I Buch. I. Hauptst. II. Abschn. §. 9. 4. S. 101. II. Buch. II. Hauptst. III. Abschn S 199. II. Th. II. Abth. II. Buch. III. Haupst. VII. Abschn. Anhang. S. 674. Methodenl. I. Hauptst. I. Abschn. 3. S. 764.

Dess. Prolegom. §. 6. S. 49.
Dess. Crit. der pract. Vern. Vorrede. S. 22. 23. *).

Apperception,

Bewufstseyn, Selbstbewufstseyn, *apperceptio, conscientia, perception, conscience, sentiment interieur (self — consciousneß).* Dieses Wort wird von Kant in zweierlei Bedeutung gebraucht:

1. heißt es so viel als das **Bewußtseyn seiner selbst**, d. i. die einfache Vorstellung des Ich. Wenn ein der Vorstellungen fähiges Subject Vorstellungen hat, so verknüpft es stets mit diesen Vorstellungen noch die, daß es sie hat. Diese zweite Vorstellung, daß Ich, das vorstellende Subject, diese Vorstellungen habe, heißt das **Bewußtseyn meiner selbst**, oder die **Apperception**. Diese Vorstellung ist einfach, oder es lassen sich in ihr keine Merkmale unterscheiden. Sie ist eine Wirkung des Verstandes, der dadurch alles Mannichfaltige einer Vorstellung in eine **einzige** Vorstellung verknüpft, oder nach Kants Kunstsprache eine **Synthesis** hervorbringt. Wenn ich z. B. denke, **ich sehe**, so wird alles Mannichfaltige in der Vorstellung des Sehens, durch die einfache Vorstellung des Ich, verknüpft, und dadurch eine **einzige** Vorstellung, von der ich nun sage, daß sie mit Apperception verbunden ist. Würde das Mannichfaltige in der Vorstellung, ich sehe, durch die Vorstellung Ich eben so **selbstthätig** in meinem Subject hervorgebracht, als das Mannichfaltige derselben **selbstthätig** verbunden wird, so schauete der Verstand an, und wir hätten intellectuelle Anschauungen. Allein dieses Mannichfaltige wird dadurch, daß die Sinnlichkeit afficirt wird, gegeben, denn ich kann nicht Licht und Augen und Gegenstände durch ein bloßes Denken herbeischaffen, wenn keine da sind; also **schauet die Sinnlichkeit** vermittelst der Affectionen **an**, und **der Verstand denkt**, oder vereinigt durch jene Synthesis das durch die Affectionen gegebene Mannichfaltige in einen Begriff (C. 68.).

2. Diese **Apperception** ist nun von zweierlei Art:

a. Die **empirische Apperception**, oder das Bewußtseyn, welches bloß die Vorstellungen begleitet, d. i. das einfache **Ich**, welches zu jeder Vorstellung unmittelbar hinzukömmt, z. B. Ich sehe, Ich denke, **dieser Tisch** (d. h. der Tisch, den **Ich** anschaue), der Stuhl (nehmlich derjenige, den **Ich** in Gedanken habe) u. s. w. Diese empirische Apperception nennt man auch die **Wahrnehmung**.

b. **Die reine oder ursprüngliche Apperception,** oder das Bewußtseyn, welches selbst jene empirische Apperception, und dadurch, mittelbar, jede andere Vorstellung begleitet. So wie jeder Körper einen Raum, den ich wahrnehme, erfüllt, und diesem Raum, der ein Gegenstand meiner Erfahrung ist, noch ein reiner Raum zum Grunde liegt, in den ich jeden empirischen oder Erfahrungs-Raum setze, den ich selbst aber nicht erfahre, sondern der eine nothwendige, aus der Form meiner Sinnlichkeit entspringende Vorstellung (reine Anschauung) ist; eben so wird jede Vorstellung in einer Apperception gedacht, oder von der einfachen Vorstellung Ich begleitet, welches aber bei jeder von demselben begleiteten Vorstellung verschieden seyn würde, wenn nicht alle diese Ich zu einem einzigen Ich gehörten, in welchem sie alle verbunden werden, und durch welches sie als identisch, oder als dieselben Ich gedacht werden. Durch dieses reine Ich, welches, als nothwendig und allgemein, der empirischen Apperception (oder den Ich, die ich bei allem, was in meinem äußern und innern Sinne und in meinem Verstande ist, wahrnehmen kann) zum Grunde liegt, kann ich z. B. sagen, Ich, der ich sehe, bin das Ich, das da denkt; das Ich, das jetzt am Schreibtische sitzt; das Ich, das jetzt diese Gedanken niederschreibt. Diese reine Vorstellung, die von keiner andern weiter begleitet wird (weswegen sie **ursprünglich** heißt), aber alle Vorstellungen begleitet, heißt die **reine Apperception**, oder weil sie auch Vorstellungen *a priori* möglich macht, das **transscendentale Selbstbewußtseyn**. Das reine Ich, oder die reine Vorstellung Ich denke, (Ich bins, der diese Vorstellungen hat) muß alle meine Vorstellungen begleiten; denn sonst würde etwas in mir vorgestellt werden können, was doch nicht gedacht werden könnte, denn es wäre in keiner Verbindung mit dem vorstellenden Subject. Das heißt, die Vorstellung wäre nicht dieses Subjects Vorstellung, wie das Bild im Spiegel nicht des Spiegels Vorstellung ist, sondern nur durch den Spiegel einem andern, in den Spiegel schauenden vorgestellt wird; oder die Vorstellung wäre doch für mich nichts, so wie das Bild im Spiegel für den Spiegel nichts ist. Denn wenn auch das empirifche Ich mit der Vorftellung verknüpft wäre, fo wäre doch aus Mangel des transfcendentalen die Vorftellung weder mit dem vorhergehenden noch nachfolgenden Zuftande des vorftellenden Subjects verbunden, und folglich ganz ifolirt (C. 131. f.).

3. Wenn ich mir denke, Ich, der ich jetzt fchreibe, bin das Ich, das jetzt an feiner Hausthüre klingeln hört; das Ich, das jetzt vor diefem Schreibtifche fitzt u. f. w.; fo ift diefe Identität der Apperception, oder dafs das Bewufstfeyn in allen das nehmliche ift, eine Verknüpfung Synthefis) von Vorftellungen, welche mir nur dadurch möglich ift, dafs ich mir diefer Verknüpfung bewufst bin. In jeder einzelnen Vorftellung, z. B. der Vorftellung, ich fchreibe, ich höre klingeln, ich fitze vor dem Schreibtifche u. f. w. ift ein empirifches Bewufstfeyn, oder ich nehme es wahr, dafs ich fchreibe, dafs ich klingeln höre u. f. w., allein jede diefer Wahrnehmungen ift an fich einzeln, nicht mit der andern verbunden, fondern zerftreut, fie fteht alfo wohl an und für fich mit dem vorftellenden Subject in Verbindung, denn fonft könnte daffelbe nicht fagen, ich denke; aber ob das Object, das da denkt, daffelbe ift, das da klingeln hörte u. f. w. das weifs ich dadurch noch nicht, diefes weifs ich nur dadurch, dafs ich jede einzelne Vorftellung mit Bewufstfeyn begleite, oder immer ein Ich damit verbinde; fondern erft dadurch, dafs ich alle diefe Ich gleichfam an Ein Ich hefte, wodurch fie alle für ein und daffelbe Ich erkannt, und fo in Ein Bewufstfeyn verbunden werden. Die Einheit durch die Verbindung aller Ich, zu Einem Ich, entfteht, nennt Kant die fynthetifche Einheit der Apperception. Sie macht die Vorftellung möglich, dafs alle jene Ich identifch, oder das Bewufstfeyn in allen einzelnen Vorftellungen das nehmliche ift, welches er die analytifche Einheit der Apperception nennt. So wie es nun mit diefen Vorftellungen war, fo ift es nothwendig auch mit den einzelnen Theilen derfelben, und folglich auch mit den Anfchauungen und ihren einzelnen Theilen Das Mannichfaltige einer Anfchauung kömmt einzeln in uus. Jedes Einzelne diefes Mannichfaltigen wird mit empiri-

fchem Bewufstfeyn verbunden, und durch die Heftung des empirifchen Bewufstfeyns in jeder Theilvorftellung der Anfchauung an ein einzelnes Bewufstfeyn, oder an die Vorftellung, Ich denke, die das Bewufstfeyn in allen jenen Theilvorftellungen begleitet, wird es mir möglich, das Bewufstfeyn in denfelben immer für das nehmliche zu erkennen, und fo die Anfchauung zu erzeugen. Diefes Bewufstfeyn oder diefe urfprüngliche Apperception geht alfo allen meinen Anfchauungen, und alfo allem meinen beftimmten Denken *a priori* vorher, und ift der urfprüngliche Grund aller Verknüpfung. Die Verknüpfung kommt alfo nicht von dem Gegenftande her, und wird nicht etwa von dem Verftande wahrgenommen, und dadurch erkannt; fondern umgekehrt der Gegenftand von diefer Verknüpfung durch den Verftand; denn der Verftand macht diefe Verknüpfung und eben dadurch den Stoff der Anfchauungen zu Anfchauungen, die fich dann der Verftand unter dem Begriff Gegenftand denkt, der als finnlicher, aber noch nicht durch Prädicate beftimmter, Gegenftand Erfcheinung heifst. Der Verftand ift alfo ein Vermögen *a priori* zu verbinden, und das Mannichfaltige gegebener Vorftellungen in ein einziges Bewufstfeyn mit einander zu verbinden. Daher ift nun auch der oberfte Grundfatz aller menfchlichen Erkenntnifs: alles Mannichfaltige der Anfchauung ftehet unter dem, wodurch der Verftand Einheit, und zwar urfprüngliche fynthetifche Einheit der Apperception, hervorbringt (M. l. 46 C. 133 f.).

4. Diefer Grundfatz, dafs alles Mannichfaltige gegebener Vorftellungen unter den Bedingungen der urfprünglich-fynthetifchen Einheit der Apperception ftehen mufs, ift identifch. Denn er fagt nichts weiter, als dafs alle meine Vorftellungen unter den Bedingungen ftehen, die fie zu meinen Vorftellungen machen. Sie find meine Vorftellungen, heifst nehmlich nichts anders, als fie find in meinem Bewufstfeyn verbunden, welches eben durch die Verknüpfung (Synthefis) des Verftandes gefchieht. (M l. 155. C. 138.). Obiger Grundfatz ift alfo analytifch, denn das Prädicat, unter den Bedingungen der urfprünglich-fynthetifchen Ein-

heit der Apperception stehen, steckt in dem Subject, gegebene Vorstellungen, weil gegebene Vorstellungen nichts anders heifst, als solche, die durch Afficirung meiner Sinnlichkeit, und Wirkung des Verstandes, **meine Vorstellungen geworden sind**. Dennoch ist dieser Grundsatz nicht leer und überflüssig, sondern er erklärt die Synthesis der ursprünglichen Apperception für nothwendig, wenn das gegebene Mannichfaltige der Anschauung nicht blofs mit Bewufstseyn soll in uns seyn, sondern das Bewufstseyn in allen Theilvorstellungen derselben soll identisch, oder als immer das nehmliche gedacht werden, kurz wenn alles, was wir anschauen, zu einem und demselben **Selbst** gehören soll (M. L. 149. C. 135). Obiger Grundsatz heifst **der Grundsatz der synthetischen Einheit der Apperception**, und ist der oberste Grundsatz für den Verstand, und für denselben eben das, was der Grundsatz, dafs alles Mannichfaltige der Anschauungen unter den formalen Bedingungen des Raums und der Zeit stehe, für die **Sinnlichkeit** ist.

5. Der Grundsatz der ursprünglich-synthetischen Einheit der Apperception ist also das, den Erkenntnifsquellen nach, **erste reine Verstandeserkenntnifs**. Ich sage, **den Erkenntnifsquellen nach**, denn es gehört der Zeit nach eine lange Cultur des philosophischen Verstandes dazu, ehe er sich bis zum deutlichen Bewufstseyn dieses obersten Grunsatzes aller Verstandeserkenntnifs erheben kann. **Der Zeit nach** kömmt er also sehr spät. Aber er gehet doch in der Genesis, oder Erzeugung aller Erkenntnifs durch den Verstand, vor aller andern Verstandeserkenntnifs her, und macht sie erst möglich. Auch ist er von Raum und Zeit, als den Bedingungen der sinnlichen Anschauung gänzlich unabhängig, vielmehr hängen diese, als Anschauungen (aber nicht als blofse Formen, denn als solche sind sie blofs ein Mannichfaltiges, das erst durch Apperception zu Anschauungen verknüpft werden mufs) von demselben ab. Die blofse Form der äufsern sinnlichen Anschauung ist z. B. das Mannichfaltige, das hernach zu einer Anschauung verknüpft ist, die **Raum** heifst. So lange es

noch Form des Gemüths ist, so lange giebt es noch keine Vorstellung, so lange ist es nur noch ein Mannichfaltiges *a priori*, woraus Anschauung werden kann. Will ich nun etwas im Raume, z. B. eine Linie, erkennen, so muss ich sie in Gedanken ziehen. Dadurch verbinde ich das Mannichfaltige, das mein Gemüth giebt, auf eine bestimmte Weise in Eine Apperception. Durch diese Handlung entstehet nun die Einheit einer bestimmten Anschauung (der Linie), die Einheit des Bewustseyns eines Objects, das ich anschaue, oder auf das ich meine Anschauung durch den Verstand beziehen, und es demnach durch nähere Bestimmung, vermittelst der Prädicate, erkennen kann. (C. 137).

6. Soll also ein Gegenstand für mich entstehen, so muss durch den Actus des Verstandes, Ich denke, jedes Mannichfaltige der Anschauung in ein transscendentales Selbstbewustseyn verknüpft werden; und so bedürfen wir dieser transscendentalen Apperception nicht etwa blofs, um Gegenstände zu erkennen, sondern zu erzeugen (C. 138). Noch ist zu merken, dafs dieser Grundsatz der ursprünglich-synthetischen Einheit der Apperception, ob er wohl **objectiv**, das ist, für jeden Verstand, der durch Begriffe erkennt, gültig ist, dennoch nicht für jeden möglichen Verstand überhaupt gilt. Brächte der Verstand durch sein Selbstbewustseyn, oder seine Vorstellung, Ich denke, das, was er denkt, oder das Mannichfaltige der Anschauung selbst hervor, so wäre es schon in diesem erzeugenden Selbstbewustseyn verbunden, und bedürfte keiner weitern Verknüpfung (Synthesis). Aber für den **menschlichen** Verstand ist er doch unvermeidlich der erste Grundsatz. Und eben daher rührt es auch, dafs wir uns von einem andern Verstande, der selbst anschauete, oder doch auf eine andre Art der Sinnlichkeit, als die unsrige ist, angewendet würde, eigentlich keinen Begriff machen können (M. L. 154. C. 138 f.).

Das übrige, was zur Erörterung der Apperception gehört s. unter den Artikeln **Bewustseyn**, **Selbstbewustseyn**, **Urtheil**.

7. II. Kant verſteht aber unter **Apperception** auch das **Vermögen des Bewuſstſeyns** (N. 117.), oder das Vermögen, die Vorſtellungen mit der Vorſtellung des **Ich** zu begleiten, und dieſes iſt hiernach ebenfalls wieder

a. die **empiriſche Apperception**, oder das Vermögen, welches da macht, daſs ich mir meiner Vorſtellungen bewuſt bin; und heiſst auch der innere Sinn. Es iſt das Vermögen, ſich ſeines jedesmaligen Zuſtandes, ſeiner Wahrnehmungen, bewuſt zu werden; und

b. die **reine, urſprüngliche oder transſcendentale Apperception**, oder das Vermögen, durch welches ich mir der Identität des empiriſchen Bewuſtſeyns in allen meinen Vorſtellungen bewuſt werde, oder daſs es immer das nehmliche Ich iſt, das ſie alle begleitet. Dieſes Apperceptionsvermögen iſt ganz intellectuell und der **Verſtand** ſelbſt.

8. Wir ſind uns aber entweder der Gegenſtände bewuſt, mit welchen wir uns beſchäftigen, dieſes iſt das **empiriſche Bewuſtſeyn** derſelben, oder wir machen uns ſelbſt zum Gegenſtande unſerer Beobachtung oder unſers Nachdenkens, und ſpeculiren über unſer eigenes Ich; dann haben wir das **empiriſche Bewuſtſeyn unſrer ſelbſt**. Darum heiſst nun auch die urſprüngliche Apperception das urſprüngliche **Selbſtbewuſtſeyn**, weil wir uns durch daſſelbe der Identität unſers Ichs bewuſt ſind. Aus allem dieſem ſehen wir nun, warum Kant (in einer pragmatiſchen Anthropologie, welche bloſs im Manuſcript vorhanden iſt) ſagt: „das Ich iſt das, was den Menſchen von den Thieren unterſcheidet. Wenn ein Pferd den Gedanken Ich faſſen könnte, ſo würde ich hinunterſteigen und es als meinen Geſellſchafter betrachten müſſen. Denn das Ich macht den Menſchen zur Perſon. Dieſer Gedanke giebt dem Menſchen das Vermögen zu allem, und macht ihn ſelbſt zum Gegenſtande ſeiner Reflexionen. Dieſes Ich begleitet alle unſere Gedanken und Handlungen, und iſt der ſtärkſte Gedanke, den der Menſch faſſen kann."

9. Jede Vorſtellung, die wir haben, iſt mit Bewuſstſeyn verbunden, weil wir ohne Bewuſstſeyn derſelben nicht wiſſen können, ob wir Vorſtellungen haben. Nun hat das Bewuſstſeyn ſeine Grade. Locke behauptet das Gegentheil, hat aber unrecht. So lange Vorſtellungen dunkel ſind, ſind wir uns ihrer nur nicht klar und deutlich bewuſst, denn ſie liegen dann bloſs in der unmittelbaren Empfindung, welche noch nicht zur Anſchauung gebracht worden, wir können aber dann doch durch Schlüſſe herausbringen, daſs ſie vorhanden ſind. Kant giebt (in dem angeführten Manuſcript) hierzu folgendes Beiſpiel. Wir ſehen am Himmel eine Milchſtraſse, die Alten ſahen ſie auch, und glaubten, es ſei ausgeſpritzte Milch einer Göttin u. ſ. w. Der Tubus zeigt uns jetzt, daſs es der Widerſchein von vielen kleinen Sternen iſt. Folglich haben die Alten auch dieſe kleinen Sterne geſehen, denn ſonſt hätten ſie die Milchſtraſse nicht geſehen, auſser daſs ſie nur nicht jeden einzelnen Stern ſahen, ſondern nur den Widerſchein deſſelben. Alſo lagen die dunkeln Vorſtellungen von den Sternen der Milchſtraſse ſchon in den Alten, ſie hatten zwar die unmittelbare Empfindung derſelben, aber ſie ſchaueten ſie nicht an, ſondern konnten bloſs ſchlieſſen, was es wohl ſeyn möchte.

Kant. Critik der rein. Vern. Elementarl. I. Th II. Abſchn. § 8. II S. 68. II. Th. I. Abth. I. Buch. II. Hauptſt. II. Abſchn. §. 16. S. 131 ff. §. 17. S. 136 ff. Deſſ. Metaphyſ. Anfangsgr. der Naturw. Mechan. Lehrſatz. 2. Anmerk. S. 117.

Apprehendiren,

auffaſſen, *apprehendere*, *appréhender* heiſst, dasjenige, was im Gemüth liegt, aufſuchen, um ſich deſſelben bewuſst zu werden (C. 68); oder derjenige Actus des Vermögens ſich bewuſst zu werden, dadurch ich eine Vorſtellung davon bekomme, daſs mir ein Object erſcheint. Der Ausdruck iſt lateiniſchen Urſprungs, und bedeutet etwas ergreifen, auffaſſen; und daher bei Kant ins Bewuſstſeyn aufnehmen (C. 202). S. Apperception I. a.

2. Das Apperceptionsvermögen, oder das Vermögen, sich bewufst zu werden, mufs verschiedene Actus oder Handlungen vornehmen, ehe eine Vorstellung zum Bewufstseyn kömmt, und kann also in viele einzelne Vermögen eingetheilt werden. Allein dann wird das Wort Apperceptionsvermögen im weitern Sinne des Worts gebraucht (C. 68); man thut aber besser, wenn man, wie Kant aufser der angeführten Stelle immer thut, es blofs im engern Sinne gebraucht, so wie es unter dem Artikel Apperception ist erklärt worden. Dann mufs man sagen, es müssen mehrere Vermögen wirken, ehe die Apperception ihr Ich mit der Vorstellung verbinden kann. Zu diesen Vermögen gehört nun auch das zu apprehendiren, welches eigentlich die Einbildungskraft ist. Gesetzt nehmlich, es afficirt etwas meine Sinnlichkeit so, dafs daraus die Anschauung eines Hauses entspringen kann, so mufs ich das Mannichfaltige in der Empfindung (die Materie zur Anschauung) von Augenblick zu Augenblick durchgehen. So zeichne ich gleichsam, durch dieses Durchlaufen der Empfindungen, das Haus mit dem Raum, in welchem ich es mir vorstellen mufs (C. 162). Oder, wenn ich das Gefrieren des Wassers wahrnehmen will, so durchlaufe ich zwei Zustände, den, da es flüssig war, und den, da es fest ist. Dadurch entsteht eine allmählige Verknüpfung (Synthesis), welche die Apprehension heifst, wodurch zugleich die Zeit mit erzeugt wird, in die ich beide Zustände, nehmlich die des Flüssig- und Festseyns, setze. Hierdurch wird es nun möglich, dafs ich meinen eigenen Zustand bestimmen und mir bewufst werden kann, dafs ich diese Anschauungen habe, indem ich sowohl mit dem Apprehendiren des Flüssigseyns, als des Festseyns mein Ich verknüpfe (C. 162). Wir sehen also, dafs die Apprehension das durch die Affection des Sinnes gegebene Mannichfaltige eigentlich in ein Bild zusammensetzt, entweder blofs in der Zeit, oder in Raum und Zeit zugleich. Diese figürliche Verbindung geschieht also durch die Einwirkung des Verstandes auf den durch die Sinnlichkeit gegebenen Stoff, und dasjenige

Vermögen des Verſtandes, wodurch er das leiſtet, heiſst die Einbildungskraft, und zwar die productive, weil ſie den bildlichen Gegenſtand ſelbſt hervorbringt, zum Unterſchiede von der reproductiven, welche nur ein im Gedächtniſſe aufbewahrtes Bild wieder hervorbringt.

3. Man ſchrieb ſonſt dieſes Apprehendiren der Sinnlichkeit zu, und lieſs dem Verſtande nur das Geſchäft, durch Analyſis der Merkmale Deutlichkeit in das Aufgefaſste zu bringen. Die Sinnlichkeit hatte hiernach das Geſchäft, undeutliche oder verworrene Copien von den Dingen an ſich zu liefern. Man ſtellte ſich vor, daſs die Dinge an ſich der Sinnlichkeit ſchon ein Ganzes und Verbundenes darſtellten, dieſes apprehendire dann die Sinnlichkeit, obwohl verworren, und der Verſtand ſei nun dazu, Deutlichkeit in dieſe verworrenen Vorſtellungen zu bringen. Aber Kant lehrt, daſs die Sinnlichkeit afficirt werde, ohne daſs wir wiſſen wodurch, hierdurch entſtehe ſucceſſive Empfindung, die die Einbildungskraft apprehendire, der Verſtand wahrnehme und an ein und daſſelbe Ich knüpfe, und dadurch die Anſchauung bewirke; dieſer legt alsdann der Verſtand den Begriff eines Gegenſtandes unter, d. i. eines Etwas, in dem alle Theilvorſtellungen der Aufſchauung als nothwendig verknüpft gedacht werden, und dieſer Gegenſtand heiſst, ſo lange er noch nicht durch Merkmale beſtimmt iſt, Erſcheinung.

4. Daſs es aber nicht die Sinnlichkeit iſt, welche apprehendirt, das ſiehet man daraus, weil die Sinnlichkeit eine bloſse Receptivität oder Fähigkeit, aber kein ſelbſtthätiges Vermögen iſt. Nun ſteht es aber doch bei uns, z. B. wenn unſre Augen nach einer gewiſſen Gegend zugekehrt ſind, ob wir den Eindruck des uns unbekannten Etwas auf unſre Sinnlichkeit apprehendiren, und alſo die Gegend wahrnehmen wollen, oder nicht. Wir können ja auch, in uns ſelbſt gekehrt, uns des vorhandenen Gegenſtandes gänzlich unbewuſst bleiben, und folglich nicht apprehendiren wollen. Die Einbildungskraft aber iſt

eine Spontaneität, oder ein felbftthätiges Vermögen. Der Gegenftand ift übrigens vorhanden, ob wir gleich nicht apprehendiren, und ihn für uns nicht erzeugen, das heifst, Andere, die das thun, müffen ihn nothwendig anfchauen und als exiftirend denken, und es ftehet blofs bei uns, ob wir die Anfchauung deffelben haben wollen oder nicht. Das Uebrige, was das Apprehendiren betrifft, im folgenden Artikel: Apprehenfion.

>Kant. Critik der rein. Vern. Elementarl. I. Th. II. Abfchn. § 8. II. S. 68 II. Th I. Abth. I. Buch. II. Hauptft. II. Abfchn. § 26. S. 162. II. Bucb. II. Hauptft. III. Abfchn. I. Bew. S. 202. f.

Apprehenfion,

Auffaffung, *apprehenfio*, *apprehenfion*. Diejenige Verknüpfung (Synthefis), durch welche die Vorftellungen, als Modificationen des Gemüths, in Eine Anfchauung zufammengeftellt werden, fo dafs dadurch Wahrnehmung möglich wird (M. I. 172. C. 160. 219.) f. Apperception. I. a. u. Apprehendiren.

2. Unfre Vorftellungen mögen *) *a priori* oder empirifch (durch die Erfahrung) entfpringen, fo find fie doch alle Modificationen des Gemüths, den formalen Bedingungen des innern Sinnes oder der Zeit unterworfen. Jede Anfchauung enthält ein Mannichfaltiges in fich, diefes Mannichfaltige kömmt nun fucceffiv in Zeitmomenten in den innern Sinn. Die Vorftellungen der Theilchen folgen aufeinander. Jedes Zeitmoment ift mit einem Theile des Mannichfaltigen erfüllt, welcher Empfindung heifst, und nichts anders als eine durch etwas Unbekanntes hervorgebrachte Modification unfers Gemüths und die Materie zur nachherigen Anfchauung ift. Der Verftand fetzt nun

---

*) Nehmlich nicht nur diejenigen, welche blofs im innern Sinne find, oder die Gedanken, fondern auch die zugleich im äufsern Sinne befindlichen, oder die Körper; denn auch die letztern find Vorftellungen, die als Dinge, die einen Raum erfüllen, eine Figur haben, u. f. w. aufser dem modificirten Gemüth nicht vorhanden find.

ein erfülltes Zeitmoment nach dem andern zu den übrigen hinzu, und wenn es zugleich eine Modification des äufsern Sinnes ist, ein erfülltes Raumtheilchen nach dem andern zu den übrigen. Diefes heifst nun die Apprehenfion. Diefe erfüllten Zeitmomente und Raumtheilchen, wodurch nicht nur die Anfchauungen in Zeit und Raum, fondern diefe zugleich mit erzeugt werden, und folglich auch die Erfcheinungen felbft, welche nichts anders find, als das noch unbeftimmte Object, das mein Verftand den Anfchauungen unterlegt. Diefe Zufammenfetzung ift nun eine Verknüpfung (Synthefis), und heifst daher die Synthefis der Apprehenfion (M. I, 172. C. 160). (. I. A 98 f.

3. Nun kann aber diefe Synthefis auch blofs Zeitmomente und Raumtheilchen zufammenfetzen, ohne dafs fie erfüllt find, nehmlich in der reinen Einbildungskraft; denn wirklich leere Zeitmomente und Raumtheilchen können nicht apprehendirt werden. Oder ich kann von dem erfüllten Zeitmomente und Raumtheilchen abftrahiren, und blofs die Apprehenfion der Zeitmomente und Raumtheilchen betrachten, die felbft allen erfüllten oder empirifchen Zeitmomenten und Raumtheilchen zum Grunde liegen, d. i. der reinen*); fo folgt, dafs die Synthefis der Apprehenfion auch *a priori*, d. h. in Anfehung der Vorftellungen, die nicht empirifch find, ausgeübt werde. Alfo haben wir eine reine und eine empirifche Synthefis der Apprehenfion. Durch die erfte werden blofs die reinen Anfchauungen von Raum und Zeit, z. B Zahlenvorftellungen, geometrifche Figuren u. f. w., durch die andere die Empfindungen mit Zeit und Raum, welche dann empirifch find, apprehendirt (C. 235. 237).

---

*) Denn, wenn ich z. B. die ganze Regierung des Auguftus, folglich auch die Dauer derfelben, alfo die Zeit, welche von ihr erfüllt wird, wegdenke, fo entftehet darum keine Zeitlücke, fondern es bleibt, wegen der Continuität der Zeit, die reine Zeit übrig, in die jene empirifche Zeitdauer gefetzt wird.

4. Die Apprehenſion ſelbſt iſt ſehr leicht, denn was iſt leichter als ein durch Empfindung erfülltes Zeitmoment oder Raumtheilchen nach dem andern zu den übrigen hinzuthun, wenn ich nur nicht meine Einbildungskraft anſpannen darf, an die bereits hinzugeſetzten weiter zu denken. Dann können wir die Apprehenſion ins Unendliche fortſetzen. Allein durch dieſe Apprehenſion allein würden wir nimmermehr eine Anſchauung erhalten. Darum iſt mit ihr noch ein Actus der **reproductiven** Einbildungskraft nothwendig verbunden, nehmlich, die immer wiederholte Darſtellung des bereits Apprehendirten, welches Kant die **Reproduction in der Einbildungskraft** nennt. Denn, wenn wir uns z. B. eine gewiſſe Zahl vorſtellen wollten, wir vergäſſen aber immer wieder die nach einander vorgeſtellten Einheiten, ſo würde niemals eine Vorſtellung von der ganzen Zahl entſtehen. Dieſe **Reproduction und das folgende Apprehendirte damit zuſammen zu faſſen** iſt weit ſchwerer, als die Apprehenſion, und kann nur bis zu einem gewiſſen Punct getrieben werden, welches aber ſubjectiv iſt. Sie iſt indeſſen durchaus nöthig, um das Bild in der Anſchauung zu **vollenden**. Wenn man z. B. den ägyptiſchen Pyramiden zu nahe iſt, ſo bedarf das Auge einige Zeit, um die **Auffaſſung** von der Grundfläche bis zur Spitze zu vollenden, in dieſer Zeit aber erlöſchen immer zum Theil die erſtern Theile, die aufgefaſst werden, ehe die Einbildungskraft die letztern aufgenommen hat, ſie können von der Einbildungskraft nicht wieder reproducirt werden, und die Zuſammenfaſſung iſt nie vollſtändig (U. 87). S. das Uebrige im Artikel **Apprehendiren**.

5. Unter der **Apprehenſion** verſtehet Kant aber auch, in der Rechtslehre, das erſte Moment der urſprünglichen Erwerbung. Er ſagt, ſie ſei die **Beſitznehmung des Gegenſtandes der Willkühr im Raum und in der Zeit**. Wenn z. B. ein Schiff mit Soldaten nach einer Inſel geſchickt wird, die noch keinem angehört, folglich noch Menſchenleer wäre, und die Inſel würde im Namen der Macht, die das Schiff abgeſendet hätte, von den Soldaten phyſiſch in

Befitz genommen, fo wäre das die Apprehenfion der Infel. Diefe Apprehenfion widerftreitet Niemandes Recht, da die Infel noch keinem angehört. Diefe Apprehenfion ift nun ein Stück (Moment) der Befitzergreifung oder Bemächtigung (*occupatio*) f. B̶e̶m̶ä̶c̶h̶t̶i̶g̶u̶n̶g̶ (K. 77.)

> Kant. Critik der rein. Vern. Elementarl. II. Th. I. Abth. I. Buch. II. Hauptft. II. Abfchn. §. 26. S. 160. II. Buch. II. Hauptft. III. Abfchn. 3. Bew. S. 219. B. S. 235. 237.
> Deff. Crit. der Urtheilskraft. §. 26. S. 87.
> Deff. Metaph. Anfangsgr. der Rechtsl. I. Th. II. Hauptft. §. 10. S. 77. f.

Archäologie

der Natur, *Archaeologia naturae*. Die Vorftellung des ehemaligen alten Zuftandes der Erde, f. Naturgefchichte, oder die Sammlung der auf Gründen beruhenden Vermuthungen (Hypothefen), in welchem Zuftande fich die Erde ehemals befunden habe, als z. B. die Petrefacten noch nicht verfteinert waren, als die Thiere noch lebten, deren Knochen man am Ohio findet, als in Europa noch Elephanten waren (U. 385.*).

2. Der Archäologe der Natur leitet nehmlich den ehemaligen Zuftand der Erde und ihrer auf derfelben lebenden Bewohner aus denen Ueberbleibfeln der Urwelt ab, welche man noch jetzt auf und in der Erde findet, und aus den übriggebliebenen Spuren der älteften Revolutionen. So laffen z. B. einige die grofse Familie organifirter Wefen nach einem Mechanismus entfpringen. Sie laffen nehmlich den Mutterfchoofs der Erde gebähren, können aber daraus nicht erklären, wie auf diefe Art lebendige organifirte Wefen entftehen konnten, an denen jedes Glied um aller übrigen willen, und wieder alle um jedes einzelnen willen vorhanden find, fo dafs man daraus Endurfachen oder Zwecke zur Erklärung des Dafeyns diefer Glieder zum Grunde legen mufs. (M. II. 907. U. 369.).

3. Wir finden, um ein anderes Beispiel zu geben, dafs die Individuen gewiſſer organiſirter Gattungen ſich verändert haben; dies muſs der **Archäologe der Natur erklären.** Pflanzt ſich die Veränderung durch die Zeugung fort, ſo iſt dieſer abgeänderte Character jener Individuen **erblich**, und muſs folglich ſich auf die Zwecke an dieſen organiſirten Weſen beziehen, oder mit den übrigen als Mittel und Zweck in Verbindung ſtehen; denn es iſt der Character eines **organiſirten** Weſens, daſs an demſelben alles als Zweck und Mittel in Verbindung ſtehet. Folglich muſs der **Archäologe der Natur** annehmen, daſs ehemals die urſprüngliche Anlage zu der Veränderung jener Individuen, nur noch unentwickelt, in der Gattung gelegen habe (M. II. 902. U. 571.).

4. Man findet ferner allenthalben auf und in der Erde Denkmäler von alten mächtigen Verwüſtungen und wilden allgewaltigen Kräften einer im chaotiſchen Zuſtande arbeitenden Natur. Eine nähere Unterſuchung der Länder auf der Erde beweiſet, daſs ſie bloſs als die Wirkung theils feuriger, theils wäſſeriger Eruptionen, oder auch Empörungen des Oceans zu Stande gekommen ſind, ſowohl was die erſte Erzeugung ihrer Geſtalt, als die Umbildung derſelben, und den Untergang ihrer erſten organiſchen Erzeugungen betrifft (U. 385.).

5. Man hat bisher an einer ſolchen Archäologie unter dem Namen einer **Theorie der Erde** vielfältig gearbeitet. Man kann die vornehmſten Syſteme über die Entſtehung des jetzigen Zuſtandes der Erde auf folgende drei bringen.

Die Haupturſache der jetzigen Beſchaffenheit der Erde iſt entweder

I. **die Sündfluth**; oder

II. **eine ſich allmählig ſenkende Wafferoberfläche**; oder

III. **Feuer und Waſſer zugleich.**

Archäologie.

I.

a. Nach Thomas Burnet (*Telluris theoria sacra Amstel.* 1694*). 4. *lib. I. Cap. VIII*) erzählt Moses nur eine Veränderung der Erde; die Welt sei weit älter als diese Veränderung. Burnet denkt sich unsern Planeten als eine unordentliche Vermischung von allerhand Materien**). Diese schieden sich nach ihrer verschiedenen Schwere: zuoberst blieb die Luft, tiefer senkten sich die ölichten oder fetten Flüssigkeiten, noch tiefer das Wasser, das schwerste setzte sich nach und nach um den Mittelpunct fest, und bildete einen festen Kern. Die Luft war noch mit fremden und erdartigen Theilen vermischt, die endlich nieder fielen, stehen blieben und sich mit den ölichten Theilen vermischten, woraus eine Schicht ganz feiner und für den ersten Samen passender Erde über dem Wasser entstand (*Lib. I. Cap. V.*). So war der erste Aufenthalt der Menschen beschaffen, außerdem eben, ohne Meer und Jahreszeiten, und folglich von unserm gegenwärtigen ganz verschieden***). Dieser Zustand blieb nun 1600 Jahre, in welcher Zeit die Sonnenwärme die Schlammrinde so austrocknete, daß sie mehr und mehr zu bersten anfing. Die Sonne drang durch die Risse und Spalten, erhitzte das Wasser unter der Rinde, verwandelte vieles davon in Dünste, welche einen Ausgang suchten, und von unten gegen die Rinde drückten. Endlich zerbrach dadurch die Erdrinde

---

*) Er gab sie zuerst 1680 heraus, auch hat er *archaeologias philosophicas* geschrieben, worin er die Lehren der alten Philosophen von dem Anfange und Ende der Welt vorträgt, und welche der eben angeführten Ausgabe seiner *Theoria* angehängt sind.

**) So wie Ovidius sich das Chaos vorstellt. *Fast. lib. I.*
Lucidus hic aër, et quae tria corpora restant,
Ignis, aqua et tellus, unus acervus erant.

***) Burnet faßt seine Theorie in einige Hauptsätze (*Propositiones*) zusammen. Pr. 1. *Forma Telluris primae et antediluvianae diversa fuit ab hodierna. Lib. I. Cap. IV.* Pr. 2. *Forma telluris primae, sive primi orbis habitabilis, erat aequabilis, uniformis, continua, sine montibus et sine hiatu maris. Lib. I. Cap. V.*

auf einmal in viele Stücke, die in den Abgrund des Waſſers hinabſanken, ſo entſtand, durch Mitwirkung eines ſchrecklichen Regens, die Sündfluth. Mit den ſinkenden Stücken der Rinde ereignete sich aber alles das, was eine ſolche Zerſtörung natürlicher Weiſe begleitet; die am höchſten aufgethürmten Stücke ragten aus dem Waſſer hervor, und das Waſſer verlief ſich zum Theil in die unterirdiſchen Klüfte, und hierdurch entſtand das Land, welches wir jetzt bewohnen (*Lib. I. Cap. VI. et VII.*) *). — Allein de Lûc (Briefe über die Geſchichte der Erde und des Menſchen I. Band. XVI. Br.) fragt mit Recht: wie können ſo viele Seethiere unter der trockenen Rinde, die das ganze Waſſer bedeckte, leben und ſich fortpflanzen? und Moro hat (in ſeinem III. e, angeführten Buche, I. Th. Hauptſt. VII. — XVI.) Burnets Syſtem aus phyſiſchen Gründen weitläufig widerlegt.

b. Johann Woodward (*Hiſtoria naturalis telluris. Lond. 1695. 8.*) läſt in der Sündfluth die höchſten Berge mit dem Waſſer bedecken, welches ſeiner Meinung nach im Innern der Erde um den Mittelpunct ſich befindet. Gott hob zugleich, die Geſetze der Schwere und des Zuſammenhangs der Körper auf, dadurch wurde es möglich, daſs das Waſſer die härteſten Metalle auflöſen konnte, aber Schnecken und Knochen, deren Bauart, wegen der Verflechtung ihrer Fibern, anders beſchaffen iſt, blieben unzerſtört. Er ließ darauf die Schwere wieder entſtehen. Nun fingen die Materien an, ſich nach ihrer verſchiedenen Schwere nach dem Mittelpunct zu ſenken; daher rühren die Erdſchichten und der verſchiedene Meeresgrund in der Erde, die oberſte Schicht iſt unſer bewohntes Land. — Allein de Lûc (1. B. XVII. Br.) fragt: was iſt eine Fiber anders, als ein Körper, deſſen Theile durch Cohäſion (Zuſammenhang) verbunden ſind? Woodward macht ferner die Sündfluth zu einem Wunderwerk, dann bedarf aber weiter keines Syſtems zur Erklärung derſelben.

---

*) Pr. 3. *Ex diſſolutione Veteris mundi et lapſu exterioris terrae in Abyſſum ortum eſſe Dilavium univerſale.*

— Moro widerlegt Woodwards Syftem ebenfalls (Hauptft. XVIII. — XXIII), und de Lüc (Br. XVII. — XIX); beide aus phyfifchen Gründen.

c. Whifton (*A new Theory of the Earth.* London. 1708. 8.) legte die Schöpfungsgefchichte fo aus: die Erde war vor der Schöpfung des Mofe, welche nur eine Umbildung war, ein Comet, und erhielt am Schöpfungstage ihre jetzige Bewegung, woraus und durch die von einem andern Cometen herrührende Sündfluth die ganze gegenwärtige Befchaffenheit unfers Wohnplatzes entftand. — Es find bei diefem Syftem zu viel willkührliche Vorausfetzungen.

d. Scheuchzer (*Hift. d'Acad. d. Sc. de Paris a.* 1708. *edit. en* 12. *Pag.* 36. *fq.*) fchickte der Academie der Wiffenfchaften zu Paris eine Abhandlung über die Bildung der Erde zu. Er nahm in derfelben auch die allgemeine Sündfluth als eine Urfache der Umbildung der Erde an, behauptete aber, um die Rückkehr des Waffers und zugleich die Entftehung der Berge zu erklären, Gott habe eine grofse Anzahl horizontaler fteinartiger Schichten der Erde über die Fläche der Erdkugel emporgehoben. Gott habe das aber nur in Ländern gethan, wo viele fchon fteinartige Schichten gewefen wären. Hieraus erklärt er, warum fteinigte Länder, wie die Schweiz, auch fehr bergigt, fandigte aber, z. B. Flandern, Deutfchland, Polen beinahe ganz ohne Berge find. — Allein ein Wunder erklärt nichts.

e. Pluche (*Spectacle de la Nature.* T. III. Partie. 2.) fagt: bei der erften Entftehung der Erde fei die Ebene des Aequators der Ebene ihrer Bahn um die Sonne parallel gewefen. In diefem erften Zuftande fei das Meer noch zum Theil unter der Erdfläche verborgen gewefen; es habe im Innern der Erde grofse Wafferbehältniffe gegeben, welche durch einen tiefen Abgrund mit einander zufammengehangen hätten. Nun habe der Schöpfer die Axe der Erde ein wenig mehr nach den nördlichen Geftirnen hingelenkt. Dadurch fei die Hitze der Sonne alle auf die eine Halbkugel gefallen, indem die andere dem ftrengften Froft ausgefetzt gewefen. Daher entftanden Ausdehnungen und Zusammenziehungen, gewaltsame Stürme, welche die Athmosphäre beunruhigten, und zwischen das unterirdische Wasser und das darüber stehende Gewölbe hineindrangen. Das Wasser der Atmosphäre ward durch diese Windstöfse verdichtet, und stürzte wie ein Meer herab. Die Erde zerbrach davon, sank in den Abgrund, und trieb dadurch das Wasser desselben in die Höhe. Hierdurch entstand die allgemeine Sündfluth. Endlich dienten Sonne und Winde wiederum, die Erde aufs Trockene zu bringen. Das Wasser zog sich theils in die tiefsten Stellen, theils stieg es in die Atmosphäre hinauf. — Aber auch in diesem System spielt ein Wunder die Hauptrolle.

f. Engel (Versuch über die Frage: Wenn und wie ist Amerika bevölkert worden) giebt Gründe an, warum man Moses Ausdrücke über die Allgemeinheit der Sündfluth nicht buchstäblich nehmen müsse, und hat eine eigene Hypothese über die Sündfluth, die er als ein Wunderwerk betrachtet. „Sie bestand" sagt er, „in einer Veränderung des Schwerpuncts der Erde, welche das Meer über Asien führte; darauf kehrte dieser Punct beinahe wieder an seine vorige Stelle zurück, und brachte dieses Land aufs neue ins Trockene." — Dies ist aber wieder ein Wunderwerk, das doch das Phänomen nicht erklärt.

g. Silberschlag (Geometrie oder Erklärung der mosaischen Erderschaffung nach physik. und mathem. Grundsätzen, Berlin 1. u. 2. Th. 1780. 3. Th. 1783. gr. 4.) macht ganz die mosaische Schöpfungsgeschichte zur Grundlage seines Systems. Ein plötzlich wirkendes Feuer bildete ungeheure Höhlungen im Innern der Erde, und trieb die Erde hier mehr, dort weniger empor, und das Meer verlief sich zum Theil in die Höhlen. Aus diesen Höhlen brach das Wasser der Sündfluth hervor, durch eine Wirkung, die der eines Heronsbrunnen gleich war. Die Conchylien in den Erdschichten sollen vorher in den Seen der unterirdischen Höhlen gelebt haben, und durch den Ausbruch der Gewässer bei der Sündfluth auf die Erdfläche geführt worden seyn. Die Elephanten- und Rhinoceros-Knochen schwammen, durch die Verwefung leichter gemacht, auf dem Waffer, wurden durch Wind, Wellen und Ströme der ablaufenden Fluth herumgeführt, und endlich in den von höhern Gegenden herabfliefsenden Schlamm und Sand begraben. — Ein fehr gezwungenes Syftem, um den Meeresgrund auf dem feften Lande zu erklären, und nicht zuzugeben, dafs daffelbe ehedem Meer gewefen.

II.

a. Bourguet *(Memoire fur la Theorie de la Terre,* welches feinen *Lettres philofophiques fur la formation des fels et des criftaux. à Amfterd.* 1729. 12. beigefügt ift) erklärte die Bildung der Berge aus Strömen des ehemaligen Meeres, fo wie fich an den Biegungen der Flüffe ebenfalls Winkel mit parallelen Schenkeln an beiden Ufern gegenüber ftehen. — Allein dies ift mehr die Wirkung eines reiffenden Stroms, der fich Wege durchbricht, als die eines weit ausgebreiteten und Niederfchläge abfetzenden Meers.

b. Linné *(Orat. de telluris habitabilis incremento* 1743. *in Amoenit. Academ. Vol. II.)* ftellte fich vor, das Trockene fei anfänglich eine Infel unter der Linie gewefen. Diefe Infel war ein hoher Berg, der alfo alle mögliche Climate hatte, und nur fo grofs, dafs fie hinreichte, das Gefchaffene zu beherbergen. Alles übrige war Waffer, welches nach und nach abnahm, wodurch unfer Wohnplatz fich immer mehr vergröfserte.

c. Le Cat *(Magazin François, Juillet.* 1750) trug ein Syftem vor, welches die Entftehung der Berge auf dem fonft ebenen Meergrunde der Wirkung des Mondes, oder der Ebbe und Fluth zufchrieb. Diefe, fagt er, häufte den Schlamm in ungeheuern Maffen auf; dadurch mufsten an den andern Stellen Vertiefungen entftehen, in welche fich das Waffer fenkte, und einen Theil der erhobenen Erde auf dem Trockenen zurückliefs. Diefe Wirkungen dauern noch immer, wiewohl langfamer, fort, weil jetzt die Materien der Erde fefter find. Daher tritt das Meer immer weiter zurück, und die Länder werden gröfser. Endlich wird das Meer die ganze Erdkugel aushöhlen. — Allein Ebbe und Fluth kann den Schlamm auf einer regelmäfsigen fphâroidifchen Fläche nicht in Berge aufhäufen, fondern höchftens nur ein wenig gegen die Pole treiben, und in Geftalt von Zonen anlegen.

d. De Maillet (*Telliamed, ou Entretiens d'un Philofophe Indien avec un Miffionaire François fur la diminution de la Mer. Nouv. edit. à la Haye.* 1755. 2. *T.* 12.) erklärt die Bildung der Erde aus einer fanften und langfam wirkenden Urfache, aus der beftändigen Abnahme oder dem Zurücktreten des Meers. Das Waffer dünftet jetzt immer mehr aus und nimmt ab. Das Meer fenket fich jetzt um 3 Fufs in 1000 Jahren. Die Berge find von Bodenfätzen des alten weit höhern Meeres, und ihre Ungleichheiten von den Meerftrömen entftanden. Aus dem Waffer find alle Pflanzen, ja auch alle Thiere und felbft der Menfch, welcher anfänglich ein Bewohner des Meers war, hervorgegangen. Diefes fein Syftem gründete er auf einige locale Beobachtungen an den Küften des mittelländifchen Meers. Den Satz, **dafs unfer feftes Land ehedem Meeresgrund gewefen fei**, hat er fehr fchön und überzeugend dargethan. Alles übrige feines Syftems hat aber de Luc (Briefe über die Gefch. der Erde Th. I. XLI. u. XLVI. Brief) umftändlich widerlegt.

e. Wallerius (Phyfifch-chemifche Betrachtungen über den Urfprung der Welt, befonders der Erdweit und ihrer Veränderungen, aus dem latein. Erfurt, 1782. 8.) leitet auch den Urfprung aller Körper aus dem Waffer her, aus welchem die feften Körper durch Gerinnungen und Concretionen entftanden feyn follen. Er bemühet fich, diefe Hypothefe mit den mofaifchen Tagewerken in eine buchftäbliche Uebereinftimmung zu bringen.

III.

a. R. des Cartes (*Principia philofophiae. Amft.* 1650. 4. *P. III. p.* 411.) erfann eine Hypothefe, aus welcher fich alle Phänomene der Welt follten erklären laffen. Nicht als wenn die Welt wirklich fo entftanden fei, fondern fie fei nur fo befchaffen, als wenn fie fo entftanden fei. (P. III. XLVI. p. IV. I.). Er ftellte fich nehmlich vor, Gott habe durch feine Allmacht einen grofsen Klumpen Materie zerquetfcht und in Bewegung gefetzt, wodurch eine anfehnliche Menge Theilchen in unendlich kleine Kugeln wären verwandelt worden. (P. III. XLVIII.) Hieraus bauet dann Cartefius die Welt vermittelft feiner berühmten Wirbel (P. III. XLVI.). Die Erde war Anfangs ein Stern mit einem eigenen Wirbel, welcher aus Aether beftand, der aber noch mit vieler groben Materie vermifcht war, welche endlich eine ganz dunkele Rinde um die Erde bildete, aus der das innere Centralfeuer nur hie und da noch hervorbricht (P. IV. VIII.). Die gröbften Theile des Erdftoffs ftürzten zuerft nieder, und bildeten die Erdfchichten und das Waffer (P. IV. IX. — XL.). Da aber die feinern Theile des Erdftoffs, welche über dem Waffer lagen, nicht ganz von den gröbern befreiet werden konnten, fo wuchs von ihnen ein Bette über das Waffer zufammen, das endlich einftürzte, und Plänen, Anhöhen, Berge und Meere hervorbrachte (P. IV. XLI. fqq.) So macht er aus Materie und Bewegung die Welt. Allein die Erfahrung unterftützt diefe feine Hypothefe nicht im mindeften.

b. Leibnitz (*Theodicée*, §. 244. 245. *Acta Erudit.* 1683. p. 40. *fqq.* vornehmlich aber in feiner *Protogaea f. de prima facie telluris et antiquiffimae hiftoriae vestigiis in ipfis naturae monumentis, diff. in Act. Erud. Lipf.* a. 1683, vermehrt von Scheid, Göttingen 1749) nahm die Wärme für die Urfache aller innern Bewegungen in der Natur an. Er läfst die Erde aus einem gebrannten und ausgefchmolzenen Körper entftehen. Der Anfang feines Erlöfchens ift die Scheidung des Lichts von der Finfternifs und die Epoche der Schöpfung. Die durch Hitze verglafeten Schlacken machten die Rinde aus, in welcher beim Erkalten Buckeln und Blafen d. i. Berge und grofse Höhlen entftanden. Als die Oberfläche kalt genug war, fielen die Dünfte aus der Atmofphäre herab*), bedeckten die Fläche mit

---

*) *La mer tout entière peut être une efpece d'Oleum perdi liquiam.* Theodicée, §. 244.

Waſſer, und löſten die Salze auf; daher das falzige Seewaſſer. Bei zunehmendem Abkühlen zerriſs die Rinde, das Waſſer verlief ſich zum Theil in die Höhlen, und machte Länder trocken, welche den erſten Menſchen zu Wohnplätzen dienten. Endlich ſtürzten die höchſten, vormals vom Waſſer bedeckten und alſo ſchon mit Conchylien angefüllten Theile auf einmal nieder, und trieben dadurch das Waſſer zum zweitenmale über die ganze Erdfläche, ſo entſtand die **Sündfluth**, bis ſich endlich Zugänge zu neuen **Höhlen** öffneten, worin ſich daſſelbe wieder verlaufen konnte. Allein man findet keine Spuren einer ehemaligen Erkaltung oder Verglaſung in den Materien der Erdrinde.

c. Ray (*Phyſico-theological diſcourſes concerning the primitive chaos, the general deluge and the diſſolution of the world*. London, 1692. 1713. 8.) nimmt einen Niederſchlag der feſten Theile im anfänglichen Chaos an, wobei die Oberfläche mit Waſſer bedeckt war. Er läſst aber bei der **Schöpfung** durch unterirdiſche Winde und entzündete Dünſte Erdbeben entſtehen, die Berge und das **trockne Land erheben, und das Waſſer** ſich in den Vertiefungen ſammeln. Durch die Ritzen der Erde brach das Feuer aus, und bildete neue vulkaniſche Berge, auch Höhlen in der Tiefe. Die Sündfluth erfolgte durch eine allmählige Verrückung des Schwerpuncts der Erde, veranlaſste groſse Veränderungen der Oberfläche, und brachte Länder aufs Trockene, die vordem Meeresgrund geweſen, und mit Seekörpern angefüllt waren. — Es iſt unmöglich, daſs alle Berge Wirkungen des unterirdiſchen Feuers ſeyn ſollten.

d. D. Hook (*Poſthumous Works*, Lond. 1705. fol.) erklärt die Veränderung der Erdfläche aus Erdbeben, welche ganze Theile des Meeresgrundes ohne Verlezzung der Schichten, woraus ſie beſtanden, und der darauf befindlichen Berge emporgehoben hätten, durch gewaltſame Waſſerſtröme, Sturmwinde und allmähliges Herunterfallen der ſchweren Theile. Beſonders, glaubt er, ſei durch Erdbeben eine Verrückung des Schwerpuncts der Erde entſtanden, wodurch ſich die Bewegung der Erdkugel um ihre Axe ſowohl der Richtung, als der Zeit nach merklich geändert habe. Kaspe (*Specimen historiae naturalis globi terraquei praecipue de novis e mari natis insulis.* Amst. 1763. 8. m.) hat dieses System verbessert vorgetragen.

e. Moro (Neue Untersuchung der Veränderungen des Erdbodens, aus dem Italienischen. Leipzig 1751. 8.) behauptet, der ganze trockne Erdboden sei durch **unterirdische Feuer** entstanden. Bei der Schöpfung befand sich im Mittelpunct der Erde das **Centralfeuer**, darüber eine dicke Erdrinde, und zu oberst 175 Toisen oder 1160 Fuss hoch Wasser. Am dritten Schöpfungstage liess der Schöpfer das Feuer wirken, das die Rinde hob und so die ursprüngliche oder **Felsenberge** (*primarios*) bildete. Das Feuer durchbrach auch die Rinde hie und da, warf **vulkanische Materien** um sich, bildete Schichten davon im Meere, und gab diesem den salzigen Geschmack, worauf es **Seethiere** und Pflanzen erhalten konnte. Inzwischen erhob das Feuer auch den Meeresgrund, und bildete dadurch die Berge, welche **Schichten**, aber keine Seeproducte erhalten (*secundarios*). Die immer fortdauernden Wirkungen des Feuers hoben nun auch die mit **Seekörpern** versehenen **Felsenberge** (*primarios*) empor, und bildeten unsere Erdschichten in den Plänen (II. Th. 15. Hauptst.). Die nachherigen Wirkungen der Vulkane haben noch bis auf unsere Zeiten manche locale Veränderungen hervorgebracht, die Wohnplätze der Thierarten u. s. w. verändert, woraus sich erklärt, dass man so viel **Elephantenknochen** in den Nordländern aus der Erde gräbt, und an so vielen Orten versteinerte **Ammonshörner** findet, deren lebendige Originale nicht mehr angetroffen werden (II.Th. 26. Hauptst. ff.).

f. Krüger (Geschichte der Erde in den ältesten Zeiten. Halle 1746. 8.) nimmt drei grosse Veränderungen der Erde an. Zuerst war sie vom Wasser bedeckt, in welchem die Schalthiere lebten, damals erhielt sie ihre sphäroidische Gestalt. Dann brannte sie aus, die Conchylien wurden gekocht, und in Schiefer und andere geschmolzene Materien begraben. Endlich wurde sie durch Erdbeben erschüttert, welche den Bergen, Hügeln und Sandlagen ihre gegenwärtige Gestalt gaben.

g. **Kefsler von Sprengseyfen** (Unterfuchung über die jetzige Oberfläche der Erde, befonders der Gebirge. Leipzig 1787. 8) hat eine Hypothefe, die der des Moro fehr ähnlich ift, nur nimmt er mehr Rückficht auf die mofaifchen Erzählungen. Allein es ift unmöglich, dafs die elaftifche Kraft der unterirdifchen Dämpfe folche Bergketten, wie die Cordelieren und Alpen find, aus der Tiefe des Meeres erheben und mit gehöriger Feftigkeit unterftützen könnte. Der Bau der Berge ift offenbar dagegen.

h. **I. H. G. von Jufti** (Gefchichte des Erdkörpers, Berlin 1771, gr. 8) läfst die Erde aus der Sonne entfpringen, und eignet ihr ein Centralfeuer zu, welches nach einer Arbeit von mehr als 1000 Jahrhunderten die urfprünglichen Felfen emporgehoben haben foll. Die übrigen Berge leitet er von abwechfelnden Ueberfchwemmungen her, nimmt auch eine Veränderung der Erdaxe an, um zu erklären, wie die Elephantenknochen in die nordifchen Gegenden kommen. **Wiedeburg** (Anwendung der Natur und Gröfsenlehre zur Rechtfertigung der h. Schrift. Nürnberg 1782, gr. 8) hat diefes Syftem umftändlich widerlegt.

i. Der Graf **Büffon** (*Histoire generale et particuliere To. I. Theorie de la terre*, ingleichen mit beträchtlichen Abänderungen *Supplement, To. IX. et X. Paris* 1778. 8) nimmt an, dafs unfere Erde aus einer brennenden, durch einen Cometen von der Sonne abgeriffenen, Maffe entftanden fei, und, feitdem fie um die Sonne laufe, immer mehr erkalte. Wenn ein Klumpen gefchmolzenes Glas oder Metall erkaltet, fo entftehen auf der Oberfläche Löcher, Wellen, Ungleichheiten, und darunter Höhlen und Blafen. So entftanden die urfprünglichen Bergketten und Höhlen der Erde, auch wurden in diefem Zeitraume die Metalle in den Gängen durch Sublimat bereitet. Da die Sonne als die äufsere Urfache der Wärme auf die Pole weniger, als auf den Aequator wirkt, fo haben die Pole diejenige Temperatur, in welcher die Thiere leben können, zuerst erreicht, und die Bevölkerung hat also von den Nordländern angefangen. Bei der fortgehenden **Erkaltung** der Erde muste endlich eine **Epoche** kommen, in welcher die **Polarländer**, für **diejenigen Thiere**, welche mehr **Wärme** bedürfen, als andere, zu kalt wurden, daher sie in wärmere Gegenden übergehen musten. Man sieht hieraus, wie sich in unsern Ländern **Elephanten**- und **Rhinozerosknochen** finden können, obgleich diese Thiere nicht mehr bei uns leben. Er nimmt dabei an, dass die Erde eine **eigene Wärme** hat, welche von der, die ihr die Sonne mittheilt, unabhängig ist, und eben daher rührt, dass die Erde ein Stück der Sonne ist. Man findet aber keine Spuren einer Abnahme der Wärme auf Erden, vielmehr zeigen die Beobachtungen sogar das Gegentheil, auch ist nichts da, was der Erde ihre Wärme entziehen könnte. De Luc (Briefe über die Geschichte der Erde Th. II. CXLI u. f. Br.) widerlegt dieses System umständlich.

k. **Pallas** (*Observations sur la formation des montagnes, et les changemens arrivés au globe, à St. Petersb.* 1777. 4. übersetzt in den Leipziger Sammlungen zur Physik und Naturgeschichte. II. Band) nimmt an, dass die hohen Granitketten jederzeit Inseln auf der Oberfläche der Gewässer ausgemacht haben, und dass in den Schichten, die sich daran anlegten, Kiese und Vulkane entstanden sind. Diese alten Vulkane zertrümmerten die Schichten, schmolzen und verkalkten ihre Materien, und bildeten dadurch die ersten Schiefer und Kalkberge, ingleichen die nachher mit Erzen u. dergl. ausgefüllten Spalten und Gänge derselben, sie zerstörten auch die auf dem Meeresgrunde liegenden Haufen von Conchylien und Muschelbänken, und veranlasten Bodensätze von verschiedener Art. Endlich trieb eine gewaltsame Revolution, welche er von den Ausbrüchen der häufigen Vulkane im Indischen und Stillen Meere herleitet, die Gewässer gegen die zusammenhängenden Bergketten von Europa und Asien zu, zerstörte die südwärts derselben gelegenen Länder, überstieg die niedrigsten Theile der Ketten, und führte die Trümmer der Pflanzen und Thiere mit sich in die nördlichen Gegenden, aus welchen das Wasser wieder in neueröffnete Schlünde abfloss. Das wird aus der Gestalt der Meerbusen, Spitzen des festen Landes, aus der Lage der Gebirge und andern Umständen wahrscheinlich gemacht.

1. De Lüc (*Lettres physiques et morales sur l'histoire de la terre et de l'homme, adressées à la Reine de la Grande Bretagne*, à la Haye 1779. Tomes V. 8 maj. mit einiger Abkürzung übersetzt unter dem Titel: Physikalische und moralische Briefe über die Geschichte der Erde und des Menschen, an Ihre Majestät die Königin von Grofsbritannien, Leipzig 1781. 1782. 2 Bände gr. 8) hat nicht nur viele der vorhergehenden Hypothesen sehr scharf geprüft, sondern auch ein besseres System aufgestellt. Er gesteht, dafs er die Ursache der ursprünglichen Berge nicht angeben könne, und behauptet: 1) **dafs unser festes Land ehedem Meeresgrund gewesen sei, und es damals Länder gegeben habe, die wahrscheinlich jetzt nicht mehr vorhanden sind.** 2) **Dafs das Meer sein ehemaliges Bette durch eine plötzliche Revolution, und** 3) **noch nicht seit sogar langer Zeit verlassen habe.** Das alte Meer häufte Bodensätze von kalkartigen Materien, die nach und nach immer mehr mit Seekörpern, auch mit Trümmern von Pflanzen und Landthieren vermischt wurden, welche die Flüsse aus dem damaligen festen Lande herbeiführten. Dahin gehören die Jura u. s. w. Das Wasser filtrirte sich durch den Boden, erzeugte unter dem Meere innere Gährungen, entzündete Feuer, erzeugte Dämpfe und Ausbrüche von Vulkanen, welche Berge aus Lavaschichten bildeten, die hin und wieder mit Bodensätzen des Meers abwechselten. Die davon unzertrennlichen Erdbeben machten Spalten in den Bergen, welche sich nachher mit Materien ausfüllten, die Producte des Wassers und Feuers zugleich seyn können. Dies sind unsere Gänge. Auch warfen die Vulkane Trümmer des ursprünglichen Bodens aus, und bildeten davon Anhäufungen und Schichten. Durch

den Einsturz des Bodens in die vom unterirdischen Feuer erweiterten Höhlen ward die Fläche des alten Meeres immer niedriger; die **Vulkane** traten mit ihren Oeffnungen hervor, wirkten freier, und warfen oft ungeheure Granitblöcke mitten in die Kalkgebirge. Endlich machte das Meer, statt der kalkartigen, nur noch kieselartige oder sandige Bodensätze, und führte **Mergel, Thon und Sand** über den Boden. Dies war sein letztes Werk. Auf einmal verließ es den so gebildeten Boden unserer festen Länder durch eine plötzliche Revolution, die de Lüc von dem Einsturze des alten **festen Landes** herleitet, welches nach ihm Wölbungen über große Höhlen waren. Das Wasser hatte sich nach und nach Zugänge dazu eröffnet, **Gährungen und Explosionen** veranlasset, die Gewölbe stürzten nieder, das **feste Land** verschwand, das Wasser breitete sich darüber aus, ohne doch den **sandigten** Grund, auf dem es vorher geruhet hatte, zu zerstören, und die Meeresfläche ward dadurch so niedrig, daß unsre jetzigen **festen Länder** aufs Trockene kamen, dagegen die Stelle der ehemaligen Länder anjetzt vom Weltmeere bedeckt wird. Das Meer aber hat jetzt ein unveränderliches Bette, und alle kleinen Veränderungen desselben erfolgen bloß aus particularen und localen Ursachen. Die Revolution, welche das Meer in diesen neuen Zustand versetzt hat, muß alle Theile des **festen Landes**, in welchen die Schicht der **vegetabilischen Erde** von gleicher Stärke ist, zu gleicher Zeit betroffen haben. Diese Revolution war die Sündfluth. Sobald die neuen Länder vom Wasser verlassen waren, machte das **unterirdische Feuer** neue Explosionen, wodurch die Trümmer des zerbrochenen Bodens weit umher geworfen wurden. Aber es gebrach diesem Feuer bald an Nahrung, es verlosch, in dem neuen Bette des Meeres hingegen entzündeten sich neue **Vulkane,** und bildeten die **vulkanischen Archipelagen.** Dies ist die große **Revolution**, welche die Geschichte unsrer Erde in zwei Perioden theilt. (CXXXVII. CXXXVIII. CXLVII Brief). Mit diesem System stimmt Hollmann (*Comment. de corporum marinorum aliorumque peregrino-*

rum in terra continente origine, in Comment. Gotting. Tom. III. p. 285. sq.) in den Hauptsätzen, daſs unser Land Meeresgrund gewesen, und durch Einstürzung des alten Landes aufs Trockene gekommen sei, völlig überein, obgleich seine Abhandlung bereits 1753 geschrieben ist.

m. Gerhard (Versuch einer Geschichte des Mineralreichs, Berlin 1781. 8) läſst den Schöpfer bloſs Kieselerde, Feuer und Waſſer hervorbringen, und daraus durch die Bewegung im Chaos die Salze und übrigen Erden, nebst Thon, Oelen, Schwefel und Kiesen entspringen, dann aber durch Gährung und Niederschlag der Schichten sich ordnen und durch Erhitzung und Ausbrüche fixer Luft wieder zertrümmern. Dieser Archäologe läſst also alles chemisch, so wie Descartes alles mechanisch, entstehen. Beides ist nicht allein hinlänglich, alle Phänomene zu erklären.

n. Der Freiherr von Gleichen genannt Ruſsworm (Von Entstehung, Bildung, Umbildung und Bestimmung des Erdkörpers, Nürnberg 1782. 8) glaubt, die Erde sei Anfang eine bloſse Waſſerkugel gewesen, welche zuerst Fische hervorgebracht habe, aus deren Verfaulung Erde entstanden sei, die sich gesetzt, und den festen Körper zu bilden angefangen habe. Die Gährung habe darauf Hitze, Aufblühungen und Erhöhungen veranlaſſet, die Bewegung des Waſſers habe den Schlamm zu Schalen geformt, woraus denn Kalk bereitet worden sei. Endlich sei die Erde über das Waſſer hervorgetreten und dem Sonnenlichte ausgesetzt worden. Das Waſſer nehme immerfort ab, die Wärme aber zu, und so werde endlich die ganze Erdkugel im Feuer zerschmelzen.

6. So viel ist aus Beobachtungen gewiſs, daſs die Erde ehedem anders als jetzt ausgesehen hat (ſ. *A. F. v. Veltheim Etwas über die Bildung des Basalts und die vormalige Beschaffenheit der Gebirge in Deutschland. Leipzig 1787. gr. 8.*), daſs unsere Länder ehedem Mee-

resgrund gewesen sind *), welches aufser Maillet, Hollmann, Büffon und de Lüc, auch Lehmann (Versuch einer Geschichte von Flötzgebirgen. Berlin 1756. 8) dargethan hat, dafs eine einzige Ueberschwemmung, also auch die von Mose erwähnte Sündfluth, allein zur Erklärung der Phänomene nicht hinreicht, dafs die Vulcane und Erdbeben an der Bildung der Erdfläche einen sehr grofsen Antheil haben, und dafs überhaupt sehr viele mit einander verwickelte, theils gewaltsam, theils allmählig wirkende Ursachen zusammengekommen sind, um die Erdfläche zu dem, was sie jetzt ist, zu bilden.

Kant. Critik der Urtheilskraft. II. Th. §. 80. S. 364. §. 82. S. 385. *).
Lulof. Einleit. zu der math. phys. Kenntnifs der Erdkugel 18. Hauptst. S. 355 ff.
Erxleben. Anfangsgr. der Naturlehre. 4. Aufl. 13 Abschn. §. 773. ff. S. 690. ff.
Bergmann. Phys. Beschr. der Erdkugel 2. Aufl. Th. II. S. 239 ff.
De Lüc phys. und moral. Briefe über die Gesch. der Erde. XV. Br. ff. Th. I. S. 104 ff. CXXXVII. Br. ff. Th. II. S. 432. ff.
Gehlers phys. Wörterbuch. Art. Erde. Th. II S 53 ff.
Burnet Telluris theoria sacra. lib. I. cap. V. sqq.
Cartesii Principia Philosophiae. P. III. et IV.
Leibnitz Theodicée. §. 244. 245.
Moro. Neue Untersuch. der Veränd. des Erdbod. II. Th.

Architectonik,

architectonica, architectonique. Die Kunst der Systeme, oder die Lehre des Scientifischen

---

*) — — *Sic toties versa es, fortuna locorum.*
 Vidi ego, quod fuerat quondam solidissima tellus,
 Esse fretum. Vidi factas ex aequore terras:
 Et procul a Pelago conchae iacuere marinae.
 Et vetus inventa est in montibus anchora summis
  Ovid. Metam. lib. XV. v. 261. sq.

in unserer Erkenntniſs überhaupt. Es läſst sich nehmlich unsere Erkenntniſs so zusammenstellen, daſs zwischen den einzelnen Theilen derselben kein nothwendiger Zusammenhang ist, dies nennt man eine rhapsodische Zusammenstellung, das Zusammengestellte selbst aber macht ein **Aggregat** aus; sie läſst sich aber auch so zusammenstellen, daſs jeder Theil um aller übrigen willen an seiner Stelle stehet, und alle übrigen um jedes einzelnen willen ihre Stelle einnehmen, so daſs alle zusammen ein einziges Ganzes ausmachen, aus welchem man keinen Theil herausnehmen darf, und in welchem kein Theil fehlt, dies nennt man eine **systematische Verknüpfung**, das Zusammengestellte selbst aber macht ein **System** aus, welchem ein **Vernunftbegriff** (eine Idee) eines solchen Ganzen, zum Grunde liegt, die eben die Einheit giebt. Die Kunst nun, ein solches System hervorzubringen, heiſst die **Architectonik**, sie ist also ein Zweig der Lehre von der Behandlung unsrer Erkenntniſs (der Methodenlehre) und ist noch wenig bearbeitet (M. I. 1001. C. 860.).

2. Kant hat eine solche **Architectonik für alle Erkenntniſs aus reiner Vernunft** entworfen. Hier ist also ein nothwendig verbundenes Ganzes reiner Vernunfterkenntniſs die Idee, welche den Zweck und die Form des ganzen Systems aller Erkenntniſs aus reiner Vernunft enthält; und dieses System hat er in der Critik der reinen Vernunft in seinen Grundzügen, durch Critik des Vernunftvermögens, entworfen. — **Lambert** hat schon eine **Architectonik** (1764) geschrieben, und Riga 1771, in 2 Bänden 8. herausgegeben. Es ist ein eigenes metaphysisches Lehrgebäude, welches zu der Zeit, da es herauskam, Epoche zu machen schien. Lambert hat das Wort Architectonik aus **Baumgartens Metaphysik** (§. 4.) genommen, der es für gleichbedeutend mit allgemeiner Metaphysik, Metaphysik überhaupt oder Ontologie erklärt. Lambert sagt (Vorrede XXVIII): „es ist in so fern ein Abstractum von der Baukunst, und hat in Absicht auf das Gebäude der

menschlichen Erkenntnifs eine ganz ähnliche Bedeutung, zumal, wenn es auf die erften Fundamente, auf die erste Anlage, auf die Materialien und ihre Zubereitung und Anordnung überhaupt, und so bezogen wird, dafs man sich vorsetzt, daraus ein zweckmäfsiges Ganzes zu machen." Wir sehen hieraus, dafs Baumgarten das Gebäude der metaphyſiſchen Erkenntnifs ſelbſt, Lambert dieſes Gebäude nebſt der Kunſt es zu errichten, Architectonik nennt. Kant aber verſtehet unter Architectonik der reinen Vernunft, die vollſtändige Auffindung und Ableitung aller Theile der reinen Vernunfterkenntnifs nach folgender Idee. Wir haben ein Erkenntnifsvermögen, aus welchem Erkenntniſſe entspringen, die zwar in allen Erfahrungen zu finden ſind, aber nicht aus denſelben entſpringen, ſondern durch unſer Erkenntnifsvermögen hineingelegt werden, und eben dadurch die Erfahrung möglich machen. Dieſe Erkenntniſſe ſollen nun, durch die Architectonik derſelben, alle erſchöpft, oder in ihrem ganzen Umfange und nach der Folge aufgeſtellt werden, wie ſie nach Anweiſung der Critik der reinen Vernunft (welche den ganzen Mechanismus der Erzeugung unſrer Erkenntnifs aufdeckt) zur Erzeugung der Erfahrung aus den verſchiedenen Erkenntnifsvermögen entſpringen (C. 863).

3. Architectoniſch iſt dasjenige Prädicat, das man einer Erkenntnifs beilegt, wenn ſie nach der Idee eines ſolchen ſyſtematiſchen Ganzen behandelt wird. So ſpricht Kant von einer architectoniſchen Einheit, d. i. einer ſolchen Einheit der Erkenntnifs, welche zufolge jener Idee, oder eines Vernunftbegriffs entſpringt, im Gegenſatz gegen techniſche Einheit, welche entſtehet, wenn man das zufällig Aufgefundene nach dieſer oder jener zufälligen Abſicht verbindet, z. B. dafs man es am beſten überſehen, oder am leichteſten behalten, am bequemſten vortragen kann (C. 861). Ein architectoniſcher Plan iſt ein Plan, der nach Principien entworfen iſt. So entwirft die Critik der reinen Vernunft den Plan der Transcendentalphiloſophie

architectonisch, d. h. sie giebt aus einem Vernunftprincip, nehmlich dafs ein sehr wichtiger Theil unserer Erkenntnifs aus dem Erkenntnifsvermögen selbst hervorgehet, und dafs die Nothwendigkeit der ganzen Erfahrung sich darauf gründet, den Plan zu einer Wissenschaft von den Erkenntnissen, die unmittelbar aus dem Erkenntnifsvermögen erzeugt werden, oder von der Möglichkeit, dem Umfange, der Vollständigkeit und Gültigkeit solcher Erkenntnisse, die bei der Genesis (Erzeugung) der Erfahrung derselben jederzeit vorhergehen und ihr zum Grunde liegen, und daher Erkenntnisse *a priori* heifsen, s. *a priori* (C. 27). Die Aufmerksamkeit, die man auf eine Wissenschaft wendet, welche man Theilweise studirt hat, ist dann architectonisch, wenn man sich nun nach vollendetem Studium bemühet, die Idee des Ganzen richtig zu fassen, und alle einzelnen Theile, die man durchlaufen ist, unter diese Idee zu bringen, und ihnen nach derselben ihren Ort, ihren Werth und ihren wechselseitigen Zusammenhang untereinander zu bestimmen (P. 18). Die menschliche Vernunft ist architectonisch heifst, sie ist ein Vermögen, das darauf hingehet, alle unsere Erkenntnifs unter die Idee eines Ganzen zu verbinden und so zu einem System zu erheben. Sie verwirft daher jede Erkenntnifs, die diesem Systematischen aller unserer Erkenntnisse hinderlich ist; alles hingegen, was demselben beförderlich ist, dessen Daseyn gefällt ihr eben darum, oder das hat ein architectonisches Interesse für sie, z. B. Gott, als Princip der Vollendung des ganzen Systems aller Ursachen und Wirkungen (C. 502. 503.).

>Kant. Crit. der rein. Vern. Einleit. VII. S. 27 Elementarl. II. Th. II. Abth. II. Buch. II. Hauptst III. Abschn. S. 502. 503. Methodenl. III. Hauptst. S. 860. 861. 863.
>
>Kant. Crit. der pract. Vern. Vorrede S. 18.

Architectonisch.

S. Architectonik.

Aristokratie,

Adelsgewalt, *concilium f. curia multorum.* Diejenige Form der Beherrschung eines Staats, wo mehrere unter sich verbundene Menschen, die einander gleich sind, das Staatsoberhaupt ausmachen, und also zusammen die Herrschergewalt (Souveränität) besitzen, ohne dafs Andere daran Theil nehmen können, die nicht zu dieser Gesellschaft dem Staatsoberhaupt gehören. Gemeiniglich sind diese Menschen aus gewissen Familien im Staate, die nur allein das Recht haben, demselben seine Regierungsmitglieder zu geben (*aristocratia successiva*). Der Venetianische Staat giebt das bekannteste Beispiel von Aristokratie. Aber auch Frankreich ist, seiner gegenwärtigen Beschaffenheit nach, eine Aristokratie (*aristocratia electiva*), denn die beiden Räthe, welche die Herrschergewalt besitzen, bestehen aus vielen Personen, und doch nicht aus allen Staatsbürgern; im letztern Falle würde es allein eine wahre Demokratie, obwohl ein Ungeheuer, seyn (Z. 25).

2. Einige haben behauptet, in der Aristokratie sei es schwerer, zu einer rechtlichen Verfassung zu gelangen, als in einer Demokratie. Die Demokratie ist aber dazu gar nicht fähig. Sie haben blofs darin recht, dafs es in einer Aristokratie schwer ist. Die gröfsere Anzahl der Regierungsmitglieder schwächt die Kraft der Regierung, denn der Herrscher-Wille ist alsdann sehr getheilt, und sehr verschieden von dem Privatwillen eines jeden Einzelnen, und der allgemeine Wille wirkt daher schwerer auf den Willen des Staatsoberhaupts. Wo die Zahl der Herrschenden grofs ist, da giebts eine Menge von Factionen, weil sich der Herrscher-Wille Aller gar zu leicht in den übereinstimmenden Privatwillen mehrerer Einzelnen auflöset, und so durch die vereinigte Macht Mehrerer der Privatwille wider den allgemeinen Willen durchgesetzt wird, welches dem rechtlichen Zustande entgegen ist. So ist es also in der Aristokratie schwerer, als in der Monarchie, zur einzigen vollkommenen rechtlichen Verfassung zu gelan-

gen. Beide aber können nur allein (die Demokratie nie) der rechtlichen Regierungsart angemeſſen ſeyn.

3. Hobbes ſchrieb 1646 zu Paris ſein Buch vom Bürger. (*Elementa philoſophica de cive, auctore Thom. Hobbes Malmesburienſi.*) Im 7. Kapitel des Buchs *Imperium* handelt er von den drei Beherrſchungsarten des Staats. Die Ariſtokratie, ſagt er, iſt diejenige Beherrſchungsart, wo die Oberherrſchaft (*ſummum imperium*) in den Händen eines Senats (*concilium*) iſt. Mit dieſer Beherrſchungsart iſt alſo das Characteriſtiſche verbunden, daſs nicht alle Staatsglieder auch Mitglieder dieſes Senats ſind, ſondern nur ein gewiſſer Theil derſelben, welcher der Adel (*Optimates*) heiſst. Dieſer Adel kann nun entweder Geburtsadel ſeyn, d. i. derjenige, der da macht, daſs man Mitglied des Senats werden kann, oder Amtsadel, d. i. derjenige, der dadurch entſteht, daſs man Mitglied des Senats iſt. Von dem erſtern geben die römiſchen Senatoren, von dem andern die jetzigen Mitglieder des Raths der fünf hundert und des Raths der Alten in Frankreich das Beiſpiel. Der erſtere kann auch der herrſchende Adel, der letztere der Herrſcheradel heiſsen. Wenn einige alte politiſche Schriftſteller, auſser der Ariſtokratie, noch von einer Oligarchie reden, oder der Herrſchaft Weniger, ſo iſt das keine ſpecifiſche Verſchiedenheit zwiſchen beiden. Hobbes ſagt, der Name Oligarchie rührt von den Ariſtokratenfeinden her; denn die Menſchen pflegen durch den Namen nicht nur die Gegenſtände, ſondern auch ihre Neigungen, z. B. Liebe, Haſs, u. ſ. w. auszudrücken. Dieſe Gewohnheit macht, daſs der Eine das Oligarchie nennt, was der Andere Ariſtokratie heiſst, ſo daſs dieſe verſchiedenen Namen nur die verſchiedene Denkungsart über dieſe Form der Beherrſchung ausdrücken. Dieſe verſchiedene Benennung drückt alſo keine Verſchiedenheit der Sache aus.

4. Die moraliſchen und politiſchen Verſuche des D. Hume enthalten unter andern einen Verſuch, in welchem bewieſen wird, daſs die Staatskunſt die Form einer Wiſſenſchaft annehmen kann. In demſelben ſtellt

er den Satz als Axiom auf, dafs die befte Ariftokratie einen Adel ohne Vafallen erfordert. In den von Herrn Garve herausgegebenen Grundfätzen der Moral und Politik (aus dem Englifchen des M. Payley überfetzt, Leipzig 1787. 2. Band. S. 157) findet fich etwas über die verfchiedenen Regierungsformen, unter welchem Worte aber hier die drei Beherrfchungsarten verftanden werden, wovon die zweite die ariftokratifche ift. Die ariftokratifche Form, heifst es, ift diejenige, wo die gefetzgebende Gewalt einer aus dem ganzen Corpore der Nation ausgewählten Verfammlung zukömmt, welche Verfammlung ihre abgehenden Glieder entweder durch eigene Wahl wieder erfetzt, oder neue in ihre Stelle nach beftimmten Succeffionsgefetzen bekömmt, wobei entweder auf die Abftammung aus gewiffen Familien, auf den Befitz eines gewiffen Vermögens oder beftimmter Ländereien, oder endlich auf perfönliche Rechte oder Eigenfchaften gefehen wird. Diefes Buch beurtheilt aber den Werth der Ariftokratie nicht nach dem Rechte, fondern nach den aus ihr entfpringenden Folgen. Man findet daher die Vorzüge und Uebel der Ariftokratie in demfelben aufgezeichnet.

5. Unter den neueften Politikern hat Rouffeau durch feinen gefellfchaftlichen Vertrag das meifte Auffehen erregt. Befchreibungen der Beherrfchungsarten findet man im dritten bis achten Kapitel des dritten Buchs. Aber die Eintheilung der Beherrfchungsarten unterfucht er im dritten Kapitel, wo es heifst, die Regierung kann fich in die Hände einer kleinen Anzahl zufammenziehen, fo dafs es mehr blofse Staatsbürger als Regierungsmitglieder giebt; diefe Form führt den Namen der Ariftokratie. Rouffeau hat ein ganzes Kapitel (das fünfte des dritten Buchs des gefellfchaftl. Vertrags) von der Ariftokratie. Er behauptet, die erften Gefellfchaften hätten fich ariftokratifch beherrfcht, und die Ariftokratie fei dreierlei Art, die natürliche, Wahl- und erbliche. Die zweite fei die befte Ariftokratie im eigentlichen Sinne des Worts, weil man durch die Wahl wirklich die Beften (ἄριστοι, optimates) zu Regierungsmitgliedern ausheben könne. Ja-

kobs Eintheilung der Regierungsformen (in der Philosophischen Rechtslehre oder dem Naturrecht) 1.) nach den verschiedenen Personen, welchen die Majestät übertragen wird; und 2.) nach der verschiedenen Art und Weise, wie sie diese Personen, dem Vertrage nach, ausüben, ist ganz richtig; das erste ist die **Form der Beherrschung**, welche entweder **Autokratie, Aristokratie** oder **Demokratie** ist; das zweite, die **Form der Regierung**, welche entweder **republikanisch oder despotisch** ist. Jakob (a. a. O. §. 772) sagt: „wenn die höchste Gewalt einer Versammlung gewisser vornehmer Reichsbürger zukömmt, so heisst die Verfassung **Aristokratie**. Die Gesellschaft der Bürger, welcher die Majestät zukömmt, heisst der **souveraine** oder **höchste Reichs- oder Staatsrath**, welcher aber entweder unumschränkt (*aristocratia pura*) oder beschränkt ist, und in der Ausübung der Majestätsrechte an gewisse positive Bedingungen gebunden seyn kann (*aristocratia temperata*).

6. Die aristokratische Staatsform ist aus zwei Verhältnissen zusammengesetzt, nehmlich

a. dem der Vornehmen (*optimatum*, als Gesetzgeber) zu einander, um zusammen den Souverän zu machen, und

b. dem dieses Souveräns zum Volke. (K. 209.).

> Kant. Zum ewigen Frieden. II. Abschnitt. I. Definitivartikel*** S. 25.
> Dess. Metaph. Anfangsgr. der Rechtsl. II. Th. I. Abschn § 51. S. 209.
> Hobbes. *Elementa philosophica de cive. Imper. Cap. VII.* pag. m. 11 b. sq.
> D. Hume *Essais moraux et politiques, IV. Essai.* pag. m. 37.
> Garve. Grundsätze der Moral und Politik, aus dem Engl. des Payley. 2. B. S. 157.
> Rousseau *Le Contract social, liv III. ch.* 3—8.
> Jakob. Philosophische Rechtslehre oder Naturrecht. §. 758. 772.
> Walch. Philosophisches Wörterbuch. Art. **Aristokratie.**

Aristoteles.

Aristoteles,

Ἀριστοτέλης, *Aristoteles*, *Ariſtote*, wurde im erſten Jahre der 99. Olympiade, oder 384 Jahr vor Chriſti Geburt zu Stagira in Macedonien gebohren. Sein Vater war Nikomachus, des Königs von Macedonien **Amyntas**, Groſsvaters Alexanders des Groſsen, Leibarzt. Noch vor dem 20. Jahre ſeines Alters ſtudirte **Ariſtoteles** unter **Plato** die Philoſophie. In ſeinem 41. Jahre wurde er der Erzieher des jungen Alexander, der damals 15 Jahr alt war. Bei ihm und ſeinem Vater, dem König von Macedonien, Philippus, ſtand Ariſtoteles in groſsen Gnaden. Noch vor ſeines Zöglings Feldzuge nach Aſien ging er nach Athen, und lehrte daſelbſt die Philoſophie. Er ſtiftete eine neue Schule, d. i. lehrte ein ganz neues philoſophiſches Syſtem; dieſe Schule hieſs die **peripatetiſche** (wandelnde), weil Ariſtoteles im Gehen zu lehren pflegte. Er ſtarb im 3ten Jahre der 114. Olympiade, 322 Jahr vor Chriſti Geburt, in dem nehmlichen Jahre, in welchem auch Demoſthenes ſtarb, und im 63. Jahre ſeines Alters.

2. **Kant** ſagt (C. Vorrede zur zweit. Aufl. VIII): „daſs die Logik ihren ſichern Gang ſchon von den älteſten Zeiten her gegangen ſei, läſst ſich daraus erſehen, daſs ſie ſeit dem Ariſtoteles keinen Schritt rückwärts hat thun dürfen, daſs ſie aber auch bis jetzt keinen Schritt vorwärts hat thun können. Dieſes wird man am beſten einſehen, wenn man den Inhalt der logiſchen Schriften des Ariſtoteles, denen man in neuern Zeiten den Namen Organon beilegte, mit einer Logik unſrer Zeiten vergleicht. Ich will daher jetzt von dieſem Inhalt dieſer Schriften hier einige Nachricht geben.

Die logiſchen Schriften des Ariſtoteles ſind:

a. ſein Buch von der Erklärung (περὶ ἑρμηνείας). Unter der **Erklärung** verſteht aber Ariſtoteles nicht, wie gewöhnlich, die **Auslegung** oder **Interpretation**, z. B. eines Buchs u. ſ. w., ſondern die Art, ſich ſo gegen einen Andern über unſre Vorſtellungen auszudrücken, daſs dieſer uns vollkommen verſtehen kann. Nach dem Ariſtoteles beſtehet ein Vernunftſchluſs aus einzelnen Theilen, die er Erklärungen nennt. Ein ſolcher Theil iſt nun entweder einfach oder zusammengesetzt. Jener erklärt nur einen einfachen Begriff, und heißt Nennwort (*nomen*) oder Zeitwort (*verbum*); dieser bestehet aus der Verbindung mehrerer einfachen, und heißt ein Satz. Aus der Verbindung mehrerer Sätze entsteht endlich die Rede. Von allen diesen logischen Gegenständen handelt nun Aristoteles in diesem Buche in 14 Capiteln. Er zeigt, was er unter Erklärung verstehe, und handelt dann von den Symbolen im Gemüth und in der Sprache. Er lehrt, was ein Nennwort, das unendliche Nennwort und der Fall (Casus) des Nennworts, was ein Zeitwort, das unendliche Zeitwort und der Fall des Zeitworts ist, und redet von den Zeitwörtern an und für sich. Er handelt sodann von der Rede und ihren Arten; von dem Satze; von der Bejahung, der Verneinung und dem Widerspruch; von den Entgegensetzungen und den Widersprüchen zwischen den Bejahungen und Verneinungen; von der Antithese, wo nicht bloß eine Bejahung oder Verneinung ist; von den Antithesen in zukünftigen zufälligen Dingen; von der Antithese der Sätze mit einem dritten Prädicat (*tertii adjacentis*); von der Verbindung (Synthesis) und Trennung (Diäresis) in den Sätzen; von der Modalität der Sätze; von den Folgerungen aus der Modalität der Sätze; von den entgegengesetzten Sätzen. Dann folgt

b) seine Analytik in zwei Büchern, von denen jedes wieder zwei Abschnitte hat.

I. Buch. 1. Abschnitt: trägt in 40 Kapiteln die Lehre von Entstehung des Syllogismus oder dem Schlusse vor, und zwar zuerst, wie die Schlüsse gemacht werden, welches er die Synthesis oder Genesis derselben nennt; dann wie wir es bewirken können, daß wir sie bei der Hand haben, oder von der Erfindung derselben; endlich wie sie in Schriften oder Reden aufzufinden, und in einander zu verwandeln sind. Er handelt also von dem Satze, Terminus, Schlusse und seinen Elementen; von der Umkehrung der einfachen Sätze und der Sätze in Rücksicht auf ihre Modalität; von den brauchbaren und unbrauchbaren Arten der Schlüsse in der ersten Figur; von den Schlüssen der zweiten und dritten Figur; von den drei Figuren und der Vollkommenheit der unvollkommenen Schlüsse; von den Schlüsfen, in welchen beide Vorderfätze Nothwendigkeit haben, und von denen der erften zweiten und dritten Figur, da der eine Vorderfatz Nothwendigkeit hat; von den Schlüffen in der erften mit zufälligen Vorderfätzen; von den Schlüffen mit vermifchten, nehmlich einem zufälligen und einem nothwendigen Vorderfatz; von den Schlüffen in der zweiten Figur mit zwei zufälligen Vorderfätzen; von den Schlüffen mit einem in Anfehung der Zufälligkeit unbeftimmten und einem zufälligen Vorderfatz in der zweiten Figur; von den Schlüffen mit einem nothwendigen und einem zufälligen Vorderfatz in der zweiten Figur; von den Schlüffen mit zwei zufälligen, einem abfoluten und einem zufälligen, einem nothwendigen und einem zufälligen Vorderfatz in der dritten Figur. Von der Eintheilung der Schlüffe und ihrer Qualität und Quantität; von der Zahl der Terminus und Vorderfätze in den Schlüffen und den Profyllogismen; wie in einer jeden Figur eine Aufgabe behandelt wird; von der Auffindung der Vorderfätze zu den Schlüffen; von den zu etwas Unmöglichen führenden und andern hypothetifchen Schlüffen; von der Eintheilung; von der Analyfe der Schlüffe in Figuren, Sätze und Glieder; von der Analyfe der hypothetifchen Schlüffe; von der Analyfe der Schlüffe aus einer Figur in die andere; von den endlichen und unendlichen Gliedern.

Der 2. Abfchnitt trägt in 30 Kapiteln die Lehre von dem fchon vorhandenen Schluffe vor, und zwar von dem Grade der Bündigkeit und von der Unbündigkeit der Schlüffe, und dafs es keine Beweife als durch Schlüffe gehe, dafs Induction, Enthymema und Beifpiel u. f. w. nichts anders als Schlüffe find. Er handelt alfo von den Schlüffen, die auf mehreres fchliefsen; von einem wahren Schlufsfatz aus falfchen Vorderfätzen in der erften, zweiten und dritten Figur; von dem Zirkelbeweife in diefen Figuren; von der Umkehrung der Schlüffe in diefen Figuren; von dem apagogifchen Schlufs in diefen Figuren; von dem Unterfchied zwifchen einem oftenfiven und apagogifchen Schluffe in allen Figuren; von dem Schluffe aus dem Gegentheil in allen Figuren; von der Petitio Principii; von dem Tadel eines Schluffes, wenn man fagt: darum ift es noch nicht falsch; von dem falschen Grunde; wie man hindern könne, dafs nicht gegen uns geschlossen werde; vom Elenchus oder dem Schlusse des Widerspruchs; vom Irrthum aus einer Meinung; von der Umkehrung der Glieder in der erften Figur; von der Induction, dem Beispiel, der Ablenkung, Inftanz; von der Aehnlichkeit, dem Zeichen und dem Enthymena; von den Schlüssen aus der Physiognomie.

II. Buch: trägt in 2 Abschnitten die Natur, Kraft und Eigenschaft des Beweises vor; in dem 1. Abschnitte im Allgemeinen und im 2. Abschnitte ausführlicher.

1. Abschnitt. Dafs es Beweise giebt; von der Wissenschaft, dem Beweise und seinen Elementen; von den Meinungen der Alten darüber; von der Allgemeinheit und dem an und für sich; von den Fehlern, wenn man etwas allgemein nimmt; von dem Beweise aus der Nothwendigkeit; von den Beweisen aus eigenen Principien; von den ewigen Wahrheiten, und uns indemonftrabeln Principien; von den Principien, Fragen und Auflösungen; von dem Unterschiede zwischen Beweis und Wissenschaft; von der zum Beweise bequemften Figur; von den unmittelbaren verneinenden Sätzen; von dem Betrug aus Unwissenheit; von dem Beweise ins Unendliche und den unendlichen Mittelgliedern; von der unendlichen Bejahung und Verneinung; von der beften Beweisart; von der Gewifsheit und Einheit der Wissenschaft; von Dingen, die nicht zu beweisen sind; von den verschiedenen Principien der Schlüsse; von der Verschiedenheit zwischen Wissenschaft und Meinung; vom Scharffinn.

2. Abschnitt. Von der Anzahl und Ordnung der Fragen; worin alle Fragen übereinkommen; Unterschied zwischen Erklärung und Beweis; von der Erklärung durch den Schlufsfatz eines Schlusses; von der Auffuchung der Erklärung durch die Eintheilung; von dem Beweise der Erklärung durch eine andere; von der Auffuchung der Erklärung; vom Beweise der Ursache; von dem Beweise der Ursache, die die Wirkung nicht gleich bei sich hat; vom Zirkel im Erklären und seinem Beweise; von den Bedingungen die Erklärung zu

finden; von der Vortrefflichkeit des Weges *a posteriori*; Vorfchriften zur Erfindung der Aufgaben und des Mittelgliedes; von dem Verhältniffe der Urfache zur Wirkung; von dem Urfprung der Kenntnifs der Principien.

c) In der Topik handelt Ariftoteles von den Elementen, woher wir die Principien und Beweife über etwas zu disputiren hernehmen können; fie enthält die Dialectik der Alten, oder die Kunft Schein zu erregen, und handelt von dem Wahrfcheinlichen.

1. Buch. Vom Schluffe und feinen Arten; vom Nuzzen der Topik; von der Materie der Dialectik; von der Erklärung, dem Gefchlecht, dem Eigenthümlichen und dem Zufälligen, auf wie viel Art daffelbe genommen wird; von der Anzahl der Prädicate; von den Categorien, von dem dialectifchen Satze, von der dialectifchen Aufgabe und der dialectifchen Thefis; von den Arten zu vernünfteln; von den Werkzeugen der Erfindung; von der Wahl der Sätze; von der Unterfcheidung gleichnamiger Dinge und den Oertern, die dahin gehören; von Erfindung der Verfchiedenheiten; von der Betrachtung der Aehnlichkeit; von dem Nutzen der Werkzeuge zur Erfindung.

2. Buch. Von der Eintheilung und den Fehlern der Aufgabe; von den Oertern zu den Aufgaben, dem Accidens, und den Oertern, die zu folchen Vorftellungen gehören, welche auf vielerlei Art ausgedrückt werden; Oerter, um zu beweifen, dafs das Gegentheil worin enthalten fei; Oerter, die zur Prädicirung des Gefchlechts und der Art gehören; von den Oertern, die zur Verwandlung des Streits gehören; Oerter, welche von der Trennung, Etymologie, Befchaffenheit der Zeit, worin etwas ift, und der Vielnamigkeit hergenommen find; Oerter, die vom Gegentheil, von der Folge des Entgegengefetzten, von verbundenen Begriffen, dem Urfprung und Untergang, der Wirkung und Zerftöhrung hergenommen find; Oerter von der Proportion und Vergleichung, von dem Zufatze, von dem, was auf irgend eine Art ift, zu dem, was an und für fich ift.

3. Buch. Gründe oder Oerter zu beweifen, dafs etwas wünfchenswerther oder beffer fei; vom Nutzen

der Gründe, welche beweisen, daſs etwas zu wählen oder zu fliehen fei; von den Gründen über das **mehr** oder **weniger**; von den Gründen zu particularen Aufgaben über das Accidenz.

4. Buch. Von den Gründen die Aufgabe, vom Geſchlecht, betreffend.

5. Buch. Vom Eigenthümlichen.

6. Buch. Von den Gründen die Aufgabe, von der Erklärung, betreffend; z. B. wie eine Erklärung anzugreifen, von der Dunkelheit der Erklärung u. f. w.

7. Buch. Von den Gründen zu der Frage, ob ein Ding daſſelbe oder etwas verſchiedenes ſei. Von den Gründen, die Erklärung zu beſtätigen; von dem Nuzzen dieſer Argumente, der Beſtätigung und Widerlegung.

8. Buch. Von der dialectiſchen Anordnung und Frage, der dialectiſchen Argumentation, Antwort und Vertheidigung, dem Tadel des Beweiſes, dem einleuchtenden und falſchen Beweiſe, der Petitio Principii und der dialectiſchen Uebung.

d. In dem Buche von den ſophiſtiſchen Schlüſſen zur Widerlegung handelt Ariſtoteles von den ſophiſtiſchen Schlüſſen zur Widerlegung überhaupt, den Arten der Beweiſe, dem Zweck der Sophiſten, und den Scheinwiderlegungen, die ſowohl vom Ausdruck als von der Sache hergenommen werden; von der Zurückführung der Scheinwiderlegungen auf die Verſteckung des Fehlers in dem widerlegenden Schluſſe; von den Arten zu hintergehen, den verſchiedenen Arten widerlegender Schlüſſe und ihren Gründen; von der Eintheilung der falſchen Beweiſe in ſolche, die die Worte, und in ſolche, die den Sinn betreffen; Vergleichung verſchiedener Arten der Schlüſſe, die zur Widerlegung dienen; wie man das Falſche und Paradoxe zeigt; von der Tautologie, dem Solöcismus der ſophiſtiſchen Anordnung und Frage, der Art zu antworten und dem Nutzen dieſer Unterſuchung; der Scheinauflöſung und der wahren Auflöſung; von der Auflöſung der Trugſchlüſſe aus der Homonymie und Amphibolie, aus der Verbindung und Trennung, aus dem Accent, der Beweiſe aus der Figura Dictionis, aus den Accidenzen, aus dem, was abſolut oder verhältniſs-

weife ift, aus der Erklärung der Widerlegung, aus der
Petitio Principii, aus den Folgerungen, aus dem Zufatz;
von der Auflöfung der Beweife, welche mehrere Fragen zu einer machen, oder die darauf hinführen, dafs
man daffelbe öfters fagt; von der Auflöfung der Solöcismen; von der Schwierigkeit, die Art des Trugfchluffes
zu erkennen und zu beantworten.

3. Wir fehen aus diefem Inhalt des ganzen Ariftotelifchen Organons, dafs es die ganze Logik in ihrer
gröfsten Vollftändigkeit enthält; dafs aber auch ihr Urheber die eigenthümliche Natur und die Grenzen diefer
Wiffenfchaft gekannt, und daher alle metaphyfifchen
Unterfuchungen über die Natur der Seele, über die
Quellen und Arten der Erkenntnifs u. f. w., alle pfychologifchen Unterfuchungen, über die Einbildungskraft, den Witz u. f. w. und alle anthropologifchen
Unterfuchungen über den Einflufs des Körpers auf das
Denken, die Vorurtheile u. f. w. davon ausgefchloffen
habe.

4. Ariftoteles hat auch ein Buch von den Kategorien gefchrieben, welches die Alten mit zu dem
Organon rechneten, das aber eigentlich kein logifches,
fondern ein metaphyfifches Buch ift, indem es nicht
mehr das formale Denken, fondern Begriffe *a priori* betrifft. Ariftoteles hatte uranfänglich ebenfalls die Abficht, die allgemeinen Prädicate des Dinges durch
die Kategorien anzugeben, nur entfernte er fich in der
Ausführung gar fehr von Kant darin, dafs er die
Quelle diefer Kategorien nicht kannte, und daher fie
theils nicht alle fand, theils Arten der Sinnlichkeit unter fie aufnahm. Er hat nehmlich 10 Kategorien. Er
fchlofs nach Buhle fo: das Ding ift entweder das
erfte oder aus dem erften entftanden. Was das
erfte ift, ift es entweder an und für fich, oder im
Verhältniffe mit andern. Das Ding an und für
fich giebt die Kategorie der Subftanz. Das Ding im
Verhältniffe entfteht entweder aus der Materie der Subftanz und kann getheilt werden, daher die Kategorie
der Quantität; oder von der Form der Subftanz, und
kann nicht getheilt werden, daher die Kategorie der

Qualität; oder von dem Verhältniſſe der Subſtanz zu etwas anderm, daher die Kategorie der Relation. Was von dem erſten entſtanden iſt, entſpringt entweder von der Subſtanz mit der Quantität, oder von der Subſtanz mit der Qualität, oder von der Subſtanz mit der Relation verbunden. Nun giebt es zwei Arten der Quantität, Ort und Zeit. In wie fern die Subſtanz mit der Quantität an einem Ort iſt, entſtehet die Kategorie Wo; in wie fern ſie in der Zeit iſt, die Kategorie Wann. Aus der Subſtanz mit der Qualität verbunden entſpringen die Kategorien Thun und Leiden, denn die Subſtanz thut und leidet durch die Qualität. Endlich aus der Subſtanz mit der Relation der Theile des Körpers unter ſich entſteht die Kategorie der Lage, und mit der Relation zu etwas Aeuſserlichen die Kategorie haben. Ariſtoteles iſt aber in der Anzahl der Kategorien nicht immer mit ſich einig, und läſst zuweilen das Haben, die Lage und das Wann weg (C. 105.). Offenbar gehört auch Wann zur Zeit, Wo zum Raum und die Lage zu beiden, als Arten der reinen Sinnlichkeit. Thun und Leiden ſind aber keine Stammbegriffe, ſondern abgeleitete Begriffe, denn ſie ſetzen die Stammbegriffe Subſtanz, Urſache und Wirkung voraus, ſ. Kategorie.

Ariſtoteles nannte die Kategorien auch Prädicamente, und er ſahe ſich hernach genöthigt, noch fünf Poſtprädicamente hinzuzuthun, nehmlich das Entgegengeſetzte, das Eherſeyn, das Zugleichſeyn, die Bewegung und das Beſitzen. Allein dieſe liegen doch zum Theil ſchon in jenen, z. B. Eherſeyn und das Zugleichſeyn ſind Modi oder Arten der Zeit, und die Bewegung iſt gar ein empiriſcher Begriff, der nur durch Erfahrung möglich iſt. Allein dieſe Zuſammenraffung der Stammbegriffe des menſchlichen Verſtandes geſchahe wohl nicht ſo ſyſtematiſch wie Buhle (3) will. Auch leitet Buhle einige von andern ab, da ſie eigentlich alle Stammbegriffe ſind. Man ſieht endlich aus dieſer Ableitung nicht die Vollſtändigkeit ihrer Anzahl. Daher konnten Ariſtoteles Bemühungen Kant nur zum Wink für ſeine Unterſuchung der Kategorien dienen, aber nicht für eine Ausführung nach einer Idee gelten, und von dieser Seite Beifall verdienen. Auch blieb seine Tafel der Kategorien noch immer mangelhaft, denn es fehlt z. B. die **Modalität** gänzlich darin, u. a. m. Daher rührt es nun auch, daſs sie, bei mehrerer Aufklärung der Philosophie, als ganz unnütz verworfen worden ist (Pr. 118. 119. S. Aggregat 1. 2.).

 Kant. Critik der rein. Vern. Vorred. VIII. Elementl. II. Th. I. Abth. I. Buch. I. Hauptst. III. Abschn. S. 105. 107.
 Deſſ. Prolegomenen. §. 39. S. 118. 119.
 Ἀριστοτέλης. *Aristotelis Opera omnia, graece — librorum argumenta et novam versionem latinam adjecit* Joh. Theoph. Buhle. *Vol. I. III. Biponti* 1791. 8.
 Fülleborn. Kurze Geschichte der Logik bey den Griechen. In den Beyträgen zur Geschichte der Phil. IV. St. S. 173. f.

Art,

modus. Die innere zufällige Beschaffenheit, oder dasjenige Merkmal, wodurch etwas als zufällig bestimmt werden kann. Die zufällige Beschaffenheit ist ein solches Merkmal des Begriffs, das ihm nicht **nothwendig** beigelegt werden muſs, das man sich aber doch als möglich in ihm vorstellen kann. So ist das Merkmal **gelehrt** eine zufällige Beschaffenheit des Begriffs eines **Menschen**, aber auch zugleich eine **Art**, wie Menschen an und für sich, ohne sie mit andern Dingen zu vergleichen, also innerlich beschaffen seyn, und daher bestimmt werden können.

2. Kant sagt (U. 201.): es giebt zweierlei Art der Zusammenstellung seiner Gedanken des Vortrags, das heiſst hiernach, wenn man seine Gedanken vortragen will, so ist es möglich, dieselben zu dem Ende, nach einem bloſsen Gefühl, oder nach bestimmten Grundsätzen zu ordnen; das erste heiſst die **Manier**, das andere die **Methode** des Vortrags. Da es nun zufällig ist, welche Zusammenstellung man wählt, und man nicht zu der einen durchaus so genöthigt ist, daſs der Vortrag ohne diese Zusammenstellung aufhören würde Vortrag zu seyn, und dennoch diese Beschaffenheit des Vortrags im Vortrage

selbst und nicht in etwas aufser demselben liegt, so heifsen diese Zusammenstellungen Arten (der Bestimmung) des Vortrags, oder *Modi* desselben.

3. Eben so giebt es dreierlei Arten der Zeitbestimmung, oder drei *modi* der Zeit, die Beharrlichkeit, die Folge und das Zugleichseyn (C. 219). Etwas kann zu jeder Zeit seyn, es kann aber auch erst auf etwas anderes folgen und also entstehen und vorgehen, und daher mit andern zugleich seyn oder nicht. Alles dieses sind Beschaffenheiten, die, wenn die Zeit wegfällt, selbst wegfallen, folglich Beschaffenheiten, wie die Zeit bestimmt werden kann, von denen aber keine ihr nothwendig anklebt. Die Zeit wird aber hier innerlich bestimmt, nicht im Verhältnisse zu etwas anderm. Dieses scheint zwar bei der Folge und dem Zugleichseyn nicht gleich so, vielmehr scheint es, als sei hier ein Verhältnifs zwischen dem, was auf das Andere folgt, und diesem Andern, oder zwischen den beiden Dingen, die zugleich sind. Allein hier ist nicht die Rede von diesen beiden Verhältnissen, sondern von dem Hintereinanderseyn der Zeiträume, in denen sich beide auf einander folgende Dinge befinden, und von der Congruenz der Zeiträume, in denen sich die Dinge befinden, welche zugleich sind. Folglich sind die genannten Zeitbestimmungen innerlich, obwohl zufällige Beschaffenheiten der Zeit oder *modi* derselben.

Kant. Crit. der Urth. I. Th. §. 49. S. 201.
Dess. Crit. der rein. Vern. Elementarl. II. Th. I. Abth. II. Buch. II Hauptst. III. Abschn. 3. S. 219.
Kiesewetter. Logik, §. 43. und *ad* §. 43. S. 19. u. S. 217.

Articulation,

articulatio, articulation, Gliederung. Diesen Namen, der auch so viel, als das Ausschlagen eines Baums, oder dafs er neue Reiser bekömmt, bedeutet, legt Kant der Ableitung aller Zweige einer Wissenschaft aus einer einzigen Idee derselben bei, wodurch das Ganze eine ſyſtematiſche Einheit bekömmt, und nicht ein bloſses Aggregat iſt, ſ. Aggregat. Man könnte es im Deutſchen die Gliederung nennen, weil die aus einer Idee abgeleiteten Theile gleichſam dasjenige für das Ganze ſind, was die Glieder für den Körper ſind. Man kann daher ſagen, das Syſtem iſt gegliedert, d. i. ſeine Theile ſind nicht willkührlich, ſondern alle nach einer einzigen Idee, aus welcher ſie entſpringen, zuſammengeſetzt. Dieſe Glieder müſſen ſodann wieder gegliedert ſeyn, d. h. ihre Glieder wieder alle aus der Idee eines Gliedes entſpringen. Leider haben wir jetzt noch kein ſo gegliedertes Syſtem der Philoſophie, vielmehr iſt bisher alles in derſelben rhapſodiſtiſch zuſammengeſetzt. Daher auch z. B. Baumgartens Metaphyſik nicht ſowohl den Namen eines Syſtems, als vielmehr einer metaphyſiſchen Encyclopädie verdient (C. 861. 862).

2. Inzwiſchen hat die Critik der reinen Vernunft die Articulation eines ſolchen Syſtems geliefert, und dadurch das beſte Beiſpiel einer ſolchen ſyſtematiſchen Einheit gegeben.

3. Zu dieſer Articulation gehört nun die Beſtimmung *a priori*

A. der Grenzen und des Mannichfaltigen einer Wiſſenſchaft;

B. der Vollſtändigkeit ihrer Theile;

C. der Stelle dieſer Theile im Syſtem;

D. des Umfangs und der Grenzen dieſer Theile, mit völliger Gewährleiſtung derſelben.

4. Die Folge einer ſolchen richtigen Articulation iſt, daſs man, wenn man die übrigen Theile kennt, ſogleich den fehlenden vermiſst, und den nicht dazu gehörenden Theil, oder den zu groſsen Umfang und die unrichtigen Grenzen der Theile bemerkt.. In der transſcendentalen Methodenlehre der Critik der reinen Vernunft hat Kant eine ſolche Articulation der Philoſophie angegeben. Die Idee der Philoſophie, aus der ſich alle

Zweige derselben ergeben, ist die einer möglichen Wissenschaft aller rationalen Erkenntnifs aus Begriffen. Hier wird also, durch die Idee selbst, bestimmt

A. der Umfang und die Grenzen der Philosophie, denn

a. sie betrifft alle Erkenntnifs, die aus Begriffen möglich ist;

b. sie schliefst dadurch aus, und grenzt dadurch ab

α. die historische Erkenntnifs, und behält nur die rationale Erkenntnifs aus Principien für ihr Gebiet,

β. die mathematische Erkenntnifs, oder das Gebiet der rationalen Erkenntnifs aus der Construction der Begriffe.

B. die Vollständigkeit ihrer Theile. Denn rationale Erkenntnifs aus Begriffen ist nichts anders, als die Erkenntnifs der Gesetzgebung der menschlichen Vernunft, und zwar

a. für die Gegenstände der Erkenntnifs (Natur), und

b. für die Gegenstände des Willens (Freiheit).

Hieraus entspringen also die beiden Hauptzweige der Philosophie, der theoretische und practische.

C. die Stelle dieser Theile im System. Denn dafs im System die theoretische Philosophie der practischen vorgehet, folgt daraus, dafs die practische das zum Gegenstande hat, was da seyn soll, die theoretische hingegen das, was da ist; da nun die Gesetze dessen, was da ist, die Bedingungen dessen sind, was da seyn soll, und die Bedingungen vor dem, durch sie, Bedingten hergehen müssen, so mufs auch die theoretische Philosophie der practischen vorangehen. Ganz anders aber ist es mit dem Range beider Wissenschaften, wenn sie ihrem Interesse nach geschätzt werden, s. Primat.

D. jeder der beiden Theile der Philosophie, in Ansehung seines Umfangs und seiner Grenzen.

a. Die theoretische Philosophie umfafst alles, was aus blofsen Begriffen erkannt und bewiesen werden kann;

nur giebt sie nicht die *Data* an, sondern erklärt sie blofs, auch erklärt sie nichts, dessen Erklärung auf Darstellung in der Anschauung beruhet; sie erklärt die aus dem Willen entspringenden Phänomene als *Facta*, und zeigt, dafs sie nicht anders seyn konnten, folglich bekümmert sie sich nicht darum, wie sie nach einem andern Gesetz (dem practischen, das ihr fremd ist) seyn sollten.

b. Die **practische Philosophie** hingegen bekümmert sich um keine Naturphänomene, sondern richtet oder gebietet die Willensäufserungen nach einem eigenen Gesetz, das einen freien Willen voraussetzt, und zeigt, wie alles, was aus dem Willen entspringt, seyn sollte.

Kant. Crit. der rein. Vern. Methodenl. III. Haupst. S. 861. 862. ff.

Assertorischer

Imperativ. S. Imperativ.

Assertorisches

Urtheil. S. Urtheil.

Association.

S. ~~Vergesellschaftung.~~

1. Atomus,

ἄτομος, *atomus*, *atome*. Das Element des Zusammengesetzten, das folglich nicht zusammengesetzt wäre, weil es übrig bleiben müfste, wenn alle Zusammensetzuung aufgehoben würde, welches aber nach Kant nicht möglich ist, weil die Theilung der Materie ins Unendliche gehet, s. Theilung. Kant unterscheidet es

a. von **Monas**, oder dem Einfachen, welches unmittelbar als einfache Substanz gegeben seyn soll, z.

B. die Seele; dahingegen Atomus das Einfache ist, auf welches man kommen soll, wenn alle Zusammensetzung aufgehoben würde, und welches also mittelbar, nehmlich in dem Zusammengesetzten gegeben ist.

b. von Atomus in dem Sinn der Alten, nach welchem es so viel heifst, als ein Klümpchen Materie, das durch keine Kraft weiter getheilt werden kann, aber doch noch immer zusammengesetzt wäre, und das sich die Alten als erstes Bestandtheil der Materie dachten, s. den folgenden Artikel, Atomus.

2. Das Wort ist griechisch, und stammt ab von α (a) nicht und dem Zeitwort τεμνω (temno) ich zerschneide, theile, und heifst also etwas Untheilbares, folglich hier darum, weil alle Zusammensetzung aufgehoben ist. Im folgenden Artikel heifst es ein Untheilbares, weil man die Theilung durch keine Gewalt bewerkstelligen kann, ohngeachtet das Theilchen noch zusammengesetzt ist.

3. Kant zeigt, dafs, wenn man die materielle Welt für ein Ding an sich nimmt, es sich eben sowohl beweisen lasse, dafs es solche Atomen gebe, als dafs es keine gebe. S. Monas.

Kant. Crit. der rein. Vern. Elementarl. II. Th. II. Abth. II. Hauptst. II. Abschn. S. 470.

2 Atomus,

Klümpchen, kleinstes Theilchen. Ἄτομος, ἀδιαίρετον σῶμα, σῶμα σμικρότατον, λεπτότατον ἀμερὲς σῶμα, θραῦσμα ἐλάχιστον, λεπτομερὲς σῶμα, μέγεθος ἀδιαίρετον, Μονάς, σωμάτιον σμικρόν, ὄγκος, ψῆγμα ἐλάχιστον. *Atomus, corpusculum individuum, corpus indivisibile, corpus minimum, elementum corporis individuum, corpus atomum, punctum physicum, corpusculum, corpus insectile, molecula. Atome, molécule.* Ein kleiner Theil der Materie, der physisch untheilbar ist. Physisch untheilbar wäre eine Materie, deren Theile mit einer Kraft zusammenhingen, die durch keine in der Natur befindliche bewegende Kraft überwältigt werden könnte. Ein Atom, der als durch seine Figur von andern fpecififch verfchieden gedacht wird, heifst ein erftes Körperchen (N. 100).

2. Dafs wir die Theilung der Körper durch allerlei Mittel fehr weit treiben können, ift bekannt. Aber ob diefe Theilung ohne Ende fort möglich fei, darüber kann uns die Erfahrung nicht belehren, weil fich nicht nur, bei fortgefetzter Theilung, die Theilchen unfern Sinnen bald entziehen, fondern weil eine Fortfetzung ohne Ende kein Verfuch ift, den wir anftellen können. Ob man alfo endlich auf gewiffe letzte körperliche Theile, die an fich felbft und ihrer Natur nach nicht weiter theilbar find, auf Atomen kommen müffe, oder ob die Materie ohne Ende theilbar fei, ift eine hierher gehörige fpeculative Frage, welche die critifche Philofophie beantwortet. Sie lehrt nehmlich, dafs man beides ftrenge beweifen könne, wenn man vorausfetze, dafs die Materie ein Ding an fich fei, f. An fich und Monas. Sie zeigt aber auch, dafs der Fortgang in der Theilung der Materie (als einer Erfcheinung) ins Unendliche gehe, beweifet die Wahrheit diefer Behauptung auf das ftrengfte, und bringt damit einen lange geführten Streit gänzlich zu Ende. S. den folgenden Artikel Atomiftik.

3. Lamarck verlas den 6. October 1796 in der Sitzung des Nationalinftituts zu Paris eine Abhandlung über die kleinften Theilchen (*Molécules*) zufammengefetzter Körper, worin er die Unabänderlichkeit ihrer Form und die Einheit ihrer Natur als einen Grundfatz annimmt, und fchlofs mit der Aeufserung, dafs die kleinften Theilchen bei jeder Zufammenfetzung nothwendig einfach und für fich beftehend find, und dafs die Verfchiedenartigkeit jeder Materie nur von der Aufeinanderhäufung (*aggrégation*) verfchiedener Arten kleinfter Theilchen herrühre, und nie von ihrer Vereinigung abhänge (Litt. Anzeig. 1796. S. 573). Gegen diefe Behauptungen ftreitet die critifche Philofophie. S. auch Atomiftik.

Kant. Met. Anfangsgr. der Naturw. II. Hauptft. Allgemeine Anmerk. 4. S. 100.

Gehler. Phyf. Wörterbuch. Art. Atomen.
Allgemeiner Litterarifch. Anzeiger. 1796. S. 573.

Atomiftik,

Corpufcularphilofophie, *atomiftica, philofophia f. phyfica corpuscularis.* Die Erklärungsart der Erfcheinungen, welche Körper heifsen, aus der Zufammenfetzung untheilbarer Körperchen oder Klümpchen (*moleculae*), welche man auch Atomen nannte, f. den vorhergehenden Artikel Atomus. Diefe Bedeutung des Worts Atomiftik hielt Kant ab, der Behauptung, dafs alles Zufammengefetzte aus einfachen Theilen beftehe, (welche Behauptung transfcendental ift, weil fie Erkenntniffe *a priori* möglich machen würde,) den Namen der transfcendentalen Atomiftik beizulegen. Auch ift bei diefer Behauptung der Begriff des Einfachen, und nicht der des Untheilbaren, die Hauptfache (C. 470).

2. Kant nennt (N. 105) diefe Erklärungsart auch die mechanifche Naturphilofophie, weil fie die Verfchiedenheit der Materien aus der Befchaffenheit und Zufammenfetzung ihrer kleinften Theile oder Körperchen (f. den vorhergehenden Artikel Atomus, 1) den Atomen und dem Leeren, (τα ἀδιαιρετα και το κενον, nach dem Metrodorus Chius) ableitet. Diefe Erklärungsart ift der Mathematik am fugfamften, weil diefe es gemeiniglich blofs mit ausgedehnten (felten mit intenfiven) Gröfsen zu thun hat, die für die mathematifche Behandlung am bequemften find. Daher haben befonders die mathematifchen Naturlehrer fich für diefes Syftem erklärt, und es hat vom alten Democrit an, der daffelbe zuerft am deutlichften lehrte, bis auf Cartefius, der demfelben in neuern Zeiten die meiften Anhänger erworben, und felbft bis zu unfern Zeiten immer fein Anfehn und feinen Einflufs auf die Principien der Naturwiffenfchaft erhalten (§. 2. Atomus, 3.). Für diefe Meinung, dafs alle Materie aus untheilbaren Körperchen zufammengefetzt fei, haben fich fchon vor Democrit viele Philofophen erklärt. Mofchus, ein Phönicier

aus Sidon, der noch vor der Zerſtörung der Stadt Troja lebte, ſoll der Erfinder dieſes Syſtems ſeyn (*Strabo Geogr. lib. XVI. p.* 531.). Ferner lehrte es Pythagoras; er nannte die Atomen Monaden (*Diog. Laert. lib. VIII.*), Ekphantus, ein Pythagoräer, Archelaus (*Sidonius Apollinaris*, *Carmin XV. v.* 94. *p.* 359. *edit. Sirmondi*, wo aber Archelaus ſtatt Arceſilas geleſen werden muſs), Empedokles, Xenocrates, Heraklit, Anaxagoras (ſ. Anaxagoras), Aſklepiades (*Sextus Empiricus lib. III. cap. IV.*), Diodorus Kronus (*Sextus Empir. lib. I. adv. Phyſ. Sect.* 363.), Metrodorus Chius und Leucippus (*Diogen. Laert. lib. IX.*). Ja Ariſtoteles ſagt, daſs faſt alle alte Phyſiker Anhänger dieſes Syſtems geweſen wären (*de ſenſu et ſenſibili C. IV.*). Nach dem Democrit machte Epicur noch viele Zuſätze zu deſſelben Syſtem (*Cicero de fin. I*, 6). Lucretius trägt dieſes Lehrgebäude des Epicur vor (*De rerum natura. Lib. VI.*), und unter den neuern Gaſſendi (*Gaſſendi Animadverſiones in X libr. Diogen. Laert. qui eſt de vita, moribus placitisque Epicuri Lugd.* 1675. *fol*). Newton und Boerhave haben gelehrt, die Materie beſtehe aus einer Menge oder Anhäufung feſter, harter, ſchwerer, undurchdringlicher, träger und beweglicher Theilchen, von deren verſchiedenen Zuſammenordnung die Verſchiedenheit der Körper herrühre. Die kleinſten Theilchen können ſich durch eine ſtarke Anziehung mit einander verbinden, und gröſsere Theile ausmachen, welche einander weniger anziehen. Dieſe können wieder durch ihren Zuſammenhang noch gröſsere Theile bilden, deren Anziehung gegen einander noch ſchwächer iſt, bis endlich die gröbern in unſre Sinne fallenden Theile entſtehen, von welchen die Farben der Körper und die chemiſchen Operationen abhängen, und welche durch ihren Zuſammenhang die Körper von merklicher Gröſse ausmachen (Gehler, Atomen).

3. Das Weſentliche dieſer Erklärungsart beſtehet alſo in der Verbindung des Abſolutvollen mit dem Abſolutleeren, d. i. in der Vorausſetzung

a. der abfoluten Undurchdringlichkeit der primitiven Materie;

b. der abfoluten Gleichartigkeit diefes Stoffs, und des allein übrig gelaffenen Unterfchiedes in der Geftalt; und

c. der abfoluten Unüberwindlichkeit des Zufammenhanges der Materie in diefen Grundkörperchen;

d. der abfolut leeren Zwifchenräume zwifchen diefen Grundkörperchen.

Dies waren die Materialien zu Erzeugung der fpecififch verfchiedenen Materien, um nicht allein zu der Unveränderlichkeit der Gattungen und Arten einen unveränderlichen und gleichwohl verfchiedentlich geftalteten Grundftoff bei der Hand zu haben; fondern auch aus der Geftalt diefer erften Theile, als Mafchinen (denen nichts weiter, als eine äufserlich eingedrückte Kraft fehlte) die mancherlei Naturwirkungen mechanifch zu erklären (N. 101).

4. Gehler (Art. Atomen) behauptet ebenfalls das Dafeyn folcher Atomen, und giebt dadurch ein Beifpiel, dafs die Corpufcularphilofophie ihr Anfehen bis auf unfere Zeiten erhalten hat. Er fagt: „wer die Exiftenz der Materie einräumt, kann ihr auch erfte ungetheilte Elemente nicht abfprechen." Dies ift es aber, was Kant der Materie abfpricht, ob er wohl die Exiftenz der Materie behauptet. Und zwar verfteht er nicht blofs unter Theilbarkeit die Möglichkeit, fich in jedem Theile der Materie, den man als ausgedehnt betrachtet, eine rechte und linke, eine obere und untere Seite zu gedenken, welche der Verftand als abgefondert betrachten kann. Aber er verftehet auch nicht darunter die wirkliche Theilung, fondern er behauptet, dafs, obwohl es in der Erfahrung eine letzte Grenze giebt, auf welcher alle menfchliche Möglichkeit der Theilung aufhört, es dennoch keine untheilbaren erften Körperchen gebe, die eine abfolute Härte hätten, fo dafs fie fich durch keine phyfifchen Kräfte weiter trennen liefsen. Der Fortgang in der Theilung

der Materie, als eines Phänomens der Sinnenwelt, geht ins Unendliche; wenn wir aber an eine Grenze kommen, so liegt das an der Eingeschränktheit unsrer Sinne und Werkzeuge.

5. Diese Theilung der Materie ins Unendliche beweiset nun Kant so. Die Materie ist undurchdringlich, und zwar durch ihre ursprüngliche Ausdehnungskraft. Nun ist der Raum, den die Materie erfüllt, ins Unendliche theilbar. In einem mit Materie erfüllten Raume aber enthält jeder Theil desselben repulsive Kraft. Mithin ist ein jeder Theil eines durch Materie erfüllten Raums, als materielle Substanz, trennbar von den übrigen durch physische Theilung. Folglich gehet die physische Theilung eben so weit, als die mathematische, d. i. ins Unendliche. Wir kommen also nie an eine absolute Grenze der Theilung, sondern nur immer an eine relative, die durch Eingeschränktheit unsrer Sinne, Kenntnisse, Kräfte u. s. w. bestimmt wird.

6. Die erste und vornehmste Beglaubigung des **Corpuscularsystems** beruhet auf der vorgeblich unvermeidlichen Nothwendigkeit, zum specifischen Unterschiede der Dichtigkeit der Materie leere Räume zu gebrauchen. Durch das Wort Dichtigkeit drückt man nehmlich die Vertheilung der Masse oder Materie eines Körpers durch den Raum, den er einnimmt, aus, so dafs man dem Körper eine gröfsere Dichtigkeit zuschreibt, wenn er unter eben demselben Raume (Volumen) mehr Materie enthält, eine geringere, wenn er unter eben dem Raume weniger Materie enthält (Gehler phys. Wörterb. Art. Dichtigkeit). Diese gröfsere oder geringere Dichtigkeit stellt man sich nun gemeiniglich so vor, dafs sie von der Menge kleiner Zwischenräume abhänge, die innerhalb der Materie und zwischen den Partikelchen derselben vertheilt wären. „Stellen wir uns, sagt Erxleben (Anfangsgr. der Naturlehre §. 20) einen Raum als allerwärts mit Materie erfüllt, oder in jedem Puncte undurchdringlich vor, so haben wir einen Körper, den wir vollkommen dicht nennen. Eine geringere Dichtigkeit würde der Körper haben, wenn er mit vielen kleinen Löcherchen durchbohrt wäre oder

Zwifchenräume hätte, die entweder gleichförmig oder ungleichförmig durch den Körper vertheilt feyn können, fo dafs der Körper in allen Theilen einerlei, oder auch eine verfchiedene Dichtigkeit hätte." Ja der Körper könnte wohl fo locker feyn, dafs der erfüllte Theil des Volumens, auch der dichteften Materie, gegen den leeren beinahe für nichts zu halten wäre. Wäre diefe Vorftellung der Dichtigkeit richtig, dann fchiene freilich nur der Körper feinen Raum einzunehmen, nähme ihn aber nicht völlig ein, weil nicht in allen Puncten des Raums, nicht in den hohlen Zwifchenräumen Materie wäre. Daher auch Gehler in der obigen Erklärung der Dichtigkeit nicht fagt, den er einnimmt, fondern, den er einzunehmen fcheint. Mehr oder weniger dicht heifst dann fo viel, als weniger oder mehr blafcht oder löchericht (N. 101.). Um nun eine dynamifche Erklärungsart einzuführen, d. i. eine folche, die nicht auf blofse Ausdehnung, fondern auf Kräfte gegründet ift, ift es hinlänglich zu zeigen, dafs fich der fpecififche Unterfchied der Dichtigkeit der Materien fehr wohl auch ohne Beimifchung leerer Zwifchenräume denken laffe. Dann ftehet Hypothefe gegen Hypothefe. Nun wird man doch wohl gewifs diejenige vorziehen, die, ohne Zwifchenräume zu erdichten, welche in der Erfahrung nicht zu finden find, die fpecififche Verfchiedenheit der Dichtigkeit erklärt; und diejenige verwerfen, die Körperchen erdichten mufs, die drei abfolute Befchaffenheiten haben (3. a. b. c.), welches dem Verftande widerfteht, der nichts von abfoluten Befchaffenheiten weifs, fondern nur Gröfsen und Grade kennt, über und unter die noch immer gröfsere und kleinere denkbar find. Diefe Möglichkeit, fich die fpecififchen Unterfchiede der Dichtigkeit der Materie auch ohne Beimifchung leerer Zwifchenräume zu denken, beruhet nun darauf, dafs die Materie nicht aus Körperchen beftehet, die abfolut und undurchdringlich find, und dadurch den Raum erfüllt, fo dafs, wenn fie zufammengedrückt wird, blofs diefe Körperchen näher gerückt, und die leeren Zwifchenräume ausgefüllt werden; fondern, die Materie erfüllt den Raum durch eine Kraft in allen ihren Theilen, wodurch diese sich einander zurückstofsen, und welche ihren Grad hat, der in verschiedenen Materien verschieden seyn kann. Diese Zurückstofsungskraft hat mit der Anziehungskraft der Theile nichts gemein. Denn der Grad der letztern hängt von der Menge der Theile (Quantität) der Materie ab. Nun kann die Zurückstofsungskraft der Theile der Materie bei verschiedenen Materien ursprünglich verschieden seyn; folglich in verschiedenen Verhältnissen mit der Anziehungskraft stehen.

Sind nun, bei einer gleichen Quantität der Materie in zwei verschiedenen Körpern, in dem einen die Ausdehnungs- oder Zurückstofsungskräfte gröfser als in dem andern, so ift der erstere (weil in beiden die Anziehungskräfte, wegen der Gleichheit der Menge Materie, gleich find) lockerer oder weniger dicht, als der andere; denn er kann sich mehr ausdehnen, und daher die Materie defselben einen gröfsern Raum einnehmen, ein gröfseres Volumen ausmachen, und demohngeachtet eben so wohl ohne leere Zwischenräume seyn, als der andere. Der Aether ist unter allen uns bekannten Materien am wenigsten dicht, folglich mufs die repulsive (zurückstofsende) Kraft seiner Theile die stärkste seyn, im Verhältnisse zu den repulsiven Kräften der Theile aller übrigen uns bekannten Materien.

Die Platina ist unter allen uns bekannten Materien am dichtesten, folglich mufs die repulsive Kraft ihrer Theile die schwächste seyn, im Verhältnisse zu den repulsiven Kräften der Theile aller übrigen uns bekannten Materien. Das ist das einzige Naturgesetz, das wir blofs **darum, weil es sich denken läfst,** *a priori* **annehmen,** nur zum Widerspiel einer Hypothese (der leeren Räume und **absolut** undurchdringlichen gleichartigen und untheilbaren Körperchen oder Atomen), die sich allein auf das Vorgeben stützt, dafs sich die specifisch verschiedene Dichtigkeit der Materie sonst nicht denken lasse.

Kant. Crit. der rein. Vern. Elementarl. II. Th. II. Abth. II, Buch. II. Hauptst. II. Abschn. S. 470.

Deff. Met. Anfangsgr. der Naturw. II. Hauptft. Allgem. Anmerk. 4. S. 101—103.
Cudworthi System. intellect. Cap. I. §. V. *fqq.* pag. 8. *fqq.*
Gehler Phyf. Wörterb. Art. Atomen.

Attraction,

allgemeine Anziehung, *attractio, attraction.* Die Urfache des Phänomens der Körperwelt, da Körper fich einander nähern, oder, wenn fie aufgehalten werden, fich zu nähern ftreben, da fie nach der Berührung an einander bleiben, oder doch der Trennung widerftehen, ohne dafs man eine äufsere in die Sinne fallende Urfache davon, einen Druck, Stofs u. d. g gewahr wird. So fällt ein freigelaffener Körper fenkrecht auf die Erdfläche nieder, nähert fich der Maffe der Erde, oder äufsert doch, wenn man ihn daran hindert, fein Beftreben zu fallen, durch fein Gewicht, durch Druck auf das, was ihn trägt; fo fliefsen zwei einander berührende Waffertropfen in einen zufammen u. f. w , ohne dafs man eine äufsere Urfache davon bemerkte; die Erfahrung zeigt uns, dafs es gefchehe, belehrt uns aber gar nicht darüber, warum es gefchehe.

2. Die Urfache diefes allgemeinen **Phänomens** der Körperwelt ift zwar die **urfprüngliche Anziehungskraft der Materie**, f. Anziehungskraft, die allerdings die Wirkung hervorbringt, dafs fich die Theile der Materie einander nähern, welche Wirkung die **Gravitation** heifst. Allein die Theile der Materie ziehen im Verhältniffe ihrer Menge, und daher ftrebt die Materie, fich in der Richtung der gröfsern Gravitation zu bewegen, oder fich dem Körper zu nähern, der die meifte Materie hat, und in der Richtung, welche durch die Einwirkung der anziehenden Kraft aller Theile der ziehenden Körper hervorgebracht wird. Diefe Urfache jenes allgemeinen Phänomens der Körperwelt ift eine abgeleitete Anziehungskraft, und alfo von jener urfprünglichen darin verfchieden, dafs fie aus den Kräften aller Theile der Materie zufammengefetzt ift. Sie heifst die **allgemeine Attraction** und ihre Wirkung die **Schwere**. Die allgemeine Attraction wirkt aber nach dem Quadrat der Entfer-

nungen der Theile der Materie, aus deren Kräften sie zusammengesetzt ist (s. **Anziehungskraft** 15.); folglich ist auch die **Schwere** verschieden, oder es giebt mehrere Schweren. So würde z. B. ein Pfund Blei auf der Sonne weit schwerer seyn als auf der Erde (N. 71.) Diese allgemeine Attraction muſs aber, sammt ihrem Gesetz aus Datis der Erfahrung geschlossen werden, das heiſst, weder die Richtung, noch die Kraft der allgemeinen Attraction kann man *a priori* wissen, weil wir nicht *a priori* wissen können, wie viel Materie vorhanden ist, auch nicht, wie sie vertheilt ist, in welchen Entfernungen sie von einander liegt, ja selbst die Gröſse der ursprünglichen Anziehungskraft ist uns *a priori* nicht bekannt, wir wissen weiter nichts *a priori*, als daſs sie vorhanden ist (N. 104.).

3. Kant unterscheidet sich also dadurch von den übrigen Physikern, daſs er unter **Attraction** wirklich die Ursache der Schweren verstehet; da die übrigen Physiker darunter bloſs das Phänomen der Schwere selbst verstehen. So sagt z. B. **Graveſand** (*Phyſ. elem. mathem. Leid.* 1742 *gr.* 4. *L. I. c.* 5): *Attractionem vocamus vim quamcunque, qua duo corpora ad se invicem tendunt.* Wir nennen jede Kraft, mit der zwei Körper sich einander nähern, die **Attraction**. Kant aber sagt (N. 104): **die allgemeine Attraction ist die Ursache der Schwere.** Die übrigen Physiker sagen, die Ursachen der allgemeinen Attraction sind unbekannt; Kant sagt, die Ursache der allgemeinen Attraction ist die ursprüngliche Anziehungskraft der Materie, die ohne solche Kraft gar nicht einmal denkbar ist, ob man wohl diese Kraft, als Grundkraft, nicht weiter erklären kann, ſ übrigens **Anziehungskraft**.

Kant. Met. Anfangsgr. der Naturw. II. Hauptſt. Lehrſ. 8. Zuſ. z. S. 71. Allgem. Anmerk 4 S. 104.
Gehler. Phyſ. Wörterb. Art. Attraction.

Attribute.

S. **Eigenschaften.**

Aufenthalt

der Begriffe, *domicilium conceptuum.* Kant giebt diesen Namen dem Boden in der Natur, auf welchem die

Erfahrungsbegriffe gesetzlich erzeugt werden. Die Erfahrungsbegriffe, oder alle Begriffe, die durch Gegenstände der Sinne entspringen, können nehmlich nicht anders entstehen, als dadurch, daſs irgend ein Sinn von einem Object afficirt wird, worauf sodann der Verstand die dadurch entstandene Anschauung auf einen Begriff bringt. Ist nun der Begriff aus einer Gesichtsanschauung entstanden, so ist der Aufenthalt dieses Begriffs auf dem Boden der Erfahrung, nehmlich in den Anschauungen des Gesichts.

2. Das Entstehen der Begriffe auf ihrem Boden in der Natur geschieht nehmlich so: es sind mir z. B. gewisse Gesichtsanschauungen gegeben, s. Anschauung. Wenn ich nun mein Verstandesvermögen auf diese Anschauungen richte, so finde ich, daſs ich eine ganze Menge einzelner Vorstellungen, die ich durchs Gesicht bekomme, in eine einzige Vorstellung zusammen fassen kann, die ich aber dann nicht mehr sehe, sondern denke, und diese neue Vorstellung (des Verstandes) von Vorstellungen (des Sinnes) ist der Begriff, z. B. der eines Menschen, eines Kindes u. s. w.

3. Da nun dieser Begriff aus Gesichtsanschauungen bloſs dadurch entstehen kann, daſs ein sinnliches Object, d. h. etwas, das ich mir durch den Begriff: Object, als Einheit überhaupt denke, meinen Sinn des Gesichts rührt; so hat er seinen Aufenthalt in dem Sinne des Gesichts. Solche Begriffe sind gleichsam immer wechselnde Fremde, die in dem Verstande nicht einheimisch sind, ob sie wohl immer auf dem Boden der Erfahrung bleiben (immanent sind), und nie denselben verlassen (transcendent werden) dürfen. Dennoch haben sie, als Fremde, auf dem Boden der Erfahrung nicht zu gebieten, schreiben der Natur kein Gesetz vor (wie die reinen Verstandesbegriffe), sondern werden gesetzlich erzeugt, oder entspringen bloſs nach den Gesetzen der Natur. Eben so läſst sich aus den Tönen, die mein Ohr rühren, ein Begriff bilden, der seinen Aufenthalt im Sinne des Gehörs hat. (U. XVII.).

4. Die Regeln, welche auf Erfahrungsbegriffe gegründet werden, find daher auch empirisch, und gelten nur für diejenige Art der Objecte, von welchen fie abstrahirt worden; z. B. dafs die Katze Mäufe fängt, ift durch Beobachtung vieler Katzen wahrgenommen worden, und daraus diefe Regel entfprungen. Alfo ift eine folche Regel zufällig, denn es könnte wohl einmal eine Katze auch fo organifirt feyn, dafs fie nicht Mäufe finge. Diefe Regel hat alfo eigentlich kein Gebiet, fie gilt nicht als ein Gefetz für die Katzen, man kann nicht fagen, die Katze mufs Mäufe fangen, fondern blofs, die Katze fängt Mäufe, nehmlich gewöhnlich. Die empirifchen Regeln gründen fich nicht auf gebietenden Begriffen, fondern auf folchen, die man zuweilen oder oft in der Erfahrung antrifft, fie haben ihren Aufenthalt auf dem Boden der Erfahrung.

Kant. Crit. der Urtheilskr. Einleit II. S. XVII.

Auffaffung.

S. Apprehenfion.

Aufgabe.

I.

Allgemeine Aufgabe der reinen Vernunft. Das Wort Aufgabe ift von den Mathematikern hergenommen, welche darunter diejenigen Fragen verftehen, welche auf ihre einfachfte Form gebracht find, und dann nur zwei Begriffe haben, von denen der eine ein Zeitwort (*verbum*) ift, z. B. einen Satz beweifen. Die Antwort auf eine folche Frage heifst die Auflöfung derfelben, wozu noch der Beweis kömmt, dafs durch die Auflöfung der Frage ein Genüge gefchehen, oder dafs fie wirklich beantwortet fei. Die Aufgabe drückt eigentlich nur aus, was zu finden oder zu thun fei, welches das *Quaefitum* heifst; die Mathematiker fetzen aber auch noch hinzu, woraus es zu finden, oder zu machen fei, und diefes nennen fie die *Data* (Lambert Organon Dianoiol. §. 156. 163.).

2. In einer Aufgabe können mehrere andere enthalten seyn, die alle mit aufgelöset werden, wenn diese Aufgabe aufgelöset wird. Wer z. B. diese Aufgabe: einen jeden Satz, dessen Inhalt Wahrheit ist, zu beweisen, auflösen kann, der kann auch die auflösen: beweisen, daſs zwei mal zwei vier ist, weil zwei mal zwei ist vier ein Satz, und Wahrheit ist. Eine solche Aufgabe, die mehr andre unter sich enthält, heiſst eine **allgemeine Aufgabe**, die unter ihr enthaltenen hingegen **besondere Aufgaben**. Allgemeine Aufgaben enthalten aber alle diejenigen unter sich, von deren Begriffen der eine unter dem einen Begriff der allgemeinen Aufgabe enthalten, und der andre mit dem andern Begriff der allgemeinen Aufgabe identisch ist.

3. Kant sagt nun (C. 19): man gewinnt sehr viel, wenn man eine Menge von Untersuchungen unter die Formel einer einzigen Aufgabe bringen kann. Das heiſst, wenn man eine groſse Anzahl Aufgaben so unter eine einzige Aufgabe bringen kann, daſs sie alle als besondere Aufgaben in dieser einzigen, als ihrer allgemeinen, enthalten sind; so hat man dadurch schon viel gewonnen, daſs man nur noch statt der groſsen Menge Aufgaben, nur eine einzige aufzulösen hat. Der einfachste Ausdruck der allgemeinen Aufgabe aber heiſst ihre **Formel**. Es ist gut, daſs man die allgemeine Aufgabe auch durch eine Formel angiebt, wodurch nun sowohl für den, der die Aufgabe auflösen will, als auch für den, der die Auflösung prüfen will, genau bestimmt wird, ob der Aufgabe ein Genüge geschehen sei.

4. **Die allgemeine Aufgabe der reinen Vernunft**, das heiſst, diejenige Aufgabe, in welcher alle übrigen enthalten sind, die die Vernunft, in so fern sie es nur mit der **Erkenntniſs** *a priori* zu thun hat, entwerfen kann, ist nun in der Formel begriffen:

Wie sind **synthetische Urtheile** *a priori* **möglich**?

d. i. synthetische Urtheile *a priori* begreifen, oder die Möglichkeit des Gegenstandes synthetischer Urtheile *a priori* einsehen. Hier ist **synthetische Urtheile** *a priori* der eine Begriff, und **begreifen** der andere Begriff oder das Zeitwort der Aufgabe. Synthetische Urtheile aber sind solche, deren Prädicat nicht in dem Begriff steckt oder das Subject ausmacht; so steckt das Prädicat Ursach nicht in dem Begriff Veränderung, der das Subject ist, in dem Urtheil, jede Veränderung muſs ihre Ursache haben, f. synthetische Urtheile (M. I. 21. C. 19. Pr. 41).

5. Wenn man diese allgemeinen Aufgaben der reinen Vernunft auflöset, so begreift man dadurch zugleich **jeden einzelnen synthetischen Satz** *a priori*, oder sieht ein, wie er einen wirklichen Gegenstand haben kann. Bis auf Kant hatte man sich diese allgemeine Aufgabe nicht in die Gedanken kommen lassen, und das ist die Ursache des schwankenden Zustandes, worin sich die Metaphysik bis auf ihn befand, ihrer Ungewiſsheit und aller ihrer Widersprüche. Die Metaphysik besteht nehmlich aus lauter solchen synthetischen Sätzen *a priori*. Man behandelte aber diese Sätze auf die nehmliche Weise als die analytischen, deren Wahrheit sogleich erhellet, wenn man den Begriff des Subjects entwickelt, und findet, daſs entweder der Begriff des Prädicats darin enthalten ist, oder das Gegentheil des Prädicats einem im Begriff enthaltenen Merkmale widersprechen würde. Da nun in den synthetischen Sätzen das Prädicat nicht in dem Subject zu finden ist, so kann weder Identität noch Widerspruch zwischen den beiden Begriffen des synthetischen Satzes statt finden. Daher verunglückten die bisherigen Beweise in der Metaphysik, und andre Philosophen geriethen gar darauf, den Sätzen, welche die Metaphysiker behaupteten, zu widersprechen, und das Gegentheil derselben zu behaupten; andere aber bezweifelten endlich sogar jede Behauptung, und behaupteten weiter nichts, als daſs alles zweifelhaft sei, und daſs man nichts als wahr behaupten müsse.

6. Man muſs aber die beiden Aufgaben:
Ob synthetische Sätze *a priori* möglich sind, und
Wie synthetische Sätze *a priori* möglich sind,
wohl unterscheiden. Daſs sie möglich sind, folgt ja schon aus ihrer **Wirklichkeit**. Was aber wirklich ist, muſs auch möglich seyn. Nun wird ein jeder von

einem Theil der folgenden drei Sätze die unstreitige Gewifsheit zugeben, und von einem Theil derselben wenigstens eingestehen, dafs sie von vielen als Wahrheit zugestanden werden:

a. Zwischen zwei Puncten ist nur Eine gerade Linie möglich.

b. Es ist einerlei bei jeder Bewegung, ob ich den Körper als in Bewegung und den Raum, worin er sich bewegt, als in Ruhe, oder ob ich den Raum als in entgegengesetzter Bewegung und den Körper darin in Ruhe, beides nur mit gleicher Geschwindigkeit, betrachte.

c. Eine jede Veränderung mufs eine Ursache haben.

Dies sind also drei wirkliche, folglich auch drei mögliche Sätze. Niemand aber wird die Prädicate derselben aus ihren Subjecten entwickeln können; sie sind also synthetisch. Auch sind es allgemeine Sätze, und die zugleich Nothwendigkeit aussagen, folglich sind sie *a priori.* Wir haben hier also drei synthetische Sätze *a priori* vor uns, sie sind daher auch möglich, und es ist von ihnen nur die Frage: wie sind sie möglich? Ist diese Frage einmal aufgelöset, so mufs auch daraus hervorgehen, unter welchen Bedingungen sie zu gebrauchen sind, wie weit ihr Gebrauch reicht, und welches die Grenzen sind, über die hinaus sie nicht weiter gebraucht werden können (P. 41.).

7. Diese Aufgabe mufs nun aufgelöset werden können, wenn es eine Metaphysik geben soll, die eigentlich eine Wissenschaft aller der synthetischen Sätze *a priori* ist, bei denen die Verbindung zwischen Prädicat und Subject sich auf Begriffen gründet. Ein solcher Satz ist z. B. der in 6, c. Denn wäre die Metaphysik eine Wissenschaft, die blofs aus analytischen Sätzen bestände, so behauptete sie von jedem Begriffe nur das, was in ihm liegt, das wäre aber eine blofs logische Analyse, und dadurch noch keine Wahrheit gefunden. Dann wäre immer noch nachzuweisen, wo der Begriff her wäre. Wäre er nur aus der Erfahrung entsprungen, so wäre er ein Naturbegriff und physisch, folglich nicht metaphysisch, oder etwas, was jenseits

aller Erfahrung liegt, nicht erfahren werden kann. Wäre aber der Begriff *a priori*, fo wäre immer noch die Frage: wo ift er her, giebt es auch ein wirkliches Object für diefen Begriff, ift er nicht ein blofses Gedankending, ein blofses Hirngefpinft? Die Behauptung: diefer Begriff *a priori* hat ein Object, welches Kant die objective Gültigkeit deffelben nennt, ift aber fchon wieder ein fynthetifcher Satz *a priori*. Wir fehen alfo hieraus, dafs obige Aufgabe entweder aufgelöfet werden mufs, oder dafs wenigftens genugthuend bewiefen werden mufs, dafs alle fynthetifchen Sätze *a priori* lauter Hirngefpinfte und Chimären find. Wer keins von beiden thut, und doch ein Syftem der Metaphyfik aufftellt, der errichtet ein Gebäude, das kein Fundament hat, und das früh oder fpät, aber gewifs einmal einftürzen mufs, wenn der critifche Philofoph feine Stützen erfchüttert; oder ohne Bild, der hat eine eitele, grundlofe Philofophie und falfche Weisheit. Solche Philofophen heifsen **Dogmatiker**. Es giebt zwar noch eine Claffe von vermeintlichen Philofophen, nehmlich die fogenannten **Popularphilofophen**. Das find diejenigen, welche ihre fynthetifchen Sätze *a priori* auf die Beftimmung der allgemeinen Menfchenvernunft gründen wollen. Sie fagen: dafs alle Veränderung eine Urfache haben mufs, das lehrt der gefunde Verftand, dafür braucht es keines Beweifes, das nimmt der gröfste Theil der Menfchen für wahr an, und dabei kann man fich beruhigen. Allein der gefunde Verftand heifst dann foviel als ihr eigener Verftand, das heifst, es foll alles darum wahr feyn, weil fie es behaupten; oder foll etwas darum wahr feyn, weil es die meiften Menfchen für wahr annehmen, diefe Regel wäre fehr mifslich, weil es nicht die Menge ift, welche die Wahrheit im rechten Lichte, ohne Täufchung fieht. Kant fagt daher, die allgemeine Menfchenvernunft ift ein Zeuge, deffen Anfehen nur auf dem öffentlichen Gerüchte beruhet, oder dem man nur trauen kann, weil es fo heifst, dafs man ihm trauen könne, der aber auch nicht mehr Glauben verdient, als das öffentliche Gerücht: „was du auf die Ausfage diefes Zeugen gründeft, das kann mich Ungläubigen nicht gewinnen." (*Quodcunque oftendis mihi fic incredulus odi Horat.*) (P. 42).

8. David Hume griff wirklich den Satz (6, c) an, und bemühete fich zu zeigen, dafs diefer Satz der Verknüpfung der Veränderungen mit ihren Urfachen (*Principium caufalitatis*) ein blofses Hirngefpinft, eine Chimäre fei. Er glaubte, ob er wohl fich unfere Aufgabe nicht in ihrer Allgemeinheit dachte, herauszubringen, dafs ein folcher Satz, wie der der Caufalität, gänzlich unmöglich fei, und hätte ers getroffen, fo wäre alle Metaphyfik eine blofs eingebildete Wiffenfchaft. Hume fchliefst nehmlich nach feinen Grundfätzen, nach welchen alle unfre Begriffe allein aus der Erfahrung entfpringen, fo (*Effais fur l' Entend. hum.* 7. *Eff. II. Tom. II. p. m.* 165. Man vergleiche auch den Art. *A priori*): „Jede Idee ift die Copie einer Impreffion, oder einer Empfindung, die vorherging; und wo keine Impreffion ift, da ift auch ficherlich keine Idee. Nun giebt es keine Operation, weder in den Körpern, noch in den Geiftern, welche an und für fich allein die geringfte Impreffion von Kraft, oder nothwendiger Verknüpfung hervorbrächte. Alfo giebt es auch keine, die eine Idee derfelben erzeugte. Nur erft nach mehrern gleichförmigen Erfahrungen, in denen auf denfelben Gegenftand immer daffelbe Ereignifs erfolgt, fangen wir an, die Ideen der Urfache und Verknüpfung zu faffen. Die neue Empfindung, die unfere Seele alsdann erhält, ift nichts anders als ein gewohntes Verhältnifs zwifchen den Gegenftänden, die auf einander folgen; und diefe Empfindung ift das Urbild (*l'archetype*) der Idee, nach deren Urfprung wir forfchen. Da diefe Idee nicht aus einem einzigen Fall, fondern aus einer Mehrheit ähnlicher Fälle entfteht, fo mufs fie das Refultat des Umftandes feyn, in welchem fich diefe Mehrheit der Fälle von der Einheit jedes einzelnen Falles unterfcheidet; nun ift diefer Umftand gerade diefer gewohnte Uebergang der Einbildungskraft, welcher die Objecte mit einander verknüpft;. nur hierin unterfcheiden fich

mehrere Fälle von Einem Falle, mit dem sie in jedem andern Punct übereinstimmen. Das erstemal, als wir sahen, dafs die Bewegung einer Billardkugel, durch den Stofs, einer andern Kugel mitgetheilt wurde, war dieser Fall allen denen, die uns jetzt aufstofsen können, vollkommen ähnlich: der ganze Unterschied bestehet darin, dafs wir damals das eine Ereignifs nicht von dem andern ableiten konnten (d. h. nicht fagen konnten: das eine ist die Wirkung des andern); da wir dieses hingegen jetzt, nach einer langen Folge gleichförmiger Erfahrungen, im Stande find."

9. Hume leitet also die **nothwendige Verknüpfung** zwischen der Wirkung und ihrer Urfache aus der Erfahrung ab, welche aber nie Nothwendigkeit geben kann. Folglich behauptet er damit, dafs diese Nothwendigkeit nur eine Scheinnothwendigkeit sei, und läugnet schlechtweg alle synthetischen Sätze *a priori*. Er stellte sich aber nicht vor, wie weit sich seine Behauptung erstreckte, und dafs er damit nicht blofs alle reine **Philosophie** zerstöhre, sondern auch alle reine **Mathematik**. Denn die reine Mathematik bestehet ebenfalls aus lauter synthetischen Sätzen *a priori*, deren (6, a) einer ist. Hätte Hume dieses bedacht, so würde er wahrscheinlich einen andern Weg eingeschlagen haben, jene Schwierigkeit zu löfen. (M. I. 22. C. 19. Pr. 43.).

10. Löset man nun die Aufgabe: wie find synthetische Sätze *a priori* möglich? so zeigt man dadurch zugleich die Möglichkeit aller der Wissenschaften, die blofs synthetische Sätze *a priori* enthalten, nehmlich die der reinen Mathematik und reinen Naturwissenschaft; zu der erstern gehört z. B. der Satz (6, a), zu der andern, der Satz (6, b). Mit der Auflösung unsrer allgemeinen Aufgabe find folglich auch die besondern aufgelöset:

a. Wie ist reine Mathematik möglich?

b. Wie ist reine Naturwissenschaft möglich?

Unter der reinen Mathematik wird nehmlich die Wissenschaft aller Erkenntniss *a priori* aus der Construction der Begriffe verstanden (s. Acroamatisch 1.). Die reine Naturwissenschaft ist die Wissenschaft aller Erkenntniss *a priori* der Natur. Diese Wissenschaften sind möglich, denn sie sind wirklich vorhanden, und es läfst sich also fragen, wie sie möglich sind. Beide haben das besondere, dafs sie die Wirklichkeit ihrer Behauptungen durch sinnliche Darstellung vermittelst der Einbildungskraft (Construcion in derselben) nachweisen können. Denn die Wahrheit des mathematischen Satzes, dafs zwischen zwei Puncten nur Eine gerade Linie möglich ist, sehen wir mit Ueberzeugung ein, wenn wir uns in Gedanken zwei Puncte vorstellen, und uns zwischen beiden Puncten mehr als Eine gerade Linie vorzustellen bemühet sind. Die reine Naturwissenschaft möchte vielleicht mancher für keine wirkliche Wissenschaft halten, allein ausserdem dafs sie Kant schon aufgestellt hat (Metaphysische Anfangsgründe der Naturwissenschaft, von Imanuel Kant. Riga 1786. 8), dafs sie Gren auch unter dem Titel der allgemeinen Naturlehre schon von der empirischen Physik abgesondert hat (Grundrifs der Naturlehre in seinen mathematischen und chemischen Theilen, neu bearbeitet von Fr. Albr. Carl Gren. Halle 1793. 8. I. Th. S. 21 — 252), darf man nur die verschiedenen Sätze nachsehen, die im Anfange der eigentlichen Physik, die sich auf Erfahrung gründet, vorkommen, so wird man sich überzeugen, dafs diese Sätze zusammen eine Wissenschaft ausmachen, die nicht zur empirischen oder Erfahrungsphysik gehört, da sie sich nicht auf Erfahrung gründen. Solche Sätze sind z. B. die drei Gesetze der Mechanik, oder desjenigen Theils der reinen Naturwissenschaft, in dem untersucht wird, was daraus entstehet, wenn Materie, die in Bewegung ist, durch ihre eigene bewegende Kraft, auf eine andre wirkt. Diese drei Gesetze der Mechanik sind:

a. das Gesetz der Beharrlichkeit derselben Quantität Materie: Bei aller Veränderung, die die Materie leiden mag, bleibt dennoch die Menge derfelben im Ganzen diefelbe, fie wird weder vermehrt, noch vermindert (N. 116.);

b. das Gefetz der Trägheit: Alle Veränderung der Materie (aus der Ruhe in Bewegung, oder aus der Bewegung in Ruhe, und wenn fie in Bewegung ift, in eine gröfsere oder geringere Bewegung, oder aus einer Richtung in die andere hat eine äufsere Urfache, d. i. eine folche, die nicht in einem innern Sinn (in unfern Gedanken und unferm Willen) zu fuchen ift, fondern in einer Materie liegen mufs (N. 119);

c. das Gefetz der Gleichheit der Wirkung und Gegenwirkung: In aller Mittheilung der Bewegung find Wirkung und Gegenwirkung einander jederzeit gleich. Stöfst nehmlich ein Körper einen andern, fo leidet er von dem letztern denfelben Stofs, mit dem er diefen ftöfst (N. 121.).

Diefe Sätze, fo wie der (6, b.) können nicht aus der Erfahrung entfpringen, weil fie allgemein und nothwendig find (f. a priori), fondern machen mit noch einer Anzahl anderer zufammen eine eigene Wiffenfchaft aus, welche eben reine oder rationale Naturwiffenfchaft (*Phyfica pura f. rationalis*) heifst, und die aller empirifchen oder Erfahrungsphyfik zum Grunde liegt (C. 20*)). Wir fehen alfo hieraus, dafs reine Mathematik und reine Naturwiffenfchaft möglich find, nur nicht wie fie möglich find. Ob aber die Metaphyfik, die auch aus fynthetifchen Sätzen *a priori* beftehen müfste (7), möglich fei, das fcheint zweifelhaft zu feyn, nach dem, was Hume darüber gefagt hat, und nach dem fchlechten Fortgang zu urtheilen, den fie feit mehreren taufend Jahren gemacht hat. Denn in der Mathematik kann man einen Euclid aufzeigen, und dem, der nach der Möglichkeit der reinen Mathematik fragt, antworten: hier ift fie vorhanden, und folglich mufs fie möglich feyn. Aber in der Metaphyfik kann man kein einziges Buch der Art aufweifen, und fagen: hier findet man etwas unumftöfslich bewiefen, was kein Menfch aus der Erfahrung wiffen kann, und nun kein Menfch mehr läugnen oder auch nur bezweifeln wird, z. B. dafs ein Gott ift, u. f. w. (Pr. 33.).

11. Allein wenn es auch bisher noch keine feftftehende Metaphyfik gegeben hat, fo ift es doch nicht zu läugnen, dafs es metaphyfifche Sätze in der menfchlichen Vernunft giebt, z. B. die Fragen nach der **Freiheit des Willens, dem Dafeyn Gottes, und der Unfterblichkeit der Seele.** Diefe Fragen find von der Art, dafs die Erfahrung fie nicht beantworten kann, die alfo wo anders her, als aus der Erfahrung ihre Auflöfung erwarten. Man kann daher fragen: wie kömmt die Vernunft auf diefe Fragen? und wie find fie zu beantworten? Wir fehen daraus, dafs in einer jeden Vernunft eine natürliche Metaphyfik (*metaphyfica naturalis*) liegt, das heifst eben, dafs die Vernunft, wenn man auch alle Metaphyfik aufgeben wollte, fich dennoch mit ihren obigen Fragen nicht abweifen läfst. Und fo entfteht daher wieder die befondere Aufgabe:

Wie ift Metaphyfik als Naturanlage möglich?

d. i. wie entfpringen obige Fragen aus der Vernunft eines jeden Menfchen (M. I. 24, C. 21. Pr. 47.)?

12. Nun finden fich aber in jener natürlichen Metaphyfik auch Widerfprüche; denn der Eine behauptet, es giebt eine Freiheit des Willens, einen Gott, und eine Fortdauer nach dem Tode, der Andere läugnet alles diefes. Bei diefer Ungewifsheit und diefen Widerfprüchen dringt die Vernunft auf Entfcheidung und Auflöfung diefer Widerfprüche, und es mufs folglich entfchieden werden können, ob man den Forderungen der Vernunft hierin Gnüge leiften könne oder nicht, und im letztern Falle, warum diefes nicht möglich fei. Diefe Unterfuchung würde folglich unfre Vernunftkenntniffe entweder erweitern, oder der Vernunft in Anfehung ihrer Wifsbegierde Grenzen fetzen, und folglich, auf eine oder die andere Art, eine wiffenfchaftliche Metaphyfik liefern, von der alfo ebenfalls die befondere Aufgabe ift:

Wie ift die Metaphyfik als Wiffenfchaft möglich? (M. I. 25. C. 22.)

Aufgabe.

13. Wenn wir also das Vermögen unsrer Vernunft untersuchen, und nachforschen, wie sie auf obige Fragen kömmt, und ob sie im Stande sei, sie zu beantworten, oder nicht, so muſs nothwendig eine Wiſsenschaft daraus entstehen, welche Metaphyſik heiſst; und die Frage: wie ist sie möglich? wird mit unſrer allgemeinen Aufgabe zugleich mit aufgelöset. Gebraucht man aber die Vernunft, wie bisher, in Anſehung dieser Fragen, ohne alle Prüfung ihres Vermögens und ihrer Grenzen, so bleibt sie in ewigem Streite mit sich selbst, und es entspringen daraus entweder partheiische und einseitige Behauptungen, ohne Fundament, oder eine gefährliche Zweifelſucht (Scepticismus), weil man jenen einseitigen Behauptungen, die sich auf keine Prüfung des Vernunftvermögens gründen (und daher der Dogmatismus heiſsen), eben so ſcheinbare entgegenſetzen kann, und daher endlich nicht weiſs, woran man sich halten ſoll, folglich in eine unvermeidliche Zweifelſucht fallen muſs (M. 1. 26. C. 22).

14. Es ist ſchon *a priori* einzuſehen, daſs die wiſsenſchaftliche Metaphyſik nicht von groſser Weitläuftigkeit ſeyn kann, weil die Vernunft es bloſs mit sich selbſt zu thun hat. Beträfe dieſe Wiſsenſchaft die Natur, ſo müſste sie so weitläuftig seyn, als die Natur selbſt unerſchöpflich ist. Allein die Vernunft ist nur ein einzelnes Vermögen, deren Fragen über sich selbſt und das, was sie *a priori* fragt, nebſt der Beantwortung derselben begrenzt und nicht von groſsem Umfang seyn können. Es muſs ohne groſse Weitläuftigkeit können unterſucht werden:

a. wie weit ihr Vermögen in Anſehung der Erfahrung reicht;

b. wie groſs ihr Umfang iſt;

c. welches ihre Grenzen sind, oder wie weit sie über alle Erfahrung hinaus reicht, um Erkenntniſse hervorzubringen (M. 1. 27. C. 23.).

15. Das ist es, was nun Kant in der Critik der Vernunft hat leiſten wollen, und was alles mit der

Auflösung der Aufgabe: wie sind synthetische Sätze *a priori* möglich? und der darin enthaltenen 4 Fragen:

1. Wie ist reine Mathematik möglich?
2. Wie ist reine Naturwissenschaft möglich?
3. Wie ist Metaphysik überhaupt möglich?
4. Wie ist Metaphysik als Wissenschaft möglich?

geleistet wird. Um ihm aber zu folgen, und ihn wenigstens zu verstehen, muſs man

a. thun, als wäre noch gar keine Metaphysik vorhanden, wie es sich denn auch wirklich so verhält, und als müſste also alles von vorn untersucht werden. Man muſs sich folglich nicht durch die Versuche der Philosophen vor Kant irren lassen; sondern, ohne Anfangs mit ihm zu streiten, ganz nüchtern ihm folgen, seine Beweise prüfen, und sich bemühen, bei dem Sinne seiner Worte zu bleiben;

b. sich nicht abschrecken lassen, wenn auch zuweilen die Gegenstände die Untersuchung schwierig machen, und es schwer hält, sich anfänglich alles lichtvoll zu denken; oder wenn auch diese oder jene Behauptung einer bisherigen Vorstellung zuwider laufen, oder der Vernunft zu widerstehen scheinen sollte (M. I. 28. C. 23.).

II.

16. **Practische Aufgabe der reinen Vernunft.** Hierunter versteht Kant diejenige Aufgabe, in welcher alle übrigen enthalten sind, die die Vernunft, in so fern sie es mit der Willensbestimmung *a priori* zu thun hat, aufgeben kann. Nach den Grundsätzen der critischen Philosophie kann nehmlich der Wille nicht etwa bloſs dadurch zum Wollen bestimmt werden, daſs ich von irgend einem Gegenstande, nach dessen Besitz und Genuſs ich trachten könnte, einsehe, es dient zu meinem Wohl; denn alsdann wäre weder meine Gesinnung, aus der mein Streben darnach entspränge, noch mein Streben selbst **moralisch**, sondern bloſs **egoistisch**. Denn, gesetzt, ich nähme

auch dabei auf die Wohlfahrt meiner Nebenmenschen
Rückficht, fo wäre doch nicht diefe, fondern **meine eigene** Wohlfahrt, mein letzter Zweck, und ich thäte Andern nur wohl um mein felbft willen, welches nicht **moralifch** fondern **egoiftifch** wäre. Die für Andere
noch fo wohlthätige Handlung würde fogleich aufhören,
und unterbleiben, wenn fie mit meinem Wohl in keinem
Zufammenhange weiter ftände, oder demfelben wohl gar
zuwider wäre. Sollte aber die Wohlfahrt andrer der letzte
Zweck meiner Thätigkeit feyn, fo wäre immer die Frage
warum? Warum find Andere beffer als ich, warum foll
ich ihrer Wohlfahrt die meinige nachfetzen? Nennt man
das aber **edel und tugendhaft gefinnt** feyn, fo
fragt fichs: wenn bin ich tugendhaft? Du magft nun hierauf antworten, wenn du deine Wohlfahrt, oder wenn du
Andrer Wohlfahrt beförderft, fo find wir in beiden Fällen
wieder auf der Stelle, von der wir ausgingen, denn im erften Fall handelft du **egoiftifch** oder **felbftfüchtig**,
und im andern frage ich: warum bift du thöricht genug,
Andrer Wohlfahrt die deinige aufzuopfern?

17. Nach den Grundfätzen der kritifchen Philofophie
ift es nun zwar das Sittengefetz, durch welches die Vernunft den Willen, aber ganz rein *a priori*, zum wollen
beftimmt, das heifst, nach welchem fich die Vernunft unabhängig von allem Einflufs der Erfahrung durch den Willen äufsert. Diefes Sittengefetz wird nehmlich nicht irgend **wozu**, fondern um **fein felbft** willen erfüllt,
und befteht in der Allgemeinheit und (moralifchen) Nothwendigkeit derjenigen Sätze, die den Willen beftimmen
(der **Maximen**). Die Allgemeinheit einer folchen Maxime beftehet aber darin, dafs fie Willensbeftimmung eines jeden Willens feyn foll, und die moralifche Nothwendigkeit darin, dafs das Gegentheil derfelben, als Grundfatz der Willensbeftimmung eines **jeden** Willens, entweder nicht **denkbar** ift, oder doch nicht **gewollt** werden kann. Wenn wir das Sittengefetz übertreten, fo machen wir nur jedesmal eine Ausnahme für uns, und können weder **wollen**, noch fogar es uns jedesmal als möglich **denken**, dafs alle Menfchen fo handeln follen.

18. Allein wenn wir auch das Sittengesetz auf das vollkommenste und blofs um desselben willen erfüllten, so wäre dennoch unser vernünftiger Wille noch nicht befriedigt. Denn wir sind bedürftige Wesen, die nicht von sich selbst abhängen, und daher Wünsche haben, deren Befriedigung nicht bei ihnen selbst stehet. Stünde es in unsrer Gewalt, unsre Wünsche zu erfüllen, so fragt sichs: wann würden wir sie erfüllen, vorausgesetzt dafs wir immer vollkommen sittlich gut gesinnt wären und handelten? Antwort: wir würden nichts anders wollen, als was dieser vollkommensten Sittlichkeit nach zur Befriedigung unsrer Bedürfnisse erlaubt wäre; es wollen, und den Willen unbefriedigt lassen, wäre aber ein Widerspruch. Daraus folgt, dafs wir neben dem Sittengesetze noch eine andre Willensbestimmung haben, die uns unsre Natur auflegt, die wir zwar dem Sittengesetze nachsetzen, aber nicht ganz aufgeben können, nehmlich die Befriedigung unsrer Bedürfnisse und daraus entspringenden Wünsche. Die vollkommenste Erfüllung des Sittengesetzes von bedürftigen Wesen heifst T u g e n d, und die vollkommenste Befriedigung ihrer dem Sittengesetze nicht zuwiderlaufenden Wünsche heifst G l ü c k s e l i g k e i t. Tugend und Glückseligkeit sind also zusammen der letzte Zweck des Willens eines bedürftigen Wesens, folglich das h ö c h s t e G u t des Menschen, d. i. dasjenige, wonach zu trachten, ihm seine Vernunft aufgiebt. Die (allgemeine) p r a c t i s c h e A u f g a b e d e r r e i n e n V e r n u n f t, die alle besondern practischen Aufgaben in sich schliefst, ist:

strebe nach dem höchsten Gut.
(Pf. 225.)

19. Anmerk. Die beiden Aufgaben, die wir jetzt betrachtet haben, entspringen also zwar aus einerlei Vermögen, nehmlich aus der Vernunft, in so fern sie unabhängig von aller Erfahrung Erkenntnifs hervorbringt, oder den Willen bestimmt; allein sie sind in so fern von einander unabhängig, dafs die erste blofs das E r k e n n e n *a priori*, die andere das W o l l e n *a priori* betrifft. Nun ist die Verknüpfung der beiden Elemente des höchsten Guts, Tugend und

Glückseligkeit, synthetisch, auch kann ich diese Verknüpfung nicht durch mich selbst hervorbringen, daher entstehen wieder über diese Aufgabe die speculativen Fragen: ob es möglich ist? und, wie es möglich ist? welches eigentlich Aufgaben der reinen speculativen Vernunft sind, die aber aus dem Schoofse der practischen Vernunft entspringen, nur aus Datis der practischen Vernunft aufgelöset werden können, und daher zur Critik der practischen Vernunft gehören, s. übrigens Gut, höchstes.

Kant. Crit. der reinen Vern. Einl. VI S. 19—24.
Deff. Prolegom §. 4. S. 33. §. 5. S. 41—43.
Deff. Metaphys. Anfangsgr. der Naturwiss. 3. Hauptst. Lehrs. 2. 3. 4. S. 116. 119. 121.
Deff. Crit. der pract. Vern. I. Th. II. B. II. Hauptst. V. S. 225.
Lambert. Organon. Dianoiol. §. 156. 163.

Aufklärung.

Die Befreiung von Vorurtheilen (U. 158.). Das ist die objective Bedeutung des Worts. Ein Vorurtheil ist nehmlich der Hang, sich mit seiner Vernunft leidend zu verhalten, oder das Urtheil Andrer zu seinem Urtheil zu machen. Dann urtheilt etwas anders vorher, ehe die Vernunft selbst urtheilt, und das darauf folgende Urtheil der Vernunft ist dann nicht ihr eigenes, sondern dieses fremde Urtheil, das ihr ein Andrer vorschreibt, und ihr daher gleichsam ein Gesetz aufdringt, wie sie urtheilen soll. Die Befreiung der Vernunft von diesem Hang, in ihren Urtheilen so zu verfahren, oder einem fremden Gesetz zu folgen, heifst die Aufklärung.

2. Die Aufklärung ist zwar in Thesi leicht, das heifst, wenn man die Befreiung an und für sich selbst betrachtet, ohne auf das zu sehen, was sie voraussetzt, so ist nichts leichter, als dafs die Vernunft sich selbst das Gesetz gebe, und sich dasselbe von nichts anderm aufdringen lasse, sich kein Urtheil vorschreiben lasse, sondern selbst aus eigner Einsicht urtheile, so lange sie innerhalb ihren Schranken bleibt, und nicht wissen will,

was sie nicht wissen kann. Aber in Hypothesi ist die Aufklärung eine schwere und langsam auszuführende Sache, d. h. wenn man auf die Bedingungen sieht, unter welchen die Aufklärung allein möglich ist. Denn

a. es ist kaum zu verhüten, dass die Vernunft nicht immer darnach streben sollte, Dinge zu erfahren, die sie nicht wissen kann, z. B. wie es jenseit des Grabes mit den Menschen aussehen mag, oder auch in der Geisterwelt;

b. es wird auch nie an Menschen fehlen, die mit viel Zuversicht versprechen, dass sie die Wissbegierde der Vernunft befriedigen wollen.

Es muss folglich nothwendig schwer seyn, die Vernunft dahin zu bringen, oder sie dabei zu erhalten, dass sie innerhalb ihrer Grenzen bleibe, und sich keine Erkenntniss des Ueberfinnlichen aufschwatzen lasse. Dies Negative in der Denkungsart zu erhalten, und öffentlich zu äussern, nehmlich **nicht über die Grenzen des Wissens hinausgehen zu wollen, und sich nicht vorurtheilen zu lassen**, macht die eigentliche **Aufklärung** aus, und ist sehr schwer (U. 158.*).

3. Der Name **Aufklärung** drückt wörtlich das Bemühen aus, etwas **klar zu machen**; er ist daher sehr schicklich gewählt, denn alle Befreiung vom Hang, sich mit seiner Vernunft leidend zu verhalten, hängt davon ab, dass man sie immer in Thätigkeit erhalte, sich jede Erkenntniss von einem Gegenstande klar zu machen, in sich alles aufzuklären.

4. Dasjenige Vorurtheil, das sogar den wesentlichen Gesetzen des Verstandes zuwider ist, d. i. der **Aberglaube** (s. Aberglaube) heisst vorzugsweise *(in sensu eminenti)* ein **Vorurtheil**. In diesem Sinne kann man auch sagen: die **Aufklärung ist die Befreiung vom Aberglauben**. Denn der Aberglaube versetzt in Blindheit, weil wider die Gesetze des Verstandes erkennen, ganz im Finstern tappen heisst. Ja der Aberglaube fordert sogar Blindheit zur Obliegenheit, indem er verlangt, dass wir die Vernunft unterwerfen sollen. Das heisst, der Aberglaube macht das Bedürfniss von etwas anderm, als unsrer Vernunft, geleitet zu werden, also sich mit seiner

Vernunft leidend (paſſiv zu verhalten, vorzüglich kenntlich. Und die Befreiung von dieſem Bedürfniſſe heiſst eben **Aufklärung**. Nun betrifft aber aller Aberglaube eigentlich das Ueberſinnliche und unſern Zuſammenhang mit demſelben, und in dieſem Sinne beſtehet die wahre Aufklärung darin, daſs man die Mittel zur moraliſchen Geſinnung nicht ſtatt der Geſinnung ſelbſt gelten laſſe, und moraliſch feſt daran halte, daſs man nur durch die letztere allein Gott unmittelbar wohlgefalle (R. 275.).

5. Und ſo iſt **Aufklärung**, im ſubjectiven Sinn des Worts, die **Maxime, jederzeit ſelbſt zu denken**. Wer nehmlich die Regel hat, jederzeit ſelbſt zu denken, d. i. den oberſten Probierſtein der Wahrheit nie in etwas anderm, als in ſich ſelbſt, nehmlich in ſeiner eigenen Vernunft zu ſuchen, der iſt **aufgeklärt**, dem fehlt es nicht an **Aufklärung**. Ein **aufgeklärter Mann** iſt alſo nicht derjenige, der eine Menge von Kenntniſſen beſitzt, oder **ſehr gelehrt** iſt, viel gelernt hat. Denn wenn dieſer alle ſeine Kenntniſſe nur in ſeinem Gedächtniſſe auſſammelt, und nie ſelbſt darüber gedacht, ſondern ſie vielmehr auf Autorität angenommen hat, ſo iſt er voll Vorurtheile, und vielleicht voll Aberglauben, und folglich fehlt es ihm gänzlich an **Aufklärung**. Die Aufklärung beſtehet nicht in dem, was man durch das Erkenntniſsvermögen aufgeſammelt hat, ſondern in der Art, wie man das Erkenntniſsvermögen überhaupt gebraucht, daſs man nehmlich den negativen Grundſatz hat, ſich **nicht von andern ſo vordenken zu laſſen**, daſs man ihnen bloſs nachbete, ſondern daſs man ſelbſt denke (M. 1786. 329).

6. Die Probe, ob man über etwas **aufgeklärt** ſei, beſtehet darin, daſs man ſich ſelbſt frage, **ob man es wohl thunlich finde, den Grund, warum man etwas annimmt, oder auch die Regel, die aus dem, was man annimmt, folgt, zum allgemeinen Grundſatze ſeines Vernunftgebrauchs zu machen?** z. B. wer, unbekümmert um den moraliſchen Werth ſeiner Geſinnungen und ſeines Lebens, glaubt, er werde Gott ſchon dadurch wohlgefällig, daſs er an Chriſtum und ſein Verdienſt glaube, das h. Abendmal ge-

niefse und fleifsig bete; der frage fich nur, wenn er wiffen will, ob er hierin gehörig aufgeklärt fei, warum er das annehme? Gefetzt er fände, dafs er es deswegen annehme, weil er es von Kindheit an fo geglaubt, immer fo gehört, und dafs er feine Fehltritte vor Gott dadurch gut zu machen denke; fo frage er fich nur: ob er auch nach folchen Gründen jederzeit, z. B. auch in feinem Gewerbe, verfahren könne, ob auch da und überall das immer anzunehmen fei, was er von Kindheit an geglaubt und immer fo gehört, und dafs er feine Fehler in feiner Arbeit wodurch anders gut zu machen denke, als durch wirkliche Verbefferung der Arbeit? fo wird er gleich gewahr werden, dafs er im Aberglauben fteckt, weil fein Grund nicht allenthalben anzuwenden ift. Gefetzt ferner, es bilde fich Jemand ein, er fühle in fich den Gnadenbeiftand Gottes zum Guten; fo würde hieraus folgen, dafs man das Gefühl der Vernunft, die es unmöglich findet, den übernatürlichen Beiftand Gottes zu erkennen, vorziehen müffe. Ein folcher Menfch frage fich alfo nun felbft: ob er wohl in allen Fällen, z. B. auch in feinen Nahrungsgefchäften, nicht weiter der Vernunft oder feinem Verftande und feinem Nachdenken, fondern feinem Gefühle folgen wolle? fo wird er das gewifs nicht können, und gewahr werden, zumal wenn in fchwierigen Fällen feiner Nahrungsgefchäfte er weder aus noch ein wiffen follte, dafs fein Gnadengefühl lauter Schwärmerei ift. Man braucht alfo hier nicht grofse theologifche oder philofophifche Kenntniffe, um jene Meinungen von Gnadenmitteln und Gnadenwirkungen aus Gründen zu widerlegen, welche von diefen Gegenftänden felbft hergenommen oder objectiv find, fondern jene Probe wird uns fchon zurecht weifen können. Sich diefer Probe bedienen, heifst aber, fich feiner eigenen Vernunft bedienen, oder die Handlungsregel haben, fie in allem feinen Denken und Thun wirkfam zu erhalten. Wer fich alfo diefer Probe bedient, der hat den Willen, fich aufzuklären, und wer bei diefer Probe findet, dafs feine Gründe, warum er etwas annimmt, und die Regeln die daraus folgen, ihm als allgemeine vernünftige Grundfätze dienen können, der ift wirklich aufgeklärt, gefetzt, dafs es ihm auch an vielen Kenntniffen mangelt.

7. In einzelnen Subjecten Aufklärung durch Erziehung zu gründen, ist leicht; man muſs nur früh anfangen, die jungen Köpfe zu der Ueberlegung zu gewöhnen, ob ihre Gründe, oder daraus flieſsenden Regeln, allgemeine Grundsätze ihres Vernunftgebrauchs werden können. Ein ganzes Zeitalter, oder alle Menschen einer Zeit aufklären, ist sehr langwierig und schwer, denn es finden sich viele äuſsere Hindernisse, welche jene Erziehungsart theils verbieten, theils erschweren. So kann die Landesreligion der Aufklärung entgegen seyn, und die bürgerliche Aufrechthaltung derselben sie verbieten, z. B. durch Inquisition; auch müssen Eltern selbst aufgeklärt seyn, deren Kinder aufgeklärt werden sollen, weil das Ansehen der Eltern sonst ein groſses Hinderniſs der Aufklärung ist, und viele Vorurtheile aus dieser Quelle ihren Ursprung nehmen.

8. Kant hat eine eigene Abhandlung über die Beantwortung der Frage: was ist Aufklärung, geschrieben (B. Monatsschrift. IV. B. 6. St.), deren Hauptmomente ich hier angeben will.

I. **Aufklärung ist der Ausgang des Menschen aus seiner selbst verschuldeten Unmündigkeit.** Unmündigkeit ist das Unvermögen, sich seines Verstandes ohne Leitung eines andern zu bedienen. Selbstverschuldet ist diese Unmündigkeit, wenn die Ursache derselben Mangel der Entschlieſsung und des Muths ist. Habe Muth, dich deines eigenen Verstandes zu bedienen (d. i. selbst zu denken), ist die Maxime der Aufklärung.

II. Faulheit und Feigheit sind die Ursachen, warum viele Menschen gern Zeitlebens unmündig bleiben, nachdem sie die Natur schon längst für mündig erklärt hat.

III. Es ist also für jeden einzelnen Menschen schwer, sich aus der ihm beinahe zur Gewohnheit gewordenen Unmündigkeit herauszuarbeiten.

IV. Daſs aber ein Publikum sich aufkläre, ist eher möglich; ja, wenn man ihm nur Freiheit läſst, unausbleiblich. Denn es werden sich immer einige Selbstdenkende finden, welche die Maxime selbst zu denken um sich her verbreiten. Aber ein Publikum kann nur langsam zur Aufklärung gelangen, weil, wenn es einmal unter das Joch der Unmündigkeit gebracht ist, es hernach selbst diejenigen, die es befreien wollen, zwingt, dieses Joch zu tragen.

V. Zu dieser Aufklärung aber wird nichts erfordert als **Freiheit**, von seiner Vernunft in allen Stükken öffentlichen Gebrauch zu machen. Der öffentliche Gebrauch seiner Vernunft muſs jederzeit frei seyn, der Privatgebrauch aber darf öfters sehr enge eingeschränkt seyn. Der öffentliche Gebrauch der Vernunft ist der, den Jemand als Gelehrter von ihr vor der ganzen Lesewelt macht; der Privatgebrauch derselben ist der, den er in einem gewissen ihm anvertrauten bürgerlichen Posten von ihr machen darf.

VI. Wollte aber eine Gesellschaft sich eidlich unter einander verpflichten, in gewissen Dingen bei einer einmal festgesetzten Einsicht und Ueberzeugung zu bleiben, um so eine unaufhörliche Obervormundschaft über jedes ihrer Glieder und das unter ihnen stehende Volk zu führen; so ist ein solcher Vertrag null und nichtig. Denn er wäre geschlossen, um auf immer alle weitere Aufklärung in diesen Dingen vom Menschengeschlecht abzuhalten. Das wäre ein Verbrechen wider die menschliche Natur, deren ursprüngliche Bestimmung im Fortschreiten bestehet. So etwas kann ein Volk nicht über sich selbst festsetzen, und also auch kein Monarch seinem Volke als Gesetz vorschreiben.

VII. Wir leben jetzt in keinem **aufgeklärten Zeitalter**, wohl aber in einem Zeitalter der **Aufklärung**. Noch fehlt sehr viel daran, daſs sich die Menschen ihres eigenen Verstandes, ohne Leitung eines Andern (Symbole) in Religionssachen bedienen könnten.

VIII. Ein Fürst (wie Friedrich), der erklärt, daſs er es für **Pflicht** halte, und nicht als **Toleranz** ansehe, dem Menschen in Religionsdingen nichts vorzuschreiben, verdient als ein solcher gepriesen zu werden, der, wenigstens von Seiten der Regierung, die Menschen für mündig erklärte.

IX. Der Hauptpunct der Aufklärung ist aber vorzüglich die Religion, aber auch in Ansehung der Gesetzgebung hat es keine Gefahr, wenn die Regierung den Unterthanen erlaubt, von ihrer eigenen Vernunft öffentlichen Gebrauch in Rücksicht derselben zu machen.

X. Ein größerer Grad bürgerlicher Freiheit scheint der Freiheit des Geistes des Volks vortheilhaft, und setzt ihr doch unübersteigliche Schranken. Denn wenn die Regierung zu ohnmächtig ist, um das Volk in Schranken zu halten, so muß sie die Aufklärung hindern; ist sie aber mächtig genug, und darf sie sich vor dem Volke nicht fürchten, so darf sich auch die Freiheit des Geistes ausbreiten. Wenn die Natur den Hang und Beruf zum freien Denken ausgewickelt hat, so wirkt es auch auf die Sinnesart des Volks, dieses wird nach und nach der Freiheit zu handeln würdiger, und endlich wirkt es sogar auf die Grundsätze der Regierung, die es dann zuträglicher findet, den Menschen, der nun mehr als Maschine ist, seiner Würde gemäß zu behandeln.

Kant. Crit. Urtheilskr. I. Th. §. 40. S. 158 f.
Dess. Reli. innerh. der Grenz. IV. Stück. II. Th. §. 3. S. 275.
Dess. Abh. Was heißt: sich im Denken orientiren, in der Berlin. Monatsschr. 1786. S. 329 *)
Dess. Beantwortung der Frage: Was ist Aufklärung? Berlin. Monatsschr. IV. B. 6. St.

Auflösung.

Solution, *solutio, dissolution*. Diesen Namen führet der chemische Einfluß der ruhenden Materien auf einander, so fern er die Trennung der Theile einer Materie zur Wirkung hat. (N. 95.). So wird z. B. ein Stück Silber in Scheidewasser aufgelöset, d. h. das Silber verbindet sich mit dem salpetersalzsauern Gas aus der Salpetersäure, wodurch die Verbindung der Theile des Silbers aufgehoben wird, und eine Trennung derselben entsteht, welches eben die chemische

Wirkung des Scheidewassers auf das Silber ist, und **Auflösung** heifst.

2. Da hierbei der vorige Zusammenhang der Theile getrennt werden, und also ein Körper in die Zwischenräume des andern eindringen muſs, welches einen flüssigen Zustand des eindringenden Körpers voraussetzt, so muſs bei jeder Auflösung wenigstens der eine Körper flüssig seyn. Daher der chemische Grundsatz: *corpora non agunt, nisi fluida*, die Körper wirken nicht chemisch auf einander, wenn sie nicht flüssig sind (Gehler phyſ. Wörterb. Art. Auflösung).

3. Wenn alle und jede Theile zweier specifisch verschiedenen Materien in derselben Proportion wie die Ganzen mit einander vereinigt werden, so ist die Auflösung **absolut vollkommen**, oder **vollständig**, und kann auch die **chemische Durchdringung** genannt werden. Aus dergleichen absoluten Auflösungen entstehen durchsichtige Körper, z. B. das Glas aus einer absoluten Auflösung der Erden durch Alkalien auf dem **trockenen Wege**, d. i. durch Schmelzung, wo einer oder beide Körper erst durch Feuer flüssig gemacht werden (N. 95).

4. Alle Auflösungen sind Wirkungen der Anziehung zwischen den Theilen der Körper, Wirkungen der Attraction bei der Berührung, folglich nimmt die Kraft der Auflösung mit der vermehrten Summe der Berührungspuncte in den Oberflächen der aufgelösten Theilchen der Materie zu ſ. **Anziehungskraft**. Wenn Auflösung erfolgen soll, so muſs die Anziehung zwischen den Theilen verschiedener Körper stärker seyn, als der Zusammenhang der Theile jedes Körpers unter sich, und die repulsiven Kräfte der Theile beider Materien gegen einander, zusammengenommen sind.

5. Ob die auflösenden Kräfte, die in der Natur wirklich anzutreffen sind, eine vollständige Auflösung zu bewirken vermögen, mag aber unausgemacht bleiben, weil das in die empirische Chemie gehört. Es fragt sich hier nur, ob eine solche absolute Auflösung auch nur denkbar sei. Nun ist offenbar, daſs, so lange die Theile einer aufgelösten Materie noch **Klümpchen** (*moleculae* ſ. **Atomen**)

find, die Auflösung derselben nicht minder möglich sei, als die Auflösung der gröfsern Theile war. Ja, die Auflösung muſs wirklich so lange fortgehen, wenn die auflösende Kraft bleibt, bis kein Theil mehr da ist, der nicht aus dem Auflösungsmittel (s. Auflösungsmittel) und der aufzulösenden Materie, in der Proportion, darin beide zu einander im Ganzen stehen, zusammengesetzt wäre. Weil es also in solchem Falle keinen Theil von dem Volumen der Auflösung geben kann, der nicht auch einen Theil des Auflösungsmittels enthielte, so mufs dieses, als ein ununterbrochen zusammenhängendes Ganzes (Continuum) das Volumen ganz erfüllen. Eben so, weil es keinen Theil eben desselben Volumens der Auflösung geben kann, der nicht einen proportionirlichen Theil der aufgelöseten Materie enthielte, so mufs dieses auch als ein Continuum den ganzen Raum, der das Volumen der Mischung ausmacht, erfüllen. Wenn aber zwei Materien, und zwar jede derselben ganz einen und denselben Raum erfüllen, so durchdringen sie einander. Also würde eine vollkommen chemische Auflösung eine (chemische) Durchdringung der Materien seyn, welche dennoch von der mechanischen gänzlich unterschieden wäre. Bei der mechanischen Durchdringung wird nehmlich gedacht, dafs bei der gröfsern Annäherung bewegter Materien die repulsive Kraft der einen die der andern gänzlich überwiege, so dafs sie die Ausdehnung der einen oder beider auf nichts bringen könne. Bei der chemischen Durchdringung hingegen bleibt die Ausdehnung, nur dafs die Materien nicht aufser einander, sondern in einander einen der Summe ihrer Dichtigkeit gemäfsen Raum einnehmen. Man nennt dieses die Intussusception der Materien. Gegen die Möglichkeit dieser vollkommenen Auflösung und also der chemischen Durchdringung ist schwerlich etwas einzuwenden, obgleich sie eine vollendete Theilung ins Unendliche enthält. Diese vollendete Theilung ins Unendliche fafst in diesem Falle keinen Widerspruch in sich, weil die Auflösung eine Zeit hindurch continuirlich, mithin gleichfalls durch eine unendliche Reihe Augenblicke mit Zunehmung der Geschwindigkeit (Acceleration) geschieht. Ueberdem wächst die Summe der Oberflächen der noch zu theilenden Materie, so wie die Theilung zunimmt, folglich auch die anziehende Kraft der Flächen, und dadurch die Schnelligkeit der Auflösung, und da die auflösende Kraft continuirlich wirkt, so wird die gänzliche ins Unendliche gehende Auflösung in einer anzugebenden (endlichen) Zeit vollendet. Die Unbegreiflichkeit einer solchen chemischen Durchdringung zweier Materien ist auf Rechnung der Unbegreiflichkeit der Theilbarkeit eines jeden Continuum überhaupt ins Unendliche zu schreiben. Wollte man aber diese vollständige Auflösung nicht zugeben, so muſs man annehmen, sie gehe nur so weit, bis gewisse kleine Klümpchen (*moleculae*, Atomen) der aufzulösenden Materie in dem Auflösungsmittel in gesetzten Weiten von einander schwimmen. Dann kann man aber nicht den mindesten Grund angeben, warum diese Klümpchen nicht gleichfalls aufgelöset werden. Wollte man sagen, das Auflösungsmittel wirke nicht weiter; so mag das in der Natur, so weit die Erfahrung reicht, auch seine Richtigkeit haben. Es ist hier aber die Rede von der Möglichkeit einer auflösenden Kraft, die auch jedes noch nicht aufgelösete Klümpchen auflöse, bis die Auflösung vollendet ist.

6. Das Volumen, was die Auflösung einnimmt, kann der Summe der Räume gleich seyn, welche die einander auflösenden Materien vor der Mischung einnahmen. Es kann aber auch kleiner oder gröſser seyn, nachdem die anziehenden Kräfte gegen die zurückstossenden im Verhältnisse stehen. Dieses kann auch allein einen hinreichenden Grund angeben, warum die aufgelösete Materie sich durch ihre Schwere nicht wiederum vom auflösenden leichtern Mittel scheide. Denn die Anziehung des letztern, da sie nach allen Seiten gleich stark geschiehet, hebt ihren Widerstand selbst auf. Wollte man eine gewisse Klebrigkeit im Flüssigen annehmen, welche die Theile der andern Materie damit verbünde, so stimmt das nicht mit der groſsen Kraft zusammen, die dergleichen aufgelösete Materien; z. B. die Säuern, mit Wasser verdünnt, auf metallische Körper ausüben, an die sie sich nicht bloſs anlegen, wie

es bei einer klebrichten Materie, in der sie bloss schwimmen, geschehen müsste, sondern die sie mit einer grossen Anziehungskraft von einander trennen, und im ganzen Raume des Auflösungsmittels verbreiten.

7. Es ist problematisch, ob die Kunst chemische Auflösungskräfte, die eine vollständige Auflösung bewirken, in ihrer Gewalt habe oder nicht. Allein demohngeachtet könnte sie die Natur in ihrer vegetabilischen und animalischen Operation beweisen. Vielleicht dafs sie dadurch Materien erzeugt, die, ob sie zwar gemischt sind, doch keine Kunst wiederum scheiden kann. Diese chemische Durchdringung könnte auch selbst da angetroffen werden, wo die eine beider Materien durch die andere eben nicht getrennt und im buchstäblichen Sinne aufgelöset wird, so wie etwa der Wärmestoff die Körper durchdringt. Denn, wenn sich der Wärmestoff etwa nur in die leeren Zwischenräume der Materie, die er erwärmt, vertheilte, so würde die feste Substanz selbst kalt bleiben, weil diese nichts von ihm einnehmen könnte. Auch könnte man sich sogar einen scheinbarlich freien Durchgang gewisser Materien durch andere auf solche Weise denken, z. B. der magnetischer Materie. Die magnetische Materie bedürfte dann nicht solcher offenen Gänge und leeren Zwischenräume im Eisen, wie Euler annimmt. Und so vermeiden wir auch hier das absolut Leere in der Naturwissenschaft. Es ist also nicht nöthig, mit Gehler Haarröhrchen anzunehmen, um das Eindringen des flüssigen Körpers in des festen innern Theile zu erklären.

Kant. metaphys. Anfangsgr. der Naturwiss. Allgem. Anmerk. zur Dynamik. 4. S. 96. ff.
Gehler. phys. Wörterb. Art. Auflösung.

Auflösungsmittel,

auflösendes Mittel, auflösendes Medium, Menstruum, *menstruum*, *menstrue*, heissen diejenigen Körper, welche andere aufzulösen geschickt sind; vornehmlich nennt man die flüssigen so, welche man zur Auflösung der festen gebraucht. Bei jeder Auflösung wirken eigentlich beide Körper in einander, der aufgelösete Körper löset jederzeit auch das Menstruum auf. Man muſs daher mit dem Wort Auflöſungsmittel nicht den falſchen Begriff verbinden, als ob das Auflöſungsmittel ſich allein thätig, und der feſte Körper oder die aufzulöſende Materie nur leidend verhielte. Sie wirken beide in einander. Bisweilen ſind beides flüſſige Körper, und dann iſt es gar nicht mehr ſchicklich, den einen als Auflöſungsmittel, den andern als aufgelöſtwerdenden zu betrachten. Wenn hingegen der eine feſt iſt, ſo muſs der flüſſige den ſtärkern Zuſammenhang ſeiner Theile trennen, und in dieſer Rückſicht etwas mehr thun, als in jener. Hier iſt es ſehr ſchicklich, den flüſſigen das Auflöſungsmittel zu nennen; man muſs nur nicht vergeſſen, daſs der feſte Körper ebenfalls wirkt, und das Menstruum auflöſet (Gehler Art. Auflöſung. §. 98).

2. Der Name Menstruum kommt von dem Wahn der Alchymiſten her, daſs eine vollkommene Auflöſung einen philoſophiſchen Monat, oder 40 Tage Zeit erfordere. (Gehler. Art. Auflöſungsmittel).

 Kant. metaphyſ. Aufangsgr. der Naturw. Allgem. Anmerk. zur Dynam. 4. S. 96 ff.

 Gehler. phyſ. Wörterb. Art. Auflöſung und Auflöſungsmittel.

Aufmunterung,

excitatio, encouragement. Die Erweckung der Thätigkeit eines vernünftigen Weſens, ſo daſs es dadurch bewogen wird, einem gewiſſen Zwecke nachzuſtreben. Zur Aufmunterung, ſittlich gut zu handeln, dienen unter andern Beiſpiele. Sie ſetzen nehmlich die Thunlichkeit deſſen auſser Zweifel, was das Geſetz gebietet; und machen das anſchaulich, was die practiſche Regel allgemeines ausdrückt, wodurch das vernünftige Weſen bewogen wird, dem Beiſpiele zu folgen und auch ſittlich gut zu handeln.

 Kant. Grundl. zur Metaph. der Sitten. II. Abſchn. S. 30.

Aufruhr.

S. Rebellion.

Aufstand.

S. Rebellion.

Augenblick.

S. Zeit.

Ausdehnung,

Extension, *extensio, extension, etendue, expansion*. So heifst in der Geometrie der Raum, und in der Chronometrie die Zeit, die eine stetige Gröfse (*continuum*) einnimmt. Dieser Raum, oder diese Zeit, gehört zur reinen Anschauung, die *a priori*, oder auch dann noch als eine blofse Form der Sinnlichkeit im Gemüth statt findet, wenn die empirische stetige Gröfse, die ihn einnahm, nicht mehr vorhanden ist. Man mufs folglich unter Ausdehnung nichts anders als die Oerter in einer Anschauung verstehen, in welcher die Theile einer empirischen stetigen Gröfse sich befinden, und welche Oerter ebenfalls zusammen eine stetige Gröfse ausmachen, die aber nicht weiter zufällig, sondern nothwendig da ist. In dieser Ausdehnung wird nun nichts angetroffen, was zur Empfindung gehört, folglich ist sie rein, und zwar eine reine Anschauung (C. 35. 66.). In dieser weitern Bedeutung des Worts sagt man: die Mathematik des Ausgedehnten (*mathesis extensorum*).

2. Man kann in dieser Ausdehnung, mithin auch in den empirischen Gröfsen, die sie enthält (d. i. einer solchen, die mit Empfindung verbunden ist, und Körper, äufsere Erscheinung, Materie, erfüllter Raum heifst), nichts als blofse Verhältnisse erkennen, nehmlich der Oerter derselben: ob z. B. diese Oerter neben einander, oder über einander, oder nach einander liegen. Die Ortveränderung setzt schon etwas voraus, das in dem Ort ist. Wenn aber der Geometer in Gedanken einen Punct sich bewegen läfst, um dadurch eine Linie zu erzeugen, oder eine Linie, um dadurch eine Fläche zu erzeugen, oder eine Fläche,

um dadurch einen Raum zu erzeugen, so setzt das nichts voraus, sondern ist die reine Erzeugung des (leeren, absoluten Raums selbst. Man nennt das die reine Construction durch Bewegung. Man denke sich nehmlich einen Punct, der sich fortbewegt, ein solcher Punct ist aber kein Körper, auch kein Repräsentant eines Körpers, sondern der Uranfang aller Ausdehnung. Wenn sich nun dieser Punct fortbewegt, so entsteht ein Element der Ausdehnung nach dem andern in meiner Vorstellung, und so die Ausdehnung nach Einer Dimension, oder eine Linie in stetigem Zusammenhange. Der Punct hat nehmlich nicht etwa einen Weg durchlaufen, und müsste Spuren von sich zurücklassen, wenn die Linie vorhanden seyn sollte, sondern man muſs thun, als wenn noch kein Raum da wäre, weil er erst auf diese Weise erzeugt wird; und dieses ist auch in der That der Fall, ob es gleich in der Erfahrung mit solcher Schnelligkeit und dunkelm Bewuſstseyn vor sich gehet, daſs es uns vorkömmt, als ob der Raum wirklich auſser uns vorhanden wäre. Eben so verhält es sich mit Erzeugung der Fläche, wenn sich die Linie nicht nach der Länge, sondern nach der Queere fortbewegt, und mit dem Raum, wenn sich die Fläche so fortbewegt, als wenn sie senkrecht auf einer geraden Linie aufgerichtet, nach der Richtung derselben fortginge. Zur Bewegung eines Objects im Raum muſs also schon Raum vorhanden seyn, und diese Bewegung gehört folglich nicht in die Geometrie; überdem kann auch nicht *a priori*, sondern nur durch Erfahrung erkannt werden, daſs etwas beweglich sei. Aber Bewegung als Beschreibung (oder Erzeugung) eines Raums ist ein reiner Actus der successiven Synthesis des Mannichfaltigen (einer solchen, die nach und nach geschieht) in der äuſsern Anschauung überhaupt durch productive Einbildungskraft (oder diejenige, welche das Object der Anschauung erzeugt) und gehört nicht allein zur Geometrie, sondern sogar zur Transcendentalphilosophie (welche von der Erzeugung der Vorstellungen *a priori* handelt), indem durch diese Erzeugung die Ausdehnung und die ganze Geometrie, als reine Wissenschaft möglich wird. Schultz (Anfangsgründe der reinen Mathesis, von I. Schultz. Königsberg. 1793) hat einen Versuch gemacht, die reine Bewegung aus der Geometrie herauszuschaffen. Es ist zu verwundern, dafs dieser sonst so gründliche Kenner der critischen Philosophie dennoch den richtigen Begriff der reinen transscendentalen Bewegung verkannt hat, die aus der Geometrie nicht verbannt werden kann, weil sie in derselben zu Hause (*conceptus domesticus*) ist. Seine Geometrie zeigt daher allerdings von grofsem Scharfsinn, aber sein Unternehmen kann ihm nicht gelungen seyn, und wenn es den Schein hat, so liegt es vielleicht darin, dafs die ersten beiden Lehrsätze aus Begriffen, und nicht aus Construction der Begriffe bewiesen sind. *Quod pace tanti viri dixerim!* (C. 155*).

3. Nach den Vorstellungen der Philosophen vor Kant ist die Ausdehnung in die Länge, Breite und Dicke eine Eigenschaft, die an dem Körper auch unabhängig von unserm Vorstellungsvermögen vorhanden ist, so dafs, wenn auch kein Wesen mit einem solchen Vorstellungsvermögen, als wir haben, vorhanden wäre, es dennoch in die Länge, Breite und Dicke ausgedehnte Dinge gäbe. Dieses behauptete Cartesius (*Princip. Philos. P. II, I.*). Sein Grund ist theologisch, weil Gott uns sonst betröge, welches sich von Gott nicht denken lasse. Dieser Grund fällt aber gänzlich über den Haufen, wenn man bedenkt, dafs die Erkenntnifs ja nichts weiter ist, als die Beziehung unsrer Vorstellungen auf einen Gegenstand, der selbst vermittelst des Erkenntnifsvermögens, (nehmlich der productiven Einbildungskraft, obwohl vermittelst einer Affection des Gemüths und eines dadurch gelieferten Stoffs, dessen weiterer Ursprung unerklärbar ist) erzeugt wird. Dahingegen Cartesius sich diese Gegenstände als Dinge an sich (s. An sich) dachte, die vor dem Wirken des Erkenntnifsvermögens so vorhanden wären, wie wir sie anschauen. Wir wissen also nur nicht, was uns afficirt (s. Afficiren) und verursacht, dafs wir empfinden, welches letztere ohne allen Zweifel nicht unsere eigene Wirkung ist. Denn es ist nicht in unserer Gewalt, zu machen, dafs wir jene Empfindung haben und

nicht diefe; fondern diefes hängt von etwas ab, was nicht unfer Gemüth ift. Allein was diefes fei, zu wiffen, das liegt jenfeits der Grenze aller finnlichen Erkenntnifs, und ift daher für Wefen, die blofs finnlich erkennen, oder deren Erkenntnifs nur auf Erfahrung eingefchränkt ift, nicht möglich. Denn gefetzt, wir könnten erkennen, was das fei, was uns afficirt, welches auch wirklich in der Erfahrung der Fall ift, z. B. wenn uns eine Hand berührt, oder eine fchöne Gegend in die Augen fällt, fo ift doch diefes wieder eine Erkenntnifs vermittelft der Sinne, und es ift von ihr wiederum die Frage: was ift das, was uns afficirt, wenn uns z. B. eine Hand berührt? denn die Hand felbft ift ausgedehnt und folglich im Raum, folglich eine finnliche Vorftellung, die aufser unfrer Vorftellung nicht als ausgedehnt vorhanden feyn kann. Wenn alfo Cartefius eine andere Erkenntnifs von Gott verlangte, nehmlich die des Dinges an fich, vorausgefetzt, dafs die Körper keine wirklichen Dinge an fich find; fo verlangte er etwas, wovon wir im Grunde nicht einmal einen Begriff haben, fondern worauf uns blofs die Befchaffenheit unfers Verftandes hinleitet. Der Verftand denkt nehmlich die Afficirung als Wirkung, und fragt daher nothwendig nach der Urfache derfelben; wenn er diefe aber auch fände, fo würde er doch wieder nach der Urfache diefer Urfache fragen, und fo feine Fragen ins Unendliche fortfetzen. Endlich kömmt die Vernunft, und will die unendliche Reihe von Wirkungen und Urfachen vollenden, und legt mit der abfoluten Urfache, - Gott, dem Verftande zwar ein Stillfchweigen auf, aber befriedigt ihn nicht, weil er eine abfolute Urfache nicht begreift; fondern blofs bedingte Urfachen kennt, und daher gern wieder nach der Urfache Gottes fragen möchte.

4. Locke ift derfelben Meinung als Cartefius. Denn (*Eff. fur l'Entend. hum. Liv. II. chap. VIII.* §. 9.) erklärt er diejenigen Eigenfchaften des Körpers, die fich gar nicht von ihm trennen laffen, und deren eine die Ausdehnung ift, für urfprüngliche und erfte. Er meint nun (§. 12.), es fei evident, dafs ein folcher

Gegenstand aufser uns, wie (ih 3) Cartofius meint, vorhanden sei, von dem gewiffe kleine unmerkliche Körperchen in unfre Sinne kommen, und dadurch im Gehirn gewiffe Bewegungen verurfachten, welche die Begriffe hervorbrächten, die wir von jenen urfprünglichen und erften Eigenfchaften hätten. Allein dadurch wird im geringften nicht erklärt, was die Ausdehnung **an und für fich** sei, und **wie fie entftehe**, fondern die Vernunft mufs fie für eine **Wirkung Gottes**, das ift, für **unbegreiflich** erklären. Eerner wird dadurch der Frage nicht Genüge gethan, wie es zugehe, dafs wir zwar die empirifche Ausdehnung, d. i. die Materie, die den Raum erfüllt, mit dem Raum, den ihre Oberfläche einfchliefst, aber nicht die reine Ausdehnung, oder den Raum, den die Materie und der Raum, den ihre Oberfläche einfchliefst, erfüllt und einnimmt, wegdenken können. Und, was fehr merkwürdig ift, fo können von dem leeren Raume, da er kein Körper ift, auch keine Körperchen ausftrömen, die unfre Sinne rührten, oder follten etwan leere Räumchen von ihm ausgehen, das heifst kleine Nichtschen, die auf unfre Sinne wirken?

5. Wolf ift ebenfalls der Meinung, dafs die Ausdehnung zu den Körpern als **Dingen an fich** gehört, und sagt (Vernünft. Ged. von Gott, der Welt und der Seele des Menfchen §. 1773.): „Die Seele ftellet fich alles haarklein vor, was in körperlichen Dingen angetroffen wird, von dem gröfsten an bis auf das kleinfte, nur kann man die vielen kleinen **Figuren, Gröfsen und Bewegungen** nicht von einander unterfcheiden, und aus ihrer Verwirrung entftehet die Empfindung, welche wir nicht erklären können." Allein dadurch wird die Schwierigkeit nicht aus dem Wege geräumt, worin die Ausdehnung überhaupt beftehe, und wie wir dazu kommen, dafs wir fie nicht gänzlich wegdenken können.

6. Obigem Einwurfe von der Unmöglichkeit, dafs der Raum, als ein Nichts, doch auf unfre Sinne wirken müffe, wenn die Ausdehnung aufser uns wirklich vorhanden fei, zu begegnen, behaupten Leibnitz und Wolf, dafs wenn keine Körper vorhanden wären, auch kein Raum da fei, dafs alfo die Ausdehnung des Körpers vom Raume, den er

einnehme, eigentlich nicht verſchieden ſei. Wenn man ſich einen Körper vorſtellt, ſagt Leibnitz (*Eſſais ſur l'Entendem. humain. Liv. II. ch. IV.* p. 63), ſo muſs man ſich nicht zwei Ausdehnungen, die eine abſtract, die andere concret, gedenken, indem die concrete nur durch die abſtracte zur Ausdehnung wird." Die Widerlegung dieſer unrichtigen Vorſtellung im Artikel Raum.

7. Kant ſagt, die Ausdehnung iſt eine Eigenſchaft, die aus dem ſinnlichen Erkenntniſsvermögen entſtehet, und vermittelſt deren Erzeugung reine Anſchauungen und durch dieſe empiriſche Anſchauungen und Erfahrungsgegenſtände in Raum und Zeit möglich werden. Vermittelſt der Ausdehnung wird es uns möglich, daſs wir uns gewiſſe Empfindungen als Körper, andere als Gedanken vorſtellen, wovon die erſtern in die Länge, Breite und Dicke ausgedehnt ſind, und eine Zeitlänge ausdauern, die letztern aber bloſs ſich in eine Zeitlänge ausdehnen. S. übrigens Anſchauung und Raum.

<blockquote>
Kant. Crit. der rein. Vern. Elementarl. I. Th. §. 1. S. 35. — II. Abſchn. §. 8. 11. S. 66. — II. Th. I. Abth. I. Buch. II. Hauptſt. II. Abſchn. § 24. *** S. 155*)

Carteſii Princ. Phil. p. II. §. 1.

Locke Eſſais ſur l'entend. hum. liv. II. ch. VIII. §. 9.

Wolf vernünftige Gedanken von Gott, der Welt und der Seele des Menſchen. §. 773.

Leibnitz Eſſais ſur l'ent. hum. liv. II. ch. IV. p. 83. edit. de Raſpe.
</blockquote>

Ausdehnungskraft.

S. Elaſticität.

Ausführlichkeit,

(logiſche) des Begriffs, *conceptus completus, concept complete*, ein Kunſtwort, deſſen ſich die Logiker bedienen, um die Klarheit und Zulänglichkeit der Merkmale eines Begriffs damit zu bezeichnen, und man ſagt daher von dem Begriff eines Gegenſtandes, er ſei ausführlich, wenn man hinlängliche Merkmale davon angeben kann, und dieſe klar ſind (C. 755.*).

2. Die gewöhnliche Art, einen Begriff **ausführlich** zu machen, ist diese, daſs man

a. diejenigen Merkmale zu entdecken sucht, die auſser ihm in keinem andern Begriff angetroffen werden;

b. so viele Merkmale zu entdecken sucht, als zusammen genommen keinem andern Begriff zukommen;

c. sich diese Merkmale klar machet, so daſs man sie hinlänglich von andern unterscheiden kann.

Z. E. die Tugend ist die gesetzmäſsige Gesinnung aus Achtung fürs Gesetz. Hier haben wir von dem Begriff Tugend folgende Merkmale: 1. Gesinnung, 2. gesetzmäſsige Gesinnung, 3. aus Achtung, 4. aus Achtung fürs Gesetz. Von diesen Merkmalen ist jedes für sich zwar auch in andern Begriffen enthalten, die nicht die Tugend sind. Denn Gesinnungen sind auch ein Merkmal des Lasters, gesetzmäſsige Gesinnungen sind auch ein Merkmal der Legalität, oder äuſsern Gesetzlichkeit, welche noch nicht Tugend ist, weil sie auch aus Furcht oder Hoffnung entspringen kann; aus Achtung kann sich der Lasterhafte vor dem Tugendhaften bücken, aus Achtung fürs Gesetz kann er vor einer groben Lasterthat zurückschaudern, und sie hernach doch begehen. Aber zusammen sind diese Merkmale doch in keinem andern Begriff, als in dem der Tugend befindlich. Der Inbegriff dieser vier Merkmale giebt also einen **ausführlichen** Begriff von der Tugend, wenn man zugleich eine klare Vorstellung von jedem der vier Merkmale hat.

3. Nach Lambert (Organon. Dianoiol. §. 10) bestehet die **Ausführlichkeit** eines Begriffs in einer deutlichen Vorstellung der Merkmale desselben; allein wenn unter diesen Merkmalen einige fehlen, so ist der Begriff nicht ausführlich, und wenn man nur die Merkmale von andern unterscheiden kann, und sie zum Begriff zulänglich sind, so ist er schon ausführlich, gesetzt, daſs ich auch nicht alle mögliche Merkmale des Begriffs, und keine klare Vorstellung von den Merkmalen der Merkmale desselben, oder eine deutliche Vorstellung der Merkmale des Begriffs habe.

4. Man nennt das Verfahren, wodurch ein Begriff ausführlich gemacht wird, die **Entwickelung** desselben, und es ist klar, daſs dieses Verfahren nicht ins Unendliche gehet, sondern seine Grenzen hat. Lambert unterscheidet noch die **Vollständigkeit** des Begriffs von der **Ausführlichkeit** desselben, und setzt die letztere, wie wir gesehen haben, in der **Deutlichkeit** der Merkmale, und die erstere in der **Zulänglichkeit** derselben. Dieser Unterschied wäre nicht übel, dann fehlt es uns aber an einem Wort, welches die Vollständigkeit und Ausführlichkeit zusammen ausdrückt; daher ist es gut, wenn man das Wort **Deutlichkeit** des Begriffs für das braucht, was Lambert Ausführlichkeit nennt, und unter **Ausführlichkeit**, mit Kant, die Vollständigkeit und Deutlichkeit des Begriffs verstehet. Dann ist die Vollständigkeit des Begriffs die Zulänglichkeit seiner Merkmale, und die Deutlichkeit des Begriffs, die Klarheit seiner Merkmale. S. den Artikel: **Entwickelung** und **Definition**.

5. Es ist nicht zu läugnen, daſs das Bemühen, einen Begriff ausführlich zu machen, oder die Entwickelung desselben, durchaus nothwendig ist, um Licht in unsere Erkenntniſs zu bringen. Man hat sie aber auch zur Ausführung gründlicher Theorien gemiſsbraucht, indem man sich einbildete, unsre ganze Erkenntniſs bestehe in dieser Kunst der Entwickelung der Begriffe. Ein Beispiel hiervon ist das Verfahren der **Dialectiker**, die mit ihrer Logik alles erkennen und verstehen wollten, und daher die Menschen mit ihrer Scheinerkenntniſs blendeten und täuschten, aber nie eine andre, als formale Wahrheit entdeckt haben. **Wolf** war auch auf diesem Irrwege, indem er alle Schwierigkeiten in seine Erklärungen der Begriffe schob, den Begriff nach dem einrichtete, was er behaupten wollte, und daher alles, was er wollte, aus seinen Erklärungen herleiten konnte. Dieser geübte Mathematiker bedachte nicht, daſs der Philosoph so gut als der Mathematiker die Richtigkeit und Realität seiner Erklärung darthun, d. h. zeigen müsse, daſs sein Begriff einen wirklichen Gegenstand habe, und kein Hirngespinst enthalte. Dazu ge-

hört aber mehr als eine blofse Entwickelung des Begriffs, dazu wird eine Kunſt erfordert, von der die Logik nichts weiſs, nehmlich, bei Begriffen *a priori*, eine auf Critik der Erkenntniſsvermögen gegründete Metaphyſik, und das iſt es, was Kant hat liefern wollen.

Kant. Critik. der rein. Ver. Methodenl. I. Haupſt. I. Abſchn. I. S. 755*)
Lambert. Organon. Dianoiologie. §. 10.

Auslegung

der Offenbarung, *interpretatio revelationis, interpretation de la revelation*. Wir finden in dem aufgeklärteſten Welttheile (Europa) alle Menſchen in einer Kirche (Geſellſchaft zur Befolgung der Tugendgeſetze als des Willens Gottes) vereinigt. Das Inſtrument dieſer Vereinigung, oder dasjenige, was in dem Staat (der Geſellſchaft zur Befolgung der Rechtsgeſetze als des Willens des Souverains) das Geſetzbuch iſt, iſt in der Kirche die heilige Schrift. So wie es nehmlich in dem Staat an dem Naturrecht nicht genug iſt, weil ein jeder daſſelbe nach ſeinem Privatnutzen modeln würde; ſo iſt es auch in der Kirche nicht genug an der Vernunftreligion, weil ebenfalls ein jeder dieſelbe den Forderungen ſeiner phyſiſchen Selbſtliebe (der Befriedigung ſeiner Neigungen) gemäſs einrichten, und die Religion alſo ihren Zweck, Beſſerung aller Glieder der Kirche und Bewirkung der Befolgung der Tugendgeſetze aus Pflicht, nicht erreichen würde. So wie nun das ſtaatsbürgerliche Geſetzbuch von einem jeden Mitgliede des Staats (Staatsbürger) ſo befolgt werden muſs, als ſei der Wille des Souverains darin enthalten; ſo muſs auch die h. Schrift bei einem jeden Mitgliede der Kirche in dem Anſehen ſtehen, daſs ſie den Willen Gottes enthalte. Dieſes Anſehen der h. Schrift, oder der in derſelben enthaltenen Offenbarung, in dem Gemüthe jedes Einzelnen heiſst der Kirchenglaube; ſo wie man das Anſehen des Geſetzbuchs, welches in der Befolgung deſſelben durch einen jeden einzelnen Staatsbürger besteht, den Staatsbürgergehorsam nennen kann. Bei der h. Schrift nehmlich, welche Gesinnungen nach Tugendgesetzen zur Absicht hat, ist die Wirkung etwas innerliches, im Gemüth, ein Ansehen, welches der Kirchenglaube heifst, bei dem Gesetzbuche hingegen, welches blofs äufserliche Handlungen nach Rechtsgesetzen zur Absicht hat, ist die Wirkung etwas äufserliches, also eine äufserliche That, welche der Staatsbürgergehorsam, die Befolgung des bürgerlichen Gesetzes, genannt werden kann. Dieser Kirchenglaube ist Volksglaube, das ist, der Glaube derer, die nicht Religionsphilosophen sind, mithin gründet er sich bei ihnen nicht auf den Vernunftursprung der in der h. Schrift enthaltenen Lehren, so wenig als der Volksgehorsam, oder der Gehorsam derer gegen das bürgerliche Gesetzbuch, die nicht Rechtsphilosophen sind, auf den Vernunftursprung der im Gesetzbuch enthaltenen Gesetze. Beide, der Volksglaube und der Volksgehorsam fordern also eine historische Beglaubigung des Ansehens der h. Schrift und des Gesetzbuchs durch die Deduction (Nachweisung) ihres (das Ansehen derselben gründenden) Ursprungs; d. h. es mufs nachgewiesen werden, dafs die h. Schrift inspirirt und das Gesetzbuch vom Souverain, als solches, promulgirt sei. Bei einem Gesetzbuche ist die Promulgation oder öffentliche Bekanntmachung hinlänglich, das gesetzliche Ansehen desselben, zur Befolgung der darin enthaltenen Gesetze, zu gründen. Das Ansehen einer h. Schrift hingegen gründet sich auf der Ueberlieferung, dafs sie als solche von alten Zeiten her ist anerkannt worden, und da hier der Gesetzgeber weder auf Erden ist, noch den Verächter seiner Gesetze unmittelbar straft, so beruhet das Ansehen derselben auf Tradition, und folglich auf Geschichte.

Aber auch der Sinn der heiligen Urkunde, die den Willen Gottes (als das Fundament, worauf die Kirche errichtet ist) enthält, mufs erforscht werden. Das Bemühen, diesen Sinn anzugeben, heifst die Auslegung der Offenbarung, und was ihn angiebt, der Ausleger derselben. Solcher Ausleger giebt es eigentlich fünf, wovon zwei befugte oder gültige, drei aber unbefugte oder nur angebliche Ausleger der Offenbarung sind. Die zwei gültigen Ausleger sind:

I. der doctrinale, die Schriftgelehrsamkeit (*interpres divinus, qui fallere potest*);

II. der authentische, die reine Vernunftreligion (*interpres divinus, qui infallibilis est*);

die drei angeblichen Ausleger sind:

III. der schwärmerische, das Gefühl;
IV. der geistlich despotische, die Kirche;
V. der weltlich despotische, der Staat.

I. Der doctrinale Ausleger eines Gesetzbuchs ist der, welcher den Willen des Gesetzgebers aus den Ausdrücken, deren sich derselbe bedient hat, in Verbindung mit den sonst bekannten Absichten des Gesetzgebers, herausvernünftelt. Der doctrinale Ausleger der h. Schrift muss also auf dem historischen Wege, oder durch Geschichte, Sprachkenntniss, Alterthumskunde, Critik u. s. w., d. i. Gelehrsamkeit, nicht nur die Glaubwürdigkeit der h. Schrift, als eines Buchs, das die Offenbarung enthält, nachweisen, sondern auch den Sinn dieser Offenbarung angeben. Da wir nun bei demjenigen Menschen, welcher durch diese Schriftgelehrsamkeit die Gültigkeit und den Sinn der h. Urkunde erforscht und angiebt, von allen andern Hülfsmitteln zur Auslegung z. B. von der Vergleichung des Sinnes der h. Schrift mit der Vernunftreligion abstrahiren: so kann man sagen, die Schriftgelehrsamkeit oder auch der Schriftgelehrte (abstrahirt von allem dem, was derjenige, welcher die Schriftgelehrsamkeit besitzt, sonst noch ist) ist der doctrinale Ausleger der h. Schrift (R. 162).

II. Der authentische Ausleger eines Gesetzbuchs ist der untrügliche Ausleger desselben, und daher Niemand anders als der Gesetzgeber selbst. Der authentische Ausleger der h. Schrift müsste also Gott selbst seyn. Nun macht uns Gott (aufser der Offenbarung, denn diese soll eben erst authentisch ausgelegt werden,) seinen Willen nicht anders bekannt, als durch die reine Vernunftreligion. Religion ist nehmlich die Erkenntniss, dass diejenigen Handlungsregeln (Maximen), welche von der

Vernunft für abſolut oder unbedingt (d. i. ohne alle Rückſicht auf ein wozu?) nothwendig erklärt werden, oder unſre Pflichten, der Wille Gottes ſind. Dieſe Religion iſt ein Product der Vernunft oder eine Vernunftreligion; denn die Befolgung des Sittengeſetzes unſrer Vernunft, oder der Grundſatz unſre Pflichten zu erfüllen, ſetzt ſie nothwendig voraus. Es iſt unmöglich, daſs ein Weſen, welches Bedürfniſſe hat, die aus ſeiner Natur entſpringen, den Grundſatz habe, ſeine Pflichten in der ſinnlichen Welt, in welcher es ſich vermöge ſeiner Natur befindet, zu erfüllen, ohne dabei voraus zu ſetzen, daſs auch ſeine Bedürfniſſe und ſeine daraus entſpringenden Wünſche dann, wenn er ſie ſeinen Pflichten unterordnet, können und werden erfüllt werden. Denn er müſste ſonſt ſeine Pflichten erfüllen, ohne alle Rückſicht auf ſeine Bedürfniſſe und Wünſche. Das iſt aber nicht möglich, weil wirklich bedürftig ſeyn, und die Befriedigung dieſer Bedürfniſſe nicht wünſchen, ſich widerſpricht. Da nun die Befriedigung unſrer Wünſche nicht von unſerm Willen, ſondern von der Einrichtung und Regierung der Naturdinge abhängt, und dieſelbe doch unſrer Befolgung des Moralgeſetzes untergeordnet ſeyn ſoll, ſo folgt, daſs ſie, in dieſem Fall, von dem Willen eines vernünftigen Weſens abhängen muſs, welches die geſammte Natur mit allen ihren Geſetzen in ſeiner Gewalt hat, und will, daſs wir jenen Grundſatz haben, und das Sittengeſetz befolgen ſollen. Folglich kann Niemand das Sittengeſetz aufrichtig befolgen, oder bemühet ſeyn, nach jenem Grundſatze zu handeln, ohne einen Gott zu glauben, denn jene Vorausſezzung fordert das Daſeyn Gottes. Geſetzt alſo auch, daſs der Tugendhafte ſich dieſes Glaubens nicht deutlich bewuſst wäre, ja ſelbſt theoretiſch das Daſeyn Gottes läugnete, ſo glaubt er dennoch in ſeinem Herzen an Gott, ſ. Gott. Dieſer Glaube heiſst der reine Religionsglaube oder der Vernunftglaube an Gott, welcher die ganze reine Vernunftreligion in ſich enthält, die aus demſelben logiſch entwickelt werden kann. Beide, der Religionsglaube und die Vernunftreligion heiſsen rein, wenn ihnen nichts empiriſches oder aus der Erfahrung abgeleitetes beigemiſcht iſt; wenn alſo weder die Beſchaffenheit der Natur, noch die Ausſprüche der Offenbarung auf ſie einfließen. Der Glaube hingegen an das, was die Offenbarung lehrt, ſo wie an die Offenbarung ſelbſt (der Kirchenglaube), iſt, weil er ein außer der Vernunft liegendes Factum (nehmlich daſs eine Offenbarung vorhanden iſt, und dies oder jenes lehrt) vorausſetzt, empiriſch oder aus einer Erfahrung (vom Daſeyn und Inhalt einer Offenbarung) entſprungen. Der reine Religionsglaube iſt *a priori*, denn er iſt, wie wir geſehen haben, nothwendig und allgemein in jedem bedürftigen moraliſchen Weſen. Der Offenbarungsglaube iſt aber, eben weil er ſich auf ein Factum gründet, zufällig; es iſt ſehr wohl möglich, daſs ihn Jemand nicht habe, z. B. wer nichts von einer Offenbarung weiſs, oder ſich nicht davon überzeugen kann, daſs eine Offenbarung möglich ſei.

2. Der reine Religionsglaube, oder die aus demſelben entwickelte Vernunftreligion iſt nun der authentiſche Ausleger der Offenbarung, d. h. von der Vernunftreligion weiſs ich gewiſs, daſs ſie der Wille Gottes iſt, daher darf in der Offenbarung nichts zu finden ſeyn, was der Vernunftreligion widerſpricht, ſonſt würde ſie der Tugendhafte entweder gänzlich verwerfen, und ſie nicht für Offenbarung anerkennen; oder wenn er aus andern äußern (Zeichen und Wundern) und innern Gründen (dem ganzen Geiſt der h. Schrift und der Pflichtwidrigkeit, die Kirche, wenn ſie wirklich auf den Endzweck der Gottheit, Moralität, hinarbeitet, aufzulöſen, und in den ethiſchen Naturzuſtand zurück zu treten) ſie für Offenbarung anerkennt, ſo muſs ſie zur Erfüllung aller Menſchenpflichten als göttlicher Gebote hinwirken, und folglich der reinen Vernunftreligion oder dem entſchiedenen Willen Gottes gemäſs ausgelegt werden. Das heißt, was die Offenbarung als den Willen Gottes von uns fordert, kann nie etwas Pflichtwidriges ſeyn, es müſste entweder etwas bloſs Erlaubtes, oder unſre Pflicht ſelbſt ſeyn. Stünde das bloſs Erlaubte, was die Offenbarung von uns fordert, in gar keinem Zuſammenhange weiter mit unſrer Moralität, als bloſs dem, daſs es erlaubt wäre, ſo würde folgen, daſs wir noch durch ein anderes Verhalten das leiſten können, was wir doch nach der Vernunftreligion nur durch ein mo-

ralifches Verhalten leiften können, nehmlich den Willen Gottes erfüllen. Diefe Folgerung würde nun den moralifchen Lebenswandel entweder überflüfsig oder unzulänglich machen; im erftern Falle wäre fie der Moralität entgegen, im letztern Falle widerfpräche fie der reinen Vernunftreligion, welche die Moralität für zulänglich für die Erwartungen des Menfchen (nehmlich des Wohlgefallens Gottes, welches in der Regierung der Welt zur Wohlfahrt des moralifchen Menfchen beftehet, weil diefer den Willen Gottes befolgt) erklärt. Wenn daher die Offenbarung in der h. Schrift etwas fordert, was nach dem Sittengefetz der Vernunft blofs erlaubt ift, fo mufs es als Zweck oder als Mittel mit unfern Pflichten in Verbindung ftehen. Als Zweck ift es nicht möglich, weil Pflichterfüllung keinen Zweck haben kann, indem fie Zweck an fich felbft ift; denn man kann feine Pflicht nicht **wozu** erfüllen, weil man fonft nicht **aus Pflicht**, oder **um der Pflicht willen**, fondern nur um das **wozu** willen, welches wir zu erlangen wünfchten, alfo aus Neigung oder Abneigung, d. i. nicht **moralifch** (**abfolut gut**), fondern nur **klug** (**relativ gut oder nützlich**) handeln würde. Alle Pflichterfüllung, wenn fie diefen Namen verdienen foll, mufs daher blofs darum gefchehen, weil fie Pflicht ift. Folglich kann das Erlaubte, was die Offenbarung fordert, nur ein Mittel zur Pflichterfüllung feyn. Da nun der reine Religionsglaube die Moralität zur Grundlage hat, der empirifche Offenbarungsglaube aber nur als Mittel zur Pflichterfüllung dienen kann, fo kann er auch nur ein Hülfsmittel des reinen Religionsglaubens und der Vernunftreligion, nie aber der Zweck derfelben feyn.

3. Die reine Vernunftreligion ift alfo der **authentifche Ausleger** der Offenbarung, d. h. wenn fie etwas für den Sinn derfelben erklärt, fo erklärt damit der Gefetzgeber fein Gefetz felbft. Denn das Moralgefetz ift der unmittelbare Wille der Gottheit, fobald alfo eine Stelle der h. Schrift zu dem Sinne des Moralgefetzes gedeutet wird, fo find wir gewifs, dafs wir damit den Willen Gottes in diefer Stelle haben. So wie

nehmlich weder ein Irrthum, noch ein Betrug entſteht, wenn der Geſetzgeber ſelbſt einer Stelle ſeines Geſetzbuches, welche etwa ſo dunkel iſt, daſs der Sinn derſelben zweifelhaft, oder daſs es ſelbſt wahrſcheinlich iſt, ſie habe urſprünglich von etwas anderm, etwa Temporellen handeln ſollen, einen andern Sinn giebt und ſie ſelbſt auslegt, und damit ſeinen Willen erklärt, ſo iſt die Auslegung der Offenbarung in der h. Schrift zum Zweck der reinen Vernunftreligion nie weder ein Irrthum, noch ein Betrug. Denn wir erhalten dadurch ſtets den Willen Gottes, und erhalten ihn auch nicht unvollſtändig, wie man meinen könnte, wenn man etwa ſagen wollte, dieſe Stelle enthält einen andern Willen, der nun wegerklärt wird; indem ja gezeigt worden, daſs die reine Vernunftreligion, in Anſehung deſſen, was der Menſch zu thun hat, nicht unvollſtändig iſt, da die Offenbarung nichts zu derſelben hinzuſetzen kann, was der Menſch auſser der Pflichterfüllung noch zu thun habe, als etwa ſolche Mittel, die ſie befördern und zur Aufrechthaltung der ſichtbaren Kirche abzwecken.

4. **Verhältniſs dieſer beiden Ausleger zu einander.** Der doctrinale Ausleger iſt der Zeit nach der erſte. Das heiſst, die Geſchichte, welche das Hülfsmittel zur Unterſuchung des Urſprungs einer h. Schrift und der darin enthaltenen Offenbarung iſt, die Kenntniſs der alten, jetzt todten Sprachen, worin die h. Schrift geſchrieben iſt, und die in den Ländern geſprochen wurde, wo die h. Schrift zuerſt anerkannt wurde, und andre Kenntniſſe, d. i. die Schriftgelehrſamkeit muſs den Urſprung und den Sinn der Offenbarung zuerſt erforſchen. Dann aber nimmt das Geſchäft des reinen Religionsglaubens oder der Vernunftreligion ſeinen Anfang. Dieſer authentiſche Ausleger iſt der Würde nach der erſte d. i. der oberſte Ausleger. Der doctrinale Ausleger legt dem authentiſchen die Reſultate ſeiner Unterſuchungen zum Spruch vor, welcher, wenn er nichts der Vernunftreligion widerſprechendes darin findet, ſondern daſs der Geiſt derſelben iſt, die Offenbarungsbedürftigen zur

reinen Vernunftreligion hinzuleiten, in dem Ausfpruch beftehet: die h. Schrift kann das Anfehen einer unmittelbaren göttlichen Offenbarung ferner behaupten, denn der Wille Gottes ift wirklich in derfelben enthalten. Diefer Ausfpruch ift hinreichend zur Erhaltung des Offenbarungsglaubens, da alsdann Niemand beweifen kann, dafs dasjenige, was Offenbarung feyn kann, und fein Anfehen als folche bisher unter uns behauptet hat, keine Offenbarung fei. Und fo kann der Offenbarungsglaube alsdann denen, welche, wenn fie ihn verlören, in einen ethifchen Naturftand treten, d. h. alle gemeinfchaftliche Bearbeitung ihrer felbft und andrer zur moralifchen Befferung aufgeben würden, ferner zur Stärkung ihres reinen Vernunftglaubens dienen. Denn diefe haben eben fo ein auf göttliches Anfehen gegründetes ethifches Gefetzbuch, oder eine h. Schrift nöthig, als diejenigen ein juridifches Gefetzbuch (Landrecht) nöthig haben, welche dem in aller Menfchen Herzen gefchriebenen Codex des Naturrechts nicht gehorchen, und ihre Pflichten als Staatsbürger nicht erfüllen würden. Da wir alfo nun in der h. Schrifft eine von alten Zeiten her anerkannte Offenbarung vorfinden, und fie, ihren äufsern Merkmalen (Wundern und Zeichen) und ihrem Inhalt nach (Gottes Willen), Offenbarung feyn kann; fo wäre es eine gänzliche Auflöfung der Kirche, und ein unerlaubter Zurücktritt in den ethifchen Naturftand, wenn man fie geradezu verwerfen wollte. Der Schriftgelehrte mufs daher, nachdem er zuerft ihr Anfehen beurkundet, und folches von dem reinen Religionsglauben zuoberft ift beftätigt worden, allerdings auch den Sinn jeder Stelle der Offenbarung erforfchen, aber fodann auch dem Religionsphilofophen (welches er felbft in einer und derfelben phyfifchen Perfon feyn kann, obwohl in Rückficht auf Auslegung in zwei moralifchen Perfonen ift) zur Prüfung und oberften Entfcheidung vorlegen.

5. Wenn alfo die Offenbarung etwas von uns fordert, oder lehrt, fo mufs die reine Vernunftreligion zu oberft entfcheiden, ob wir auch den Sinn der Offenbarung richtig verftehen. Was fie nehmlich

lehrt, das muſs entweder als Mittel auf Moralität abzwecken, oder fich auf Moralität gründen, oder felbſt eine Pflicht feyn. Vorausgesetzt alfo, daſs ein Buch die Offenbarung enthalte, fo kann der blofs gelehrte Ausleger deſſelben, wenn er auch mit allen Hülfsmitteln der gelehrten Auslegungskunſt, Sprachen, Alterthumskunde u. f. w. ausgerüstet wäre, aber etwa keine practifche Vernunft oder Anlage zur Moralität hätte, folglich des reinen Religionsglaubens unfähig wäre, nie wiſſen, ob er ſich nicht dennoch in dem Sinne der Urkunde irrte. Denn er könnte einen höchſt wahrſcheinlichen buchſtäblichen Sinn herausbringen, der aber doch der Moralität entgegen feyn, oder auch nur nichts für fie enthalten könnte. Dann wäre aber das unmöglich der Sinn diefer Stelle des Offenbarungstextes, und fie müſste folglich einen den **gelehrten** Regeln der Exegefe nach weniger wahrfcheinlichen, oder **gezwungenen**, aber doch dem **moraliſchen** Inhalt nach richtigen Sinn haben; welches aber nur die reine Vernunftreligion beurtheilen kann. Bei dem reinen Religionsglauben allein weifs man nur die allgemeinen practifchen Regeln (Gebote oder Verbote), welche Gott unfern Handlungen vorfchreibt, mit Sicherheit, indem unfere eigene Vernunft fie uns als Gottes Willen gebietet, und kann folglich mit ihm allein mit Sicherheit entfcheiden, ob die Erklärung einer Stelle der Offenbarung mit jenen Regeln zufammenftimmt, und daher den richtigen Sinn angiebt oder nicht.

6. Hierzu kömmt endlich noch, daſs die reine Vernünftreligion allein das dem Geiſte nach verftehen kann, was die Offenbarung uns dem Buchftaben nach lehrt und vorfchreibt. So lange nehmlich der Ausleger der Offenbarung bei dem buchſtäblichen Sinn derfelben ſtehen bleibt, weiſs er blofs Lehren und Vorfchriften; erft dann, wenn er fich zum reinen Religionsglauben erhebt, fieht er den Zweck, den Sinn, den eigentlichen Geiſt diefer Lehren und Vorfchriften ein. Sähe er aber auch dann noch diefen Sinn nicht ein, fo müſste offenbar diefe Stelle nicht zum Zweck einer Offenbarung tauglich, d. i. keine Offenbarung feyn, oder die reine

Vernunftreligion muſs erſt noch einen Sinn darin finden, das heiſst, ſie zu ihrem Zweck auslegen. So ſammlet alſo der doctrinale Ausleger die Ausſprüche, Lehren und Vorſchriften der Offenbarung, um daraus ein Syſtem zuſammenzuſtellen, für ein beſtimmtes Volk und eine beſtimmte Zeit, welches Syſtem ſich auf den Kirchenglauben gründet, oder welches auf das Anſehen der Offenbarung angenommen, im objectiven Sinne, der Kirchenglaube iſt. Der authentiſche Ausleger zeigt, was dieſes Syſtem für einen moraliſchen Sinn und Zweck habe, und macht dadurch dieſen Sinn für alle Welt gültig; dahingegen das Syſtem ſelbſt, als das einer unmittelbaren Offenbarung, nur für die zur Kirche gehörigen Mitglieder gültig iſt. So wird alſo das kirchliche gemeine Weſen (die ethiſche Geſellſchaft, welche die Kirche heiſst) zur Religion hingeführt, die jederzeit auf Vernunft gegründet ſeyn muſs, weil ſie für alle Menſchen gelten ſoll; die aber für diejenigen, welche das Anſehen der Offenbarung bedürfen, durch dieſe eine beſondere Stärke erhält (R. 16.).

7. Beiſpiel Um dieſes an einem Beiſpiele zu zeigen, nimmt Kant Pſalm 59, 11 — 16., wo ein Gebet um Rache, die bis zum Entſetzen weit geht, angetroffen wird. Die Stelle heiſst nach Knapps Ueberſetzung: Gott läſst mich Rache*) ſehn an meinen Feinden. Doch vertilg ſie nicht! — ſonſt vergäſs es mein Volk: Sondern treib ſie umher, durch deine Macht! Wirf ſie hinab (in die Ciſterne)! Herr unſer Schild! Sünde iſts, was ihr Mund, was ihre Lippen reden: Aber laſs ſie gefangen werden in ihrem Stolz! Sie reden nichts als Fluchen und Läſtern. Vertilg ſie im Grimm, vertilg ſie, daſs ſie nicht mehr ſind! Und alle Welt erkenne, daſs Gott Herr über Jacob ſei! Dann mögen ſie wiederkommen am Abend, mögen umherlaufen wie Hunde, und die Stadt durchwandern; mö-

---

*) Luther überſetzt Luſt; Michaelis und Knapp aber Rache.

gen umherirren, nach Speife, hungrich und ohne Herberge! Michaelis (Moral 2ter Theil. S. 202) billigt diefes Gebet, und fetzt hinzu: „die Pfalmen find **infpirirt: wird in diefen um Strafe gebeten, fo kann es nicht unrecht feyn: und wir follen keine heiligere Moral haben als die Bibel.**" Er will alfo nicht die reine Vernunftreligion zum Ausleger dulden, fondern das Sittengefetz der Vernunft foll vor der Auslegung des Schriftgelehrten und dem von ihm erforfchten buchftäblichen Sinne fchweigen; oder, wie vielleicht Michaelis behaupten würde, durch die Bibel mufs erft beftimmt werden, was reine Vernunftreligion ift. Das letztere ift aber ein Widerfpruch; denn die Bibel kann uns wohl die reine Vernunftreligion der Zeit nach zuerft in ihrer Lauterkeit gelehrt haben, aber darum kann diefe doch, ihrem Urfprunge nach, nicht aus der Bibel entfpringen, weil fie diefem ihren Urfprunge nach Offenbarungsreligion und nicht Vernunftreligion wäre. Kant fragt daher, ob die Moral nach der Bibel ausgelegt werden foll? dann wäre der Schriftgelehrte der oberfte Ausleger der Offenbarung, und der reine Religionsglaube wäre ein Unding; oder ob die Offenbarung nach der Moral, der Grundlage des reinen Religionsglaubens und dem Zweck der reinen Vernunftreligion ausgelegt werden, d. i. diefe der oberfte Schriftausleger feyn müffe? Offenbar widerfpricht der angeführten Stelle aus den Pfalmen eine andere im Neuen Teftamente, nehmlich Matth. 5, 43. 44. wenn die im Alten Teftamente buchftäblich verftanden wird, Chriftus fagt nehmlich: „Ihr habt gehört, dafs gefagt ift (nehmlich wie Matth. 5, 27. zu den Alten) du follft deinen Nächften lieben und deinen Feind haffen. Ich aber fage euch: Liebet eure Feinde; fegnet, die euch fluchen; thut wohl denen, die euch haffen; bittet für die, fo euch beleidigen und verfolgen." Diefe Stelle des Neuen Teftaments ift doch auch infpirirt, das heifst, beide follen eine göttliche Offenbarung enthalten, und können fich daher einander nicht widerfprechen. Es giebt daher hier der reine Religionsglaube den Ausfchlag, nach ihm kann der buchftäbliche Sinn in der Stelle aus den Pfalmen, wenn fie zur Offenbarung als folcher gehören foll, nicht statt finden. Man muſs daher bei derſelben entweder eine moralische, d. i. der reinen Vernunftreligion gemäſse Auslegung annehmen, oder zugeben, daſs dieſe Stelle gar nicht im moraliſchen, ſondern im juridiſchen Sinne zu verſtehen, und in derſelben gar nicht von einem Gebete zu Gott, als dem moraliſchen Oberherrn der Welt, die Rede ſei. Soll eine moraliſche Auslegung der Stelle ſtatt finden, ſo könnte man ſagen, der Pſalmiſt gebrauche hier leibliche Feinde als ein Symbol der geiſtlichen Feinde, der böſen Neigungen. Dieſe müſſe man allerdings wünſchen ſo zu beſiegen, daſs es uns ein moraliſches Vergnügen mache, ihrer Herr geworden zu ſeyn. Und in dem Pſalm werde um Gottes Beiſtand dazu gebeten.

8. Iſt aber dieſe Auslegung für manche Stellen zu gezwungen, ſo bleibt noch die Annahme übrig, daſs in der ganzen Stelle keine moraliſche, ſondern jüdiſch-theokratiſche Vorſtellung herrſche. Der Jude dachte ſich nehmlich den Herrn Himmels und der Erden als das Oberhaupt ſeiner Staatsverfaſſung (politiſchen Regenten) und folglich als den oberſten Richter. Der Pſalmiſt ſtellt nun vor, wie er, im Proceſs mit ſeinen Feinden, ſeine Klage über ſie vor dieſen oberſten Richter bringt, und darauf anträgt, ſeine Gegner auf das härteſte zu beſtrafen. Dadurch wird alſo gar nicht die Rachſucht, welche eine die Moralität angehende Geſinnung iſt, gebilligt, ſondern vielmehr ein Beiſpiel davon gegeben, daſs man im Staate ſich nicht gegen ſeine Feinde ſelbſt Recht verſchaffen und ſie beſtrafen, ſondern das Recht gegen ſie und die Beſtrafung derſelben bei dem Richter nachſuchen müſſe. Dieſe Vorſtellung ſichert wenigſtens die Legalität der Forderung Davids, indem es dem Kläger erlaubt iſt, auf noch ſo harte Beſtrafung des Beklagten bei dem Richter anzutragen, durch welche juridiſche Erlaubniſs (Befugniſs) nicht die moraliſche Erlaubniſs zur Rachſucht (welche eine Herzensgeſinnung iſt) gegeben wird. Nun iſt aber der Geiſt des A. Teſtaments hauptſächlich **Legalität**, ſo wie der des N. Teſtaments **Moralität**. Eben ſo iſt auch Röm. 12, 19. zu verſtehen, wo es heiſst: **die Rache** (die Befugniſs zu

ſtrafen) iſt mein, ich will vergelten, ſpricht der Herr (5 Moſ. 32, 35). Man legt dieſe Stelle gemeiniglich als moraliſche Warnung vor Selbſtrache aus*), ob ſie gleich wahrſcheinlich nur andeutet, daſs die Chriſten das in jedem Staat geltende Geſetz beobachten ſollten, die Genugthuung für Beleidigungen im Gerichtshofe des Staatsoberhaupts nachzuſuchen, ſo wie es in der jüdiſchen Theokratie geweſen ſei, da auch die Beſtrafung des Beleidigers, Gottes, als des Staatsoberhaupts, Sache geweſen ſei.

9. Dieſe Behauptung Kants, daſs der reine Religionsglaube der oberſte Ausleger der Offenbarung ſeyn müſſe, iſt auch keine neue Maxime (Handlungsregel). Man hat es mit allen alten und neuern heiligen Büchern, von denen man behauptete, ſie enthielten eine Offenbarung, ſo gemacht. Vernünftige, wohldenkende Volkslehrer haben immer geſucht, den Sinn der Worte mit dem, was die reine Vernunftreligion fordert und vorausſetzt, in Uebereinſtimmung zu bringen. So machten es z. B. die Moralphiloſophen der Griechen und Römer mit ihrer fabelhaften Götterlehre, ſie legten ihr einen moraliſchen Sinn unter. Sie verwarfen nicht etwa den Volksglauben, den ſie vorfanden, weil daraus vielleicht ein gänzlicher und dem Staat gefährlicher Unglaube, oder Atheismus entſtanden wäre. Sondern ſie erklärten den Polytheismus (die Vielgötterei) für eine ſymboliſche Vorſtellung (oder Perſonificirung) der Eigenſchaften des einigen göttlichen Weſens. Sie gaben den mancherlei laſterhaften Handlungen und wilden aber doch ſchönen Träumereien ihrer Dichter einen myſtiſchen Sinn, und machten dadurch alles moraliſch. Auch die ſpätern Juden und ſelbſt die Chriſten deuteten auf dieſe Weiſe, jene das A. Teſtament und die Träume ihrer Rabbinen, dieſe das N. Teſtament, welches aber

---

*) *Semleri paraphraſis epiſtol. ad Romanos ad h. l. p.* 320. *Ultionis enim quaſi amor hoc ſuadet, ut irae obſequamur; quod Paulus vetat.*

bei manchen, z. B. einem Origines und andern Kirchenvätern, oft fehr gezwungen ausfiel. So deutete Luther das hohe Lied von der wechfelfeitigen Liebe Chrifti und der Kirche zu einander, welche unter dem Symbol der Wechfelliebe zwifchen einem Bräutigam und feiner Braut vorgeftellt würden. Eben fo deuten die Muhammedaner ihren Koran, z. B. in den Stellen, wo er das aller Sinnlichkeit geweihete Paradies befchreibt, und die Indier ihre heiligen Bücher, die fie Bedas nennen.

10. Wie ift es aber möglich, dafs der moralifche Sinn nicht zuweilen dem buchftäblichen Sinne des Volksglaubens z. B. der Indier, Muhammedaner und dergl. ganz entgegen ift; fo dafs fich letzterm allemal ein moralifcher Sinn unterlegen läfst? Daher, weil lange vorher, ehe ein folcher Volksglaube entftand, die Anlage zu einer moralifchen Religion fchon in der menfchlichen Vernunft verborgen lag. Diefe Anlage äufserte fich freilich anfänglich blofs durch gottesdienftliche Gebräuche, z. B. Opfer, Reinigungen u. dergl., woraus eben ein folcher Volksglaube entfprang. Endlich veranlafsten jene rohe Aeufserungen der moralifchen Anlage des Menfchen angebliche Offenbarungen, und legten fo unvermerkt auch etwas von dem Character ihres eigenen überfinnlichen Urfprungs (nehmlich aus der im Menfchen befindlichen Anlage zur Moralität) in diefe Dichtungen (einer Offenbarung), die das Fundament des Volksglaubens find. So mufs fich alfo jeder Glaubensfatz in einem folchen Volksglauben mit den moralifchen Glaubensfätzen in Uebereinftimmung bringen laffen, da nothwendig in dem erftern etwas von dem Character der moralifchen Anlage zu finden feyn mufs, aus der er entfprungen ift.

11. Aber kann man eine folche moralifche Auslegung nicht der Unredlichkeit befchuldigen? kann man nicht den Einwurf machen, dafs derjenige, welcher einer Stelle der Offenbarung einen folchen Sinn unterlegt, vorfätzlich täufche, indem er Andere wolle glauben machen, dafs die Stelle einen Sinn habe, von dem er doch felbft wohl wiffe, dafs er nicht darin liege?

Die Antwort ift: Nein. Denn man will mit der moralifchen Auslegung oder Deutung einer Stelle der Offenbarung zu einem Sinn, der mit den allgemeinen practifchen Regeln der reinen Vernunftreligion zufammenftimmt,

a. nicht behaupten, dafs die Verfaffer der heiligen Bücher und Symbole (Glaubensbekenntniffe) des Volksglaubens wirklich diefen Sinn haben ausdrücken wollen. Denn es ift ja die doctrinale Auslegung, welche diefen Sinn beftimmen mufs, und die blofse Vernunft kann nicht *(a priori)* wiffen, was ein Menfch müffe gedacht haben, als er eine Stelle feines Buches niederfchrieb. Das kann nur die doctrinale Auslegung, oder diefer Menfch felbft als authentifcher Ausleger feiner eigenen Werke angeben. Was aber Göttliches (zur reinen Vernunftreligion gehörendes) in dem Vortrage des Schriftftellers liege, was alfo darin Offenbarung feyn könne, das kann allerdings die blofse Vernunft, ohne alle hiftorifchen Beweife, folglich ohne alle Schriftgelehrfamkeit, entfcheiden. Es kömmt nur darauf an, ob der moralifche Sinn, den wir einer Stelle der Offenbarung geben, der einzige ift, nach dem wir aus derfelben etwas für unfere Befferung ziehen können. Uebrigens kann man zugeben, dafs der menfchliche Schriftfteller etwas anders unter der zu erklärenden Stelle verftanden habe, und dafs folglich der moralifche Sinn derfelben nicht der einzige fei. Denn es kann uns zum Zweck der Religion (obwohl nicht zu andern Zwecken) gleichgültig feyn, wie fich der Menfch das dachte, was er Behufs der Religion, als Offenbarung niederfchrieb; uns liegt blofs daran, wie wir uns das denken müffen, was darin Göttliches, d. i. auf unfere Befferung abzweckendes ift R. 47 *).

b. Durch die moralifche Auslegung nimmt man alfo nur die Möglichkeit an, dafs eine Stelle in einem h. Buche, das Offenbarung enthält, fo verftanden werden könne. Es ift fogar Pflicht, in der h. Schrift denjenigen Sinn zu fuchen, der mit dem Heiligften, was die Vernunft lehrt, in Harmonie ftehet (oder fie κατὰ ἀναλογίαν τῆς πίστεως zu erklären, Röm. 12, 6.), denn man erreicht dadurch den Zweck der Offenbarung, und das ist alles, was von einem Lehrer der Religion gefordert werden kann, der nicht die Geschichte der Privatmeinungen der ersten Lehrer der geoffenbarten Religion, sondern was in ihren Reden Göttliches ist, vortragen soll. Es kömmt nehmlich hierbei alles darauf an, daſs der Zweck, Besserung der Menschen, erreicht werde, hiernach muſs man in der Religion (obwohl nicht in der Geschichte, Hermeneutik u. f. w.) alles beurtheilen. So machte es Jesus selbst (nach Luc. 9, 50), wo er von Jemanden, deſsen Bemühungen von denen der Jünger Jesu abwichen, aber daſselbe Ziel (Bewirkung des Glaubens an den Lehrer der göttlichen Religion) erreichen muſsten, sagt: wehret ihm nicht, denn wer nicht wider uns ist, der ist für uns (R. 106.). Da nun die Moralität der Menschen doch die Endabsicht der ganzen Offenbarung seyn muſs, so kann uns jeder historische Sinn einer Stelle (das, was sich der menschliche Verfaſser dabei gedacht hat), wenn er gar nicht auf das Moralische abzweckt, in Rücksicht auf den eigentlichen Zweck der Offenbarung sehr gleichgültig seyn. Lesen wir daher die Offenbarung als solche, so ist es uns schon hinreichend, wenn das, was wir in derselben lesen, einen auf Moralität abzweckenden Sinn haben kann. Und wir ziehen dann mit Recht zu unsrer Absicht diesen Sinn einem jeden andern bloſs historischen vor, der nichts Moralisches enthält, auf nichts Moralisches führt, und daher, in Rücksicht auf Moralität, todt ist an ihm selber (Jac. 2, 17.) (R. 157. ff.).

12. Wird also eine Schrift als göttliche Offenbarung angenommen, so ist dieses nur unter der Voraussetzung möglich, daſs sie, als von Gott eingegebene (inspirirte) Schrift, auf Moralität abzwecke, oder nützlich sei: „zur Lehre, zur Strafe, zur Besserung, zur Züchtigung in der Gerechtigkeit (Ermahnung zu einem tugendhaften Leben) (2 Tim. 3, 16.). Die Vernunftreligion ist also das Kriterium oder Princip aller Schriftauslegung zu dem Zweck einer wahren Religion, und also der Geist Gottes (der unfehlbare Führer zur Moralität), der uns in alle (zur Religion gehö-

rende) Wahrheit leitet" (Joh. 16. 13.). Diefer Geift Gottes (die ächte reine Vernunftreligion, die in der Offenbarung zu finden ift) belehrt uns über den Willen Gottes und **belebt** uns mit Grundfätzen zu Handlungen (eben durch die Vorftellung, dafs diefe Grundfätze der Wille des Herrn der Welt find). Er bezieht alles, was die Schrift von der Art enthalten mag, dafs es nur der Offenbarungsglaube (welcher, weil er fich auf ein Factum gründet, auch der **hiftorifche Glaube** genannt werden kann) annimmt, auf die Regeln (moralifche Vorfchriften) und Triebfedern (der Pflicht, oder) des reinen Religionsglaubens (welcher, weil er blofs aus der Moralität entfpringt, auch der **moralifche Glaube** heifsen kann). In jedem Kirchenglauben ift daher die Beziehung auf den reinen Religionsglauben dasjenige, was darin eigentlich Religion ift. Alles Forfchen und Auslegen der Schrift mufs daher von dem Grundfatze ausgehen, diefen Geift darin zu fuchen, und man kann das ewige Leben (den Weg zum höchften Gut, zur Beftimmung des Menfchen) (Joh. 5, 39) nur darin finden, fo fern fie von diefem Grundfatze zeugt (R. 161. f.).

III. Der **fchwärmerifche Ausleger** ift derjenige, welcher fich anmafst, das **innere Gefühl**, d. i. die Art, wie ein Menfch in Anfehung feiner Luft oder Unluft afficirt wird, an die Stelle des authentifchen Auslegers zu fetzen, und daher mit gänzlicher Verachtung des doctrinalen Auslegers das Amt des authentifchen Auslegers ufurpirt. Das Gefühl, das manche daher das **innere Licht** nennen, foll, nach der Behauptung mancher, den wahren Sinn der h. Schrift, fo wie den göttlichen Urfprung derfelben erkennen. Nun ift nicht zu leugnen, dafs wer fie lieft, oder ihren Vortrag hört, Achtung für ihre Vorfchriften und einen Antrieb fie zu befolgen **fühlen** mufs. Denn da die h. Schrift uns das Moralgefetz vorhält, wir uns aber daffelbe nicht ohne Achtung oder moralifches Gefühl vorftellen können (f. Achtung), fo mufs uns auch der Inhalt der h. Schrift, wenn wir uns denfelben vorftellen, mit Achtung erfüllen, und wir können nicht anders, als diesen Inhalt für den Willen Gottes erkennen. Auch wird derjenige, welcher ihre Lehren befolgt, oder das thut, was sie vorschreibt, allerdings, durch seine Zufriedenheit mit sich selbst, finden, daſs sie von Gott sei (Joh 7, 17.). Aber eben so, wie wir aus dem Gefühl nicht die Erkenntniſs der Gesetze, und daſs diese moralisch sind, ableiten können, sondern das Gefühl vielmehr auf diese Erkenntniſs folgt; eben so wenig kann aus diesem Gefühl abgeleitet werden, daſs etwas der Wille Gottes sei, welches daſselbe ist mit der Forderung, daſs etwas durchs Moralgesetz vorgeschrieben sei, noch weniger aber kann daraus gefolgert werden, daſs etwas die unmittelbare Wirkung Gottes (Offenbarung) sei. Das Gefühl der Achtung und Ermunterung zum Guten, das sich bei der Lesung der h. Schrift, oder Anhörung ihrer Lehren in uns regt, können wir auch nicht etwa für die untrügliche unmittelbare Wirkung des Einflusses Gottes auf die Abfaſsung der h. Schrift halten; a) weil wir sonst diese Wirkung nur Einer Ursache zuschreiben würden, da doch, wenn die Ursache einer Wirkung uns unbekannt ist, mehrere Ursachen derselben statt finden können; b) weil wir wiſsen, daſs die Moralität des Gesezzes, und also der Lehre, welche in der h. Schrift vorgetragen wird, die Ursache unsers Gefühls ist; c) weil es sogar Pflicht ist, dieses Gefühl von dem Einfluſs der Moralität des in der h. Schrift enthaltenen Gesetzes auf uns abzuleiten, indem sonst aller Schwärmerei Thür und Thor geöffnet werden würde, wenn wir das Gefühl des Einfluſses Gottes auf uns, so wie die Wirkung einer Naturursache, zu erkennen behaupten wollten. Zugleich würde dadurch das moralische Gefühl jedes Schwärmers in dieselbe Claſse gesetzt, und so um seine ganze Würde gebracht werden. S. Achtung.

2. Ein Gefühl ist aber, als solches, nichts objectives (etwas, was allgemein in jedem Wesen seyn müſste), sondern subjectiv (bloſs eine Modification des innern Sinnes des Fühlenden). Es gilt also nur bloſs für denjenigen, der es hat. Folglich kann Niemand sein Gefühl als einen Erkenntniſsgrund für Andre gebrauchen, und ihnen zu-

muthen, ihre Ueberzeugung von der Aechtheit einer Offenbarung, oder dem Sinne derselben, auf sein Gefühl zu gründen. Das Gefühl kann überhaupt nichts lehren, man kann nichts dadurch erkennen, sondern es ist nur ein Zustand des Gemüths (R. 164. f.).

IV. Aber es treten noch zuweilen zwei andre Prätendenten zum Amte der Ausleger auf, welche doch weniger selbst auslegen, als über streitige Auslegungen zu entscheiden, sich herausnehmen, und dadurch in der That sich der Würde nach über alle andere Ausleger erheben, und ihnen Gesetze vorschreiben. Der eine ist der geistlich despotische, oder derjenige, der sich anmaſst vorzuschreiben, wie der doctrinale Ausleger auslegen soll, und daher auch das Amt des authentischen Auslegers usurpirt. Das geschieht, wenn die gröſsere Anzahl der Schriftgelehrten (Kleriker, Geistliche) ihre Auslegung gegen die von der ihrigen abweichende Meinung der geringern Anzahl mit Gewalt durchsetzt, und den Sinn der h. Urkunde nach der Mehrheit der Stimmen entscheidet. Denn da bei der doctrinalen Auslegung öfters der Sinn einer Stelle der h. Schrift zweifelhaft ist, so gerathen die Ausleger darüber in Streit, was der Verfasser eines Buchs wohl gemeint habe. Man fühlt dann, daſs der authentische Ausleger entscheiden müsse, und da im Staat der Sinn des Gesetzes nach der Mehrheit der Stimmen der Repräsentanten des Souverains entschieden wird; so glaubt man, daſs auch in der Kirche der Sinn des Gesetzbuchs nach der Mehrheit der Stimmen der Repräsentanten der Kirche (d. i. durch die Pluralität der in einer Synode oder in einem Concilium versammelten Kleriker oder Geistlichen) müsse entschieden werden. Allein zwischen einem Staat und einer Kirche ist der Unterschied, daſs in dem erstern der Gesetzgeber in den Repräsentanten wirklich vorhanden, und also ihre Auslegung nach der Pluralität wirklich authentisch ist; dahingegen in der Kirche Gott der Gesetzgeber ist, und hier es unmöglich nach der Pluralität der Geistlichen auszumitteln, was der Wille Gottes sei. Denn diese gröſsere Anzahl kann gerade den Gesinnungen nach die verderbtern, oder den Kenntnissen nach die unwissendern in sich fassen, und daher den Willen Gottes am wenigsten treffen. Ja, da gemeiniglich die Anzahl der gelehrten und vortreflichen Menschen in jeder Menschenclasse die kleinere ist, so folgt, daſs gerade für das Gegentheil des göttlichen Willens, oder für etwas, das nicht Wille Gottes ist, durch die Mehrheit werde entschieden werden. Die Erfahrung hat das auch bestätigt, indem eben daher die vielen Satzungen und ungegründeten Meinungen in den christlichen Glauben gekommen sind, und die sogenannten, durch die Kirche (eigentlich Mehrheit der die Kirche repräsentirenden Kleriker) verdammten Ketzer die Wahrheit auf ihrer Seite hatten. Die durch die Geistlichen repräsentirte Kirche ist also ein unbefugter Ausleger der h. Schrift, und da er die auf ächte Gelehrsamkeit, ja selbst dem Vernunftglauben gegründete Auslegung, und ihre Vertheidiger unterdrückt, und letztere wohl gar verfolgt, so kann er der **geistlich despotische Ausleger** genannt werden.

V. Der **weltlich despotische Ausleger**, oder derjenige, der sich anmaſst vorzuschreiben, wie der authentische und doctrinale Ausleger auslegen sollen, und daher nicht das Amt eines authentischen Auslegers usurpirt, sondern einen neuen Ausleger vorstellt, der bloſs darum, weil er die Gewalt zu zwingen hat, auch zu einer ihm gefälligen Auslegung zwingen will, und darum auch der **schimärische Ausleger** genannt werden kann. Dieser Ausleger ist der Staat, und seine Auslegung ist die unausstehlichste von allen. Denn der Staat, als solcher, ist weder Schriftgelehrter, noch Religionsphilosoph, und fordert darum nicht bloſs den blinden Gehorsam, den die Kirche will, dessen Grundlage der sogenannte Köhlerglaube ist, sondern gleichsam das Verschlieſsen aller Sinne gegen Gründe, und also einen sinnlosen Gehorsam, der sich auf das *sic volo, sic jubeo, stat pro ratione voluntas* gründet, und meint also, seine Glieder zum Glauben dreſsiren zu können, daher auch Kant die Orthodoxie, die daraus entspringt, die **brutale** nennt. Der Staat, wenn er sich das Amt eines Auslegers der h. Urkunde, oder welches eben so viel ist, das Amt gewisse Lehren und Symbole durch feine in Händen habende Gewalt vorzuschreiben, anmafst, thut etwas, wovon er nichts verfteht, und wovon er nicht einmal weifs, was er thut. Denn er glaubt nicht, dafs er die Schrift auszulegen fich anmafse, fondern fetzt gewiffe Kleriker dazu feft, welche den Sinn der h. Urkunde beftimmen, und daher die Offenbarungslehren für andre unter weltlicher Autorität vorfchreiben follen. Diefe bekommen das Monopolium der Auslegung, aus ihren Händen foll ein jeder andrer (Kleriker oder Laye) den Sinn des göttlichen Worts erhalten, ohne zu wiffen, warum gerade aus ihren Händen; denn follte es um der Gründe willen gefchehen, die fie haben, fo bedürfte es dazu nicht der Gewalt der weltlichen Macht. Wenn nun der Staat auf diefe Weife verfährt, fo meint er, die Kirche lege aus, und er felbft beftimmt doch, wer der Repräfentant der Kirche hierin feyn foll, und macht fich eben dadurch zum oberften (aber ganz fchimärifchen) Ausleger der h. Schrift. Der Staat mufs fich alfo nie in die Auslegung der h. Schrift mifchen, fondern nur dafür forgen, dafs es nicht an gelehrten und rechtfchaffenen Schriftgelehrten und Religionsphilofophen fehle, und dafs fie nicht etwa ihre Streitigkeit da führen, wo die Gemeinde (die Glieder der Kirche) unterichtet, gebeffert und getröftet werden foll, d. i. von den Kanzeln. Uebrigens aber follte fich der Staat nie in ihre Streitigkeiten mifchen, und für die einePartheizur Unterdrückung der andern erklären (R. 164.).

Kant. Relig. innerh. der Grenz. III. M. I. Abth. VI. S. 157 — 166. — I. St. VI S. 47*). — II. Str. II. Abfchn. S. 106. 107.

Ausrottungskrieg,

bellum internecinum, guerre d'extermination, d'extirpation. So heifst ein Krieg, welcher nur durch die phyfifche Vertilgung des einen Theils der Krieg führenden Mächte geendigt wird*). Der Ausrottungskrieg kann

---

*) So fagte Louvois zu Meinders, den der grofse Churfürft Friedrich Wilhelm 1679 nach Frankreich gefchickt hatte: Bellum geri

aber auch die phyſiſche Vertilgung beider Theile treffen. Ein ſolcher Krieg muſs ſchlechterdings unerlaubt ſeyn. Denn durch einen ſolchen Krieg würde allem Recht ein Ende gemacht, und der Friede nicht eher erfolgen, als bis kein Rechtsverhältniſs mehr ſtatt finden könnte. Folglich muſs auch der Gebrauch der Mittel zu einem ſolchen Kriege unerlaubt ſeyn.

2. Die Mittel, deren man ſich in einem Ausrottungs-kriege bedient, ſind Meuchelmord, Giftmiſcherei, Brechung der Capitulation, Anſtiftung des Verraths in dem bekriegten Staat u. ſ. w. Dieſe Mittel müſſen ſchlechterdings den Untergang derer nach ſich ziehen, gegen die ſie gebraucht werden. Denn ſie ſind niederträchtig, d. h. der Feind kann ſich dagegen nicht ſchützen, weil ſie nicht den Muth, ſondern nur die Verſchlagenheit des Angreifers vorausſetzen. Sie verderben aber auch die Sittlichkeit der Nationen, die ſich derſelben bedienen, indem ſie bald nicht bloſs im Kriege, ſondern auch im Frieden werden gebraucht werden.

Kant. Zum ewigen Frieden. I. Abth. 6. S. 12.
Deſſ Met. Anfangsgr. der Rechtsl. II. Th. II. Abſchn. §. 57. S. 222.

Auſser

mir, ἐκτός, *extra nos*, *hors de nous*. Dieſer Ausdruck kann zweierlei bedeuten, entweder

1 daſs der Gegenſtand, von dem er gebraucht wird, nicht ich ſelbſt, ſondern von mir (dem Subject) unterſchieden (*a nobis diverſum*) iſt. Das Object iſt nicht zugleich das Subject; oder

2) daſs der Gegenſtand, von dem er gebraucht wird, ſich in einer andern Stelle des Raums oder der Zeit befindet. Im erſtern Sinne ſage ich, die Dinge an ſich

---

vel ad plane perdendum hoſtem, vel ut in ejus ditione miles alatur. Der erſtere iſt der Ausrottungskrieg, und mit ihm drohete *Louvois* dem Churfürſten. *Pufendorf.* de reb. geſt. Frid. Wilh. M. XVII. 71.

sind **aufser mir**, d. i. nicht blofs Vorstellungen meines Erkenntnifsvermögens, folglich nicht etwas von mir selbst; im andern Sinne ist das Buch, das ich lese, aufser mir, oder in einer andern Stelle des Raums, und der Kaiser Augustus ist aufser mir, oder war in einer andern Zeit vorhanden, als ich. Ein **Vernunftbesitz** in der metaphysischen Rechtslehre ist der Besitz von etwas, das nicht aufser mir ist, im erstern Sinn des Worts. Der Besitz von etwas, das **aufser mir ist**, in der zweiten Bedeutung, ist ein **empirischer Besitz**.

Kant. Metaphi. Anfangsgr. der Rechtsl. I. Th. I. Hauptst. §. I. S. 56.

Autokratie,

Fürstengewalt, Selbstherrschaft, Alleinherrschaft, κρατερουμ, *autocratia, autocratie*. Eine Herrschergewalt, die keine andre neben ihr weiter voraussetzt.

1. Man kann sich nehmlich eine Herrschergewalt denken, die einer andern unterworfen ist, und eine Herrschergewalt, neben der es noch eine andre giebt; die erstere ist der **Monarchie** entgegengesetzt, die letztere der **Autokratie**.

2. So gebraucht Kant das Wort, wenn er die **Autokratie der Materie** in solchen Erzeugungen, welche von unserm Verstande nur als Zwecke begriffen werden, als ein Wort ohne Bedeutung, verwirft. Materie ist ein Aggregat vieler Substanzen aufser einander; nun bestände jene Autokratie der Materie darin, dafs dieses Aggregat die alleinige Ursache aller der Erzeugungen aus ihm wäre, die von unserm Verstande nur dadurch begriffen werden können, wenn er sich dieselben als Zwecke denkt. Dann hätte nehmlich die Materie keinen andern Herrscher neben sich, aus dessen Verstande sich die zweckmäfsige Einrichtung dessen, was doch Zweck ist, erklären liefse; dieses ist aber widersprechend, weil Zwecke nur durch einen Verstand möglich sind, und nicht durch ein blofses Aggregat aufser einander befindlicher Substanzen. Zweck ist das, was nur als Product einer Ursache im in-

nern Sinn vorgeftellt werden kann; Materie ift aber das, was blofs im äufsern Sinn vorhanden ift. Folglich widerfpricht fich der Begriff einer Autokratie der Materie (U. 372.).

3. Kant nennt nun diejenige Form der Beherrfchung eines Staats, wo nur Einer herrfcht, eine Autokratie weil der Herrfcher Niemand neben fich hat, deffen Wille mit dem feinigen zufammen verbunden herrfchte; fondern er herrfcht felbft, ohne dafs, wie in der Ariftokratie, noch mehrere dabei concurriren. In diefem Sinne nennen fich manche regierende Herrn Selbftherrfcher. (Z. 25.).

4. Der Ausdruck Monarchie ftatt Autokratie ift nicht dem Begriffe der letztern angemeffen; denn Monarchie bedeutet die höchfte Herrfchaft, Autokratie aber die völlige, oder Alleinherrfchaft. Der Autokrator hat alle Gewalt, der Monarch hat die höchfte Gewalt, der erfte ift der wirkliche Souverain, der letztere repräfentirt ihn blofs (K. 209.).

Kant. Critik der Urtheilskr. §. 80. S. 372.
Deff. Schrift zum ewigen Frieden I. Definitivart. S. 25.
Deff. Metaph. Anfangsgr. der Rechtsl. II. Th. I. Abfchn. §. 51. S. 209.

Autonomie

des Willens, *autonomia, autonomie.* Die Eigenfchaft des Willens, fich felbft ein Gefetz zu feyn (G. 98.) (unabhängig von aller Befchaffenheit der Gegenftände des Wollens. G. 87.).

1. Die ganze practifche Gefetzgebung, d. i. diejenige, durch welche uns das Sittengefetz gegeben wird, gründet fich, in fo fern wir diefe Gefetzgebung an und für fich felbft betrachten (objectiv), auf einer Regel, von der fich alle Sittengefetze müffen ableiten laffen. Diefe Regel foll aber nicht etwa dazu dienen, uns eine Anweifung zu feyn, wie wir unfre Wünfche befriedigen können. Denn die Sittlichkeit hat es gar nicht mit Erfüllung der Wünfche zu thun, vielmehr fordert fie die Aufopferung eines jeden Wunfches, der fich nicht mit ihr verträgt. Die Regel der Sittlichkeit gehet alfo nicht auf Gegenftände, die

wir begehren möchten, die unsern Willen zum Wollen bestimmen könnten. Da nun auf diese Weise der Wille, in so fern ihn blofs das Sittengesetz bestimmen soll, keinen Gegenstand des Begehrens hat, so bleibt weiter nichts übrig, als die Form seines Wollens, nehmlich dafs er nicht anders wolle, als so, dafs es Gesetz sei, so zu wollen, wie er will. Dies ist nun der oberste Grundsatz oder das Princip der Sittlichkeit, welches sich so ausdrücken läfst:

> Handle nur nach derjenigen Maxime, durch die du zugleich wollen kannst, dafs sie ein allgemeines Gesetz werde.

Diese Regel hat die Form der Allgemeinheit, d. h. sie ist so gefafst, dafs davon keine Ausnahme gilt, dafs es kein Wesen geben kann, welches darnach zu handeln nicht nöthig hatte, und eben das macht sie fähig, ein Gesetz zu seyn; denn ein Gesetz für den Willen ist eine solche Regel, die für jeden Willen, ohne Ausnahme, gilt. Da dieses Gesetz durch den Willen, der ihm unterworfen ist, eben so allgemein befolgt werden sollte, als die Naturwirkungen ohne Ausnahme nach den Naturgesetzen geschehen; so kann obiges Princip auch so ausgedrückt werden:

> Handle, als ob die Maxime deiner Handlung zum allgemeinen Naturgesetze werden sollte.

2. Die practische Gesetzgebung gründet sich aber subjectiv (d. h. wenn wir blofs auf das Subject Rücksicht nehmen, dem es gegeben wird, oder das es giebt, und nicht auf die Gesetzgebung an und für sich) auf den Zweck dieses Subjects. Was kann nehmlich der Wille für einen Zweck haben bei allen seinen Handlungen? Denn dieser Zweck mufs auch die Regel für seine Handlungen bestimmen. Da nun aber bei der Sittlichkeit weder Furcht noch Hoffnung den Willen bestimmen sollen, so fallen alle Zwecke, die ihren Grund in den Naturtrieben, und folglich in der Erfahrung haben, weg. Dann bleibt also nichts übrig, als der Mensch selbst, oder er mufs sein eigener Zweck seyn. Da sich nun dieses aber

mit jedem Menschen so verhält, so ist dieser subjective Grund der Handlungen zugleich ein objectiver, daraus entspringt also ein andrer Ausdruck des obersten Grundsatzes der Sittlichkeit, nehmlich der:

> Handle so, dafs du die Menschheit, sowohl in deiner Person, als in der jedes andern, jederzeit zugleich als Zweck, niemals blofs als Mittel brauchest.

Ein vernünftiges Wesen hat nehmlich allein Zwecke, oder alle Zwecke, die sich denken lassen, sind nur in vernünftigen Wesen, als Subjecten der Zwecke denkbar, und ein vernünftiges Wesen ist nicht etwa blofses Mittel zu einem andern Zwecke, sondern Zweck an sich selbst.

3. Hieraus folgt nun, wenn wir beide obersten Grundsätze zusammen nehmen:

a. aus dem zweiten in (2), dafs der Wille eines jeden vernünftigen Wesens gesetzgebend sei, weil der Grund seiner Gesetze in nichts anderm als in seiner eigenen Person liegt, nehmlich ein vernünftiges Wesen, es sei dasselbe nun selbst, oder ein andres, nie blofs als Mittel, sondern als Zweck an und für sich zu brauchen;

b. aus dem ersten in (1), dafs der Wille eines vernünftigen Wesens allgemein gesetzgebend sei, weil er sich nach keinen andern Maximen zu Handlungen bestimmt, als nach solchen, durch die er wollen kann, dafs diese Maxime ein allgemeines (für alle vernünftigen Wesen geltendes) Gesetz werde.

4. Diese Idee nun von dem Willen des vernünftigen Wesens, dafs er ein allgemein gesetzgebender Wille sei, und er folglich in den Gesetzen, die er befolgt, lediglich von sich selbst abhängt, heifst die Autonomie des Willens (M. II, 91 G. 70) und giebt ebenfalls einen Ausdruck des obersten Grundsatzes der Sittlichkeit, nehmlich den:

> Handle nur nach demjenigen Gesetze, durch welches du dich als allgemein

gefetzgebend betrachten kannft. (M. II. 95. G. 72.).

Diefer Grundfatz heifst das **Princip der Autonomie des Willens** (M. II. 96. G. 73.).

5. Der Wille mufs hiernach als einem Gefetz unterworfen angefehen werden, von dem er fich felbft als Urheber (als **gefetzgebend**) betrachten kann. Alle andern Maximen aber, die damit nicht beftehen können, müffen verworfen werden. Gefetzt, es hätte jemand folgende Maxime:

> die Unwahrheit zu fagen, wenn es fein Vortheil erfordert,

fo frage ich, kann diefe Maxime mit der eigenen allgemeinen Gefetzgebung zufammen beftehen? Hier findet fich nun gleich,

a. dafs es nicht die eigene Gefetzgebung ift, die das Gefetz giebt, fondern die Selbftliebe, denn der Vortheil dictirt das Gefetz;

b. dafs es kein allgemeines Gefetz ift, denn nur in dem einzelnen Fall, wenn es fein Vortheil erfordert, foll es gelten.

Hieraus fehe ich nun, dafs die Maxime kein Sittengefetz ift. Es fragt fich aber, ob fie nicht mit der eigenen allgemeinen Gefetzgebung beftehen kann. Da findet fich aber:

dafs wenn es allgemeines Gefetz wäre, dafs ein Menfch dann, wenn es fein Vortheil erforderte, die Unwahrheit fagen könnte, es einem folchen Menfchen in diefem Fall gar nicht als Zweck, fondern blofs als Mittel, das feinem Vortheil dienftbar wäre, dienen würde.

Dies widerfpricht aber meiner **eigenen** allgemeinen Gefetzgebung, bei der ich eben darum mein eigener Gefetzgeber bin, weil ich mich als vernünftiges Wefen, als Zweck an und für fich, betrachte. Folglich ift jene Maxime verwerflich (M. II. 92. G. 70.).

6. Diefe Eigenfchaft des Willens, dafs er **allgemein gefetzgebend** ift, fchliefst bei feiner Gefetzgebung alles Intereffe aus, weil fonft diefes, und nicht der Wille, das Gefetz geben würde. Daher haben die Formeln, welche Sittengefetze ausfagen (die **Imperativen**) gar

keine Bedingungen (sie sind nicht hypothetisch); solche Sätze aber nennt man categorische Sätze. Darum sagt man, der oberste Grundsatz des Sittengesetzes ist ein categorischer Imperativ (M. II. 93. G. 71.).

7. Ein Wille, der unter Gesetzen stehet, kann vermittelst eines Interesse an dieses Gesetz gebunden seyn, z. B. der menschliche Wille, durch die Achtung, ans Sittengesetz, s. Achtung. Allein ein Wille, der zu oberst gesetzgebend ist, kann von keinem solchen Interesse abhängen. Denn hinge ein Wille von einem solchen Interesse ab, so würde es immer noch ein anderes Gesetz bedürfen, welches das Interesse gesetzmäßig machte, und dasselbe unter eine Maxime brächte, die als allgemeines Gesetz gelten könnte. Das heißt, alles Interesse am Gesetz ist nicht zu oberst gesetzgebend, sondern allein der vom Interesse unabhängige Wille (M. II. 94. G. 72).

8. Und so unterscheidet sich denn Kants Theorie der Sittlichkeit von jeder andern durch diese Autonomie des Willens. Bei jeder andern Theorie fragt man nehmlich nach einem Warum? Warum ist es Gesetz, nicht zu lügen? und weiſs darauf immer eine Antwort, z. B. um bei Ehren zu bleiben und Zutrauen zu behalten, um also durch ein Interesse den Willen an das Gesetz zu knüpfen. Das nennt Kant aber Heteronomie, oder Abhängigkeit des Willens von einem Gesetz, das er sich nicht selbst giebt. Da er hingegen behauptet, der Wille giebt sich das Sittengesetz, ohne daſs ihn ein andres Warum daran knüpft, als daſs es Gesetz ist. Das Gesetz interessirt, weil es Gesetz ist, und bloſs durch dieses reine Interesse am Gesetz ist der Wille daran gebunden, obwohl von diesem Interesse nicht abhängig, sondern das Gesetz gehet vor dem Interesse her, und entspringt nicht aus dem Interesse, sondern unmittelbar aus dem Willen, welche Beschaffenheit des Willens eben seine Autonomie heiſst (M. II. 96. G. 93).

9. Diese Autonomie des Willens ist der Grund der Würde der menschlichen und jeder vernünftigen Natur. Denn Würde ist der Werth von etwas, das nicht wozu, sondern um sein selbst willen da ist. So

etwas ift aber nur dasjenige, was Zweck an und für fich ift, das ift, das vernünftige Wefen, in fo fern es allen übrigen Dingen das Gefetz giebt, aber kein andres Gefetz annimmt, als das, was es fich felbft giebt, oder indem es fich nicht blofs wozu brauchen läfst, fondern Zweck an fich ift. Diefe Befchaffenheit ift aber eben die Autonomie des Willens, auf die fich folglich die Würde der Menfchen gründet. (M. II. 107. G. 79.).

10. Es mufs aber bewiefen werden:

I. dafs gedachtes Princip der Autonomie des Willens das alleinige Princip der Moral fei (P. 58.);

II. dafs es auch Realität habe, und kein Hirngefpinft fei.

(M. II. 116. G. 87),

I. Das erfte läfst fich leicht beweifen, wenn man nur den Begriff von Sittlichkeit zergliedert. Denn da findet fich, dafs alles, wovon man fonft die Sittlichkeit ableiten wollte, nichts als Heteronomie ift; nehmlich alles das giebt keinen categorifchen (unbedingten) Imperativ, fondern nur bedingte (hypothetifche), mithin kann es niemals moralifch feyn, die Regel ift nicht an fich, fondern wozu gut. Wenn ich nun aber das, wozu es gut ift, nicht wollte, fo fiele auch die Regel weg; oder es müfste eine Regel da feyn, die es mir zum Gefetz machte, den Gegenftand zu wollen, das wäre dann entweder eine unbedingte Regel, oder der Cirkel ginge von neuem an, und es gälte von ihr wieder das vorige.

II. Dafs aber diefes Princip kein Hirngefpinft ift, folgt

a. daraus, dafs die Autonomie des Willens nichts anders ift, als die Freiheit deffelben. Der Begriff der Freiheit ift daher auch der Schlüffel zur Erklärung der Autonomie des Willens. Die Freiheit ift nehmlich in negativem Verftande die Eigenfchaft des Willens, dafs er unabhängig ift von fremden ihn beftimmenden Urfachen (alfo keiner Heteronomie unterworfen ift). Daraus folgt der pofitive Begriff der Freiheit des Willens, dafs, da er von allen fremden Gefetzen unabhängig ist, und der Begriff des Wirkens den des Wirkens nach Gesetzen in sich schliefst, folglich der Wille nicht ohne Gesetze wirken kann, er sich selbst ein Gesetz seyn muſs. Das ist aber Autonomie des Willens, die folglich mit Freiheit des Willens identisch ist. So sind also die Principien in (1) und (4) einerlei, und ein freier Wille und ein Wille unter eigenen Gesetzen und unter sittlichen Gesetzen ist eins und dasselbe (M. II, 128. G. 97. P. 59).

b. Daſs aber diese Freiheit kein Hirngespinst sei, da doch in der Natur alles nothwendig ist, folgt aus dem Daseyn der sittlichen Gesetze. Diese sind nun ohne Freiheit des Willens nicht möglich. Wir können also als moralische Wesen nicht bloſs zur Natur oder sinnlichen Welt gehören, sonst müſsten wir alle Sittlichkeit aufgeben, und es könnte kein Unterschied statt finden zwischen gut und böse. Folglich müssen wir als moralische Wesen zu einer andern Reihe der Dinge gehören, wo das eiserne Gesetz der Nothwendigkeit nicht herrscht. Das wäre eine intelligibele Welt der Dinge an sich, von der wir nichts erkennen und begreifen, die aber die Vernunft sich nicht nehmen läſst, weil es hier auf keine Speculation ankömmt, die sich abweisen läſst, sondern auf das Handeln, das sich nicht aufschieben läſst, und wir müssen uns daher bei jeder moralischen Handlung als Dinge an sich, als Glieder einer intelligibeln Welt betrachten. S. An sich.

11. Wären wir nun bloſs Glieder der intelligibeln Welt, so wie Gott, so würden alle unsre Handlungen der Autonomie des Willens jederzeit gemäſs seyn; denn wir hätten da kein andres Gesetz, als unser eigenes. Aber wir schauen uns zugleich als Glieder der sinnlichen Welt an, und als solche ist noch ein andres Gesetz in unsern Gliedern, wie Paulus sagt, und dadurch wird unser eigenes Gesetz ein Gebot für uns, indem es oft jenem Gesetz der Triebe entgegen ist, und daher sollen alle unsre Handlungen jener Autonomie jederzeit gemäſs seyn. Dieses categorische oder unbedingte sollen giebt nun den categorischen Imperativ der Sittlichkeit, und wir sehen nun, wie er möglich ist, nehm-

lich dadurch, daſs ein unbedingter, intelligibeler Wille durch sein unbedingtes Gesetz den empirischen Willen, der durch Naturtriebe und Erfahrungsgründe zum Wollen bestimmt wird, beschränkt und sich unterwirft (G. II. 144. G. 144.). Uebrigens läſst sich nur die Realität der Autonomie des Willens aus dem Daseyn des Sittengesetzes einsehen, aber nicht begreifen, wie sie möglich sei. Denn das hieſse die Freiheit begreifen, welches unmöglich ist, da wir nie etwas anders begreifen können, als aus seinen Ursachen, die aber stets mit Nothwendigkeit verknüpft sind, und aller Freiheit entgegen sind.

Kant. Grundleg. zur Met. der Sitt. II Abſch S. 70 ff. — Die Auton. des Willens. S 8-. III Abſchn. — Einth. der Princ. der Sittichk. S. 9 ſ. — Der Begriff der Freih. als Schl. zur Aut. des Willens. S. 97. ff III. Abſchn. — Wie ist ein categor. Imperat. möglich. S. III

Deſſ. Crit. der pract. Vern. I. Th. I. B. I. Hauptſt. §. 7. Anm. S. 58. — §. 8. S. 59.

Autonomie

des Geschmacks. S. Geschmacksurtheil.

Axiomen,

ἀξιώματα, *axiomata*, *axiomes*, sind synthetische Grundsätze *a priori*, so fern sie unmittelbar gewiſs sind (C. 760.); z. B. daſs drei Puncte jederzeit in einer Ebene liegen, oder daſs zwischen zwei Puncten nur Eine gerade Linie möglich ist.

I. Daſs zwischen zwei Puncten A und B nur Eine gerade Linie möglich ist, ist

1. ein Grundsatz der Geometrie, denn

a) er enthält die Gründe andrer Sätze in sich, z. B. des Satzes, daſs wenn zwei Triangel (Fig. *H*) ABC und DEF über einander gelegt werden, und die Seite AB so auf die Seite DE fällt, daſs der Punct A auf D, und der Punct B auf E falle, weil nehmlich die Seite AB der Seite DE gleich ist; ferner weil der Winkel BAC dem Winkel EDF, und die Seite AC der Seite DF gleich ist, auch die

Seite AC auf DF, und der Punct C auf F fällt, nach obigem Grundsatze auch BC auf EF fallen muſs. Denn zwiſchen B und C, welche zugleich die Puncte E und F sind, ist, nach diesem Grundsatz, nur Eine gerade Linie möglich, fiele die Linie BC nun nicht auf EF, so müſsten nothwendig zwei verschiedene gerade Linien zwischen den beiden Puncten statt finden.

b. er ist nicht in höhern und allgemeinern Erkenntniſſen gegründet, sondern in der unmittelbaren Anschauung. Ich kann mir in Gedanken schlechterdings nicht zwischen den Puncten A und B zwei verschiedene gerade Linien sinnlich machen.

2. Dieser Grundsatz ist aber auch *a priori*, denn ich brauche nicht aus meinen Gedanken hinaus zu gehen, und zu versuchen, ob es auch sich in der Natur wirklich so verhält; sondern ich weiſs es gewiſs, es ist nicht anders möglich, und es muſs allenthalben in der Natur sich so finden; weder auf dem Monde, noch auf der Sonne, wenn wir dahin versetzt werden könnten, würde es anders seyn. Der Grundsatz ist also nothwendig, denn das Gegentheil von ihm ist nicht möglich, und er ist allgemein, denn es gilt von ihm keine Ausnahme, folglich ist er *a priori*, oder bloſs in der Beschaffenheit unsrer Sinnlichkeit gegründet, weswegen uns eben das Gegentheil nie vorkommen kann.

3. Dieser Grundsatz ist ferner synthetisch, d. i. das Prädicat, daſs nur Eine gerade Linie zwischen zwei Puncten möglich ist, liegt nicht in den Begriffen des Subjects, weder in dem Begriffe der beiden Puncte, noch in dem Begriffe der geraden Linie, noch in der Verbindung aller dieser Begriffe mit einander. Denn der Begriff des Puncts ist, daſs er das im Raum ist, was keine Theile hat, der Begriff der Linie, daſs sie eine Länge ohne Breite ist, und diese ist gerade, wenn ihre Theile alle nach dem Endpuncte zugekehrt sind. Allein alle diese Begriffe enthalten, weder einzeln, noch zusammen etwas, woraus man folgern könnte, daſs zwischen den beiden Endpuncten einer geraden Linie nur Eine gerade Linie möglich. Denn ohne sich die gerade Linie in Gedanken zu ziehen, ist

es nicht möglich, zu wiſſen, ob nicht von einem Endpuncte aus die Theile mehrerer gerader Linien dem andern Endpuncte zugekehrt ſeyn können. Ja es iſt nicht einmal möglich, aus den angeführten Begriffen eine gerade Linie kennen zu lernen, wenn man ſie ſich noch nie ſinnlich vorgeſtellt hätte. Hieraus folgt, daſs in dem Grundſatze, von dem wir ſprechen, das Prädicat nicht in dem Subject liegt, ſondern daſs Prädicat und Subject nur mit einander verknüpft werden können, weil die ſinnliche Darſtellung, wenn wir nehmlich die Linie in Gedanken ziehen, uns dazu berechtigt. Dieſe ſinnliche Darſtellung (die Conſtruction) der geraden Linie iſt das dritte vermittelnde Erkenntniſs, wodurch es uns möglich wird, Prädicat und Subject ſynthetiſch mit einander zu verbinden.

4. Dieſer Grundſatz iſt endlich unmittelbar gewiſs, d. h. ich brauche gar keine Mittel, mich von der Gewiſsheit deſſelben zu überzeugen, ſondern ich darf mir das, was er ausſagt, nur in Gedanken ſinnlich vorſtellen, ſo ſehe ich gleich ein, daſs es nicht anders ſeyn kann. Ich kann Prädicat und Subject unmittelbar mit einander verbinden, auch ohne alle andere vermittelnde ſinnliche Darſtellungen (Conſtructionen) als der der geraden Linie ſelbſt.

II. In der Philoſophie giebt es keine Axiomen. Denn die Philoſophie iſt die Vernunfterkenntniſs nach Begriffen, aber nicht nach ſinnlichen Darſtellungen *a priori* (Conſtructionen). Nun laſſen ſich zwei Begriffe nicht ſynthetiſch und doch unmittelbar mit einander verknüpfen, ohne ein drittes vermittelndes Erkenntniſs. Dieſes dritte vermittelnde Erkenntniſs kann aber nicht etwa auch ein Begriff ſeyn, denn dieſer Begriff würde doch wieder etwas vorausſetzen, das ihn objectiv gültig machte, oder verurſachte, daſs er nicht für ein Hirngeſpinſt, ſondern für einen Gedanken anerkannt werden müſste, der einen wirklichen Gegenſtand hat. Dann wäre aber der Satz nicht unmittelbar gewiſs, ſondern erſt vermittelſt des Gegenſtandes, auf den ſich der vermittelnde Begriff bezöge.

2. Die Philoſophie hat nun zwar auch ſynthetiſche Grundſätze *a priori*, aber ſie unterſcheiden ſich von

den Axiomen dadurch, dafs sie nicht unmittelbar gewis sind, z. B. der Satz: alles, was geschieht, hat seine Ursache. In diesem Satze liegt auch das Prädicat Ursache nicht in dem, was geschieht, auch ist die Behauptung nothwendig und allgemein, folglich ist es, da auch mehr andre Sätze (nehmlich alle diejenigen, die eine Ursache voraussetzen) davon abgeleitet werden, ein synthetischer Grundsatz *a priori*. Allein das dritte, worauf sich die Verknüpfung des Prädicats mit dem Subject gründet, ist, dafs in jeder Erfahrung die Zeit auf eine nothwendige Weise bestimmt werden muss. Da alles, was geschieht, auf etwas anders folgt, und vor etwas anderm hergehet, und auch unsre Wahrnehmungen auf einander folgen, so würden wir nicht unsre (subjectiven) Wahrnehmungen von der (objectiven) Folge der Beschaffenheiten auf einander unterscheiden können, und nicht wissen, ob B auf A wirklich, oder nur in unsrer Wahrnehmung folgte, ob die Folge in uns, oder in den Dingen liege, wenn nicht die Zeitfolge als nothwendig bestimmt würde. Das geschieht nun durch den Begriff der Ursache und Wirkung, indem das, was ich Ursache nenne, nichts anders als die Vorstellung von etwas ist, was nothwendig vor etwas anderm hergehet, das ich Wirkung nenne, und das nothwendig auf die Ursache folgt. Ich erkenne also die Gewifsheit jenes philosophischen Grundsatzes aus der Nothwendigkeit desselben, wenn ich Erfahrung und subjective Wahrnehmung von einander soll unterscheiden können. Folglich kann ich einen solchen Grundsatz nicht unmittelbar aus einem dritten Begriff ableiten.

3. Discursive Grundsätze, oder solche, die sich auf Begriffen gründen, sind also ganz etwas anders, als intuitive Grundsätze, oder solche, die durch unmittelbare Anschauung erkannt werden. Die letztern sind Axiomen, daher kann man auch die Axiomen durch intuitive Grundsätze erklären. Die Axiomen sind ohne allen Beweis gewiss, man darf sich nur den Satz durch die Einbildungskraft vorstellen. Die discursiven Grundsätze aber erfordern jederzeit noch eine besondere Art von Beweis, welchen Kant eine Deduction nennt. Der Beweis des Grundsatzes kann nehmlich nicht ob-

jectiv, d. h. aus einem höhern Satze, von dem er abgeleitet würde, geführt werden, denn sonst wäre er ein Lehrsatz und jener höhere Satz der Grundsatz. Der Grundsatz aber ist ja derjenige Satz, der aller Erkenntnifs seines Gegenstandes zum Grunde liegt. Aber er kann doch subjectiv bewiesen, d. h. gezeigt werden, dafs ohne ihn die Erkenntnifs des Gegenstandes nicht möglich wäre. So würde es unmöglich seyn, die (objective) Folge in der Erfahrung von der (subjectiven) Folge im Gemüthe zu unterscheiden, ohne den Satz des zureichenden (metaphysischen) Grundes. Ein solcher Beweis heifst die Deduction des Grundsatzes, und ist nöthig, weil sonst der Grundsatz falsch und erschlichen seyn könnte (M. I. 213. C. 188.). Die Axiomen oder mathematischen Grundsätze sind also evident, d. i. anschauend gewifs, die discursiven oder philosophischen Grundsätze sind zwar auch gewifs, aber doch nicht so einleuchtend, wie die Axiomen, s. Apodictisch. Man drückt die evidente Gewifsheit eines Axioms gemeiniglich damit aus, dafs man sagt, es ist so gewifs, als zweimal zwei vier ist. Das kann man aber von keinem synthetischen Satze der reinen aber transcendentalen Vernunft, d. i. der, welche die Möglichkeit synthetischer Sätze *a priori* aus Begriffen erkennt, sagen. Dafs alles, was geschieht, eine Ursache hat, ist wohl nicht so einleuchtend gewifs, als dafs 2 mal 2 vier ist, sonst hätte es Hume nicht bezweifelt.

4. Die Philosophie hat also keine Axiomen, und darf niemals ihre Grundsätze so schlechthin gebieten, sondern mufs jederzeit ihre Wahrheit deduciren, wenn sie dieselben so gebrauchen will, um andre Sätze daraus abzuleiten, dafs Jedermann diesen Gebrauch ihr zugestehen soll. Kant giebt zwar ein Princip der Axiomen der Anschauungen, d. h. aller wahren Axiomen an (C. 202); allein dieses Princip ist selbst kein Axiom, und bedarf daher auch einer Deduction, die Kant geführt hat. Dieses Princip soll nur die Möglichkeit der Axiomen überhaupt angeben. Denn sogar die Möglichkeit der Mathematik, die auf Anschauungen beruhet, so wie diese wieder auf Axiomen beruhen, mufs die Transcendentalphilosophie, d. i. die Philosophie von der Möglichkeit der Er-

kenntniſs *a priori*, zeigen (M. I. 877. C. 760.). S. den folgenden Artikel.

> Kant. Crit. der rein. Vern. Elementarl. II. Th. I. Abth. II B. II Hauptſt. S. 188. — Methodenl. I. Hauptſt. I. Abſchn. 2. S. 760. ff.

Axiomen der Anſchauung,

axiomata intuitionis, axiomes d'intuition.

1. Sie ſind wahre Axiomen (ſ. den vorhergehenden Artikel); nehmlich die Axiomen der Mathematik, welche, vermittelſt der Conſtruction, in der Anſchauung des Gegenſtandes, die Prädicate mit dem Subject, *a priori* und unmittelbar, verknüpfen, z. B. daſs zwei Puncte jederzeit in einer Ebene liegen, welches ich unmittelbar einſehe, wenn ich mir drei Puncte in allen möglichen Lagen gegen einander in Gedanken ſinnlich vorſtelle, und eine Ebene durchlege.

2. Die Philoſophen (man ſ. Lamberts Organon. Dianoiol §. 146. Meiers Auszug aus der Vernunftlehre) nahmen vor Kant Axiom und Grundſatz für gleichbedeutende Wörter, da doch Axiom nur eine Art der Grundſätze iſt. Die unmittelbare Gewiſsheit eines Grundſatzes kann nehmlich entweder auf der Conſtruction *a priori* oder auf einem Begriff beruhen, im erſten Fall verdient er allein den Namen eines Axioms, im letztern nur den eines Princips überhaupt (im weitern Sinne des Worts, ſ. Anfang) oder eines discurſiven oder philoſophiſchen Grundſatzes.

3. Kant hat (C. 202.) das Princip aller Axiomen der Anſchauung angegeben, oder den philoſophiſchen Grundſatz aufgeſtellt, nach welchem alle Axiomen der Anſchauungen für die ganze Natur gültig ſind. Es heiſst:

Alle Anſchauungen ſind extenſive Gröſsen.

ſollte aber nach Kants Prolegomenen (S. 91.) heiſsen:

Alle Erſcheinungen ſind, als Anſchauungen im Raum und in der Zeit, extenſive Gröſsen. (M. I. 236. C. 202.) Kant will ſagen, alles, was uns in die Sinne fällt, oder was wir ſinnlich wahrnehmen, muſs immer als eine ausgedehnte Gröſse wahrgenommen werden.

Axiomen der Anschauung.

Daher kann uns keine finnliche Vorstellung vorkommen, welche nicht so beschaffen wäre. Die philosophischen Grundsätze unterscheiden sich nun dadurch von den Axiomen, dafs sie jederzeit noch einer Deduction bedürfen (s. den vorhergehenden Artikel Axiomen; so auch dieser.

4. Diese Deduction ist nun folgende: Alle Erscheinungen enthalten eine Anschauung in Raum und Zeit, denn Erscheinung ist der unbestimmte Gegenstand, der unsre Sinnlichkeit so **afficirt** (s. **Afficiren**), dafs dadurch eine Anschauung desselben entspringt, die allein unter den Bedingungen der Anschauungen, Raum und Zeit, möglich ist. Raum und Zeit sind aber extensive Gröfsen, folglich müssen alle Erscheinungen, als Anschauungen in Raum und Zeit, extensive (ausgedehnte) Gröfsen seyn (M. I. 237. C. 202. Pr. 91).

5. Alle Erscheinungen werden demnach als Aggregate oder eine Menge vorhergegebener Theile (s. **Aggregat**) angeschauet, welches eben nicht der Fall bei jeder Art Gröfsen, z. B. der intensiven, sondern nur bei denen ist, die uns extensiv als solche vorgestellt und **apprehendirt** werden (s. **Apprehension**). Unter dem Begriff einer **extensiven** (ausgedehnten) Gröfse ist nehmlich eine solche zu verstehen, in welcher die Vorstellung der Theile die Vorstellung des Ganzen möglich macht, und also nothwendig vor dieser hergehet (M. I. 238. C. 203). Ich kann mir z. B. keine Linie, so klein sie auch sei, vorstellen, ohne sie in Gedanken zu ziehen, d. i. von einem Puncte an alle Theile nach und nach zu erzeugen, und dadurch allererst diese Anschauung zu verzeichnen. Eben so ist es auch mit jeder, auch der kleinsten Zeit bewandt. Ich denke mir darin den successiven (auf einander folgenden) Fortgang von einem Augenblick zum andern, wo; durch alle Zeittheile und deren Hinzuthun, endlich eine bestimmte Zeitgröfse erzeugt wird.

6. Wir können also keine Erscheinungen anschauen, als so, dafs die Axiomen der Geometrie (Mathematik der Ausdehnung) und Arithmetik (Mathematik der Gröfse überhaupt) dabei zum Grunde liegen (M. I. 239 C. 204.). Die Axiomen drücken aber aus, wie sinnliche Anschauung *a priori* allein möglich ist, oder die Bedingungen derselben, oder wie allein das reine Bild (**Schema**) der äufsern Er-

scheinung zu Stande kommen kann, z. E. zwischen zwei Puncten ist nur eine gerade Linie möglich. Es kann uns also in der Erfahrung nichts vorkommen, was sich nicht nach diesem Axiom richten müsste, eben so ist es auch mit dem Axiom, zwei gerade Linien schliefsen keinen Raum ein. Das sind die Axiomen der Geometrie, welche eigentlich nur Gröfsen (*quanta*) als solche (nehmlich in der Ausdehnung) betreffen.

7. Kant meinte, es gäbe in der Arithmetik keine Axiomen der Anschauung, allein Schultz hat diese Axiomen erst nachher entdeckt (f. Prüfung der Kant. Crit. Th. I. S. 219.). Man sehe unten den Artikel Zahlformeln.

8. Auf diesem Grundsatze (3) beruhet also die Anwendbarkeit der ganzen reinen Mathematik auf Gegenstände der Erfahrung. Es ist nehmlich die Frage, wie kann die Mathematik der Ausdehnung und Gröfse überhaupt, die alle ihre Sätze *a priori* behauptet, auf Gegenstände der Erfahrung gehen; wie ist es möglich, dafs in der Erfahrung sich alles so finden mufs, wie es die Arithmetik und Geometrie behaupten, die beide doch ihre Behauptungen nicht aus der Erfahrung hergenommen haben? Antwort: die Gegenstände der Erfahrung sind ja nicht Dinge an sich, die unabhängig von unserm Erkenntnisvermögen vorhanden sind, sondern Erscheinungen oder sinnliche Vorstellungen, auf die sich am Ende alles unser Denken beziehet. Diese sinnlichen Vorstellungen müssen sich aber nach den Gesetzen unsers Erkenntnisvermögens richten, und angeschauet werden. Nun giebt es für uns aber keine andern Anschauungen, als solche, welche der Verstand sich als ausgedehnte Gröfsen denkt, folglich müssen auch alle Erscheinungen sowohl dem Raume nach, die Körper, als auch der Zeit nach, die Gedanken, ausgedehnt seyn, einen Raum erfüllen, oder eine Zeitlang dauern, folglich der Mathematik der Ausdehnung und Gröfse überhaupt unterworfen seyn.

Kant. Crit. der rein. Vern. Elementarl. II. Th. I. Abth. II. B. II. Hauptst. III. Abschn. I. S. 202. ff. Deff. Prolegom. §. 24. S. 91.

Ende der erften Abtheilung.

Erklärung

der

im Texte und im Regifter gebrauchten Buchftaben.

C. bedeutet Critik der reinen Vernunft.
E. — — Kant, über eine Entdeckung.
G. — — Grundlegung zur Met. d. Sitt.
K. — — Kants Metaphyf. Rechtslehre.
M. I. — — Marginalien, erfter Theil.
M. II. — — Marginalien, zweiter Theil.
N. — — Metaphyf. Anfangsgr. der Naturlehre.
P. — — Critik der practifchen Vernunft.
Pr. — — Prolegomena.
R. — — Religion innerhalb der Grenzen.
S. — — Kants fämmtliche kleine Schriften. Königsb. und Leipzig 1797. I. Bd. II. Bd. III. Bd.
U. — — Critik der Urtheilskraft.
W. — — Gegenwärtiges Encyclopädifches Wörterbuch der crit. Philof.
Z. — — Zum ewigen Frieden.

Die Zahlen bei den Buchftaben zeigen die Seitenzahlen, bei M aber die Nummer der Marginalien an.

Die Figuren auf der Kupfertafel

gehören

Fig. 1.   zu   S. 44. 207.

— 2.   - 70.

— 3.   - 97.

— 4.   - 97.

— 5.   - 97.

— 6.   - 99.

— 7. 8. und 9. gehören zur zweiten Abtheilung und Fig. 10. S. 447. stehet auf der Kupfertafel zur zweiten Abtheilung.

Register

welches dient,

das Wörterbuch als Commentar über Kants Schriften zu gebrauchen.

C.	W.		C.	W.
Vorrede erste Ausgab. 12.	W. 85.		62,	83.
			63,	83.
			64,	85.
			65,	409.
C. Vorr. zweite Ausg. VIII.	W. 359.		67,	259.
			68,	322. 329. 330.
			71,	262.
1,	2. 10.		72,	270. 272.
2,	1.		73,	271.
3,	12.		74,	262.
4,	14.		75,	272.
5,	15.		76,	77.
6,	18.		77,	40.
7,	18.		79,	282.
10,	190.		89,	36. 122.
15,	200.		92,	76. 263.
19,	384. 385. 389.		93,	263.
20(*).	391.		95,	64.
21,	392.		101,	318.
22,	392. 393.		104,	139.
23,	393. 394.		105,	366.
27,	354.		107,	36.
29,	254. f.		108,	37.
31. 37,	78.		125,	261.
32,	85.		131 f.	314.
33,	85.		133, f.	325.
34,	89. 265.		135,	326.
35,	78. 409.		137,	22. 327.
36,	39. 79.		138. f.	325. 317.
41,	256. 317.		155*)	411.
42,	132*).		160,	332. 333.
43,	272.		162,	330.
44,	80. 132*). 134.		179,	155.
50,	154. 269.		180,	155.
51,	40. 270.		185,	451.
58,	79.		189,	195.
59,	80. 132*). 261.		190,	197.
60,	20. 81. 85.		191,	198.
61,	82.		199,	319.

C. 202,	W. 229. 451. 452. 453.	C. 377,	W. 273.
- 203,	- 453.	- 379,	- 215.
- 204,	- 453.	- 380, f.	- 38.
- 213,	- 15.	- 393,	- 101.
- 218,	- 156.	- 398,	- 288.
- 219,	- 332. 368.	- 403,	- 240. 241.
- 220,	- 163.	- 448,	- 299.
- 222,	- 141. 149.	- 450,	- 300.
- 224,	- 40. 167.	- 451,	- 301.
- 225,	- 167.	- 452,	- 301.
- 226,	- 168.	- 454,	- 290.
- 228,	- 168.	- 455,	- 290.
- 229,	- 46.	- 456,	- 291.
- 230,	- 49.	- 462,	- 291.
- 231,	- 224.	- 463,	- 291.
- 232,	- 226.	- 465,	- 38.
- 233,	- 171.	- 470,	- 74.
- 234,	- 171.	- 472,	- 292.
- 235,	- 333.	- 473,	- 292.
- 236,	- 173.	- 480,	- 292.
- 237,	- 333.	- 481,	- 292.
- 240,	- 182.	- 482,	- 38.
- 243,	- 171.	- 486,	- 43.
- 244,	- 179. 183.	- 502,	- 354.
- 245,	- 173.	- 503,	- 354.
- 247,	- 180.	- 537,	- 217.
- 249,	- 181.	- 543,	- 217.
- 252,	- 178.	- 544,	- 218.
- 253, f.	- 44. 179.	- 548,	- 292.
- 254,	- 178.	- 549,	- 293.
- 256,	- 184. 186.	- 550,	- 293.
- 258,	- 186. 188.	- 551,	- 293.
- 259,	- 189.	- 552,	- 293.
- 281,	- 44.	- 576,	- 233.
- 283,	- 173.	- 581,	- 294.
- 298,	- 265.	- 588,	- 294.
- 306,	- 134.	- 656,	- 125.
- 307,	- 131. 136.	- 674,	- 320.
- 310,	- 140.	- 685,	- 90.
- 312,	- 263.	- 687,	- 91.
- 316,	- 130.	- 688,	- 94. 95.
- 323,	- 263.	- 689,	- 96.
- 329,	- 130.	- 690,	- 99.
- 356,	- 206.	- 692,	- 102.
- 358,	- 210.	- 708,	- 220.
- 362,	- 210.	- 725,	- 282.
- 365,	- 215.	- 755 *),	- 414.

Register.

C. 760,	W. 101. 447.
. 762,	. 75.
. 763,	. 75.
. 764,	. 321.
. 768,	. 301.
. 786,	. 399.
. 832,	. 220.
. 833,	. 220.
. 860,	. 352
. 861,	. 353. 369.
. 862,	. 369.
. 863,	. 353.
. 869,	. 282.
. 877,	. 278.

E. 26,	W. 42.
. 41, ff.	. . 141.
. 56,	. 134.
. 68,	. 20. 231.

G. 14.	W. 69.
. 16,	. 51.
. 17,	. 221.
. 20,	. 56.
. 30,	. 408.
. 32,	. 282.
. 38,	. 69.
. 38*),	. 234.
. 47,	. 254.
. 50*),	. 222.
. 63,	. 254.
. 70,	. 442. 443.
. 71,	. 444.
. 72,	. 444.
. 79,	. 445.
. 87,	. 440. 445.
. 93,	. 444.
. 97,	. 446.
. 98,	. 440.
. 111,	. 447.

K. 45.	W. 247.
. 56,	. 438. f.
. 71,	. 296.
. 77,	. 338.
. 98,	. 231. 232.
. 102,	. 252.

K. 106,	W. 125.
. 114,	. 125.
. 120,	. 246. 247.
. 135,	. 251.
. 145,	. 247.
. 209,	. 358. 440.
. 222,	. 237. f.

M. 1. 1,	W. 2. 3. 10.
. 2,	. 2. 5.
. 3,	. 14. 16.
. 4,	. 5.
. 5,	. 14. 16.
. 6,	. 12.
. 7,	. 14.
. 8,	. 18.
. 9,	. 18.
. 11,	. 192.
. 16,	. 200.
. 17,	. 200.
. 21,	. 385.
. 22,	. 389.
. 24,	. 392.
. 25,	. 392.
. 26,	. 393.
. 27,	. 393.
. 28,	. 394.
. 38,	. 78.
. 39,	. 39. 79.
. 63,	. 40.
. 69,	. 80.
. 70,	. 80.
. 71,	. 81.
. 72,	. 82.
. 73,	. 83.
. 74,	. 83.
. 79,	. 273.
. 84,	. 40.
. 130,	. 37.
. 121,	. 37.
. 149,	. 326.
. 153,	. 325.
. 154,	. 325.
. 172,	. 332. 333.
. 213,	. 451.
. 215,	. 195.
. 216,	. 196.

M. I.	W.	M. I.	W.
217.	197.	427.	215.
218.	197.	428.	216.
219,	198.	429,	38.
236,	452. 453.	430,	39.
237,	453.	501,	2 9.
239,	453.	502,	299.
256,	159.	503,	300.
259,	163.	505,	300.
262,	164.	506,	301.
264,	47.	507,	290.
265,	47. 165.	508,	290.
270,	214.	509,	290.
271,	224.	510,	290.
272,	225.	511,	291.
273,	226.	512,	291.
275,	171.	519,	291.
276,	171.	520,	291.
278,	173.	522,	291.
279,	173.	523,	291.
283,	182. 272.	524,	291.
285,	171.	530,	291.
287,	1 9.	531,	291.
288,	183.	532,	291.
289,	173.	533,	291.
291,	180.	540,	292.
292,	181.	541,	292.
294,	178.	540,	292.
395,	45. 178.	604,	214.
297,	44. 179.	605,	214.
303,	184.	606,	214.
304,	186.	616,	217.
305,	186.	617,	217.
306,	188.	624,	217.
307,	189.	625,	218.
350,	134.	626,	217.
352,	136.	631,	292.
360,	202.	633,	293.
398,	208.	635,	293.
399,	209.	637,	293.
400,	209.	638,	293.
401,	209.	670,	294.
402.	210.	678,	294.
407,	210.	741,	83.
410,	211.	811.	93. 94.
411,	212.	813,	95.
412,	211.	815,	101.
413,	214.	816,	102.

Register.

M. I. 1001. W. 352.

M. II. 31. W. 221.
- 44. . 221.
- 91. . 441.
- 92, . 443.
- 93, . 444.
- 94, . 444.
- 96, . 443. 444.
- 107, . 445.
- 116, . 445.
- 128, . 446.
- 144, . 447.
- 323, . 295.
- 324, . 295.
- 325, . 295.
- 326, . 295.
- 450, . 237.
- 452, . 237.
- 453, . 248.
- 454, . 238.
- 456, . 237.
- 457, . 237.
- 461, . 235.
- 462, . 235.
- 463, . 235.
- 464, . 85.
- 465, . 239.
- 510, . 85.
- 737, . 296.
- 738, . 296.
- 739, . 296.
- 740. 46. . 297.
- 749. 2, . 85.
- 765, . 273.
- 835, . 297.
- 836, . 297.
- 841, . 298.
- 889-91. 298.
- 902, . 336.
- 907, . 335.

N. 34. W. 302.
- 52. . 302.
- 53. . 304.
- 54. . 305.
- 59. . 306.

N. 60, W. 306.
- 61, . 308.
- 63, . 312.
- 67, . 312.
- 68, . 312.
- 70, . 313.
- 71, . 313. 381.
- 72, . 316.
- 95, ff. 403. 404.
- 96. 98, . 408.
- 100, . 373.
- 101, . 374. 376. 378.
- 104, . 381.
- 116, . 391.
- 117, . 328.
- 119, . 391.
- 121, . 391.

P. 18. W. 354.
- 22, . 321.
- 23, . 321.
- 58, . 445.
- 59, . 446.
- 83, . 223.
- 126, . 159. 69.
- 133, . 57. 254. f.
- 134, . 58. 60.
- 135, . 58. 60.
- 136, . 58.
- 137, . 57. 58.
- 138, . 54. 57.
- 139, . 54. 57.
- 140, . 254. f.
- 141, . 54.
- 142, . 54.
- 143, f. . 55.
- 144, . 60.
- 145, . 61.
- 146, . 61.
- 147, . 61. 63.
- 148, . 63.
- 149, . 63.
- 150, . 63. 64.
- 151, . 64.
- 152, . 64.
- 158, . 58.
- 176, . 154.

P. 176. W. 154.	R. 107. W. 437.
. 204, . 295.	. 157, ff. . 432.
. 205, f. . 295.	. 161, f. . 433.
. 225, . 396.	. 162, . 419. 426.
. 244, . 382.	. 164, f. . 435.
. 246, . 282.	. 200*), . 282.
. 253, . 202.	. 229, . 107. 108.
. 254, . 228.	. 250, . 110.
	. 257, . 286.
Pr. 24. W. 190.	. 359*), . 287.
. 25, . 201.	. 260, . 111. 204. 287.
. 30, . 190.	. 262, . 111.
. 31, . 193.	. 263, . 111.
. 33, . 391.	. 264, . 112.
. 41, . 385.	. 267, . 31.
. 42, . 388.	. 270, . 112. 115.
. 43, . 389.	. 271, . 116.
. 47, . 392.	. 273, . 116.
. 49, . 319.	. 275, . 117. 399.
. 52. 71. . 85.	. 276, . 117.
. 62, . 133*).	. 278, . 118.
. 89, . 17.	. 279, . 248.
. 91, . 453.	. 281, . 118.
. 96, . 156.	. 282, . 119.
. 104, . 141.	. 283, . 119.
. 105, . 141.	. 284*), . 120.
. 112, . 4.	. 286, . 120.
. 118, . 367.	. 286*), . 205.
. 119, . 367.	. 296, . 115.
. 136, . 38.	. 307, . 204.
. 173, . 282.	. 303*), . 205.
. 174, . 282.	
. 205, . 140.	U. XVII. W. 328.
	. 7, . 233.
R. 10. *), W. 66.	. 9, . 336.
. 11, . 65.	. 10, . 237.
. 13, . 242.	. 11, . 438.
. 14, . 243.	. 14, . 254. f.
. 15, . 243. 244.	. 15, . 69. 237.
. 16, . 244. 245.	. 16, . 56. 57.
. 17, . 246.	. 18, . 235.
. 18, . 242.	. 20, . 235.
. 47*), . 431.	. 23, . 85.
. 49-64. 247-50.	. 24, . 128.
. 81*), . 285.	. 25, . 129.
. 95, . 135.	. 87, . 334.
. 106, . 437.	

U. 95,	W. 69.		U. 369,	W. 335.
. 96,	. 67.		. 371,	. 336.
. 113,	. 240.		. 372,	. 440.
. 121,	. 188.		. 379,	. 398.
. 158,	. 20.		. 385,	. 335. 236.
. 201,	. 361.		. 443,	. 282.
. 225,	. 241.		. 448,	. 150. 151.
. 234,	. 296.		. 450,	. 152.
. 238,	. 250.			
. 249,	. 273.		Z. 12. W	. 276. 437. f.
. 269,	. 152.		. 13,	. 276.
. 313. f.	. 297.		. 14,	. 277.
. 317. f.	. 298.		. 25,	. 355. 440.

Folgende gröſstentheils, nicht dem ſorgfältigen Corrector, ſondern dem Abſchreiber des Manuſcripts zuzurechnende Fehler, ſind zu verbeſſern. Der Verf. hat aber nur Zeit gehabt, die Aushängebogen bis M genau durchzuſehen.

Seite 1   Zeile 9 ſtatt hinten lies hinter.
— 40 —   5 von unten, ſt. La Nie l. Locke.
— 42 —   4 ſt. von l. vor.
— 43 —   14 von unten, ſt. a l. C.
— 76 —   8 —   — ſt. Affinität l. S. Affinität.
— 80 — —   Ueberſchrift. ſt. Aeſthetik l. Aeſthetik.
— 83 —   15 von unten, ſt. 74; l. 74.
— 87 —   22 ſt. ſie l. ihn.
— 97 —   8 ſt. durchlaufen l. durchlaufe.
— 117 —   7 von unten, ſt. Verletzung l. Verſetzung.
— 119 —   5 —   — ſt. Sürrogat l. Surrogat.
— 121 —   14 ſt. C. S. 89. 4 l. C. 89, 4.
— 127 —   21 ſt. objectiv l. ſubjectiv.
— 130 —   2 von unten, ſt. kounte l. könnte.
— 134 —   8 des Textes von unten ſt. (15 l. (Analogie, 15.
— 161 —   16. 17. ſt. das iſt beide in Verknüpfung mit einem, der l. das iſt eine Verknüpfung zwiſchen beiden.
— 164 —   11 von unten, ſt. nun l. nur.
— 165 —   10 —   — ſt. Aber l. Allein.
— — —   1 —   — ſt. oder ſich l. oder die ſich.
— 166 —   8 ſt. von l. bei.
— 172 —   11 von unten, ſt. ſtimmt mit l. ſtimmt dann mit.
— 183 —   1 —   — ſt. P. l. Pr.
— 255 —   17 ſt. 21 l. U.
— 286 —   15 von unten, ſt. P. l. Pr.
— 288 —   4 ſt. P. l. Pr.
— 305 —   3 von unten ſt. 127 l. I, 27.
— 390 —   10 —   — ſt. Pr. l. P.
— 408 —   16 ſt. K. l. N.
— 439 —   17 von unten, ſt. Ariſtokratie l. Autokratie.
— 447 —   5 ſt. III l. III.
— — —   6 von unten, ſt. Fig. 7. l. Fig. 10.

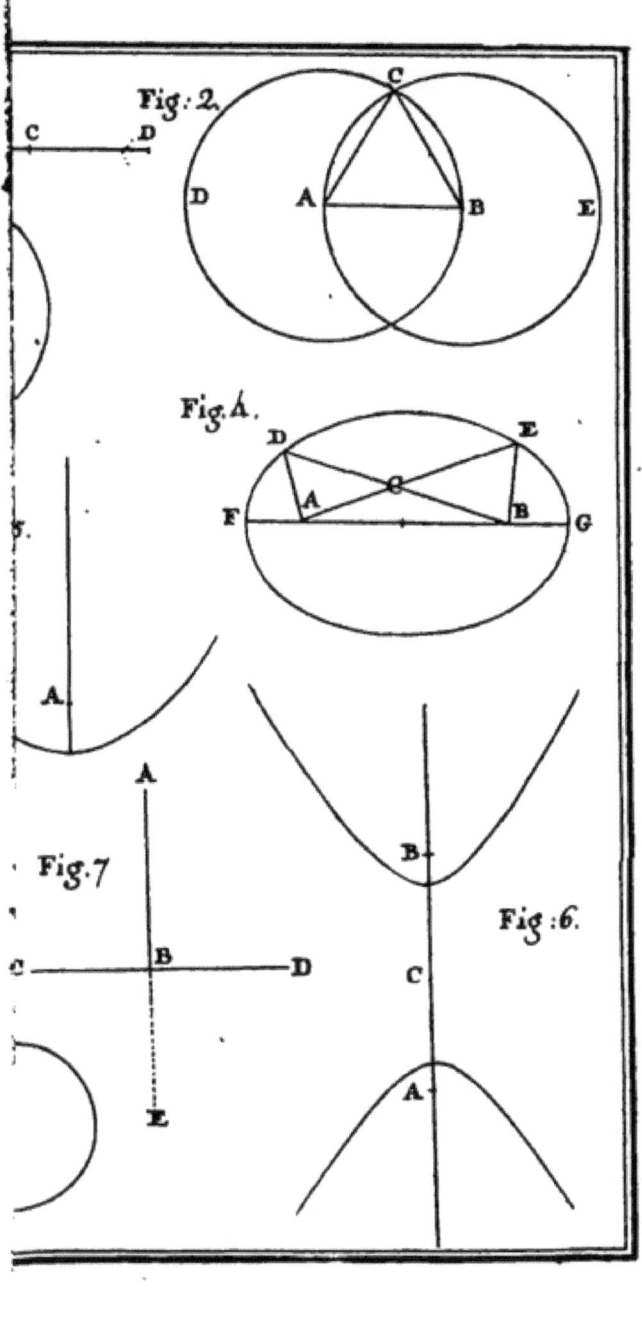